Sc A 574

SYSTÊME
DE
PHILOSOPHIE,
CONTENANT
LA LOGIQUE,
LA METAPHYSIQUE,
LA PHYSIQUE,
ET
LA MORALE
Par PIERRE SYLVAIN REGIS.
TOME TROISIEME.

A PARIS,
De l'Imprimerie de Denys Thierry,
Aux dépens
D' ANISSON, POSUEL & RIGAUD,
Libraires à Lyon.

___
M. DC. XC.
AVEC PRIVILEGE DU ROY.

TABLE
DES CHAPITRES
Contenus dans ce troisiéme Tome.

LIVRE HUITIEME
De la Physique.
PREMIERE PARTIE.

CHAPITRE PREMIER. De la production des deux premiers hommes. Page 1

CHAP. II. Contenant la description des Organes de l'homme, qui servent à la génération. 5

CHAP. III. Description des Organes de la femme qui servent à la génération. 8

CHAP. IV. De l'usage des parties de l'homme & de la femme, qui servent à la génération. 12

CHAP. V. De ce que la semence de l'homme contribuë à la génération de l'enfant. 18

CHAP. VI. Quel est le principal usage de la respiration, & pourquoy les enfans ne respirent pas dans le sein de leur mere. 20

CHAP. VII. Comment le sang circule dans le Fœtus, qui n'a pas encore l'usage de la respiration. 23

CHAP. VIII. Des fonctions que l'enfant exerce dans le sein de sa mere. 25

CHAP. IX. De la ressemblance des peres avec les enfans, & des causes des Monstres. 27

CHAP. X. De la naissance de l'enfant, & de ce qui luy arrive d'ordinaire après qu'il est hors du sein de sa mere. 30

TABLE DES CHAPITRES.

Chap. XI. *De l'ordre & du progrés naturel, que l'enfant tient en connoissant les choses depuis qu'il commence à user des sens jusqu'à son âge parfait.* 34

Chap. XII. *De l'état de l'homme, estant sain ou malade.* 39

Chap. XIII. *Des causes de la fiévre en général.* 41

Chap. XIV. *Contenant la division de la fiévre en intermittente & en continuë; & de la fiévre continuë en simple, en maligne & en pestilentielle.* 45

Chap. XV. *Contenant les symptomes de la fiévre intermittente avec leur explication.* 47

Chap. XVI. *Quelle est la cause du retour des fiévres intermittentes, & pourquoy elles sont tierces, quartes, &c.* 49

Chap. XVII. *De la nature, des causes, & des effets de la fiévre continuë simple.* 51

Chap. XVIII. *De la fiévre maligne, de la fiévre pestilentielle, de leurs causes & de leurs effets.* 53

Chap. XIX. *Contenant quelques réflexions générales sur les fiévres.* 58

Chap. XX. *De la nature, des causes, & des propriétés de quelques maladies, qui sont indépendantes de la fiévre.* 60

Chap. XXI. *Contenant l'explication de quelques maladies qui ne dépendent que du vice des esprits animaux.* 70

Chap. XXII. *Qu'il y a dans l'homme des mouvements nécessaires, des mouvements contingents, des mouvements libres, & des mouvements mixtes, & d'où ils dépendent.* 73

Chap. XXIII. *Comment les esprits animaux & le cerveau contribuent à produire les mouvements libres, & les mouvements contingents.* 76

Chap. XXIV. *De la veille & du sommeil.* 82

LIVRE HUITIE´ME de la Physique.
SECONDE PARTIE.

Chapitre I. *Des sens en général.* 87

Chap. II. *Du sens du toucher & des causes physiques de ses fonctions.* 93

TABLE DES CHAPITRES.

CHAP. III.	Examen de l'opinion d'un Auteur moderne touchant l'explication du toucher.	97
CHAP. IV.	Du Goût & des causes Physiques de ses fonctions.	100
CHAP. V.	De l'Odorat & des causes Physiques de ses fonctions.	108
CHAP. VI.	De l'Oüie & des causes Physiques de ses fonctions.	113
CHAP. VII.	De l'Organe immédiat de l'oüie.	121
CHAP. VIII.	Des mouvements particuliers dans lesquels consistent le son dérivé & le son primitif.	123
CHAP. IX.	De la Vûë & des causes Physiques de ses fonctions.	137
CHAP. X.	Ce que c'est que la Lumiere primitive & la lumiere radicale.	145
CHAP. XI.	Des propriétés de la Lumiere.	150
CHAP. XII.	De la Lumiere, de la flamme, du Soleil, & des E'toiles fixes & comment elle agit sur l'organe de la vûë.	157
CHAP. XIII.	De la Lumiere des Planètes & des Comètes, & comment elle se transmet jusqu'à nous.	162
CHAP. XIV.	De la chaleur de la Lumiere, & des influences des Astres.	167
CHAP. XV.	Contenant quelques réflexions générales sur la Lumiere.	170
CHAP. XVI.	Des Couleurs en général.	173
CHAP. XVII.	Des vrayes Couleurs simples & composées.	178
CHAP. XVIII.	Des Couleurs de l'Arc-en-Ciel, & comment elles sont produites.	188
CHAP. XIX.	Des Couleurs, des Couronnes, & des Parhélies.	197
CHAP. XX.	Suite des Couleurs & de leurs Causes particulieres.	202
CHAP. XXI.	Contenant l'examen de l'opinion d'un Philosophe moderne touchant les Couleurs.	205
CHAP. XXII.	Comment la Lumiere & les Couleurs passent au travers des humeurs de l'Oeil.	208
CHAP. XXIII.	Contenant l'explication de certains termes, qui sont d'usage dans le Traité de l'Optique, c'est	

TABLE DES CHAPITRES.

à dire de la vision. 213
CHAP. XXIV. *Comment les Objets impriment leurs Images sur la Rétine, & ensuite dans le Cerveau, & d'où dépend la grandeur de ces Images.* 217
CHAP. XXV. *Comment se fait la Vision.* 221
CHAP. XXVI. *Comment l'Ame rapporte hors d'elle l'Image spirituelle qu'elle a conçûë des objets qui agissent sur les organes de la vûë.* 223
CHAP. XXVII. *Comment l'Ame voit les objets en leur situation propre, & pourquoy elle les voit quelquefois renversés.* 226
CH. XXVIII. *Comment les objets de la vûë paroissent simples, quoy qu'ils tracent deux images dans les yeux.* 228
CHAP. XXIX. *Comment on connoît la distance des objets par la vûë.* 235
CHAP. XXX. *Comment on connoît la grandeur des Objets par la vûë.* 238
CHAP. XXXI. *Pourquoy la Lune paroît aux yeux plus grande près de l'Horizon que dans le Méridien, quoy qu'elle soit plus éloignée de nous, & pourquoy estant mesurée elle paroît plus petite quand elle se lève que lors qu'elle est fort haute.* 241
CHAP. XXXII. *Contenant quelques réflexions sur la connoissance de la grandeur des Objets.* 246
CH. XXXIII. *Comment on connoît par la vûë la figure, le nombre, le mouvement & le repos des Corps.* 249
CH. XXXIV. *De la Dioptrique, ou de la maniere de perfectionner la Vision par différentes sortes de Lunettes.* 251
CH. XXXV. *Comment se fait la Vision au travers de différents Verres.* 254
CH. XXXVI. *Contenant l'explication de quelques Termes qui sont d'usage dans la Dioptrique, avec quelques Axiomes qui servent de fondement à cette Science.* 258
CH. XXXVII. *Comment on perfectionne la Vision par un seul*

TABLE DES CHAPITRES.

Verre concave de deux côtés. 266
Ch. XXXVIII. Des Lunettes à deux Verres, dont l'un est convexe de deux côtés & l'autre concave. 268
Ch. XXXIX. Des Lunettes à deux Verres convexes. 271
Chap. XL. Des Lunettes à trois Verres convexes. 274
Chap. XLI. Des Lunettes à quatre Verres convexes. 276
Chap. XLII. Des Microscopes à deux & à trois Verres convexes. 282
Chap. XLIII. Des Lunettes à facettes ou de multiplication. 284
Chap. XLIV. De la Catoptrique, c'est à dire, de la maniere dont se fait la Vision par différentes sortes de Miroirs. 285
Chap. XLV. Contenant quelques réflexions sur la Dioptrique & la Catoptrique. 291

LIVRE HUITIE'ME de la Physique.
TROISIEME PARTIE.

Chapitre Premier. Que le Centre ovale est l'organe immédiat de l'imagination, ce que c'est que ce centre ovale, & comment il reçoit l'impression des objets extérieurs par les organes des sens. 293
Chap. II. Des Causes Physiques des fonctions de l'Imagination. 298
Chap. III. Des changements qui arrivent à l'imagination, tant du côté des esprits animaux, que de celuy du Centre ovale. 307
Chap. IV. Des Imaginations fortes & de leurs effets. 312
Chap. V. Des Causes Physiques des fonctions du Jugement. 319
Chap. VI. Des Causes Physiques des fonctions de la Raison. 323
Chap. VII. Des Causes Physiques des fonctions de la Mémoire, & des habitudes corporelles & spirituelles. 327
Chap. VIII. De la liaison des Idées avec les traces, & des traces avec certains cours des Esprits animaux qui causent des émotions dans l'ame. 330

TABLE DES CHAPITRES.

CHAP. IX. De la liaison des traces avec les Nerfs, & des Nerfs avec les Nerfs. 333

LIVRE HUITIE'ME de la Physique.
QUATRIE'ME PARTIE.

CHAPITRE PREMIER. Des passions de l'Ame en général & de leurs causes Physiques. 338

CHAP. II. De l'origine des Passions en général. 341

CHAP. III. De l'origine, de la nature, & des effets de l'Amour & de la Haine. 342

CHAP. IV. Que l'Amour & la Haine prennent des noms différents, selon la diversité de leurs effets. 348

CHAP. V. De la nature, de l'origine, & des effets de la Joye, de la Tristesse & du Desir, qui sont deux espèces d'Amour & de Haine. 350

CHAP. VI. De l'origine, de la nature, & des effets des Passions qui sont des espèces de Joye, de Tristesse & de Desir. 356

CHAP. VII. Suite des passions de l'Ame, qui sont des espèces de Joye, de Tristesse & de Desir. 362

CHAP. VIII. De la nature, de l'origine, & des effets de l'Admiration. 368

CHAP. IX. De la nature, de l'origine, & des effets des Passions qui sont des espèces d'Admiration. 370

CHAP. X. Des Passions naturelles, & des Passions acquises. 376

CHAP. XI. Que l'Ame peut avoir en même temps des passions contraires, & comment un même objet en peut causer en même temps deux différentes en différents hommes. 379

CHAP. XII. Que l'Ame peut modérer ou même arrêter ses passions, & comment. 381

CHAP. XIII. Que toutes les passions de l'Ame se rapportent à la conservation du Corps, & qu'elles n'y sont contraires que par accident. 386

CHAP. XIV. Des Inclinations & des Aversions naturelles, & en quoy elles diffèrent des véritables Passions. 388

Conclusion

TABLE DES CHAPITRES.

Conclusion du Traité des Passions de l'Ame. 390
AVERTISSEMENT de la Morale. 393
LA MORALE ou la connoissance des devoirs de l'homme. 399

LIVRE PREMIER de la Morale.
PREMIERE PARTIE.

CHAPITRE PREMIER. Que l'homme dans l'état de la nature s'aime toûjours, mais qu'il ne s'aime pas toûjours comme il se doit aimer. 403

CHAP. II. Que l'homme dans l'état de la nature aime Dieu nécessairement, & pourquoy. 407

CHAP. III. Que l'homme dans l'état de la nature est obligé d'aimer Dieu d'un amour de choix. 409

CHAP. IV. Que l'homme dans l'état de la nature ne peut s'aimer comme il doit, sans aimer son prochain comme soy-même. 412

CHAP. V. Continuation des Loix de la nature qui regardent la paix & l'amour du prochain. 417

CHAP. VI. Des Loix naturelles qui regardent immédiatement la gloire de Dieu. 423

CHAP. VII. De la nature & de l'origine des Loix naturelles. 427

CHAP. VIII. Qu'on n'est pas toûjours obligé d'observer extérieurement les Loix de la nature qui regardent le prochain, mais qu'on ne peut se dispenser en aucun cas d'observer exterieurement celles qui regardent immédiatement la gloire de Dieu. 428

CHAP. IX. Que l'homme dans l'état de la nature doit préférer la gloire de Dieu à sa propre conservation. 434

LIVRE PREMIER de la Morale.
SECONDE PARTIE.

CHAPITRE PREMIER. Des vertus morales en général, & de la prudence naturelle en particulier. 435

CHAP. II. De la force naturelle. 440

Tome III. ẽ

TABLE DES CHAPITRES.

Chap. III. *De la Tempérance naturelle.* 444

LIVRE SECOND de la Morale.
PREMIERE PARTIE.

Chapitre Premier. *Des Sociétés civiles, & comment elles se sont formées.* 447

Chap. II. *Des états politiques ou institués, & comment ils subsistent.* 449

Chap. III. *Qu'il n'y a point d'espéce d'état politique qui puisse subsister sans une puissance absoluë.* 451

Chap. IV. *Contenant les deux principales objections qu'on fait contre la puissance absoluë des Souverains avec leur réponse.* 455

Chap. V. *Que dans l'Aristocratie, & dans la Démocratie la puissance absoluë ne peut estre légitimement révoquée par les particuliers qui l'ont établie, si ce n'est du consentement de ceux qui la possédent.* 457

Chap. VI. *De l'obéissance que les sujets doivent aux Souverains, & en quoy elle consiste.* 459

Chap. VII. *A quoy les Souverains sont obligés en qualité de Souverains.* 461

Chap. VIII. *Des devoirs des Souverains à l'égard des autres Souverains.* 464

Chap. IX. *Du droit des Parents sur les Enfants, & des Maîtres sur les Valets.* 466

Chap. X. *De l'état Despotique, & du droit des hommes sur les Bêtes.* 468

Chap. XI. *De la Loy en général, & de ses différentes espèces.* 470

Chap. XII. *De l'Injure & de l'Injustice, & de leurs différentes espèces.* 473

LIVRE SECOND de la Morale.
SECONDE PARTIE.

Chapitre Premier. *De la Prudence civile en général & de ses espèces.* 477

TABLE DES CHAPITRES.

Chap. II. *De la Justice, de la Force, & de la Tempérance civile.* 484

Chap. III. *Du souverain bien, & de la félicité de l'homme dans l'état de la nature, & dans la Société civile.* 489

Chap. IV. *Que l'état de la Société civile est plus parfait que l'état de la nature, & en quoy ?* 492

LIVRE TROISIE'ME de la Morale.
PREMIERE PARTIE.

Chapitre Premier. *Que Dieu fit alliance avec Abraham & avec sa postérité, & quelles furent les conditions de cette alliance ?* 494

Chap. II. *Que Dieu fut établi Roy des Israëlites & comment ?* 499

Chap. III. *Des Loix que Dieu donna à son peuple par le ministere de Moyse.* 500

Chap. IV. *De ceux qui eurent droit d'interpreter les Loix de Moyse après sa mort.* 503

Chap. V. *Quel fut le devoir des Israëlites envers ceux qui les gouvernerent depuis Moyse jusques aux Rois.* 506

Chap. VI. *De l'institution des Rois des Juifs & du droit qu'ils eurent de regner.* 509

Chap. VII. *Que les Rois des Israëlites ne succederent qu'à l'autorité temporelle des Juges, & que l'autorité spirituelle resta aux Sacrificateurs.* 509

Chap. VIII. *De la venüe du Messie, & de l'institution de la nouvelle alliance.* 510

Chap. IX. *Des fonctions de* Jesus-Christ *en qualité de Messie.* 513

Chap. X. *Des Loix que* Jesus-Christ *a proposées de la part de son Pere.* 515

Chap. XI. *De la nécessité de croire en* Jesus-Christ *pour estre sauvé, & de la puissance qu'il a euë de pardonner les péchés, & de réveler les vérités surnaturelles.* 517

Chap. XII. *Des vérités surnaturelles, & en quoy elles dif-*

ẽ ij

TABLE DES CHAPITRES.

fèrent des vérités naturelles. 519

CHAP. XIII. *Que Dieu a donné à l'Eglise le droit de décider de toutes les contestations qui naissent touchant les vérités surnaturelles.* 522

CHAP. XIV. *Que les Loix de* JESUS-CHRIST *& celles de l'Eglise ne sont pas contraires aux Loix naturelles, ni aux Loix civiles.* 527

CHAP. XV. *Que les Loix de* JESUS-CHRIST *& les Loix naturelles qui regardent le prochain, sont modifiées par les Loix civiles, comme les Loix civiles sont modifiées par le fondement du droit naturel, qui est la conservation de nous-mêmes.* 530

CHAP. XVI. *Que l'acquisition du salut éternel est le fondement du droit Chrétien, comme la conservation de la vie temporelle est le fondement du droit naturel & civil.* 532

CHAP. XVII. *Que les actions Chrétiennes se rapportent à la gloire de Dieu surnaturelle comme à leur fin derniere.* 534

LIVRE TROISIE'ME de la Morale.
SECONDE PARTIE.

CHAPITRE PREMIER. **D**es vertus Chrètiennes, des vices qui leur sont opposées, & en quoy elles différent des vertus naturelles & des vertus civiles. 537

CHAP. II. *Du souverain bien des Chrètiens : de leur béatitude temporelle, & des avantages du Christianisme par dessus l'état de la Société civile.* 542

Fin de la Table des Chapitres du troisiéme Volume.

LA PHYSIQUE
OU
LA CONNOISSANCE
DES CORPS NATURELS,
& de leurs Propriétés.

LIVRE HUITIÉME.
De l'Homme & de ses Propriétés.

AVERTISSEMENT.

NOSTRE dessein n'est pas de parler icy des fonctions Méchaniques de l'Homme, comme elles n'ont pas d'autre principe que celles des Bêtes, elles n'ont pas besoin aussi d'une autre explication. Nous voulons seulement traiter des fonctions qui sont propres à l'Homme, c'est à dire, des fonctions qui sont des suites de l'union de l'esprit & du corps : Encore ne considérerons nous pas ces fonctions, entant qu'elles appartiennent à l'ame, dont elles sont des modifications, mais seulement entant qu'elles dépendent du corps pour estre produites dans l'ame.

Personne ne doute que les fonctions de l'Homme ainsi considérées ne supposent que l'esprit est uni au corps ; mais tout le monde ne sçait pas quelles sont les conditions de cette union : Les uns veulent que l'esprit soit uni au corps à condition qu'il produira tous les mouvements qui s'y font ; d'autres prétendent que l'esprit n'a point le pouvoir de produire ces mouvements, mais seulement de les diriger, & d'autres enfin restreignent le

ẽ iij

AVERTISSEMENT.

pouvoir de l'ame à diriger les seuls mouvements, qu'on appelle Libres, ce qui s'accorde si bien avec l'expérience, que nous ne faisons aucune difficulté de nous ranger au sentiment de ces derniers.

Suivant ce principe, nous proposerons premierement les conditions les plus générales de l'union de l'Ame & du Corps, & nous les proposerons, non tant pour les faire regarder comme des choses nouvelles (car elles ont esté déja proposées dans la Métaphysique*) que pour les rendre plus presentes à l'esprit, afin qu'il en puisse concevoir plus facilement les suites & les dépendances. Nous supposerons, par exemple, que la premiere & la plus générale de ces conditions est que l'esprit, tandis qu'il sera uni avec le corps, aura toûjours presente l'idée de l'étenduë; car comme l'esprit n'est uni au corps que pour connoître & pour sentir les corps, & que l'esprit ne peut connoître ni sentir les corps qu'en se servant des sens ou de l'imagination, puis que ceux-cy supposent l'idée de l'étenduë, il est visible que cette idée précede toutes les fonctions de l'Ame, & par consequent qu'elle est essentielle à l'esprit, entant qu'il est uni avec le corps. Ainsi ayant expliqué la génération de l'Homme, à peu près comme celle des Bêtes, nous ferons voir que tout ce qu'elle a de particulier consiste dans l'union de l'esprit & du corps.

* Livre I.
Part. 2.
Chap. 6.

Nous passerons ensuite à l'estat de la santé & de la maladie de l'Homme, & parce que la principale maladie de l'Homme consiste dans la fiévre, nous ferons voir en passant comment on peut par nos principes rendre raison de ce Phenomène, sans prétendre pourtant que ce que nous en dirons doive passer pour constant; car quoy que ce que nous avons dit de la Fermentation en général soit tres-vray, il se peut faire néanmoins que l'application que nous en ferons au fait particulier de la fiévre, ne soit pas juste.

Cela estant supposé, nous entrerons dans l'examen des fonctions des sens, mais ce ne sera, comme il a esté dit, qu'en les regardant du côté qu'elles dépendent des organes du corps. Et parce qu'elles ne dépendent de ces organes qu'entant qu'ils sont mûs par les objets soit extérieurs, soit intérieurs, nous ferons voir quelles sont les différentes manieres, dont les objets meuvent les organes pour produire dans l'ame les diverses sensations qu'elle expérimente; pour cet effet nous décrirons en peu

AVERTISSEMENT.

de paroles, mais le plus exactement qu'il nous sera possible, l'organe de chaque sens, nous attachant particulierement aux organes de l'oüie & de la vûë, comme à ceux dont les fonctions ont plus d'étenduë & d'excellence.

Après avoir décrit ces organes nous ferons voir comment les objets agissent sur eux, pourquoy cette action produit des sensations dans l'ame, & comment l'ame rapporte ces sensations partie vers quelques endroits du corps sur lesquels les objets agissent immédiatement, comme il arrive quand on touche, goûte, ou flaire quelque chose; & partie vers les objets extérieurs qui agissent par l'entremise d'un milieu, comme il arrive quand on entend de loin quelque son, ou qu'on voit quelque couleur.

Et parce que la vûë n'a qu'une certaine portée au delà de laquelle on ne voit les objets que confusément sans le secours des Lunettes, qui s'appellent par cette raison Lunettes de longue vûë, nous rendrons la raison Physique des propriétés de ces Lunettes, tant de celles qui sont composées de deux ou de plusieurs verres, dont les uns sont convexes & les autres concaves, que de celles qui sont faites de deux ou de plusieurs verres tous convexes; ce qui devra paroître d'autant plus utile que personne jusqu'icy n'en a donné une explication Physique assès exacte; je dis une explication Physique, car on sçait bien qu'il y a plusieurs bons Géomètres qui ont traité dignement cette matiere.

Deplus, comme les fonctions de l'imagination sont étroitement liées avec celles des sens, nous ferons voir que les corps canelés qui passent pour les organes de ceux-cy, ne sont que des suites & des expensions du centre ovale que nous prenons pour l'organe de celle-là; d'où vient que nous ne sentions jamais rien que nous n'imaginions quelque chose, & que nous n'imaginons jamais aucune chose, que nous ne sentions en quelque façon.

Ce principe posé, nous expliquerons Physiquement toutes les fonctions de l'imagination, nous ferons voir en quoy elles dépendent des sens, & nous rendrons raison de tous les différents caractères d'esprit d'une maniere si aisée qu'on la pourra comprendre sans beaucoup de peine.

De l'explication des fonctions de l'Imagination, nous passerons à celles des propriétés du Jugement, de la Raison, de la Volonté, & de la Mémoire: Nous ferons voir, par exemple,

AVERTISSEMENT.

comment le corps contribuë à faire que l'Ame juge, Qu'elle raisonne; Qu'elle veüille, & qu'elle se ressouvienne. Et parce que l'Ame est encore sujette à des passions nous rendrons la raison Physique de tous les effets que ces passions produisent, sur tout nous tâcherons d'enseigner ce qu'il y a à faire du côté du corps pour arrêter leurs mouvements, lors qu'ils vont dans l'excès.

LA PHYSIQUE
OU
LA CONNOISSANCE
DES CORPS NATURELS,
& de leurs Propriétés.

LIVRE HUITIE'ME.
De l'Homme & de ses Propriétés.

PREMIERE PARTIE.

De la production des deux premiers Hommes, & de la génération de ceux qui en ont procédé.

CHAPITRE PREMIER.
De la Production des deux premiers Hommes.

COMME nous avons esté obligés de reconnoître que Dieu est l'Auteur des deux premieres Bêtes de chaque espèce, nous le sommes encore plus de reconnoître qu'il a produit les deux premiers Hommes ; ce que nous supposerons d'autant plus facilement que quand il seroit vray que les Hommes auroient pro-

I. Que Dieu est l'Auteur des deux premiers Hommes.

Tome III.   A

cédé les uns des autres par une fuite de générations infinies, nous ferions contraints pour fixer nôtre imagination, d'en confidérer deux comme eftant la fource & l'origine de tous les autres.

2. En quoy les parties des Hommes difs férent, principalement de celles des Bêtes.

Et parce que la ftructure intérieure des parties organiques des deux premiers Hommes ne fut pas fort différente de celles des parties organiques des Bêtes, nous n'en ferons point une defcription particuliere, eftant tres-perfuadés que ceux qui auront vû difféquer des animaux, ou qui fçauront feulement l'ordre & le nombre de leurs parties, n'auront befoin d'aucune autre chofe pour connoître la nature & la difpofition particuliere du corps humain, parce que la différence que Dieu mit entre les corps des Hommes & ceux des Bêtes, en les formant, ne confifta pas tant dans la diverfité de leurs organes comparés enfemble felon leur difpofition intérieure, que dans celle de leur arrangement extérieur.

3. Que toutes les fonctions du corps de l'Homme furent accompagnées de penfée.

Le corps des deux premiers Hommes ne fût pas plûtôt formé qu'il commença de refpirer, de fe nourrir, de fe mouvoir, de fentir, d'imaginer, de craindre, d'aimer, &c. & il exerça toutes ces fonctions par les mêmes raifons & fuivant les mêmes principes que nous avons démontré que le corps des deux premieres Bêtes les avoient exercées : avec cette feule différence que nous fommes incertains fi dans les bêtes les fonctions des fens & de l'imagination font accompagnées de quelque perception, & que nous fçavons tres-certainement par l'expérience que dans l'Homme ces fonctions ne fe font jamais fans la penfée. D'où il s'enfuit que Dieu ne donna pas feulement à l'Homme en le formant, la puiffance d'exercer toutes les actions méchaniques que nous obfervons dans les Bêtes d'aujourd'huy, mais encore un Efprit qui eft une fubftance qui penfe, laquelle il unit à fon corps aux conditions qui ont efté propofées dans la Métaphyfique, lefquelles nous répéterons icy pour les rendre plus préfentes à la penfée.

4. 1. Condition de l'union de l'Efprit avec le Corps.

La premiere eft que l'Efprit tandis qu'il fera uni avec le corps aura l'idée de l'étenduë ; c'eft à dire, du corps confidéré en luy-même, & qu'il aura cette idée enfuite d'un mouvement du cerveau qui fera excité par le cours général des Efprits animaux. Suivant cette condition l'Ame a toûjours préfenté l'idée de l'étenduë, comme l'expérience le fait voir.

LIVRE HUITIE'ME. PARTIE I.

La seconde, que tout mouvement du Cerveau qui sera excité par les nerfs, fera naître dans l'Ame quelque sensation qui accompagnera toûjours ce mouvement sans que l'Ame l'en puisse séparer: suivant cette condition, nous voyons, par exemple, de la lumiere lorsque le Soleil meut le nerf optique: Nous entendons du bruit, quand les corps résonans ébranlent les nerfs auditifs, &c. *2. Condition.*

La troisiéme, que l'Esprit, tandis qu'il sera uny au corps, aura l'idée de quelque corps particulier ensuite du mouvement que ce corps excitera dans le cerveau par le moyen des organes des sens. Suivant cette condition l'Ame a l'idée de tous les corps qui frappent les sens. *3. Condition.*

La quatriéme, que tout mouvement du Cerveau qui sera excité par un cours déterminé des Esprits animaux, & qui ressemblera à un autre mouvement qui aura esté causé par les nerfs, fera naître dans l'Ame l'idée de quelque corps particulier que l'Ame a déja apperçû. C'est suivant cette condition que nous nous représentons les choses absentes que nous avons vûës. *4. Condition.*

La cinquiéme est que par le sens de l'attouchement nous éprouverons du plaisir ou de la douleur, selon que les mouvemens qui causeront ces sensations, seront conformes ou contraires à la constitution naturelle du corps. Suivant cette condition le mouvement d'une plume qu'on passe sur la main comme pour la chatoüiller, excite un sentiment de douleur lorsque nous sommes malades, parce que ce mouvement est contraire à l'état présent du corps, & au contraire il excite un sentiment de plaisir lorsque nous sommes en santé, à cause que dans cet état il est conforme à la constitution du corps. *5. Condition.*

La sixiéme, que quand nous aurons reçû l'idée d'un objet, elle sera suivie d'un panchant de l'Ame qui la portera à fuïr ou à poursuivre cet objet, suivant qu'il paroîtra bon ou mauvais. C'est selon cette condition que nous éprouvons l'amour, la haine, & généralement toutes les passions de l'Ame qui en font des suites. *6. Condition.*

La septiéme, que toutes les pensées de l'Ame qui regardent la conservation du corps comme font les sentimens & les passions, seront accompagnées du mouvement des Esprits animaux qui sera le plus propre pour l'exécution des désirs de *7. Condition.*

l'Ame. C'eſt ſuivant cette loy que la crainte, par exemple, eſt accompagnée d'un cours d'Eſprits animaux qui nous porte à fuïr ce que nous craignons, & que le déſir eſt au contraire accompagné d'un cours d'Eſprits qui nous porte à la recherche de ce que nous déſirons.

11.
8. Condition.
La huitiéme, que l'Eſprit en tant qu'il eſt uny avec le corps, ne penſera jamais qu'enſuite des mouvemens du corps auquel il eſt uny. Suivant cette condition toutes les idées que nous avons des corps particuliers dépendent médiatement ou immédiatement de quelque mouvement du Cerveau. Je dis, *toutes les idées que nous avons des corps particuliers*, pour marquer que les idées que l'Eſprit a de Dieu & de ſoy-même, ne dépendent pas de ce qu'il eſt uny avec le corps, mais ſimplement de ce qu'il eſt un Eſprit, dont toute la nature eſt de penſer, & par conſéquent de penſer à Dieu & à ſoy-même, comme il a eſté dit dans la Métaphyſique. *

* Liv. 2.
Part. 1.
Chap. 17.

12.
9. Condition.
La neufiéme eſt, que quand les Eſprits animaux ſeront plus abondans que de coûtume, ils exciteront dans l'Ame la bonté & la libéralité. Quand leurs parties ſeront plus fortes & plus groſſes, ils exciteront la confiance & la hardieſſe, quand elles ſeront égales en force, en groſſeur, & en figure, ils cauſeront la conſtance. Quand elles ſeront plus agitées, ils produiront la promptitude, la diligence & le déſir ; & enfin quand elles auront une agitation tempérée, ils cauſeront la tranquillité d'eſprit : au contraire quand ces qualités manqueront aux Eſprits animaux, ou qu'ils en auront d'oppoſées, ils produiront dans l'Ame la malignité, la timidité, l'inconſtance, la tardiveté, l'inquiétude, &c.

13.
10. Condition.
La dixiéme & derniere condition eſt, que l'union de l'Eſprit & du Corps durera autant de temps que le Cœur pourra envoyer du ſang vers le Cerveau, & celuy-cy renvoyer des Eſprits animaux par les nerfs dans les Muſcles qui ſervent aux mouvemens néceſſaires à la vie. Suivant cette loy l'Ame ne donne jamais occaſion au corps de rompre leur union, & ce defaut vient toûjours du corps, comme l'expérience le fait voir.

CHAPITRE II.

Contenant la description des Organes de l'Homme qui servent à la génération.

Les Corps des deux premiers Hommes estant composés comme ceux des autres Animaux, ils eussent esté bien-tôt détruits, & la race des Hommes eût esté bien-tôt éteinte, si Dieu qui n'avoit voulu donner à chaque individu une durée perpétuelle, n'eût procuré cette même durée à toute l'espèce par une longue suite de générations dont il l'a renduë capable. Nous allons faire la description des Organes par lesquels ces générations s'accomplissent, & nous en examinerons ensuite les usages.

L'Homme a deux testicules qui pendent de la cavité de l'abdomen, c'est à dire, de la partie inférieure du bas ventre, & qui reçoivent chacun une artère & une veine; l'artère part du tronc de l'aorte au dessus des artères émulgentes qui vont aux Reins. Elles font plusieurs tours & détours en descendant vers les testicules, & un peu auparavant que d'y parvenir elles se divisent chacune en deux branches, dont la plus petite se glisse sous les parastates & l'autre sous les testicules.

1. *Description des vaisseaux qui vont aux testicules.*

Des Veines qui vont aux testicules, celle qui est au côté droit prend son origine du tronc de la veine-cave, & l'autre qui est au côté gauche vient de la veine émulgente; & avant que de sortir de l'abdomen elles se divisent en plusieurs rameaux qui se répandent en divers endroits avant que de parvenir aux testicules. Il y a des valvules en ces veines, non seulement dans l'endroit d'où elles sortent, mais encore dans toute leur longueur.

Outre les artères & les veines qui vont aux testicules, & qu'on appelle *Spermatiques*, il y a des nerfs qui y descendent aussi, dont les uns viennent de la moëlle de l'épine, & les autres du nerf intercostal, ceux-cy descendent avec les artères & les veines spermatiques, & se répandent tellement dans les tuniques des testicules qu'on les perd de veuë, mais il y a apparence qu'ils vont encore plus loin vers la substance propre des testicules.

2. *De l'origine des nerfs qui vont aux testicules.*

A iij

3.
Ce que c'eſt que le vaiſſeau différent de la Semence.

Les Teſticules reçoivent encore un autre vaiſſeau qu'on appelle *Ejaculatoire* ou *déférent de la Semence*, parce qu'en effet il porte cette matiere; ce vaiſſeau eſt blanc & poly, ſa cavité eſt viſible & fort droite au deſſus des teſticules, mais quand elle eſt deſcenduë aſſés près, elle ſe plie de côté & d'autre, comme feroit un Serpent qui marche vîte. La ſubſtance des teſticules n'eſt qu'un amas de petits vaiſſeaux, leſquels, s'ils eſtoient joints bout à bout, auroient plus de vingt aunes de longueur.

4.
Ce que c'eſt que l'Epidydime.

Les *Paraſtates* ou *Epidydimes* ſont des vaiſſeaux qui par leurs différents contours compoſent un corps qui eſt attaché au dos des teſticules par une membrane. Ces contours ſont en ſi grand nombre, que ſi les Paraſtates eſtoient dévelopés ils excèderoient la longueur de plus de cinq aunes, d'où il s'enſuit que les teſticules ne différent des paraſtates, qu'en ce que ceux-là ſont compoſés de divers vaiſſeaux, & que ceux-cy pour la pluſpart n'ont qu'un conduit, ſçavoir dans l'endroit où leurs ramifications concourent enſemble pour compoſer le vaiſſeau déférent, lequel ne différe des paraſtates qu'en ce qu'il va droit ſans ſe replier, & que les autres vont en ſerpentant.

Les vaiſſeaux déférents montent de chaque teſticule dans la cavité de l'abdomen, & y entrent par le même trou par lequel les vaiſſeaux ſpermatiques en ſont ſortis. Quand ils ſont arrivés au dos de la veſſie ils ſe dilatent beaucoup, puis s'étant encore rétrécis ils ſe vont terminer au commencement des véſicules qu'on appelle *Séminaires*.

Voyés les trois Figures ſuivantes, dans la premiere A repréſente la Veine ſpermatique, *b b* les Rameaux qui vont au Péritoine & à l'Omentum, c le vaiſſeau Ejaculatoire. *d d d* les Divarications, Anaſtomoſes & Valvules des Rameaux de la Veine ſpermatique. E E l'Epidydime. F F le Corps du Teſticule envélopé de ſa Tunique albugineuſe.

Dans la ſeconde Figure A repréſente le vaiſſeau Ejaculatoire. *b b b* les petits Vaiſſeaux dévélopés qui formoient le corps de l'Epidydime. C C une portion de la Tunique albugineuſe percée par les Vaiſſeaux ſpermatiques préparants. *d d d* les petits Vaiſſeaux qui compoſent la ſubſtance des Teſticules.

Dans la troiſiéme Figure A repréſente le vaiſſeau Ejacula-

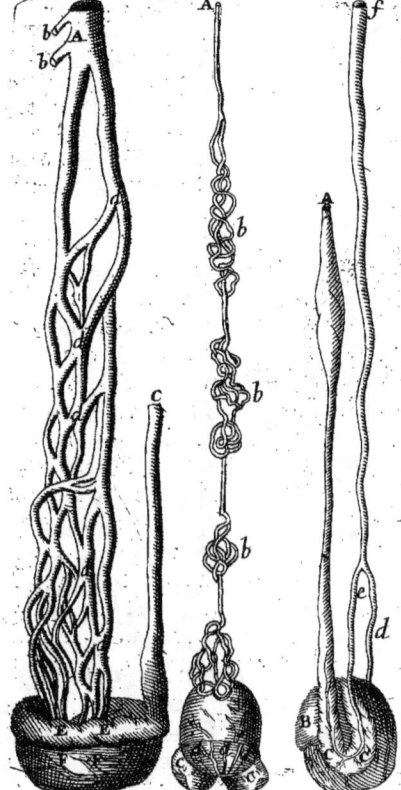

toire qui se décharge dans les Vésicules séminaires. B l'Epidydime, c c le dessus de l'Epidydime avec l'Artère spermatique. d le Rameau de l'Artère spermatique qui va aux Testicules. e celuy qui va à l'Epidydime. F l'Artère spermatique.

Les Vésicules séminaires sont situées entre la vessie & le rectum, & tellement attachées par plusieurs membranes au col de la vessie qu'elles semblent estre là en équilibre. La membrane qui les compose est assés mince, & percée d'un grand nombre d'artères & de veines.

Les Vésicules séminaires se vont rendre dans les Prostates, qui ne sont autre chose qu'un corps spongieux & farcy de plusieurs glandes. Ce corps est gros comme une noix, & il contient une humeur séreuse qui se décharge dans l'Urètre par de petits conduits qui sont aux côtés de la Caruncule qui empêche l'urine qui est dans l'Urètre d'entrer dans les Vésicules séminaires, & la sémence de couler dans l'Urètre hors du congrès.

LA PHYSIQUE.

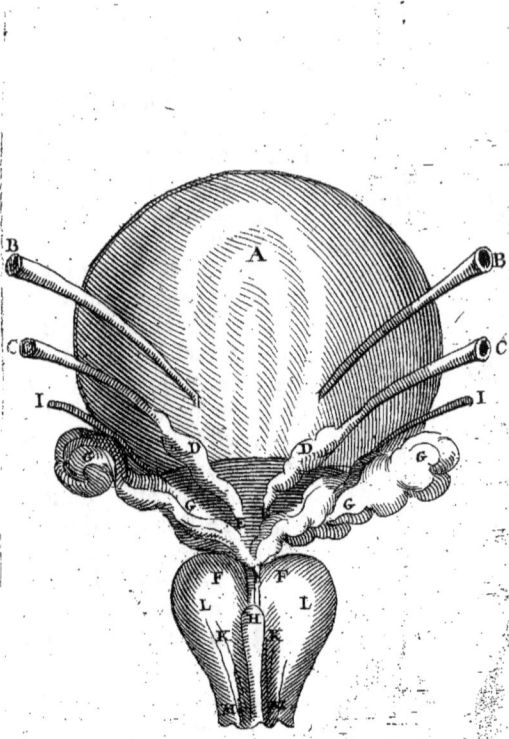

Voyés cette Figure dans laquelle A répréfente la veſſie, B F les Ureteres coupés; C C les parties des Vaiſſeaux qui portent la fémence: D D les parties de ces mêmes vaiſſeaux dilatées; E E ces mêmes vaiſſeaux reſſerrés & ouverts dans le col des Véſicules féminaires. F F le col des Véſicules féminaires. G G les Véſicules féminaires enflées de vent. I I des vaiſſeaux qui vont aux Véſicules féminaires. H une Caruncule qui répréſente la tête d'un Cocq. K le conduit du corps glanduleux dans l'Urètre. L L, le corps glanduleux diviſé en ſa partie antérieure. M M l'Urètre ouvert.

CHAPITRE III.

Deſcription des Organes de la Femme qui ſervent à la Generation.

LA Femme a une Matrice qui eſt ſituée dans la plus baſſe partie de l'abdomen entre la Veſſie & le Rectum, elle eſt
attachée

LIVRE HUITIE'ME. PARTIE I.

attachée par son col au fourreau, au Rectum & à la Vessie, & son fond est entierement libre. Elle a la figure d'une poire renversée & qu'on a un peu pressée. La cavité du col de la Matrice est ridée & percée de plusieurs petits troux par lesquels, si l'on presse sa substance, il coule une matiere séreuse, laquelle est tres-abondante dans les animaux luxurieux. La cavité propre de la Matrice est entrecoupée de plusieurs petites rides, elle a deux angles en son fond qui sont percés, & les deux trompes de fallope aboutissent à leurs ouvertutes. Les artères de la Matrice viennent en partie des artères hypogastriques & en partie des artères spermatiques. Les veines viennent aussi des veines spermatiques & des veines hypogastriques.

1. Ce que c'est que la Matrice, & de quoy elle est composée.

La Matrice a des nerfs de deux sortes. Les uns viennent des rameaux de la huitiéme paire, & les autres de la moëlle qui est dans la cavité de l'Os sacrum. Elle a encore plusieurs veines lymphatiques qui serpentant sur sa surface extérieure, s'assemblent peu à peu, & s'augmentent comme de petits ruisseaux jusqu'à ce qu'elles soient parvenuës au réservoir du chyle où elles finissent.

2. De l'origine des Nerfs de la Matrice.

Les Testicules de la Femme ne sont pas dehors comme ceux de l'homme, mais ils sont dans la plus intérieure partie de l'Abdomen éloignés de deux travers de doigt du fond de la Matrice, aux côtés de laquelle ils sont fortement attachés, ils tiennent aussi fermement de l'autre côté au Péritoine par les vaisseaux spermatiques ou par les membranes qui les envelopent de telle sorte qu'estant attachés par les deux côtés, ils se tiennent presque à même hauteur que le fond de la Matrice.

3. Ce que sont les Testicules de la Femme.

La substance des Testicules de la Femme est blanchâtre, & entierement différente de celle des Testicules de l'Homme. Car ceux-cy, si vous en exceptez quelques petites membranes & quelques vaisseaux spermatiques, ne sont composés que de petits vaisseaux qui portent la semence, lesquels estant dévélopés & joints ensemble ont plus de vingt aulnes de long, comme il a esté dit, au lieu que les Testicules de la Femme n'ont point de ces petits vaisseaux, d'où vient que quelque diligence qu'on puisse apporter, on ne sçauroit les dissoudre, mais leur substance intérieure est compoſée de plusieurs mem-

4. En quoy ils different ceux de l'Homme.

Tome III. B

branes dont la premiere s'appelle l'*Envélope*, & la plus intérieure eſt entre-coupée de petites fentes, & parſemée de petites glandes. Il y en a qui croyent que ces fentes ſont des muſcles circulaires.

<small>5.
Ce que ſont les Oeufs des Femmes.</small>

Dans la cavité propre des Teſticules de la Femme ſe trouvent ordinairement certaines véſicules pleines d'une liqueur limpide qui ſe coagule facilement quand on l'approche du feu. Il y a des vaiſſeaux ſpermatiques qui ayant pénétré ces véſicules ſe vont perdre dans leurs peaux après pluſieurs contours. Ces véſicules s'appellent *des Oeufs*, par le rapport & par l'analogie qu'elles ont avec les œufs des Poules ; ces œufs ſont ſitués entre les glandes au milieu des muſcles circulaires.

<small>6.
Qu'il y a apparence que l'Enfant eſt contenu dans l'Oeuf de la Femme.</small>

On ne ſçait pas préciſément ce qui eſt contenu dans ces œufs, mais parce qu'en examinant le germe d'un œuf frais on y découvre un Poulet tout entier ; on a raiſon de ſoupçonner auſſi qu'il y ait dans l'œuf d'une Femme un Enfant tout entier.

<small>7.
Ce que ſont le Chorion, l'Amnios & le Placenta.</small>

L'Enfant qui eſt dans chaque œuf eſt couvert de deux tuniques, dont l'extérieure s'appelle *Chorion* & l'intérieure *Amnios*. Il y a une maſſe de chair ſpongieuſe, qu'on nomme le *Placenta* ou *l'Arriere-faix*, qui eſt adherante au Chorion, laquelle reçoit l'artère & la veine ombilicale du fœtus qui ſe vont répandre dans toute la ſubſtance du Placenta.

<small>8.
Ce que ſont les Trompes de fallope, & quel eſt leur uſage.</small>

A chaque angle de la Matrice il y a une eſpèce de trompe, ces trompes ſont petites en l'endroit par lequel elles ont communication avec la Matrice, elles deviennent plus grandes en s'en éloignant, & s'eſtant enfin courbées, elles finiſſent enſorte que leur extrémité la plus éloignée eſtant un peu dilatée répréſente l'ouverture d'une trompette, & elle eſt tellement diſpoſée qu'elle doit recevoir ordinairement ce qui ſort des teſticules, & qui tomberoit ſans cela dans la cavité de l'Abdomen.

Voyés la Figure ſuivante, dans laquelle A A répréſente le tronc de la grande Artère, B B le tronc de la Veine-cave. C la Veine émulgente droite. D la Veine émulgente gauche. E l'Artère émulgente droite. F l'Artère émulgente gauche. I I l'Artère ſpermatique droite. K K l'Artère ſpermatique gauche. L L la Veine ſpermatique droite. M M la Veine ſpermatique gauche. N N les Artères iliaques. O O les Veines iliaques. P P les Rameaux intérieurs de l'Artère iliaque. Q Q les Rameaux extérieurs de l'Artère iliaque. R R les Rameaux intérieurs de la Veine iliaque. s s les Rameaux extérieurs de la Veine iliaque. T T les Artères hypogaſtriques qui vont à la Matrice & au Fourreau. v v les Veines hypogaſtriques qui accompagnent les Artères. y y les Veines hypogaſtriques qui vont à la Veſſie. a le fond de la Matrice. b b les Ligamens ronds de la Matrice attachés à ſon fond. c c les Trompes de fallope dans leur ſituation naturelle. d d les Pavillons des Trópes. e e les ouvertures des Trompes. f f les Teſticules dans leur

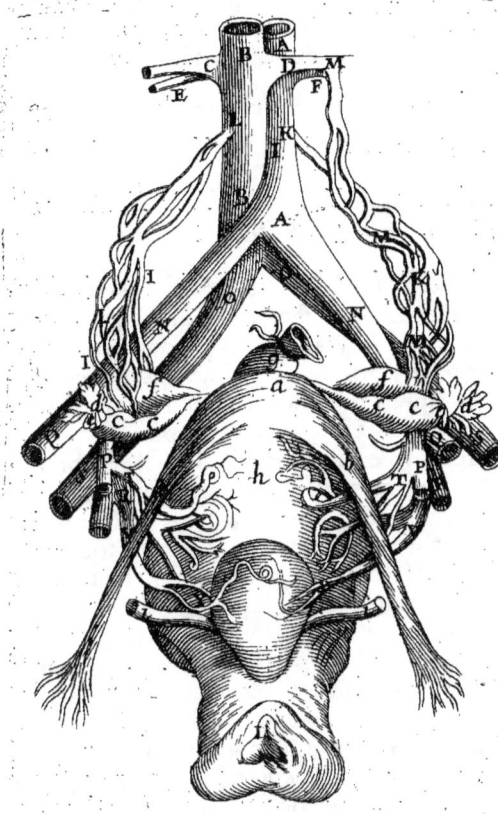

eſtat naturel. g une portion du Rectum. h le haut de la Matrice. L l'ouverture du Fourreau.

 Il y auroit beaucoup d'autres choſes à dire touchant la conformation des Organes qui ſervent à la génération des Hommes ; mais comme noſtre deſſein n'eſt pas de deſcendre dans le particulier des choſes, nous nous contenterons de ce que nous venons d'en propoſer, d'autant mieux que nous ſommes perſuadés que ceux qui ont diſſéqué, ou vû diſſéquer des corps humains, n'ont besoin d'autre chose pour entendre ce que nous aurons à dire, & que ceux qui ne se sont jamais occupés à cela, ne sçauroient s'en former une idée claire, quand même nous leur expliquerions un cours entier d'Anatomie.

CHAPITRE IV.

De l'usage des Parties de l'Homme & de la Femme qui servent à la génération.

<small>1.
Que la semence de l'Homme se forme dans ses testicules.</small>

TANDIS que les Oeufs sont dans les Testicules de la Femme, & qu'ils se nourrissent du sang qui leur est apporté par les artères spermatiques qui se vont répandre dans toute leur substance, il se forme dans ceux de l'Homme une liqueur fort subtile qui est propre à faire fermenter la matiere de ces Oeufs, à peu près comme le levain fait fermenter la pâte.

<small>2.
Comment elle s'y forme, & ce qu'elle est.</small>

Cette liqueur s'estant formée dans les testicules de l'Homme, elle s'y digère en plusieurs manieres ; car outre que les parties du sang dont elle est composée, s'atténuent en passant & repassant plusieurs fois par ces labyrinthes infinis que nous avons remarqués dans les testicules, elles se séparent encore de la Lymphe qui les rendoit trop liquides : car les veines lymphatiques qui répondent à cét endroit, sont tellement disposées qu'elles reçoivent tout le superflu de la lymphe pour le porter vers le réservoir du Chyle, suivant ce qui a esté remarqué.

<small>3.
Que la semence passe des testicules dans l'Epidydime, de l'Epidydime dans les vésicules séminaires, & de celles-cy dans les prostates.</small>

Cependant, comme les Artères spermatiques ne cessent de verser de nouveau sang dans les testicules, dont la capacité n'est pas infinie, la matiere qu'ils contiennent est poussée par celle qui vient de nouveau & par le mouvement onduleux qui est propre aux testicules, dans l'Epidydime, où elle reçoit encore plusieurs préparations dans les détours presque infinis des petits vaisseaux qui le composent. De l'Epidydime cette matiere passe dans les vésicules séminaires ; de celles-cy dans les prostates, & des prostates dans l'urètre, par lequel si elle n'estoit retenuë par la Caruncule, elle couleroit sans cesse dans la cavité des vésicules séminaires qui semblent, comme nous avons dit, estre en équilibre au tour du col

LIVRE HUITIE'ME. PARTIE I.

de la veſſie. C'eſt là cette Matiere qu'on appelle *la Semence de l'Homme.*

Si cette ſemence eſt auſſi ſubtile qu'il eſt poſſible de le concevoir, il eſt certain auſſi que la nature employe pour la rendre telle, un ſoin qui ne ſe voit point en la préparation de toutes les autres humeurs.

Elle reçoit ſes premieres préparations de même que les humeurs qui ſont deſtinées pour la nourriture ordinaire, & enſuite elle eſt préparée avec beaucoup plus d'appareil; car elle eſt portée par des détours tres-longs dans des conduits fort étroits & repliés, afin qu'eſtant long-temps retenuë elle ſoit ſubtiliſée à loiſir. Mais pour l'attenüer encore davantage, la nature a entortillé l'artère ſpermatique qui la porte, en un ſerpentin où le ſang circule par mille détours pour exalter davantage ſon eſprit. Cette exaltation ſeroit néanmoins inutile, ſi l'eſprit qui a eſté exalté, ne trouvoit en entrant dans les véſicules un crible particulier qui le ſépare des autres parties du ſang par une eſpèce de filtration.

4. Comment la ſemence ſe prépare dans les véſicules.

La nature fait encore circuler la ſemence dans l'Epidydime qui eſt un tuyau, dont l'entortillement forme une eſpèce de labyrinthe, non ſeulement, afin que par une longue circulation ce corps ſe ſubtiliſe en quittant le phlègme qui ne le peut ſuivre dans ces détours, mais encore afin qu'il n'y ait que l'eſprit le plus vigoureux qui puiſſe parcourir ce labyrinte, l'autre n'eſtant pas capable d'un ſi grand mouvement.

5. Comment dans l'Epidydime.

Mais parce que la chaleur pourroit tellement augmenter le mouvement du phlègme, qu'il auroit la force de parcourir ce ſerpentin, la nature a ſuſpendu en l'air les teſticules du mâle, afin qu'il n'y eût que l'eſprit le plus pur qui conſervât aſſés de mouvement pour en parcourir tous les détours.

Cet eſprit eſtant ainſi preparé monte par le tuyau éjaculatoire dans les teſticules ſéminaires où il ſe mêle avec une liqueur graſſe, qui ſert non ſeulement pour empêcher ſa diſſipation, mais encore pour l'arrêter quelque temps dans ces véſicules, dont les pores le laiſſeroient ſans doute paſſer, s'il n'eſtoit incorporé avec quelque liqueur qui eût plus de corps que luy. Des véſicules la ſemence paſſe dans les déférens, & les déférens la portent enſuite dans l'urètre en paſſant ſur les proſtates, qui fourniſſent encore une liqueur ſéreuſe. D'où il s'enſuit que

6. Comment dans les véſicules ſéminaires, & dans les proſtates.

B iij

la femence est composée de trois sortes de liqueurs, d'une liqueur fort subtile & spiriteuse qui vient des testicules, d'une liqueur un peu aqueuse qui vient des vesicules séminaires, & d'une liqueur plus grasse & plus huileuse qui vient des prostates.

7. Comment la femence est poussée hors des vaisseaux qui la contiennent.

Et comme la femence n'est pas faite pour rester toûjours dans les réservoirs où elle s'est formée, ces réservoirs ont la force de se resserrer par leurs fibres musculeuses, pour chasser par ce moyen la liqueur qu'ils contiennent. Les membranes dont les testicules sont revêtus contribuent beaucoup à la contraction de ces fibres & à l'expulsion de la femence ; mais il y a apparence que le scrotum y contribuë le plus, à cause qu'il est tissu de fibres charnuës & musculeuses qui sont par tout le principal organe du mouvement, les vesicules séminaires & les glandes prostates y ont aussi part, car ayant à peu près les mêmes fibres, elles font aussi les mêmes fonctions.

8. Quel est l'usage de la Verge.

Et parce qu'il estoit nécessaire que le tuyau qui doit faire l'injection de la semence masculine dans la matrice eût quelque roideur, la nature a voulu que la partie qui doit faire cette fonction fût composée d'une substance spongieuse, sçavoir de deux gros corps nerveux remplis de cellules qui ont un grand nombre de veines & d'artères. Elle a voulu encore que cette partie qu'on nomme la *Verge* eût quatre muscles à sa racine, & que ces muscles fussent tellement placés qu'en comprimant les veines & les corps spongieux ils empêchassent que le sang qui a coulé par les artères, ne retournât par les veines, & fissent par ce moyen l'érection de cette partie.

Et comme ce seroit en vain que le sang auroit causé la tension de la verge, s'il ne s'y arrêtoit pour en continuer le gonflement aussi long-temps qu'il est nécessaire, la compression que les muscles qu'on appelle Erecteurs & Accélérateurs causent aux veines, les empêchent de recevoir le sang aussi-tôt que les artères l'ont versé dans ce corps spongieux ; ce qui fait que la verge persiste dans sa tension, jusqu'à ce que la compression de la veine cessant le sang y coule, & ne gonfle plus la partie où il estoit auparavant retenu.

9. Que c'est la partie la plus subtile

Quand cette femence est reçûë dans la Matrice, il s'en exhale des parties si subtiles & si agitées, qu'elles montent en forme de vapeurs par les trompes dans les testicules où elles s'infinuent doucement dans les tuniques & dans la fubftance même des œufs qui font le plus propres à les recevoir.

de la femence qui caufe la génération.

Les parties qui s'arrêtent à la deuxiéme Tunique que nous avons dit eftre parfemée de petites glandes & de mufcles circulaires, caufent auffi-tôt une fermentation qui ayant dilaté les pores de cette Tunique, fait qu'elle reçoit plus de fang & plus de nourriture qu'à l'ordinaire ; ce qui fait que ces glandes croiffant peu à peu deviennent bien-tôt fi grandes que leurs envelopes ne pouvant plus s'étendre en dehors, elles preffent l'œuf qui eft au milieu d'elles de telle forte qu'il eft obligé de fortir des tefticules, tant par la compreffion de ces glandes, que par celles des fibres du mufcle circulaire dans lequel il eft enchaffé.

10. *Comment elle la caufe.*

La femence de l'Homme ne fait pas feulement fermenter les œufs & les envelopes des tefticules, elle a encore le pouvoir de changer & d'altérer non feulement le fang, mais toute l'habitude du corps de la Femme, comme il paroît par l'exemple des femelles des animaux tuées peu après la conception, dont la chair paroît fenfiblement différente de ce qu'elle eftoit auparavant ; car alors les efprits & les humeurs eftant échauffés & rendus plus pénétrans, ils ouvrent les pores de toutes les parties, particulierement ceux qui font près de la Matrice où aboutiffent les vaiffeaux, lefquels fervent d'ordinaire pour la nourriture des œufs ; car dans ce temps-là ils apportent tant d'humeurs, que l'œuf qui fe rencontre le plus difpofé à les recevoir, en eft enflé & groffy tout à coup de telle forte que ne pouvant plus eftre contenu entre les envelopes du Tefticule, il eft obligé d'en fortir.

11. *Que la femence de l'Homme change toute l'habitude du corps de la Femme.*

L'œuf eftant forty des envelopes tant par fon propre accroiffement que par celuy des glandes, eft reçu dans une efpèce d'Entonnoir membraneux, & conduit de là dans la trompe au bout de laquelle eft cet entonnoir : laquelle le pouffe par fon mouvement onduleux dans la Matrice.

12. *Que l'œuf paffe des tefticules dans les cornes de la matrice.*

L'œuf n'eft pas plûtôt tombé dans la Matrice que fa chûte détermine les efprits animaux à couler dans les fibres circulaires qui font deftinées à la ferrer ; ce qui fait que la Matrice fe ramaffe comme pour mieux embraffer cet œuf qui pourroit fortir par fon orifice s'il n'eftoit ferme par la contraction des fibres circulaires. Par ce moyen l'œuf s'attache

14. *Que la Matrice fe ferre quand elle a reçû l'œuf, & comment.*

par le Placenta ou Arriere-faix aux Tuniques de la Matrice, defquelles il reçoit une humeur fermentative qui le fait dilater, & le difpofe en même temps à recevoir la matiere dont il fe doit nourrir.

15.
Que le Placenta croît peu à peu, & comment.

Le Placenta eft petit au commencement, mais il croît enfuite peu à peu ; cependant l'efprit prolifique de la femence dilate tellement les pores des glandes qui font répanduës dans toute la furface intérieure de la Matrice, qu'il en fort un fuc Lymphatique nutritif qui paffe par tranfudation partie dans le Chorion & dans l'Amnios, & partie dans le Placenta.

16.
Qu'il eft vray-femblable que le fœtus fe nourrit en partie par la bouche.

Le fuc qui eft entré dans le Chorion & dans l'Amnios paffe vray-femblablement dans la bouche du fœtus ; car quoy que fes lèvres foient pour l'ordinaire collées l'une contre l'autre, cela n'empêche pas que le fuc nutritif ne puiffe par maniere de tranfcolation s'infinuer dans la bouche ; d'où il va enfuite dans l'eftomach, dans les inteftins, dans les veines lactées, dans le réfervoir du Chyle, dans le conduit Thorachique ; & enfin dans le cœur, où fe fermentant de nouveau par la chaleur que l'efprit de la femence y a excitée, il prend la forme de fang & paffe delà dans la grande artère qui le conduit partie aux membres fupérieurs, partie aux inférieurs, & partie dans les artères ombilicales par lefquelles il eft porté, non feulement dans le Chorion & dans l'Amnios par les branches qui s'y répandent, mais encore dans le Placenta qui fe nourrit de ce fang, comme nous avons dit, que les premiers animaux ont efté nourris de celuy qui eft verfé par les artères capillaires par tous les endroits du corps.

J'ay dit, *vray-femblablement*, pour faire entendre que quoy que nous n'ayons aucune raifon convaincante pour affûrer que le fuc nutritif entre par la bouche du fœtus, il y a pourtant beaucoup de raifons qui le font préfumer, dont la principale eft qu'il feroit tres-malaifé à comprendre comment les conduits du gofier, de l'eftomach, des boyaux, des veines lactées, du conduit thorachique, &c. fe pourroient conferver en bon état s'il n'y avoit aucune liqueur qui coulât dedans pour les tenir ouverts, & l'on ne voit pas que cette liqueur puiffe venir par ailleurs que par la bouche.

Quant au fuc nutritif qui entre dans le Placenta, il fert vray-femblablement à le nourrir, mais il n'y fert pas de telle forte

LIVRE HUITIE'ME. PARTIE I.

que le sang du fœtus n'y contribuë encore beaucoup; si bien que comme tout le sang qui est porté au Placenta n'est pas également digéré, celuy qui n'est pas propre à le nourrir passe dans la veine ombilicale, laquelle le porte dans le Foye, du Foye il va dans la Veine-cave, & delà au cœur, où s'estant derechef fermenté, ses principes se dégagent de telle sorte qu'ils sont non seulement capables de faire croître le Fœtus, mais encore de nourrir le Placenta.

Si le Placenta se nourrit du sang du Fœtus, il fournit aussi au Fœtus dequoy faire du sang, entant que s'estant imbibé du résidu du suc sereux, qui a pénétré par le Chorion & par l'Amnion dans l'œuf, il le fournit aux branches de la veine ombilicale qui le portent au Foye, à la Veine-cave & au cœur, d'où il va dans la grande artère, laquelle le répand dans toutes les parties du Fœtus pour les nourrir; en telle sorte néanmoins que les parties qui ne sont pas encore propres à cet effet, passent par les artères ombilicales dans le Placenta, & du Placenta elles retournent par la veine ombilicale dans le Fœtus.

17. Comment le Placenta ou arrierefaix fournit au Fœtus de quoy faire du sang.

Au reste lorsqu'il y a plusieurs œufs qui se trouvent également disposés à grossir & à se détacher pour tomber dans la Matrice par les trompes, ils y tombent effectivement; car quant aux animaux qui en engendrent plusieurs autres à la fois, comme font la pluspart des Bêtes: il y a dans leur Matrice plusieurs cellules & éminences charnuës ausquelles les petits œufs s'attachent: mais il n'en est pas de même des Femmes, car bien que la semence de l'Homme monte en vapeur aux testicules par les trompes de la Matrice, la Femme ne doit pas néanmoins concevoir deux enfans, parce que sa Matrice n'a qu'une cavité, & que ce n'est pas assés pour la génération que la semence monte aux testicules, il faut deplus qu'elle soit reçûë dans les pores des œufs pour les faire fermenter, & ces pores ne la peuvent recevoir qu'après que l'œuf est parvenu à un certain point de maturité auquel les œufs n'arrivent guéres dans les Femmes que les uns après les autres, ainsi qu'il se voit dans l'ovaire des poules, d'où les œufs ne se détachent d'ordinaire que successivement.

18. Pourquoy les Femmes n'accouchent d'ordinaire que d'un Enfant, & que les Animaux en font plusieurs.

Il faut donc supposer que quand une Femme conçoit deux enfans tout à la fois, cela vient ou de ce que deux œufs tom-

Tome III.   C

bent en même temps dans la Matrice, & qu'il y a deux endroits aufquels ils peuvent eftre attachés, ou de ce que ces deux œufs ont efté formés de telle forte dans la premiere création qu'ils font attachés au même Placenta.

Ce que nous difons de deux enfans fe doit entendre de trois, de quatre, &c. c'eft à dire, qu'une Femme peut accoucher d'un grand nombre d'enfans à la fois, comme il eft arrivé quelquefois, ainfi que nous l'apprenons par des Hiftoires fort fidèles.

CHAPITRE V.
De ce que la femence de l'Homme contribuë à la Génération de l'Enfant.

<small>1.
Qu'il y a apparence que la femence des mâles ne fait que dilater les germes.</small>

SI nous joignons ce que nous venons de dire de la génération de l'enfant à ce qui a efté dit cy-devant de celle du poulet, il paroîtra clairement que fi la femence du mâle eft néceffaire à la génération, ce n'eft pas tant pour donner aux parties des œufs l'arrangement qu'elles doivent avoir pour compofer des animaux que pour dilater les germes qui font déja formés en les faifant fermenter & les rendant par ce moyen capables de recevoir un accroiffement plus fenfible que celuy qu'ils recevoient auparavant.

<small>2.
1. Opinion fur ce fujet.</small>

Il y a des Philofophes qui veulent que l'œuf ne contienne qu'en puiffance la forme du fœtus, & que cette puiffance foit réduite en acte par le mélange de la femence du mâle : mais il a efté déja remarqué que cette opinion, quoy que fort ancienne, eft peu probable, parce qu'il eft impoffible de concevoir que par les feules règles de la fermentation toutes les parties d'un œuf puiffent prendre cette diverfité infinie de fituations & d'arrangemens qu'elles doivent avoir pour compofer un Fœtus, de forte qu'il y a lieu de croire que fi la feule fermentation eftoit caufe de la génération des animaux, nous verrions plus de Monftres que d'Animaux parfaits.

<small>3.
2. Opinion.</small>

Il y a d'autres Auteurs qui croyent que les parties de l'œuf n'ont pas befoin de la femence du mâle pour recevoir l'arrangement qu'elles doivent avoir pour compofer le premier crayon d'un mal, & qui veulent que cet arrangement dépende immédiatement de la fituation & configuration des pores par lefquels elles paffent en entrant des artères hypogaftriques dans les tefticules de la femelle ; c'eft à dire, qu'ils veulent qu'il y ait dans les tefticules de la femelle des filtres propres à produire cet arrangement. Ils fe perfuadent cela d'autant plus facilement que quand ils confidèrent que la matiere eft divifible à l'infiny, ils ne trouvent aucune peine à concevoir qu'elle eft actuellement divifée en des parties qui ont juftement la grandeur & la figure qui eft néceffaire pour s'arranger de la maniere qu'il faut pour compofer les germes de chaque efpèce d'Animaux.

Cette opinion a beaucoup plus d'apparence de vérité que la précédente, mais elle ne laiffe pas de renfermer de grandes difficultés; car il eft bien mal aifé de concevoir que les pores des artères hypogaftriques ou ceux des tefticules, puiffent eftre figurés fi à propos que les parties du fang qui y paffent, foient capables de cette infinie diverfité d'arrangements dont elles ont befoin pour compofer le germe d'un animal.

4. Que la feconde Opinion n'eft gueres plus certaine que la premiere.

Ainfi l'hypothèfe des facultés formatives, ni celle de la rencontre fortuite des matieres diverfement difpofées à recevoir des figures différentes par la condenfation, par la raréfaction, par la coagulation, ou par la précipitation, ne fçauroient nous conduire à l'évidence que nous demandons dans cette matiere ; car il eft impoffible de comprendre comment une liqueur qui paroît homogène, telle qu'eft la matiere que les animaux fourniffent pour la génération, fe forme & fe change elle-même en des organes infinimens différents.

5. 3. Opinion plus vrayfemblable que les deux autres.

Pour éviter ces difficultés qui paroiffent infurmontables, nous fuivrons une hypothèfe qui paroît plus fimple, c'eft celle qui veut que tous les germes tant des Plantes que des Animaux, ayent efté produits au commencement, & que toutes les générations qui arrivent enfuite, ne foient que de fimples dévelopements des germes caufés par l'efprit prolifique de la femence des mâles.

Il eft vray qu'il refte encore une grande difficulté touchant le lieu où les germes font produits; car les uns croyent qu'ils ont efté formés chacun dans le fein de la premiere femelle de fon efpèce, & les autres veulent au contraire qu'ils ayent efté

6. Difficulté touchant le lieu où les germes ont efté produits.

répandus dans tout le monde, en sorte qu'il y en a par tout de toutes les façons, mais qui venant à estre pris par la bouche avec les alimens ne s'attachent chacun qu'aux femelles de son espèce.

Ceux qui suivent la premiere opinion disent, que si les germes estoient pris avec les aliments il y auroit autant de raison d'assûrer qu'ils se filtrent dans les testicules du mâle, qu'il y en a de dire qu'ils se filtrent dans ceux des femelles. Il semble même qu'il y en auroit beaucoup plus, parce que l'expérience fait voir qu'en regardant la semence d'un homme avec un microscope, on voit un grand nombre de petits animaux qui remuënt à peu près comme ceux qu'on voit remüer dans l'eau qui a fermenté avec du poivre. Or qui nous peut assûrer que ces petits animaux ne sont pas les véritables germes de l'homme qui ayant commencé à se développer dans les testicules du mâle dans lesquels ils se sont filtrés, sont jettés ensuite dans la Matrice de la Femelle pour s'y développer davantage; c'est certes ce qu'on ne sçauroit précisément déterminer.

7.
Qu'il y a lieu de croire que tous les germes ont esté produits dans la premiere Femelle de chaque espèce.

Les Partisans de la seconde opinion disent à leur tour que si la premiere estoit vraye, le premier germe de chaque espèce eût contenu des germes infinis, ce qui répugne; mais on leur répond qu'il est aisé de concevoir que le premier germe a pû contenir tous les autres germes, sans qu'il soit nécessaire de conclure que les germes sont infinis, n'y ayant rien qui nous oblige de croire qu'ils soient tels.

Il n'y a donc rien de plus raisonnable que de penser que le premier germe a esté produit avec la premiere femelle de chaque espèce, & qu'il a contenu formellement tous les autres germes : en telle sorte que les générations qui arrivent dans la suite des temps ne sont que des explications de la production des premiers germes, ainsi qu'il a esté remarqué. *

* Liv. 6.
Chap. 12.
Art. 2.

CHAPITRE VI.

Quel est le principal usage de la Respiration, & pourquoy les Enfants ne respirent pas dans le sein de leur Mere.

1.
Que la Respiration sert à introduire de l'air dans le sang.

IL ne faut pas s'imaginer, comme font quelques-uns, que la respiration ne serve qu'à faire passer toute la masse du sang par le Poûmon, elle sert encore & principalement à introduire dans le sang certaines particules d'air qui sont absolument nécessaires, pour faire que par leur ressort le sang puisse passer par tous les tuyaux capillaires du corps, comme il arrive que lors qu'on pousse de l'air dans des machines hydrauliques, on fait couler des liqueurs par des tuyaux capillaires, qu'elles n'auroient pû pénétrer autrement.

Mais, dira-t'on, comment l'air peut-il entrer dans les vaisseaux du Fœtus, lors qu'il est encore dans le sein de sa mere, où il ne respire point ? Nous répondons qu'il y entre partie avec le sang de la mere, partie avec cette humeur glaireuse qui exude continuellement de la matrice, & qui est reçûë par les vaisseaux ombilicaux, & partie enfin avec cette liqueur qui est dans l'Amnion de laquelle le Fœtus est entouré : car il est certain que ces trois humeurs contiennent beaucoup d'air, comme il paroît de ce qu'elles se réduisent facilement en écume, & de ce qu'estant dans la machine du vuide dont on a pompé l'air, elles se dilatent beaucoup & produisent un grand nombre de petites bulles, qui ne sont autre chose que des particules d'air qui se trouvant déchargées du poids de l'air extérieur, s'élèvent en haut par leur ressort.

2. Comment l'air entre dans le sang.

Nous ne faisons point aussi difficulté de croire que le Poulet qui est encore dans la coque, reçoit continuellement par les vaisseaux ombilicaux de l'air qui luy vient du blanc de l'œuf lequel en contient beaucoup, comme il a esté dit ; & ce qui nous confirme dans cette opinion, est que le Fœtus qui est hors du sein de la mere peut vivre quelques heures sans respirer, pourvû qu'il soit environné de toutes ses membranes, & qu'il nage dans la liqueur qui est contenuë dans l'Amnion, au lieu que s'il est dépoüillé de ces envélopes & privé de cette liqueur, il meurt presque dans un moment. Or cela ne vient pas de ce que le sang qui a commencé de passer par le Poûmon exige de continuer d'y passer ; car les chemins par lesquels il passoit auparavant ne sont pas encore tellement bouchés qu'il ne les puisse rouvrir ; cela procède donc de ce que le suc nutritif qui est dans le Placenta & dans les membranes qui envelopent le Fœtus, contient assès d'air pour en fournir à la circulation ce qui est nécessaire pour quelques heures, au lieu que lors que la respiration est empêchée & que ces mem-

3. Que le Poulet qui est dans la coque reçoit continuellement de l'air, & comment.

branes font ôtées, il ne refte plus rien qui puiffe fournir cét air.

Il y a des Auteurs qui nient que l'air fe mêle avec le fang, & qui prétendent que non feulement il n'y a point de conduits par lefquels l'air & le fang ayent communication enfemble, mais même que s'il y en avoit, il feroit à craindre que le fang ne fortît par les mêmes voyes par lefquelles l'air feroit entré. D'autres au contraire, foûtiennent que l'air fe mêle continuellement avec le fang dans le Poûmon, par des conduits qui font à la vérité imperceptibles, mais qui ne laiffent pas d'eftre affès grands pour laiffer paffer l'air fans donner iffuë au fang, par la même raifon que les pores de la peau retiennent le fang, & donnent iffuë aux vapeurs qui tranfpirent continuellement du corps. Ils confirment leur opinion par des expériences faites par M. Sylvius, & par M. Thrufton. Le premier dit qu'en preffant long-temps & peu à peu un Poûmon encore tout chaud, il vît de l'air qui paffoit dans l'artère & dans la veine pulmonaire, & delà dans les deux ventricules du cœur: & l'autre affûre qu'en difféquant le Poûmon d'un Mouton, & ayant féringué une liqueur noirâtre dans l'artère du Poûmon, une partie fortit par la trachée en forme d'écume, ce qui prouve évidemment que l'air qui eft dans la trachée peut paffer dans les vaiffeaux du Poûmon, puis que les liqueurs qui font dans ces vaiffeaux peuvent paffer dans la trachée.

Mais ce qu'il y a icy de plus remarquable, c'eft que l'air qu'on réfpire ne fert pas feulement pour donner aux vaiffeaux du Poûmon la tenfion & la rectitude qui leur eft néceffaire pour laiffer paffer librement le fang qui vient du ventricule droit du cœur; mais il eft encore abfolument néceffaire pour réparer continuellement le reffort, par lequel feul le fang eft rendu capable de pénétrer tous les vaiffeaux capillaires du corps, qui fans cela feroient tout comprimés.

Ajoûtés à tout cela, qu'il y a apparence que l'air qui fe mêle avec le fang par la refpiration, perd peu à peu la force de fon reffort, ou qu'il trouve des iffuës pour fe féparer d'avec luy, & peut-eftre même qu'il fait l'un & l'autre; car en effet, fi l'air ne fe féparoit pas du fang, ou s'il confervoit toute la force de fon reffort, il ne femble pas que l'ufage continuel de la refpiration fût auffi néceffaire qu'il eft.

4. Objection avec la réponfe.

CHAPITRE VII.

Comment le Sang circule dans le Fœtus qui n'a pas encore l'usage de la respiration.

PENDANT que le Fœtus est renfermé dans le sein de la mere, le poûmon est si comprimé & ses vaisseaux si affaissés les uns sur les autres par l'abaissement des côtes, que toute la masse du sang n'y sçauroit passer. Je dis toute la masse du sang, car il y a lieu de croire qu'il y en passe quelque peu, tant pour conserver la flexibilité du poûmon, que pour servir à sa nourriture.

1. Pourquoy le sang ne peut passer par le Poûmon du Fœtus.

Cependant comme il est nécessaire que tout le sang circule dans le Fœtus, & qu'il ne peut passer par le poûmon, la nature supplée à ce defaut, en faisant que de la veine cave il en passe une bonne partie dans la veine du poûmon par le trou ovale sans passer dans le ventricule droit, & que de l'artère du poûmon la meilleure partie va dans l'aorte par un canal artériel qu'on nomme *de Botal*. Par ce moyen le trou ovale joignant la cave à la veine du poûmon, ne soulage pas seulement le ventricule droit du cœur qui est encore foible, mais aussi le poûmon. De même le canal artériel qui joint l'artère du poûmon avec l'aorte, ne décharge pas seulement le ventricule gauche du cœur, mais encore le poûmon ; ce qui estoit absolument nécessaire, parce que le sang ne sçauroit pénétrer les vaisseaux capillaires du poûmon s'il n'a quelque ressort ; & il est certain qu'il n'en peut avoir aucun avant qu'il luy ait esté communiqué par l'air de la respiration.

2. Comment le sang circule sans passer par le Poûmon.

On demandera peut-estre pourquoy le sang qui a passé longtemps par le trou ovale & par le canal artériel, s'il vient à passer une seule fois par le poûmon, ne reprend plus sa premiere route, de telle sorte que l'enfant meurt bien-tôt si on l'empêche de respirer. Nous répondons à cette difficulté en faisant remarquer 1. Que le chemin du sang par l'artère & par la veine pulmonaire est beaucoup plus droit que celuy du même sang par le trou ovale & par le canal artériel. 2. Que le trou ovale a une valvule qui se ferme du dedans de la veine pul-

3. Pourquoy le sang qui a une fois passé par le Poûmon ne peut passer par aucun autre lieu.

monaire dans la veine cave. 3. Que le canal artèriel est composé d'une membrane cartilagineuse qui est tres-propre à se resserrer par sa vertu élastique. Or cela posé, il est évident que le sang fait plus d'effort pour passer par l'artère & par la veine pulmonaire, que pour passer par le trou ovale & par le canal artèriel. Il paroît encore que le sang qui est monté dans le poûmon ne peut descendre dans le ventricule gauche du cœur sans comprimer la valvule du trou ovale, & par conséquent sans empêcher le sang de la cave de passer par ce trou ; il paroît enfin que le sang qui sort du ventricule droit du cœur trouvant un chemin droit pour aller au poûmon par l'artère pulmonaire, ne se détourne qu'en petite quantité par le canal artèriel ; ce qui fait que ce canal par son ressort se comprime peu à peu de telle sorte qu'il vient enfin à disparoître tout à fait.

4. D'où vient le premier effort que l'Enfant fait pour respirer.

Mais, dira-t-on, pourquoy est-ce que le Fœtus qui ne fait aucun effort pour respirer tandis qu'il est dans le sein de la mere, commence d'en faire dés qu'il en est sorty ? Nous répondons à cela que le Fœtus fait autant d'effort dans le sein de la mere que dehors pour respirer ; mais qu'il y a cette différence entre ces deux états que dans le premier la compression de la poitrine empêche les esprits animaux de couler dans les nerfs intérieurs pour les raccourcir, au lieu que dans le second la poitrine ayant la liberté de se dilater, les esprits coulent d'eux-mêmes dans les muscles qui servent à hausser les côtes & à faire l'inspiration qui est bien-tôt suivie de l'expiration par les raisons qui ont esté cy-devant proposées.

5. Que dans l'inspiration le sang passe plus facilement par le Poûmon que dans l'expiration, & pourquoy.

Quant au fond de la respiration, elle se fait de telle sorte que le sang ne passe que par reprises dans le poûmon, il y a même lieu de croire qu'il y passe plus facilement dans l'inspiration que dans l'expiration, parce que dans celle-cy les vaisseaux sont comprimés par la poitrine qui se baisse, & que dans celle-là ils sont dilatés par l'air qui fait le ressort ; ce qui semble se déduire manifestement de l'expérience de Monsieur Hoch, qui fait vivre un Chien sans thorax & sans diaphragme, en tenant ses poûmons immobiles, & y soufflant continuellement ; car cela fait voir clairement que ce n'est pas dans la seule expiration que le sang entre dans le poûmon (comme quelques-uns prétendent) puis qu'il ne s'en fait aucune dans ce Chien, & que néanmoins le sang ne laisse pas de circuler.

CHAP.

CHAPITRE VIII.

Des fonctions que l'Enfant exerce dans le sein de sa Mere.

LEs fonctions que l'Enfant exerce dans le sein de sa Mere, sont particulierement celles de l'attouchement : car en effet, l'Enfant sent de la douleur lors que le suc qui le nourrit souffrant une trop grande fermentation dans les intestins en dilate par trop les membranes, il sent du chaud ou du froid lors que le sang de la Mere est plus ou moins agité qu'à l'ordinaire, &c.

Nous ne croyons pas que l'Enfant imagine dans le sein de la Mere, si ce n'est qu'il imagine fort confusément, comme il arrive aux adultes mêmes, lors qu'ils imaginent des choses qu'ils ne connoissent que par la douleur, ou par le plaisir qu'elles leur causent : car bien que cette connoissance suffise pour faire qu'ils se représentent ces choses comme differentes à leur propre égard ; cela ne suffit pas néanmoins pour faire qu'ils se les représentent telles qu'elles sont en elles-mêmes : ce qui dépend principalement du sens de la vûë, duquel l'Enfant qui est encore dans le sein de sa mere, ne fait aucun usage.

L'Enfant est encore agité de l'amour & de la haine, & de plusieurs passions qui en sont des suites : car par exemple, si le suc dont il se nourrit est plus pur & plus subtil qu'à l'ordinaire, il s'embrase avec plus de facilité, & produit des esprits qui sont déterminés à couler dans les nerfs qui vont au cœur, ce qui est cause que le sang monte au cerveau en plus grande abondance, & que les esprits animaux qui en proviennent, sont tres propres à fortifier l'ébranlement que la présence & l'action du suc y ont excité. Et parce que cet ébranlement a produit d'abord une idée agreable à l'Ame à cause du témoignage qu'elle luy a rendu du bon état de son corps, lors qu'il est continué dépendamment des mêmes nerfs du cœur, il incite l'ame à se complaire dans la possession de ce même état, c'est à dire, à avoir de la *joye*. Par une raison contraire l'Enfant ressent de la tristesse, lors que le suc dont il se nourrit, est plus grossier

Tome III. D

1. *Que l'Enfant sent de la douleur & du plaisir.*

2. *Qu'il n'imagine que confusément.*

3. *Qu'il est agité de joye, de tristesse, &c.*

& plus impur qu'à l'ordinaire, parce qu'il produit dans l'ame le regret de n'en pouvoir eftre délivrée.

4. *Qu'il a du defir & de la crainte, &c.*

Ce que je dis de la joye & de la triſteſſe ſe doit entendre par proportion du defir & de la crainte, mais en telle ſorte néanmoins que ces paſſions dans un Enfant qui eſt encore dans le ſein de la Mere, ne dépendent pas tant de la connoiſſance qu'il a des bonnes & des mauvaiſes qualités du ſuc dont il ſe nourrit, que du plaiſir ou de la douleur qu'il en reçoit à peu près comme il arrive aux adultes lors qu'ils ont de la joye, ou de la triſteſſe ſans en connoître la véritable cauſe.

5. *Qu'il n'y a pas d'apparence que l'Enfant dorme toûjours dans le ſein de la Mere.*

* Monſieur Thruſton dans ſon Traité de la Reſpiration Pag. 112.

Il y a des Philoſophes * qui croyent avec Ariſtote, que l'Enfant tandis qu'il eſt dans le ſein de la Mere demeure dans un ſommeil perpétuel, qui procède de ce que le cerveau eſt affaiſſé, & que les nerfs ne ſont pas tendus comme ils ont coûtume de l'eſtre quand on eſt éveillé.

Ils confirment leur opinion premierement, parce que ces petits Enfants n'ont encore aucun commerce avec le monde; & en ſecond lieu, parce que tandis qu'ils ſont dans le ſein de leur mere, la liqueur qui les environne ne permet pas aux corps extérieurs d'agir ſur eux pour les éveiller.

Mais au fond, tout cela prouve bien que les Enfants dans le ſein de leur Mere joüiſſent d'un grand repos, mais non pas qu'ils ſoient toûjours endormis; il y a bien plus d'apparence qu'ils ſont ſouvent éveillés, ſoit par la diſpoſition naturelle de leur cerveau, ſoit parce qu'ils ont eſté arrachés au ſommeil par quelque violente douleur qui a précédé, ſoit parce que la Mere a mangé des aliments flatueux, ou parce que ſes mois ſe ſont arrêtés, comme ils s'arrêtent d'ordinaire en ce temps-là. Ce qui fait que l'Enfant accablé de plenitude ſe remuë violemment.

Il faut ajoûter que l'Enfant dans le ſein de la Mere ne peut réjetter les excréments qu'il fait, & que ces excréments quoy qu'en petite quantité au commencement (à cauſe que l'Enfant ſe nourrit d'un ſuc fort épuré) ne laiſſent pas de croître à la longue, de telle ſorte qu'ils cauſent au fœtus des incommodités ſi grandes, qu'il y a des Auteurs qui croyent que l'effort qu'il fait pour s'en délivrer eſt la principale cauſe de l'accouchement.

Et il n'importe de dire que ces excréments ne ſont point nuiſibles à l'Enfant, lequel eſtant endormy n'en ſçauroit eſtre

incommodé ; car c'eſt proprement ſuppoſer ce qui eſt en queſtion. En effet, comment peut-on accorder que l'Enfant ne ſent
point d'incommodité de ſes excréments, parce qu'il dort, lors
qu'on nie qu'il dorme?

CHAPITRE IX.

*De la reſſemblance des Peres avec les Enfants, & des
cauſes des Monſtres.*

IL ſemble bien difficile de comprendre comment la forme   1.
& les traits des Parents s'impriment dans les Fœtus, ſur tout *Que la fi-*
quand on ſuppoſe comme nous faiſons, que les germes ſont *gure du Fœ-*
déja faits & formés depuis le commencement du Monde. *tus peut eſtre*
Néanmoins, ſi l'on conſidère la choſe avec attention, on *diverſement*
trouvera qu'il n'eſt pas ſi difficile qu'on penſe de concevoir que *modifiée, &*
la figure d'un corps auſſi petit & auſſi fléxible qu'eſt celuy *comment.*
du Fœtus, puiſſe eſtre diverſement modifiée ſoit par les corps
qui ſervent à l'aggrandir, ſoit par ceux qui le ſerrent ou le compriment de telle ſorte qu'ils obligent les particules dont il eſt
compoſé, à changer quelque peu leur ſituation.

Ainſi par exemple, quand la ſemence du mâle pénètre dans
les pores des œufs, qui nous empêchera de croire qu'elle
les ouvre de telle ſorte qu'ils ſont plus diſpoſés à recevoir de la matiere, dont les particules reſſemblent à celles de
la ſemence du mâle, qu'à en admettre d'autres ; ce qui fait que
les particules qui entrent dans la compoſition du corps de
l'Enfant, s'arrangent à peu près de la même maniere que ſont
arrangées celles qui compoſent le corps du Pere, ce qui eſt la
véritable cauſe de la reſſemblance du Pere & du Fils.

Il ſe peut faire même qu'il naiſſe un Enfant qui reſſem-   2.
ble à des ayeuls que le Pere ni la Mere n'ont jamais vûs ; *Comment*
car on conçoit aiſément que les ayeuls peuvent avoir donné à *les Enfants*
ceux qu'ils ont engendrés des diſpoſitions, qui font que les *quelquefois à*
parties de leur ſémence cauſent dans les particules des œufs *leurs Ayeuls,*
des arrangements particuliers propres à produire dans le Fœtus *que leurs Pe-*
une figure modifiée d'une certaine maniere plûtôt que d'une *res n'ont ja-*
autre.   *mais vûs.*

D ij

Cela semble se confirmer parce que le mélange des semences de deux différentes espèces ne manque jamais de produire des Fœtus qui tiennent de l'une & de l'autre, c'est pour cela qu'on dit d'ordinaire que l'Afrique abonde en Monstres, parce que les Animaux de différente espèce se rencontrant à l'abrevoir ou aux eaux douces qui sont rares dans cette partie de la terre, s'accouplent diversement les uns avec les autres, & c'est pour cela même que nous voyons icy quelquefois des Animaux qui tiennent du Chien & du Chat.

3. Pourquoy l'on dit que l'Afrique abonde en Monstres.

Deplus, si le Fœtus est tellement serré dans la Matrice que toutes ses parties ne puissent croître proportionellement, soit parce que la Matrice est trop petite, soit parce que les parties du Fœtus sont diversement détournées par quelque cause extérieure, il est nécessaire que l'Enfant soit contrefait, c'est à dire, qu'il ait quelque membre plus grand ou plus petit, ou autrement situé que la construction naturelle du corps ne demande ; c'est ce qui fait qu'il y a des Enfans *Boiteux*, *Bossus*, &c.

4. Pourquoy il y a des Enfans Boiteux & Bossus, &c.

Le défaut de la Matrice n'est pas la seule cause de cette imperfection du Fœtus, les passions qu'il souffre dans le sein de la Mere contribuent encore beaucoup à la produire. En effet, quand le sang & les esprits sont dans un grand mouvement, comme ils y peuvent estre, soit à raison de la matiere dont ils sont faits, soit à raison de la maniere dont ils s'engendrent, soit enfin par des causes extérieures, qui font qu'ils sortent du cerveau plus vîte ou plus lentement qu'il ne faut, s'ils coulent en cet état dans le cœur & dans les viscères, ils les serrent ou les dilatent de telle sorte que la distribution des aliments par tout le corps en est empêchée, d'où vient qu'il y a des parties moins nourries que d'autres, ce qui fait que la constitution naturelle du corps est défectueuse.

5. Comment les passions servent à les rendre tels.

Il peut arriver même que la passion d'un Enfant qui est encore dans le sein de sa mere, sera si grande qu'elle changera la figure du Fœtus en celle d'une autre espèce, par exemple, en celle d'un Singe : car qui ne voit que si l'Enfant est longtemps possédé d'une passion semblable à quelque autre passion qui soit familiere à cette sorte d'Animal, son cerveau, son cœur, ses nerfs & ses viscères se disposeront ensorte que les esprits animaux y couleront facilement pour pousser, ou pour

6. Comment un Fœtus peut changer sa figure en celle d'un animal d'une autre espèce.

LIVRE HUITIE'ME. *PARTIE I.*

retenir les sucs qui sont nécessaires pour entretenir cette passion. Qui ne voit encore que les Muscles du visage du Fœtus se composeront, selon que cette passion les fait composer dans le Singe, & qu'ils se confirmeront dans cet état, selon que la passion sera plus longue, ce qui sera cause que l'Enfant venant à naître, ressemblera & par les traits de son visage, & par la conformation de ses membres au Singe, dont il a éprouvé les passions dans le sein de sa Mere.

Nous ne parlerons point icy des causes qui produisent dans le Fœtus ces passions extraordinaires, comme ces causes sont le plus souvent dans l'imagination de la Mere, & que nous ne connoissons pas encore la nature, ni la force de cette faculté; nous différerons de les examiner jusqu'à la troisiéme partie de ce Livre, où il sera traité exprès de l'Imagination & des Causes Physiques de ses fonctions.

Ce sera alors que nous ferons voir que s'il arrive quelquefois que de parents mutilés il naisse des Enfans avec les mêmes imperfections, il n'est pas difficile de concevoir que cela peut venir de la Mere dont l'imagination qui a la force de remuer les humeurs, & par conséquent de les faire couler vers des parties plûtôt que vers d'autres, a manqué de déterminer leur mouvement vers les parties dont l'Enfant est privé, ce qui fait qu'elles ne se peuvent dévéloper.

7. Pourquoy il arrive quelquefois que de Parents mutilés il nait des Enfants qui ont les mêmes imperfections.

Que si au contraire il arrive que des parties supernumeraires soient ajoûtées, comme un second bras, une seconde tête, & toutes les autres choses qui forment des Monstres; il est encore facile de concevoir que cette composition de parties ajoûtées a pû estre faite par la rencontre de deux œufs qui se sont attachés ensemble, & dont les parties ont esté diversement dévélopées, détournées, entre-mêlées & jointes, soit par le défaut de la Matrice qui a esté trop petite, soit par les mouvemens des humeurs diversement agitées par l'imagination de la Mere; c'est ainsi qu'on voit des Jumeaux qui naissent joints ensemble, ou des Enfans qui ont deux têtes ou trois bras.

8. Comment se forment les parties qui sont ajoûtées au Fœtus.

Il faut ajoûter que rien ne nous empêche de croire que les germes des Monstres ont esté produits au commencement comme ceux des Animaux parfaits, & que la génération ne fait autre chose à leur égard que de les rendre plus propres à croître d'une maniere sensible, sans qu'il importe de dire que Dieu

9. Que les Monstres peuvent avoir esté formés au commencement.

D iij

ne peut estre l'auteur des Monstres, & qu'il le seroit neanmoins si les germes des Monstres estoient depuis le commencement; car il est aisé de répondre qu'il n'y a rien dans le monde hormis le mal moral, dont Dieu ne soit l'auteur, & qu'il ne produise luy-même tres-positivement, quoy que librement. Il ne serviroit encore rien de dire que Dieu produit à la verité des Monstres, quoy qu'il voudroit bien qu'il n'y en eût pas, mais qu'il est obligé d'en produire pour satisfaire à la simplicité des Loix de la Nature : car nous répondrons que les Loix de la Nature ne sont point differentes de la volonté de Dieu, & si l'on dit que Dieu fait des choses en suivant les Loix de la Nature qu'il voudroit ne pas faire, nous répondrons encore que c'est proprement asseurer que la volonté de Dieu est contraire à elle-même, ce qui répugne.

CHAPITRE X.

De la naissance de l'Enfant, & de ce qui luy arrive d'ordinaire après qu'il est hors du sein de sa Mere.

I. Comment l'Enfant sort du sein de sa Mere.

COMME le corps de l'Enfant croit dans le sein de la Mere de la même maniere, & par les mêmes règles que nous avons vû croître celuy du Poulet dans l'Oeuf, il parvient enfin à une telle grandeur que la tête se trouvant plus pesante que les pieds, elle se porte en bas vers l'orifice de la Matrice, où l'Enfant presse de telle sorte les envelopes qui le tiennent renfermé, qu'elles sont contraintes de se rompre pour le laisser sortir par le fourreau de la Matrice, qui dans l'accouchement se raccourcit tellement par l'extension de ses membranes qu'il est tout rejoint & presque confondu avec le corps de la Matrice. Il ne faut pas croire pourtant que la pesanteur de l'Enfant soit la seule cause de l'accouchement des Femmes, la compression des muscles du Diaphragme, le ressort des fibres de la Matrice, & son mouvement onduleux & quasi péristaltique contribuent encore beaucoup à cet effet.

Dés que l'Enfant est hors du sein de sa Mere, les objets extérieurs qui agissent vivement sur son corps, à cause qu'il est encore fort tendre, causent en luy des sentimens fort vifs, &

LIVRE HUITIE'ME. PARTIE I. 31

déterminent en même temps les esprits animaux à couler dans tous les muscles, mais sur tout dans ceux qui servent à hausser & à abbaisser la Poitrine, ce qui fait que l'Enfant respire.

L'Enfant n'a pas plûtôt commencé de respirer que le sang circule plus facilement, & la digestion se fait avec plus d'exactitude, & parce qu'il ne reçoit plus alors de nourriture par la bouche ni par le nombril, les sels acres ou acides de l'estomach agissant contre ses membranes en picotent les nerfs, & les meuvent de telle sorte qu'ils déterminent les esprits animaux à couler dans les muscles qui servent à ouvrir la bouche, à serrer les lèvres, à dilater la poitrine & l'estomach, & à faire généralement tous les mouvemens qui sont nécessaires pour traire le lait des Mammelles & pour le pousser dans l'estomach, où il n'est pas plûtôt parvenu, qu'il s'y cuit & s'y digère de telle sorte que l'Enfant s'en nourrit bien ou mal selon que ce lait a de bonnes ou de mauvaises qualités, & que l'Enfant est bien ou mal disposé; car par exemple, si le lait est trop acre, non seulement il ronge les parties de l'Enfant qui sont encore fort tendres, & cause des ulcères, mais il excite encore le vomissement pour des raisons qui seront dites ensuite.

2. Comment il se nourrit du lait de sa mere, bien ou mal selon les bonnes ou mauvaises qualités de ce lait.

Et parce que l'enfant tandis qu'il est dans le sein de la Mere ne se purge point par les selles ni par aucune transpiration sensible de quantité de mauvaises humeurs qui s'engendrent continuellement en luy, il est nécessaire que lors qu'il en est sorty, ces mauvaises humeurs se fassent cours par la tête, par le visage ou par les oreilles, & par conséquent qu'elles y causent quelque sorte de galle.

3. D'où vient la galle aux Enfants.

Il faut ajoûter que lorsque les dents sortent, elles ébranlent le cerveau avec tant de violence en perçant les membranes qui les couvrent & qui sont extrémement délicates, que toutes les fonctions naturelles de l'Enfant en sont troublées, d'où vient que le lait & le sang se corrompent, & que les esprits qui en sont formés contractent une telle acrimonie, qu'entrant dans les nerfs par les muscles, ils les font raccourcir plus qu'à l'ordinaire, & causent par ce moyen des mouvemens convulsifs qui tuënt souvent les petits enfans, parce que les efforts qu'ils font obligent le sang à couler en abondance dans les cavités du cœur qui en sont tellement dilatées qu'elles ne peuvent ensuite se resserrer pour l'en faire sortir & pour

4. D'où vient qu'il y en a qui meurent du mal des dents.

continuer la circulation qui est absolument nécessaire à la vie.

5.
Comment ils usent des viandes solides.

Lorsque l'Enfant s'est nourry de lait pendant quelque temps, il devient enfin si grand qu'il a besoin d'user de viandes plus solides pour s'entretenir, d'où vient que quand il a faim & qu'il se présente devant luy quelque chose qui flatte son goût en chatoüillant la langue, il ne peut manquer, à cause de la disposition méchanique que la nature a mis dans ses organes, de remüer les mâchoires pour la broyer entre les dents, & de se servir de la racine de la langue pour la pousser dans l'œsophage & de là dans l'Estomach, en telle sorte néanmoins que comme il y a un tel rapport entre les levains de l'estomach & la salive que les aliments que celle-cy ne peut dissoudre, sont pour l'ordinaire au dessus de la puissance de l'autre, il arrive aussi qu'il n'y a que les viandes qui peuvent commencer à se digérer dans la bouche de l'Enfant, qui estant parvenuës à l'estomach peuvent achever de s'y dissoudre pour luy servir de nourriture.

6
Pourquoy ils desirent de manger de ce qu'ils ont déja mangé.

Si dans les premieres années ou dans la suite, l'Enfant a beaucoup d'appétit, & qu'il mange quelque chose de bon goût, les traces que les nerfs de l'estomach causent dans le cerveau se joignent tellement avec celles que les nerfs de la langue ou des autres sens y impriment, qu'aussi-tôt que le même mouvement revient dans les nerfs de l'estomach, il excite le souvenir de la chose qui a flatté le goût, & le desir non de manger simplement, mais de manger en particulier la chose dont l'idée est jointe avec l'ébranlement des nerfs de l'estomach. Il arrive aussi quelquefois que venant à flairer, à gouter, ou simplement à regarder l'aliment qui l'a chatoüillé, cela renouvelle en luy le premier ébranlement des nerfs de l'estomach, & luy redonne le même appétit, quoy qu'il n'y ait aucun rapport entre cet appétit & la chose qu'il a envie de manger, sinon que leurs traces se sont jointes ensemble.

7.
Et des choses qui sont quelquefois éloignées de la nature des vrais aliments.

Outre cela le cerveau peut estre tellement disposé que les esprits qui coulent sans cesse entre ses fibres, en ébranlent toujours le même endroit, ce qui oblige l'ame d'estre continuellement attentive à l'idée qui répond à ce mouvement; ensuite dequoy, si l'enfant a faim, son ame, qui n'a d'attention à autre chose qu'à cette idée, la prend pour celle d'un véritable aliment, & s'y attache d'autant plus constamment que l'ébranlement de l'estomach qui la cause, est plus fort,

LIVRE HUITIE'ME. *PARTIE I.*

fort, & qu'il excite un plus violent defir de manger : C'eſt pour cette raiſon que l'enfant ſouhaite quelquefois de manger des choſes ſi éloignées de la nature des vrais aliments, qu'on ne peut pas croire que ce ſoit le goût qu'il y a trouvé la premiere fois qui l'oblige enſuite à les deſirer lorſque les levains de l'eſtomach preſſent ſes nerfs & les agitent de la même maniere. Quelquefois même les choſes qui ont paru les plus agréables, ſemblent de mauvais goût, parce que la ſalive qui les diſſout, ſe mêle avec les parties de la bile, & les introduit dans les pores de la langue enſorte qu'elles la picotent au lieu de la chatoüiller.

Cependant comme le ſang ſe raréfie continuellement dans le cœur, & qu'il eſt pouſſé avec effort par les arteres dans toutes les parties du corps d'où il revient par les veines dans le cœur, il peut aiſément ſervir de nourriture aux membres, & pour ſçavoir préciſément de quelle ſorte chaque portion du ſang ſe va rendre à l'endroit du corps à la nourriture duquel elle eſt propre, il ne faut que conſiderer que le ſang eſtant compoſé de parties différentes, il y a deux raiſons principales qui font que quelques-unes ſe vont rendre en des endroits du corps plûtôt qu'en d'autres, ſçavoir, la ſituation du lieu par où elles paſſent, & la diſpoſition des fibres, des chairs & des os qu'elles arroſent.

8. *Que le ſang ſert de nourriture aux membres, & comment il ſe va rendre aux parties du corps qu'il peut nourrir.*

Quant à la diſpoſition des fibres il eſt évident qu'elle ſuffit pour faire que les parties du ſang qui ont une certaine groſſeur & figure, s'arrêtent en certains endroits du corps ; car comme il y a des liqueurs qui s'attachent à certains corps durs & non pas à d'autres, on peut juger qu'il y a des parties du ſang qui ſe peuvent coller aux fibres des chairs, qui ne ſçauroient s'unir à celles des os, & au contraire.

Pour la ſituation du lieu, il eſt encore viſible qu'elle ſuffit pour faire qu'entre les parties du ſang qui ont une même groſſeur & une même figure, les plus ſolides s'aillent rendre en certains endroits comme nous voyons par exemple, que les eſprits animaux montent toûjours au cerveau, d'où ils coulent par les nerfs dans tous les muſcles. Enſuite dequoy ce n'eſt pas merveille ſi tous les membres de l'enfant croiſſent proportionnellement juſqu'à un certain point.

Nous ne nous arrêterons pas à dire comment les os & les chairs croiſſent dans l'enfant, nous ſuppoſerons qu'ils

Tome III. E

croissent de même que dans les animaux : nous ajoûterons seulement quelque chose touchant l'explication de l'accroissement des artères, des veines, & des nerfs, dont nous n'avons pas encore parlé.

9.
Comment les artères, les veines & les nerfs se nourrissent.

On trouve dans le gros tronc de l'Aorte de petites artères qui se vont perdre dans ses membranes & qui servent vraysemblablement à les nourrir, ainsi qu'elles servent à nourrir toutes les autres parties du corps. Mais la difficulté est à déterminer s'il y a d'autres vaisseaux qui servent à nourrir les membranes de ces petites artères; car s'il y en a, il semble que le progrès ira à l'infini; mais on peut concevoir que les seules artères qui ont des tuniques épaisses ont besoin d'artères pour estre nourries, & que dans les artères capillaires les pores seuls peuvent faire l'office d'artères en laissant passer quelques parties de sang propres à leur nourriture.

Ce que nous disons des artères capillaires se doit entendre par proportion des glandes; car il y a apparence que les glandes ne sont que des replis de ces vaisseaux, & quant aux nerfs, puis qu'on y trouve des artères, il y a lieu de croire que le sang y circule, & qu'il les nourrit à peu près de la même maniere qu'il nourrit les membranes & toutes les autres parties du corps.

CHAPITRE XI.

De l'ordre & du progrès naturel que l'Enfant tient en connoissant les choses depuis qu'il commence à user des sens jusqu'à son âge parfait.

QUOY qu'il en soit des sentimens que l'Enfant a avant sa naissance, qui ne peuvent estre que fort imparfaits, il est certain qu'après qu'il est né, & que les organes des sens se sont déchargés de ces humeurs grossieres qui les empêchoient de faire leurs fonctions, les objets trouvant en eux les dispositions nécessaires pour produire des sentimens plus vifs, les sensations de l'Enfant se rendent de jour en jour plus claires, & ses imaginations plus distinctes.

C'est alors qu'il commence à connoître les corps par le

rapport que les sens de la vûë & du toucher luy en font continuellement, & qu'après avoir considéré leur étenduë & les intervalles qui sont d'un corps à l'autre, il entre dans quelque grossiere connoissance de l'espace & du lieu, où toutes les choses qu'il apperçoit sont placées. Il connoît après cela la différence d'une chose grande d'avec une petite, quand après avoir reçû dans son esprit l'image de la chambre entiere où il est, & celle d'une table ou d'un coffre, il les contemple avec leur quantité, & les compare l'un à l'autre. Ensuite dequoy voyant toûjours que le petit corps est contenu dans le grand, il apprend généralement, quoy qu'encore fort obscurement, que le contenant est plus grand que le contenu, & que le tout est plus grand que sa partie, qui sont apparemment les deux premiers Axiomes qui viennent à la connoissance de l'Enfant.

1. Comment l'Enfant commence à connoître l'espace & à distinguer les choses grandes d'avec les petites.

En cet état, il se trouve capable de s'entretenir avec ses pensées en l'absence même des objets, & d'avoir des songes pendant le sommeil. Si sa Nourrice ou quelque autre personne luy parle, il connoît comme tout à la fois son visage & sa parole, & conservant dans sa mémoire les images de ces deux choses unies ensemble, il n'entend jamais parler de cette personne qu'il ne se souvienne de son visage sans même le regarder. Comme aussi, parce qu'il entend d'ordinaire sonner à ses oreilles le mot *Tetter*, lors qu'il prend sa nourriture, l'on ne les prononce jamais en sa présence qu'il ne se souvienne de la même action & de toutes ses circonstances, qui sont la saveur du lait, le plaisir qu'il prend à le succer, & autres, ce qui luy en fait naître le desir.

2. Comment l'Enfant commence à joindre plusieurs idées ensemble.

Ainsi toutes les connoissances qu'il acquiert des choses sont jointes à celles des paroles dont on se sert pour les exprimer, ce qui se doit entendre non seulement des choses qui subsistent en elles-mêmes, comme sont l'eau, le pain, le lait, &c. qu'on nomme par des noms qui sont particulierement appellés *Substantifs*, mais encore de celles qui ont en soy quelque action, & qui s'expriment avec ces mots, qu'on appelle Verbes, comme sont *tetter, parler, pleurer*, &c.

3. Comment il commence à joindre les idées avec les paroles.

Considérant ensuite, après plusieurs expériences faites, principalement par le sens de la vûë, que les choses changent de place, & qu'il se trouve luy-même tantôt dans le lit, tantôt

4. Comment il commence à connoître le mouvement.

auprès du feu entre les bras de sa nourrice, & même se sentant promener, il entre dans quelque connoissance du mouvement, qu'il imagine comme un passage ou un transport d'un lieu à un autre.

5. Comment il commence à connoître le temps.

Lors que l'appétit le prend, & que sa mere faisant la sourde oreille à ses pleurs, tarde trop à luy venir donner la mammelle, l'impatience qu'il souffre par ce retardement, luy donne une grossiere connoissance du temps qu'il imagine comme la durée de la faim qui le presse.

Ainsi le nombre de ses connoissances croissant tous les jours, les dispositions au raisonnement se forment peu à peu, & les habitudes qui servent à cela, se fortifient par des actions souvent réïterées. Comme nous devons traiter ensuite de ces habitudes, nous nous contenterons pour le present de dire icy un mot de la façon dont les passions se forment en nous, & de faire voir par l'exemple de l'Enfant la raison par laquelle le desir que nous avons pour les choses, vient à croître, ou au contraire comment il vient à diminuer & à se perdre entierement.

6. Comment l'Enfant contracte l'habitude de vouloir les choses avec trop d'ardeur.

Pour cet effet, il faut supposer que lors que les objets font impression sur nôtre esprit, il en résulte une connoissance qui est agreable ou fâcheuse, selon qu'ils se présentent comme un bien ou comme un mal. S'il arrive donc que l'Enfant reçoive dans le cerveau l'impression d'un objet agreable, d'abord les esprits qui l'ont faite par un mouvement méchanique infaillible se portent aux bras & aux mains afin de les mouvoir pour prendre cet objet. Et si le même objet luy est souvent représenté, non seulement le plaisir qu'il prend à le considérer, s'entretient & s'augmente; mais encore les esprits s'accoûtument à faire le même chemin & les bras à faire le même mouvement. C'est ainsi que se forme dans l'esprit de l'Enfant l'habitude de vouloir trop ardamment, & dans les esprits animaux, dans les membres & dans les autres parties du corps celle de se mouvoir, & de se porter avec trop de violence vers l'objet qui cause la passion.

7. Comment on prévient cette habitude.

Ainsi, on ne peut prévenir cette habitude, ni faire perdre cette coûtume, quoy qu'encore foible, tant à l'esprit qu'au corps, qu'en éloignant de la vûë de l'Enfant la chose pour laquelle il est passionné, ou luy en proposant une autre plus

LIVRE HUITIE'ME. *PARTIE I.*

agréable ; ou fi vous voulés une qui luy donne de la crainte, à mefure que celle qui luy a donné de l'amour fe préfente pour réveiller fon defir ; car les efprits venant à faire l'impreffion de l'objet nouveau immédiatement après avoir répréfenté le premier, fi cet objet nouveau eft fouvent repréfenté, les efprits abandonneront la premiere trace du cerveau pour fe glifser dans la derniere, d'où ils ne manqueront jamais de prendre leur cours tant vers les mufcles qui fervent à faire reculer le corps & la tête, que vers ceux des jambes pour faire prendre la fuite à l'Enfant, en cas qu'il puifse marcher.

Enfin, les chemins par où les efprits fe portoient à la partie du cerveau, dont le mouvement avoit caufé la premiere pafsion, n'eftant plus fréquentés viendront à fe combler & à fe perdre, & cette partie n'eftant plus fi fouvent mûë contractera, faute d'exercice, une certaine fermeté qui la rendra mal propre au mouvement, & par ce moyen l'habitude du fentiment fe trouvant affoiblie, le plaifir que l'Enfant trouvoit à confidérer l'objet, fera diminué, & les efprits ayant aufsi perdu l'habitude de mouvoir les parties du corps favorables à fa pafsion, cette pafsion viendra enfin à fe perdre, pourvû qu'on fe ferve bien de cette diverfion, au lieu qu'elle fe rendroit infurmontable, fi on la laifsoit vieillir davantage. Mais reprenons nôtre difcours des connoifsances.

Lors que l'Enfant eft devenu afsés grand pour fe porter en divers lieux, & fréquenter beaucoup de perfonnes : quand il voit le Ciel, les Aftres, la Campagne, les diverfes actions & occupations des hommes, &c. il les remarque avec les noms qu'on leur donne, il y joint aufsi leurs circonftances, comme font les lieux où elles font, le temps & l'ufage qu'on en tire. Il écoute les difcours des autres, apprend la fignification des mots qui luy font nouveaux, & s'informe de ceux qu'il ignore. Il prend garde aux diverfes terminaifons qu'on donne à un même mot, felon qu'on veut exprimer une chofe finguliere ou plufieurs enfemble. Il apprend la conjugaifon naturelle des verbes quand il entend parler des actions faites ou à faire, ou qui fe font préfentement par une feule perfonne ou par plufieurs, par foy-même ou par autruy. Il s'étudie à concevoir en quel fens & en quelles rencontres on fe fert des conjonctions, des adverbes ou d'autres termes qui ne femblent pas

8. *Comment l'Enfant apprend à parler.*

tant signifier les substances que certaines circonstances que nous y remarquons. Enfin, il connoît par l'usage toutes les particularités de la langue de son païs, mais c'est après avoir fait une infinité de fautes en parlant & en exprimant sa pensée, & après avoir esté corrigé mille fois par les personnes qui l'écoutent.

9. Comment il apprend à connoître les choses générales.

Il apprend la définition des choses par la description qu'il en entend faire, ou par les propriétés les plus constantes & les plus particulieres qu'il y remarque ; & voyant qu'il y a plusieurs sujets qui ont les mêmes attributs essentiels, il connoît par là la nature universelle. Quand il voit que deux choses ne se trouvent jamais ensemble, & que l'une survenant l'autre est détruite, comme sont le chaud & le froid, cela luy apprend à connoître la nature des contraires. Tout ce qui entre dans son esprit sous la forme de la quantité, luy donne une idée des axiomes de la Géométrie ; car en contemplant chaque espèce de quantité, il voit que les choses égales à une même sont égales entr'elles, que si de choses égales on ôte choses égales, les restes sont égaux, &c. parce que la connoissance de ces vérités suit immédiatement celle de la quantité ou de la pluralité des parties, & n'a besoin que d'elle seule.

10. Que l'Enfant raisonne dans les 5. ou 6 premieres anées de son âge.

On demande si l'Enfant raisonne dans les cinq ou six premieres années de son âge, mais il ne faut que remarquer ses actions & ses paroles pour en estre persuadé ; il est vray qu'il raisonne fort imparfaitement & en peu de sujets ; ce qui ne procède pas tant de la foiblesse de son esprit ou de l'indisposition du cerveau, que du defaut de simples perceptions, dont il est encore fort dépourveu, faute d'expérience, & dont il faut avoir un grand nombre pour former divers jugemens, & pour apprendre les maximes qui doivent servir de principes au raisonnement. Cela procède encore de ce qu'il ne s'occupe que rarement à raisonner, estant presque toûjours employé à sentir, ce qu'il aime beaucoup, tant pour le plaisir que les nouvelles sensations luy donnent, que parce qu'à tous moments il remarque le besoin qu'il en a, & les maux qui luy arrivent de ce qu'il en est privé.

11. Comment il apprend a lire & à écrire.

Enfin on luy apprend à lire & à écrire, il apprend les Arts ou les Sciences, & s'instruit des affaires du monde selon le dessein qu'il a, & selon la fin qu'il se propose dans la vie. La lecture est un moyen qui rend son esprit capable de joindre les figures de l'Alphabet avec les voix qu'elles signifient selon l'institution des hommes, soit que ces figures soient seules, soit qu'elles soient assemblées tant en syllabes qui sont parties des mots qu'en mots entiers, ce qu'il peut faire sans même connoître les choses que ces voix ou ces paroles signifient ; d'où il s'ensuit que si l'Enfant est né sourd, il est incapable de lecture, puis que ne pouvant avoir aucune propre idée du son, il ne sçauroit joindre les paroles aux figures, ou si quelquefois il le fait, c'est par accident & sans en rien connoître.

Tandis que les connoissances de l'Enfant croissent ainsi par degrés, son corps augmente tout de même, & il parvient enfin à un tel point de grandeur, qu'on ne le nomme plus un Enfant, mais un Homme.

CHAPITRE XII.

De l'état de l'Homme, estant Sain, ou Malade.

POUR concevoir ce que c'est que l'état de santé dans l'Homme, il faut considérer que son corps est une machine composée d'une infinité d'organes différents qui sont si bien arrangés qu'ils agissent comme de concert & dépendamment les uns des autres, en telle sorte qu'il y a au milieu de cette machine un ressort que nous avons nommé le cœur, par le moyen duquel le sang & toutes les autres liqueurs nécessaires à nourrir ou à faire joüer tous ces organes, se distribuent par différents canaux que nous avons nommé des artères & des veines ; ce qui fait voir que la santé de l'Homme résulte de la juste distribution de son sang & du convenable arrangement de tous ses organes. Par une raison contraire, l'Homme tombe dans l'état de Maladie, lorsque quelque organe se dérange ou se corrompt, ou lorsque le sang ne se distribuë pas comme il doit aux parties qui en ont besoin pour se nourrir.

De plus, il faut considérer que le sang ne perdroit pas seulement tout son mouvement, s'il ne recevoit continuellement

1. *Ce que c'est que l'état de la santé, & l'état de la maladie.*

2. *Comment la chaleur*

du sang se répare. de nouvelles impulsions du cœur, mais il perdroit encore toute sa chaleur, si celle qu'il communique aux membres, n'estoit continuellement réparée par les fermentations qu'il souffre dans toutes les parties du corps.

3. Comment on tombe dans la Fiévre. Ainsi quand la chaleur qui résulte de ces fermentations est modérée, l'Homme se porte bien ; & au contraire, quand elle est trop grande ou trop petite, il tombe dans cette maladie particuliere qu'on appelle *la Fiévre.*

4. Ce que c'est que la Fiévre. Nous pouvons donc dire que *la Fiévre est un état du corps dans lequel le mouvement du cœur est troublé par une nouvelle fermentation qui n'est pas conforme à la nature du sang.* Ou bien on peut dire, *Que la Fiévre est un excès ou un defaut de chaleur causé par le vice du sang qui fait qu'il se fermente plus ou moins que la constitution naturelle du corps ne le demande.*

Ces définitions conviennent non seulement à la Fiévre qui est accompagnée de chaud, mais encore à celle qui est accompagnée de froid. Nous disons en premier lieu, que *la Fiévre est un excès ou un defaut de chaleur ;* pour marquer ce que le chaud ou le froid de la Fiévre ont de commun avec le chaud & le froid du sang qui dépendent, par exemple, des ardeurs de l'Eté, ou de la froideur de l'Hiver ; & nous ajoûtons, *Causé par le vice du sang qui fait, &c.* pour désigner ce que le chaud & le froid de la Fiévre ont de particulier qui les distingue du chaud & du froid qui ne procèdent pas du vice du sang.

Cette définition de la Fiévre en général est bien plus simple & plus naturelle que celle que les Anciens nous ont donnée lorsqu'ils ont dit, *Que la Fiévre est une chaleur étrangere allumée premierement dans le cœur, & delà répanduë dans tout le corps par les artères & par les veines.* Car il est évident que cette définition est défectueuse en ce qu'elle ne comprend pas tout le définy, puis que nous sçavons par expérience qu'il y a des Fiévres qui ne produisent que peu, ou point du tout de chaleur.

* M. Minot dans son Traité de la nature & des causes de la Fiévre. D'autres soûtiennent * que la Fiévre n'est autre chose qu'un mouvement ou une fermentation extraordinaire excitée dans le sang par quelques matieres qui s'y mêlent, sur lesquelles les principes actifs ou les parties spiritueuses du sang agissent pour

les

LIVRE HUITIE'ME. PARTIE I.

les digérer & les unir parfaitement à toute la masse, ou pour les pousser au dehors, si elles n'y peuvent estre unies. Ce qui cause du desordre dans l'œconomie naturelle, & produit tous les accidens que nous voyons dans les Fiévres, comme sont la fréquence du poux, les frissons, le chaud, la soif, & tous les autres symptomes qui les accompagnent ordinairement.

Cette derniere définition auroit le même defaut que l'autre, si elle estoit prise généralement ; mais il y a apparence que cet Auteur * n'a entendu parler que de la Fiévre qui est accompagnée de chaleur, & en ce sens elle paroît fort exacte. Quant à la Fiévre qui consiste dans le chaud & dans le froid, comme elle n'est qu'un composé des deux précedentes, elle est aussi comprise sous la même définition. * M. Finot.

CHAPITRE XIII.

Des Causes de la Fiévre en général.

LA nature de la Fiévre estant telle que nous venons de la décrire, il semble qu'il est aisé de découvrir quelles sont les causes efficientes immediates qui la produisent, puis qu'elles consistent dans ce qui fait que le sang se fermente plus ou moins que la constitution naturelle du corps ne le demande.

Or nous ne devons pas penser que la fermentation du sang soit fort différente de celles qui se font dans la Chymie ; c'est pourquoy puisque l'expérience fait voir que dans celle-cy la fermentation des choses huileuses & soulfrées est douce & temperée, & que celle des matieres compactes & solides est pour l'ordinaire violente & impétueuse, nous ne devons pas faire difficulté de reconnoître que la même chose arrive dans le sang ; c'est à dire que le sang se fermente doucement lorsque les sels acres & acides dont il est composé, sont tellement envelopés dans les soulfres, qu'ils ne peuvent agir que médiocrement les uns sur les autres : qu'il se fermente violemment & avec effervescence, lorsque les sels acres & les sels acides estant dépoüillés des soulfres ont une entiere liberté de se mêler ensemble pour produire une fermentation extraordinaire: Et enfin qu'il ne se fermente pas assés, lors que les Sels acides

1. *Que la fermentation dans laquelle consiste la Fiévre se fait à peu près comme celles qu'on voit dans la Chymie.*

Tome III. F

au lieu d'agir fur les Sels acres, figent les Soulfres dans lefquels ces Sels font engagés.

Ces caufes que nous venons d'affigner à la Fiévre, font fi fimples & fi manifeftes, qu'il y a lieu de s'étonner qu'elles ne foient pas reçûës de tout le monde, & qu'il fe trouve encore des Philofophes * qui prétendent que le vice du fang ne contribuë rien à produire les fiévres, & qu'elles dépendent uniquement du défaut des autres humeurs : car je demande quelles font les autres humeurs différentes du fang, dont le défaut produit la Fiévre. S'ils difent que ce font les efprits animaux ou le fuc nerveux, qui par leur acrimonie agitent le cœur plus que de coûtume ; je demande encore d'où vient que les efprits animaux & le fuc nerveux ont la puiffance d'agiter ainfi le cœur, fi ce n'eft de ce qu'ils procèdent d'un fang qui eft plus acre & plus échauffé qu'à l'ordinaire, c'eft à dire qui a deja le vice qui produit la Fiévre. Outre que quand les efprits animaux agiteroient le cœur plus fort que de coûtume, il s'enfuivroit bien que le fang couleroit plus vîte, mais non pas qu'il fût plus chaud. S'ils difent que la Fiévre dépend de la Lymphe, de la Bile, du Suc pancréatique, ou de quelque autre humeur corrompuë ; je demande encore fi cette humeur corrompuë eft dans le fang, ou hors du fang ; fi elle eft hors du fang, je dis qu'elle ne le peut échauffer par la fermentation, parce que toute fermentation dépend des principes qui agiffent immédiatement les uns fur les autres ; & fi elle eft dans le fang, c'eft ce que nous appellons le vice du fang qui caufe la Fiévre.

Et il ne fuffit pas de dire que la fiévre ne peut dépendre du vice du fang, tant parce qu'elle naît quelquefois d'une fimple bleffûre qui n'a aucun rapport avec le fang, qu'à caufe que le fang de ceux qui ont la fiévre ne différe en aucune manière, qui foit fenfible, de celuy des perfonnes qui font en fanté ; car quant aux bleffures, il eft certain qu'il s'y amaffe pour l'ordinaire des humeurs, dont les fels acres & acides fe dépoüillent tellement des foulfres, qu'eftant entraînés fucceffivement par la circulation du fang, ils font tres-propres à caufer la fiévre que reffentent ceux qui font bleffés. Et pour la couleur & l'odeur du fang rien n'empêche qu'elles ne puiffent paroître les mêmes, bien que les principes de la fermentation foient fort changés, parce que ce changement dépend d'un dégagement

*M. Borelli.

2.
Qu'il n'eft pas vray que le vice du fang ne contribuë rien à produire la fiévre.

3.
Objection avec la réponfe.

LIVRE HUITIÉME. PARTIE I. 43

des sels & des soulfres qui est imperceptible à la vûë ; d'où il faut conclure que la fiévre en général dépend du vice du sang, & que ce vice procède, ou de ce que les sels acides figent le sang, ou de ce qu'ils le font trop fermenter, ce qui arrive par des raisons qui seront dites cy-après.

Si l'on demande ensuite d'où viennent les acides qui causent la fiévre, nous répondrons que le sang devient aigre ou acide par plusieurs moyens. 1. Par la dissipation des soulfres subtils qui s'envolent avec les esprits dont il font partie. On ne sçauroit douter que les esprits ne se dissipent quelquefois, l'épuisement où l'on se trouve après de grandes fatigues, & l'accablement où sont les malades qui ont eu un violent accès de fiévre, en sont des preuves incontestables : mais on peut encore moins douter que le sang ne devienne aigre ou acide par cette dissipation des soulfres subtils, si l'on considère que les soulfres subtils sont tellement le frain des acides que ceux-cy se manifestent toûjours dans le sang après que ces soulfres se sont dissipés. 2. Le sang devient aigre par la précipitation des soulfres grossiers, qui arrive par le mélange de quelque nouvel acide, qui venant à lier ensemble les soulfres du sang diminuë leur mouvement, & les oblige de se précipiter, c'est à dire, de se séparer des autres parties du sang plus volatiles & plus agitées. 3. Le sang devient acide par l'addition de nouveaux acides. C'est dequoy l'on sera persuadé si l'on considère que le sang doit tenir nécessairement des qualités qui dominent dans les aliments ; & par conséquent que comme les viandes & les boissons spiritueuses, c'est à dire, qui abondent en soulfres subtils & en sels nitreux volatils augmentent les esprits dans la masse du sang, il faut aussi nécessairement que les aliments & les boissons acides augmentent son acidité.

4. Que le sang s'aigrit en plusieurs manieres, & en quelles.

Il ne faut pas s'imaginer pourtant que toutes les fiévres viennent des sels acres ou acides qui sont fournis par les aliments, ou qui s'exaltent dans le sang, c'est à dire, qui se dévelopent du soulfre ou du phlègme, ou de tous les deux ensemble, il faut penser au contraire qu'il y en a plusieurs qui procèdent des sels acres ou acides que nous attirons avec l'air de la respiration. Nous croirons, par exemple, que les Fiévres épidémiques, qu'on appelle *Populaires*, parce qu'elles attaquent indifféremment toutes sortes de personnes en

5. Que les Sels qui causent la fiévre sont souvent attirés avec l'air de la respiration.

F ij

44 LA PHYSIQUE.

certain temps & lieu, dépendent des sels acides, & des sels acres volatils qui se mêlent avec le sang dans le Poûmon : & que les fiévres particulieres qui dépendent du temperamment de chacun, sont produites par les sels acres volatils & par les acides du sang qui s'exaltent, ou qui viennent des aliments.

 Or les sels s'exaltent dans le sang à peu près comme dans le vin nouveau, où tandis que les sels acres & acides sont mêlés & confondus avec les soulfres on ne voit qu'une petite fermentation, au lieu que lors qu'ils en sont un peu séparés, on voit une fort grande ébullition. Ainsi quand un homme qui se portoit bien, tombe tout à coup dans la fiévre, nous devons penser que cela vient, ou de ce qu'il a reçû de nouveaux principes de fermentation, ou de ce que ceux qui estoient déja dans son sang, se sont exaltés, c'est à dire, qu'ils se sont dégagés des soulfres dans lesquels ils estoient envelopés.

6.
Comment les sels s'exaltent dans le sang.

 L'exaltation des sels dans le sang dépend de plusieurs causes qui seroient trop longues à rapporter. Mais voyons à mon avis les trois principales & plus ordinaires. La premiere, est l'épuisément des esprits, qui tandis qu'ils sont dans le sang servent de frain aux sels acides, comme il a esté dit. La seconde, est une froideur excessive qui survient tout à coup au sang qui est fort raréfié, laquelle se communiquant particulierement aux soulfres les empêche de se mouvoir aussi vîte que les autres parties du sang, & donne par ce moyen aux sels la liberté de se pénétrer & de fermenter ensemble. Et la troisiéme, sont les obstructions qui se trouvent en plusieurs endroits du corps, lesquelles retenant les humeurs font qu'elles s'aigrissent de telle sorte, que venant à se mêler de nouveau avec le sang, elles précipitent une telle quantité de ses soulfres que ceux qui restent n'estant plus capables d'envéloper les sels leur laissent la liberté de se pénétrer, & d'agir les uns sur les autres.

CHAPITRE XIV.

Contenant la Division de la Fiévre en Intermittente, & en Continuë, & de la Fiévre Continuë en Simple, en Maligne, & en Pestilentielle.

LORSQUE les sels acres & acides fermentent ensemble d'une maniere extraordinaire, & peu convenable à la nature du sang, & qu'ils ne fermentent ainsi que par intervalles, ils produisent une Fiévre qui s'appelle *Intermittente*, parce qu'elle donne du relâche au malade. Au contraire, quand ces sels font fermenter le sang pendant long-temps & sans discontinuation, ils produisent une Fiévre qu'on appelle *Continuë*, parce qu'elle ne reçoit aucune intermission.

Si les acides qui produisent la Fiévre continuë laissent au sang sa liquidité ordinaire, cette Fiévre se nomme *Continuë simple*, parce qu'elle est fort ordinaire; si au contraire les acides qui produisent la Fiévre continuë coagulent le sang, cette Fiévre se nomme *Maligne*, parce qu'elle enleve précipitamment le malade. Enfin si les sels acides sont en telle quantité dans le sang qu'au lieu de le figer, ils le dissolvent, la Fiévre qu'ils produisent s'appelle *Pestilentielle*, parce qu'elle ressemble à la Fiévre qui accompagne la peste; cette Fiévre peut procéder aussi des sels acres volatils & corrosifs qui venant à dominer dans le sang, sont tres-propres à le dissoudre; c'est à dire, à rompre ses fibres de telle sorte qu'elles deviennent presque incapables de se reprendre, & de donner au sang sa consistance naturelle.

Il nous reste maintenant à chercher quelles sont les causes particulieres de chacune de ces Fiévres, afin de pouvoir rendre raison de tous les symptômes qui les accompagnent. Commençons par la Fiévre intermittente, & disons en peu de mots comment nous croyons qu'elle est produite.

Pour cet effet il faut considérer que durant la santé le sang souffre une fermentation douce & naturelle, dont on ne s'apperçoit pas sensiblement, parce que les mouvements du cœur & du sang sont bien réglés, il n'en est pas de même de la fermentation qui produit la Fiévre intermittente, car le sang

1. Comment sont produites la fiévre intermittente, & la fiévre continuë.

2. Comment sont produites la fiévre maligne & la fiévre pestilentielle.

3. Comment le frisson est produit dans la Fiévre intermittente, & comment il est ensuite suivy du chaud.

F iij

estant d'abord condensé par le mêlange de quelque nouvel acide passe difficilement dans le cœur, & ne porte plus autant de chaleur qu'il faisoit aux parties éloignées, c'est là la raison du frisson & de tous les accidens qui le suivent, comme il sera dit cy-après. Ce frisson ne cesse point jusqu'à ce que le nitre de l'air qu'on respire continuellement, ait commencé à raréfier le sang, & à précipiter les acides qui ont condensé les soulfres ; mais alors les levains ordinaires du sang se trouvant exaltés, ils agissent tellement les uns sur les autres, qu'il en résulte une chaleur extraordinaire, qui dure jusqu'à ce que le sang qui se porte avec vitesse à toutes les parties du corps, ait entraîné la plus grande portion de ces acides qui passent enfin à travers les glandes excrétoires de la peau, & finissent l'accès par une sueur favorable, ou par une bonne transpiration.

Voilà comment nous pensons que se fait un accès de Fiévre intermittente. Lorsque le sang est condensé dans les veines & qu'il passe lentement dans le cœur, c'est le temps du frisson. Après que les soulfres se sont précipités, & que les sels ont esté développés, c'est le temps de la chaleur. Enfin lorsque les soulfres qui avoient esté précipités se sont derechef mêlés avec les sels pour empêcher leur action, la Fiévre finit.

4.
D'où vient la matiere qui cause la fiévre intermittente.

Si l'on demande ensuite d'où vient la matiere acide qui cause la Fiévre intermittente, nous répondons qu'elle peut venir d'une infinité d'endroits du corps ; mais qu'il y a apparence qu'elle vient principalement des glandes, sur tout de celles du Pancréas & du Mésentère ; ce qui semble estre confirmé par l'expérience qui fait voir dans la dissection des cadavres de ceux qui sont morts de Fiévres intermittentes, que les glandes du Pancréas & du Mésentère sont dures, & schirreuses.

5.
Comment elle se forme.

Mais, dira-t'on, comment cette matiere acide se forme-t-elle dans les glandes du Pancréas & du Mésentère ? Nous répondons qu'il sera aisé de le concevoir si l'on considère que les glandes estant destinées à filtrer les liqueurs que les arteres leur apportent, s'il arrive que quelque pituite visqueuse (c'est à dire quelque soulfre grossier détrempé dans du Phlègme) bouche leurs pores, il est nécessaire que la liqueur qu'elles devroient filtrer soit retenuë, & par conséquent qu'elle s'aigriffe, de même que toutes les liqueurs qui abondent en sel acide s'aigrissent bien-tôt dans les lieux où elles sont retenuës, parce que leurs soulfres les plus subtils s'élèvent.

Enfin, si l'on demande pourquoy cette matiere acide coule dans le sang, & pourquoy elle n'y coule d'ordinaire que par intervalles ? Nous répondons qu'elle coule dans le sang, parce que tous les vaisseaux qui partent des glandes d'où elle vient, aboutissent par eux-mêmes ou par d'autres au ventricule droit du cœur. Et qu'elle ne coule que par intervalles, parce qu'elle n'est pas toûjours assès forte pour vaincre la résistance de la pituite qui la retient dans les glandes, laquelle vient principalement des aliments sulfureux & phlegmatiques, tels que sont les poissons d'Etang, & les fruits d'Eté, dont l'usage augmente tellement le soulfre & le phlègme du sang, que quand il vient à se raréfier extraordinairement, & à se condenser ensuite tout à coup par le froid de l'Hiver, il est nécessaire que les parties grossieres du soulfre qui s'estoient dilatées, se resserrent, & qu'en se resserrant elles s'engagent tellement les unes avec les autres, qu'elles composent une espèce de colle qu'on nomme *Pituite*, laquelle roulant avec le sang par les artères, parvient enfin aux glandes dont elle bouche les pores ou les conduits excrétoires, comme il a esté dit.

6. Comment elle coule dans le sang, & pourquoy par intervalles.

Si cette matiere acide coule tous les jours elle produit une Fiévre qu'on appelle *Quotidienne* ; si elle coule de deux jours l'un, elle produit une Fiévre *Tierce* ; si de trois jours l'un, une Fiévre *Quarte* : Et enfin si elle coule de trois jours deux, elle cause Fiévre qu'on nomme *Double-Quarte*.

7. Quelles sont les espèces de la fiévre intermittente.

CHAPITRE XV.

Contenant les symptomes de la Fiévre Intermittente avec leur explication.

IL ne sera pas difficile de rendre raison par nôtre hypothèse de tous les accidents qui accompagnent les Fiévres intermittentes, dont voicy les plus considérables, ces Fiévres sont ordinairement précédées de douleurs pesantes dans les jambes, de baaillements & d'extensions: les frissons surviennent ensuite, puis les tremblements & les mouvements convulsifs, selon que le froid est plus ou moins grand. Pendant le frisson les malades souffrent quelquefois une soif excessive, & respirent difficilement, le poux est petit & enfoncé, mais fréquent, au lieu que dans la chaleur il est grand, élevé, &c.

1. D'où viennent les douleurs vagues qu'on sent dans les fiévres intermittentes.

Pour bien comprendre la raison de ces accidents, il faut sçavoir qu'au commencement de la Fiévre l'œconomie naturelle du corps se change par le déréglement du mouvement circulaire du sang qui coule plus lentement ; ainsi le sang & les esprits n'estant pas distribués aux Jambes, ni aux autres parties éloignées, aussi régulierement & aussi abondamment que lors que le mouvement du sang est bien réglé ; les humeurs passant avec peine dans les petits vaisseaux de ces parties, y causent des douleurs vagues.

2. D'où viennent les extensions & les mouvements convulsifs.

Les extensions & les mouvements convulsifs viennent de l'inégale distribution des esprits animaux dans les fibres des muscles ; car ce mouvement du cœur estant fort foible dans le frisson, les esprits qui sont en petite quantité coulent irrégulierement dans les parties, tantôt dans l'une, tantôt dans l'autre ; ce qui cause la diversité des contractions des muscles, & l'irrégularité des mouvemens des membres. C'est là la véritable raison de tous les mouvements convulsifs qui arrivent dans le frisson. Il y a apparence que les baaillements dépendent des mêmes causes que les extensions & les mouvements convulsifs.

La difficulté de respirer que les malades souffrent au commencement de l'accès, vient encore de ce que les esprits animaux qui sont en petite quantité coulent lentement dans les muscles intercostaux, ce qui fait qu'ils ont peine à hausser les côtes & à dilater la poitrine d'où vient la difficulté de respirer.

3. D'où vient la soif.

La soif procède de ce que la masse du sang estant condensée, la salive ne se sépare point dans les glandes de la bouche, ce qui cause la secheresse du gosier, & par conséquent la soif : En effet, on remarque presque toûjours que la soif ne finit que dans le temps que la chaleur commence, parce qu'alors le sang estant plus coulant, il est porté en assés grande quantité aux glandes salivaires pour s'y filtrer, & pour fournir par ce moyen l'humidité qui est nécessaire pour faire cesser la soif.

Le

Le poulx est petit & fréquent dans le temps du frisson, parce que le sang entrant en petite quantité dans le cœur, les ventricules sont peu de temps à se resserrer, & le sang se dilate peu, au lieu que dans le chaud le poulx est grand & élevé, parce que le sang se raréfie beaucoup & qu'il entre en grande quantité dans les ventricules du cœur.

4. D'où vient la petitesse & la fréquence du Poulx.

Tous ces Symptomes doivent cesser bien-tôt ; car comme la matiere acide qui s'est mêlée avec le sang circule sans cesse, elle s'attenuë si fort & précipite les soulfres de telle sorte qu'ils ne peuvent plus l'empêcher d'agir sur les sels acres, avec lesquels elle produit une effervescence qui rend le poulx plus fort & plus élevé, qui réchauffe les parties les plus éloignées, & qui fait qu'au lieu de trembler on sent par tout le corps une chaleur violente qui ne cesse que lors que l'action de la matiere acide est émoussée, & que les sels acres & volatils qui s'étoient exaltés, sont dissouts, ce qui arrive plûtôt ou plus tard, selon que la quantité de ces sels acres & acides est plus grande ou plus petite.

5. Pourquoy tous ces Symptomes cessent.

Il y a plusieurs Symptomes qui surviennent dans le chaud de la fiévre. Les plus ordinaires sont les délires, & les douleurs de tête, les veilles, & les réveries dont la cause sera facile à comprendre, si l'on considère que le sang est alors dans un grand boüillonnement, qu'il occupe plus d'espace, & qu'estant porté au cerveau en tres grande abondance il cause dans les membranes des tensions violentes qui font les douleurs de tête, & dans les esprits animaux des mouvements irréguliers & extraordinaires qui font le délire, les veilles & les réveries.

6. D'où viennent les délires & les douleurs de tête durant le chaud de la fiévre.

CHAPITRE XVI.

Quelle est la cause du retour des Fiévres Intermittentes, & pourquoy elles sont Tierces, Quartes, &c.

POUR déduire de nos principes la cause du retour des fiévres, il faut remarquer que bien que dans les fiévres le sang tienne de l'aigre, cet aigre n'est pas toûjours dans un souverain dégré, & qu'il y a apparence qu'il fait des effets dif-

Tome III. G

férents felon qu'il eft plus ou moins grand, & que les difpofitions des fujets fur lefquels il agit, font différentes.

C'eft pourquoy, fi nous fuppofons que la pituite qui eft comme nous avons dit gluante & vifqueufe, ait bouché les pores de quelques glandes, par exemple, du Pancréas ou du Méfentère ; il fera aifé de concevoir que les parties du fang qui feront retenuës dans ces glandes, s'aigriront, & que s'eftant aigries elles rongeront de telle forte la Pituite qui fait obftacle à leur mouvement, qu'elles couleront enfin dans le fang & dans le chyle qui fe condenfant, produiront auffi-tôt le commencement du froid de la fiévre, ainfi qu'il a efté dit.

Et quoy que la matiere qui caufe la fiévre ceffe de couler du lieu où elle a efté retenuë, & qu'il ne s'en mêle plus de nouvelle avec le fang, celle qui y eft déja mêlée peut fuffire pour faire durer l'accés, jufqu'à ce que par plufieurs circulations elle fe foit diffipée, & que le fang fe foit tellement épuré, qu'il foit réduit à peu près au tempéramment que les Médecins appellent *Loüable*, de même que le vin nouveau s'éclaircit à la longue à force de boüillir dans le tonneau.

Lors que l'accés eft ainfi fini, il femble que la fiévre ne devroit plus reprendre, mais de nouvelles parties de Pituite venant à boucher les pores des glandes où le fang s'eft aigri la premiere fois, elles font que celuy qui s'y raffemble de nouveau, s'y aigrit auffi, & que s'y eftant aigri, il fe fait derechef paffage pour couler vers le cœur, comme a fait le premier.

1. Qu'eft ce qui caufe le retour de la fiévre intermittente en quarte, tierce, quotidienne, &c.

Ainfi la fiévre eft quarte, quand la portion du fang qui eft retenuë & qui caufe la fiévre, a befoin de trois jours pour s'aigrir, & devenir capable de ronger la Pituite qui le retient, afin de couler avec le refte du fang. Qu'elle eft tierce quand elle n'a befoin que de deux jours, &c.

Suivant ces principes, il y a lieu de croire que ces fiévres longues qui ne fe gueriffent que par le renouvellement du fang dans le retour des faifons, ou par des rémèdes fpécifiques, telles que font les quartes, dépendent de ce que le fang abonde en Pituite gluante, de là vient que ces fiévres font fort difficiles à guerir fur tout en Automne, l'air eftant alors plus propre à augmenter la Pituite qu'à la détruire.

Au refte, fi la matiere acide qui caufe la fiévre coule plûtôt ou plus tard, cela vient sans doute de ce que la Pituite bouche plus ou moins exactement les pores des glandes, & de ce que les acides sont plus ou moins exaltés : car en effet, si la Pituite bouche exactement les pores des glandes, le sang est bien-tôt aigri, & par conséquent bien-tôt capable de ronger la Pituite & forcer l'obstacle qui le retient, au lieu que si elle ne bouche pas ces pores si exactement, le sang qui est retenu s'aigrit plus lentement, & contracte une moindre acidité, ce qui fait qu'il est plus long-temps à couler ; cela semble estre confirmé par l'expérience, qui fait voir non seulement que la matiere acide qui cause la Fiévre Tierce coule plus souvent que celle qui produit la Fiévre Quarte, mais encore qu'elle est plus aigre, puis qu'elle produit d'ordinaire un froid plus grand & plus sensible.

2. *D'où vient que la matiere qui cause la fiévre intermittente coule plûtôt ou plus tard.*

CHAPITRE XVII.

De la nature, des causes & des effets de la Fiévre Continuë Simple.

LA Fiévre Continuë *Simple* ne diffère de la Fiévre intermittente que dans la durée, du reste leurs Symptomes sont à peu près les mêmes, si ce n'est que pour l'ordinaire les frissons & les délires sont plus forts dans la fiévre intermittente que dans la fiévre continuë simple.

Quand la matiere qui cause la fiévre continuë, a tellement gâté le tempéramment du sang, qu'il ne sçauroit se remettre dans le temps, qui est compris entre le moment auquel la derniere goutte de cette matiere s'est écoulée, & celuy auquel la premiere goutte de celle qui s'est derechef amassée commence à couler dans le sang, pour lors la fiévre continuë est accompagnée de redoublement ; car puis qu'il y a un temps auquel la matiere aigrie se porte en plus grande quantité dans le sang, elle y doit nécessairement causer une nouvelle condensation, & par conséquent un redoublement de fiévre.

1. *Ce que c'est qu'un redoublement de fiévre continuë.*

Cecy se confirme, parce que cette matiere doit d'abord rafraîchir le sang avant que de se trouver en état de le raréfier plus qu'il n'a coûtume de l'estre ; aussi expérimente-t-on,

G ij

que quand elle s'eſt mêlée avec le ſang, elle cauſe certains petits friſſons & certaines diſpoſitions à dormir, comme ſont les baaillemens & les extenſions, & ce n'eſt qu'en ſuite qu'on ſent le redoublement de la chaleur.

2.
D'où vient la difficulté de dormir dans le redoublement.

Deplus, comme dans ce redoublement il entre une grande quantité d'eſprits animaux dans le cerveau, & enſuite dans tous les nerfs, il en doit réſulter une difficulté de dormir, des douleurs de tête, & cette ſenſibilité tres importune qu'on expérimente dans toutes les parties du corps.

3.
D'où viennent les fortes rêveries.

Il peut même arriver que les eſprits animaux qui ſe meuvent fortuitement & ſans aucune détermination dans le cerveau, & qui ont alors beaucoup de force, ſe portent d'eux-mêmes à ouvrir & à ébranler certaines parties en la même maniere qu'elles l'ont eſté autrefois à la préſence des objets; ce qui fait qu'on doit ſentir ces objets comme s'ils eſtoient préſents; & c'eſt en cela que conſiſtent ces fortes rêveries qui tourmentent quelquefois ſi fort les malades dans le redoublement de la Fiévre Continuë.

4.
D'où dépend la durée de la fiévre continuë.

Mais la plus grande difficulté touchant la Fiévre Continuë, eſt de ſçavoir d'où vient qu'elle peut durer ſi long-temps; car il ſemble qu'elle devroit ceſſer bien-tôt, parce que la fermentation dans laquelle elle conſiſte, détruit continuellement les principes qui la produiſent, & on ne voit pas qu'eſt ce qui en peut fournir de nouveaux; mais il ſera aiſé de concevoir que c'eſt le ſang même qui en fournit, ſi l'on conſidère qu'à meſure que les Sels acides ſe détruiſent en ſe fermentant, il s'en exalte continuellement de nouveaux dans les glandes, qui retenant tout ce qu'il y a d'huileux dans le ſang ne laiſſent paſſer que les ſels acides, leſquels ſe mélant derechef avec le ſang continuent à le faire fermenter, & par conſéquent à produire la Fiévre.

5.
Comment le malade meurt de la fiévre.

Si les ſels qui cauſent la Fiévre, ſont entierement détruits avant que les ſoulfres qui leur doivent ſervir de frain, ſe ſoient réünis avec eux pour tempérer leur action, la fermentation ceſſe tout à fait, & le malade meurt; au lieu que ſi les ſoulfres ſe réüniſſent avec les ſels avant leur entiere deſtruction, le ſang reprend ſon premier tempéramment, & le malade recouvre la ſanté.

Quand la Fiévre a duré long-temps, comme les parties du

LIVRE HUITIE'ME. *PARTIE I.*

sang qui doivent estre employées à la nourriture ont beaucoup plus de mouvement que de coûtume, & plus qu'il n'est nécessaire pour y pouvoir estre utilement employées, elles ne peuvent pas s'arrêter aux lieux qui en ont besoin, & à qui elles pourroient servir de nourriture, mais elles passent en forme de sueur ou par transpiration insensible, ainsi le corps devient maigre en la même façon que les plantes se désséchent lors que durant une chaleur excessive de l'Eté, le suc de la terre qui les devroit nourrir passe au travers de leurs pores sans s'y arrêter.

6. Comment la fiévre amaigrit.

Pour appliquer tout ce qui vient d'estre dit à nôtre Hypothèse qui est que le sang tient de l'aigre dans la Fiévre Continuë, il seroit aisé de faire voir que tout ce qui donne occasion aux Fiévres dans toutes les saisons de l'année augmente les acides dans le sang: Mais il suffit d'alleguer l'exemple de l'Automne qui est la saison de l'année, où les fiévres regnent le plus; car peut-on douter que les esprits, & partant que les soulfres subtils n'ayent esté dissipés par les chaleurs excessives de l'Eté, & que les acides n'ayent esté encore augmentés par les aliments & les boissons dont on use alors, lesquels participent toûjours plus ou moins de l'aigreur à cause de la dissipation des soulfres causée par la chaleur: cette Hypothèse est confirmée par l'expérience qui fait voir d'un côté que le sang de ceux qui se portent bien, & de l'autre que les sueurs les plus salutaires dans la fiévre sentent l'aigre, ce qui ne peut venir ce semble que de ce que les soulfres se sont dissipés, ou bien qu'ils se sont séparés des sels par des précipitations ou par des filtrations.

6. Que tout ce qui donne occasion aux fiévres augmente les acides.

CHAPITRE XVIII.

De la Fiévre Maligne, de la Fiévre Pestilentielle, de leurs causes, & de leurs effets.

PUISQUE l'expérience fait voir dans la Chymie que les acides figent ou dissolvent les liqueurs grasses selon qu'ils sont en plus ou moins grande quantité, nous ne ferons pas difficulté de reconnoître que les acides font un effet tout semblable fur le fang; c'eſt à dire, qu'ils le figent lorſqu'ils ſont en petit nombre, & qu'ils le diſſolvent lorſqu'ils ſont en grande quantité.

1. Ce que c'eſt que la fiévre maligne, & comment elle eſt produite.

Lorſque les acides figent le fang d'abord, mais de telle ſorte qu'il reprend bien-tôt la fluidité qui luy eſt néceſſaire pour circuler, pour lors ils produiſent une ſimple Fiévre continuë ou intermittente, au lieu que ſi les acides du fang ſont ſi forts que le fang demeure coagulé, alors ils produiſent une Fiévre *Maligne*; c'eſt à dire, une Fiévre qui conſiſte dans un état du corps dans lequel le mouvement du cœur eſt troublé par une nouvelle fermentation que les acides du fang rendent trop lente.

2. Pourquoy dans cette fiévre le poux eſt petit & fréquent.

Dans cette Fiévre le poux eſt fort fréquent, mais petit & fort foible, le malade tombe dans de grandes réveries, il reſſent de grands maux de tête, ces maux ſont pour l'ordinaire accompagnés de délire, & quelquefois les extrémités deviennent toutes froides, &c.

Pour déduire de nos principes la raiſon de tous ces ſymptomes, il eſt aiſé de faire voir que le poux doit eſtre fort fréquent, puis que le fang eſt plus condenſé qu'à l'ordinaire; car il faut remarquer qu'à meſure que le fang ſe r'alentit, il eſt plus preſſé par l'atmoſphère de l'air; s'il eſt plus preſſé, il peut moins ſe dilater, & moins dilater les parties du cœur; d'où il s'enſuit qu'il ſort du cœur avec moins d'impétuoſité, & par conſéquent qu'il pouſſe plus foiblement celuy qui eſt dans la grande artère; d'où il arrive que les artères s'étendent moins, & qu'ainſi le fang y coule moins vîte. Il faut ajoûter que de ce que le cœur ſe dilate moins, il s'enſuit méchaniquement que ſes contractions doivent eſtre plus fréquentes, tout de même que l'acte de reſpirer ſe réitere plus ſouvent lorſque les poûmons ne s'enflent pas ſelon toute leur étenduë, parce qu'alors il ſe paſſe moins de temps entre la premiere expiration & la ſeconde.

Il paroît encore que le poux doit eſtre petit & foible par la même raiſon qu'il eſt fréquent; car comme le fang ne ſort du cœur qu'en petite quantité, il ne peut auſſi enfler que foiblement les artères.

3. Pourquoy l'on tombe

On peut concevoir en troiſiéme lieu comment les Fiévres malignes produiſent les douleurs de tête, les réveries & les

LIVRE HUITIE'ME. PARTIE I.

délires, si l'on considère que les soulfres du sang estant alors fort condensés & fort séparés des acides, ceux-cy agissent seuls contre les membranes de la tête, dont ils piquotent & rongent les fibres de telle sorte qu'il en résulte ce sentiment de douleur insupportable qu'on expérimente. Il est même visible que les esprits qui se filtrent dans la substance cendrée du cerveau, n'estant presque composés que d'acides, sont tres-propres à piquoter les fibres du centre ovale, & par ce moyen à causer des réveries & des délires, qui ne sont autre chose que des renouvellemens involontaires de certaines idées accompagnées de douleur. *dans le délire & dans les réveries.*

Enfin les extrémités deviennent froides, parce que le sang est quelquefois si condensé qu'il ne peut passer pour y apporter la chaleur nécessaire, & ainsi du reste. *4. Pourquoy les extrémités deviennent froides.*

Quand les acides dissolvent le sang par leur trop grande quantité, ils produisent une Fiévre toute différente de la Fiévre Maligne, cette Fiévre se nomme *Pestilentielle*, de sorte que la Fiévre Pestilentielle n'est autre chose qu'un état du corps dans lequel le mouvement du cœur est troublé par une trop grande dissolution du sang. *5. Ce que c'est que la fiévre pestilëtielle, & comment elle est produite.*

On observe d'ordinaire dans cette Fiévre que le frisson est petit, & qu'il est bien-tôt suivy de la chaleur; mais d'une chaleur douce de laquelle les malades n'ont pas coûtume de se plaindre. Le poux est fréquent, mais en même temps il est petit & foible comme dans la Fiévre Maligne, d'ordinaire les malades souffrent de grands maux de cœur, ils vomissent quelquefois, ils saignent du nés, mais d'ordinaire le sang qu'ils rendent ne se peut coaguler, il se forme sur le corps des pustules & des abscès, tels qu'on en voit dans la petite vérolle, les malades sont fort abattus, &c. *6. Quels sont les Symptomes qui accompagnent cette fiévre.*

Tous ces effets se déduisent aisément de la nature de la Fiévre Pestilentielle; car qui ne voit que dés que les acides commencent à se mêler avec le sang, il se condense aussi-tôt, mais de telle sorte que cette condensation ne dure que peu de temps, à cause que le grand nombre d'acides qui viennent ensuite dissolvent ce que les premiers avoient coagulé. Le sang estant ainsi dissout ne se fermente que foiblement & ne reçoit par conséquent qu'une médiocre chaleur, ce qui fait que les malades ne peuvent s'en plaindre. Mais ils souffrent aussi de grands *7. Raison de ces Symptomes.*

maux de cœur, ils vomiſſent, & ſaignent quelquefois du nés, parce que les acides rongent les fibres du cœur; celles de l'eſtomach & les extrémités des artères qui aboutiſſent au nés. Si le ſang qui ſort du nés & celuy qu'on tire par la ſaignée ne peuvent ſe coaguler, c'eſt ſans doute parce que la grande quantité d'acides en a rompu toutes les fibres. Quant aux puſtules qui ſe forment ſur le corps, il y a apparence qu'elles viennent de ce que les acides qui ont diſſout le ſang ſe font enfin un chemin au travers des fibres des chairs, & entraînant avec quelques parties de ſang compoſent avec elles tantôt des rougeurs qui paroiſſent ſur le corps, comme dans le pourpre, & tantôt des puſtules ou des abſcès, comme dans la petite vérole.

Il eſt vray que les puſtules de la petite vérole n'ont pas toûjours les marques de corruption dés le moment qu'elles paroiſſent, il ſe paſſe encore bien du temps avant que le pus y ſoit formé; car la converſion du ſang en pus dépend abſolument de ce que le ſang croûpit hors des vaiſſeaux, eſtant certain que les abſcès ne ſe font que parce que le ſang qui eſt retenu dans quelques parties, ſouffre une ſi grande diſſipation de ſes ſouffres ſubtils, que les plus groſſiers reſtant ſeuls avec les ſels les plus fixes compoſent ce qu'on appelle *du Pus*. Il paroît encore que dans la Fiévre Maligne les extrémités du corps doivent eſtre froides, à cauſe que les principes de la fermentation ſont ſi deſunis, qu'ils ne peuvent donner au ſang l'agitation qui luy ſeroit néceſſaire pour porter la chaleur aux parties du corps les plus éloignées : Il paroît enfin que le poux doit eſtre peu élevé, & que le malade doit eſtre fort abbattu, parce que le ſang qui eſt diſſout contient peu d'eſprits animaux.

8. Que les fiévres peſtilentielles peuvent dépendre des ſels acres & rongeants.

Au reſte, quoyqu'une trop grande quantité d'acides puiſſe diſſoudre le ſang, comme nous venons de dire, qu'il eſt diſſout dans les Fiévres Peſtilentielles, il faut avoüer pourtant que ces Fiévres peuvent encore procéder de quelques ſels acres rongeants qui ſe mêlent avec le ſang; car outre qn'on ſçait par expérience que ces ſels ſont propres à rendre fluides les liqueurs que les acides ont condenſées, on peut aiſément ſuppoſer qu'ils ſont plus acres qu'à l'ordinaire; & cela eſtant, il eſt aiſé de voir qu'ils doivent faire ſur le ſang à peu près le même effet que la trop grande quantité des acides y produit;

c'eſt

LIVRE HUITIE'ME. PARTIE I.

c'est à dire qu'ils doivent le dissoudre, & causer par conséquent une fiévre toute semblable à celle dont nous venons de parler.

Il y a grande apparence que les sels qui produisent la fiévre pestilentielle & la fiévre maligne, viennent de dehors, & qu'ils sont attirés avec l'air de la respiration. Nous ne voulons pas nier pourtant que ces sels ne puissent venir du sang même; car il est aisé de concevoir qu'il y a dans le sang des sels aussi acres ou aussi acides que le sont ceux qui produisent ces fiévres, mais qu'ils ne font pas toûjours leur effet, parce qu'ils sont trop envelopés dans les soulfres.

9. Que la plûpart des sels qui produisent ces fiévres sont attirés avec l'air de la respiration.

Ce qui nous confirme dans cette pensée, est qu'il ne semble pas probable que la respiration puisse fournir tous les sels acres ou acides qui sont nécessaires pour causer des fiévres aussi longues que sont la fiévre maligne & la fiévre pestilentielle; car si l'on suppose que le malade attire tous ces sels avec l'air qu'il respire, pourquoy tous les autres qui respirent le même air que luy, ne prendront-ils pas la même fiévre?

Il est donc vray-semblable que tous ceux qui respirent le même air, attirent les mêmes sels; & que s'il y en a qui prennent la fiévre tandis que d'autres ne la contractent pas, cette différence vient précisément de ce que les soulfres du sang de ceux-cy sont plus mal-aisés à précipiter ou à raréfier, que ne le sont les soulfres du sang de ceux-là.

10. D'où vient que tous ceux qui respirent le même air ne prennent pas la même sorte de fiévre.

La plus grande difficulté qui reste maintenant, est de concevoir comment de simples sels peuvent produire des fiévres accompagnées de Symptomes aussi différents que sont ceux des fiévres que nous venons de décrire; mais on le pourra comprendre assés facilement si l'on considère que les sels qui produisent la fiévre, doivent causer des Symptomes différents, selon les différents dégrés de leur quantité, de leur mouvement, de leur acidité, ou de leur acrimonie; & il est évident que ces dégrés se peuvent diversifier en une infinité de façons.

CHAPITRE XIX.

Contenant quelques réflexions générales sur les Fiévres.

<small>1.
Opinion des Anciens Auteurs touchant la cause des Fiévres refutée par des Modernes.</small>

LEs anciens Médecins ont attribué la cause de toutes les fiévres à la pourriture que le sang contracte dans les grands ou dans les petits vaisseaux. Et il y a des Auteurs Modernes qui tiennent au contraire, que s'il y avoit de la pourriture dans les grands vaisseaux, elle seroit bien-tôt dans les petits, & que s'il y en avoit dans les petits, elle seroit bien-tôt dans les grands: d'où ils concluent que la distinction des foyers de la fiévre continuë & de la fiévre intermittente est mal fondée, lors qu'on assûre que la fiévre continuë dépend d'une pourriture qui est dans les grands vaisseaux, & la fiévre intermittente d'une pourriture qui est dans les petits.

<small>2.
Qu'est-ce qu'il faut entendre par le mot de pourriture.</small>

Pour nous, nous demeurons bien d'accord que les Anciens n'ont pas eu raison d'attribuer toutes les fiévres à la pourriture du sang, si par ce mot de *Pourriture*, ils entendent un sang totalement corrompu; car il y a plusieurs sortes de fiévres où le sang n'est pas tel: mais nous croyons aussi que leur sentiment est fort raisonnable, si par le mot de pourriture, ils n'entendent autre chose qu'une simple altération du sang qui consiste en ce que ses principes actifs sont plus ou moins exaltés qu'il ne faut pour causer une fermentation ordinaire.

<small>3.
Que la circulation du sang ne suffit pas pour faire rejetter les foyers que les Anciens ont attribués aux Fiévres.</small>

Nous ne sçaurions concevoir non plus que les Modernes ayent raison de rejetter l'opinion des Anciens touchant les foyers des fiévres, à cause que le sang passe continuellement des grands vaisseaux dans les petits, & des petits dans les grands; car bien que cela soit vray, généralement parlant, rien n'empêche pourtant de croire qu'il se fait des obstructions dans plusieurs artères & dans plusieurs veines capillaires, mais sur tout dans les glandes conglobées & conglomerées qui deviennent par ce moyen les foyers des fiévres.

Nous n'avons rien à dire contre ceux qui divisent les fiévres en *sanguines*, *chyleuses*, *bilieuses*, *lymphatiques*, &c. car il est certain que les principes d'où elles dépendent viennent immédiatement tantôt du sang, tantôt du chyle, tantôt de la bile & tantôt de la lymphe: mais nous nous sommes abstenus de ces divisions, tant parce qu'elles nous eussent mené trop loin, qu'à cause qu'il nous a suffit de connoître les différents effets que les principes de la fiévre produisent immédiatement sur le sang, sans nous mettre en peine de découvrir quelle est leur origine, c'est à dire, quel est le lieu où ces sels se sont exaltés.

Ce n'est pas assés d'avoir établi nôtre opinion sur la matiere des fiévres, il faut encore répondre aux objections qu'on nous pourroit faire, dont l'une des plus fortes est que les acides estant souvent le rémède des fiévres, il n'est pas concevable qu'ils en puissent estre la cause.

Pour résoudre cette difficulté, nous disons avec un Auteur Moderne * qu'il y a trois temps dans la fiévre, pendant lesquels un malade estant agité de Symptomes différents, l'on doit avoir des indications différentes pour sa guérison.

* M. Minot.

Premierement dans le temps du frisson, nous ne pensons pas que personne voulût donner des boissons acides, dont la raison est que les acides dominent alors dans la masse du sang, & tiennent les soulfres fixés avec les autres principes; l'expérience fait voir aussi que les boissons augmentent le froid & la durée du frisson.

4.
Que les acides dominent dans le frisson.

Secondement, on peut encore moins mettre en usage les acides pendant les sueurs, parce qu'alors les sels qui ont causé la fiévre estant dissouts & raréfiés, il y auroit du danger à se servir d'acides qui pourroient en empêcher la transpiration, & causer d'autres accidents plus fâcheux.

5.
Qu'il n'en faut pas user dans les fiévres.

Il reste donc à examiner de quelle utilité ils peuvent estre dans la chaleur de la fiévre; pour cet effet, il suffit de considérer en général que dans la chaleur le sang estant fort agité les acides sont tres propres à retarder son mouvement; c'est dans cette vûë qu'on employe fort à propos la Limonade & les boissons mêlées d'aigre de soulfre ou de vitriol.

6.
Comment on s'en doit servir dans la chaleur de la fiévre.

Nous concluons donc que les acides ne sçauroient estre utiles que dans les fiévres où le sang est en trop grande agitation, & où il est absolument nécessaire de calmer son impétuosité; que s'il y a des fiévres où l'usage des acides soit indispensable, ce ne peut estre que dans les fiévres pestilentielles qui consistent dans une si grande dissolution du sang qu'il est absolument nécessaire de le condenser, au lieu qu'ils sont pernicieux dans les fiévres que nous avons appellé *Malignes*, parce que le sang n'y eftant pas affés agité a plûtôt befoin de fels volatils pour le raréfier que de fels acides pour le condenfer.

7.
Objection avec la réponfe.

On objectera en fecond lieu, que fi les fiévres dépendoient de l'aigreur du fang, elles feroient incurables ; la raifon en eft que pour les guerir, il feroit néceffaire que le fang perdît fa qualité aigre ; & il eft certain que dés qu'une liqueur eft aigre elle ne fçauroit retourner à fon premier état : nous répondons que cela eft vray à l'égard des liqueurs, dont les foulfres fe font tellement diffipés qu'ils ne fçauroient plus prendre le deffus, ainfi qu'il arrive au vin, à la biére & au lait ; mais que cela ne convient pas toûjours au fang, lequel quoy qu'il foit devenu aigre dans la fiévre, ne laiffe pas quelquefois de pouvoir recouvrer fa qualité huileufe & balfamique par un nouveau mélange des foulfres avec les fels.

C'eft affés parlé de la fiévre, paffons à d'autres maladies qui en font fouvent indépendantes.

CHAPITRE XX.

De la Nature, des Caufes, & des Propriétés de quelques Maladies qui font indépendantes de la Fiévre.

QUAND quelques parties de cette Pituite vifqueufe, dont nous avons parlé, montent au cerveau, & que quelque fermentation extraordinaire les agite, de telle forte qu'elles ont la force de pénétrer dans les principes des nerfs, il faut de néceffité que le cours des efprits animaux foit interrompu, & par conféquent que toutes les parties du corps aufquelles ces nerfs vont aboutir deviennent paralytiques, c'eft à dire, telles qu'elles perdent le mouvement ou le fentiment, & quelquefois tous les deux enfemble. Elles perdent le mouvement feul lors que les nerfs qui vont dans la propre fubftance des mufcles font bouchés, & que ceux qui fe répandent dans les membranes qui les couvrent, demeurent ouverts ; au contraire ils perdent le fentiment feul, lors que l'obftruction eft dans les nerfs qui vont aux membranes, & que ceux qui fe répandent dans les fibres des mufcles font bien difpofés. Enfin, le mouvement & le sentiment périssent tous ensemble, lors que ces deux sortes de nerfs cessent tout à la fois de recevoir les esprits animaux.

Quand la Pituite ou d'autres humeurs visqueuses se répandent dans le cerveau en telle abondance, qu'elles bouchent la pluspart des principes des nerfs, elles causent ce qu'on appelle *Apoplexie*, qui consiste dans la privation du mouvement de tous les membres, horsmis du Cœur & de la Poitrine qui continuent de se mouvoir encore quelque temps, soit parce que les pores de leurs nerfs sont plus ouverts que ceux des autres, soit à cause que ces nerfs viennent du Cervelet, dans lequel il ne s'est fait aucun épanchement de ces humeurs.

De l'Apoplexie.

Que si ceux qui sont atteints d'Apopléxie viennent à recouvrer la respiration après en avoir esté privés durant plusieurs jours, comme il arrive quelquefois, cela procède, non de ce que la chaleur naturelle estoit éteinte dans le cœur ; car elle ne s'éteint point tout à fait, mais de ce que les causes de l'Apoplexie estant chassées du cerveau, le cœur recommence à se mouvoir comme auparavant, ainsi que fait une Horloge où l'on attache des poids.

Que si l'on demande comment ceux qui sont frappés d'Apopléxie peuvent vivre sans respirer, nous répondons que les Muscles intercostaux & le Diaphragme cessent bien d'agir, mais que le Poûmon ne laisse pas de se dilater autant qu'il faut pour conserver le mouvement du sang qui est nécessaire à la vie.

Quand les humeurs qui se sont répanduës dans le cerveau bouchent les pores de certains nerfs, les esprits animaux qui tendent à sortir par ces pores ne pouvant continuer leur mouvement en ligne droite sont obligés de se mouvoir en rond, ce qui fait qu'ils ébranlent le cerveau de la même maniere qu'il a coûtume d'estre ébranlé par les objets qui se meuvent circulairement autour de nous.

Du Vertige.

Je dis *qui se meuvent circulairement autour de nous*, pour marquer qu'il ne suffit pas pour tomber dans le Vertige de regarder des objets qui se meuvent circulairement autour de leur centre ; car quelque forte que soit l'impression que font ces objets sur les Organes & ensuite sur l'Ame, elle ne fera jamais qu'ils paroissent se mouvoir circulairement autour de nous, comme il arrive dans le Vertige. Mais au contraire si les objets extérieurs se meuvent autour de nous, il est nécessaire qu'ils impriment aux extrémités des nerfs optiques un mouvement qui réponde au leur, & qui se communique ensuite aux esprits animaux, ce qui fait que ces esprits continuant de se mouvoir ainsi circulairement dans le centre ovale du cerveau, lors même que les objets extérieurs sont en repos, ils produisent dans l'ame l'idée d'un mouvement circulaire.

Cela se confirme, parce qu'on se procure le Vertige en tournant circulairement, ce qui provient sans doute de ce que par cette sorte d'agitation on communique aux esprits animaux un tournoyement tout semblable à celuy qu'ils reçoivent par l'impression des objets extérieurs qui se meuvent circulairement autour de nous.

C'est encore par la même raison, que quand on regarde de haut en bas d'une hauteur extraordinaire, la peur de tomber fait souffrir une espèce de Vertige ; car comme le propre de la crainte est de figer le sang, & de resserrer les orifices des nerfs du côté qu'ils aboutissent au centre ovale, les esprits animaux ne pouvant les pénétrer directement sont obligés de se mouvoir en ligne circulaire, & par conséquent de causer le Vertige. Ce qui est si vray que de quelque hauteur que l'on regarde la terre, on ne tombera jamais dans le Vertige si l'on est sans peur ; car ceux qui n'appréhendent pas, ne sont point sujets à cet accident.

Et parce que quand on est dans le vertige les membres ne reçoivent pas autant d'esprits animaux qu'ils en recevoient auparavant, à cause que ceux qui ont commencé à se mouvoir en rond obligent les autres à prendre la même détermination de mouvement, tout le corps devient foible & incapable de se soûtenir; c'est à dire, que dans le vertige l'on tombe facilement par terre.

3.
De la Convulsion.

Lorsque quelque matiere visqueuse qui s'est répanduë dans le cerveau bouche des nerfs qui aboutissent à des muscles qui sont déja remplis d'esprits animaux, il est nécessaire que ces muscles demeurent enflés, & par conséquent que les membres qu'ils tirent, souffrent cette sorte de mouvement qu'on appelle *Convulsion*, laquelle peut procéder encore de ce que quelque humeur acre ou acide qui est au dedans ou au dehors, agite tellement les fibres des nerfs qu'elles déterminent les esprits animaux

LIVRE HUITIE'ME. PARTIE I.

à couler constamment dans les mêmes muscles, ou de ce qu'un des Muscles Antagonistes est bouché tandis que les esprits animaux coulent dans l'autre.

Il peut arriver même que comme l'esprit d'urine fait coaguler l'esprit de vin avec lequel on le mêle, le sang qui coule dans les interstices des fibres d'un muscle ayant esté retenu, s'y sera tellement aigri que la vapeur qui s'en exhale ayant pénétré les pores de ces fibres, figera les esprits animaux dont elles sont remplies ; ce qui sera cause que le membre dans lequel ce muscle s'insère, souffrira une convulsion fort longue & fort opiniâtre.

Au contraire, lorsque quelque humeur acre ou acide piquote successivement les nerfs, tantôt les uns & tantôt les autres, il est nécessaire que les membres qui tiennent aux muscles de ces nerfs, souffrent ce qu'on appelle *des mouvemens convulsifs* qui consistent dans des agitations violentes & extraordinaires, qui se réiterent souvent & qui se font malgré la volonté.

Enfin la *Catalepse* est une maladie qui retient ceux qui en sont atteints dans la même situation & dans la même figure où elle les a trouvés ; ce qui provient encore des vapeurs acides qui figent les esprits animaux dans les nerfs & dans les muscles à peu près comme l'esprit d'urine fige l'esprit de vin dans les vaisseaux des Chymistes.

Il se pourroit faire néanmoins que les esprits acides offenseroient plûtôt les fibres des nerfs & des muscles que les esprits animaux ; d'où vient peut-estre que le mouvement des membres peut estre empêché sans toutefois que la mort s'en ensuive, parce que ces vapeurs s'exhalent bien-tôt, & qu'elles ne corrompent ni le sang, ni les parties qui sont nécessaires à la vie.

Lorsque le sang qui circule dans les Poûmons, s'y décharge de tant de férosités qu'elles en compriment les branches, on a une difficulté de respirer qu'on appelle *Asthme*, pendant lequel si les férosités sont fort acres, elles rongent la substance du Poûmon, & ouvrent ses vaisseaux de telle sorte qu'elles causent une toux continuelle accompagnée au commencement d'un crachement de sang, lequel se convertit ensuite en pus avec une exténuation de toutes les parties du corps & des douleurs universelles qui dépendent de l'acreté du sang. C'est ce qu'on appelle *Phtisie*.

4. De l'Asthme.

5.
Du Rheume.

Quand le corps est fort échauffé & que ses pores sont ouverts, si le froid survient tout à coup, & qu'il se fasse sentir principalement aux pieds, il en resserre tellement les artères & les veines que le sang n'y pouvant plus couler en si grande quantité, est obligé de monter à la tête plus abondamment qu'à l'ordinaire ; ce qui fait que celuy qui entre dans le cerveau par les carotides répand quelques parties qui vont en fluxion sur les yeux & sur les oreilles, & que celuy qui passe à la circonférence de la tête en répand d'autres qui tombent dans les glandes qu'on appelle *Parotides*, qui fournissent la matiere des crachats qu'on jette durant les Rheumes.

Les *Rheumes* sont presque toûjours accompagnés de quelques douleurs des jointures qui dépendent de quelques sucs acres ou acides, qui selon qu'ils agissent sur différentes parties du corps, causent la Goutte ou le Rheumatisme qui sont les deux principales espèces de cette maladie ; ils causent la goutte, lorsqu'ils agissent immédiatement sur les articles, sçavoir sur les membranes, sur les nerfs & sur les tendons des muscles, & le Rheumatisme, lorsqu'ils n'agissent que sur les parties voisines : D'où vient qu'il y a cette différence entre la Goutte & le Rheumatisme, que dans la Goutte la douleur précède l'enflure, & que dans le Rheumatisme l'enflure précède la douleur. Dans la Goutte il n'y a que rarement de la Fiévre, & dans le Rheumatisme il y en a presque toûjours ; ce qui nous porte à croire que les causes de ces deux maladies sont différentes. Que la Goutte dépend de la seule lymphe qui devenant trop acre ou trop acide est tres-propre à causer des douleurs & des enflures. Et que le Rheumatisme procède de ce que le sang est corrompu par la lymphe ou par quelque autre humeur, ce qui cause la Fiévre.

6.
De l'Eternuëment.

Lorsque quelque chose de piquant comme l'Ellébore, le Tabac ou la Betoine irritent la membrane des Narines, elle souffre une espèce de convulsion, dont le mouvement passe bien-tôt jusqu'au diaphragme par les nerfs de la cinquiéme paire qui luy sont communs avec cette membrane ; ce qui détermine les esprits animaux à couler dans le Diaphragme, & à rendre sa surface supérieure si plate, que reprenant ensuite tout à coup sa convexité naturelle, elle presse beaucoup le Poûmon,

LIVRE HUITIÉME. PARTIE I.

Poûmon, & en chasse l'air avec violence ; ce qui cause le bruit éclatant qu'on appelle E'ternuëment.

7. Du Hoquet, sa définition.

Quand il arrive qu'on a avalé un morceau mal mâché, il rend la surface convexe de l'Estomach si inégale, que les fibres du Diaphragme qui sont irritées par cette inégalité se gonflent excessivement, & rendent par ce moyen sa surface platte ; ce qui fait que la poitrine se dilatant tout à coup, l'air n'y peut entrer sans faire du bruit : C'est ce bruit qu'on appelle Hoquet. Le Hoquet n'est donc autre chose *Qu'une inspiration convulsive dans laquelle le Diaphragme souffre une systole violente, mais interrompuë & souvent réitérée.* Ce qui fait voir que le Hoquet ne dépend pas du mouvement du ventricule, mais de celuy du Diaphragme, car l'expérience fait voir que quand l'estomach est en convulsion, il ne cause jamais une respiration telle qu'il paroît dans le Hoquet.

Nous ne voudrions pas nier pourtant que l'orifice supérieur de l'estomach n'ait part à ce mouvement convulsif, parce qu'il a une grande quantité de nerfs qui le rendent extrémement sensible, & qu'il est le premier irrité, lorsque le Hoquet est produit par les morceaux qui s'y arrêtent ; on peut même dire que le mouvement commence par cette partie, & qu'il passe dans un instant au Diaphragme avec lequel elle est continuë, outre que l'Estomach & le Diaphragme ont des nerfs communs ; car la huitiéme paire en donne à l'un & à l'autre.

8. De la Dysenterie.

Lors que la Bile est fort acre, qu'elle ronge les tuniques des intestins & ouvre leurs vaisseaux, on ressent de grandes douleurs dans le ventre, & l'on fait par le fondement beaucoup de sang qui est mêlé avec les excréments, c'est ce qu'on appelle *Dysenterie*.

On nomme au contraire *Lienterie*, l'état où l'on se trouve lors qu'on rend les aliments mal digérés ou seulement changés en chyle, les opinions sont fort différentes touchant les causes de cette maladie, il y en a qui l'attribuent à la foiblesse du ventricule, & d'autres qui veulent qu'elle dépende de l'obstruction des veines lactées, ou des glandes des intestins & du Mésentère ; mais quant à nous, nous croyons qu'elle peut dépendre de ces deux causes ensemble, & de chacune séparément ; de telle sorte que si les aliments qu'on rend sont mal

Tome III. I

digérés, c'est une marque qu'elle dépend de la foiblesse de l'Estomach, & s'ils sont changés en chyle, cela signifie qu'elle procède de l'obstruction des veines lactées.

9.
Du Miserere.

S'il se fait encore quelque inflammation considérable dans la tunique intérieure des boyaux, ou si quelque partie des excréments se dessèche, & devient si dure que leur conduit en soit entierement bouché, alors ce qui est disposé à sortir par en bas ne trouvant point de passage ouvert, est déterminé par la propre contraction des intestins à monter vers l'Oesophage & à sortir par la bouche, c'est ce qu'on appelle *Miserere*.

10.
Du Vomissement.

Lors que quelques matieres acres & rongeantes irritent les fibres de l'Estomach, ce viscère se resserre de telle sorte par la contraction de ses fibres circulaires & longitudinales, que ce qui se trouve enfermé au dedans ne pouvant sortir assés promptement par le pylore, est obligé à se faire chemin par l'orifice supérieur de l'Estomach, c'est ce qu'on appelle *Vomissement*.

Il ne faut pas croire pourtant que toute l'action du vomissement s'accomplisse par la seule contraction des fibres circulaires & longitudinales de l'Estomach, la contraction du Diaphragme & des Muscles du bas ventre y contribuë encore beaucoup.

11.
Expérience qui prouve que les Muscles du bas ventre sont la principale cause du vomissemët.

Cela est confirmé par l'expérience, qui fait voir que si l'on donne une dragme de Sublimé corrosif mêlée avec du pain mâché à un Chien, ce Chien fait de grands efforts pour vomir; & si lors qu'il a commencé de vomir on luy ouvre le bas ventre en long, & qu'on en retire l'Estomach, pour lors il n'y paroît plus aucune sorte de contraction ni de mouvement, & le Chien ne vomit plus, mais d'abord qu'on a remis l'Estomach dans la cavité du bas ventre, & qu'on a cousu les muscles qu'on avoit fendus, le Chien fait de nouveaux efforts & vomit comme auparavant.

Ce fait estant posé, voicy comment nous raisonnons. Le Chien ne vomit que par la contraction des fibres propres du ventricule, ou par l'effort & par la contraction des fibres des parties qui l'environnent. Or il ne vomit pas par la contraction des fibres propres du ventricule, puis que l'expérience fait voir que ce ventricule estant hors du bas ventre ne souffre aucune contraction qui soit sensible. Le vomissement se fait donc par

LIVRE HUITIE'ME. *PARTIE I.*

la contraction des fibres des parties qui environnent l'Eſtomach.

Or ce n'eſt pas au Foye qu'on doit attribuer le vomiſſement, car outre que le Foye ne ſouffre aucune contraction, il ne peut aſſès preſſer l'Eſtomach pour en exprimer les viandes, à moins qu'il ne ſoit enflammé, & l'on vomit preſque toûjours ſans avoir aucune inflammation de Foye. Le Foye ne contribuë donc rien au vomiſſement. On peut dire la même choſe de la Rate, de l'Epiploon, du Méſentère, &c.

Il reſte donc que les Muſcles du bas ventre & le Diaphragme ſont les parties qui cauſent le vomiſſement, parce qu'ils ſont dans la contraction; & comme l'Eſtomach ſe trouve entre les Muſcles du bas ventre & le Diaphragme, & qu'il eſt preſſé comme s'il ſe trouvoit entre deux planches, il faut néceſſairement que ce qui eſt dans l'Eſtomach en ſorte, par la même raiſon que ce qui eſt dans un balon en ſort lors qu'il eſt preſſé entre les deux mains.

Il faut même que les aliments qui ſortent de l'Eſtomach montent, parce que ce chemin leur eſt plus aiſé & plus ouvert que celuy de la deſcente, dont la raiſon eſt que les muſcles du bas ventre eſtant dans la contraction, preſſent de telle ſorte les boyaux, le foye & tous les viſcères, que la plûpart des aliments ſont obligés de ſortir par l'orifice ſupérieur du ventricule ne pouvant s'échapper par le Pylore.

12. Pourquoy dans le vomiſſement les aliments ſortent plûtôt par en haut que par en bas.

Nous diſons la *pluſpart des aliments*, pour faire entendre que nous ne prétendons pas qu'il n'en paſſe aucune partie dans les boyaux; car nous croyons qu'il y en peut paſſer quelque peu, mais que la plus grande partie monte en haut à cauſe de la facilité du paſſage; c'eſt pour cela que dans le *colera-Morbus* on va par en haut & par en bas, dont la raiſon eſt que les excréments montent auſſi bien qu'ils deſcendent, lors que la contraction des muſcles du bas ventre eſt grande, & on jette pour lors la bile à cauſe que le Foye eſtant extrémement preſſé la bile eſt exprimée de ſa véſicule.

Pour concevoir donc que les aliments de l'Eſtomach trouvent le paſſage plus libre par en haut que par en bas, il faut remarquer que l'état du Diaphragme dans ſa contraction eſt tel que ſes fibres charnuës ſe raccourciſſent, ce qui fait qu'il s'applanit & abbaiſſe les côtes; mais il eſt évident par la conſtruc-

I ij

tion du Diaphragme que fes fibres ne peuvent s'accourcir, qu'en même-temps le trou par lequel paffe l'Oefophage ne devienne plus large, & par conféquent que l'Oefophage ne foit moins comprimé, ce qui fait que les aliments y montent avec plus de facilité.

<small>13.
Les Mufcles du bas ventre font en convulfion, lors qu'on a mangé quelque chofe qui fait vomir.</small>

Il refte maintenant à expliquer pourquoy les Mufcles du bas ventre & le Diaphragme font en convulfion lors que le Chien a mangé du Sublimé corrofif ; or cela ne procède vray-femblablement que de ce qu'il coule plus d'efprits dans ces Mufcles qu'il n'en couloit auparavant, mais la queftion eft encore de fçavoir qu'eft-ce qui détermine les efprits à couler ainfi avec plus d'abondance, dont voicy la raifon méchanique.

Lors que le Chien a pris du Sublimé, il fe fait dans l'Eftomach des irritations & des ébranlements qui paffent jufqu'au cerveau, & qui déterminent les efprits animaux à couler dans l'orifice des nerfs qui font les plus proches de ceux de l'eftomach, ou qui ont plus de liaifon avec eux, qui font ceux qui vont au bas ventre & au diaphragme, ce qui fait que ceux-cy fouffrent une nouvelle contraction.

C'eft par cette même raifon que nous avons expliqué l'Eternuëment, c'eft à dire que lors que quelque chofe irrite la membrane du Nez, cette membrane, ou les nerfs dont elle eft compofée, portent au cerveau un ébranlement qui fait couler les efprits dans les mufcles de la Poitrine en telle forte que nous faifons une grande infpiration, laquelle eft fuivie d'une expiration fort prompte, qui fait le bruit qu'on entend lors que nous éternuons.

Quand on a fenti de mauvaifes odeurs, qu'on a avalé de l'eau tiede, & qu'on a mis le doigt à la bouche, on vomit par les mêmes raifons.

Cela eftant pofé, il n'eft pas mal aifé d'expliquer le vomiffement qui arrive dans l'inflammation du Foye, & dans la Colique néphrétique : car il eft vray-femblable que le vomiffement arrive dans le dernier cas ; parce que l'urine ne fe féparant pas dans les reins eft portée par tout le corps, de forte que s'en féparant quelques parties dans l'Eftomach, c'eft ce qui eft la caufe du vomiffement.

Or que l'urine fe fépare par tous les colatoires, cela eft

LIVRE HUITIE'ME. PARTIE I.

feur, parce que ces malades fentent un goût d'urine à la bouche, & même lors qu'elle se sépare dans le cerveau elle cause des délires, des convulsions, &c.

On vomit aussi dans l'inflammation du Foye, parce que la Bile ne s'y séparant plus comme auparavant se porte à l'Estomach, & cause le vomissement.

Mais on dira peut-estre que la Bile qui est portée par tout le corps dans la jaunisse, ne fait pas vomir; & nous répondons que cela est vray, & que la raison en est que la Bile des Ictériques, ou de ceux qui ont la jaunisse, est sans force, c'est à dire que ses principes actifs sont en petite quantité ou peu exaltés.

14. Que la Jaunisse ne dépend pas de la Bile.

Il faut ajoûter que quoy qu'on croye d'ordinaire que la jaunisse procède de ce que les pores du Foye estant bouchés la Bile qui ne peut couler dans la vésicule du fiel, se répand par tout le corps ; il y a néanmoins des Auteurs considérables * qui ne peuvent croire que bien que ces pores soient bouchés, ils puissent arrêter une quantité de bile assés grande pour teindre non seulement les parties extérieures, mais encore les intérieures & l'urine même, comme il arrive dans les Ictériques ; ils veulent aussi que cette maladie procède de la sérosité du sang exaltée & devenuë jaune par le mélange de son sel acide avec la lymphe, à peu près comme une lessive faite des cendres de plantes devient jaune quand on y mêle des sucs acides. C'est ce que l'expérience semble confirmer, puis qu'en ouvrant les corps de ceux qui sont morts de cette maladie, on ne trouve point que les chairs soient jaunes, mais les seules parties membraneuses sur lesquelles il y a un grand nombre de vaisseaux lymphatiques.

* Luc Tozzi dans sa Médecine Practique.

L'huile fait aisément vomir à cause qu'elle abonde en sels acres qui sont tres propres à irriter les fibres de la tunique veloutée de l'Estomach, qui est presque aussi délicate que la peau des yeux, que nous sçavons par expérience que l'huile irrite beaucoup. L'eau chaude est encore tres propre à exciter le vomissement, parce qu'elle détrempe facilement les sels acres qui sont dans l'Estomach, lesquels agissent ensuite puissamment contre les membranes pour les irriter.

15. Pourquoy l'huile & l'eau chaude sont propres à exciter le vomissement.

L'effort qu'on fait en vomissant peut estre si grand, que les artères qui sont dans le fond de l'Estomach venant à ouvrir leurs orifices pousseront le sang dans sa cavité, laquelle le réjettant enſuite par la bouche fait un vomiſſement de ſang qui dépend de ce que les aliments ou les ſucs de l'Eſtomach ſont ſi acres qu'ils rongent ces petites artères.

CHAPITRE XXI.

Contenant l'explication de quelques Maladies qui ne dépendent que du vice des eſprits animaux.

1.
Pourquoy les nerfs ſe vont répandre dans les glandes.

IL ne faut pas s'imaginer que les eſprits animaux ne ſervent qu'à mouvoir les membres, ils contribuënt beaucoup à entretenir le mouvement du ſang & des autres humeurs; cela ſemble ſe déduire néceſſairement de ce grand nombre de nerfs qui ſe vont inſérer dans les glandes qui ſont répanduës dans tout le corps; ils n'y vont pas pour y produire le mouvement ni le ſentiment; car on ſçait par expérience que les glandes ſont privées de l'un & de l'autre, mais ils y vont ſeulement pour y porter des eſprits qui ſe mêlent avec la lymphe pour la rendre plus fluide, & pour paſſer avec elle dans les veines & dans les artères, afin de rendre le ſang plus propre à ſe fermenter, & par conſéquent plus capable de fournir de nouveaux eſprits.

2.
Que les nerfs allant du cerveau vers les extrémités du corps formẽt pluſieurs nœuds, & pourquoy.

Il ne faut pas croire non plus que les eſprits animaux aillent tout droit du cerveau aux membres extérieurs, il faut penſer au contraire que la pluſpart des nerfs qui les y portent font des nœuds qui prennent différents noms ſuivant la diverſité des parties du corps où ils ſe forment. Ces nœuds ſont compoſés d'artères & de veines capillaires, de fibres nerveuſes & de la dure-Mere qui les envelope, il ſemble que la nature les forme exprès pour y conſerver les eſprits animaux, & pour y entretenir leur chaleur par celle du ſang artériel qui coule inceſſamment autour d'eux.

3.
Quelle eſt l'origine de la Paralyſie qui vient ſans que la tête ſoit attaquée.

Or cela poſé, il paroît en premier lieu, que ſi quelque humeur groſſiere entre dans ces nœuds des nerfs, ou ſi elle les comprime trop par dehors, le cours des eſprits animaux ſera interrompu, & que par conſéquent tous les membres qui reçoivent des nerfs de ces nœuds deviendront paralytiques, ou du moins languiſſants, ſans que la tête reçoive aucune incommodité.

LIVRE HUITIE'ME. PARTIE I. 71

Il paroît en second lieu, que si le sang, ou les humeurs sont trop acres ou trop acides, les exhalaisons qui en sortiront pénétrant les pores des nœuds des nerfs se mêleront avec les esprits animaux, & les feront fermenter d'une maniere extraordinaire ; ce qui sera cause que tous les membres qui reçoivent des nerfs de ces nœuds, tomberont en convulsion à cause de la communication qu'ils ont ensemble.

<small>4. D'où viennent les Convulsions qui se font sans mal de tête.</small>

Il y a lieu de croire que la pluspart des convulsions des membres les plus éloignés de la tête ne dépendent pas des fermentations des esprits animaux qui se font dans le cerveau, mais de celles qui s'excitent dans différents nœuds des nerfs. Cela semble se confirmer, parce qu'il arrive rarement que les convulsions du bas ventre commencent par la tête, au contraire ceux qui les souffrent, ont pour l'ordinaire la tête libre pendant quelque temps, quoyque dans la suite de l'accès elle soit aussi attaquée.

<small>5. Pourquoy il arrive rarement que les convulsions du bas ventre commencent par la tête.</small>

Ainsi, par exemple, quand une matiere trop acre s'assemble dans la Matrice d'une femme, ou dans les parties voisines du plexus Mésentérique, les exhalaisons qui sortent de cette matiere, font fermenter les esprits animaux qui sont dans ce nœud, & par leur moyen tous les esprits qui se trouvent dans les nerfs du bas ventre ; ce qui fait que ces nerfs par leur contraction ramassent les intestins, sur tout les intestins grêles, autour du nombril où ils s'élèvent tantôt sous la forme d'un seul globe & tantôt sous la forme de deux ou de plusieurs : Ce qui fait croire à quelques Médecins que la Matrice s'élève en quittant sa place.

<small>6. D'où vient que dans les maux ictériques les boyaux s'assemblent autour du nombril.</small>

Il y a donc lieu de penser que la pluspart des maladies qui ne sont accompagnées ni de Fiévre ni de mal de tête, & qui consistent dans des convulsions ou dans des espèces de paralysie, dépendent de ce que les esprits animaux sont retenus dans les nœuds gangliformes par quelque compression extraordinaire des humeurs qui environnent ces nœuds, ou de ce que les humeurs communiquent aux esprits des exhalaisons qui les font fermenter d'une maniere extraordinaire, ce qui cause la pluspart des maladies qu'on attribuë à ce qu'on appelle Vapeurs.

<small>7. D'où viennent les maladies qu'on attribuë aux vapeurs.</small>

Les Vapeurs ne sont donc autre chose, généralement parlant, que certains sels acres ou acides qui s'estant séparés du sang se mêlent avec les esprits animaux, & les font fermenter d'une maniere extraordinaire.

<small>8. Ce que sont les vapeurs.</small>

9.
Où sont les foyers des Vapeurs.

Suivant ce principe, il y a autant de lieux d'où s'élèvent les Vapeurs, qu'il y en a où il se peut faire des fermentations d'esprits animaux; c'est pourquoy puis que ceux-cy peuvent fermenter dans le cerveau, dans les nœuds gangliformes, dans les glandes & dans les muscles, nous ne devons pas faire difficulté de reconnoître que tous ces lieux sont les propres foyers des Vapeurs.

10.
Par quels conduits les Vapeurs môtent au cerveau.

Mais la question est de trouver les conduits qui donnent passage aux Vapeurs qui s'élèvent dans les parties inférieures du corps, pour monter jusqu'au cerveau où elles vont faire les plus grands desordres; car il ne semble pas qu'elles y puissent monter autrement qu'en passant par les pores des membranes, par les veines & les artères, ou par les nerfs : Mais on ne voit pas en premier lieu qu'elles se puissent élever par les pores des membranes; car il est constant que les Vapeurs, quelque subtiles qu'elles soient, ne peuvent pénétrer les membranes qui séparent les parties du corps. Elles ne peuvent pas non plus monter par les veines & par les artères; car comment concevoir que ces vaisseaux, qui sont continuellement remplis de liqueurs, puissent transmettre si promptement au cerveau des Vapeurs qui sont des ferments séparés du sang. Il reste donc que les Vapeurs montent au cerveau par les nerfs.

11.
Objection avec la réponse.

Si l'on objecte que les nerfs ne sont faits que pour donner passage aux esprits animaux qui coulent du cerveau vers les membres extérieurs, & que l'intervalle des fibres & l'étenduë intérieure de la membrane qui les envelope, n'ont que ce qu'il faut d'espace pour les laisser couler ainsi : Nous répondons, que les Vapeurs par la fermentation qu'elles causent aux esprits sont agitées avec assés de force pour dilater les fibres des nerfs & pour s'ouvrir un chemin pour monter au cerveau; car pour peu qu'on soit persuadé que dans le mouvement violent des parties qui fermentent, il se fait des détachements de corpuscules qui ont pour le moins autant d'activité que les esprits animaux qui descendent du cerveau en ont, & qu'on sçache d'ailleurs qu'un corps qui se meut, est déterminé à se porter vers le lieu où il trouve moins de résistance, on conclura aisément que ces Vapeurs rencontrant d'un côté les membranes qui leur ferment entierement le passage, & de l'autre des esprits qui n'ont pas tant de force, ils doivent nécessairement estre

déterminés

LIVRE HUITIÉ'ME. PARTIE I. 73

déterminés à tendre vers ceux-cy, & par conséquent à monter vers le cerveau. Ce qui semble eftre confirmé par l'expérience qui fait voir que ceux qui font attaqués des Vapeurs fentent pour l'ordinaire au commencement de l'accès une fermentation qui ayant commencé à une partie déterminée du corps fe porte vers le cerveau, où eftant arrivée elle caufe du trouble dans les efprits, & ceux-cy en caufent enfuite dans le cœur & dans le fang.

Voila en général l'idée qu'on peut donner fuivant nos principes de la maniere dont les Fiévres & plufieurs autres Maladies font produites; nous avons propofé nôtre fentiment fur ce fujet d'autant plus librement que nous fçavons avec certitude qu'il n'y a rien de plus phyfique que la théorie des maladies, ni par conféquent rien de plus utile que d'enfeigner la maniere dont on peut expliquer cette théorie par des principes qui foient fimples & conformes aux loix générales de la nature.

CHAPITRE XXII.

Qu'il y a dans l'Homme des mouvements néceffaires, des mouvements contingents, des mouvements libres, & des mouvements mixtes, & d'où ils dépendent.

LEs Mouvements qu'on appelle *Néceffaires* dans l'homme font ceux qui font indépendants de fa volonté, & qui ne peuvent eftre interrompus fans danger de fa vie, tels font les mouvemens du cœur, du fang, de la bile, &c. Les Mouvements *Contingents* font ceux qui font auffi indépendants de la volonté, mais qui peuvent eftre interrompus, tels font les mouvements de la tête, des bras, des jambes, &c. lorfque nous les remüons fans y penfer. Les Mouvements *Libres* font ceux qui fe font par les feuls ordres de la volonté. Et enfin les Mouvements *Mixtes* font ceux qui fe font partie librement & partie avec néceffité, tels font les mouvements de la poitrine, du Diaphragme, &c. lefquels la volonté peut interrompre pour quelque temps quand elle le veut, quoy qu'elle ne puiffe les empêcher abfolument.

Les Mouvements Néceffaires & les Mouvements Contingents

Tome III.   K

I. Ce que font les Mouvements néceffaires, les Mouvements contingents, les Mouvements libres, & les Mouvemẽts mixtes.

74 LA PHYSIQUE.

2.
Que les mouvements nécessaires & les mouvements contingents se font dans l'Hôme comme dans les Bêtes.

ne se font pas dans l'Homme autrement que nous avons cy-devant montré, qu'ils se font dans les Bêtes ; c'est pourquoy il ne s'agit maintenant que de rechercher les causes des Mouvements Libres & de ceux qu'on appelle *Mixtes*.

Les anciens Philosophes qui ont recherché l'origine des mouvements libres, se sont contentés de dire que la volonté en est la véritable cause efficiente ; c'est à dire, qu'elle a la puissance de les produire quand elle veut par une action réelle & véritable ; mais cette opinion se détruit d'elle-même, parce qu'il a esté prouvé qu'il n'y a rien que Dieu qui puisse estre auteur du mouvement, c'est à dire, de la force mouvante qui est dans le monde, sans qu'il soit au pouvoir d'aucune créature, si parfaite qu'elle soit, d'en produire un seul degré.

3.
Que les mouvements libres quant à leur substance ne dépendent pas de la volonté.

Les Modernes qui ont examiné de plus près la nature & les causes du mouvement, tombent à la vérité d'accord que la volonté ne peut produire aucun degré de force mouvante; mais ils veulent qu'elle puisse déterminer celle qui cause les mouvements libres, & pour le prouver ils se servent de l'expérience qui fait voir manifestement que nous mouvons nos membres, par cela seul que nous voulons qu'ils soient mûs, pourvû que le corps soit d'ailleurs bien disposé.

4.
Qu'ils n'en dépendent que quant à leur détermination.

5.
Comment on peut dire qu'un homme qui se leve n'a pas plus de mouvement que lors qu'il est assis.

Suivant cette opinion, quand nous voyons qu'un homme qui estoit assis, se lève, il ne faut pas croire que la volonté qu'il a de se lever, produise la force mouvante par laquelle il se lève ; car cette force est déja dans les esprits animaux, & il a esté prouvé qu'elle ne dépend que de la fermentation du sang ; d'où il s'ensuit que la volonté ne contribuë tout au plus à faire que cet homme se lève, qu'en déterminant le mouvement des esprits d'une certaine maniere, & qu'elle ne détermine ainsi ce mouvement qu'en voulant que les esprits qui auparavant se mouvoient également dans deux ou plusieurs muscles Antagonistes, se meuvent maintenant tous ensemble, tantôt dans les uns & tantôt dans les autres, de la façon qui est requise pour faire que cet homme qui estoit assis, se lève.

6.
Objections.

Cette façon d'expliquer les mouvements libres paroît fort aisée & fort commode, mais il faut avoüer qu'elle n'est pas si claire qu'il ne reste encore quelques difficultés à résoudre. Car on demande en premier lieu, ce que c'est que cette puissance qu'on dit que la volonté a de déterminer les mouve-

LIVRE HUITIE'ME. PARTIE I. 75

ments libres. Si on répond que cette puiffance confifte en ce que la volonté peut détourner les efprits animaux, & les faire aller dans tel mufcle qu'elle veut, on demande encore, fi c'eft la volonté feule qui caufe dans les efprits auimaux ce changement de détermination, ou fi la difpofition du cerveau & des membres y contribuë quelque chofe. Si l'on répond que c'eft la volonté feule, on demandera pourquoy nous ne nous fouvenons pas toûjours des chofes que nous voulons rappeller dans la mémoire, puis qu'il ne s'agit que de déterminer les efprits animaux à aller dans les traces qui fervent à exciter les idées de ces chofes.

On demande en fecond lieu, pourquoy il y a des membres qui font quelquefois en convulfion malgré nous, puis que la convulfion dépend d'un cours des efprits que la volonté peut détourner.

On demande enfin, pourquoy tous ceux qui fçavent également la Theorie de la danfe, ne danfent pas également bien, puis qu'ils ont tous également la volonté de déterminer les efprits animaux à couler dans les mufcles qui fervent à faire les mouvements néceffaires à bien danfer, c'eft certes dequoy on ne fçauroit rendre une raifon évidente.

Ainfi pour ôter toute la difficulté qui pourroit refter fur cette matiere, nous ferons remarquer que les mouvements libres peuvent eftre confidérés en deux manieres, ou eux-mêmes, ou quant aux temps où ils font faits; deforte que fi on les confidère de la premiere maniere, ils ne dépendent point de la volonté, & fi on les confidère de la feconde, ils en dépendent; par exemple, il ne dépend pas de la volonté de faire que nous danfions bien, lors que nous n'avons pas appris à danfer, mais il eft entierement en fon pouvoir de faire que nous danfions en un temps plûtôt qu'en un autre; la raifon de cette différence eft, que les efprits pour nous faire danfer n'ont befoin que d'une feule détermination qui eft d'aller dans les mufcles des jambes, au lieu que pour nous faire bien danfer, ils ont befoin d'eftre déterminés en mille manieres différentes que la volonté ne fçauroit prévoir, & qui dépendent uniquement de la difpofition des organes, comme l'expérience le fait voir.

7. Réponfe aux Objections précédentes.

Quant aux Mouvements mixtes, il eft aifé de voir qu'ils

K ij

76 LA PHYSIQUE.
dépendent de la volonté en tout ce qu'ils ont de libre, & de la difposition des organes en ce qu'ils ont de néceffaire.

CHAPITRE XXIII.

Comment les Efprits animaux & le Cerveau contribuënt à produire les Mouvements libres, & les Mouvements contingents.

<small>7.
Où vont les efprits qui fortent de la fubftance cendrée du cerveau.</small>

POUR bien concevoir le fujet de ce Chapitre, il faut remarquer que tous les efprits animaux qui fe forment dans la fubftance cendrée du cerveau, paffent delà, partie dans le centre ovale & partie dans les traits moëlleux obliques ; ce qui arrive néceffairement ainfi à caufe que toutes les fibres moëlleufes qui reçoivent les efprits animaux qui fortent de la fubftance cendrée vont aboutir au centre ovale, ou aux traits moëlleux obliques. A A eft le centre ovale. D D les traits moëlleux obliques.

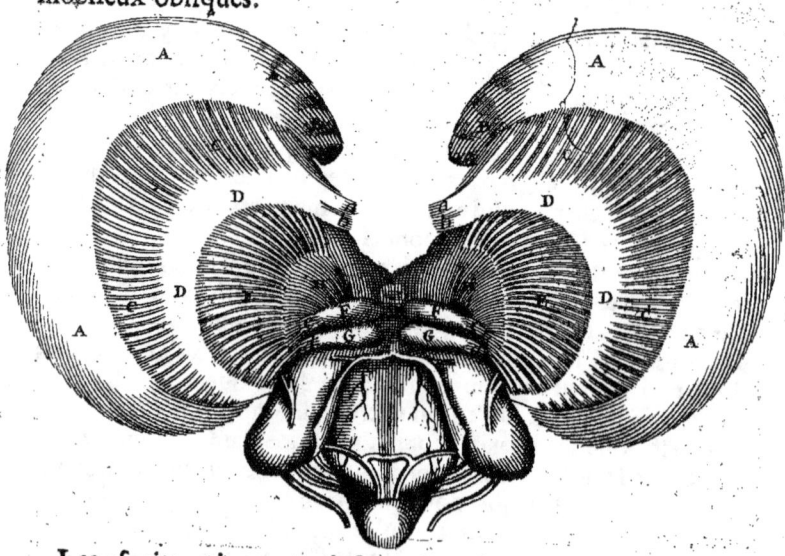

<small>8.
Où vont ceux qui font dans le centre ovale.</small>

Les efprits animaux qui font dans le centre ovale fe meuvent en plufieurs manieres ; mais de telle forte néanmoins que ceux qui font dans la région fupérieure de ce centre, paffent partie dans les corps canelés fupérieurs antérieurs, & partie

LIVRE HUITIE'ME. *PARTIE I.* 77

dans les traits moëlleux qui sortent de la partie postérieure du centre ovale, & se vont insérer dans la partie postérieure des cuisses de la moëlle allongée.

Quant aux esprits animaux qui passent par les corps canelés supérieurs antérieurs, ils se vont rendre dans les deux centres demi-circulaires, d'où ils passent dans les traits moëlleux qui composent les corps canelés supérieurs postérieurs, qui les conduisent enfin dans les principes postérieurs des nerfs de l'épine. Au contraire, les esprits animaux qui entrent dans les traits moëlleux qui partent de toute la partie postérieure du centre ovale passent par les cuisses de la moëlle allongée, & parviennent enfin aux principes postérieurs des nerfs de l'épine. D D sont les deux centres demi-circulaires. E E les corps canelés supérieurs. H H les traits moëlleux qui partent de toute la partie postérieure du centre ovale.

3. Où vont ceux qui sont dans les corps canelés supérieurs antérieurs.

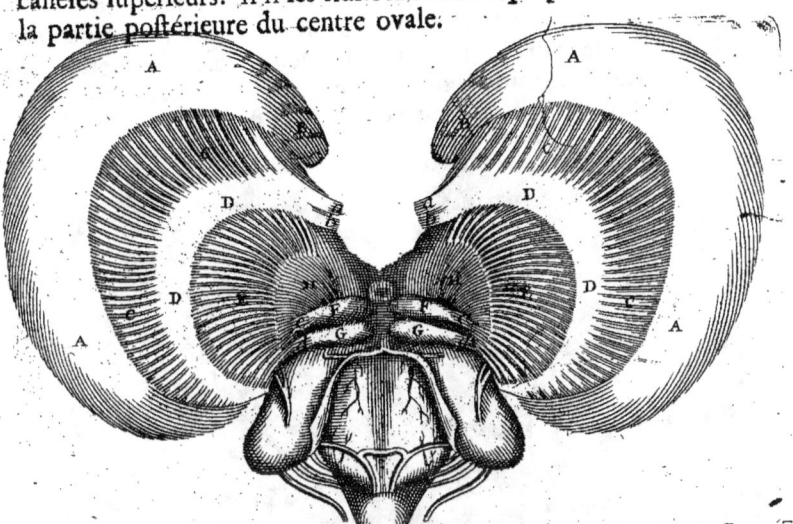

Les esprits animaux qui sont dans la moyenne région du centre ovale poussés par ceux qui viennent continuellement de nouveau, entrent dans les traits moëlleux qui partent de ce centre, & qui se vont terminer dans la partie antérieure de la moëlle, de l'Epine & de là ils se vont rendre dans les principes antérieurs des nerfs de l'épine, mais de telle sorte qu'en passant une partie entre dans quelques nerfs de la moëlle allongée, & une autre partie s'insinuë dans les nerfs optiques.

4. Où vont les esprits qui sont dans la moyenne région du centre ovale.

78 LA PHYSIQUE.

5. *Où vont ceux qui sont dans la région inférieure.*

Quant aux esprits animaux qui sont dans la région inférieure du centre ovale, ils sont portés par les traits moëlleux qui partent de cette région, & qui se mêlent avec la substance glanduleuse des corps canelés inférieurs antérieurs, dans les traits blancs qui sont dans les corps canelés moyens, d'où ils passent partie dans quelques nerfs de la moëlle allongée, & partie dans les principes antérieurs des nerfs de la moëlle.

6. *Dans la substance glanduleuse des Lobes de la base du cerveau.*

Pour les esprits qui sont dans la substance glanduleuse des Lobes de la base du cerveau, ils passent par les traits moëlleux transversaux, & se vont décharger dans les traits blancs qui composent les corps canelés moyens, d'où ils coulent partie dans quelques nerfs qui sortent de la moëlle allongée, & partie dans les principes antérieurs des nerfs de la moëlle de l'épine. Mais il faut particulierement remarquer qu'une partie des esprits qui sont dans la partie glanduleuse de la base du cerveau entre dans les nerfs olfactoires, lesquels reçoivent encore d'autres esprits des traits blancs qui partent de la région moyenne du centre ovale. E E est la substance glanduleuse des Lobes

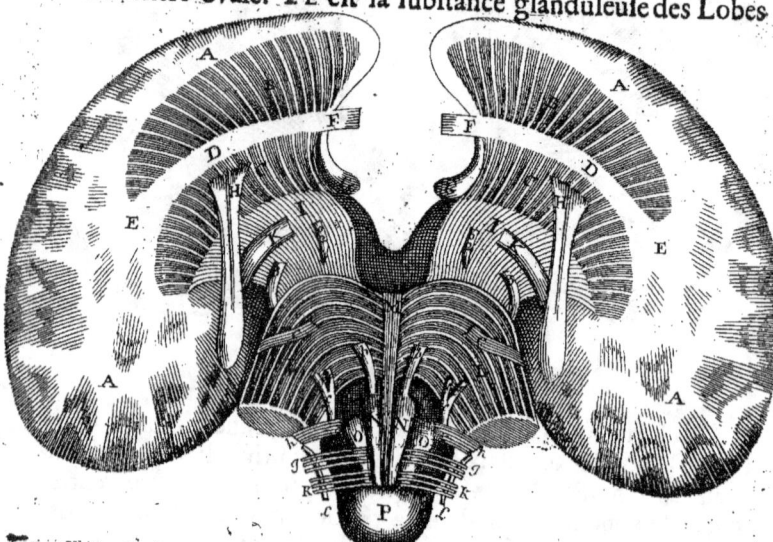

de la base du cerveau. I I sont les traits blancs qui composent les corps canelés moyens. Il faut remarquer encore qu'une partie des esprits qui sont dans la substance glanduleuse de la base du cerveau entre dans les nerfs olfactoires qui reçoivent encore d'autres esprits des traits blancs qui partent de la moyenne région du centre ovale avec lesquels ils ont communication. H H sont les nerfs olfactoires.

Les esprits animaux qui sont dans la substance glanduleuse de la moëlle allongée entrent dans les traits moëlleux, dont les corps canelés supérieurs, moyens & inférieurs intérieurs sont composés, & delà ils se vont rendre partie dans les nerfs qu'on dit sortir du cerveau, & partie dans la moëlle de l'épine, & dans les nerfs qui en tirent leur origine. *7. Dans la substance glanduleuse de la moëlle allongée.*

Quant aux esprits qui sont dans le cervelet, ceux de la partie antérieure vont par la production du cervelet aux testicules, partie dans les nerfs pathétiques, & partie dans les testicules, d'où ils vont encore vers les nerfs optiques & vers la partie postérieure du centre ovale. Les esprits qui sont dans la moyenne région du cervelet vont, partie dans les nerfs de la cinquiéme conjugaison, & partie dans la moëlle allongée par les traits moëlleux tant extérieurs qu'antérieurs, dont le processus annulaire est composé. Delà ces mêmes esprits par les traits moëlleux qui partent de la moyenne région du centre ovale, se vont rendre partie dans les nerfs de la sixiéme, septiéme, huitiéme, neuviéme & dixiéme conjugaison, & partie dans les principes antérieurs des nerfs de l'Epine. Enfin les esprits animaux qui sont dans la région postérieure du cervelet, descendent dans les principes postérieurs des nerfs de la moëlle de l'épine par la production du cervelet à cette même moëlle. *8. Dans le Cervelet.*

Or cela posé, il sera aisé de faire voir que quoyque les esprits animaux se meuvent incessamment dans le cerveau, ils ne se meuvent pas toûjours également, ny de la même maniere, y en ayant dont le cours est toûjours libre, & d'autres dont le cours est interrompu : Car on voit bien qu'il y a des esprits animaux qui coulent incessamment de la partie supérieure, de la partie moyenne, & de la partie inférieure du centre ovale dans les principes postérieurs des nerfs de l'Epine, mais on voit aussi que les esprits qui sont dans la partie supérieure de ce même centre, ne peuvent couler avec la même facilité que ceux qui sont dans les deux autres parties, dont la raison est que ceux-cy n'ont rien qui les arrête, au lieu que ceux-là sont em- *9. Que les esprits qui sont en certaines parties du cerveau se meuvent plus facilement que ceux qui sont en d'autres, & pourquoy.*

pêchés de couler par la petiteſſe des traits moëlleux par leſquels ils doivent paſſer.

La même choſe arrive aux eſprits qui ſont dans les deux
centres demi-circulaires ; c'eſt à dire qu'ils y ſont retenus en
quelque ſorte, parce que les traits moëlleux par leſquels ils
doivent paſſer ſont trop petits pour les admettre tout à la
fois.

Quant aux eſprits animaux qui ſont dans la moyenne région du centre ovale, ils coulent ſans interruption partie dans
les nerfs qui partent de la moëlle allongée, & partie dans les
principes des nerfs de l'Épine, dont la raiſon eſt que les traits
moëlleux par leſquels ils paſſent ſont fort grands, & ne ſe
terminent pas dans le cerveau, mais dans la partie antérieure
de la moëlle de l'Épine, comme il a eſté remarqué.

Les eſprits animaux qui ſont dans la région inférieure du
centre ovale, ne ſouffrent non plus aucun retardement, parce
que cette région a peu d'étenduë, & que les traits moëlleux
qui en partent, ſont en grand nombre ; ce qui fait que tous les
eſprits qui ſont dans cette partie, y peuvent paſſer librement
pour s'aller rendre dans les traits blancs dont les corps canelés
moyens ſont compoſés.

Pour ce qui regarde les eſprits animaux qui ſont dans la
ſubſtance glanduleuſe des lobes de la baſe du cerveau, & dans
les traits moëlleux tranſverſaux, ils coulent doucement, parce qu'ils ſont en grande quantité ; & que les traits moëlleux
par leſquels ils doivent paſſer ſont en petit nombre.

Les eſprits qui ſortent de la ſubſtance cendrée de la moëlle
allongée & ceux qui viennent du centre ovale, ſe rencontrent
dans les traits moëlleux dont les corps canelés ſupérieurs,
moyens & inférieurs intérieurs ſont compoſés, où s'eſtant joints
ils coulent enſemble uniformement.

10.
*Que les eſprits ani-
maux qui ſont dans la
région ſupé-
rieure du
centre ovale
ſemblét eſtre
deſtinés aux
mouvements
libres.*

Enfin les Eſprits animaux qui ſortent de la ſubſtance cendrée du cervelet, ſe meuvent doucement dans ſa moëlle, mais
ils ne s'y arrêtent point, parce que les traits moëlleux par leſquels ils en ſortent, ſont aſſès grands pour les laiſſer paſſer
avec liberté.

Cela eſtant, il ſemble que les eſprits animaux qui ſont dans
la région du centre ovale, & ceux qui ſont dans les deux centres demi-circulaires, ſont particulierement deſtinés à produire
les

LIVRE HUITIÉME. PARTIE I.

les mouvements libres & les mouvements contingents, entant qu'ils entrent dans les principes postérieurs des nerfs de l'Epine, & qu'ils sont portés par ces nerfs dans les muscles des parties qui ont coûtume de se mouvoir d'une maniere libre ou contingente telles que sont la tête, les mains, les pieds, &c. de telle sorte qu'on peut regarder la région supérieure du centre ovale, & les deux centres demi-circulaires comme deux réservoirs d'où les esprits sortent plus ou moins abondamment selon qu'ils y sont déterminés par les ordres de la volonté, ou par les impressions que les objets extérieurs font sur les nerfs qui aboutissent à ces réservoirs.

Au contraire, les esprits animaux qui sortent de la région moyenne & inférieure du centre ovale ; des corps canelés moyens ; des corps canelés inférieurs intérieurs ; des corps canelés inférieurs extérieurs ; des traits moëlleux transversaux ; des deux éminences blanches qui sont situées au derriere de l'entonnoir ; des corps pyramidaux ; des corps olivaires ; & enfin du cervelet, semblent estre destinés à produire les mouvements nécessaires, parce qu'ils coulent sans cesse dans les muscles des parties qui sont susceptibles de ces mouvements. C'est ce que l'expérience semble confirmer à l'égard du cervelet ; car elle fait voir que les deux nerfs intercostaux & les nerfs de la huitiéme paire qui se terminent dans les fibres charnuës du cœur, de l'estomach, des intestins, &c. qui sont des parties dont les mouvements sont nécessaires, reçoivent plus d'esprits animaux du cervelet que du cerveau.

11. Que ceux qui sont dans les deux autres régions & dans le cervelet, semblent estre destinés aux mouvements nécessaires, & pourquoy.

Quant aux mouvements mixtes, il y a lieu de croire qu'ils dépendent partie des esprits qui sont destinés à produire les mouvements nécessaires, & partie de ceux qui sont destinés à produire les mouvements libres : Car il faut remarquer que bien que les esprits qui partent du cervelet, de la moyenne région du centre ovale, des corps pyramidaux, &c. coulent la pluspart dans des parties capables des mouvements nécessaires, il y en a pourtant quelques-uns qui vont dans les parties qui sont susceptibles des mouvements libres.

12. D'où dépendent les mouvements mixtes.

Pour les mouvements contingents, ils dépendent toûjours des objets extérieurs, comme il paroît de ce qu'il ne suffit pas pour les produire d'avoir des organes bien disposés. Il faut deplus avoir des objets qui selon qu'ils agissent diversement

Tome III. L

sur les organes, produisent ces mouvements involontaires différents.

CHAPITRE XXIV.

De la Veille & du Sommeil.

1.
Ce que c'est que la Veille.

LA Veille ne se fait pas dans l'Homme autrement que dans les Bêtes, c'est à dire que pendant que les esprits animaux ont assès de force pour enfler le cerveau, le corps est disposé à obeïr à toutes leurs actions, tant à celles qui dépendent des objets extérieurs qu'à celles qui sont déterminées par la seule volonté. Ainsi l'on peut dire que la veille n'est autre chose *Qu'un état de l'Homme, dans lequel le cerveau estant enflé & les fibres des nerfs tenduës, les esprits animaux ont la force de se répandre dans tous les muscles, qui servent à faire les mouvements libres & les mouvements contingents, selon qu'ils y sont déterminés par l'action des objets extérieurs, ou par la determination de la volonté.*

2.
Ce que c'est que le Sommeil.

Par une raison contraire le Sommeil n'est autre chose *Qu'un état de l'Homme, où le cerveau estant affaissé par son propre poids & les fibres des nerfs relâchées, les esprits animaux n'ont pas assès de force pour se répandre dans les muscles, ni par conséquent la liberté d'obeïr à l'action des objets extérieurs, ni à la détermination de la volonté.*

Nous disons en premier lieu, *Que la veille n'est autre chose qu'un état dans lequel le cerveau estant enflé & les fibres des nerfs tenduës, les esprits animaux ont la force de se répandre dans tous les muscles.* Pour marquer ce que la veille de l'Homme a de commun avec celle des Bêtes. Et nous ajoûtons, *pour faire les mouvements libres par la détermination de la volonté*, pour signifier ce qu'elle a de particulier.

Nous ne nous arrêterons pas à expliquer icy les propriétés de la veille & ses effets ; car il suffit de dire que tous les mouvements libres & tous les mouvements contingents en sont des suites : Nous tâcherons seulement de découvrir les causes du sommeil, & de rendre raison de ses effets les plus considérables.

LIVRE HUITIE'ME. *PARTIE I.*

Or pour comprendre la cauſe formelle du ſommeil, il faut remarquer que pendant la veille il ſe fait une ſi grande diſſipation d'eſprits animaux, ſoit par le travail du corps, ſoit par les méditations de l'eſprit, que ceux qui reſtent ne ſuffiſant pas pour enfler le cerveau, il s'affaiſſe & ſe relâche de telle ſorte, qu'il bouche tous les orifices des nerfs qui ſervent à produire tous les mouvements libres & les mouvements contingents, d'où s'enſuit le ſommeil. C'eſt par cette raiſon auſſi que les corps qui ſont compoſés de parties viſqueuſes & gluantes ſont tres propres à faire dormir, ſoit parce qu'ils lient les eſprits animaux, ſoit parce qu'ils bouchent les pores par leſquels ils ſe filtrent, ou ceux par leſquels ils entrent dans les nerfs pour aller enſuite dans les muſcles.

3. Comment ſe fait le ſommeil.

Il y a pluſieurs cauſes efficientes du ſommeil, dont la plus conſidérable conſiſte dans la diſpoſition naturelle du cerveau, qui eſtant de ſoy fort humide ſe deſſèche enfin par la continuelle agitation des eſprits animaux; ce qui fait que ſes pores deviennent plus grands, & que les eſprits animaux tranſpirent en telle quantité, que ceux qui reſtent n'eſtant plus capables d'enfler le cerveau, il ſe relâche & l'Homme tombe dans le ſommeil.

Cela ſe confirme, parce que tandis qu'on dort la ſubſtance du cerveau qui eſt en repos, a le loiſir de ſe refaire, c'eſt à dire de s'humecter par le ſang que contiennent les petites artères qui paroiſſent en ſa ſurface extérieure; en ſorte qu'après quelque temps ſes pores eſtant devenus plus étroits par l'humidité qu'il a reçûë du ſang, les eſprits animaux n'ont plus beſoin d'avoir autant de force qu'auparavant pour pouvoir ſoûtenir le cerveau tout tendu, non plus que le vent n'a pas beſoin d'eſtre ſi fort pour enfler les voiles d'un Navire quand elles ſont moüillées que quand elles ſont ſèches. Cependant les eſprits ſe trouvent plus forts, dautant que le ſang qui les produit, s'eſt purifié en paſſant & repaſſant pluſieurs fois par le Cœur & par le Poûmon : d'où il s'enſuit que l'Homme qui dort doit naturellement s'éveiller de ſoy-même après qu'il a dormi aſſes long-temps pour donner au cerveau le loiſir de recouvrer ſon humidité naturelle, & la quantité d'eſprits qui eſt néceſſaire pour le tenir tendu. Mais réciproquement, il doit auſſi ſe rendormir après avoir aſſes long-temps veillé, à cauſe que

4. Pourquoy un Homme qui dort doit naturellement s'éveiller, & réciproquement ſe rendormir.

L ij

pendant la veille la substance de son cerveau s'est desséchée, & les pores se sont élargis peu à peu par la continuelle action des esprits, ainsi qu'il a esté dit.

5. Comment la coûtume contribuë à produire le sommeil.

On peut mettre au nombre des causes du sommeil la force de la coûtume : car l'expérience fait voir que lors qu'on a dormi plusieurs fois à une certaine heure, on ne manque jamais d'avoir du penchant à dormir au même-temps, ce qui vient vray-semblablement de ce que les esprits animaux qui ont pû dessécher le cerveau dans un certain temps, n'ont besoin que d'un temps égal pour le desécher encore, d'où il s'ensuit que l'envie de dormir qui est une suite de ce dessèchement, doit revenir à la même heure. C'est à peu près par la même raison que l'envie de manger vient presque toûjours au même-temps. C'est à dire que les dissolvants qui sont dans l'estomach employant presque toûjours un temps égal à faire la digestion, ils doivent exciter la faim presque toûjours à la même heure.

6. Exemple de cette force.

* De Animâ brutorum Cap. 16.

Cette force de la coûtume n'a jamais paru plus sensiblement que dans ce foû dont parle M. Willis * qui contoit si bien les heures par luy-même qu'une Horloge la mieux règlée l'eut pû faire ; ce qui procédoit sans doute de ce qu'au commencement il s'estoit accoûtumé à répéter à haute voix tous les coups que le marteau frappoit sur la cloche lorsque l'Horloge sonnoit, en criant *une*, *deux*, *trois*, *quatre*, *&c.* car cela fit que les parties du cerveau qui avoient esté déterminées plusieurs fois par ces coups de cloche à pousser les esprits animaux dans la langue d'une heure à l'autre, se trouverent disposées à les faire couler ensuite de la même maniere dans le même espace de temps.

7. Pourquoy le sommeil commence par les yeux.

Au reste, il ne faut pas s'étonner si le Sommeil commence toûjours par les yeux, car la raison en est évidente si l'on considère que le Sommeil estant un affaissement du cerveau, causé par la dissipation des esprits animaux qui n'ont plus la force de couler dans les nerfs, il faut nécessairement que les yeux soient les premiers à ressentir ce défaut, parce que ce sont les yeux qui ont le plus de besoin d'esprits pour faire leurs fonctions, ainsi qu'il paroît par le grand nombre de nerfs qui y vont aboutir, tels que sont les nerfs optiques, les moteurs des yeux, les pathétiques, toute la sixiéme paire, & une partie de la cinquiéme.

Le Sommeil ne dépend pas toûjours d'une grande diſſipation d'eſprits animaux, il ſuffit pour le produire que les eſprits ne coulent pas dans les nerfs qui ſervent à produire les mouvements libres & les mouvements contingents, & qu'ils ſoient empêchés de ſe filtrer dans les glandes de la ſubſtance cendrée; ce qui doit arriver toutes les fois que les yeux eſtant fermés les objets extérieurs ſont quelque temps ſans agir ſur les organes, parce qu'alors les eſprits n'eſtant plus déterminés à couler dans les nerfs demeurent dans le cerveau, & empêchent par ce moyen la filtration des nouveaux. Ce qui fait que le cerveau s'affaiſſe par ſon poids peu à peu de telle ſorte qu'il bouche l'origine des nerfs, & empêche par ce moyen que les objets extérieurs ne ſe faſſent ſentir. C'eſt ainſi qu'on ſe procure le Sommeil preſqu'à toutes les heures qu'on veut, pourveu qu'on ſe couche & qu'on tienne les yeux fermés.

8. *Pourquoy on s'endort lors qu'on ſe couche, & qu'on ferme les yeux.*

Quant aux effets du Sommeil, il ſuffit pour en rendre raiſon de faire remarquer que quand on dort les fibres du cerveau ſont rélâchées, d'où il ſuit que les actions des objets extérieurs ſont pour la pluſpart empêchées de paſſer juſqu'au cerveau pour y eſtre ſenties, & que les eſprits qui ſont dans le cerveau ſont auſſi empêchés de paſſer juſqu'aux membres extérieurs pour les mouvoir; c'eſt à dire, que les deux principaux effets du Sommeil ſont la privation du ſentiment & la privation du mouvement.

9. *Quels ſont les deux principaux effets du Sommeil.*

Chacun ſçait encore par expérience qu'en dormant on eſt diſpoſé à avoir du froid aux extrémités du corps tandis qu'on ſent de la chaleur dans les entrailles; ce qui procède vrayſemblablement de ce que le ſang qui pour lors n'eſt agité par aucune paſſion ni par aucun exercice violent, coule ſi tranquilement, qu'il n'a pas la force de porter aſſes de chaleur aux extrémités, d'où vient qu'elles deviennent froides, du moins dans ceux qui ont le Poûmon bien diſpoſé; car pour ceux qui l'ont affecté de mauvaiſes humeurs, tels que ſont les Aſthmatiques, ils ne ſouffrent qu'avec peine d'eſtre couverts, à cauſe que la chaleur intérieure qu'ils ſe procurent en ſe couvrant, augmente trop celle qu'ils ont dans la Poitrine.

10. *Pourquoy quand on dort on ſe ſent diſpoſé à avoir froid aux extrémités du corps.*

Après avoir expliqué la nature, les cauſes & les effets du Sommeil, nous devrions ce ſemble parler des Songes qui en ſont des ſuites ordinaires, mais nous remettrons cet examen

11. *Que M. Dès Cartes & M. Vuillis expliquent le*

jusqu'au Traité particulier de l'Imagination, à cause que ce que les Songes ont de plus remarquable, dépend de la connoissance qu'on a des fonctions de cette faculté desquelles nous n'avons pas encore parlé ; Ainsi, nous nous contenterons pour le present de faire remarquer que nôtre maniere d'expliquer le Sommeil est fort différente de celle dont se sert M. Willis* qui veut qu'il dépende principalement, de ce que le cerveau est arrosé d'une certaine humeur aqueuse qui pénétrant sa substance bouche les pores des nerfs & lie les esprits animaux: car nous prétendons au contraire avec M. Des-Cartes * que le Sommeil procède principalement de ce que le cerveau se défèche par le cours continuel des esprits animaux qui en pénètrent la substance, par la même raison qu'une pièce de drap qui est moüillée se desseche par le flux continuel de l'air qui passe par ses pores.

Ce qui nous oblige à préférer cette derniere opinion à l'autre, est premierement qu'on ne conçoit pas comment, si cette humeur aqueuse qui cause le Sommeil, pénétroit la substance du cerveau & bouchoit les pores des nerfs, elle ne produiroit pas la Paralysie au lieu de produire le sommeil: Secondement on ne voit pas pourquoy elle lie plûtôt les esprits qui produisent les mouvements libres que ceux qui causent les mouvements nécessaires. On ne voit pas enfin pourquoy cette humeur inonderoit le cerveau précisément au temps qu'il doit estre inondé pour produire le sommeil qui dépend de la coûtume. Ce qui se doit entendre seulement du sommeil naturel; car il ne s'agit pas icy de celuy qui dépend des maladies.

LA PHYSIQUE
OU
LA CONNOISSANCE
DES CORPS NATURELS,
& de leurs Propriétés.

LIVRE HUITIEME.
De l'Homme & de ses Propriétés
SECONDE PARTIE.
Des Sens & des Causes Physiques de leurs Fonctions.

CHAPITRE PREMIER.
Des Sens en Général.

NOTRE dessein n'est pas d'examiner icy ce que sont les Sens pris pour de simples facultés de sentir, ny ce que sont leurs objets, ces deux choses ont esté examinées; l'une dans la Métaphysique,* & l'autre dans la Physique* : Nous nous proposons simplement d'examiner comment les objets, tant extérieurs qu'intérieurs, font leurs impressions sur les organes des sens ; ce que sont ces organes, & comment ils agissent sur l'ame.

Pour avoir une idée distincte de l'organe des Sens en géné-

* Liv. 2.
* Liv. 4.

88   LA PHYSIQUE.

1. Quel est l'organe des Sens en général.

ral, il faut confidérer que les nerfs qui vont aux extrémités du corps, s'eftant divifés en plufieurs petites fibres s'entremelent les uns avec les autres de telle forte, qu'ils font de petits laffis qui compofent cette membrane qu'on appelle *la Peau*; & quant aux nerfs qui fe répandent dans les autres parties, ils s'y diftribuent de telle maniere, que d'abord qu'ils les ont pénétrées, ils fe répandent en membranes; d'où il s'enfuit que la peau & les autres parties membraneufes font accompagnées par tout de productions nerveufes qui les arrofent d'efprits animaux, & les rendent fi mobiles que les objets ne peuvent faire aucune impreffion fur elles, qu'elle ne foit portée jufqu'au cerveau qui eft l'origine des nerfs, & par conféquent l'organe immédiat de l'ame prife pour la faculté de fentir.

2. Que le cerveau eft l'organe immédiat de la faculté de fentir.

Nous difons que le cerveau eft l'organe immédiat de la faculté de fentir; car en effet, s'il ne l'eftoit pas, il faudroit néceffairement que cet organe confiftât dans la partie du corps qui feroit immédiatement affectée par les objets extérieurs ou intérieurs, ce qui ne peut eftre; car l'expérience fait voir que ceux à qui les bras & les jambes ont efté coupés, fentent quelquefois des douleurs au pied ou à la main qu'ils n'ont plus, ce qui ne pourroit arriver fi les fenfations dépendoient de la partie du corps qui reçoit immédiatement l'impreffion des objets.

3. Objection.

Si l'on objecte que la douleur que l'homme fent dans les membres qu'il n'a plus, ne vient pas de ce qu'il refte encore de ces membres quelques nerfs qui ont communication avec le cerveau, mais de ce que cet homme qui n'a pas fait encore affés de reflexion fur la perte de fon bras ou de fon pied, & qui eft accoûtumé à juger que quand il fent de la douleur à l'extrémité du membre qui eft attaché à l'épaule, c'eft à fa main qu'il la fent, prend aifément la douleur excitée à l'endroit où le bras a efté coupé, pour une douleur de la main, parce que cette douleur de la main eft à l'extrémité du membre qui eft attaché à l'épaule.

4. Réponfe.

Nous répondons que ce n'eft point par réflexion ni par jugement que nous rapportons nos fenfations en certains endroits, mais par une néceffité naturelle qui fait conftamment & fans variation que nous rapportons les fenfations du fon, de la lumiere & des couleurs hors de nous, celles de la douleur du chatoüillement

chatoüillement à quelques parties de nos corps, & celles des paſſions de l'ame, à l'ame même.

Il faut ajoûter que ſi cette erreur dépendoit du jugement, on la pourroit corriger par une forte réflexion, ce qu'on ne ſçauroit pourtant faire. L'expérience faiſant voir que quelque réflexion que puiſſent faire ceux qui ſentent cette douleur, ils la ſentent toûjours comme à la main, quoy qu'ils ſçachent qu'ils n'ont plus cette main.

C'eſt donc une choſe conſtante que le cerveau eſt l'organe immédiat de l'ame, entant qu'il a de la liaiſon avec toutes les organes des ſens qui luy communiquent l'impreſſion des objets extérieurs par les nerfs ; mais la difficulté eſt de ſçavoir comment ſe fait cette communication; ſi elle ſe fait par le moyen des eſprits animaux qui ſont contenus dans les nerfs, & qui portent au cerveau le même mouvement qu'ils ont reçû dans les organes, ou bien ſi les filets dont la moëlle des nerfs eſt compoſée, après avoir eſté ébranlés par les objets, cauſent eux-mêmes une ſemblable émotion dans le cerveau.

Il eſt aiſé de concevoir que cette communication de mouvement ſe peut faire de ces deux façons : car en premier lieu, elle ſe peut faire par le ſimple flux & reflux des eſprits animaux, entant que l'action des objets extérieurs les empêchant de couler dans les organes tandis qu'ils ſont preſſés, les oblige de refluer dans le cerveau, & d'y exciter par leur reflux les mouvements qui ſont inſtitués de la nature pour cauſer des ſenſations dans l'ame. Secondement, cette communication ſe peut faire par les fibres mêmes dont la moëlle des nerfs eſt compoſée, leſquelles ayant eſté ébranlées par les objets cauſent une ſemblable émotion dans le cerveau ; & il ſeroit inutile d'objecter que ces fibres ne peuvent porter au cerveau les mouvements qu'elles ont reçû des objets, parce qu'elles ſont trop lâches ; car il eſt aiſé de répondre que les fibres des nerfs ne ſont lâches que dans le ſommeil, pendant lequel l'ame ne ſent rien, & qu'elles ſont fort tenduës dans la veille, pendant laquelle les nerfs ſont tous remplis d'eſprits animaux.

5. La communication du mouvement des organes extérieurs au cerveau ſe peut faire en deux manieres, & en quelles.

Ces deux Hypothèſes eſtant ainſi également vray-ſemblables, chacun pourra ſe ſervir de celle qu'il voudra, pour nous nous préférerons la derniere comme la plus accommodée à nôtre maniere de philoſopher : c'eſt pourquoy nous ſuppo-

6. Quelle eſt nôtre Hypotheſe.

Tome III.   M ferons que les organes des fens font compofés de petits filets des nerfs, qui pour la plufpart ont leur origine dans les corps canelés du cerveau ; Que ces filets fe répandent delà dans tous les membres qui font capables de fentiment, & qu'ils viennent enfin fe terminer aux parties extérieures du corps. Que pendant que l'on veille & que l'on fe porte bien, on ne peut remuër un bout de ces filets que l'autre ne fe remuë en même temps, à caufe qu'ils font toûjours un peu tendus, de même qu'il arrive à une corde bandée qu'on n'en peut remuër une extrémité fans l'autre.

Nous fuppoferons encore que ces filets peuvent eftre remués en deux façons ; ou bien par le bout qui eft hors du cerveau, ou par celuy qui eft dans le cerveau, en telle forte néanmoins que s'ils font agités au dehors par l'action des objets, & que leur agitation ne fe communique point jufqu'au cerveau, comme il arrive dans le fommeil, l'ame n'en reçoit pour lors aucune fenfation nouvelle, elle en reçoit au contraire une lors que l'agitation paffe d'une extrémité à l'autre.

Ainfi, lors qu'on applique la pointe d'une aiguille à la main, cette pointe remuë & fépare les fibres des nerfs, & ces fibres eftant étenduës depuis cet endroit jufqu'au cerveau quand on veille, elles font affès tenduës pour ne pouvoir eftre ébranlées que celles du cerveau ne le foient auffi ; d'où il s'enfuit que fi le mouvement des fibres de la main eft modéré, celuy des fibres du cerveau le fera auffi, & fi ce mouvement eft affès violent pour rompre, ou feulement pour féparer quelques fibres dans la main, il fera de même plus violent dans le cerveau.

Par la même raifon, fi l'on approche fa main du feu, les petites parties du bois que le feu pouffe continuellement en fort grand nombre, viennent heurter contre fes fibres, & leur communiquent une partie de leur agitation ; en telle forte que fi cette agitation eft modérée, celle des extrémités des fibres du cerveau qui répondent à la main, le fera auffi, & fi ce mouvement eft affès violent dans la main pour en féparer quelques parties, comme il arrive lors qu'on fe brûle, le mouvement des fibres intérieures du cerveau fera à proportion plus fort & plus violent.

C'eft là tout ce qui arrive au corps lors que les objets agiffent fur les organes des fens, & voicy à peu près ce qui fe paffe

LIVRE HUITIE'ME. PARTIE II.

dans l'ame, laquelle selon nous réside particulierement dans le centre ovale, où presque tous les filets de nos nerfs vont aboutir. Il faut donc concevoir que l'ame est là pour estre avertie de tous les changements qui arrivent à nôtre corps, & pour distinguer ceux qui sont conformes à sa constitution naturelle d'avec ceux qui y sont contraires ; c'est pourquoy bien que tous ces changements des fibres ne consistent selon la vérité que dans des mouvements qui ne different ordinairement que du plus & du moins, il est néanmoins nécessaire que l'ame les regarde comme des changements essentiellement différents ; car encore qu'en eux-mêmes ils ne different que tres peu, on les doit toutefois considérer comme essentiellement différents par rapport à la conservation du corps.

Le mouvement, par exemple, qui cause la douleur ne diffère fort souvent que tres peu de celuy qui cause le chatoüillement ; il n'est pas nécessaire aussi qu'il y ait une différence essentielle entre ces deux mouvements, mais il faut qu'il y en ait une entre le chatoüillement & la douleur que ces deux mouvements causent dans l'ame ; la raison de cela est, que l'ébranlement des fibres qui accompagne le chatoüillement, témoigne à l'ame la bonne constitution de son corps, & l'avantage qu'il reçoit de l'action de celuy qui agit sur luy : mais comme le mouvement qui est accompagné de douleur, est si violent, qu'il est capable de rompre quelque fibre du corps, l'ame en doit estre avertie par quelque sensation desagreable, afin qu'elle y prenne garde. Ainsi quoy que les mouvements qui se passent dans le corps, ne diffèrent que du plus ou du moins en eux-mêmes, si néanmoins on les considère par rapport à la conservation du corps, on peut dire qu'ils different essentiellement.

Il faut de plus considérer que si l'ame n'appercevoit que ce qui se passe dans sa main quand elle se brûle, c'est à dire si elle n'y voyoit que le mouvement & la séparation de quelques fibres, elle ne s'en mettroit peut-estre guere en peine, ou si elle s'y intéressoit beaucoup, ce ne seroit qu'après une longue suite de raisonnements, ce qui seroit cause que le temps d'agir seroit souvent passé avant que d'avoir sçû ce qu'elle devroit faire.

Ainsi, c'est avec une grande sagesse que l'Auteur de la Nature a ordonné que nous sentirions de la douleur, quand il arriveroit au corps un changement capable de luy nuire. Comme quand l'Éguille entre dans la chair, ou que le feu en sépare les fibres, & que nous sentirions du chatoüillement, ou une chaleur agréable, quand ces mouvements seroient modérés, sans qu'il soit nécessaire d'appercevoir les mouvements des fibres de nôtre corps dont nous venons de parler, ce qui a dû estre ainsi pour deux raisons. 1. Parce qu'en sentant de la douleur & du plaisir, qui sont des choses qui diffèrent bien davantage que du plus ou du moins, nous distinguons avec plus de facilité les objets qui en sont l'occasion. 2. Parce que la douleur & le plaisir qui sont des modifications de l'ame, qui se rapportent immédiatement au corps, touchent bien davantage l'ame que ne feroit la simple connoissance du mouvement de quelques fibres. C'est à peu près ainsi que l'auteur de la recherche de la vérité s'est expliqué sur ce sujet. *

* Liv. 1. Chap. 10.

7. *Des causes Physiques du sentiment de douleur & de plaisir.*

Il ne reste donc maintenant qu'à sçavoir de quelle maniere le cerveau agit sur l'ame, s'il y agit par une action réelle & véritable comme un corps agit sur un autre corps, ou s'il y agit de quelque autre maniere particuliere. Or ce n'est pas de la premiere sorte, parce que le cerveau ne peut point agir sur l'ame en luy communiquant son mouvement, comme les corps communiquent le leur à ceux sur lesquels ils agissent. Il faut donc que le cerveau agisse sur l'ame d'une maniere particuliere, qui consiste en ce que Dieu a résolu suivant les Loix de l'union de produire des sensations dans l'ame toutes les fois qu'il y auroit certains mouvements dans le cerveau. D'où il s'ensuit qu'à cet égard ces mouvements peuvent & doivent passer pour de véritables causes Physiques & naturelles des sensations: car on ne peut pas dire à leur égard que Dieu fait tout, & que le cerveau n'agit pas véritablement pour les produire, puis que si le cerveau n'avoit un tel ou un tel mouvement, jamais Dieu ne produiroit dans l'ame un tel ou un tel sentiment.

CHAPITRE II.
Du Sens du Toucher & des Causes Physiques de ses fonctions.

IL n'y a point de sens qui ait tant d'étenduë que le toucher, il est répandu dans tout le corps, ensorte qu'il n'y a point de parties intérieures ni extérieures qui n'en participent ; car la Langue, le Nez, les Yeux & les Oreilles sentent la chaleur, la froideur, la dureté & la mollesse presque aussi distinctement que les autres qualités qui sont leur propre objet. D'où vient qu'on peut dire que l'organe immédiat du toucher sont les fibres nerveuses, qui sont répanduës dans la peau, dans le pannicule charneux, dans les membranes, & dans les chairs.

Quoy que les fibres nerveuses se répandent dans presque toutes les parties du corps, il faut avoüer pourtant qu'elles se répandent dans la peau d'une maniere particuliere, qui fait que la peau semble participer plus du toucher que toutes les autres membranes. En effet, sa construction est toute particuliere ; car outre qu'elle est formée de fibres nerveuses qui s'entrelassent les unes avec les autres, il sort d'entre ces fibres de petits filets disposés en forme de pyramides qu'on nomme *Mammelons* ou *Eminences nerveuses*, lesquelles sont couvertes de la Cuticule ou Surpeau, au dessous de laquelle on trouve une humeur huileuse qui entretient ces Eminences dans une parfaite souplesse.

Il y a beaucoup d'apparence que ces Eminences nerveuses se trouvent dans la peau, non seulement pour empêcher que les objets extérieurs qui agissent immédiatement sur elle, ne causent un sentiment continuel de douleur, mais encore pour modifier le toucher en plusieurs manieres ; ce qui fait qu'on peut dire que l'ame pour toucher employe comme deux organes, dont l'un est intérieur & l'autre extérieur ; l'organe intérieur du toucher consiste dans les membranes qui envelopent les parties intérieures, & l'organe extérieur dans la peau & dans ses Eminences nerveuses.

Cela estant supposé, puis que suivant les Loix de l'union

1. Qu'il n'y a point de sens qui ait tant d'étenduë que le toucher.

2. Que les nerfs se répandent dãs la peau d'une maniere particuliere, & de quelle.

M iij

LA PHYSIQUE.

3.
D'où procèdent la douleur & le plaisir.

de l'ame & du corps, l'ame ne peut s'appercevoir du bien ou du mal que les objets extérieurs ou intérieurs font actuellement au corps que par la douleur ou par le plaisir qu'elle en ressent, nous ne devons pas faire difficulté de reconnoître que la douleur procède dans l'ame de ce que les fibres des nerfs qui forment la peau sont agitées trop rudement, ou de ce qu'elles sont déchirées ; ou enfin de ce qu'elles sont tenduës ou comprimées au delà de ce que leur constitution naturelle demande ; & nous devons penser par une raison contraire, que le plaisir dépend de ce que ces mêmes fibres sont muës d'une maniere douce & conforme à l'état naturel du corps. D'où vient que quand la disposition de nos corps est bonne, nous sommes chatoüillés par des objets qui nous causent de la douleur, quand elle est mauvaise ; une plume, par exemple, qu'on passe doucement sur le corps d'un homme sain, cause du chatoüillement, au lieu qu'elle cause de la douleur, quand on la passe sur le corps d'un homme malade.

4.
Comment les objets contribuent à leur production.

La douleur même & le plaisir sont différents selon les divers endroits du corps où se fait le mouvement des nerfs qui les cause. Un coup reçû aux yeux, par exemple, cause une douleur différente de celle qu'il produit estant reçû à la joüe, & un chatoüillement dans la plante des pieds se fait sentir autrement que s'il estoit dans quelque autre partie du corps : ce qui dépend encore des loix de l'union de l'ame avec le corps.

Les objets contribuent aussi beaucoup par leurs diverses figures soit à produire la douleur ou le chatoüillement, soit à mettre de la différence entre la douleur même & le plaisir qu'ils produisent ; une épingle, par exemple, cause du chatoüillement quand on n'en fait que toucher doucement la main, & elle cause de la douleur quand on l'appuye rudement. Cette douleur même est différente quand elle procède d'une épingle aiguë, ou d'une autre qui est émoussée : ce qui prouve évidemment qu'encore que la douleur & le plaisir soient fort éloignés entant qu'ils appartiennent à l'ame, ils sont néanmoins fort proches l'un de l'autre dans leurs causes, sçavoir dans nos corps & dans les objets extérieurs qui agissent sur eux. En effet, le même objet produit tantôt la douleur & tantôt le plaisir, selon qu'il agite plus ou moins les petits filets des nerfs, & par conséquent selon qu'il est plus ou moins agité luy-même. Ainsi qu'il a esté remarqué.

LIVRE HUITIE'ME. PARTIE II.

Cela prouve encore que quoyque les douleurs soient fort proches en leurs effets, elles sont pourtant plus éloignées en leurs causes que ne sont la douleur & le plaisir; parce que deux mouvements qui different en qualité, tels que sont ceux qui causent de diverses douleurs, sont bien plus éloignés l'un de l'autre que ne sont deux autres mouvements qui different en quantité seulement, c'est à dire, du plus au moins, comme font les mouvements qui causent la douleur & le plaisir.

Quant aux sentiments particuliers qui dépendent de l'attouchement, celuy de la dureté est excité par la pression que les objets extérieurs causent dans les nerfs en résistant au mouvement de nos membres, entant que cette pression produit dans le cerveau un mouvement qui est institué de la nature pour faire que l'ame sente de cette maniere particuliere que nous appellons *Dureté*.

5. *De la dureté.*

Nous ne sentons pas par l'attouchement la liquidité aussi immédiatement que la dureté, parce que ce n'est pas par la résistance que le corps liquide fait, ni par le mouvement qu'il excite dans l'organe que nous sentons sa liquidité, mais seulement par la négation de ce mouvement, ou pour mieux dire, nous ne sentons pas la liquidité, mais nous l'inférons seulement de ce qu'avançant la main vers quelque endroit, & ne rencontrant rien qui l'arrête, nous concluons de là que le corps dans lequel elle se meut, est liquide; c'est à dire, tel qu'il ne résiste pas à sa division, ou s'il y résiste, que ce n'est que médiocrement.

6. *De la liquidité.*

Les corps pesans & les corps légers produisent dans l'attouchement de véritables sentiments de pesanteur & de légéreté qui dépendent de ce que les corps pesans & les corps légers faisant effort contre la main, qui les empêche de monter ou de descendre, en compriment tellement les nerfs que le mouvement qui en résulte dans le cerveau est institué selon les loix de l'union, pour faire que l'ame sente de la façon particuliere, qu'on appelle *Pesanteur* & *légéreté*.

7. *De la pesanteur & de la légéreté.*

Les corps rudes & les corps polis excitent encore dans l'attouchement de véritables sentiments qui procèdent de ce que les corps polis compriment également les Mammelons de la peau, & les corps rudes inégalement: ce qui produit dans le cerveau deux mouvements, dont le premier est institué pour causer dans l'ame le sentiment *de poly*, & l'autre pour y exciter celuy *de rude*.

8. *Du poly & du rude.*

LA PHYSIQUE.

§.
De la sécheresse & de l'humidité.

Nous connoissons encore par l'attouchement la Sècheresse & l'Humidité, la Sècheresse en ce que les corps qu'on nomme *Secs* produisent dans les nerfs de la peau un mouvement qui estant porté au cerveau, est institué pour causer en l'ame cette sensation particuliere, & l'humidité, en ce que les corps humides causent un autre mouvement qui excite dans l'ame cette espèce de sensation.

§.
De la Chaleur.

Pour se convaincre entierement que la chaleur est excitée en nous par les corps que nous avons cy-devant appellé *Chauds*, il n'y a qu'à faire réflexion que l'air qui sort des poûmons en respirant, paroît chaud ou froid pour cela seul qu'il sort diversement de la bouche. Car il faut conclure de là que la propriété qu'il a de produire le sentiment de chaleur, consiste dans quelque mouvement, & parce que plus on serre les lévres pour faire sortir cet air plus vîte, & moins on sent de chaleur; il faut inférer encore que la chaleur de l'air ne consiste pas dans un mouvement direct : Or ce qui se meut, & qui ne se meut pas directement, ne sçauroit se mouvoir qu'autour de son centre, Nous devons donc conclure qu'outre que l'air qui sort de la bouche, passe d'un lieu en autre, ses parties ont encore un mouvement circulaire avec lequel elles s'appliquent à nos mains, & par lequel elles excitent dans le cerveau une certaine maniere de mouvement qui est instituée pour produire dans l'ame ce sentiment particulier qu'on appelle *Chaleur*.

Ce que je dis de la chaleur de l'air, se doit entendre par proportion de celle de tous les autres corps; c'est à dire, qu'elle consiste dans une espèce de mouvement circulaire des parties insensibles: ce qui se déduit manifestement de ce qu'outre l'air qui sort de la bouche les lèvres estant ouvertes, il y a plusieurs autres corps dans lesquels on ne sçauroit soupçonner autre chose que cette sorte de mouvements lesquels sont néanmoins capables de nous échauffer; car, par exemple, si on a les mains froides, on ne peut les frotter l'une contre l'autre qu'on n'expérimente à la fin un sentiment de chaleur fort considérable; on ne peut non plus toucher de la chaux qui se fermente, sans en estre brûlé, parce que ses parties ont beaucoup de cette agitation circulaire.

Quoyque la chaleur & la brûlûre soient fort éloignées entant qu'elles appartiennent à l'ame, elles sont néanmoins fort proches l'une de l'autre dans leurs causes, sçavoir dans nos corps

LIVRE HUITIE'ME. PARTIE II.

corps & dans les corps chauds qui agiſſent ſur eux. En effet, le même corps chaud agiſſant ſur nôtre corps, produit tantôt la chaleur & tantôt la brûlure, ſelon qu'il agite plus ou moins les petits filets des nerfs de la peau, & par conſéquent ſuivant que les parties inſenſibles de ce corps ſont plus ou moins agitées, c'eſt à dire, que la chaleur & la brûlure ne diffèrent dans leurs cauſes que du plus au moins.

L'expérience fait voir non ſeulement que le ſentiment de froideur eſt excité dans le ſens du toucher par les corps qu'on appelle froids, mais encore qu'il eſt plus ou moins vif, à meſure que les corps qui le cauſent, ont plus ou moins de repos, ou plus ou moins de mouvement qui eſt contraire à celuy qui conſtituë la forme de la chaleur, ainſi qu'il a eſté remarqué.

10. *De la froideur.*

C'eſt pourquoy pour former une véritable idée des fonctions de l'attouchement en général, entant qu'il eſt un ſens particulier, il faut dire, *Qu'elles ſont des perceptions, ou des ſentiments qui ſont cauſés dans l'ame par les mouvements que les objets qu'on appelle chauds ou froids, ſecs ou humides &c. impriment dans les nerfs de la peau, & enſuite dans le cerveau.*

11. *Définition des fonctions de l'attouchement en général.*

CHAPITRE III.

Examen de l'opinion d'un Auteur Moderne touchant l'explication du Toucher.

LA maniere d'expliquer le ſens du toucher qui vient d'eſtre propoſée, eſt bien différente de celle d'un Auteur Moderne * qui veut que l'ame ait une union particuliere avec toutes les particules qu'elle anime ; mais de telle ſorte néanmoins qu'elle ne s'apperçoive pas par la douleur de la diſſolution de continuité des parties, mais des particules dont les parties ſont compoſées.

* Monſieur Perrault das le 4. Tom. des Eſſais de Phyſ. 2. Part.

Que ſi on luy objecte que la diviſion des parties eſt une choſe auſſi contraire à l'Homme que celle des particules, & qu'il ſeroit raiſonable que l'ame s'intereſſât autant à la conſervation des unes qu'à celle des autres ; il répond qu'il y a en général deux raiſons pour leſquelles elle ne le fait pas. La premiere eſt, que l'eſtre des parties conſidérées abſolument dé-

Tome III. N

pend de l'union des particules, & que l'union ne donne aux parties qu'un certain eftre ; & il eft conftant que la confervation de l'eftre fimple eft fans comparaifon plus importante que celle de l'eftre d'une telle ou telle maniere ; il confirme cela par l'exemple d'un bâtiment, dont une poutre pourrie caufera plûtôt la ruine, que fi elle n'eft que fimplement fenduë, parce qu'elle peut eftre fenduë d'une maniere qui ne la rendra pas moins forte.

La feconde raifon de l'infenfibilité des parties, eft que l'ame agit d'une autre façon par fes penfées confufes, qui font des fentiments, que par fes penfées expreffes, qui font des jugements & des raifonnements ; car il eft vray que l'ame fuivant le raifonnement exprès qu'elle employe pour les chofes extérieures, devroit partager fes foins de telle maniere que fi la confervation de l'union des particules eft la plus importante, elle s'appliquât feulement avec moins d'attention à la confervation de l'union des parties fans les négliger & les abandonner entierement. Mais cet Auteur prétend qu'il y a beaucoup d'exemples qui font voir que l'ame en ufe de cette maniere, parce qu'elle veille par des penfées expreffes, c'eft à dire, par des jugements & par des raifonnements à la confervation de l'union des parties, au lieu qu'elle ne veille que par des penfées confufes, c'eft à dire, par des fentiments à la confervation de l'union des particules. La raifon de cela eft, que le plus fouvent la divifion des particules fe fait par des caufes intérieures, fur lefquelles les penfées expreffes ne peuvent rien, & que la divifion des parties fe fait ordinairement par des caufes extérieures, dont l'ame fe donne de garde par le moyen des penfées expreffes.

Ainfi felon cet Auteur, la fenfibilité que les parties ont à caufe du foin que l'ame prend de conferver l'union des particules dont elles font compofées, fait que l'ame eft avertie de ce qui peut mettre les parties en danger d'eftre des-unies ; & qu'elle y met ordre par des penfées expreffes qui veillent fur les caufes extérieures, de même qu'elle rémédie & s'oppofe par des penfées confufes aux chofes qui peuvent caufer au dedans du corps la féparation des particules, telles que font les humeurs acres & corrofives ; car s'il arrive quelquefois que la féparation des particules foit infenfible, ainfi qu'il eft vray qu'elle l'eft dans les os, dont les particules font des-unies par la carie, c'est que l'ame n'est pas habituée à avoir attention à cette desunion, par la raison que le cas est tout à fait extraordinaire ; car comme l'ame ne s'allarme ordinairement de la desunion des particules, que quand l'abondance des esprits rend ces particules capables de se dés-unir, elle n'est point du tout accoûtumée à avoir attention à la dés-union qui se fait par d'autres causes dans des parties, où il n'arrive presque jamais qu'il s'y fasse de division par quelque cause que ce soit.

Cette maniere d'expliquer les fonctions du toucher seroit fort commode si elle estoit vraye ; mais il n'est rien de plus mal fondé qu'elle, puisque les deux raisons sur lesquelles elle est appuyée ne peuvent subsister, comme il paroîtra si on les considère avec un peu d'attention : car quant à la premiere, qui ne voit que si les particules unies ensemble constituent les parties, ces parties unies ensemble constituent le corps : de sorte que si la conservation de l'estre simple des parties qui consiste dans l'union des particules, est plus importante que celle du corps qui consiste dans l'union des parties, il faudra dire que la conservation de chaque partie est plus importante que celle du tout, ce qui répugne. Et il ne sert de rien d'alleguer l'exemple d'une Poutre pourrie à l'égard d'un bâtiment ; car cet exemple prouve seulement qu'un dérangement total de particules est plus dangereux que celuy de quelques parties seulement, mais cela ne veut pas dire qu'une Poutre pourrie causera plûtôt la ruine d'une maison par le dérangement de ses particules que ne fera une autre Poutre qui n'est pas pourrie, mais dont on a retranché les parties qui portent sur les murailles ; car il est évident que la maison perira également par ces deux défauts.

La seconde raison n'est pas mieux établie que la premiere ; car pourquoy l'Ame veillera-t-elle plûtôt par des pensées expresses à la conservation des parties qu'à la conservation des particules, ou bien pourquoy veillera-t-elle plûtôt par des pensées confuses à la conservation des particules qu'à la conservation des parties, puis que la des-union des parties & des particules est également contraire à la conservation de l'Homme ?

Il seroit inutile de dire que la division des particules se fait par des causes intérieures sur lesquelles les pensées expresses ne peuvent rien, & que la division des parties se fait d'ordinaire par des causes extérieures dont l'ame se garantit par des pensées expresses ; car il ne s'agit pas de sçavoir ce que l'ame fait pour se défendre contre les objets extérieurs, mais seulement de ce qu'elle souffre, lors que ces objets agissent sur son corps de telle sorte qu'ils en desunissent les parties.

Il faut ajoûter qu'on ne voit pas pourquoy l'ame estant unie à toutes les particules du corps, comme cet Auteur le suppose ; il arrive quelquefois que la séparation de ces particules soit insensible, comme il se voit dans les os, dont les particules sont desunies par la carie : car il ne sert de rien de dire que cela vient de ce que l'ame n'est pas habituée à faire attention à cette desunion, parce qu'il ne s'agit pas icy d'une attention habituelle, mais d'une attention simplement passagere, qui avertisse l'ame du danger présent qui la menace.

On ne voit pas non plus pourquoy l'ame n'apperçoit par des sentiments que la seule desunion des particules qui dépend de l'influence des esprits ; car il semble que c'est faire dépendre l'ame de cette influence des esprits, lors même qu'on veut établir qu'elle règle tous les mouvements du corps indépendamment de la Méchanique des organes.

CHAPITRE IV.

Du Goût & des Causes Physiques de ses fonctions.

I.
Que la langue est le principal organe du goût, ce qu'elle est, & dequoy elle est composée.

IL y a cette différence entre le goût & le toucher, que celuy-cy est répandu dans toutes les parties du corps, au lieu que celuy là est borné dans une seule ; car il est certain que la langue est le principal, & presque le seul organe du goût.

Or la langue est un muscle composé d'une infinité de fibres tellement entrelassées qu'elle se peut mouvoir en tout sens. On y en remarque de longitudinales, de transversales, d'obliques, & de perpendiculaires. Les fibres longitudinales sont de trois sortes, les premieres vont de la base à la pointe en passant par le milieu du corps de la langue, & en se raccourcissant elles attirent la pointe vers la base. Les secondes garnissent le côté droit & en se raccourcissant elles meuvent la pointe du côté droit : & les

LIVRE HUITIEME. *PARTIE II.*

troisiémes garnissent le côté gauche, & en se raccourcissant elles meuvent la pointe du côté gauche, les fibres transversales vont d'un côté de la langue à l'autre, elles coupent à angles droits les longitudinales, & s'entrelassent avec elles de telle sorte qu'en se raccourcissant elles allongent & arrondissent la langue. Les fibres obliques coupent les longitudinales & les transversales, & en se raccourcissant elles tirent la langue vers la base : Enfin, il y en a qui vont perpendiculairement de haut en bas selon l'épaisseur de la langue, ces dernieres approchent le dessus de la langue du dessous, & la font par ce moyen allonger & élargir.

Deplus, la langue est composée de trois membranes mises les unes sur les autres. La premiere qui tient lieu d'Epiderme, & qui est celle de dessus, est couverte de quantité de petites éminences. La seconde qui est celle du milieu, est composée d'une substance glutineuse & percée de divers trous. La troisiéme qui est celle de dessous, est un corps nerveux semé de Mammelons qui ressemblent fort à de petites glandes, & qui ne sont autre chose que certains faisseaux composés d'artères, de veines & de nerfs qui passant au travers de la membrane du milieu entrent dans la racine des petites éminences qui sont sur la premiere membrane, & lient ainsi les trois membranes de telle sorte qu'elles tiennent fortement ensemble.

Ces éminences sont de trois sortes, il y en a dont l'extrémité est un peu plus grosse que l'endroit où elles sont attachées à la premiere membrane ; celles-là se trouvent particulierement aux côtés & à la pointe de la langue ; les secondes sont mêlées avec les autres, & se terminent par leurs extrémités en de petites pointes : Enfin les troisiémes sont de figure Conique, & se terminent à la superficie de la langue comme les autres.

Voyés cette figure dans laquelle A & B sont deux portions de la langue, sur lesquelles sont représentées ces trois sortes d'éminences ; dans la portion de la langue A

102 LA PHYSIQUE.

les éminences de la premiere sorte sont représentées par les lettres *b b b*, & celles de la seconde par les lettres *d d d*. Les éminences de la troisiéme espèce sont représentées dans la portion de la langue B par les lettres *e e e*.

Cela estant supposé, puisque les viandes qui sont dans la bouche peuvent, estant remuées, émouvoir les Mammelons de la langue, & ensuite le cerveau par les rameaux des nerfs de la cinquiéme & neuviéme paire dont ils sont composés, il ne faut pas douter que ces Mammelons ne soient l'organe immédiat du goût, & que toute la diversité des saveurs ne procède de ce que les corps savoureux meuvent ces Mammelons diversement selon la différente grandeur, figure ou mouvement de leurs parties.

Cela est confirmé par l'expérience, qui fait voir que si les parties d'un corps sont si petites qu'elles ne meuvent que peu ou point du tout les Mammelons de la langue, ce corps paroît insipide; c'est par cette raison que l'eau n'a que peu de saveur, que l'air est tout à fait insipide, & que les huiles & généralement toutes les liqueurs grasses ne sont pas si savoureuses que les liqueurs maigres.

2.
Pourquoy la chaleur augmente d'ordinaire les saveurs.

Deplus, comme la chaleur augmente le mouvement des corps, & que plus un corps est mû, plus il est capable de mouvoir les autres, il est nécessaire que les viandes chaudes causent un sentiment de saveur plus vif que si elles estoient froides: ce qu'on ne manque pas d'expérimenter pour l'ordinaire. Je dis *pour l'ordinaire*, afin de faire entendre qu'il y a quelquefois des viandes qui ont plus de goût estant froides, que chaudes: ce qui vient, à mon avis, non de ce qu'elles meuvent plus les nerfs de la langue, mais de ce que le sentiment de chaleur qui les accompagne lorsqu'elles sont chaudes, ôte à l'ame une partie de l'application qu'elle auroit à leur saveur, si elles estoient froides.

3.
Pourquoy les corps durs

Il faut ajoûter que les corps durs tels que sont les métaux, les cailloux, ne sont insipides qu'à cause qu'il ne

LIVRE HUITIE'ME. PARTIE II.

s'en détache rien qui puisse s'appliquer aux nerfs de la langue. *sont insipi-*
Cela est évident par l'expérience qui fait voir qu'il ne man- *des.*
que à ces corps que la division pour estre savoureux, puisque
les sels qui entrent en la composition du verre, l'estoient avant
qu'ils se fussent congelés ; & que les métaux réduits en pous-
siere fort subtile, ont une saveur insupportable.

La diversité des saveurs doit estre fort grande, parce qu'elle *4.*
dépend de la grosseur & de la figure des parties des corps sa- *D'où vient la diversité*
voureux qui sont deux choses qui se peuvent diversifier en une *des saveurs,*
infinité de manieres ; c'est par cette raison aussi que nous *simples & des saveurs*
voyons un si grand nombre de saveurs, dont les unes sont sim- *composées,*
ples & les autres composées. Les saveurs simples sont l'*acide,* *& quelles*
l'*acre*, l'*amer*, le *salé*, le *doux*, l'*austère*, l'*acerbe*, l'*onctueux* *sont les sa-*
& l'*insipide*. *veurs sim-*
ples.

Il y a une infinité de saveurs composées : La saveur des Citrons
confits est composée du doux & de l'acide, celle des Prunes
sauvages confites est composée du doux & de l'austère : celle
du lait sucré, du doux, & de l'onctueux, &c. Ainsi pour avoir
une idée distincte des saveurs composées, il suffira de connoître exactement ce que sont les saveurs simples, considérées
non d'une maniere abstraite, mais entant qu'elles sont dans le
corps savoureux.

Suivant cette méthode, nous dirons que les corps *acides* *5.*
sont composés de parties longues, roides, pointuës, & un peu *Ce que sont les corps aci-*
tranchantes, à raison dequoy ils pénétrent plus profondement *des.*
la langue que tous les autres corps, & causent par ce moyen
le plus vif de tous les sentimens qui est celuy qu'on appelle
Acide. C'est ce que l'expérience confirme, parce que le vinaigre, & généralement tous les corps dont les parties sont longues, roides & pointuës, ne manquent pas de causer le sentiment d'aigre ou d'acide. Cette saveur dépend principalement
des sels fixes réduits en liqueurs.

Les corps naturellement acides sont entre les végétaux les
Citrons, les Oranges, les Limons, les Tamarins, &c. à peine
trouve-t-on des corps acides entre les minéraux & entre les
animaux.

Les corps *acres* sont composés de parties qui ont une surface
âpre & raboteuse ; c'est à dire, qui sont telles qu'elles ont plusieurs
angles ou inégalités, qui les rendent propres à ronger les corps

aufquels elles s'appliquent. Cela eft confirmé parce que tous les corps acres rongent la langue en la mouvant ; car nous fçavons par l'expérience que tous les fels volatils des plantes & des animaux, aufquels nous avons attribué cette fuperficie, caufent une faveur acre.

Entre les végétaux le Poivre & la Moutarde font des plus acres. Entre les minéraux, l'Arfenic & le Sandaracha : & entre les animaux la Cantaride.

6.
Ce que font les corps amers.

Les corps *Amers* font ceux dont les parties font compofées de fels acres & d'huiles fixes, ou groflieres : d'où il s'enfuit que l'amertume des corps dépend de deux caufes, ou de ce que les corps amers abondent en fel acre & en foulfre groffier, ou de ce que les efprits fulfureux des corps amers, s'étant évaporés par le feu; il n'y refte plus que des foulfres brûlés.

Les efprits d'Abfynthe & de plufieurs autres plantes font amers de la premiere façon, & les huiles brûlées font amères de la feconde : d'où vient que l'amertume des huiles brûlées doit eftre précédée de douceur ; ce qui n'arrive pas à celle qui dépend des fels acres, comme l'expérience le confirme.

7.
Ce que font les corpos falés.

Les corps *Salés* font ceux qui font compofés de fels acides dont la pointe eft envelopée dans la terre, ou dans quelque fel acre qu'on appelle *Alkali*. Tels font le fel commun, le fel Gemme, le Salpètre, le fel de l'Urine, & celuy qui fort du corps par les fueurs.

8.
Ce que font les corps doux.

Les corps *Doux* font ceux dont les fels font tellement mêlés avec les foulfres fubtils, qu'ils ne peuvent faire qu'une fort douce impreffion fur la langue ; d'où vient qu'il y a comme deux efpèces de douceur, l'une *Saline*, & l'autre *Graffe* ; la douceur faline dépend de ce que les fels s'eftant dégagés dominent fur les foulfres ; telle eft la douceur des fruits qui font déja mûrs ; & la douceur graffe dépend de ce que les foulfres furpaffent les fels, telle eft la douceur du miel, des raifins fecs, &c.

9.
Ce que font les corps auftères.

Les corps *Auftères* font ceux dont les fels fixes eftant engagés dans un foulfre groffier, compofent avec luy des parties dont la furface eft hériffée de plufieurs petits poils diverfement recourbés, qui entrant dans les pores de la langue, en refferrent les parties. Telle eft la faveur des Coins, des Nèfles,

&

& généralement celle de tous les fruits qui ne sont pas encore mûrs.

Quant aux corps Acerbes, ils ne different des Austères qu'en ce que leurs petits poils sont plus forts & plus recourbés ; ce qui fait qu'ils tiennent plus fortement à la langue.

Les corps Austères & les corps Acerbes se changent dans la suite en corps doux, lorsque leurs sels & leurs soulfres se dégagent, comme il arrive aux fruits qui mûrissent, & ils dégenèrent enfin en corps amers lorsque les soulfres les plus exaltés s'estant évaporés, les plus grossiers restent seuls avec les sels acres & acides : d'où il s'ensuit qu'on pourroit dire en quelque maniere que le salé & l'austère sont deux espèces de saveur Acide ; que l'Amertume est une espèce de saveur acre : & enfin que la douceur est une troisième espèce de saveur qui est également distante de l'acre & de l'acide.

Ce qui vient d'estre dit des saveurs estant supposé, nous n'admirerons pas que les corps qui n'en ont point en acquierent une, ou qu'ils passent de celle qu'ils ont à une autre toute nouvelle, selon que leurs principes se mêlent diversement entr'eux, ou avec les principes de quelques autres corps. Nous n'admirerons pas, par exemple, que quand on a dissout de l'argent dans l'esprit de nitre, & qu'on le crystallise ensuite, ce métal qui n'avoit aucun goust, acquiere une amertume tres-grande ; car cela vient de ce que l'esprit de nitre qui se joint avec l'argent, compose avec luy de petits corps âpres & raboteux qui sont tres-propres à causer le sentiment d'acreté ou d'amertume. Nous n'admirerons pas non plus que le plomb dont on fait le sel de Saturne, lequel est extrémement insipide, devienne néanmoins extrémement doux par le mélange du vinaigre ; puis que cette douceur procède vray-semblablement de ce que les pointes du vinaigre s'engagent de telle sorte dans les pores du plomb qu'elles ne sçauroient plus piquer la langue. Nous n'admirerons pas enfin que les fruits qui sont austères ou acerbes, au commencement, deviennent ensuite doux, & qu'ils passent enfin de la douceur à l'amertume ; puis que nous sçavons que cela dépend de la différente exaltation ou combinaison de leurs principes.

On peut ajoûter que les saveurs doivent s'opposer les unes aux autres ; car il est visible que lors que les parties d'un aliment visqueux ont pénétré les pores de la langue, elles s'y arrêtent de telle sorte que les parties d'un nouvel aliment n'y peuvent plus entrer, ce qui fait que cet aliment nouveau paroît insipide ; c'est par cette raison, par exemple, qu'on ne peut goûter le vin après qu'on a mangé quelque chose de doux, & qu'il faut, pour en recouvrer la saveur, manger du salé pour r'ouvrir les pores de la langue.

<small>14. D'où vient l'aversion qu'on conçoit pour certaines viandes.</small>

Quant à l'aversion que nous concevons d'ordinaire pour les aliments qui nous ont fait du mal, elle procède vray-semblablement de ce que nous joignons de telle sorte l'idée de ces aliments avec le cours des esprits qui causent l'aversion que nous avons pour eux pendant qu'ils nous nuisent, qu'il suffit ensuite d'avoir cette idée pour renouveller le même cours des esprits, & par conséquent pour exciter la même passion d'aversion.

<small>15. Pourquoy nous perdons le goût des choses que nous mangeons trop souvent.</small>

Si nous perdons peu à peu le goût des choses dont nous mangeons trop souvent, cela vient sans doute, ou de ce que les aliments trop ordinaires laissent dans les pores de la langue des particules qui en rendent les Mammelons immobiles, ou de ce que l'ame a moins d'attention pour les mouvements qui se font d'ordinaire dans les organes, que pour ceux qui sont nouveaux, ainsi que l'expérience le fait voir, ou enfin de tous les deux ensemble.

<small>16. Pourquoy quand on est soû on ne trouve plus de goût aux viandes.</small>

Il arrive souvent que les choses qui sont agréables quand on a bien faim & bien soif, deviennent des-agréables après qu'on a bû & mangé, parce que la tissure de la langue est changée, & les particules des corps savoureux n'entrent pas de même dans ses pores.

Cela est confirmé par l'expérience qui fait voir que de cela seul que la tissure naturelle de la langue est différente dans les hommes une chose savoureuse qui paroît agréable aux uns, peut estre des-agréable aux autres, parce que les mêmes particules des corps savoureux ne peuvent agiter de la même maniere, les extrémités des nerfs qui aboutissent à des pores de la langue, dont la grandeur & la figure sont différentes.

<small>17. Pourquoy les malades haïssent les viandes qu'ils ont aimées.</small>

Il peut encore arriver que la tissure de la langue sera tellement changée par la maladie ou par quelque autre accident, que les parties des corps savoureux qui dans la constitution naturelle entroient doucement dans les pores de la langue, n'y entrent plus que d'une maniere rude & âpre ; d'où vient que les malades ont d'ordinaire de l'aversion pour les choses qu'ils aiment le mieux lors qu'ils sont en santé.

Mais il peut arriver aussi que le changement de la langue sera tel, que les particules qui entroient rudement dans les pores y entrent doucement ; d'où vient que les femmes grosses, les filles qui ont la jaunisse, & d'autres malades ayment souvent des choses qu'ils haïssoient lors qu'ils se portoient bien.

18. *Pourquoy ils en aymēt qu'ils ont haïes.*

Tout cela estant supposé, pour avoir une idée bien distincte des fonctions du goût & des causes Physiques qui les produisent, nous pouvons dire, *Qu'elles ne sont autre chose que certaines perceptions ou certains sentiments qui sont excités dans l'ame par les mouvements que les viandes causent dans les nerfs de la langue, tant dans ceux de la cinquième paire qui y viennent aboutir, & qui prennent leur origine des côtés du Processus du cervelet à la moëlle allongée, que dans ceux de la neuvième paire qui tirent la leur des traits blancs de la région moyenne du centre ovale.*

19. *Ce que sont les saveurs tant du côté de l'ame que du côté du corps.*

Suivant cette définition, il est évident que les saveurs prises formellement ne sont autre chose que certains sentimens ou certaines perceptions de l'ame qui sont dans l'ame même, & que les saveurs prises pour la cause Physique des saveurs formelles consistent dans les particules mêmes des corps savoureux, qui selon qu'elles sont différentes en grosseur, en figure & en mouvement, ébranlent diversement la langue, & causent par ce moyen des sentiments de saveurs différents dans l'ame, en vertu de son union avec le corps.

Cette idée des saveurs considérées par rapport aux corps savoureux a beaucoup de ressemblance avec celle qu'Aristote nous a donnée, lors qu'il a dit *Que la saveur est l'affection ou la propriété d'un corps humide causée par un suc terrestre & par une chaleur recuisante.* En effet, cette définition comprend trois choses qui ont chacune sa vray-semblance ; car il a eû raison de dire que la saveur est une affection du corps humide, parce que les corps qui sont absolument secs ou durs, ne causent aucun sentiment de saveur qu'après avoir esté détrempés dans la salive.

20. *Qu'Aristote a défini exactement les saveurs considérées du côté du corps savoureux.*

Deplus, considérant que l'eau seule n'a gueres de saveur, & que l'air n'en a point du tout, quoy que ces deux corps soient humides selon luy ; il a dû y ajoûter quelque chose de plus grossier, & qui tint par conséquent de la nature de la terre.

Il a dû enfin y faire intervenir la chaleur, parce que l'expérience fait voir qu'elle rend savoureux des corps qui ne l'estoient pas avant qu'ils fussent cuits.

21. Que les Sectateurs d'Aristote ont eu de fausses idées des saveurs.

La pluspart des Sectateurs d'Aristote ne sont pas aussi raisonnables que leur Maître, ils disent que la saveur est dans le corps savoureux, une chose toute semblable au sentiment que nous en avons, en quoy ils se trompent étrangement ; car outre que c'est donner aux corps inanimés une façon d'estre qui ne leur convient pas, il s'ensuivroit de leur opinion que deux hommes ne pourroient jamais goûter diversement une même viande, ce qui est contraire à l'expérience.

Or de ce que deux hommes dans lesquels une même viande cause des sentiments de saveur divers, il y en a nécessairement un qui a une sensation différente de ce qui est dans la viande, il faut raisonnablement conjecturer la même chose de l'autre, & conclure ensuite que la puissance de sentir les saveurs appartient à l'ame comme celle de sentir de la douleur ou du plaisir, & par conséquent que pour réduire cette puissance à l'acte, il ne faut autre chose de la part des viandes si ce n'est qu'elles meuvent les nerfs de la langue comme il a esté dit.

CHAPITRE V.

De l'odorat & des causes Physiques de ses fonctions.

1. Que le mot d'odeur est équivoque.

LE mot d'*Odeur* est aussi équivoque que celuy de saveur, puis qu'il signifie non seulement le sentiment particulier que les objets extérieurs excitent dans l'ame, par l'impression qu'ils font sur le fond du nez, mais encore ce qu'il y a dans ces objets par quoy ils excitent dans l'ame cette sorte de sentiment.

Nous ne prétendons pas parler icy de l'odeur qui est dans l'ame, mais seulement de celle qui est dans les corps qu'on nomme *Odorants*, par laquelle ils agissent sur la partie du nez qui est l'organe de l'odorat.

L'opinion commune est que cette partie consiste dans une membrane qui couvre toutes les anfractuosités des narines, &

qui est composée d'un grand nombre de fibres qui partent de la dure & pie Mere ; & de plusieurs rameaux des nerfs qui par des chemins détournés viennent du cerveau. Il y a dans la cavité des narines plusieurs petites lames osseuses qui sont attachées à l'os cribreux de telle sorte que cet os n'est composé que des extrémités de ces petites feüilles, dont chacune est envelopée de la membrane dont il vient d'estre parlé ; ce qui est cause que la superficie de cette membrane quoyque situé dans un espace aussi petit que le fond du nez, a beaucoup d'étenduë, afin que les particules des corps odorants la puissent toucher en plus de parties, & mouvoir par ce moyen plus de fibres des nerfs de la premiére paire, qu'on appelle pour cette raison *Olfactoires*.

1.
Quel est l'organe de l'odorat.

Outre cette opinion commune il y en a une particuliere, qui est que les nerfs olfactoires ne vont point du tout à cette membrane, & qu'ils se terminent absolument dans la chair papillaire qui tient à la partie cribreuse de l'os ethmoïde, & qui est couverte d'une production de la membrane pituitaire qui est percée de plusieurs petits trous ; d'où l'Auteur de cette opinion conclut * que c'est proprement cette chair papillaire qui est l'organe immédiat de l'odorat.

* Monsieur Vieussens dans sa Neurologie Liv. 3. Chap. 2.

Pour confirmer cette opinion, il fait remarquer que cette membrane qui couvre toutes les cavités du nez, est trop farcie d'humeurs pour pouvoir estre émuë par les particules qui s'élèvent des corps odorants ; outre que si cette membrane estoit l'organe de l'odorat, il ne voit pas pourquoy nous ne sentirions pas les odeurs hors de l'inspiration, puis que l'air tout remply des particules des corps odorants entre continuellement dans le nez : cependant l'expérience fait voir que nous ne sentons les odeurs qu'en inspirant, ce qui luy semble prouver qu'il ne suffit pas pour sentir des odeurs, que les corpuscules qui les causent, entrent dans le nez, & qu'il est encore nécessaire que par l'inspiration ils soient poussés assés fortement contre la membrane qui couvre la partie supérieure du nez, afin que passant par les petits trous dont elle est percée, ils puissent aller ébranler la chair papillaire qu'il prend pour l'organe de l'odorat.

Nous suivrions volontiers cette derniere opinion si nous estions assûrés que les nerfs olfactoires se terminassent dans la

O iij

chair papillaire dont nous avons parlé ; mais comme il y a des Auteurs qui enseignent positivement le contraire, nous suspendrons nôtre jugement à cet égard, & cependant nous nous en tiendrons à l'opinion commune, d'autant plus que quand elle ne seroit pas vraye, tout ce que nous en dirons, se pourra facilement appliquer à l'autre.

<small>3. Comment les corps odorants excitent les sentiments d'odeur dans l'ame.</small>

Cela estant supposé, puisque nous ne connoissons rien autre chose dans les corps que des divisions, des figures & des mouvements, nous ne devons pas faire difficulté de reconnoître que ce n'est que par cela seul qu'ils font dans le nez des impressions qui sont capables de causer dans l'ame les divers sentiments d'odeur.

C'est pourquoy nous devons penser que les mêmes parties qui produisent dans l'ame le sentiment de saveur, lors qu'elles agissent sur la langue, produisent aussi le sentiment d'odeur, lors qu'elles volent en vapeur, & qu'estant attirées avec l'air de la respiration elles ébranlent les nerfs du fond du nez.

Cela est confirmé 1. parce qu'il y a plusieurs corps qui ne causent aucune odeur tandis qu'ils sont en masse, qui deviennent tres-odorants quand ils sont dissipés en l'air. Par exemple, la Cire d'Espagne qui est sans odeur avant qu'on la mette au feu, devient tres-odorante quand elle brûle, & que ses parties se convertissent en fumée. Il en est de même de l'Encens, de la Myrrhe & de plusieurs corps odorans.

2. Parce que plus il y a de chaleur pour faire exhaler les parties des corps odorants, plus ces corps font sentir d'odeur, au lieu qu'ils n'en rendent aucune dans les lieux frais, où l'air les empêche de s'exhaler.

3. Parce que l'huile de roses tirée par distillation estant mise dans l'eau en assés grande quantité, n'a presque point d'odeur, & qu'estant mêlée avec le sel de Tartre, elle fait une composition fluide dont quelques parties estant mises dans l'eau, luy donnent une grande odeur qui dépend uniquement de ce que le sel de Tartre qui est un puissant Alkali, en exaltant cette huile, l'a renduë plus volatile, & par conséquent plus propre à estre attirée avec l'air de la respiration.

<small>4. D'où dépend la diversité des odeurs.</small>

Quant à la diversité des odeurs, il y a lieu de croire qu'elle dépend de la diversité de la grosseur, de la figure, ou du mouvement des parties des corps odorants, & que s'il y a des

LIVRE HUITIE'ME. PARTIE II.

odeurs qui sont agréables & d'autres qui ne le sont pas, cela vient encore de ce que les odeurs agréables sont causées par les parties les plus subtiles des corps odorants, & que celles qui ne le sont pas, dépendent des plus grossieres.

Cela est prouvé 1. parce que les corps dont nous avons raison de croire que les parties sont fort subtiles, comme sont l'Ambre-gris, le Musc, & généralement tous les autres corps qui se font sentir long-temps, ne manquent pas de causer des sentiments d'odeur agréables, au lieu que les corps dont les parties sont plus grossieres, comme sont les cadavres, & généralement tous les corps qui se pourrissent, & dont l'odeur cesse bien-tôt, en produisent de tout contraires.

Cela est prouvé encore par l'exemple de plusieurs corps qui se font sentir plus agréablement de loin que de près, à cause que les parties subtiles qui vont plus loin, chatoüillent l'odorat, & que les plus grossieres qui restent près, le blessent, tels sont les Lys, les Tubereuses, &c.

Cela est confirmé enfin par les excréments de plusieurs animaux, par le Musc, par la Civette, & par plusieurs corps de cette sorte qui sentent toûjours plus agréablement à mesure qu'ils se pourrissent, à cause que par la fermentation les parties s'attenuent & se brisent en sorte qu'elles ne peuvent plus que chatoüiller l'odorat: Quand je dis que les parties *s'attenuent & se brisent*, j'entens parler des Sels & des Soulfres, car l'expérience fait voir manifestement que les corps dans lesquels ces deux principes abondent, sont toûjours les plus odorants.

Je ne croy pas qu'on trouve rien de difficile dans ce que je viens de dire des odeurs, si ce n'est peut-estre cet écoulement des parties des corps odorants qui sont toûjours en état de faire sentir sans avoir besoin d'estre excités par aucune chaleur ni par aucun frottement avec d'autres corps; mais on peut aisément lever cette difficulté si l'on considere combien de temps une chandelle allumée employe à se consumer entierement, quoyque par la vitesse avec laquelle sa flâme monte en haut, il soit aisé de juger qu'il y a continuellement de nouvelles parties de cire qui se détachent des autres pour reprendre la forme du feu.

Ajoûtés qu'il faut incomparablement moins de parties d'un parfum pour exciter un sentiment d'odeur, qu'il n'en faut

5. D'où vient que les corps odorants sentent si long-temps.

de celles de la flâme pour causer un sentiment de chaleur, outre que ce qui s'échape, par exemple, du Musc ou de la Civette, voltige long-temps autour de ces corps, comme il a esté dit que la matiere magnétique circule autour de l'Aimant; ce qui est cause qu'il peut exciter un sentiment d'odeur sans qu'il soit besoin que les corps odorants perdent à tout moment de leur substance.

6.
Ce que sont les fonctions de l'odorat.

Ainsi, l'on peut définir les fonctions de l'odorat en général en disant qu'*elles sont des perceptions ou des sentiments qui sont causés dans l'ame par les mouvements que les objets qu'on appelle odorants produisent dans les corps canelés du cerveau par les nerfs de la premiere paire qu'on a nommés pour cette raison* Olfactoires.

7.
D'où vient l'accord qui est entre le goût & l'odorat.

Il y a cependant des Auteurs qui croyent que ce sont les nerfs de la cinquiéme paire, qui servent à l'organe de l'odorat; & c'est par là qu'ils prétendent rendre raison, non seulement du grand accord qui se trouve entre le goût & l'odorat, qui fait que ces deux sens aiment ou haïssent les mêmes choses, mais encore de ce que la destruction de l'un de ces sens est d'ordinaire suivie de la destruction de l'autre; car cela vient, disent-ils, de ce que les nerfs qui servent à ces deux organes, viennent de la même paire qui est la cinquiéme.

* De Anima brutorum Cap. 13.

On répond à cette objection que l'organe de l'odorat n'est pas le seul qui reçoit des nerfs de deux paires, que celuy du goût en reçoit aussi, puis qu'il y a plus de nerfs de la neuviéme paire qui se vont inférer dans la langue, qu'il n'y en a de ceux de la cinquiéme, d'où M. Willis* conclut que les nerfs qui servent principalement à l'odorat sont ceux de la premiere paire : que ceux qui servent principalement au gout viennent de la neuviéme, & que la Langue, le Nez & les Yeux mêmes reçoivent des nerfs de la cinquiéme paire, qui servent à établir la grande Sympathie qui est entre ces sens là, qui fait que le gout n'embrasse d'ordinaire aucun objet que l'odorat ne l'ait approuvé, & que le gout ni l'odorat n'admettent presque rien qui n'ait paru agréable aux yeux : d'où vient le Proverbe, *Que ce qui plaît aux yeux, réjouit le cœur.*

9.
Pourquoy ces deux sens perissent presque toûjours en même temps.

M. Willis ajoûte que la raison pour laquelle le goût & l'odorat périssent d'ordinaire en même-temps, n'est pas que les nerfs qu'ils reçoivent, viennent de la même paire, mais c'est que les organes de ces deux sens sont si proches l'un de l'autre, que

que les mêmes humeurs qui en corrompent un en bouchant ses pores, peuvent facilement corrompre l'autre en bouchant les siens.

CHAPITRE VI.
De l'Oüie & des causes Physiques de ses fonctions.

LEs fonctions de l'oüie en général ne sont autre chose que des perceptions ou des sentimens qui sont causés dans l'ame par les mouvemens que les corps qu'on appelle *Résonants*, impriment dans l'air voisin, puis dans un air plus éloigné, & enfin dans le cerveau par les nerfs de l'Oreille : ce qui rend la connoissance de l'Oreille si nécessaire qu'il faut avant toutes choses la décrire le plus exactement qu'il sera possible.

L'Oreille se divise en externe & interne. Par l'Oreille externe, nous entendons toutes les parties qui sont au deça de la grande Membrane du tambour, & par l'Oreille externe, nous entendons celles qui sont au delà de cette même membrane.

L'Oreille externe a deux parties, l'une qui paroît hors de la tête qu'on appelle proprement *l'Oreille*, & l'autre est le conduit de l'oüie, qui est la seule partie qui nous regarde principalement.

Le trou, ou le conduit de l'oüie a une entrée qu'on appelle *Alvearium*, parce qu'il s'y ramasse un certain suc jaune, que les Anatomistes appellent *Cerumen*. Ce conduit s'étend jusqu'à la grande Membrane du Tambour, il est couvert d'une peau, sous laquelle on trouve quantité de petites glandes où aboutissent plusieurs petites artères & veines, dont les unes viennent de la Carotide, & les autres vont à la Jugulaire.

Entre les parties de l'Oreille interne, la premiere est la membrane du tambour, cette membrane est mince & transparente, elle sépare l'Oreille externe de l'interne, & est attachée dans une rainure creusée dans l'os pétreux. Elle paroît de figure ovale, à cause que sa situation est inclinée. Au delà de la membrane du tambour on trouve les autres parties de l'Oreille interne qui sont deux cavités & le trou interne.

Tome III. P

1. Des fonctions de l'oüie en général.

2. Que l'oreille se divise en deux parties, & en quelles.

3. Ce que c'est que le trou de l'Oreille.

4. Ce que c'est que la Membrane du Tambour.

114 LA PHYSIQUE.

5.
Ce que c'eſt que la quaiſſe du tambour.

La premiere cavité de l'Oreille interne qu'on appelle *la quaiſſe du Tambour*, a toûjours quatre ouvertures, ſçavoir la grande membrane du Tambour, deux autres plus petites, qu'on appelle les *Feneſtres*, qui pénètrent dans la ſeconde cavité de l'Oreille interne qu'on appelle le *Labyrinthe*. Et une moyenne, qui eſt le conduit appellé l'*Aqueduc* qui tend vers le palais.

La premiere figure de cette Planche répréſente les trois cavités de l'Oreille en relief, c'eſt à dire, qu'il faut ſuppoſer que ces cavités ont eſté remplies de quelque matiere, & que par ce moyen on peut voir quelle eſt leur forme & leur figure. A B répréſente la premiere cavité de l'Oreille remplie juſqu'au

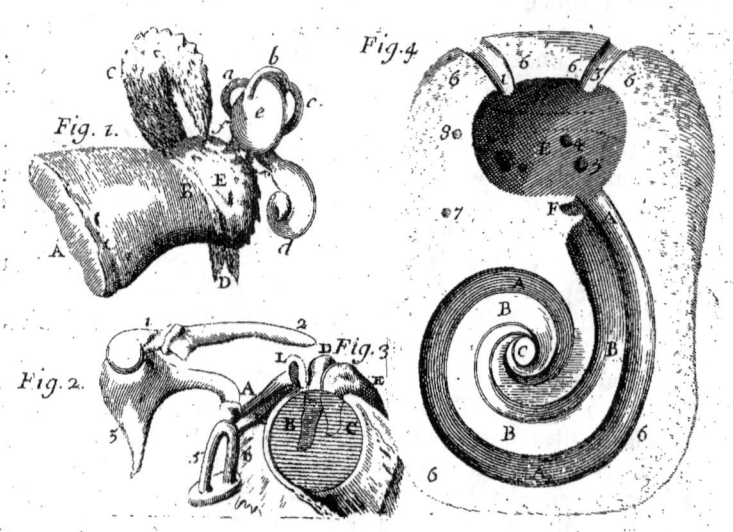

tambour. C D E répréſente la ſeconde cavité appellée *la quaiſſe du Tambour*. C répréſente ce qui a remply la partie qui va à l'Apophyſe mammillaire. D, ce qui a remply celle qui produit l'Aqueduc. *e*, eſt le veſtibule du Labyrinthe. *a* le canal Vertical conjoint. *b* le Canal vertical ſéparé. *c* l'Horizontal, & *d* le Limaçon.

Des deux fenêtres qui ſont gravées dans l'os pétreux, l'une

LIVRE HUITIE'ME. PARTIE II.

est ronde & l'autre ovale ; celle qui a la figure ronde & qui regarde le conduit du Limaçon, est bouchée par une membrane fort déliée, & celle qui a la figure ovale est fermée par un des trois osselets appellé l'*Etrier*, dont nous parlerons ensuite, & par une membrane aussi fort déliée qui attache la base de l'Estrier, laquelle est ovale, avec la circonférence de ce trou.

Il y a toûjours dans la quaisse du tambour quatre osselets, le premier & le plus grand est appellé le *Marteau*, parce qu'il a comme une tête & un manche, par lequel il est attaché en travers à la grande membrane du tambour. Ce manche proche de sa tête a une petite Apophyse pour l'insertion du tendon d'un petit muscle, dont il sera parlé ensuite.

<small>6. Des quatre Osselets qui sont dans la quaisse du tambour.</small>

Le second Osselet se nomme l'*Enclume*, qui est attaché par la partie la plus massive avec la tête du marteau, laquelle il reçoit dans une cavité assés creuse. L'autre partie qui fait deux branches, est attachée à l'Os orbiculaire qui est le troisiéme Osselet, par une de ses branches qui est tortuë, & par l'autre qui est droite, il est attaché à l'os pétreux.

Le quatriéme Osselet qu'on nomme l'*E'trier*, bouche par sa base le trou de la fenestre ovale, & par la tête en laquelle s'insère le tendon d'un muscle, il est attaché à l'os orbiculaire, par l'entremise duquel l'Enclume & l'Etrier sont attachés ensemble.

Il y a toûjours dans la quaisse du tambour deux muscles qui remuent les osselets, le premier est adhérant à la partie supérieure de la quaisse, & est presque logé tout entier dans une de ses anfractuosités, il est presque tout membraneux, & il produit un tendon assés court qui s'attache à l'apophyse qui est proche de la tête du manche du marteau.

<small>7. Des Muscles qui sont dans la quaisse du tambour.</small>

P ij

116   LA PHYSIQUE.

La seconde Figure répréfente trois Offelets joints enfemble, 1,2. répréfente le Marteau ; 3,4 l'Enclume, & 5,6 l'Etrier.

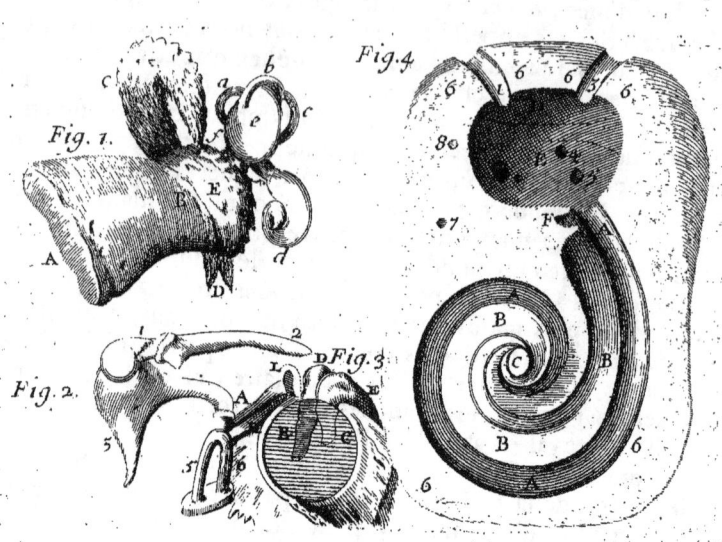

8.
Quelle eft l'action du premier de ses Muscles.

L'action du premier Mufcle eft de tirer le manche du marteau, & d'étendre en dedans la grande membrane du tambour laquelle fe relâche enfuite lors que ce Mufcle ceffe de tirer, parce que les Offelets articulés comme ils font, eftant attachés enfemble par ces petits ligaments, font comme une efpèce de reffort, qui avec celuy de la grande membrane du tambour tiennent lieu d'un Mufcle Antagonifte.

9.
Quelle eft l'action du second.

Le fecond Mufcle qui eft rond & charnu prend fon origine de la partie fupérieure de la quaiffe du tambour ; il eft couché dans une de fes anfractuofités, & paroît bien féparé du premier, quoy qu'il n'en foit pas fort éloigné. Il s'infère par un tendon long & rond dans la tête de l'Etrier. L'action de ce dernier Mufcle eft de tirer l'Etrier de bas en haut, & de remuër en même-temps la grande membrane du tambour, & la petite membrane qui bouche la feneftre ovale, lefquelles fe relâchent enfuite lors que le Mufcle ceffe d'agir, parce que, comme il a efté dit, tous les Offelets de la quaiffe eftant attachés en-

LIVRE HUITIE'ME. *PARTIE II.* 117

semble ils font une espèce de ressort qui avec celuy de la grande membrane du tambour, & de la petite, qui bouche la fenêtre ovale, tiennent lieu d'un muscle Antagoniste.

La troisiéme Figure représente la Membrane du tambour située dans sa place. B le manche du Marteau appliqué à la partie postérieure de cette membrane. C la plus longue branche de

12. Tab.
Blancardi
pag. 284.

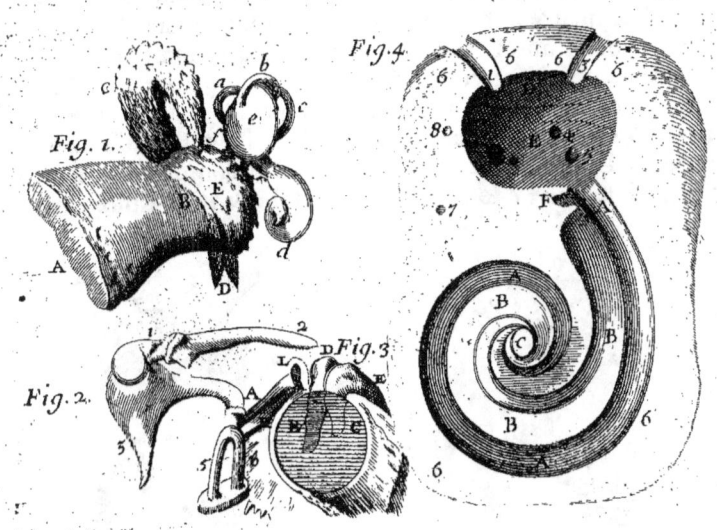

l'Enclume, qui est vûë au travers de cette membrane, quoy qu'elle en soit assès éloignée ; D la tête du Marteau. E la partie plus épaisse de l'Enclume avec la plus courte branche. k le Muscle extérieur du marteau situé en sa place. L réprésente une ligne marquée par des points qui dénote l'Apophyse dans laquelle un Muscle s'insère.

L'Aqueduc qui se trouve dans la premiere cavité de l'Oreille interne, est un conduit long qui passe un peu obliquement de cette cavité jusques dans le palais. Il y a cecy de particulier dans la structure & la situation de l'Aqueduc qu'il est en partie membraneux & en partie cartilagineux ; la partie membraneuse est contenuë dans un sinus de l'os pétreux ; & peut avoir l'étenduë d'un grand travers de doigt, & sa partie

10.
Ce que c'est
que l'Aqueduc.

P iij

118 LA PHYSIQUE.

cartilagineuse qui va se terminer dans le Palais, est toute dans cet Os.

11.
Ce que c'est que le Labyrinthe, & de combien de parties il est composé.

La deuxiéme cavité de l'oreille interne dont les deux fenêtres qui ont esté décrites font l'entrée, est composée de quatre conduits qui sont proprement ce qu'on appelle le *Labyrinthe*, lequel est divisé en cinq parties, dont la premiere est une cavité à peu près ronde qu'on appelle le *Vestibule* du Labyrinthe. Les quatre autres sont quatre conduits aboutissants au vestibule dont l'un est tourné en vis, qu'on nomme le *Limaçon*, les trois autres sont courbés en demi-cercles, dont l'un s'appelle horizontal, l'autre vertical conjoint, & l'autre vertical séparé. Voyés encore la 1. Figure dans laquelle *e* est le vestibule du Labyrinthe ; *a* le canal vertical conjoint ; *b* le canal vertical séparé, *c* le canal Horizontal, & *d* le Limaçon.

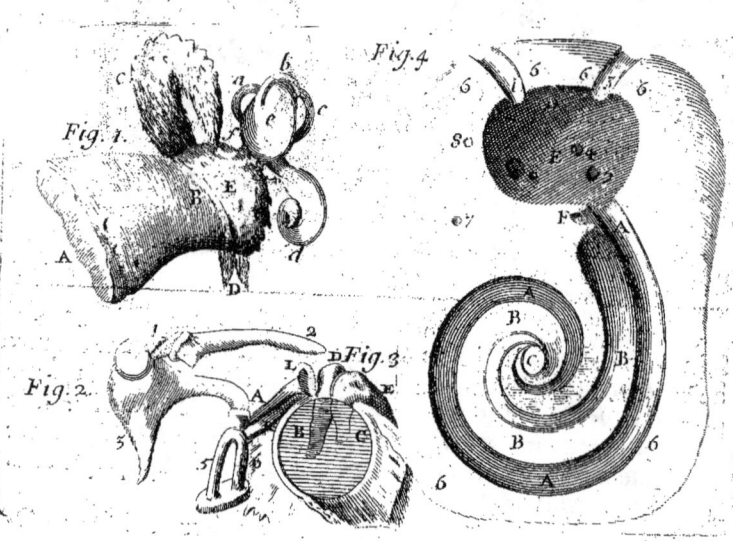

12.
Ce que c'est que le Vestibule.

Le vestibule marqué *e*, est une cavité beaucoup moindre que la quaisse du Tambour, les deux fenêtres *f f* sont deux entrées par lesquelles la quaisse du Tambour & le labyrinthe ont communication ensemble.

Au côté du vestibule opposé aux trois conduits demi-circulaires est la troisiéme partie du labyrinthe appellée la *Coquille* ou le *Limaçon*. Ce limaçon est composé de deux parties, sçavoir d'un conduit demi-ovale & d'une membrane spirale. Cette membrane s'étend dans le canal & le devise en deux parties, il est creusé dans une partie de l'os pétreux qui couvre la membrane spirale comme feroit un planchet vouté. La membrane spirale tient par sa base au centre du canal ovale, & par son autre extrémité elle est attachée à la partie qui est opposée à ce centre par une membrane beaucoup plus mince qu'elle, laquelle estant développée couvre toute la superficie intérieure du canal ovale.

Ce canal estant divisé en deux parties forme comme deux échelles spirales qui sont situées sur la même base, & qui bien qu'elles soient l'une sur l'autre, n'ont pourtant aucune communication ensemble, au moins ont-elles deux entrées séparées, dont l'une va du vestibule dans l'échelle spirale supérieure, & l'autre qui est le trou rond, va de la quaisse du Tambour dans l'échelle spirale inférieure.

Voyés la 4. Figure qui réprésente le labyrinthe entier à la réserve du canal horizontal. A A est le canal spiral appellé le

13.
Ce que c'est que le Limaçon, & de combien de parties il est composé.

120 LA PHYSIQUE.

Limaçon: D E repréfente le veftibule du labyrinthe découvert de même que le commencement des canaux verticaux & du Limaçon par une fection qui forme le plan marqué *b b b b*. 1, eft le commencement du canal vertical conjoint découvert : 2. l'entrée qui luy eft commune avec l'horizontal : 3. le commencement du vertical féparé. 4, l'entrée inférieure du canal vertical féparé. 5. l'entrée particuliere du canal horizontal.

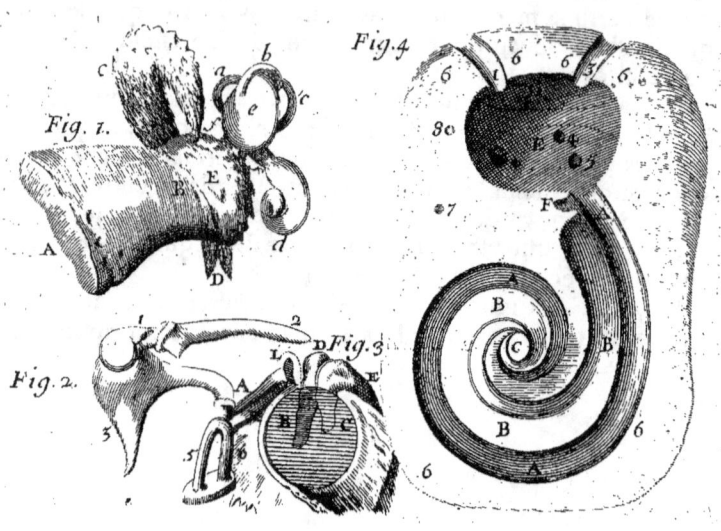

14.
Quels font les nerfs de l'Oreille, d'où ils viennent, & où ils fe terminent.

L'Oreille reçoit des nerfs de la feptiéme paire, ces nerfs fortent des traits blancs qui partent de la moyenne région du centre ovale, & font compofés de deux troncs, dont l'un eft dur & l'autre moû. Ces deux troncs vont tout droit & prefque parallelement jufqu'à l'os pétreux, où eftant entrés, le tronc dur monte fur le tronc moû ; & celuy-cy dans ce paffage fe divife en trois branches, dont la plus haute eftant entrée dans le limaçon fe répand en une membrane fort fine qui en couvre la fuperficie. Cette membrane ferme le trou ovale & le trou rond, & tient tellement à la bafe de l'étrier qu'on ne l'en peut féparer fans la rompre, c'eft d'elle auffi que fortent ces paquets des nerfs qu'on voit dans les conduits demi-circulaires dont le labyrinthe eft compofé.

La

LIVRE HUITIE'ME. *PARTIE II.*

La seconde branche du nerf moû avant que d'entrer dans la partie de l'os pétreux qui est attachée à la base du limaçon se divise en plusieurs fibres, dont celle du milieu qui est la plus grosse, entre dans le noyau du limaçon, passe par le milieu, & estant arrivée à la pointe se répand en une membrane fort déliée, qui s'estant un peu recourbée sur elle-même s'attache de telle sorte à la partie de l'os pétreux, qui compose la pointe du limaçon, qu'elle forme une cavité fort petite & presque insensible.

Les autres fibres de cette branche estant entrées dans le limaçon se jettent dans les os dont il est composé.

La troisiéme & derniere branche du nerf moû ayant jetté quelques fibres qui entrent dans la partie de l'os pétreux où les conduits demi-circulaires sont enchassés, pénètre dans le limaçon & compose cette membrane fine & déliée dont nous avons dit que le limaçon estoit recouvert.

CHAPITRE VII.

De l'Organe immédiat de l'Oüie.

TOUT le monde demeure d'accord que le limaçon est le vray organe de l'Oüie : Voicy les raisons qui portent à le croire.

1. La membrane spirale qui est la premiere partie du limaçon est fort mince, ce qui fait qu'elle peut estre mûë facilement. 2. Cette membrane n'est pas couchée dans le canal spiral, mais elle est tenduë, tenant par une de ses extrémités à la base du limaçon, & par l'autre à la superficie de ce canal par une peau extrémement fine & subtile, ce qui la rend encore fort mobile. 3. La membrane spirale par cette autre petite membrane divise tout le canal semi-ovale comme en deux échelles spirales, qui (comme il a esté dit) sont tellement situées sur la même base, qu'elles n'ont aucune communication ensemble ; ce qui fait que l'air qui est enfermé dans l'échelle inférieure est agité, tant par les ébranlements de la fenêtre ronde, que par les tremblements de l'air enfermé dans l'échelle supérieure, lequel est encore mû tant par les ébranlements de l'air qui est contenu

1. Que le Limaçon est l'organe immédiat de l'oüie, & pourquoy ?

Tome III.   Q

dans le vestibule avec lequel il a communication, que par les ébranlements de l'air qui est enfermé dans l'échelle inférieure, ce qui fait que la membrane spirale estant agitée de deux côtés en même-temps se doit mouvoir plus facilement & plus fortement. 4. La figure de la membrane spirale sert beaucoup à la rendre plus mobile ; car comme elle fait deux tours & demy autour de sa base, elle reçoit aussi les secousses de l'air en plus d'endroits de sa superficie. 5. Le plus gros tronc du nerf de l'oüie estant parvenu à la base du Limaçon se divise en plusieurs fibres, qui se vont terminer dans les contours de la membrane spirale.

2. Comment la membrane spirale peut répondre aux différents caractères des vibrations de l'air.

Outre que la membrane spirale peut recevoir les différents ébranlements de l'air, sa structure particuliere la rend encore tres propre à répondre aux différents caractères de ces ébranlements ; car comme elle est plus large au commencement de son premier tour qu'à la fin, où elle se termine en pointe, il est aisé de concevoir que les vibrations de l'air qui sont lentes, se peuvent communiquer aux parties qui sont larges ; ce qui convient aux sons graves : & au contraire, que les vibrations de l'air qui sont promptes, se peuvent communiquer aux parties qui sont étroites ; ce qui est propre aux sons aigus ; c'est ce que l'expérience confirme dans une lame d'Acier tournée en vis ; car on voit que les parties les plus larges tremoussent plus lentement & les plus étroites, plus promptement.

3. Que les trois canaux demi-circulaires sont les organes immédiats de l'oüie.

Quant au vestibule & aux trois canaux demi-circulaires, bien que la plufpart des Auteurs assûrent qu'ils n'ont d'autre usage que de fortifier les vibrations de l'air, il y a pourtant lieu de croire qu'ils font une partie de l'organe immédiat de l'oüie, puis qu'ils sont couverts d'une membrane qui se forme de deux portions du nerf moû, qui est celuy qui porte les impressions des corps résonants jusqu'au cerveau.

Comme il ne s'agit icy que de l'organe immédiat de l'oüie, & qu'il consiste dans le nerf moû ; nous ne dirons rien de l'origine ni du progrès du nerf dur, ceux qui en voudront estre instruits pourront consulter le Traité de l'Oreille de M. du Verney qui a examiné cette matiere à fond : car pour nous qui ne parlons des nerfs de l'Oreille que par rapport à l'oüie, nous nous contenterons de ce que nous venons de dire du nerf moû, & parce que ce nerf ne sert d'organe à l'oüie qu'en tant

LIVRE HUITIE'ME. PARTIE II.

qu'il porte aux corps canélés les différents mouvements que les corps réfonants communiquent à la membrane fpirale, & aux conduits demi-circulaires par le moyen de l'air fur lequel ils agiffent, il nous refte maintenant à examiner. 1. Quelle eft l'agitation particuliere que l'air communique aux membranes du limaçon & des conduits demi-circulaires. 2. Comment la rencontre de deux corps qu'on appelle *Réfonants*, produit cette agitation dans l'air. 3. Comment cette agitation de l'air s'eftant communiquée aux membranes du limaçon peut caufer dans l'ame la fenfation du fon.

Cependant il faut remarquer que cette agitation particuliere de l'air fe nomme *Son dérivé*, & que la propriété qu'ont les corps réfonants de la produire, s'appelle *Son primitif*, ce qui fait voir que le mot de *Son* eft fort équivoque; puis qu'il fignifie tantôt une fenfation de l'ame, tantôt un certain mouvement des corps réfonants, & tantôt une certaine agitation de l'air dépendante du mouvement des corps réfonants.

1. Ce que c'eft que le Son primitif & le Son dérivé.

CHAPITRE VIII.
Des mouvements particuliers dans lefquels confiftent le Son dérivé & le Son primitif.

POUR découvrir quelle eft l'agitation particuliere de l'air dans laquelle confifte le fon dérivé, il faut d'abord fuppofer que l'air ne peut eftre mû qu'en trois manieres; fçavoir en circulant, en ondoyant, ou en ligne droite. Or nous ne pouvons pas dire que l'air qui produit le fon, fe meut en circulant; car outre qu'il a efté prouvé que la chaleur confifte dans cette forte de mouvement, nous ne voyons rien dans les corps réfonants qui les rende capables d'exciter cette forte d'agitation dans l'air.

2. Quelle eft l'agitation de l'air dans laquelle confifte le Son dérivé.

Nous ne dirons pas encore que l'agitation de l'air qui produit le fon, fe faffe en ondoyant, parce que l'ondoyement fuppofe que le corps où il fe fait, a une furface plate fur laquelle un autre corps plus léger & plus fubtil eft étendu, en forte que ce dernier fuit les mouvements d'élévation & de dépreffion qui fe font en la furface de l'autre; car il eft certain qu'il n'y a rien de tout cela dans l'air où nous fommes plongés qui

Q ij

eſtant dans le plus bas lieu de ſon Atmoſphère, n'eſt pas plus capable d'ondoyement que l'eau de la Mer la plus profonde, laquelle nous ſçavons tres-certainement eſtre tranquille même dans les plus grandes tempêtes.

Il ſeroit inutile de dire que la propriété qu'a l'air d'eſtre comprimé & enſuite de revenir à ſon premier eſtat par la force de ſon reſſort, peut luy faire faire quelque choſe de ſemblable à l'ondoyemement de l'eau; car il eſt clair que cet ondoyement, quand même l'air en ſeroit capable, n'eſt aucunement propre à expliquer pluſieurs phénomènes du ſon, comme, par exemple, pourquoy quand deux corps réſonants ne ſe frapent qu'une fois, on n'entend qu'un ſeul coup, & quand ils ſe frapent deux fois, on entend deux coups; car cela n'arriveroit pas ſi le bruit dépendoit de l'ondoyement de l'air. La raiſon eſt que comme une pierre qui a eſté jettée dans un Etang, quoy qu'elle ne frape l'eau qu'une fois, fait néanmoins que les ondulations vont fraper les bords de l'Etang cinquante fois; de même quoyque l'air ne fût ébranlé qu'une fois par le choc des corps, qui produiſent le ſon, il ne laiſſeroit pas d'ébranler pluſieurs fois l'oreille, & par conſéquent de faire oüir pluſieurs coups, ce qui eſt contraire à l'expérience.

Il reſte donc que le mouvement de l'air qui produit le ſon, ſe faſſe en ligne droite, mais il ne ſe peut faire ainſi qu'en deux manieres, ou entant que les parties d'air ſe meuvent tres-vîte, & chacune dans un eſpace fort court, ou entant qu'elles ſe meuvent lentement, & chacune dans un eſpace fort long. Or le ſon ne peut dépendre de ce que les parties d'air ſe meuvent lentement, parce que cette ſorte de mouvement ne peut s'étendre bien loin; & quand même il s'étendroit, ce ne pourroit eſtre que dans un temps conſidérable; & l'expérience fait voir que le choc des corps réſonants ſe fait entendre preſque dans un inſtant à une aſſès grande diſtance : d'où il faut conclure que le ſon dépend d'une agitation particuliere de l'air, qui conſiſte en ce que la premiere partie de l'air qui eſt remuée par le choc des corps réſonants, & la derniere qui frappe l'oreille de même que toutes les autres qui ſont entre-deux, ſe meuvent tres-vîte en ligne droite, & chacune dans un eſpace fort court, à peu près comme font pluſieurs boules de billard qui ſont rangées l'une contre l'autre quand on frappe la premiere avec un coup ſec.

LIVRE HUITIEME. PARTIE II.

Pour découvrir ensuite comment les corps résonants produisent cette agitation particuliere dans l'air, il faut dénombrer exactement toutes les manieres dont les corps qu'on nomme *Résonants*, peuvent agiter l'air de cette sorte, & considérer que ces manieres se réduisent à deux seulement, estant impossible de concevoir que les corps résonants agitent ainsi l'air autrement que par le mouvement visible de toute leur masse, ou par le mouvement de leurs parties insensibles.

Comment les corps résonants produisent cette agitatiō particuliere en l'air.

Or nous ne pouvons pas dire que le son dépende de l'agitation de l'air qui est poussé en ligne droite par toute la masse visible du corps résonant, parce que l'air à cause de sa fluidité cède facilement au corps qui le pousse ainsi, & se retire promptement à côté pour passer derriere ; ce qui est cause qu'il ne sçauroit aller bien loin.

Il reste donc que le mouvement de l'air qui produit le son, dépend immédiatement de l'agitation des parties insensibles des corps résonants, laquelle est si grande & si prompte que la premiere partie de l'air, qui est poussée par le retour de chaque partie insensible du corps qui est frappé, pousse celle qui est devant ; celle-cy en pousse une autre, & cette autre une autre jusqu'à la derniere qui pousse les membranes de l'oreille, ce qui se fait fort promptement & jusqu'à une distance considérable, non seulement parce que le retour des particules des corps qui se choquent est fort prompt à cause de leur ressort, mais principalement, parce que l'air qui est poussé ne peut se détourner par les côtés pour passer derriere les particules qui le poussent, ces particules estant toûjours tellement liées ensemble, sur tout dans les corps durs, qu'il n'y a que la matiere subtile qui puisse passer entr'elles pour aller occuper la place qu'elles quittent.

Cela estant supposé ; il est évident que quand deux corps font du bruit en se choquant visiblement ; ce n'est point ce choc visible qui cause immédiatement l'agitation de l'air, qui fait le son, parce que ce mouvement est trop lent, mais bien le retour des particules de ces corps qui est fort prompt à cause de la force de leur ressort.

Il paroît encore qu'il y a trois moyens pour mouvoir les particules des corps résonants. Le premier est l'émotion de tout le corps de laquelle suit l'émotion de toutes les particu-

En combien de manieres on peut mou-

les, comme quand on pince une corde de Luth ou de Claveſſin. Le ſecond eſt l'ébranlement des particules mêmes qui dépend du choc de deux corps durs & ſolides, dont les particules ſont capables d'un grand reſſort, comme quand on frappe une cloche avec un marteau. Le troiſiéme eſt l'émotion même des particules que l'air mû avec force par quelque cauſe, peut produire dans les particules des corps réſonants, comme quand l'air agité par la flamme d'un Canon émeut les parties des corps réſonants qui par leur reſſort augmentent le bruit.

voir les particules des corps réſonants.

Or de quelque maniere que les particules des corps réſonants ſoient mûës, il eſt néceſſaire que leur impulſion ſe communique juſqu'à l'oreille. Ainſi, par exemple, quand le Timbre d'un Horloge ſonne, ſes particules qui ont eſté ploiées par le marteau, ſe redreſſent enſuite par leur reſſort, & en ſe redreſſant elles pouſſent l'air qu'elles touchent, celuy-cy en pouſſe d'autre qui eſt plus éloigné, cet autre en pouſſe d'autre, en telle ſorte que de cette ſuite d'impulſions il ne s'en forme qu'une qui s'étend depuis le Timbre qui eſt frappé juſqu'à la grande membrane du Tambour, delà juſqu'aux deux petites membranes qui ferment les fenêtres, & de celles-cy juſqu'à la membrane ſpirale qui eſt dans le Limaçon, laquelle porte immédiatement le mouvement aux corps canelés qui ſont l'organe immédiat de la faculté d'oüir.

4. Comment l'impulſion des corps réſonants ſe communique juſqu'à l'oreille.

Quand nous parlons, l'air enfermé dans la poitrine ſortant avec violence frappe les deux membranes de la glotte, & en enfonce les parties de telle ſorte que leur retour cauſe une prompte agitation dans l'air qui va frapper les particules des membranes du palais, & le retour de ces particules produit dans l'air une nouvelle agitation qui cauſe l'augmentation du premier ſon, lequel eſtant modifié diverſement par le mouvement des lèvres & de la langue donne la forme aux accents de la voix.

5. Comment on parle.

Lors qu'on joüe d'un Haubois, l'air qu'on a pouſſé dans cet inſtrument ſortant ſerré par la fente de l'embouchure, frappe rudement le tranchant de la languette, & en agite les particules de telle ſorte qu'elles peuvent par la promptitude de leur reſſort, en mouvoir dans l'Haubois pluſieurs autres qui cauſent le ſon de cet inſtrument.

6. Comment on ſe ſert du Haubois.

Quand on ſe ſert d'une Trompette parlante, l'agitation particuliere de l'air qui est causée par le poissement de la glotte, *7.* *De la Trompette parlante.* est aidée par les parties du Palais qui sont frappées par réflexion, & ces deux sortes d'agitations sont encore augmentées par l'impulsion du Poûmon, laquelle produit dans la Trompette de nouvelles réflexions capables d'augmenter le son, à quoy sert encore beaucoup la figure des Trompettes. Car elles sont étroites dans l'embouchure, afin que les particules qui doivent faire la réflexion, estant proches, soient plus aisément frappées, & elles vont en s'élargissant vers la fin, pour faire que l'agitation de l'air soit augmentée par la multiplication de toutes les réflexions qui se font dans la longueur du conduit que la dilatation du Pavillon a aggrandy, avec cette circonstance pourtant que le pavillon pourroit devenir si grand, & la trompette si longue, que le son ne seroit plus augmenté à cause que les réflexions deviendroient si foibles qu'elles ne seroient plus capables de ploier les particules de la Trompette, ni par conséquent de causer une nouvelle réflexion.

Enfin, lors qu'on se sert de la Trompette de guerre on pousse l'air des Poûmons contre les lèvres serrées ; les particules des lèvres faisant le ressort poussent l'air qui fait le premier son, & l'air poussé par les Poûmons froisse encore l'ouverture de la Trompette, dont les particules causent une nouvelle réflexion laquelle augmente beaucoup le son par la multiplication d'un grand nombre d'autres réflexions qui se font dans toute la longueur de la Trompette, & sur tout dans son pavillon, où elle a plus d'étenduë. *8. De la Trompette de guerre.*

Il est aisé d'expliquer sur ce principe tous les autres Phenomènes du son : en effet, si le bruit d'un corps résonant est entendu également vîte à une même distance, quoy que ce corps soit frappé avec un effort inégal ; cela vient de ce que l'agitation de l'air qui fait le bruit, a une vitesse toûjours égale à une même distance, quoy qu'elle se fasse avec un plus grand ou un plus petit effort ; desorte qu'une force plus grande peut bien contribuer à faire qu'un son soit plus grand, mais non pas à faire qu'il soit entendu plûtôt. *9. Pourquoy deux sons inégaux sont oüis également vîte à une même distance.*

Deplus, s'il y a des lieux qu'on appelle *Sourds*, & d'autres qu'on nomme *Rétentissants*, cela vient encore de ce que dans les lieux rétentissants chaque agitation qui produit le son, est composée d'une infinité de différentes agitations qui naissent *10. Ce que sont les lieux sourds & les lieux rétentissants.*

128 LA PHYSIQUE.

de la premiere, & qui eſtant jointes & confonduës enſemble compoſent un ſeul ſon ; ce qui arrive, parce que la promptitude de l'agitation de l'air eſt ſi grande que s'étendant de tous côtés elle frappe non ſeulement l'oreille, mais encore tous les autres corps voiſins, qui par le reſſort de leurs particules cauſent dans l'air une infinité d'autres agitations ſemblables qui ſe joignant aux premieres, produiſent un plus grand ſon. Au contraire, dans les lieux ſourds les corps voiſins ne produiſant par le reſſort de leurs particules aucune agitation qui fortifie celle qui frappe l'oreille, le ſon qui en réſulte, eſt beaucoup plus petit.

11.
Que le ſon n'eſt guères diminué par les autres agitations de l'air.

La viteſſe de l'air qui produit le ſon eſt ſi grande qu'elle n'eſt guères diminuée par les autres agitations de l'air qui ſont plus lentes ; ainſi parce que la viteſſe qu'a l'air dans le vent n'eſt pas conſidérable en comparaiſon de celle qu'il a lorſqu'il eſt agité par les corps qui réſonnent ; de là vient que le vent ne diminuë guères le ſon.

12.
Ni par des ſons qui viennent de côtés oppoſés.

Il eſt même viſible que les ſons qui viennent de différents côtés ne s'oppoſent guères les uns aux autres; car comme les agitations dont ils dépendent, ſont fort promptes & qu'elles ſe font dans un eſpace fort court, elles ne peuvent auſſi ſe faire que peu d'obſtacle, comme il paroît par cette Figure, où l'air qui eſt pouſſé par F vers G, n'empêche que peu le mouvement de celuy qui eſt pouſſé d'H vers I, bien que les deux tuyaux ſoient tellement unis au point *m* que tout l'air qui paſſe par le milieu d'un, doit auſſi paſſer par le milieu de l'autre.

Si une Cloche qu'on ſonne & qui meut de loin l'oreille ne cauſe aucun mouvement ſenſible dans une Chandelle allumée qui eſt fort proche d'elle, & que les autres agitations de l'air émeuvent avec violence, cela vient encore de ce que la viteſſe de l'eſpace que chaque partie d'air émû parcourt, ne donne pas lieu à cette agitation de faire ſur les autres corps une impreſſion qui ſoit ſenſible, quoyque cette même émotion imperceptible de l'air ſoit ſuffiſante pour faire impreſſion ſur les parties délicates de l'organe de l'ouïe.

13.
Pourquoy quand on

Lorſque l'air eſt agité par un corps qui change de place, ſon mouvement ne peut aller bien loin en ligne droite, parce que

LIVRE HUITIE'ME. PARTIE II. 129

que sa fluidité le fait passer derriere le corps qui le pousse, & quand il iroit ainsi à quelque distance, sa force seroit si petite qu'elle ne pourroit assés ébranler l'oreille pour exciter le son ; d'où vient que quand on remuë un corps tout entier, on n'entend aucun bruit, mais quand l'agitation de l'air est si prompte qu'elle prévient le mouvement qu'il a pour se détourner, alors la partie de l'air qui est poussée immédiatement par le corps qui résonne, est contrainte de suivre la vitesse du mouvement de ce corps, & de la communiquer en même temps à la partie de l'air qui la touche : ce qui est cause que ce mouvement se continuë de la même façon jusqu'à l'oreille toutes les parties de l'air se poussant les unes les autres avec une vitesse presque égale ; d'où vient qu'on entend le bruit des corps qui remuënt ainsi l'air, & qu'on l'entend presque aussi-tôt que l'air a commencé d'estre agité. Je dis *presque aussi-tôt*, pour marquer que la compression de l'air y apporte quelque retardement, dont la proportion est toûjours celle de l'espace dans lequel le mouvement se fait, de telle sorte que si un certain espace retarde le son d'une minute, un espace double le retardera de deux, ainsi que l'expérience le confirme. *remuë un corps tout entier, on n'entend aucun bruit.*

Les sons causés par des chocs opposés ne peuvent se détruire les uns les autres à cause que par le moyen des Réflexions que chaque corps produit, si quelques-unes des lignes directes de l'agitation qu'un corps a causées dans l'air, sont détruites par d'autres lignes contraires causées par un choc opposé, elles sont aisément suppléées par une infinité d'autres lignes obliques qui apportent à l'oreille la même espece d'agitation que la ligne directe qui est détruite par une contraire, luy apporteroit. Ainsi nous devons entendre distinctement & sans confusion le son des corps qui sont en des lieux opposés : ce qui s'accorde avec l'expérience. *14. Pourquoy les sons qui viennent de côtés opposés ne s'empêchent pas les uns les autres.*

Et il n'importe de dire que le son ne consiste pas dans l'agitation de l'air causée par le retour des particules des corps choqués, parce qu'on sent remuër les cordes d'un Luth & d'une Epinette quelque temps après qu'elles ont cessé de sonner. Car je répons, que bien que l'émotion de ces cordes continuë alors suffisamment pour se faire sentir à la main, elle est néanmoins trop foible pour émouvoir leurs particules autant qu'il faut qu'elles soient émuës pour produire le son. Cela *15. Objection avec la réponse.*

Tome III. R

est confirmé par l'exemple d'un Verre plein d'eau, sur lequel si l'on passe le doigt assés fort pour ébranler toute sa masse, il ne produit aucun son, au lieu qu'il en rend un fort considérable quand on presse tellement son bord que ses particules en peuvent estre émûës.

16. *D'où dépend la variété des sons.*

Quant à la variété des sons, elle dépend sans doute de la diversité des parties des corps qui les produisent. En effet, quand on fait sonner des corps de différente matiere; comme, par exemple, d'argent ou de cuivre, ils ne rendent des sons différents qu'à cause que leurs particules qui sont de différente grosseur & figure, sont aussi diversement liées ensemble; ce qui fait que leur ressort est différent, & par conséquent capable de produire des sons divers.

17. *Pourquoy les sons s'étendent de tous côtés.*

De ce que toutes les parties des corps qui rendent du son, sont liées ensemble, il s'ensuit que l'ébranlement qu'une souffre quand elle est frappée assés fortement, se doit communiquer à toutes les autres, & les ébranler assés pour les rendre capables d'émouvoir l'air qui les environne : ce qui est cause que le son s'étend de tous côtés ; c'est par cette raison que quand un mur est si peu épais qu'estant frapé d'un côté, l'ébranlement passe jusqu'aux particules de l'autre, on entend le son du côté opposé, sinon on ne l'entend que par des réflexions faites contre d'autres corps.

18. *Pourquoy les corps résonants rendent des sons différents selon la différente disposition des corps voisins.*

Deplus, parce que tout son est composé d'une infinité de réflexions conjointes, capables de produire dans l'air des agitations disposées à se joindre à la premiere qui les a causées pour la fortifier, il faut que les mêmes corps résonants rendent des sons différents selon la différente disposition des corps voisins. Ainsi quand la glotte est agitée par la sortie prompte de l'air qui estoit contenu dans la poitrine, & que ses particules froissées frappent l'air avec toute la promptitude de leur ressort, cela doit produire une voix claire & nette, laquelle deviendra casse & obscure si l'air ainsi agité rencontre, par exemple, un masque, lequel n'estant pas d'une matiere, ni d'une figure commode pour une réflexion éclatante, ne peut mêler à la voix claire qu'une réflexion sourde qui la corrompt en la rendant plus obscure.

19. *Pourquoy le son de la*

Lors que toutes les parties des corps résonants ou la plûpart sont capables de faire le ressort, elles produisent un son

LIVRE HUITIE'ME. PARTIE II.

clair, & aigu, elles produisent au contraire un bruit sourd *voix est quel-*
& obscur si elles sont infléxibles & sans ressort ; le plomb, *quefois gra-*
par exemple, ne produit qu'un bruit sourd, parce que ses *ve & quel-*
particules sont mal unies à cause de leur figure irréguliere : *quefois aigu.*
cela est encore confirmé par l'expérience qui fait voir que le
même corps rend un son plus grave ou plus aigu, selon que
les particules qui font le ressort, sont en plus ou moins grande
quantité, ou qu'elles sont plus ou moins froissées. Le son de
la voix, par exemple, est grave lors que la glotte fait une
fente bien longue, parce que ses membranes estant alors lâches
& peu tenduës, leurs vibrations sont rares & lentes ; d'où il
s'ensuit que leurs particules sont peu émuës & en petite quantité ; ce qui rend leur son grave. Par une raison contraire le
son de la voix est aigu, lors que la glotte fait une fente plus
courte.

Comme le son de la voix est plus ou moins grave selon que
les deux membranes de la glotte sont plus ou moins serrées,
le bruit de la Trompette de guerre est aussi plus ou moins aigu
selon que les Lèvres sont plus ou moins serrées, & que l'impulsion du Poûmon est plus ou moins grande ; ce que je dis du
son de la voix & du bruit de la Trompette de guerre, se doit
entendre par proportion du son des Instruments qui est toûjours plus ou moins aigu, selon que les cordes sont plus ou
moins tenduës.

Lors qu'on entend claquer un Foüet qu'on remuë fort vîte *20.*
en l'air, ce bruit ne vient pas immédiatement de ce que ce *D'où vient*
Foüet froisse l'air, mais de ce que l'air froissé, froisse les par- *le bruit d'un*
ticules du Foüet qui sont seules capables de causer par leur *fait cla-*
ressort l'agitation particuliere qui produit le son du Foüet. *quer.*

Quant à la Poudre qui s'enflame, l'expérience fait voir que *21.*
son impulsion est si soudaine qu'elle a assés de vitesse pour *D'où vient*
prévenir le détour de l'air ; car il y a cette différence entre la *le bruit de la*
Poudre qui s'enflamme & le Foüet que l'on agite, que l'air *Poudre qu'on*
cède facilement à ce Foüet, à cause qu'il va occuper la place *fait brûler.*
qu'il quitte ; mais il ne cède pas ainsi à la flamme de la Poudre, laquelle le poussant de tous côtés en avant l'empêche de
retourner en arriere ; ce qui est cause que le son de la Poudre
qui s'enflamme dépend immédiatement de ce qu'elle froisse l'air,
au lieu que le bruit du Foüet dépend de ce qu'il est froissé
par l'air.   R ij

132 LA PHYSIQUE.

22.
Du Tonnerre qui gronde.

Le bruit du Tonnerre est causé à peu près comme celuy de la Poudre enflammée, c'est à dire, qu'il dépend partie de ce que les exhalaisons s'enflamment, & partie de ce que les Nuës qui sont en l'air s'affaissent avec tant de promptitude que l'air qu'elles chassent ne peut esquiver, & qu'il est obligé de prendre l'agitation particuliere qui cause le son, laquelle est encore beaucoup augmentée par la réflexion conjointe produite par le retour des corps voisins qui ont esté puissamment ébranlés par la premiere impulsion que les exhalaisons qui s'enflamment ou les Nuës qui s'affaissent, ont donnée à l'air.

La Poudre qui s'enflamme dans un Canon fait beaucoup plus de bruit que celle qui prend feu dans un air libre, dont la raison est que le bruit du Canon est non seulement causé par le froissement des particules des corps voisins; mais encore par les particules mêmes du Canon qui estant fort serrées & étroitement liées ensemble, font un ressort qui pousse l'air d'alentour avec une grande violence.

23.
D'où dépend le son continué.

Lors qu'un Corps dur en choque un autre une seule fois, mais de telle sorte que les particules qui sont en l'endroit frapé, en ébranlent ensuite plusieurs autres : Alors le son qui résulte se nomme *Continué*, parce qu'il frappe long-temps l'oreille, quoy que causé par un seul coup; tel est le son d'une Cloche qui n'est frapée qu'une fois, & qui resonne quelque temps après qu'elle a esté frappée.

24.
Ce que c'est qu'un Echo, & quelles sont ses proprietés.

Lors qu'autour des Corps qui font du bruit, il y a d'autres corps dont les parties sont uniformement mobiles, il se fait une si grande réflexion, principalement quand tous les corps qui la causent, sont proches, que le bruit devient un son résonnant. Au contraire, quand les uns sont proches & les autres éloignés, la réflexion se partage de telle sorte, qu'on entend d'abord un bruit composé de l'agitation directe jointe aux autres agitations qui proviennent de la réflexion des corps les plus proches ; & après quelque espace de temps, on entend un second bruit causé par le reste de la réflexion qui se fait contre les corps le plus éloignés, & parce que l'éloignement retarde le mouvement de l'air qui cause le son, il s'ensuit que la répétition tarde quelque temps à se faire entendre. C'est cette répétition du son qu'on nomme *Echo*, dont les proprietés sont fort différentes, selon la différente distance ou situation des corps qui en font la cauſe ; car un même ſon ſera répété pluſieurs fois, ſi les corps éloignés qui ſont capables de cauſer la réflexion, ſont à diverſes diſtances, & ſa répétition ſera oüie d'un endroit & non pas d'un autre, bien que ces endroits ſoient également éloignés, ſi les corps qui cauſent la réflexion ſont tellement ſitués qu'ils pouſſent l'air vers des lieux différents de celuy où ſe produit le ſon.

Lors qu'un corps reçoit différents coups, de telle ſorte que le temps qui les ſépare ſe peut remarquer en quelque façon, le ſon qu'il rend s'appelle *Rompu*, parce qu'on ne l'entend que par intervalles, tel eſt le bruit d'une Horloge qui ſonne. Mais ſi un corps eſt mû par une ſuite de coups petits & ſerrés, l'on entend un bruit doux & continu qui dépend de ce que les cauſes qui le produiſent, agiſſent uniformément. Tel eſt le bruit d'un Ruiſſeau ou d'une Flûte. Au contraire, un ſon eſt rude lors que les corps qui le produiſent, ſont mûs par une ſuite de coups violents & ſerrés. Tel eſt le ſon d'un Racloir qu'on remuë fort vîte.

Pour peu de réflexion qu'on faſſe ſur la ſtructure particuliere de l'Oreille, on comprendra facilement que quand la bouche eſt ouverte l'oüie doit eſtre plus vive, à cauſe que l'agitation de l'air qui produit le ſon, paſſe non ſeulement par le trou de l'Oreille externe, mais encore par l'Aqueduc pour aller juſqu'aux membranes qui ſont l'organe de l'oüie ; c'eſt par cette raiſon que nous entendons fort clairement les paroles que nous prononçons quand nous avons les Oreilles bouchées.

25. Pourquoy l'on entend mieux avec la bouche ouverte qu'autremēt.

Il eſt encore aiſé à entendre que nous pouvons rendre l'oüie plus vive & plus diſtincte en devenant plus attentifs. La raiſon en eſt, que cette nouvelle attention ſuivant les loix de l'union de l'Ame avec le corps fait couler les eſprits animaux dans les deux muſcles qui ſervent à remuer les Oſſelets, dont il a eſté parlé, & à rendre par ce moyen la membrane du tambour plus tenduë & plus propre à recevoir les vibrations de l'air qui produiſent le ſon.

26. Comment l'attention contribuë à oüir plus diſtinctement.

Il y a même lieu de croire que les nerfs de l'oüie ſont répandus dans le limaçon, dans le veſtibule & dans les conduits demi-circulaires, afin que ſi quelqu'un de ces organes venoit à manquer, les autres puſſent ſuppléer à ſon défaut & faire les fonctions néceſſaires à l'oüie.

R iij

27.
A quoy servent les conduits demi-circulaires de l'Oreille.

Il faut ajoûter que quand même les conduits demi-circulaires ne feroient pas l'organe de l'oüie, ils ne laisseroient pas d'estre tres-nécessaires, entant qu'ils fortifient l'impression de la membrane spirale par celle qu'ils ont reçûë, & qu'ils luy renvoyent fortifiée par toutes les réflexions qu'elle a reçûës des membranes dont ils sont revêtus; de sorte qu'en formant ces conduits, la nature semble avoir fait à l'égard de l'oreille ce que les anciens Architectes faisoient à l'occasion des Théatres, ou ils pratiquoient des lieux pour y mettre des Vases d'airain accordés de divers tons pour servir d'Écho, afin d'augmenter la force de la voix des Acteurs des Comédies.

28.
D'où dépendent les accords de la musique.

Or puisque ce sont les petites secousses, dont l'air de dehors pousse la membrane du tambour, qui donnent occasion à l'ame de sentir le son, une seule secousse ne nous peut faire oüir qu'un bruit sourd qui passe dans un instant, & dans lequel il n'y a d'autres variétés sinon qu'il est plus ou moins grand suivant que l'oreille est frappée plus ou moins fort; mais lorsque plusieurs secousses s'entresuivent, ainsi qu'on voit à l'œil que font les tremblements des cordes des instruments quand on les pince, elles causent un son qui est plus doux ou plus rude, selon qu'elles sont égales, ou inégales, & qui est plus aigu, ou plus grave selon qu'elles sont plus promptes à s'entresuivre, ou plus tardives; de sorte que si elles sont de la moitié ou du tiers, ou du quart, ou d'une cinquiéme partie plus promptes à s'entresuivre une fois l'une que l'autre, elles excitent un son que l'ame juge plus aigu d'une *octave*, d'une *quinte*, d'une *quarte*, d'une *tierce majeure*, &c.

En effet, lorsque deux corps résonants agissent sur l'air en même temps, ils doivent luy imprimer un mouvement composé des deux mouvements qu'ils produiroient, s'ils agissoient séparément, & l'air doit ensuite ébranler l'oreille de telle maniere qu'il résulte dans l'ame une sensation qui participe des deux que ces corps produiroient par des impressions séparées; de sorte que si ces corps résonants conviennent tellement dans leurs actions que les secousses qu'ils donnent à l'air pendant un certain temps, soient commensurables; c'est à dire, que chaque fois qu'un de ces corps frappe l'air, l'autre le frappe de même, ou pour le moins qu'ils s'accordent à le frapper ensemble de deux coups l'un, ou de trois coups deux, &c. alors

LIVRE HUITIEME. PARTIE II. 135

l'oreille est frappée si uniformement, que l'ame se plaist à cette uniformité ; & il y a lieu de croire que c'est en cela que consistent les accords que les Musiciens appellent *l'Unisson*, *l'Octave*, *la Quinte*, *la Quarte*, &c.

Au contraire, si les secousses que deux corps résonants impriment à l'air sont incommensurables ; c'est à dire, si elles ne s'accordent point dans leurs chûtes & ne font ensemble aucune cadence, l'ame doit s'appercevoir de l'inégalité de ces secousses par la différence des sons qui leur répondent ; il y a lieu de croire que c'est dans cette incommensurabilité de secousses que consistent les sons qu'on appelle *Discordants*.

29. D'où dépendent les dissonances.

C'est donc une chose assûrée que les sons qui sont mêlés sont plus ou moins accordants ou discordants selon qu'il se trouve des intervalles plus égaux ou plus inégaux entre les petites secousses de l'air qui les causent.

Par exemple, si les divisions des lignes A, B, C, D, E, F, G, H représentent les petites secousses qui causent autant de divers sons, il est évident que ceux qui sont représentés par les lignes G H ne doivent pas estre si doux à l'oreille que les autres, parce que les divisions en sont inégales. Il faut penser même que B représente un son plus aigu qu'A d'une octave qui est la proportion de deux à un ; C d'une quinte, qui est la proportion de trois à deux. D d'une quarte, qui est la proportion de quatre à trois, &c.

30. Ce que sont l'octave, la quarte & la quinte.

Pour découvrir ensuite la raison pour laquelle certaines proportions font des harmonies plus douces que d'autres, il faut remarquer en premier lieu que le plus grand plaisir de l'ame qui connoît par les sens, est de bien distinguer toutes les propriétés des objets qu'elle considère en les comparant les unes avec les autres. C'est par cette raison, par exemple, que certaines couleurs qui ne causeroient aucun plaisir, si on les consideroit séparément, paroissent agréables lorsqu'on les comparé avec d'autres.

31. D'où vient le goût que l'ame a pour les consonances, & le dégoût qu'elle a pour les dissonances de la Musique.

Il faut remarquer en second lieu qu'entre les objets des sens, ceux qu'ils apperçoivent trop facilement, ni ceux qu'ils apperçoivent avec trop de difficulté, ne leur sont point du tout agréables, mais ceux-là seulement en qui la facilité laisse quelque chose à désirer à l'ame, qui ne trouve pas dequoy remplir entierement le désir naturel qui la porte vers l'objet des sens qu'elle considère: ou bien ceux en qui la difficulté d'estre apperçûs, n'est pas telle qu'elle lasse, ou fatigue l'ame au lieu de la récréer. C'est par cette raison, par exemple, que l'ame se déplaist à voir un parterre dont les figures sont embarrassées, & qu'elle le voit avec plaisir lorsque ses compartimens sont dégagés.

Il faut remarquer en troisiéme lieu que les sens comparent plus aisément les choses qui leur sont les plus connuës, & que de toutes les parties de l'objet des sens, la moitié, le tiers & le quart sont les plus faciles à connoître, par exemple, dans la quantité A B le sens de la vûë connoît mieux les moitiés A C & C B, & le tiers D B, ou le quart E B, qu'il ne connoît les autres parties.

Il faut remarquer enfin que la proportion que l'ame remarque entre deux choses, est l'effet de la comparaison qu'elle en a faite; parce qu'après les avoir comparées, elle connoît leur différence qui n'est autre chose que la proportion qu'elles ont ensemble.

32.
Pourquoy un son tout seul n'est pas aussi agréable qu'un son accompagné.

Cela supposé, un son tout seul, quelque conforme qu'il soit à l'oreille, ne doit pas estre aussi agréable que lorsqu'il y en a un autre qui se joint avec luy, ou qui le suit immédiatement en une proportion parfaite, qui est ce que nous avons appellé *Consonance* ou *Harmonie*, parce que, comme il a esté remarqué, l'ame ne connoît les choses avec plaisir qu'en les comparant & en connoissant les rapports qu'elles ont ensemble.

33.
Pourquoy l'unisson n'est pas agréable.

Deplus, deux sons, qui après avoir esté comparés, paroissent semblables comme les unissons, ne doivent causer aucun agréement à l'ame, parce qu'elle n'y remarque aucune différence.

Il faut ajoûter que comme l'étenduë naturelle des sons est bornée, & que la moitié, le tiers & le quart de cette étenduë
sont

font plus faciles à connoître & à comparer que les autres parties. L'octave qui se fait par la comparaison de toute l'étenduë d'un ou de plusieurs sons avec la moitié, doit estre de toutes les consonances la plus agréable, parce que la comparaison dans laquelle elle consiste, est la plus aisée à faire.

Et parce que l'ame, après avoir comparé toute l'étenduë d'un son avec la moitié, peut encore comparer sans peine cette même étenduë avec les deux tiers, ou avec les trois quarts; delà vient que la quarte qui consiste dans la proportion de quatre à trois, & la quinte qui consiste dans la proportion de trois à deux, font des consonances parfaites.

Quoyque l'étenduë du son puisse souffrir cette division à l'infini, l'ame néanmoins ne la peut faire plusieurs fois sans confusion, à cause que la multiplicité des termes l'embarrasse & luy donne de la peine pour les comparer justement les uns avec les autres. D'où vient qu'après la troisiéme division qu'elle a faite de l'étenduë des sons qui sont conformes à l'oüie, il n'y a plus d'accord qui luy plaise, si elle ne répete les premiers, comme il arrive dans l'étenduë de la double octave. C'est aussi par cette raison que les proportions où le nombre de sept & de neuf entrent, ne sont point harmoniques, parce qu'elles ne viennent d'aucunes de ces divisions, & que l'ame ne les peut rencontrer sans confusion & sans peine.

CHAPITRE IX.

De la veuë & des causes Physiques de ses Fonctions.

LE mot de *Lumiere* n'est pas moins équivoque que ceux de saveur, d'odeur & de son ; car il est pris tantôt pour le sentiment particulier que l'ame reçoit par l'impression que les corps lumineux font sur les yeux, & tantôt pour désigner ce qu'il y a dans ces corps, par quoy ils causent dans l'ame ce sentiment particulier.

Deplus, parce que les corps lumineux ne s'appliquent pas immédiatement aux yeux, & qu'ils agissent par l'entremise de quelques corps qui sont entre-deux, comme de l'air, de l'eau, du verre, &c. quoy que ce puisse estre qu'ils impriment dans

Ce que signifie le mot de Lumiere.

ces milieux, cela s'appelle encore *Lumiere*, mais lumiere seconde & dérivée pour la distinguer de celle qui est dans le corps lumineux qui s'appelle lumiere *Primitive* ou *Radicale*.

Il n'y a que l'expérience qui puisse faire connoître ce que c'est que la lumiere qui est dans l'ame ; nôtre dessein n'est pas aussi d'en parler expressément, nous voulons seulement expliquer ce que c'est que la lumiere qui se trouve dans les corps lumineux ; dans les milieux illuminés, & dans l'organe de la vûë qui est l'œil, dont il est nécessaire de donner quelque connoissance.

Cette connoissance ne regarde pourtant que les parties de l'œil qui servent le plus immédiatement à la vision ; car outre que les autres seroient trop longues à décrire, la connoissance que nous en aurions seroit entierement inutile à la fin que nous nous proposons icy, qui est d'expliquer les causes Physiques des fonctions de la vûë.

Or s'il estoit possible de couper l'œil par la moitié sans que les liqueurs dont il est remply, s'écoulassent, ni qu'aucune de ses parties changeât de place, & que le plan de la section passât justement par le milieu de la prunelle, il paroîtroit tel qu'il est représenté dans cette Figure.

2.
Ce que c'est que la Tunique cornée de l'œil.

A B est une partie de la premiere membrane ou envelope de l'œil, qu'on appelle la *Tunique cornée*. BCDEFA est le reste de cette membrane qui se nomme la *Sclérotique*, dont les extrémités qui sont proches d'A & de B s'appellent le *Blanc de l'œil*. Toute cette membrane est une production de la dure-mere.

3.
Ce que c'est que la Tunique uvée.

2 I L 2 est la tunique uvée, ou la partie antérieure d'une membrane qui tire son origine de la Pie-mere qui envelope le nerf optique, & dont la partie postérieure se nomme *Choroïde*. Il y a dans cette membrane un trou marqué I L qui s'appelle la *Prunelle*, laquelle paroît noire dans l'Homme à cause que la partie de la *Choroïde* qui luy répond, est teinte de cette couleur.

4.
Ce que c'est que l'humeur aqueuse.

L'espace Q Q Q est remply d'une liqueur transparente qui est coulante comme de l'eau, & qui pour cette raison est nommée l'*Humeur aqueuse*. L'œil reçoit continuellement de cette humeur par des vaisseaux particuliers qui sont dans la Sclérotique, & qui s'inserent dans la tunique cornée assés prés de la

LIVRE HUITIE'ME. *PARTIE II.* 139
prunelle ; d'où vient que quand on a percé la cornée & fait répandre l'humeur aqueuſe, cette perte ſe répare dans l'eſpace de peu d'heures.

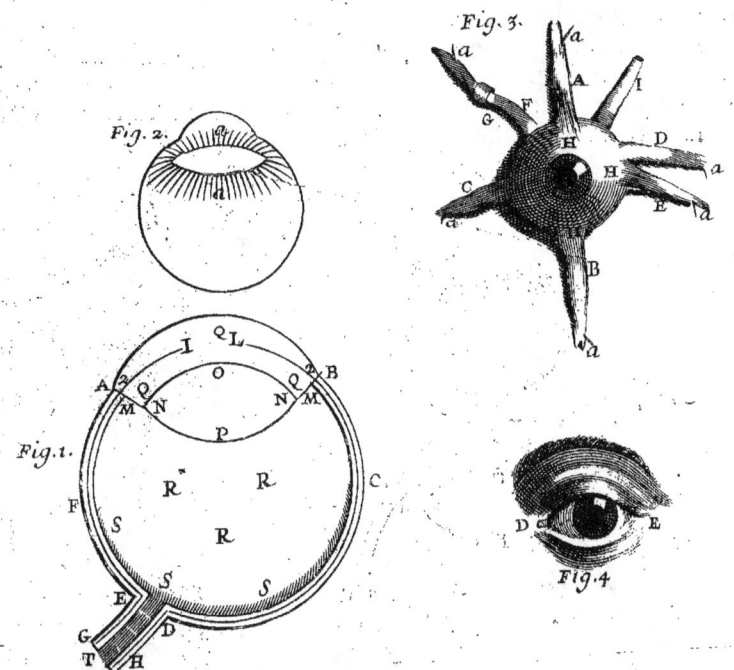

5. *Ce que c'eſt que le Cryſtallin.*

N O N P eſt un corps tranſparent de la figure d'une Lentille un peu plus convexe du côté de N P N que du côté N O N ; ce corps s'appelle l'humeur *Cryſtalline*, ou ſimplement le *Cryſtallin*. Cette humeur eſt blanche comme de la colle, & a la conſiſtance de la cire qui ſe fond, & qui peut bien eſtre comprimée, mais non pas ſe répandre.

6. *Ce que c'eſt que l'humeur vitrée.*

Le reſte de la capacité de l'œil marqué R R R, eſt remply d'une glaire qui ſemble plus tranſparente que le Cryſtallin & que l'humeur aqueuſe, & qui eſt d'une conſiſtance moyenne entre l'un & l'autre. Cette humeur s'appelle l'*Humeur vitrée*. Cette humeur eſt appuyée ſur la Rétine, & contient en ſoy le

S ij

140 LA PHYSIQUE.

Cryftallin, elle eft renfermée dans une membrane fort mince qui l'empêche de fe répandre.

7.
Que le Cryftallin caufe à peu près les mêmes réfractions que le verre.

L'expérience fait voir que le Cryftallin caufe à peu près la même réfraction que le Verre & le Cryftal, & que les deux autres humeurs la caufent un peu moindre, & environ comme l'eau commune ; de telle forte que les rayons de lumiere dont il fera parlé, paffent plus facilement par le Cryftallin qui eft au milieu, que par les deux autres humeurs, & encore plus facilement par celles-cy que par l'air.

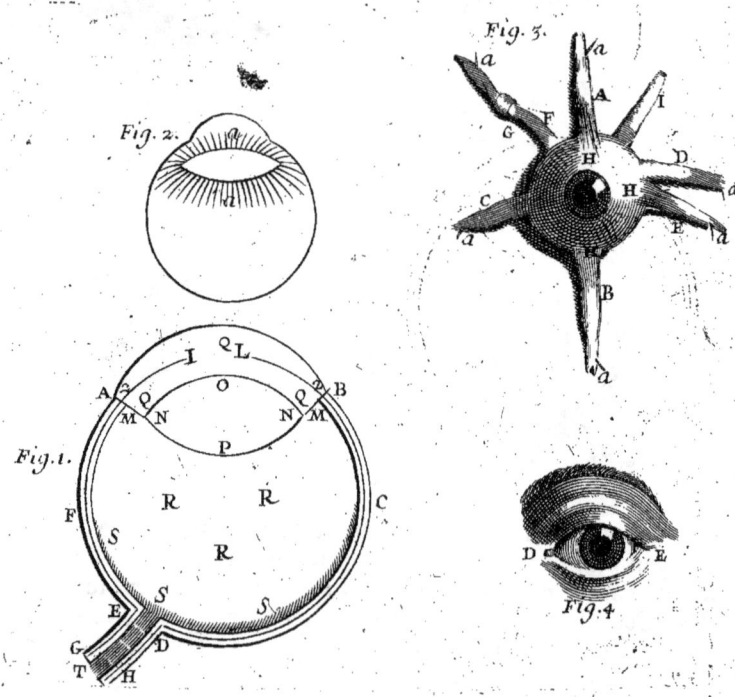

8.
Ce qu'on entend par le mot de Rétine.

EGDH eft une partie du Nerf optique qui eft compofé d'un grand nombre de petits filets comme T s qui viennent du cerveau, & dont les extrémités s'étendent dans tout l'efpace s s s où fe mêlant avec une infinité de petites veines & artères, elles compofent une efpèce de laffis fort tendre & fort délicat qui couvre une partie du fond de l'œil, & que les Médecins appelle *la Rétine*, laquelle finit environ les bords du Cryſtallin. M N, M N, ſont certains filets noirs qu'on appelle les *Ligaments ciliaires*, qui tiennent ſuſpendu le Cryſtallin.

Enfin, on appelle *Iris* un certain tiſſu de fibres diſpoſées en rond qui paroiſſent de diverſes couleurs autour de la prunelle: Voyés la Fig. 2. dans laquelle ces fibres ſont repréſentées par les lettres *a*, *a*. Ces fibres naiſſent preſque du même lieu que celles du ligament ciliaire, & elles environnent la prunelle de telle ſorte, qu'elles peuvent la dilater & la reſſerrer ſelon qu'elles s'allongent ou ſe raccourciſſent.

<small>9. Ce que c'eſt que l'Iris, & quel eſt ſon uſage.</small>

En effet, la prunelle n'eſt pas toûjours de même grandeur, elle s'élargit ou s'étrécit à meſure qu'on regarde des objets plus ou moins proches, plus ou moins éclairés, ou qu'on veut voir plus ou moins diſtinctement: C'eſt ce que l'expérience fait voir dans l'œil d'un enfant: car ſi vous luy faites regarder fixement un objet qui eſt proche, vous verrés que la prunelle deviendra un peu plus petite que ſi vous luy en faites regarder un plus éloigné qui ne ſoit pas avec cela plus éclairé: & quoyqu'il regarde toûjours le même objet, il aura la prunelle beaucoup plus petite eſtant dans une chambre fort claire que ſi en fermant les fenêtres, on la rend fort obſcure. Enfin ſi demeurant dans le même jour, & regardant le même objet, il tâche d'en diſtinguer les moindres parties, ſa prunelle ſera plus petite que s'il ne le conſidère que tout entier & ſans attention.

Il y a quelques difficultés ſur les cauſes de ce mouvement de la prunelle, ou pour mieux dire de la tunique uvée dont la prunelle n'eſt qu'une ſimple ouverture. Ceux qui tiennent que l'œil s'étrécit pour s'allonger, & qu'il s'élargit pour ſe raccourcir ſelon le beſoin qu'il y a d'approcher ou d'éloigner le cryſtallin de la rétine, veulent pour la pluſpart que l'étréciſſement & l'élargiſſement de la prunelle dépende des mouvements de tout le globe de l'œil, qui ſont tels que quand l'œil s'élargit, la prunelle devient plus grande, & que quand il ſe rétrécit, elle devient plus petite.

<small>10. Que les opinions ſont différentes touchant l'aggrandiſſement de la prunelle.</small>

Ceux au contraire qui tiennent que l'œil ne s'élargit ni ne ſe rétrécit jamais, veulent que l'uvée ait en ſoy le principe de mouvement par lequel la prunelle s'aggrandit ou s'appetiſſe, c'est à dire, qu'ils veulent qu'outre les fibres qui tirent son bord intérieur, & l'éloignent du centre, elle en ait encore de circulaires pour rétrécir ce même bord en tirant de la circonférence vers le centre.

11. Qu'il y a lieu de croire qu'il dépend de la contraction des fibres qui composent l'Iris.

Nous laisserons à chacun la liberté de penser ce qu'il voudra sur ce sujet, car pourvû qu'on sçache que la prunelle s'élargit ou se rétrécit selon le désir qu'on a de voir de loin ou de près, il est assès inutile pour expliquer la vision, de sçavoir comment cela se fait. Il y a néanmoins beaucoup d'apparence que l'élargissement & le rétrécissement de la prunelle ne dépendent pas de ce que l'œil s'élargit ou se rétrécit, mais de ce que les fibres dont la tunique uvée est composée, & qui forment l'Iris, sont capables de contraction & de dilatation. Ce qui confirme cette pensée, est que la prunelle s'élargit souvent lorsque l'œil se rétrécit, comme il arrive à ceux qui estant dans un lieu fort obscur, voyent vivement & distinctement les choses qui sont proches ; car pour voir ces choses distinctement, il faut allonger les yeux, & pour les voir vivement, il faut aggrandir la prunelle.

12. En quel sens on peut dire que le mouvement de la Prunelle est volontaire.

Ce mouvement de la prunelle peut estre appellé volontaire, car quoy qu'il soit ignoré pour l'ordinaire de ceux qui le font, il ne laisse pas d'estre dépendant de la volonté qu'on a de voir distinctement par la même raison que les mouvements des lèvres & de la langue qui servent à prononcer les paroles, se nomment volontaires, à cause qu'ils suivent la volonté qu'on a de parler, quoy qu'on ignore souvent quels ils doivent estre, & comment ils se doivent faire pour servir à la prononciation de chaque syllabe.

13. Que tout le corps de l'œil est entouré de six muscles.

Tout le corps de l'œil est entouré de six muscles, quatre desquels s'appellent *Droits*, & les deux autres se nomment *Obliques*. Voyez la troisiéme Figure qui réprésente les Muscles qui servent à mouvoir l'œil. A est le Muscle droit, qui relève l'œil ; B est le Muscle droit qui l'abbaisse ; C est le Muscle droit qu'on appelle *Adducteur* ; & D celuy qu'on nomme *Abducteur* ; E est l'Oblique inférieur ; F l'Oblique supérieur ; G la Membrane circulaire ou la Poulie ; H H H l'expansion du Nerf optique en la maniere d'une Membrane tendineuse.

Quand le muscle droit qui est au dessus de l'œil se remplit

LIVRE HUITIE´ME. *PARTIE II.* 143

d'esprits animaux, l'œil s'élève en haut, & les trois autres muscles se remplissant tour à tour ; servent tantôt à faire baisser l'œil, & tantôt à le faire tourner à droit ou à gauche. Il est même évident par la situation de ces muscles, que quand ils se raccourcissent tous en même temps, ils changent la figure de l'œil en le rendant plus plat qu'il n'estoit auparavant.

14.
Comment les Muscles droits servent à mouvoir l'œil.

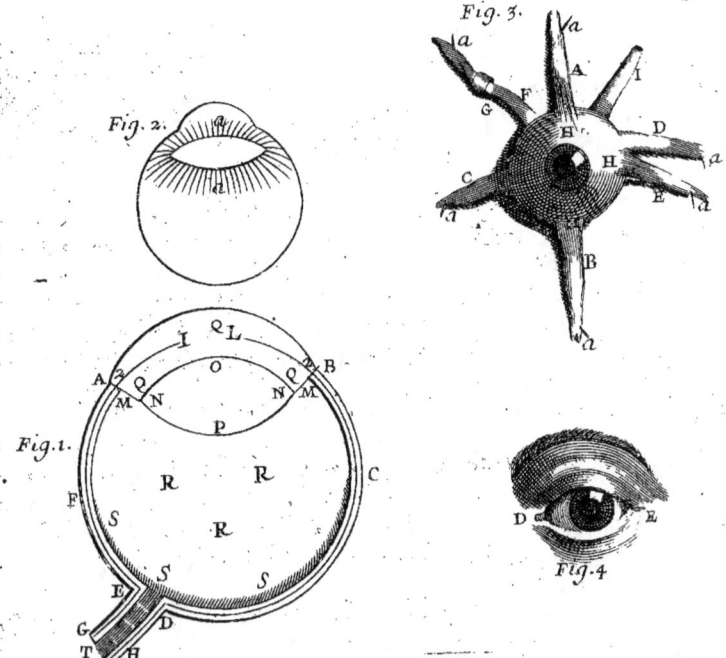

Quant aux muscles obliques; l'oblique inférieur sort par un petit trou dans le segment inférieur de l'orbite de l'œil, il est charnu au commencement, & d'une figure approchante de la ronde, allant toûjours obliquement, il monte peu à peu à la partie supérieure de l'œil, & s'insinuë par un tendon nerveux près du tendon du muscle droit nommé *l'abducteur* ; ce muscle oblique fait mouvoir l'œil vers E, c'est à dire vers le dehors ; voyés la 3. Fig.

15.
Comment les Muscles obliques.

L'oblique supérieur, qu'on appelle *le grand oblique*, estant fort mince & ayant un tendon fort long, fait tourner l'œil vers l'angle intérieur D, parce que sortant du même endroit que les quatre muscles droits, il va droit à l'angle intérieur, il passe là par une poulie & monte au même lieu où l'oblique inférieur s'insère. Ce muscle est nommé *Trochléateur*, à cause qu'il passe par une poulie formée d'un cartilage qui pend sur l'œil.

L'opinion commune est que quand ces deux muscles se raccourcissent en même temps, ils pressent le corps de l'œil dont ils changent la figure de telle sorte, qu'il devient plus long & plus vouté par la partie antérieure, & un peu plus enfoncé par la postérieure ; ce qui fait qu'il y a un peu plus de distance entre le Crystallin & la Rétine.

Mais il y a des Auteurs modernes qui nient non seulement que les muscles droits puissent rendre l'œil plus plat, mais encore que les muscles obliques agissant ensemble, le puissent rendre plus long : cependant nous nous en tiendrons à l'opinion commune jusqu'à ce que ces nouveaux Auteurs ayent prouvé la leur par des raisons plus solides que celles qu'ils ont apportées jusqu'icy. *

* Voyés M. Perault dans le Traité du mouvement des yeux.

Il y a plusieurs paires de nerfs qui vont aux yeux, les nerfs de la troisiéme paire semblent estre destinés à les mouvoir, ils sortent de la base de la moëlle allongée au derriere de l'entonnoir, & sont composés de traits blancs qui partent de la région moyenne du centre ovale, ces nerfs sont unis en leur origine, d'où vient peut-estre que les mouvements des yeux sont inséparables.

16. *Que les nerfs de la 3. paire semblent estre destinés à mouvoir les yeux.*

Les nerfs de la quatriéme paire qu'on appelle *Pathétiques*, parce qu'ils servent principalement à produire les mouvements des yeux qui accompagnent les passions, sortent au derriere des testicules de quelques productions moëlleuses qui vont du cervelet aux testicules, & estant sortis du crane se vont inférer dans les grands obliques ou trochléateurs.

17. *Que les nerfs de la 4. paire se vont insérer dans le grād oblique.*

Enfin les nerfs de la seconde paire qu'on appelle *Optiques*, sont composés des fibres moëlleuses, dont est formée cette membrane mince & blanche qui couvre les cuisses de la moëlle allongée, & de quelques traits blancs qui sortent de la partie postérieure des cuisses de cette même moëlle : dés que ces nerfs

18. *Que les nerfs de la 2. paire composent la rétine.*

LIVRE HUITIE'ME. PARTIE II.

nerfs sont entrés dans l'orbite des yeux, ils se divisent en plusieurs fibres qui s'endurcissent un peu, & qui se répandant autour de l'humeur vitrée forment la membrane qu'on a appellé *Rétine*, qui passe pour la troisiéme Tunique de l'œil, & que nous prendrons pour l'organe immédiat de la faculté de voir, parce que c'est elle seule qui porte aux corps canelés du cerveau les différentes impressions que les objets de la vûë font sur les yeux.

CHAPITRE X.

Ce que c'est que la Lumiere primitive & la Lumiere radicale.

TOut ce qui vient d'estre dit de l'œil estant supposé, nous ne devons pas faire difficulté de raisonner de la vûë comme nous avons fait de l'oüie, & de penser que comme le sentiment du son dépend de ce que les corps résonants froissent l'air, & que l'air froissé ébranle les nerfs de l'oreille qui excitent ensuite dans le cerveau un mouvement qui est institué de la nature pour causer dans l'ame le sentiment du son. Le sentiment de la lumiere dépend aussi de ce que nous sommes capables de sentir de cette maniere particuliere, & de ce qu'il y a dans les pores de tous les corps transparents de la matiere du second Elément qui pénètre les yeux, & qui estant poussée par les corps qu'on appelle *Lumineux*, peut ébranler les petits filets des nerfs optiques de la maniere qui est instituée de la nature pour exciter dans l'ame un sentiment de lumiere ; c'est à dire, que comme le son primitif & radical consiste dans la liaison & dans le ressort des particules des corps résonants, & le son dérivé dans l'agitation particuliere de l'air qui est froissé par ces corps ; de même, la lumiere primitive & radicale consiste dans l'agitation violente des parties insensibles des corps lumineux, & la lumiere dérivée dans le mouvement que la matiere du second Elément reçoit de ces corps, & qu'elle communique au nerf optique qui est l'organe de la vûë.

Ainsi, l'on peut donner une idée exacte des fonctions de la vûë en général, en disant qu'elles sont *des perceptions ou des*

Tome III. T

1. Que la lumiere agit sur les yeux à peu près comme le son sur les oreilles.

2. Ce que sont les fonctions

de la vûë en général. sentiments qui sont causés dans l'ame par les mouvements que les corps qu'on appelle lumineux ou colorés, impriment dans le nerf optique, & ensuite dans le cerveau.

3. Que nous sommes capables de sentir la lumiere, quoy qu'il n'y ait rien de lumineux hors de nous.

Quoyque cecy ne semble d'abord qu'une simple conjecture, nous espérons pourtant qu'il se convertira en une proposition indubitable, lors que nous aurons fait voir que la nature que nous attribuons à la lumiere qui est dans l'ame, & à celle qui est dans le corps lumineux & dans le milieu illuminé, n'enveloppe rien de particulier qui ne soit vray ; car pour commencer par l'aptitude que nous avons de sentir la lumiere quand quelque objet agit sur l'organe de la vûë, quoy qu'il n'y ait rien de semblable hors de nous : l'expérience la fait voir manifestement en ce que si dans les ténèbres les plus profondes, on se frotte les yeux d'une certaine façon, ou si par hazard on reçoit un coup assès rude dans les parties intérieures de l'œil, on voit de la lumiere & des étincelles fort vives qui cessent de paroître aussi-tôt que ce mouvement est finy.

Quant à la matiere du second Élément qui pénètre les yeux & tous les corps transparens, outre que son existence a esté prouvée dans le second Livre, on peut assûrer qu'elle est la principale cause de la force des ressorts & du mouvement des liqueurs : c'est pourquoy il ne reste plus qu'à faire voir que les corps lumineux poussent actuellement cette matiere en ligne droite ; comme il est indubitable qu'ils le peuvent faire, s'ils ont des parties fort subtiles & fort agiteés, ainsi que la raison nous persuade qu'en ont tous les corps qui ont coûtume de causer un sentiment de lumiere dans l'ame de ceux qui les regardent.

4. Pourquoy la flamme est lumineuse.

En effet, nous ne pouvons pas douter que la flamme ne soit composée de parties qui se meuvent extrèmement vîte, puis qu'il a esté prouvé qu'elle n'est autre chose que certaines parties terrestres qui nagent dans la seule matiere du premier Élément. On produit encore des étincelles fort brillantes & fort vives, lors qu'on frappe en glissant un caillou contre un Fusil. Lors qu'on passe la main sur le poil du dos d'un Chat en un lieu fort obscur, & en un temps froid & sec. Lors qu'on frappe d'une Cane d'Inde sur une autre, & dans une infinité d'autres rencontres ou deux corps se frottent rudement. Or que

LIVRE HUITIE'ME. PARTIE II. 147

peut-on penser qu'il arrive dans ces occasions, si ce n'est que quelques particules qui se détachent de ces corps par le choc, acquierent un mouvement tout semblable à celuy des parties de la flamme.

C'est par la même raison que certains bois & quelques poissons luisent sensiblement quand ils se corrompent ; car en effet, qu'est ce que se pourrir & se corrompre, si ce n'est souffrir une dissipation des parties qui peuvent, en s'évaporant, acquerir un mouvement semblable à celuy de la flamme. Il ne faut que manier du bois pourry pour reconnoître qu'il differe de celuy qui ne l'est pas, autant que le charbon differe du bois dont il a esté fait, sa legereté, sa facilité à estre divisé, & les pores sensibles qu'il a, prouvent évidemment qu'il a perdu beaucoup de ses parties : ce que je dis de ce bois se doit entendre par proportion de quelques Poissons qui se corrompent, & si tout le bois qui se pourrit & tous les poissons qui se gâtent, ne produisent pas de la lumiere, cela ne vient pas de ce que leurs particules ne se meuvent point, mais de ce qu'elles ne sont pas assés subtiles, ou assés agitées, comme il sera prouvé ensuite.

5. Pourquoy certains bois, & quelques Poissons.

L'eau de la Mer produit encore une infinité d'étincelles quand elle est fort agitée la nuit en temps sec & chaud, dont la raison est que quand les vagues s'éparpillent, les parties du sel qu'elles contiennent allant plus loin que celles de l'eau, & écartant de tous côtés les parties de l'air & du second Elément qui les environnent, elles ne nagent plus que dans la matiere du premier Elément qui leur donne la forme de flamme.

6. Pourquoy l'eau de la Mer.

Nous ne connoissons pas si facilement quel est le mouvement qui fait que certains Vers & quelques Mouches luisent dans les ténèbres ; il y a néanmoins lieu de croire que ces Insectes exhalent quelque chose qui a du rapport à la sueur des autres animaux, & qui poussant le second Elément luy donne la forme de lumiere seconde & dérivée ; ce qui se confirme, parce que ces animaux cessent de luire bien-tôt après qu'ils sont morts.

7. Pourquoy certains vers & quelques Mouches.

Nous avons une Pierre qui est véritablement lumineuse, c'est la Pierre de Boulogne qui se trouve en quelques lieux d'Italie où des torrents ont coulé ; car le hazard a fait connoître que cette Pierre ayant demeuré dans le feu l'espace de six heures & s'estant ensuite refroidie, si on la porte d'un

8. Pourquoy la Pierre de Boulogne.

T ij

air éclairé dans un lieu obscur, elle luit comme un charbon de feu couvert de tres peu de cendre ; cette lueur passe ensuite, & on ne peut la luy redonner qu'en l'exposant encore un peu de temps à un air éclairé : ce qui arrive vray-semblablement, parce que le feu a rendu cette Pierre extrémement poreuse, & que parmi les parties qui en restent, la pluspart ont beaucoup perdu de leur liaison, ce qui fait qu'elles sont capables de recevoir de la lumiere un ébranlement qu'elles peuvent conserver dans les lieux obscurs, & le communiquer ensuite au second Elément qui s'étend depuis elles jusqu'à nos yeux ; ce qui se confirme, parce qu'à force de réiterer cette expérience, les parties émûës s'exhalent & la propriété de luire est éteinte pour jamais dans cette Pierre, à moins qu'on ne la calcine de nouveau.

9. Pourquoy le Phosphore de M. Boyle.

Le Phosphore de M. Boyle tient beaucoup de la nature de cette Pierre, il brille comme elle, durant la nuit, & même pendant les jours sombres ; ce qui vient apparemment de ce que les soulfres d'urine dont il est composé, sont si volatils, que la moindre action de l'air suffit pour les convertir en une exhalaison qui est capable de pousser le second Elément, cela se confirme, parce que si ce Phosphore n'est pas enfermé dans l'eau, la moindre agitation de l'air le dissipe.

Les particules qui s'exhalent du Phosphore, poussent celles du second Elément avec tant de force, qu'elles sont capables non seulement de causer un sentiment de lumiere, mais encore d'embraser les corps fort combustibles sur lesquels elles agissent. C'est par cette raison, par exemple, que quand on met un morceau de Phosphore sur du papier, & qu'on l'écrase avec la pointe d'un coûteau, le papier prend feu.

Ce qu'il y a de plus remarquable touchant le Phosphore, est que l'air qui est quelquefois nécessaire pour le rendre lumineux ne sert quelquefois qu'à l'éteindre. En effet, si l'on met un Phosphore dans une bouteille de verre dont on pompe l'air, l'expérience fait voir qu'il perd beaucoup de sa lumiere, mais qu'il se rallume ensuite quand on fait entrer de l'air nouveau dans la bouteille.

Pour expliquer cette expérience par nos principes, il faut remarquer trois choses. La 1. Que le Phosphore ne luit que parce que les soulfres subtils dont il est composé, ne nagent que dans la matiere du premier Élément, ce qui luy est commun avec tous les corps lumineux. La 2. Que l'air dans les petits recoins de ses branches contient beaucoup de matiere du premier Élément, laquelle en peut estre exprimée par tous les corps qui ont la force de comprimer l'air, par la même raison que l'eau peut estre exprimée d'une éponge par tous les corps qui peuvent comprimer cette éponge. Et la 3 est qu'il y a plus de parties qui se détachent du Phosphore quand il commence à luire, qu'il n'y en a qui s'en détachent lors qu'il a paru lumineux depuis long-temps.

Or cela posé, il est évident que le Phosphore doit perdre de sa lumiere lors qu'on pompe l'air de la bouteille, parce qu'il ne reste plus assès de premier Élément pour entraîner toutes les parties de soulfre qui s'en détachent, qui sont alors en grand nombre par la troisiéme remarque. Au contraire le Phosphore doit devenir lumineux, lors que l'on fait entrer de l'air nouveau dans la bouteille, parce que cet air contient beaucoup de premier Élément, & les parties qui se détachent du Phosphore ont assès de force pour l'en exprimer. Par des raisons tout opposées, quand le Phosphore a esté lumineux pendant quelque temps ; il peut luire dans la bouteille de verre dont on a pompé l'air, parce qu'il y a assès de matiere du premier Élément dans cette bouteille pour entraîner les particules de soulfre qui se détachent du Phosphore qui sont alors en petite quantité par la troisiéme remarque, au lieu que si l'on fait entrer l'air dans cette bouteille ; il est évident que le Phosphore se doit éteindre tout à coup, parce que les parties qui s'en détachent n'ont pas la force de comprimer celles de l'air pour en exprimer le premier Élément, & celles de l'air ont au contraire la force de s'opposer par leur ressort au détachement des parties du Phosphore.

Ceux qui voudront avoir des connoissances plus particulieres soit de la préparation de la Pierre de Boulogne pour la rendre en Phosphore, soit de la composition du Phosphore dont nous venons d'examiner les propriétés qui regardent seulement la lumiere, ils les pourront prendre dans le cours de Chymie de M. Lemery. *

* Pag. 641. & 663. de la 7. Edition.

10.
Pourquoy tous les corps

Pour revenir à la lumiere en général, on objectera peut-estre que si sa nature estoit telle que nous venons de dire, il s'ensuivroit

qui se dissipent ne sont pas lumineux. que tous les corps qui se dissipent devroient paroître lumineux ; ce qui est contraire à l'expérience. A quoy nous répondons que la lumiere ne dépend pas tant de la dissipation des corps, que de la maniere dont ils se dissipent, qui est telle que les parties qui s'exhalent sont si subtiles & si agitées qu'elles poussent les seules parties du second Elément sans s'appliquer à celles de l'air ; car si les particules des corps qui se dissipent sont si grossieres qu'elles poussent tout ensemble l'air & le second Elément, la dissipation se fait alors sans lumiere, parce que l'action du second Elément se termine sur la surface extérieure de l'œil comme celle de l'air ; d'où il sensuit que les nerfs optiques n'en sont aucunement ébranlés, & que l'ame ne sent aucune lumiere, non plus qu'elle ne sent aucune douleur, lors qu'on pousse contre la main un corps dur dans lequel il y a des E'guilles dont les pointes ne sortent pas hors de la superficie de ce corps : ce qui merite particulierement d'estre remarqué afin d'avoir une idée distincte de la vraye cause de la lumiere seconde & dérivée que nous venons de décrire, & dont nous allons examiner les propriétés.

CHAPITRE XI.
Des propriétés de la Lumiere.

I. *Que la lumiere s'étend comme dans un instant à toute sorte de distances.*

PUISQUE la Lumiere seconde dérivée consiste dans une impulsion du second Elément, comme nous venons de dire, il faut de nécessité que les corps lumineux à quelque éloignement qu'ils soient de nous, se fassent sentir comme dans un instant, à cause que la matiere qui transmet leur action jusqu'à nos yeux, est continuë & impénétrable.

Et il ne sert de rien de dire que la matiere du second Elément estant fluide comme elle l'est, une enfilade de ses boules rangées depuis le Soleil jusqu'à nos yeux ne peut estre prise quant à l'effet de pousser pour une ligne roide, comme seroit un bâton, parce que plus ces boules sont glissantes & arrondies, plus elles sont promptes à fuïr & à s'écouler sous l'impulsion : car nous répondons que quoy que la matiere du second Elément soit des plus fluides de toutes les matieres ; cela n'empêche pas qu'une ligne de ces boules rangées l'une sur l'autre depuis le Soleil jusqu'à nos yeux ne puisse estre prise quant à l'effet de pousser, pour une ligne infléxible : car comme le monde est plein, un rayon de lumiere en a toûjours plusieurs autres autour de luy qui l'empêchent de se ployer, ce qui est cause qu'il doit transmettre l'action du corps lumineux, de même que s'il estoit roide comme un bâton.

Afin que cecy devienne plus évident, il faut comparer l'action du second Element à l'action de l'eau qui est dans un vaisseau, & considérer que de plusieurs petits filets qui composent une grosse colomne d'eau, chacun en particulier presse tellement le fond, qu'il y agit par toute sa pésanteur ; ce qui fait qu'on ne sçauroit verser par dessus seulement l'épaisseur d'un doigt d'huile qu'elle ne pèsât sur le fond, comme si elle estoit sur un bâton fort roide.

Si vous trouvez encore que cette comparaison ne soit pas assés juste à cause que l'eau est renfermée dans un corps dur, servez-vous si vous voulez d'une autre, & proposez-vous qu'au lieu que la surface de la terre est inégale & raboteuse, elle est ronde dans toute l'exactitude Mathématique, & pensez ensuite qu'elle est toute couverte d'eau ; car alors chaque point de cette surface sera pressé par la pésanteur entiere du petit filet d'eau qui correspond dessus. Après quoy vous pourrés comparer l'action des rayons à l'action de cette eau, & vous trouverez qu'ils sont capables d'agir de même que s'ils estoient roides comme un bâton, sans que vous deviez craindre que cela soit empêché par la lissure & par la roideur des globules qui forment les rayons ; car quelque disposition qu'ayent ces globules à s'écouler sous l'impulsion, comme il a esté dit, il leur est impossible de le faire, parce qu'ils trouvent de la résistance par tout, horsmis à aller en avant.

Il seroit même inutile d'alléguer que quand on fait couler la main horizontalement sous l'eau, on n'en pousse pas devant elle une grande suite, mais que l'eau qui est immédiatement poussée, réfluant par les côtés, vient prendre la place que la main quitte ; car cela n'arrive que lors qu'un corps se meut de telle sorte que ceux qu'il pousse devant luy, peuvent se détourner pour aller prendre la place qu'il abandonne : ce qui ne se peut dire des corps lumineux dont les petites parties

152 LA PHYSIQUE.

se meuvent ensorte que la matiere du second Elément qu'elles poussent, ne peut aucunement prendre leur place, comme il sera plus amplement expliqué en parlant de la lumiere particuliere du Soleil & de la flamme.

2.
Qu'elle s'affoiblit en s'éloignant du corps lumineux..

L'impression des corps lumineux ne passe pas toute entiere à toute sorte de distances, mais elle s'affoiblit peu à peu à mesure qu'elle s'éloigne de ces corps, ce qui s'explique d'ordinaire par cette Figure. On suppose, par exemple, que le Tuyau A B C va en s'élargissant vers le haut, & qu'il est d'abord remply d'eau jusqu'à la hauteur D E.

Cela supposé, il est aisé de voir que si l'on fait entrer par le trou A de l'eau qui remplisse tout l'espace A F G, qui a beaucoup de hauteur & peu de largeur ; cette eau fera hausser celle qui est vers H L, par exemple jusqu'en M N, & elle ne fera hausser celle qui est vers D E que jusqu'en O P, qui est une hauteur plus petite à proportion que la largeur du Tuyau est plus grande, d'où il faut conclure que les rayons qui ressemblent assès bien aux filets d'eau qui sont dans ce Tuyau, vont aussi en s'affoiblissant lors qu'ils s'éloignent du corps lumineux, ce qui s'accorde parfaitement avec l'expérience.

3.
Qu'elle se réfléchit à angles égaux.

Deplus, comme nous sçavons qu'un corps qui est en mouvement change de détermination à la rencontre d'un autre corps qui luy résiste ; nous devons penser que la lumiere tombant sur la surface d'un corps fort solide se doit réfléchir en telle sorte que si elle est tombée obliquement, son angle d'incidence soit égal à celuy de réfléxion ; car si elle est tombée à plomb, elle se doit réfléchir par la même ligne qu'elle s'est mûë directement ; ce qui arriveroit même, quoyque la lumiere ne consistât que dans un simple effort à se mouvoir, comme quelques-uns le prétendent ; car par exemple, si les petites boules qui sont dans la ligne C D répresentent les globules du second Elément qui composent un rayon qui tombe sur le corps solide A B, son effort se doit continuer vers E, par la ligne D E ensorte que

l'angle

LIVRE HUITIEME. PARTIE II. 153

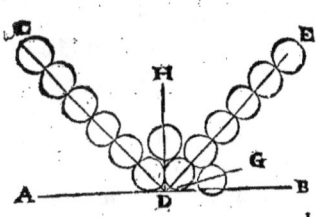

l'angle de réflexion B D E soit égal à l'angle d'incidence A D C, c'est à dire, que cet effort se doit transmettre par les mêmes lignes que décriroit la boule C, si elle estoit seule, & qu'elle eût esté actuellement poussée par la ligne C D ; car il est certain que la boule D doit tendre où elle iroit effectivement, si sa puissance se réduisoit en acte ; & parce que cette boule ayant rencontré le corps A B, n'iroit ni vers G, ni vers H, mais seulement vers E ; il faut conclure qu'il n'y a que les boules qui sont dans la ligne D E qui reçoivent son effort ; ce qui est confirmé par l'expérience qui fait voir que quand la lumiere tombe sur la surface des miroirs, ses rayons font des angles de réflexion égaux à ceux d'incidence.

Et parce que cette vérité est générale pour tous les corps solides, il s'ensuit que comme les pores de deux corps transparents qui se touchent, ne sçauroient par tout exactement correspondre les uns aux autres, & qu'ainsi par exemple, plusieurs pores de l'air aboutissent à des parties solides de l'eau, de la terre, du verre, &c. Il s'ensuit, dis-je, que les corps mêmes qui sont transparents font réfléchir une partie de la lumiere qui tombe sur leur surface, & qu'ils en font réfléchir d'autant plus que les rayons y tombent plus obliquement, à cause que dans cette disposition ils rencontrent plus de parties solides. C'est pour cette raison principalement que le Soleil nous échauffe, & nous éclaire moins en Hiver qu'en Eté, quoy que dans cette derniere saison il soit beaucoup plus éloigné de nous que dans la premiere : car comme cet Astre lors qu'il est vû sous les Signes Septentrionaux, est plus perpendiculaire sur les terres du même nom, que quand il est vû sous les Méridionaux, ses rayons viennent en plus grande quantité jusqu'à nous, à cause qu'ils rencontrent plus directement les pores qui sont dans la superficie convéxe de l'air qui environne la terre.

Enfin, parceque les rayons de lumiere passent souvent d'un milieu transparent en un autre sur la surface duquel ils tombent obliquement, & que ces milieux ne donnent pas toûjours

4. Que les rayons de lumiere s'ap-

Tome III.   V

154 LA PHYSIQUE.

prochent de la perpendiculaire en passant de l'air dans l'eau.

* Liv. 1. Part. 2. Ch. 19.

à la lumiere un paſſage également libre, il faut ſuivant les régles de la réfraction qui ont été cy-devant déterminées, * que les rayons ſe trouvent moins inclinés ſur la ſuperficie qui ſepare les deux milieux du côté de celuy qui les reçoit plus facilement que l'autre, c'eſt à dire, qu'ils doivvent ſe rompre en s'approchant de la perpendiculaire.

 Mais il ne faut pas croire qu'un corps tranſparent liquide donne paſſage à la lumiere d'autant plus facilement qu'il eſt plus aiſé à diviſer qu'un corps dur, il faut penſer au contraire que comme il ſeroit plus facile à un homme de paſſer au travers d'un rocher fort dur, pourveu ſeulement qu'il y euſt une allée de ſa grandeur, que de paſſer par un bois taillis, dont il faudroit écarter à tout moment les branches qui traverſent le chemin, de même plus un corps qui donne paſſage à la lumiere eſt dur, plus il luy permet de paſſer facilement, à cauſe que ſes pores ne contiennent aucune matiere qu'il faille écarter; ce qui fait que la lumiere conſerve toute ſa force. Ainſi, puiſque l'eau eſt en quelque façon plus dure que l'air; que le verre eſt plus dur que l'eau, & que le cryſtal eſt encore plus dur que le verre, nous pouvons aſſûrer que la lumiere paſſera plus facilement dans l'eau que dans l'air, dans le verre que dans l'eau, & dans le cryſtal encore plus facilement que dans le verre; d'où il s'enſuit que les rayons ſeront moins inclinés, ou, ce qui eſt la même choſe, qu'ils ſe trouveront plus ou moins proches de la perpendiculaire dans tous ces corps, qu'ils ne ſont dans l'air.

 Pour faire l'épreuve de cette verité on prend une boëte de laton ou de quelque autre métal, telle qu'eſt A B C D, dont le

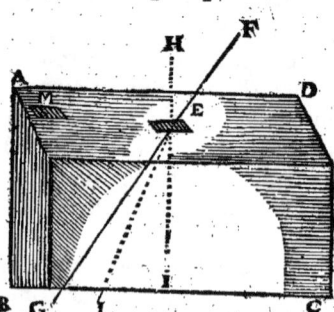

fond B C eſt de cryſtal avec certaines marques arbitraires; on l'expoſe aux rayons du ſoleil, afin qu'il y en ayt un comme E F qui paſſe autravers du trou du couvercle qui eſt vers E, on obſerve l'endroit du fond G, où il aboutit; puis ſans changer la ſituation de cette boëtte, on la remplit d'eau par un autre trou marqué M, apres quoy on remarque que le rayon F E n'aboutit plus au point G, mais au point L, deſorte qu'il

LIVRE HUITIE'ME. PARTIE II.

est plus proche de la perpendiculaire H I qui est élevée à l'endroit où le rayon passe de l'air dans l'eau, qu'il n'estoit auparavant, de toute la quantité de l'angle G E L.

Par la même raison que le rayon F E s'approche de la perpendiculaire en passant de l'air dans l'eau, le rayon A C, se doit éloigner de la perpendiculaire en passant de l'eau dans l'air. On s'assûre de cette verité par une experience assès commune : on met un jetton comme A dans une écuelle ; & lorsqu'elle ne contient encore que de l'air, on recule l'œil jusqu'à ce que le bord de l'écuelle cache l'objet, puis faisant remplir ce vaisseau d'eau on voit ce jetton comme en G par le rayon A C B, lequel allant d'A en D a dû se rompre en C, & s'éloigner de la perpendiculaire E C F pour ne pas continuer directement son chemin vers D ; ce que je dis des deux rayons E F & A C, à l'égard de l'eau & de l'air, se doit entendre par proportion de tous les autres rayons à l'égard de divers milieux par lesquels ils passent plus ou moins facilement.

Qu'ils s'en éloignent en passant de l'eau dans l'air.

Quand nous disons que les rayons passent plus facilement par certains milieux que par d'autres, nous n'entendons pas qu'ils se meuvent plus vîte, mais seulement qu'ils s'affoiblissent moins en parcourant un certain espace dans un milieu facile, qu'ils ne font en parcourant un espace égal dans un milieu difficile pendant le même-temps.

Cette maniere d'expliquer la réfraction de la lumiere est bien plus aisée & plus simple, que celle dont se servent quelques Philosophes, qui ne veulent pas que la lumiere souffre réfraction en pénétrant les pores des corps transparents, mais seulement en secoüant les parties solides qui composent leur superficie ; ce qui ne paroît pas raisonnable ; car outre que la lumiere ne consiste pas dans un simple effort à se mouvoir, comme ils le supposent, mais dans un véritable mouvement, si elle souffroit réfraction en rencontrant les parties solides de l'eau, du verre, &c. pourquoy n'en souffriroit-elle pas aussi en rencontrant les parties solides de l'or, de l'argent, du cuivre, du liege, &c.

V ij

6.
Que les propriétés de la lumiere peuvent estre assés justement comparées à celles de l'eau qui est enfermée dans un vaisseau, & pressée par differents pistons.

Ce qui vient d'estre dit des propriétés de la lumiere, peut estre confirmé pour la pluspart par l'exemple du vaisseau plein d'eau, dont il a esté parlé dans la derniere règle du mouvement ; car en effet, la matiere qui compose nôtre tourbillon ressemble assès bien à l'eau qui est contenuë dans ce vaisseau, & les tourbillons qui environnent le nôtre ne luy résistent pas moins que la matiere du vaisseau résiste à l'eau qu'il renferme.

D'où il s'ensuit 1. que comme les filets d'eau qu'on conçoit dans le vaisseau s'étendent de tous côtés autour de l'endroit où le piston appuye, de même la lumiere s'étend en rond de tous côtés autour du corps lumineux.

2. Que comme l'action dont on pousse les premieres parties de l'eau qui est dans le vaisseau, passe dans un instant jusqu'aux dernieres, de même la lumiere s'étend en rond de tous côtés autour du corps lumineux.

3. Que comme le pressement du piston est porté jusqu'à toutes les parties du vaisseau suivant des lignes droites, la lumiere se communique aussi par des lignes semblables.

4. Que comme les pressements de divers pistons, si l'on en suppose plusieurs en même-temps dans le même vaisseau, se terminent à un même endroit de la superficie concave, de même plusieurs rayons venant de divers corps lumineux peuvent s'assembler en un même point du fond de l'œil, ou de quelque autre sujet.

5. Que comme le pressement d'un seul piston se porte à toutes les parties du vaisseau, de même les rayons se vont rendre à tous les points d'une circonférence dont le corps lumineux doit passer pour le centre.

6. Que comme les pressements de divers pistons venant de divers endroits, se vont rendre vers différents côtés du vaisseau sans presque s'empêcher les uns les autres ; de même plusieurs rayons venant de divers points de l'objet lumineux, & allant vers divers endroits, passent par un même lieu sans se faire beaucoup d'obstacle.

CHAPITRE XII.

De la Lumiere, de la Flamme, du Soleil, & des E'toiles fixes, & comment elle agit sur l'organe de la vûë.

POUR comprendre comment la flamme excite dans l'ame le sentiment de la lumiere ; il n'y a qu'à faire réflexion sur la nature particuliere que nous luy avons attribuée, & à considérer que les petites parties dont elle est composée, se mouvant tres vîte & en tout sens, poussent à la ronde les parties du second Élément, & celles-cy les Nerfs optiques.

Et il n'importe de dire qu'une étincelle ne peut avoir la force de faire mouvoir localement toute la matiere du second Elément, qui est contenuë dans un globe d'air de cinquante lieuës de diamètre ; ce qui seroit pourtant nécessaire pour exciter en nous à cette distance un sentiment de lumiere ; car cette difficulté ne procède que de l'opinion qu'on a que toute la matiere résiste de soy au mouvement, bien qu'il n'y ait que la matiere qui est pésante qui fasse de la résistance.

Il seroit encore inutile de dire que la flamme ne peut pousser la lumiere qu'à une petite distance à cause que les petites boules du second Elément qui servent à la transmettre, s'écoulent à côté du corps lumineux qui les pousse ; car cela ne peut arriver que lors qu'un corps se meut ensorte que ceux qu'il chasse devant soy, peúvent se détourner pour aller prendre sa place, ce qui ne se peut dire de la flamme dont les petites parties se meuvent, ensorte que la matiere du second Elément qu'elles poussent, ne peut aucunement prendre la place qu'elles quittent, ainsi qu'il a esté remarqué. * C'est pourquoy l'on peut dire, que la lumiere radicale de la flamme consiste précisément *dans l'agitation extrême des parties terrestres dont elle est composée, qui nagent dans la seule matiere du premier Elément, & que la lumiere seconde & dérivée de la même flamme n'est autre que l'impulsion qu'elle communique aux petites boules du second Elément qui sont autour d'elle.*

La maniere particuliere dont le Soleil cause en nous le sentiment de lumiere, n'est pas fort différente de celle dont la

1.
Ce que c'est que la lumiere radicale de la flamme.

* Dans le 4. Liv. Ch. 4. Part. 4. Art. 1.

2.
Ce que c'est que la lu-

miere radicale du Soleil.

flamme le produit ; car comme le Soleil est composé de petites parties du premier Elément qui se meuvent tres vîte & en tout sens, elles poussent aussi les petites boules du second Elément non seulement vers l'Ecliptique, mais encore vers les Poles ; car en effet, c'est dans cette impulsion des petites parties du Soleil que consiste sa lumiere, & non pas dans l'effort qu'elles font à s'éloigner du centre de leur mouvement par les tangentes des cercles qu'elles décrivent.

3. *Réfutation de l'opinion de M. Descartes touchant la lumiere du Soleil.*

* M. Descartes dans son Traité de la lumiere.

Nous sçavons bien que nous choquons en cela l'opinion d'un grand Philosophe * qui enseigne que la lumiere du Soleil consiste en ce que toute la matiere de nôtre Tourbillon tend à s'éloigner de son centre par des tangentes ; & par conséquent que toutes les petites boules du second Elément qui s'étendent comme en ligne droite du centre vers la circonférence, se poussent les unes les autres en telle sorte que leur effort, lequel il prend pour la lumiere du Soleil, s'étend en rond autour de cet Astre, & passe en un instant à toutes sortes de distances ; mais outre que cela ne peut estre entendu que de la lumiere qui s'étend autour du Soleil, au sens que tourne la matiere du Tourbillon ; c'est à dire, vers le Cercle de l'Ecliptique, & non pas de celle qui est poussée vers les Poles, vers lesquels les parties du second Elément ne tendent aucunement d'aller, du moins par l'effort du mouvement circulaire ; il s'ensuivroit de cette opinion (si elle estoit vraye) que comme les petites boules du second Elément ne tendent à s'éloigner du centre du Tourbillon que par des tangentes,

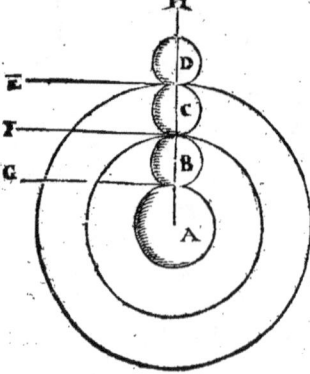

& que ces tangentes estant continuées, ne vont aboutir au Soleil qu'obliquement, les rayons qu'on attribuë à cet Astre ne pourroient venir de luy en ligne droite, comme il paroîtra par cette Figure, dans laquelle A représente le corps du Soleil, & les trois boules B C D représentent trois petites boules du second Elément qui tournent autour de luy, & qui font effort pour s'éloigner du centre de son mouvement. Car cela

LIVRE HUITIE'ME. PARTIE II. 159

supposé, il est visible que s'il y avoit un œil au point H, il ne seroit aucunement pressé par les boules B C D, à cause que ces boules ne font aucun effort pour s'éloigner du centre du mouvement par la ligne A H, mais par les tangentes E F G.

Il faut ajoûter que les petites boules du second Elément ne s'éloignent pas par leur mouvement circulaire du centre du Soleil, mais du centre du tourbillon dans lequel le Soleil est placé, qui est différent du centre du Soleil, comme il a esté remarqué * cy-devant.

<small>* Liv. 2. Chap. 7. Art. 2.</small>

<small>4. Comment l'action de la lumiere se peut transmettre en ligne droite.</small>

Au reste, pour concevoir comment l'action du Soleil se peut transmettre en ligne droite par plusieurs petites boules du second Elément qui s'entretouchent, il ne faut que jetter les yeux sur la Figure suivante qui répréfente plusieurs petites boules du second Elément renfermées dans un tuyau, & tellement arrangées qu'il est manifeste qu'en pressant la premiere marquée 1, on presse par même moyen les suivantes 2 & 3. par l'entremise des boules 4 5 & 6 7 qui sont aux côtés, ce qui fait que l'action du corps qui les presse s'étend en ligne droite du point 1 vers le point 3, quoy que les boules 1", 2, 3. ne se touchent pas immédiatement ; d'où il faut conclure 1. Que la lumiere du Soleil consiste en ce que le premier Elément dont il est composé, se meut fort vîte en tous sens, & qu'il pousse les parties du second Elément qui sont autour de luy, non seulement vers l'Ecliptique, mais encore vers les Poles. 2. Que les parties du second Elément, quant à l'effet de pousser, peuvent estre prises pour une ligne droite dans laquelle consiste l'essence de la lumiere seconde & dérivée du Soleil. 3. Qu'il suffit pour transmettre l'action du Soleil en ligne droite que plusieurs boules du second Elément s'entretouchent, sans qu'il soit nécessaire que tous leurs centres se trouvent dans une même ligne.

La lumiere des Etoiles fixes ne differe en rien, quant à sa nature, de celle du Soleil ; car elle ne consiste de leur côté que dans l'agitation extrême de la matiere du premier Elément dont elles sont composées, ni du côté du milieu, que dans le mouvement qu'elles communiquent aux petites boules du second Elément qui sont situées entre ces Astres & nous ;

<small>5. Ce que c'est que la lumiere radicale des E'toiles fixes, & comment elle se peut étendre jusqu'à nous.</small>

160   LA PHYSIQUE.

mais il eſt mal-aiſé de comprendre comment les Etoiles fixes peuvent étendre leur lumiere juſqu'à nos yeux, puis que leurs rayons tendent à ſe mouvoir à l'oppoſite de ceux du Soleil, & qu'il ſemble que leur action ſe devroit terminer en la ſuperficie convexe de leurs tourbillons, ſans pouvoir paſſer juſqu'à la terre que nous habitons qui eſt compriſe dans un tourbillon étranger.

On pourra toutefois lever cette difficulté & entendre comment les rayons de pluſieurs Etoiles fixes peuvent parvenir juſqu'à la terre, ſi l'on veut conſidérer que rien ne nous empêche de croire que toutes les Etoiles fixes ſont à peu près de même grandeur, & qu'elles n'ont pas moins de force que le Soleil pour pouſſer le ſecond Elément de tous côtés en ligne droite : car il ſuit delà évidemment que le Soleil qui eſt au centre de nôtre tourbillon, ne pouſſe pas plus vers l'Etoile

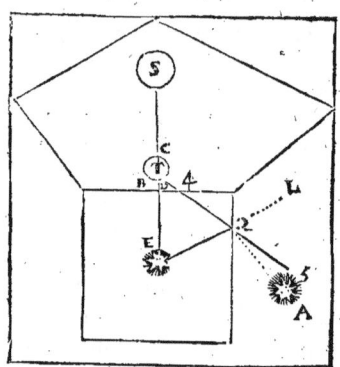

fixe E, la matiere du ſecond Elément qui eſt dans le rayon S B, que l'Etoile fixe E pouſſe vers le Soleil la matiere du ſecond Elément qui eſt dans le rayon E B ; ce qui fait que ces deux rayons ont des forces égales & oppoſées, & cela eſtant, il eſt aiſé de concevoir que le rayon S B eſtant coupé par la terre en C, le rayon E B qui reſte plus fort, peut s'étendre juſqu'au point de la terre marqué D, & y faire ſentir l'Etoile fixe E.

L'Etoile A peut encore pouſſer ſes rayons juſqu'à la terre T, car comme le rayon A 2 eſt égal en force au rayon E 2, & que le rayon E 2, ne s'oppoſe pas directement au rayon A 2, il ne peut auſſi l'empêcher de tendre de 2 en 4, où eſtant arrivé il a encore la force d'aller juſqu'au point de la terre D, qui eſt oppoſé au Soleil, lequel n'envoye de ce côté-là aucun rayon qui luy ſoit directement contraire.

Je dis *qui luy ſoit directement contraire*, pour faire remarquer que quand les rayons ne ſont oppoſés qu'obliquement, ils

peuvent

LIVRE HUITIE'ME. PARTIE II.

peuvent passer par un même point sans s'empêcher les uns les autres, comme dans cette Figure les deux rayons E 2 & A 2, passent par le point 2, dont la raison est que chaque boule du second Élément est capable de recevoir plusieurs mouvements en même temps ; en sorte que celle qui est au point 2, peut tout ensemble estre poussée suivant la direction 2 *l*, par l'Etoile fixe E, & suivant la direction 2 4 par l'Etoile fixe A.

Ce que nous disons des deux Etoiles fixes A & E, se doit entendre par proportion de plusieurs autres Etoiles, non seulement à l'égard de la terre, mais encore par rapport aux autres Planetes. Il est vray que les Etoiles ne peuvent quasi jamais paroître dans le vray lieu où elles sont, à cause que les Cieux estant inégaux en grandeur, les superficies qui les séparent, ne sont quasi jamais tellement disposées que les rayons qui passent au travers pour venir de ces Etoiles vers la terre, les rencontrent à Angles droits ; car quand ils les rencontrent obliquement, il est necessaire suivant les règles de la réfraction, qu'ils se courbent, parce qu'ils passent plus aisément par un des côtés de cette superficie que par l'autre, d'où il s'ensuit que l'Etoile fixe A, par exemple, doit paroître comme si elle estoit dans la ligne droite T 4 5.

6. *Pourquoy les E'toiles fixes ne paroissent pas dans le lieu où elles sont.*

Quant à la grandeur des Etoiles fixes, elle doit paroître beaucoup moindre qu'elle n'est, à cause de leur grand éloignement. Il y a même des Etoiles qui ne doivent point paroître du tout, & d'autres qui ne paroissent que parce que les rayons de plusieurs d'entre elles estant joints ensemble rendent les parties du Firmament par où ils passent, un peu plus blanches que les autres ; & nous répréfentent des Etoiles qu'on appelle *Nébuleufes*, pour celles qui sont moins éloignées de nous, il n'est point necessaire de les supposer plus grandes qu'elles le sont effectivement, pour estre du nombre de celles qu'on appelle *de la premiere grandeur*.

7. *Pourquoy les E'toiles fixes doivent paroitre plus petites qu'elles ne sont.*

Enfin de ce que la superficie qui sépare les Tourbillons est dans une matiere fluide qui ne cesse de se mouvoir, il s'enfuit qu'elle doit estre toûjours quelque peu ondoyante, & par conséquent que la lumiere des E'toiles qu'on voit au travers, doit paroître changeante, ainsi que fait l'image de la Lune qu'on voit au fond d'un lac dont l'eau est quelque peu agitée par le souffle de quelque vent. L'étincellement des E'toiles

8. *Pourquoy elles paroissent étincelantes.*

Tome III.   X

fixes peut encore dépendre de plusieurs autres causes, comme des vibrations de l'air, par lequel elles transmettent leur lumiere, mais sur tout elle peut procéder des parties mêmes du premier E'lément dont elles sont formées, lesquelles n'estant pas toutes égales, poussent inégalement le second E'lément qui les environne, & s'avançant hors des superficies sphériques de leurs E'toiles, les font paroître sous les pointes que nous voyons.

CHAPITRE XIII.
De la Lumiere des Planètes & des Comètes, & comment elles se transmet jusqu'à nous.

1. Que la lumiere des Planètes ne vient à nous que par réflexion, & pourquoy elles ne brillent que la nuit.

SI peu qu'on fasse de réflexion sur la nature qui a esté attribuée aux Planètes, il ne sera pas difficile de comprendre qu'elles doivent paroître lumineuses, puis qu'elles sont composées de la matiere du troisiéme E'lément qui peut résister à l'action de la lumiere, & la réflechir vers nous. Il paroîtra même que les Planètes ne doivent briller que de nuit à cause que les rayons du Soleil sont si forts pendant le jour, qu'ils offusquent facilement tous ceux des autres astres; & sur tout de ceux qui ne nous envoyent de la lumiere que par réflexion, comme font les Planètes & les Comètes.

2. Que nous ne pouvons voir les Comètes que lors qu'elles sont dans nôtre tourbillon.

Quant aux Comètes qui sont hors de nôtre tourbillon, nous ne pouvons les appercevoir, non pas mêmes lorsqu'elles sont prêtes à y entrer, si ce n'est peut-estre quelque peu lorsque leur grandeur est extraordinaire. La raison de cela est que les rayons que le Soleil envoye vers elles sont la plus part dissipés par la réfraction qu'ils souffrent dans la partie du firmament par laquelle ils passent pour revenir à nous.

Les Comètes ne sont pas mêmes visibles dés qu'elles sont entrées dans le tourbillon du Soleil; car comme elles entraînent avec soy beaucoup de matiere du second Elément, le tourbillon duquel elles sortent, est tellement allongé que cela empêche les petites boules du nôtre d'agir contre les corps des Comètes pour se réflechir ensuite vers nous; ce qui est cause que les Comètes demeurent invisibles jusqu'à ce que la matiere

LIVRE HUITIE'ME. PARTIE II.   163

de nôtre tourbillon ayant coupé cette traifnée, donne lieu au Soleil d'agir contr' elles.

Il n'y a rien de plus remarquable touchant la lumiere des Cometes que ces rayons, qui par leur oppofition continuelle au Soleil compofent ce qu'on appelle la *Barbe*, la *queüe* & la *chevelure* des Comètes.

Pour entendre la caufe de ces differents rayons il faut confidérer que les parties du fecond Élément qui font dans le voifinage du Soleil font beaucoup plus petites que celles qui en font éloignées ; comme il a efté prouvé dans le 2. Livre * & comme il paroît par cette figure, où les cercles H 4,5 &c. repréfentent les boules qui font proches du Soleil, & les cercles plus petits qui

3.
Pourquoy les rayons des Cometes compofent tantôt une Barbe, tantôt une Queuë & tantôt une chevelure.

* Chap. 9. Art. 1. & 2.

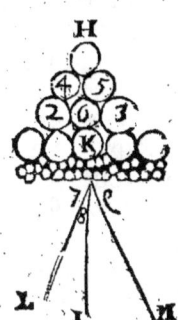

font au deffous, marquent celles qui en ont éloignées ; car enfuite il eft aifé de voir que quand la boule H eft pouffée vers I, elle preffe bien plus la boule K par le moyen de celles qui font entre-deux, qu'elle ne preffe les boules qui font aux côtés de K, dont la raifon paroîtra évidente fi l'on confidere que les deux boules 4 & 5 qui reçoivent toute l'action de la boule H, en communiquent bien plus à la boule 6. fur laquelle elles agiffent toutes deux, qu'elles n'en communiquent aux boules collatérales 2 & 3. fur lefquelles elles n'agiffent que féparément.

Il n'en eft pas de même de la boule K que de la boule H ; car comme la boule K s'appuye en même temps fur trois boules qui font plus petites qu'elle, telles que font les boules qui répondent à 7, 8, 9. elle ne peut pouffer que la feule boule 8 vers I, & elle pouffe la boule 7 vers L & la boule 9 vers M, en telle forte pourtant qu'elle pouffe la boule du milieu 8, beaucoup plus fort que les boules 7 & 9, & autres femblables qui font vers les côtés.

Enfuite dequoy pour entendre l'explication de la Barbe, de la Queuë & de la Chevelure des Cometes, il ne faut que jetter les yeux fur cette Figure, où s repréfente le Soleil, c eft une Comète, E B G eft cette partie du Tourbillon du Soleil qui eft compofée des parties du fecond Elément qui font les plus groffes, mais le moins vîtes ; & D A F eft le cercle que la terre décrit par fon mouvement annuel autour du Soleil.

X ij

164   LA PHYSIQUE.

Cela eſtant ſuppoſé, il faut penſer que le rayon de lumiere 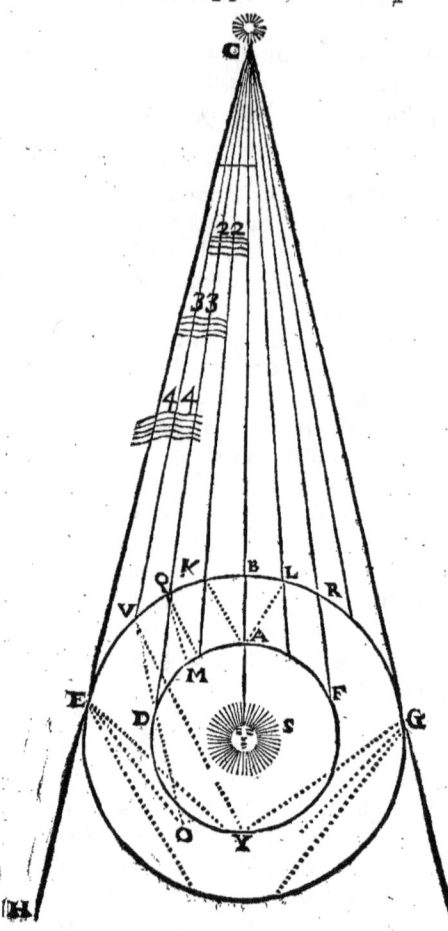 qui vient de C vers B, paſſe tout droit juſqu'au point A, mais que rencontrant au point B des boules du ſecond Elément qui ſont beaucoup plus petites, il commence à s'élargir, & à ſe diviſer en pluſieurs autres rayons qui s'étendent de tous côtés, de telle ſorte que chacun ſe trouve d'autant plus foible qu'il s'écarte davantage de celuy du milieu B A, qui eſt le principal & le plus fort de tous.

Il faut penſer encore que le rayon C E, commence au point E, où il rencontre les parties du ſecond Elément plus petites, à s'élargir & à ſe diviſer en pluſieurs autres rayons qui ſe répandent entre E D, & E H. Tout de même le rayon C G paſſe principalement de G vers I, mais outre cela il s'écarte vers F & vers tous les endroits qui ſont entre G I & G Y.

Il faut penſer enfin que tous les autres rayons qui peuvent eſtre imaginés entre ces trois C E, C B, C G, tiennent plus ou moins de la nature de chacun d'eux, ſelon qu'ils en ſont plus proches ou plus éloignés.

Cela eſtant ainſi, lors que la Terre eſt au point de ſon cer-

LIVRE HUITIE'ME. PARTIE II.

cle marqué A, non seulement le rayon B A nous doit faire voir le corps de la Comète C, mais aussi les rayons L A & K A, & autres semblables qui sont plus foibles que B A, venant vers nos yeux doivent faire paroître une couronne ou chevelure de lumiere éparse également de tous côtés autour de la Comète, comme nous voyons en C.

Lors que la Terre est vers M, & que la Comète paroît par le rayon K M, sa chevelure doit paroître par le moyen du rayon Q M, & de tous les autres qui tendent vers M, de telle sorte qu'elle s'étend plus loin qu'elle ne faisoit auparavant vers la partie qui est opposée au Soleil; comme il se voit en 22. Et comme cette chevelure paroît s'allonger de plus en plus vers le côté qui est opposé au Soleil, à mesure que la Terre est plus distante du point A, elle perd peu à peu la figure d'une chevelure, & se change en une longue queue que la Comète traîne après elle.

La Terre estant vers D, les rayons Q D & V D font paroître cette queue semblable à 3 3 ; La Terre estant vers O, les rayons V O & E O la font paroître encore plus longue; la Terre estant vers Y on ne peut voir la Comète à cause de l'interposition du Soleil, mais les rayons V Y & E Y & semblables ne laissent pas de faire paroître encore sa queue en forme d'un chevron ou d'une lance de feu telle qu'est 44.

Enfin, la Terre estant vers F le rayon R F représentera le corps de la Comète, & les autres la barbe, & toute la différence qu'il y aura, est que la Terre estant vers D, la Comète paroît le matin avec une longue traînée qui la précède, & la Terre estant vers F, la Comète paroît le soir avec cette traînée qui la suit, en quoy l'on peut comparer en quelque façon les Comètes à la Lune; car comme la Lune vieille se levant tard & beaucoup après le Soleil couché, paroît du côté d'Orient jettant ses cornes contre l'Occident, ainsi les Comètes Orientales portent leurs longues barbes ; & comme la Lune nouvelle paroît tout au contraire le soir du côté d'Occident, ayant ses cornes tournées contre l'Orient, de même les Comètes qui paroissent le soir, portent leurs queues tournées contre le Levant.

Toutes ces différentes situations des rayons des Comètes paroîtront encore plus clairement dans cette Figure, ou A ré-

166   LA PHYSIQUE.

préfente le Soleil, B eſt la Terre, l'eſpace B C D eſt le chemin qu'elle parcourt autour du Soleil dans un an. E F G, eſt le cercle de la Lune ; H I l'Horiſon ſenſible, H l'Orient ; I l'Occident & L M le chemin d'une Comète.

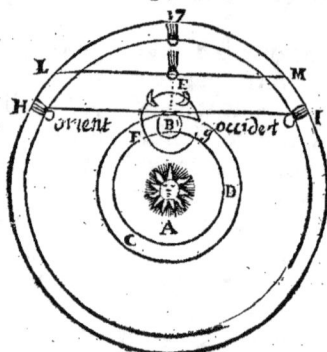

Or cela ſuppoſé, il eſt évident que les Comètes qui paroiſſent du côté d'Orient lors que leur tête eſt encore ſous l'horizon, doivent montrer déja leur queuë pardeſſus laquelle marchant la premiere fait qu'on appelle les Comètes *Barbuës*, telle eſt la Comète qui eſt au point de l'horizon H.

Par une raiſon contraire, les Comètes dont la tête eſt déja ſous l'Horizon du côté du couchant, doivent encore montrer la queuë par deſſus ; ce qui eſt cauſe qu'on les appelle *Comètes à queuë*, telle eſt la Comète qui eſt au point I, & pour les Comètes qui ſont dans le Zenith, comme elles ſont oppoſées au Soleil, leur queuë doit eſtre tournée en haut contre le Firmament, & tellement cachée par l'interpoſition de leur tête, qu'elles doivent paroître comme des Étoiles qui ont leur chevelure également diſpoſée tout autour de leur tête ; ce que l'expérience confirme.

4.
Pourquoy les Planètes n'ont point de Queuës ni de Barbes.

Si les Planètes ne paroiſſent pas avec des queuës, des barbes ou des chevelures comme les Comètes ; cela vient ſans doute de ce que les parties du ſecond Elément qui environnent les Planètes ne ſont pas aſſés groſſes pour compoſer des rayons qui s'élargiſſent & ſe diviſent en pluſieurs autres, au lieu que celles qui environnent les Comètes ſont toûjours aſſés groſſes pour produire cet effet.

Et il n'importe de dire que les parties du ſecond Elément qui environnent les Planètes ſont quelquefois auſſi groſſes que celles qui ſont autour des Planètes : Car nous répondons que quoy que les Comètes paſſaſſent quelquefois au deſſous des Planètes, cela n'empêcheroit pas que les Comètes ne fuſſent environnées des parties du ſecond Elément plus groſſes que celles qui ſont autour des Planètes, parce que les Comètes qui fortent d'un tourbillon par fa circonférence, entraînent toûjours avec foy des parties du fecond E'lément qui font plus groffes que celles qui font autour des Planètes du tourbillon dans lequel elles entrent.

CHAPITRE XIV.
De la Chaleur, de la Lumiere, & des Influences des Aftres.

QUOIQUE les corps qui font lumineux par eux-mêmes, comme la Flamme, le Soleil & les E'toiles fixes femblent pouffer uniformement le fecond E'lément qui les environne, la raifon nous perfuade néanmoins qu'il y a des moments dans lefquels ils agiffent plus fortement que dans d'autres, non feulement à caufe que leurs parties ne font pas toutes égales, & que ce ne font pas toûjours les mêmes qui s'appliquent à la même matiere d'alentour pour la pouffer, mais encore parce que l'action du corps lumineux eft reçûë dans un milieu tranfparent liquide, dont les parties eftant déja en mouvement, réfiftent inégalement aux rayons de lumiere; d'où il s'enfuit que les corps lumineux doivent imprimer quelque forte de trémouffement aux parties infenfibles des fujets fur lefquels ils agiffent; & parce que la chaleur ne confifte que dans cette maniere de mouvement, il eft néceffaire que tout corps qui eft lumineux produife quelque chaleur dans les corps qui font illuminés.

1. Que tout corps lumineux produit quelque chaleur.

Il eft vray que cette chaleur peut eftre infenfible, & qu'elle l'eft effectivement lorfque le corps lumineux en produit peu, ou que les organes fur lefquels il agit en ont plus que luy, comme il arrive lorfqu'on s'expofe aux rayons de la Lune, ou à une petite diftance de la flamme d'une chandelle; car on ne manque pas de fe refroidir, parce qu'on donne à l'air d'alentour plus de chaleur qu'on n'en reçoit de luy; mais comme le Soleil eft fort lumineux, il doit auffi notablement échauffer & par conféquent avoir des influences fort confidérables. Car par le mot d'*Influence*, on ne peut, ni ne doit entendre autre chofe qu'une certaine lumiere, ou une certaine chaleur que

2. Que le Soleil en doit produire une fort confidérable.

les Aftres communiquent aux corps inférieurs fur lefquels ils agiffent.

C'eft pourquoy puifque la chaleur du Soleil nous femble toute feule incomparablement plus grande que celle de tous les autres Aftres; nous devons regarder le Soleil comme la fource la plus féconde des influences, & la caufe principale de tous les effets terreftres; que fi nous n'expérimentons pas une même conftitution d'air toutes les fois que le Soleil éclaire la Terre d'une même façon, il n'en faut pas tant chercher la caufe dans les aftres que dans les difpofitions préfentes qui fe rencontrent dans l'air & dans la terre en particulier, ou dans tous les deux enfemble.

3. Que tous les Aftres contribuent à la production des chofes fublunaires à proportion qu'ils font lumineux.

Cela n'empêche pas néanmoins que les autres aftres ne contribuent à la production des effets fublunaires à proportion qu'ils font lumineux; ce qui ne fe doit pas feulement entendre des effets purement corporels, mais encore de ceux qui dépendent de l'efprit entant qu'il eft uny avec le corps. En effet, puifque l'efprit en vertu de cette union reçoit certaines penfées à l'occafion des mouvements qui ont efté caufés dans le corps, qui ne voit que certains Aftres peuvent contribuer par leur lumiere & par leur chaleur à rendre le corps capable de ces mouvements?

Ainfi nous croyons fans peine que les hommes qui ont efté formés pendant que certains aftes ont éclairé la terre, peuvent avoir des inclinations qui répondent en quelque façon aux mouvements que ces aftres ont imprimé à leurs corps, mais comme les mouvements de ces aftres font proportionnés à leur lumiere & que celle-cy n'eft pas du tout confidérable en comparaifon de celle du Soleil, ce n'eft pas auffi à ces aftres qu'il faut rapporter les diverfes inclinations des hommes qui font en même fituation à l'égard du Ciel, mais plûtôt au Soleil & aux difpofitions de l'air & de la terre où ils ont efté formés, & où ils fe font nourris; ce qui eft confirmé par l'expérience qui fait voir que tous les Hommes qui ont efté formés & nourris en différents climats, ont des inclinations diverfes, mais toûjours conformes non à l'afpect des Aftres, mais à la conftitution de l'air & des terres de ces climats, & à la fituation particuliere du Soleil à leur égard.

C'eft

LIVRE HUITIEME. PARTIE II.

C'eſt pourquoy, nous ne ſçaurions ſouffrir la vanité des Aſtrologues qui ſe vantent de pouvoir découvrir par Art les choſes qui doivent arriver, comme le beau temps, la pluye, les vents, les greſles, la foudre, les tempeſtes, &c. & qui vont mêmes juſqu'à cet excès de témérité, pour ne pas dire de folie, que de prédire les actions & les fortunes les plus particulieres des hommes ; car bien que nous ne doutions pas que les Aſtres ne puiſſent contribuer, quelque peu à la production de toutes ces choſes ils y contribuënt néanmoins d'une maniere ſi éloignée & ſi peu ſenſible, qu'il n'y a pas plus de raiſon de leur attribuer ces effets, qu'il y en auroit de rapporter tout le gain d'une bataille à la bravoure d'un ſimple Soldat qui auroit vaillamment combattu dans ſon rang.

4. *De la vanité des Aſtrologues.*

Ce que je dis de la pluye, des vents, &c. à l'égard des Aſtres, ſe doit entendre par proportion de la plenitude des Os, des Ecreviſſes, des Huîtres & d'autres poiſſons à l'égard de la Lune, c'eſt à dire, que la lumiere de cet Aſtre contribuë ſi peu à la production de ces effets qu'on ne ſçauroit les déterminer préciſément par rapport à elle. C'eſt ce que l'expérience confirme, en faiſant voir que dans quelque temps que ce ſoit on rencontre des os qui ſont pleins de moëlle, & d'autres qui n'en ont que tres-peu ; d'où il s'enſuit que cette diverſité dépend de quelque autre cauſe que de la Lune, & que ce que l'on dit de plus probable ſur ce ſujet, eſt que le défaut de moëlle dans quelques animaux provient du défaut de nourriture, ou des fatigues que ces animaux ont ſouffertes ; car on a remarqué qu'il ne ſe trouve guères de moëlle dans les os des Moutons qu'on a tués immédiatement après qu'on les a fait venir de loin, au lieu qu'il s'en trouve beaucoup dans les os de ceux qui ſe ſont long-temps repoſés, & qu'on a eu le loiſir de bien nourrir.

5. *Qu'on ne ſçauroit déterminer la plénitude des E'creviſſes par rapport à celle de la Lune.*

C'eſt auſſi une choſe qui répugne à l'expérience que de croire que les E'creviſſes, les Huîtres & les autres Poiſſons ſoient plus pleins en un certain temps de la Lune qu'en un autre, & cette erreur ne s'eſt gliſſée dans les eſprits, comme la pluſpart des autres erreurs communes, que pour avoir pris pour la cauſe d'un effet, ce qui ne l'eſtoit pas, & qui ne l'accompagnoit que par accident : car il y a lieu de croire que ſi les Poiſſons ſe trouvent quelquefois plus maigres en un temps qu'en un

6. *Qu'il n'eſt pas vray que les E'creviſſes ſoient toûjours plus pleines durãt la plénitude de la Lune.*

Tome III. Y

autre ; cela vient, ou de ce qu'ils n'ont pas rencontré aſſes de nourriture, ou de ce qu'ils ont eſté trop agités ou tourmentés : ce qui ſe confirme, parce qu'entre les Poiſſons d'une même eſpéce qui ſe prennent dans un même lieu, & en un même jour, ceux qui ſe prennent avec des filets qu'on traîne dans la Mer & qu'on retire auſſi-tôt, ſont plus gras & mieux nourris que ceux qui ſe prennent dans les filets qu'on eſt long-temps à retirer quand ils ont eſté tendus.

7. Ce que ſont la chaleur & les influences des Aſtres.

Depuis qu'on s'eſt aviſé de faire des expériences & de bannir du monde les qualités occultes, il n'y a que ceux que la néceſſité oblige à faire profeſſion de l'Aſtrologie judiciaire, qui oſent attribuer à l'influence des Aſtres les effets qu'on obſerve. Il n'y a pas même juſqu'aux moindres Jardiniers qui n'ayent reconnu par expérience la fauſſeté des opinions populaires touchant la taille des arbres & l'enſemencement des terres, par rapport au temps de la Lune. Ainſi, finiſſant par où nous avons commencé, pour définir la chaleur des Aſtres, laquelle nous ne diſtinguons pas de leurs influences, nous dirons qu'elle n'eſt autre choſe *qu'un certain mouvement qu'ils impriment aux petites boules du ſecond E'lément, par lequel elles font mouvoir autour de leur centre les particules des corps qui ſont le ſujet de leur action.*

CHAPITRE XV.

Contenant quelques réflexions générales ſur la Lumiere.

1. Que tout mouvement du ſecond E'lément n'eſt pas Lumiere, & pourquoy.

QUoy que la Lumiere ne ſe tranſmette à nos yeux que par le ſecond E'lément, il ne s'enſuit pas néanmoins que tout mouvement du ſecond E'lément ſoit Lumiere ; car cette conſéquence eſt la même, que ſi l'on diſoit que parce que le fer ne devient jamais rouge qu'il ne ſoit chaud, il n'eſt jamais chaud en quelque façon, qu'il ne ſoit rouge ; car nous accordons bien que toute impulſion du ſecond E'lément qui eſt parvenuë à un certain degré de viteſſe, & qui ſe fait d'une certaine maniere, cauſe le ſentiment de la Lumiere, mais nous nions qu'un mouvement plus lent, & qui ſe fait de quelque autre façon, puiſſe produire le même effet, tout de même qu'une chaleur modérée ne suffit pas pour rendre un fer rouge ou embrasé.

Nous avons dit que l'air empêche plus le passage de la Lumiere que l'eau, ce qui ne semble nullement probable. Mais on peut facilement résoudre cette difficulté en mettant de la différence entre la multitude des rayons, & la facilité avec laquelle ils pénètrent tel ou tel corps diaphane; car nous demeurons bien d'accord que l'air admet en soy beaucoup plus de rayons que ne fait l'eau, de la surface de laquelle il en réjalit un beaucoup plus grand nombre que de celle de l'air, mais cela n'empêche pas que les mêmes rayons qui passent au travers de l'air & de l'eau, ne passent plus facilement par celle-cy que par celuy-là, ainsi qu'il a esté remarqué.

2. Que les rayons passent en plus grãde quantité dans l'air que dans l'eau, mais plus difficilemët.

Il suffit de sçavoir que la matiere du second Elément s'étend continuëment & sans interruption, depuis le Soleil jusqu'à la surface convexe de l'Athmosphère d'air qui environne la terre, pour concevoir que la lumiere du Soleil se transmet comme dans un instant jusqu'à cette surface. Mais parce que depuis là jusqu'à nous, les rayons ne sont plus composés du seul second Elément, & qu'ils admettent beaucoup de parties d'air qui sont de leur nature flexibles & ployables, il est aisé à entendre que la transmission de la lumiere ne se fait plus dans un instant, mais dans un espace de temps qui pour estre presque insensible, ne laisse pas d'estre tres-réel.

3. Qu'en toute rigueur la lumiere ne se transmet jamais en un instant.

Et afin qu'on ne doute pas qu'il suffise pour transmettre l'action d'un corps lumineux que plusieurs boules du second Elément s'entretouchent, & même pour la transmettre en ligne droite. Voyés ces boules enfermées dans un tuyau où pressant la premiere marquée 1, on presse par même moyen les suivantes 2 & 3 par l'entremise des collatérales 4 5 & 6 7, & même l'action dont on les presse s'étend en ligne droite du point 1 vers le point 3, bien que ces boules ne soient pas arrangées en ligne droite; ce qui fait voir qu'un rayon de lumiere pris matériellement n'est autre chose qu'une suite des boules du second Elément qui s'entretouchent, & qu'un rayon de lumiere pris formellement est l'impulsion d'un corps lumineux qui se transmet en ligne droite par le moyen d'un rayon matériel.

4. Qu'il suffit pour transmettre la lumiere en ligne droite que les boules du second Elément s'entretouchent.

Y ij

5.
Que la lumiere confiste tantôt dans le mouvement, & tantôt dans l'inclination à se mouvoir.

Suivant ce principe, nous dirons que la lumiere confidérée dans le corps lumineux confiste toûjours dans un mouvement actuel, au lieu qu'estant confidérée dans le second Elément, elle confiste tantôt dans un mouvement actuel, & tantôt dans une simple inclination à se mouvoir ; elle confiste dans un mouvement actuel, lors que les rayons matériels qui la transmettent, sont composés de quelques parties d'air, & qu'ils se terminent à des corps qui cèdent à leur mouvement ; & enfin elle confiste dans une simple inclination à se mouvoir, lors que les rayons matériels ne sont composés que du second Elément, & qu'ils se terminent à des corps qui sont inébranlables, ce qui n'arrive jamais en toute rigueur.

6.
Comment une étincelle de feu peut faire mouvoir localement le second Elémēt jusqu'à une grande distance.

Quant à la difficulté qu'on trouve à concevoir qu'une étincelle ait la force de faire mouvoir localement toute la matiere du second Elément contenuë dans un globe, par exemple de cinquante lieuës de diamètre, elle pourra estre facilement levée si l'on veut prendre la matiere du second Elément pour un corps extrémement fluide ; pour cet effet, on pourra s'imaginer un tuyau replié, qui s'étend, si l'on veut, depuis la surface de la terre jusqu'à son centre, qui soit plein d'eau, & que pendant que cette eau est aussi calme qu'elle le peut estre, on verse une goute d'autre eau dans celuy de ses côtés qu'on voudra ; car je ne crois pas qu'on doive faire difficulté d'accorder que la pésanteur de cette goute sera suffisante pour faire hausser toute l'eau qui est de l'autre côté, & par conséquent aussi pour faire mouvoir toute celle qui est dans le tuyau replié ; après quoy nous ne croyons pas qu'on puisse nier qu'une étincelle de feu ne soit capable de mouvoir le second Elément qui est contenu dans un grand espace, pourvû qu'on remarque que l'action du feu est encore plus forte que celle de la pésanteur, & que la matiere du second Elément doit estre incomparablement plus fluide, que ne sont l'air & l'eau dans les pores desquels elle est contenuë.

7.
Que la matiere du second Elémēt n'apporte presque aucune résistance au mouvement.

Et il seroit inutile d'alleguer que toute la matiere a de la résistance au mouvement local ; car il est constant que cette maxime n'est fondée que sur une préoccupation des sens qui vient de ce que n'ayant essayé dés nôtre enfance qu'à remuer des corps qui estoient durs & pesants, & y ayant toûjours rencontré de la difficulté, nous nous sommes dés-lors persua-

LIVRE HUITIE'ME. PARTIE II. 173

dés que cette difficulté procédoit de la nature même de la matiere, & par conséquent qu'elle estoit commune à tous les corps, cela nous estant bien plus aisé à supposer qu'à prendre garde que ce n'estoit rien que la pésanteur des corps que nous tâchions de remuër, qui nous empêchoit de les lever, & leur dureté avec l'inégalité de leurs parties qui nous empêchoit de les traîner; mais il ne s'ensuit pas delà que la même chose doive arriver à l'égard des corps qu'on peut dire en quelque façon n'avoir ni pésanteur ni légéreté, tel qu'est le second E'lément.

Pour ceux qui demandent si la force, dont une étincelle de feu ou un ver luisant doit pousser la nuit le second E'lément vers nos yeux pour faire sentir la lumiere, ne peut estre empêchée par celle du vent, lors qu'il souffle fort impétueusement d'un sens contraire, c'est quasi le même que demander si dans une cuve, où les grappes de raisins sont tirées en haut fort promptement, le mouvement de ces grappes estant tout contraire à celuy dont le vin tend à descendre, ne l'empêche point. A quoy nous répondons que si le mouvement avec lequel on tire les grappes en haut est plus lent que celuy dont les parties du vin tendent à descendre, il n'empêchera point que le vin ne coule par les trous qui sont au dessous de la cuve, & qu'encore même qu'il soit beaucoup plus prompt, si l'on suppose que ces trous soient bouchés en sorte qu'il ne puisse rien du tout succéder que du vin en la place que laissent ces grappes, ainsi qu'il ne peut rien succeder que de la matiere du premier & du second E'lément en la place des parties de l'air dont le vent est composé, on peut par les règles des Méchaniques démontrer que ce vin ne pressera pas moins le fond de la cuve que si ces grappes estoient sans aucune agitation : c'est assés parlé de la Lumiere, passons maintenant à l'examen des Couleurs.

2. *Que la lumiere ne peut estre empêchée par le vent.*

CHAPITRE XVI.

Des Couleurs en Général.

LE mot de Couleur n'est pas moins équivoque que celuy de lumiere, puis qu'il est pris tantôt pour signifier le sentiment qui est dans l'ame ensuite de l'action des corps qu'on

1. *Que le mot de couleur est équivoque, & comment il le faut définir.*

Y iij

nomme colorés ; tantôt pour signifier ce qu'il y a dans les corps colorés par quoy ils produisent ce sentiment ; & tantôt ce que les corps colorés impriment dans le milieu & sur l'organe. On appelle le sentiment de couleur, la couleur *Formelle*, ce qu'il y a dans ces corps qui produit ce sentiment, la couleur *radicale*, & ce que ces corps impriment dans le milieu, la couleur *dérivée*.

<small>2.
Que la lumiere est de l'essence des couleurs.</small>

Il suffit d'avoir observé que les couleurs dérivées ne paroissent jamais dans les ténèbres pour estre portés à croire que la lumiere est de l'essence des couleurs, ou pour mieux dire, que les couleurs ne sont autre chose que certains changements, ou certaines modifications qui arrivent à la lumiere, j'entens parler de la lumiere seconde & dérivée, & non de la lumiere primitive & radicale, dont il a esté traité, laquelle ne peut estre tout au plus que la cause efficiente éloignée des couleurs formelles.

Cela estant posé, il semble qu'on pourra déterminer assès facilement ce que sont les couleurs; car comme la lumiere seconde & dérivée, n'est qu'un mouvement direct des petites boules du second Elément, il ne s'agit que de parcourir tous les changements & toutes les modifications qui peuvent arriver à ce mouvement, & de rechercher ce qu'il y a dans les corps qu'on appelle *colorés*, qui peut causer ces changements & ces modifications pour estre assûrés que nous avons trouvé ce que sont les couleurs dans les objets colorés & dans le milieu par lequel ils agissent sur nos organes.

<small>3.
Quels sont les corps qui paroissent blancs.</small>

Pour commencer cet examen par les couleurs dérivées, il est certain que le moindre changement qui arrive à la lumiere seconde, est de s'affoiblir en se répandant de tous côtés; d'où il s'ensuit que les corps qui le causent, doivent paroître le moins différents qu'il est possible des corps lumineux, c'est à dire, qu'ils doivent paroître blancs. C'est ainsi en effet, que paroissent tous les corps opaques dont la surface est si âpre & raboteuse, qu'elle réflechit de tous côtés les rayons qu'elle a reçûs parallèles.

Cette doctrine est confirmée par plusieurs expériences dont voicy les trois principales. La premiere est qu'on blanchit une piece d'argent en la mettant tremper dans de l'eau, où l'on a fait dissoudre une certaine quantité de sel de tartre & de sel marin

LIVRE HUITIE'ME. *PARTIE II.* 175

qui n'ont la propriété de blanchir cet argent, qu'en rongeant sa surface & en la rendant âpre & raboteuse, comme il paroît par ce qu'on fait perdre à l'argent la blancheur qu'on luy avoit donnée, en le bruniffant; c'eft à dire en paffant par deffus sa surface une pierre fort dure que les Orfévres appellent *Sanguine*, avec laquelle ils enfoncent les parties les plus élevées & les mettent au niveau des autres.

La feconde eft qu'en prenant un morceau de verre qui eft de foy tranfparent, & par conféquent fans couleur, on le fait devenir blanc en le réduifant feulement en pouffiere ; ce qui ne peut provenir que de ce que les petites parties qui compofent fa furface lorfqu'il eft réduit en poudre, font fi diverfement inclinées qu'elles affoibliffent la lumiere qui leur tombe deffus en la répandant de tous côtés ; au lieu que lorfque le verre eftoit entier, il en laiffoit paffer une partie, & réfléchiffoit l'autre du côté oppofé à celuy par lequel il l'avoit reçûë.

La troifiéme eft que les corps blancs font vûs de plufieurs endroits en même temps, ce qui n'arriveroit pas fi leur furface n'eftoit âpre & raboteufe pour réflechir les rayons de tous côtés : mais comme la moindre partie ou éminence fenfible qu'on puiffe affigner dans la furface d'un corps opaque, eft pour l'ordinaire compofée d'un nombre innombrable de petites éminences ou parties infenfibles diverfement inclinées, à peine peut-on placer l'œil en aucun endroit où il ne reçoive autant de rayons réfléchis du corps blanc, qu'il en pourroit recevoir s'il eftoit placé en un autre. Ainfi les corps blancs doivent eftre vûs de plufieurs endroits ; ce qui manque aux corps polis, comme font les miroirs, lefquels recevant des rayons paralleles d'un feul côté ne les réfléchiffent que vers le côté oppofé, ainfi que l'expérience le fait voir.

La blancheur ne paroît pas feulement dans les corps opaques qui font illuminés, elle fe fait encore voir dans ceux qui font lumineux comme dans la plufpart des flammes, dans les E'toiles fixes, & dans le Soleil même, lors qu'il eft regardé au travers d'un broüillard médiocrement épais : ce qui vient fans doute de ce que la plufpart des flammes ne produifent que peu de lumiere ; de ce que les E'toiles fixes n'en envoyent guères, à caufe de leur grand éloignement ; & enfin de ce que la lumiere du Soleil eft la plufpart retenuë par les vapeurs qui

4. Ce que c'eft que la blancheur dérivée.

résistent à son passage; d'où il s'ensuit qu'il y a des corps lumineux & des corps illuminés qui paroissent blancs, mais avec cette différence que comme la lumiere prédomine dans les premiers, ils retiennent le nom de corps *lumineux*, au lieu qu'on nomme les autres des corps *blancs*. Aussi l'on peut dire, à proprement parler, que *la blancheur dérivée n'est autre chose qu'une lumiere seconde, qui a esté affoiblie par la seule division des rayons, & qui n'a receû aucune autre modification particuliére*.

<small>5.
Ce que c'est que la blancheur radicale.</small>
 Quant à la blancheur radicale qui est celle qui réside dans les corps blancs, & qui est la cause efficiente de la blancheur dérivée, nous ne devons pas faire difficulté de reconnoître qu'elle consiste en ce qu'il y a dans les corps blancs quelque chose qui peut diviser la lumiere; ce qui ne peut estre que leur superficie, entant qu'elle est composée de parties diversement inclinées qui sont capables de résister à la lumiere & de la réflechir de tous côtés. C'est pourquoy pour donner une idée bien exacte de la blancheur radicale, on peut dire *qu'elle consiste dans la superficie des corps, entant qu'elle a la propriété de diminuer la lumiere en la faisant réflechir de tous côtés*.

<small>6.
Ce qu'est que la noirceur dérivée.</small>
 Pour ce qui regarde la noirceur dérivée, puis qu'elle est opposée à la blancheur, nous ne devons pas faire difficulté de reconnoître que si pour voir blanc, il faut recevoir plusieurs rayons; pour voir noir, il n'en faut recevoir aucun, & par conséquent que la noirceur radicale doit consister en général dans la propriété qu'ont les corps noirs d'amortir les rayons qu'ils ont receûs; cela est confirmé parce qu'on voit noir, non seulement dans les ténébres, mais encore en regardant du velours & plusieurs autres corps dont la surface est composée de parties insensibles si délicates & si interrompuës qu'elles peuvent amortir la lumiere en arrestant les rayons, de même que les toiles arrêtent les bales dans un Jeu de Paume.

 Et il n'importe de dire qu'il n'y a pas d'apparence que les corps noirs ne différent des corps blancs qu'en ce que leur surface est plus molle & plus interrompuë, puis que les corps noirs ne paroissent pas moins durs, ni moins solides que les corps blancs; car nous répondons que quoyque les corps noirs ayent des parties aussi fixes que celles des corps blancs, ils en peuvent avoir d'autres plus délicates & plus molles. Par exemple, le noir peut différer du blanc à peu près comme une pierre

pierre ponce dont les pores sont remplis de poix fonduë, diffère d'une autre pierre ponce dont les pores sont pleins d'air; car comme les grains de sable qu'on jetteroit contre celle-cy se réflechiroient, & que ceux qu'on jetteroit contre l'autre, seroient amortis; de même toute la lumiere qui tombe sur le marbre blanc, est réflechie, au lieu que le marbre noir amortit la plusspart de celle qu'il reçoit.

Il est donc certain que la lumiere s'amortit contre les corps noirs entant que noirs; mais cela n'empêche pas qu'il ne s'en réflechisse contre le marbre noir, ou autres tels corps; car il n'y en a peut-estre pas un dans la nature qui soit si purement noir qu'il ne contienne en soy plusieurs parties qui composeroient un corps blanc, si elles estoient séparées des autres; & ce qui prouve que la plusspart de celles du marbre qu'on nomme *noir*, sont telles, est qu'il paroît beaucoup moins noir n'estant pas poly que lors qu'il l'est, ce qui procède sans doute de ce qu'estant poly toutes ses parties blanches réflechissent la lumiere vers un même côté, où l'œil ne se trouvant pas elles font le même effet à son égard que si elles l'amortissoient, mais lorsque l'œil s'y trouve, il voit cette lumiere dans ce marbre de la même maniere qu'il la verroit dans l'objet lumineux s'il le gardoit.

Or l'action des rayons peut estre amortie par les parties des corps noirs à cause qu'elles la reçoivent en elles mêmes, ainsi qu'une tapisserie reçoit en soy le mouvement d'une bale qu'on pousse contre elle; au lieu que les parties des corps blancs ne la reçoivent point, mais la font réfléchir de même que les corps durs & inébranlables font réfléchir ceux qui se meuvent contre-eux; d'où il faut conclure *que les corps noirs sont ceux dont la superficie est propre à amortir les rayons de la lumiere.*

7. *Quelles sont les proprietés des corps blancs & des corps noirs.*

Cette définition estant supposée, il est évident que les corps qui réfléchissent plus de rayons de tous côtés, doivent paroître plus blancs, & ceux qui en réfléchissent moins, doivent paroître plus noirs, ce que l'expérience confirme.

Il paroît encore que les rayons du Soleil estant assemblés par un miroir ardent ne doivent brûler qu'à peine les corps blancs, lorsqu'ils brûlent comme en un instant les corps noirs, quoyque les corps blancs & les corps noirs paroissent également combustibles : La raison de cela est que les corps blancs ne peuvent recevoir que peu de chaleur à cause qu'ils réfléchiffent beaucoup de lumiere, au lieu que les corps noirs s'é-chauffent beaucoup, parce qu'ils amortiffent la pluspart des rayons.

Il paroît enfin que les corps blancs doivent fatiguer la vûë lorfque les corps noirs ne font que la delaffer, la raifon de cela eft qu'on ne peut voir un corps blanc fans recevoir l'impreffion de plufieurs rayons, au lieu qu'un corps noir ne paroît tel qu'à caufe qu'il laiffe l'organe de la vûë en repos, en ne renvoyant vers luy aucune lumiere. C'eft ce que l'expérience confirme.

Au refte quoyque nous venions de mettre le blanc & le noir au nombre des couleurs, nous ne laiffons pas néanmoins de reconnoître qu'en cela nous avons fuivy l'exemple du vulgaire, bien que nous fçachions dans le fond que le blanc & le noir ne font point de vrayes couleurs, puifque le noir n'eft qu'un fimple defaut de lumiere, ni le blanc qu'une lumiere diminuée fans aucune autre modification; d'où vient que les Teinturiers ne mettent point le blanc au nombre des couleurs, comme il paroît de ce qu'ayant des laines blanches ils difent qu'il les faut mettre en couleur. Ainfi, fuivant leur exemple, nous regarderons le rouge, le jaune, le bleu, le violet & les autres couleurs qui en font compofées comme les feules vrayes couleurs.

CHAPITRE XVII.

Des vrayes Couleurs fimples & compofées.

1. *Que toutes les couleurs confiftent dans quelque piroüettemēt des boules qui compofent les rayons, & dans quels.*

QUand on confidère que les couleurs dérivées fimples ne font autre chofe que des modifications de la lumiere feconde & que cette lumiere n'eft qu'une impulfion directe des petites boules qui compofent les rayons, il ne femble pas que les couleurs dérivées fimples, puiffent confifter en autre chofe que dans un piroüettement de ces mêmes boules, puifqu'il eft impoffible de concevoir que le mouvement droit d'un corps fe puiffe modifier autrement qu'en devenant circulaire.

Mais comme les petites boules des rayons peuvent piroüetter en deux manieres, ou en tournant toutes en même fens, com-

LIVRE HUITIEME. PARTIE II. 179
me font plusieurs boules de Billard qui roulent ensemble sur une table, ou en tournant en des sens alternativement differents, comme font les roües d'une Horloge qui sont engrainées les unes dans les autres. Il s'agit de sçavoir précisément comment elles doivent piroüetter pour prendre la forme des couleurs.

Or elles ne piroüettent pas en des sens alternativement différents, parce que si elles piroüettoient ainsi, on verroit des couleurs dans toutes les réflexions qui se font sur des corps polis, ce qui ne s'accorde pas avec l'expérience ; car elle fait

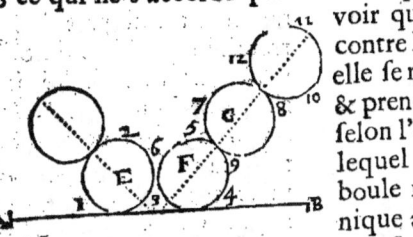

voir que quand la boule E rencontre la surface du miroir A B, elle se réfléchit à angles égaux, & prend un mouvement en rond selon l'ordre des Chiffres 1, 2, 3. lequel elle communique à la boule F, la boule F le communique à la boule G, & ainsi de suite jusqu'à la derniere, sans toutefois que ce piroüettement fasse voir aucune couleur sur le miroir, ce qui vient sans doute de ce que la boule F piroüette en un sens contraire de la boule E, sçavoir, selon l'ordre des chiffres 4, 5, 6. & la boule G, selon l'ordre des chiffres 7, 8, 9. qui est un sens contraire à celuy de la boule F.

Il reste donc que les petites boules qui produisent les couleurs piroüettent en un même sens, ce que l'expérience du Prisme triangulaire de verre semble mettre hors de doute, puis qu'on voit que les rayons qui ont passé au travers de ce Prisme sont capables de produire des couleurs, bien qu'ils ne puissent estre soupçonnés d'avoir reçû dans ce passage aucune autre modification que celle qui consiste dans cette sorte de piroüettement.

Z ij

180 LA PHYSIQUE.

2. Comment on connoît quel est le piroüettemēt particulier, dans lequel consiste chaque couleur simple.

Pour découvrir ensuite comment ce piroüettement doit estre modifié pour produire chaque couleur particuliere, soit A B C un Prisme triangulaire de verre, dont l'une des faces comme A B est couverte d'un corps opaque à l'exception de l'endroit I L, où je suppose que ce corps opaque ait une ouverture d'environ quatre lignes de diametre, par laquelle il puisse recevoir des rayons du Soleil s. soient F I & G L deux rayons qui partent des extremités du Soleil, & qui entrent par l'ouverture I L, en telle sorte que le rayon F I qui part de l'extrémité supérieure du Soleil passe par l'extrémité inférieure de l'ouverture, & le rayon G L qui part de l'extrémité inférieure du Soleil, passe par l'extrémité supérieure de la même ouverture.

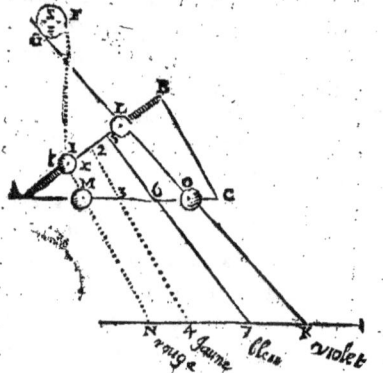

Cela estant supposé, il est visible que les rayons F I & G L souffrent deux réfractions ; l'une en s'approchant de la perpendiculaire, & l'autre en s'en éloignant, & que suivant ces deux réfractions, leurs petites boules sont obligées de tourner autour de leur centre. Par exemple, si I est une de ces petites boules, la superficie A B qu'elle rencontre obliquement la détermine à se mouvoir plus vîte du côté x que du côté t, & à faire mouvoir du même sens les boules qui la suivent depuis I jusqu'à M ; & parce que la boule M souffre une réfraction en s'éloignant de la perpendiculaire, elle est obligée de tourner encore du même sens que la boule I, & d'y faire tourner toutes celles qui s'étendent depuis M jusqu'à N. A quoy si vous ajoûtés que l'ombre du corps opaque se trouve du côté gauche t, il paroîtra évident qu'elle doit faire tourner toutes les petites boules du rayon I M N du côté droit x, par la même raison que la surface d'un Billard fait tourner par en haut toutes les boules ausquelles elle résiste par en bas.

Ce que je dis des petites boules du rayon I M N se doit entendre par proportion de celles du rayon de L O k, c'est à dire,

LIVRE HUITIE'ME. *PARTIE II.*

que toutes les petites boules de ce rayon tournent circulairement de gauche à droite, mais moins que celles du rayon I M N, à cause que l'ombre du corps opaque facilite le tournoyement de celle-cy, & qu'elle résiste au mouvement circulaire des autres. D'où il s'ensuit qu'on peut dire en général que les petites boules du rayon I M N ont beaucoup plus du mouvement circulaire que du droit, & au contraire que les petites boules du rayon L O K ont beaucoup plus du mouvement droit que du circulaire.

Quant aux deux rayons 2, 3, 4. & 5, 6, 7. comme ils sont également éloignés l'un du rayon I M N, & l'autre du rayon L O K, il y a lieu de croire que les petites boules du rayon 2, 3, 4. ont plus du mouvement circulaire que du droit, mais qu'elles en ont moins que celles du rayon I M N, & que les petites boules du rayon 5, 6, 7. ont plus du mouvement droit que du circulaire, mais moins que celles du rayon L O K.

Ensuite dequoy, puis qu'en mettant une feüille de papier blanc aux quatre points N, 4, 7, k, que je suppose estre à quatre ou cinq pieds de distance du Prisme, on voit rouge en N, jaune en 4, bleu en 7, & violet en k. C'est une marque infaillible que l'essence de la couleur rouge consiste en ce que les petites boules du rayon qui la causent, ont beaucoup plus du mouvement circulaire que du droit. Que l'essence de la couleur violette consiste en ce que les petites boules des rayons ont beaucoup plus du mouvement droit que du mouvement circulaire. Que l'essence de la couleur jaune consiste en ce que les petites boules du rayon qui la cause, ont plus du mouvement circulaire que du droit, mais qu'elles en ont moins que celles du rayon qui produit le rouge. Et enfin, que l'essence du bleu consiste en ce que les petites boules des rayons qui l'excitent ont plus du mouvement droit que du circulaire, mais qu'elles en ont moins que les petites boules du rayon qui produit le violet. D'où il s'ensuit qu'on peut dire en général qu'il n'y a que quatre couleurs simples, sçavoir, le rouge, le jaune, le bleu & le violet, mais de telle sorte que le jaune n'est qu'un rouge diminué, ni le bleu qu'un violet aussi diminué.

Z iij

182　　LA PHYSIQUE.

On peut s'aſſûrer par une ſeule expérience que le jaune & le bleu ne ſont qu'un rouge & un violet diminués, ſi l'on prend un vaiſſeau comme A B C D dans lequel il y ait de l'eau dont la ſurface ſoit quatre ou cinq poulces plus haute que le fond B C ; car y laiſſant tomber enſuite fort obliquement les rayons du Soleil E F & G H par un trou de quatre ou de cinq lignes de diametre qui ſoit aſſés près de la ſurface de l'eau, on verra que ces deux rayons ſe courberont aux poincts F & H en s'approchant de la perpendiculaire, & qu'eſtant

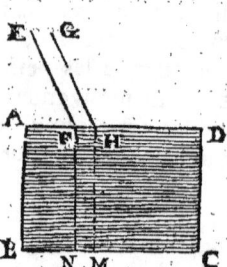

reçûs au fond de l'eau ſur la ſurface B C, qu'il faut ſuppoſer blanche, ils y produiront des couleurs différentes, ſçavoir un rouge jaunâtre vers M, qui eſt au dehors de la courbure des rayons, & un violet bluâtre vers N, qui eſt au dedans de la même courbure : ce qui ne peut procéder que de ce que les petites boules du rayon G H ne ſouffrant qu'une réfraction, n'acquierent pas aſſés de mouvement circulaire pour produire un véritable rouge, bien qu'elles en ayent aſſés pour cauſer un rouge jaunâtre, & de ce que les petites boules du rayon E F n'ont pas aſſés du mouvement droit pour produire un vray violet, bien qu'elles en ayent aſſés pour cauſer un violet bleuâtre.

3.
Quelles ſont les propriétés qu'on peut déduire de la nature des couleurs.

La nature des couleurs ſimples & dérivées eſtant ainſi établie, on en peut aiſément déduire les propriétés, dont voicy les plus importantes. La premiere eſt qu'on doit voir diverſes couleurs lors qu'on regarde au travers des corps diaphanes triangulaires, ſi ces corps ont une de leurs ſurfaces couverte d'un corps opaque, à la réſerve d'un petit eſpace par lequel ils puiſſent recevoir quelques rayons de lumiere, ou ce qui eſt la même choſe, ſi l'objet qu'on regarde au travers de ces corps diaphanes a des enfoncemens qui cauſent des ombres, ſans quoy on ne ſçauroit voir des couleurs, comme l'expérience le fait voir dans le Priſme triangulaire de verre dont nous venons de parler.

La ſeconde, que lorſqu'on regarde des objets ombragés par un corps diaphane triangulaire & équilatéral, on les doit voir colorés ou ſans couleur, ſelon que l'œil eſt diverſement placé

LIVRE HUITIE'ME. PARTIE II. 183

à leur égard : Par exemple, si les deux rayons D E & F G estant tombés sur le Prisme A B C; & s'estant rompus en E & en G, & en H & en I, tendent à l'œil qui est placé en Q L, l'objet D F paroîtra coloré, parce que ces deux réfractions conspirent à faire piroüetter les petites boules des rayons en même sens; & que ceux qui sont dans la convexité de la premiere courbure, sont aussi dans la convexité de la seconde; au contraire, le même objet paroîtra sans couleur si l'œil est placé en O P, parce que le rayon H M & I N, qui se réfléchissent sur le côté A C, se rompent en M N de telle sorte que cette seconde réfraction détruit l'effet de la premiere en faisant que le rayon D E H qui estoit dans la convexité de la premiere courbure, se trouve dans la concavité de la seconde. Cela est confirmé par l'exemple du Prisme triangulaire de verre au travers duquel on voit le même objet tantôt coloré & tantôt sans couleur, selon que le Prisme est diversement placé entre l'œil & l'objet.

La troisiéme & derniere propriété est que quand il y a deux ou trois réfractions de suite, en sorte pourtant que les rayons rompus demeurent dans la même situation à l'égard de la convexité & concavité des courbures, on doit voir les mêmes couleurs, mais plus vivement, parce que cette situation conspire à faire tourner toutes les petites boules des rayons en même sens; ce qui sera confirmé par l'exemple des couleurs de l'Arc-en-ciel dont il sera traité ensuite.

Quant à la couleur verte qu'on voit quelquefois en regardant dans le Prisme triangulaire de verre, il ne la faut pas tant considérer comme une couleur simple, que comme une couleur mixte & composée qui résulte du mêlange du jaune & du bleu, & qui consiste par conséquent en une raison du mouvement droit & du mouvement circulaire moyenne entre les raisons du mouvement droit & du mouvement circulaire des petites boules des rayons jaunes & bleus. Cela est confirmé par

Que la couleur verte est une couleur composée.

l'expérience qui fait voir qu'en mettant une feüille de papier blanc à une diſtance de dix ou de douze pieds du Priſme, le jaune & le bleu s'avancent l'un ſur l'autre, & font du verd par leur mêlange: Cela paroît encore mieux en regardant par le Priſme le panneau d'une vître; car on voit dans l'extrémité ſupérieure un rouge vif qui a au deſſous du jaune, & dans l'extrémité inférieure un beau violet qui a par deſſus du bleu. Enſuite dequoy ſi l'on diſpoſe le Priſme de telle ſorte que les deux extrémités du panneau ſemblent ſe joindre, on voit que le jaune & le bleu qui ſont placés entre le rouge & le violet, venant à ſe mêler enſemble diſparoiſſent, & compoſent un beau verd qui tient le milieu entre le rouge & le violet.

Ce que je dis du verd ſe doit entendre par proportion de toutes les autres couleurs mixtes qui ſont compoſées d'autres couleurs, comme le verd eſt compoſé du jaune & du bleu, comme l'expérience des Peintres le confirme.

5.
En quoy conſiſtent les couleurs radicales des corps lumineux, & des corps illuminés.

Quant aux vrayes couleurs radicales, on peut dire en général qu'elles ne ſont autre choſe dans les corps qu'on nomme colorés que la propriété particuliere qu'ils ont de modifier la lumiere d'une certaine façon: C'eſt pourquoy puis que cette propriété eſt différente ſelon la différente nature des corps *colorés*, pour en avoir une idée la plus exacte qu'il ſera poſſible, il faut tâcher de découvrir ce qu'il y a de particulier dans la ſuperficie de chaque eſpèce de corps coloré qui peut donner lieu à la lumiere de ſe modifier de la maniere qui eſt requiſe pour produire la couleur qui eſt propre à cette eſpèce de corps.

6.
Pourquoy les corps paroiſſent rouges.

Ainſi pour commencer cet examen par les corps lumineux, il faut remarquer que ceux qui ſont compoſés de ſoulfres groſſiers & qui ſe meuvent lentement, doivent paroître rouges; car comme ces ſoulfres ſont fort ſpongieux & fort lents, ils compoſent une ſurface ſi rare & ſi interrompuë qu'elle ne peut pouſſer en avant qu'une partie des petites boules du ſecond Élément qui l'environnent; ce qui eſt cauſe que l'autre partie qui n'eſt pas éclairée, fait le même effet à l'égard de celle qui l'eſt, que l'ombre du corps opaque qui eſt ſur le Priſme triangulaire de verre, a coûtume de faire à l'égard des rayons qui cauſent le rouge qu'on voit en regardant dans ce Priſme; c'eſt à dire, qu'elle fait piroüeter en même ſens du côté qui luy eſt oppoſé

LIVRE HUITIEME. PARTIE II. 185

opposé toutes les petites boules qui composent les rayons de la flamme. C'est par cette raison, par exemple, que les charbons allumés paroissent rouges, au lieu qu'ils paroissent blancs, si l'on augmente leur lumiere en les soufflant, parce que les parties de leur soulfre se mouvant alors plus vîte, font quant à l'effet de pousser le second Élément, la même chose que si leur surface estoit toute unie, & qu'elle produisit une lumiere continuë.

7. Que la rougeur des corps dépend quelquefois du milieu, & quand.

La rougeur qui paroît sur les corps lumineux, ne dépend pas toûjours de la nature de ces corps, elle est souvent produite par le milieu qui transmet leur lumiere. Par exemple, quand le Soleil se lève, ou se couche, il paroît pour l'ordinaire fort rouge, à cause que sa lumiere passe au travers de quantité de vapeurs nitreuses qui luy font souffrir des réfractions à peu près semblables à celles que cause le Prisme triangulaire de verre : ce qu'on croira facilement si l'on prend la peine d'observer que lors qu'on distille du salpètre pour faire de l'eau forte, les exhalaisons qui montent & qui circulent dans le balon, font paroître fort rouge une chandelle qui est allumée au delà du balon, & qu'on regarde au travers de ces exhalaisons. Par la même raison, l'on voit le Soleil rouge lors qu'on le regarde au travers d'un verre, où l'on a mis une petite épaisseur d'ancre, ou de noir de fumée.

8. Pourquoy les corps paroissent jaunes.

Il faut remarquer encore que les corps qui sont composés de soulfres grossiers estant médiocrement embrasés doivent paroître jaunes ; car comme leurs soulfres se meuvent plus vîte que ceux des corps qui paroissent rouges, il est nécessaire qu'ils produisent des ombres assés épaisses pour causer la couleur jaune, mais non pas assés fortes pour exciter la couleur rouge ; c'est ce que l'expérience fait voir dans le fer & dans les verres bien embrasés, qui paroissent blancs au commencement, puis jaunes en se refroidissant, & enfin rouges quand ils sont plus froids.

10. Pourquoy ils paroissent bleus.

Il faut remarquer en troisiéme lieu, que les corps lumineux composés de soulfres fort subtils doivent paroître bleus ; car bien que ces soulfres soient fort spongieux, ils causent pourtant des ombres si foibles à cause de la petitesse des intervalles qui en séparent les parties, que les petites boules des rayons conservent plus du mouvement droit que du circulaire ; c'est

Tome III. Aa

à dire, que les rayons prennent une couleur dérivée *bleuë*, telle que l'expérience la fait voir dans la flamme de l'eau de Vie, du foulfre & des autres exhalaifons fubtiles & raréfiées.

Par des raifons femblables la flamme d'une chandelle eft bleuë en fa partie inférieure, parce que les foulfres les plus fubtils font les premiers allumés. Elle eft blanche au milieu, parce que les foulfres y nagent dans une plus grande quantité du premier Elément; & elle eft jaune ou rouge en fa partie fupérieure, felon que les foulfres qui ont déja perdu de leur mouvement y caufent des ombres plus grandes ou plus petites; cela eft confirmé par l'expérience des Emailleurs qui fondent le verre en faifant paffer le vent d'un petit foufflet au travers de la flamme de leur Lampe; car ce vent entraîne après foy comme un petit dard de flamme bleuâtre, qui rencontrant de l'émail de verre l'allume d'un feu, qui eft rouge au commencement & enfuite blanc. Or il eft vifible que ce dard de flamme paroît bleuâtre, parce que l'air du foufflet fe mêlant avec la flamme de la Lampe y fait le même effet qu'un foulfre fubtil, dont il eft une efpèce. Il eft encore évident que l'émail de verre fe convertit en un feu qui eft rouge au commencement, parce que fon foulfre qui eft groffier, fe meut lentement, & que ce feu devient enfuite blanc, parce que fon foulfre qui a acquis plus de mouvement, pouffe les rayons avec beaucoup plus de force.

10. *Pourquoy la lumiere du bois pourry paroît bleuë.*

La lumiere du bois pourry & celle des vers luifants paroiffent bleuës, à caufe de la fubtilité des foulfres qui en exhalent; & il y a beaucoup d'apparence que les Phofphores artificiels qui font paroître une lueur bleuâtre dans les lieux fombres, la produifent d'une maniere toute femblable.

11. *Quelle eft la principale caufe des couleurs.*

Il feroit mal-aifé de défigner en particulier ce qui eft dans les corps illuminés qui donne à la lumiere les modifications particulieres dans lefquelles confiftent les couleurs; parce qu'il y a dans ces corps plufieurs chofes qui en font capables, mais la tranfparence eft fans doute la principale & la plus générale: car il eft certain que prefque toutes les couleurs qui paroiffent dans les corps illuminés, dépendent de ce que la lumiere acquiert quelque pirouettement, ou en pénétrant entierement les pores de certains corps, ou en fe réfléchiffant fur quelques-unes de leurs parties intérieures après avoir un peu pénétré les fuperficielles.

LIVRE HUITIE'ME. *PARTIE II.* 187

Nous avons un exemple des couleurs qui dépendent de la lumiere qui traverse entierement les corps illuminés, dans un verre plat coloré ; car bien qu'il se fasse des réfractions dans ce verre comme dans ceux qui sont sans couleur, ces réfractions ne sont pas pourtant la vraye cause de sa couleur; car il seroit aisé de prouver que ces réfractions sont égales & contraires, c'est à dire, que la seconde détruit l'effet de la premiere. C'est pourquoy il faut concevoir en général que les parties insensibles des Métaux qu'on mêle avec le verre pour le rendre coloré, disposent tellement ses pores que les petites boules des rayons qui les pénètrent, acquierent le piroüettement qui est propre à produire la couleur dont le verre est teint.

Cela se confirme, parce que pour faire du verre qui soit d'un beau rouge de pourpre, on met beaucoup de manganèze qui est un minéral, dont les soulfres grossiers par l'irrégularité de leur figure sont tres propres à faire piroüetter toutes les petites boules des rayons en même sens à cause des ombres qui les accompagnent. Pour faire du verre jaune on met de la roüille de fer, ou de l'argent calciné qui sont des métaux dont les soulfres sont propres à causer des ombres, mais moindres que celles que produit la Manganèze. Enfin, pour donner un beau bleu d'aigue marine au verre, on y mêle du cuivre rouge calciné & un peu de soulfre aussi calciné qui sont deux minéraux, dont le soulfre subtil est tres propre à donner aux rayons la proportion du mouvement droit & du mouvement circulaire qui est nécessaire à leurs petites boules pour causer la couleur bleuë.

12. Comment on teint le verre d'un beau rouge.

Les Rubis, les Émeraudes, & les autres pierres précieuses colorées font paroître leurs couleurs par la même raison que le verre coloré; Et il y a lieu de croire que cette couleur dépend dans les pieres précieuses des parties insensibles de quelques Métaux qui se sont mêlées avec la matiere de ces pierres, lors qu'elles se sont formées.

13. Comment les Pierres précieuses font paroitre leurs couleurs.

Quant aux couleurs des corps qui ne sont pas entierement transparents, elle dépend de ce que la lumiere les ayant un peu pénétrés rencontre des parties solides, où elle se réfléchit, & passant une seconde fois au travers de ces corps, elle porte aux yeux la couleur qui répond à la modification qu'elle a reçûë par ce double passage : Ainsi, par exemple, lorsque nous

14. Comment les Corps opaques produisent les couleurs.

A a ij

voyons des Laines, de la Soye, des Plumes, des Herbes, & des Fleurs teintes de quelque couleur, nous devons penser que la réflexion des rayons & leur double paſſage au travers des pores de ces corps avec l'ombre qui eſt cauſée par l'inégalité de la ſuperficie de ces mêmes corps, déterminent les petites boules des rayons à pirouetter en la proportion qui eſt requiſe pour faire voir la couleur qui paroît dans ces corps. Ce que je dis des Fleurs, des Etoffes & des Plumes, ſe doit entendre généralement de toutes les matieres opaques colorées, car il n'y en a aucune dans laquelle le Microſcope ne nous faſſe remarquer quelque tranſparence.

Cela ſe confirme parce que ſi l'on met de la teinture bleuë ou rouge de l'épaiſſeur de deux ou trois lignes ſur du papier blanc, elle paroîtra noire, parce que la lumiere qui ſe ſera affoiblie en traverſant cette épaiſſeur juſqu'au papier s'eſtant refléchie, ne pourra la traverſer une ſeconde fois; mais ſi cette épaiſſeur n'eſt que d'une demie ligne, la lumiere qui ne s'affoiblit que par le double paſſage & par les deux réfractions qu'elle ſouffre, portera aux yeux la couleur avec éclat.

15.
Comment on fait naître les couleurs chés les Teinturiers.

Cela ſe confirme encore par la maniere dont on fait naître les couleurs chés les Teinturiers; car de ce qu'avec le bois de Breſil, le bois d'Inde, & les Gaudes qui ſervent pour faire le rouge, le bleu & le jaune, ils mettent toûjours de l'Alun, qui eſt une drogue corroſive, il s'enſuit manifeſtement que les ſurfaces des Etoffes en deviennent plus tranſparentes & plus déſunies, & par conſéquent plus propres à cauſer les ombres qui ſont néceſſaires à la production des couleurs.

CHAPITRE XVIII.

Des Couleurs de l'Arc-en-Ciel, & comment elles ſont produites.

1.
Que les couleurs de l'Arc en Ciel ſont produites de la même maniere.

APRE'S ce qui vient d'eſtre dit des Couleurs qui paroiſſent dans le Priſme triangulaire du verre, il y a lieu de croire que celles qu'on voit dans l'Arc-en-Ciel, ſont produites de la même maniere; car quand on conſidère que lorſqu'on voit l'Arc-en-Ciel, l'air eſt tout remply de gouttes de pluye,

LIVRE HUITIE'ME. PARTIE II. 189

on est quasi forcé de reconnoître que ces gouttes modifient la *que celles du* la lumiere comme le Prisme triangulaire de verre la modifie. *Prisme triangulaire de verre.*

Pour rendre cette vérité encore plus évidente, il faut considérer ce que doivent devenir les rayons qui partent du Soleil pour éclairer la moitié d'une goutte de pluye que nous sçavons déja estre de figure sphérique. Pour cet effet jettons la veuë sur cette figure dans laquelle 7 représente une goutte de pluye ; & E F, 8 A, 1 2, sont trois rayons de lumiere qui viennent du Soleil ; E F vient de la partie supérieure de cet astre. 8 A vient de son centre, & 1 2, de sa partie inférieure. Les rayons qui sont entre ceux-là, seront représentés dans les Figures suivantes.

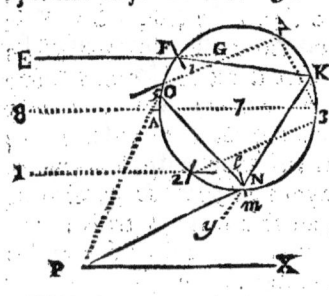

Cela supposé, il est évident que si l'on excepte le rayon 8 A qui seul tend directement du centre du Soleil au centre de la goutte, marqué 7, tous les autres qui pénètrent l'eau souffrent quelque réfraction en approchant de la perpendiculaire. Par exemple, E F ne tend pas directement vers G, mais afin d'approcher de la perpendiculaire *h i*, il va de F en K, où rencontrant quelque partie solide d'air, ou d'eau, il est obligé de se réflechir dans la goutte suivant la ligne K N. Deplus, le rayon K N tombant obliquement sur la surface de la petite boule d'eau, se réflechira en O, s'il rencontre quelque partie solide en N ; au lieu que s'il n'en rencontre aucune, il passera dans l'air en souffrant une réfraction qui le fera éloigner de la perpendiculaire, *l m*, d'où il s'ensuit que le rayon E F n'ira pas en y, mais en P.

Il faut raisonner du rayon 1. 2. à peu prés comme du rayon E F, c'est à dire, qu'il se rompra en 2. pour aller vers 3. Qu'estant arrivé en 3, s'il rencontre une partie solide, il se réflechira en 4. Que de 4, s'il rencontre une partie solide il se réflechira en 5, où supposant qu'il ne trouve aucune partie solide, il passera dans l'air en se rompant de telle sorte qu'il tendra vers P par la ligne 5 P.

Quant aux rayons qui partent de la partie supérieure du

A a iij

Soleil, & qui sont compris entre ces deux rayons E F, & 8 A, il est évident qu'estant entrés dans la goutte par la partie F A, & ayant souffert deux réfractions & une réflexion, ils en sortiront par la partie N A, mais de telle sorte que ceux qui sont proches de N P, seront plus serrés que ceux qui en sont éloignés, comme il se voit dans cette figure où 8 représente la goutte d'eau précédente, & où 2, 3, 4, 5, 6, 7, sont six rayons qui viennent de la partie supérieure du Soleil au dessous du rayon E F, & après avoir souffert deux réfractions & une

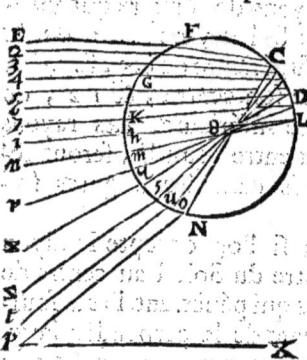

réflexion dans la goutte, se vont enfin terminer aux points $t z x r n i$ qui sont tellement disposés que les trois rayons $o t, u z, s x$, sont fort serrés, au lieu que les trois autres $q r, m n, h i$, sont fort écartés les uns des autres.

Or il suit de là 1. que les deux réfractions que les rayons souffrent à l'entrée & à la sortie de la goutte, se font en même sens; c'est à dire, que la seconde ne détruit pas la premiere, comme il paroît de ce que les rayons qui entrent & qui sortent, gardent toûjours la même situation à l'égard de la convéxité & de la concavité des courbures.

Il s'ensuit 2. qu'entre les rayons qui sortent par le quart de la sphere h N il n'y a que le rayon N P & quelques-uns de ses voisins qui soient efficaces, c'est à dire, qui soient assés forts pour exciter un sentiment notable de couleur, à cause qu'il n'y a qu'eux qui sortent assés serrés & presque parallèles, les autres estant fort divergents & même plus écartés en sortant de la goutte qu'ils n'estoient en y entrant. Ainsi, il n'y a que les rayons qui tombent sur l'arc F G & qui sortent par l'arc N S, qui puissent faire paroître des couleurs; les rayons qui tombent depuis G jusqu'en K n'y pouvant pas contribuer, parceque leurs réfractions sont trop petites pour causer des couleurs sensibles; outre que les rayons rompus $q r, m n, $ & $h i$ sont trop divergents pour porter les couleurs à une grande distance.

LIVRE HUITIEME. PARTIE II.   191

Il s'enfuit 3. que le rayon N P, a de l'ombre par deſſous, car puiſqu'il ne ſort aucun rayon par la partie de la goutte L N, c'eſt la même choſe que ſi elle éſtoit couverte par là d'un corps opaque; ce qui eſt tres remarquable.

Pour les rayons qui partent de la partie inférieure du Soleil & qui tombent ſur la partie 8 5, de la goutte 9. il eſt évident qu'ils en ſortent par la partie P N. de telle ſorte qu'ils ſont plus ſerrés à meſure qu'ils ſont plus proches du rayon P R. comme il paroît par cette figure marquée 9, où les quatre rayons 1, 2, 3, 4, après avoir ſouffert deux réfractions & deux réflexiõs ſe vont en fin terminer aux points R t q r

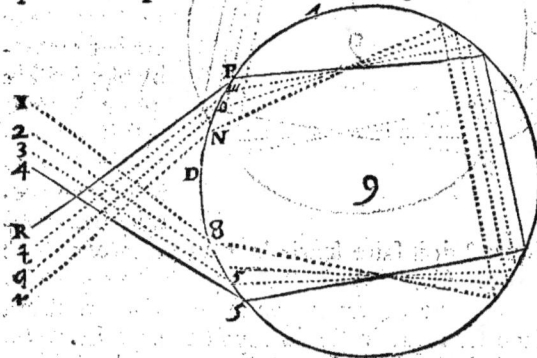

qui ſont diſpoſés de telle ſorte que les rayons m t. o q, & N r, ſont aſſés ſerrés & aſſés proches du rayon P R.

D'où il s'enfuit 1. que le rayon 4 5. qui eſt dans la convéxité de la courbure lorſqu'il entre dans la goutte, par le point 5 s'y trouve encore, lorſqu'il ſort par le point P, & qu'il va ſe terminer en R; & que le rayon 1 8. qui eſt dans la concavité de la même courbure en entrant dans la goutte par le point 8, y eſt encore lorſqu'il ſort par le point N, & qu'il ſe va terminer au point r.

Il s'enfuit 2. qu'entre les rayons qui ſortent par le quart de la Sphère A D, il n'y a que le rayon P R & ſes voiſins m t, o q, & N r, qui ſoient efficaces, c'eſt à dire, qui puiſſent produire des couleurs viſibles, tous les autres rayons changent de ſituation, ou eſtant trop divergents pour en exciter.

Il s'enfuit 3. que le rayon P R a de l'ombre par deſſus. Car puis qu'il ne ſort aucun rayon par la partie de la goutte A P, c'eſt là même choſe que ſi elle eſtoit couverte par là d'un corps opaque. D'où vient que le rayon P R de cette figure, & le rayon N P de la figure précédente different en ce que le rayon

192 LA PHYSIQUE.

P R à l'ombre au dessus, & que le rayon N P l'a par dessous, ce qui mérite particulierement d'estre remarqué.

Cela estant ainsi, il est aisé de voir que les rayons des deux figu-

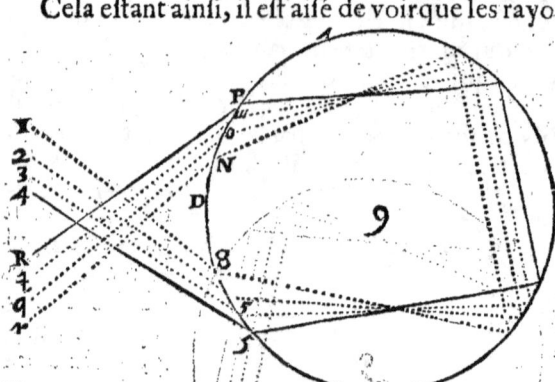

res précédentes ont toutes les conditions qui sont nécessaires pour faire sentir des couleurs semblables à celles qu'on voit dãs le Prisme triangulaire de verre ; car en premier lieu le rayon N P de la figure 8 doit faire sentir le rouge, parce qu'il se rompt vers le côté opposé à celuy où est l'ombre. 2. Le rayon o r, doit faire sentir du jaune, à cause que sa réfraction se fait à peu près en même sens que celle du rayon N P. 3. Le rayon u z doit faire sentir la couleur bleuë, & le rayon s x la violette, parce qu'ils se rompent du côté de l'ombre.

Il est aussi aisé à juger que le rayon P R de la figure marquée 9 doit faire paroître le rouge. Que le rayon m t doit faire paroître le jaune ; le rayon o q le bleu, & le rayon N r le violet ; de telle sorte que le rayon le plus haut de l'une de ces figures fait ce que peut faire le plus bas de l'autre, avec cette différence seulement que les rayons de la figure 8 doivent produire des couleurs plus vives que les rayons de la figure 9, à cause qu'ils n'ont eu occasion de s'affoiblir que trois fois aux trois endroits où ils se sont rompus ou réfléchis ; au lieu que les rayons de la figure marquée 9 se sont affoiblis quatre fois aux quatre endroits où ils se sont rompus ou réfléchis.

2. *Que l'expérience confirme tout ce qui vient d'estre dit des couleurs de l'Arc en Ciel.*

L'expérience est parfaitement d'accord avec ce que je viens de dire ; car prenant une boule de verre de la grosseur qui est représentée dans les trois figures précédentes, & la remplissant d'eau toutes les fois que vous l'exposerés aux rayons du Soleil, si vous placez l'œil à un endroit semblable à celuy qui est marqué P dans la figure 8, vous verrez un rouge fort vif

qui

LIVRE HUITIE'ME. *PARTIE II.*

qui femblera couvrir toute la partie qui eſt au delà du point N ; & ſi tenant l'œil arrêté au même endroit vous faites quelque peu defcendre la boule, ou, ce qui eſt la même choſe, ſi ſans changer la boule vous hauſſez tant ſoit peu l'œil, en forte qu'il ſe trouve placé à l'endroit marqué T, vous verrez la boule comme couverte d'un jaune fort vif au point *o*, ſi vous placez l'œil en *z*, au lieu du jaune vous verrez du bleu en *u*, & ſi vous le placez en *x* vous verrez du violet comme au point s. Il arrivera même que ſi l'œil eſt à une diſtance conſidérable de la boule, vous verrez du vert entre le jaune & le bleu, par les raiſons qui ont eſté cy-devant déduites.

De même, ſi vous placez l'œil au point marqué R dans la figure 9. il vous paroîtra du rouge environ la partie P : mettant l'œil en *t*, vous verrez en *m* du jaune au lieu du rouge ; tranſportant l'œil en *q*, vous ceſſerez de voir du jaune, & vous verrez du bleu comme en o. Enfin, ſi vous placez l'œil en *r*, vous verrez du violet comme en *n*, avec cette différence pourtant, que ces quatre dernieres couleurs de la figure marquée 9 feront bien moins vives que les quatre précédentes de la figure 8, dont l'éclat eſt tel que l'œil en feroit offuſqué, ſi l'on ne ſe ſervoit d'un artifice, qui conſiſte à mettre une fueille de papier blanc à l'endroit où il faudroit placer l'œil ; car comme ce papier reçoit les quatre rayons efficaces tout à la fois, auſſi paroît-il peint de rouge, de jaune, de bleu & de violet, il paroît même du vert entre le jaune & le bleu, quand le papier eſt à une grande diſtance de la boule.

Si l'on hauſſe ou baiſſe l'œil, enſorte qu'il ne ſoit plus dans l'eſpace P *t z x* de la figure 8 ou dans celui qui eſt marqué R *t q r*, dans la figure 9, on ne voit plus aucune couleur, & l'on ne peut pas ſoupçonner que celles qu'on voyoit auparavant fuſſent cauſées par des rayons différents de ceux que j'ay décrits ; car, par exemple, ſi l'on couvre toute la boule de verre, enſorte que les rayons ne puiſſent paſſer que par les endroits marqués F G dans la figure 8, on continuë toûjours de les voir au lieu qu'elles diſparoiſſent ſi l'on couvre ſeulement un de ces endroits, ou ſi l'on place quelque corps opaque qui couvre l'endroit C D, quoy que tout le reſte de la boule demeure découvert.

Il y a beaucoup de difficulté à voir les quatre couleurs, dont

Tome III. B b

nous venons de parler, en se servant d'une fort petite boule, principalement s'il y a quelque objet fort éclairé autour d'elle, dont la raison est que cet objet ébranle l'œil avec tant de force, que l'impression s'étend quelque peu à la ronde jusques sur les filets du nerf optique, où parviennent les rayons de la petite boule, qui par conséquent ne sçauroient faire aucune impression considérable, ni causer aucun sentiment de couleur, mais la petitesse de la boule peut estre compensée par le nombre, & plusieurs boules fort petites telles que sont les gouttes de pluye qui se trouvent à côté & au dessus les unes des autres, peuvent bien faire que l'espace qu'elles occupent, paroisse rempli de ces quatre couleurs, pourvû qu'elles soient dans un lieu d'où les rayons efficaces parviennent aux yeux du spectateur.

Il est même visible que ces quatre couleurs doivent paroître seules quand le Soleil luit foiblement sur les gouttes de la pluye ; mais quand les gouttes sont fort illuminées, & que la nuë, où se fait la pluye, est fort noire, on doit voir pour l'ordinaire trois rangs de couleurs, sçavoir, un premier rang de rouge, de jaune, de vert & de bleu, un second rang de pourpre, de jaune, de vert & de bleu, & un troisiéme rang semblable au second ; ce qui procède de ce qu'il y a plusieurs gouttes de pluye élevées en l'air l'une sur l'autre ; car il s'ensuit de là qu'il y a des rayons qui viennent à l'œil d'une goutte plus élevée qu'une autre, & d'autres qui viennent d'une goutte encore plus élevée, & ainsi de suite ; d'où il arrive que l'œil ayant reçu les rayons qui font le rang supérieur du rouge, du jaune, du vert & du bleu, verra au dessous immédiatement les couleurs du second rang dont la premiere sera de pourpre, c'est à dire, d'un rouge enfoncé, à cause que l'extrémité extérieure du violet du premier rang se mêlera avec l'extrémité de l'écart rouge du second rang ; ce qui fera une couleur de pourpre qui paroîtra au dessous de la bande du bleu du premier rang.

§.
Qu'il y a deux espèces d'Arc-en-Ciel, & en quoy elles different.

Outre l'Arc-en-Ciel que je viens de déterminer, qui dépend des rayons qui tombent sur la partie supérieure des gouttes de pluye, il y en a un autre qui dépend des rayons qui tombent sur la partie inférieure des mêmes gouttes ; car il est visible que les rayons visuels qui dans la figure 9. se terminent aux

LIVRE HUITIE'ME. PARTIE II.

points P R, *m t*, *o q*, N *r*, doivent faire paroître des couleurs, & qu'en particulier on doit voir rouges les gouttes qui sont vûës par le rayon P R ; jaunes celles qui sont vûës par le rayon *m t* ; bleuës celles qui sont vûës par le rayon *o q* ; & violettes celles qu'on voit par le rayon N *r*.

D'ailleurs ces gouttes estant disposées en rond autour de l'axe de la vision, & n'ayant aucun objet coloré dans leur voisinage, il est manifeste qu'elles doivent composer un second Arc-en-Ciel, lequel, suivant ce qui a esté dit, doit avoir des couleurs moins vives que le premier, & avec cela une situation toute contraire ; car par exemple, dans le premier le rouge paroît en dehors & le violet en dedans, au lieu que dans le second le rouge paroît en dedans, & le violet en dehors. Il faut ajoûter que le second Arc-en-Ciel doit estre extérieur au premier ; c'est à dire, qu'il le doit renfermer, parce que l'angle sous lequel paroissent les couleurs du second Arc-en-Ciel, est plus grand que l'angle sous lequel paroissent les couleurs du premier.

La nature de l'Arc-en ciel estant telle que je viens de la décrire, il est aisé d'en déduire toutes les propriétés qu'on observe dans ce Météore ; car en premier lieu on peut facilement rendre raison de ce que l'Arc-en-Ciel paroît mieux borné du côté du rouge, que du côté du violet, où la couleur ne se perd qu'en s'affoiblissant ; car il ne faut que jetter les yeux sur la Figure marquée 8, pour voir qu'il ne sort de la goutte aucun rayon du côté du rouge, & qu'il en sort quelques-uns du côté du violet, lesquels quoyqu'inéfficaces pour produire un sentiment fort vif, ne laissent pas de faire paroître quelques foibles couleurs. Ajoûtés encore que les gouttes de pluye qui sont à côté de celles qui font voir la couleur rouge n'envoyant aucun rayon vers nos yeux, l'apparence de cette couleur doit cesser tout d'un coup, au lieu que les gouttes qui sont proches de celles qui nous font sentir le violet envoyant quelque foible lumiere, doivent faire voir une couleur diminuée en l'endroit où elles sont, d'où vient que le violet ne finit qu'insensiblement.

En second lieu, si l'on considère que les gouttes qui paroissent colorées, sont vûës sous un certain angle autour de l'axe de la vision & que deux personnes différentes ont ces deux axes divers, on connoîtra que chaque spectateur a son

4. Pourquoy l'Arc-en-Ciel paroît mieux borné du côté du rouge que du côté du violet.

5. Pourquoy chaque Spectateur a son Arc-en-Ciel particulier.

Arc-en-Ciel particulier; ce que l'expérience confirme dans les grandes pluyes où l'Arc-en-Ciel paroît, pourveu qu'on puiſſe rapporter ſes cornes à quelque choſe de fixe, car on le voit alors changer de place à meſure qu'on avance ou qu'on recule.

6. D'où dépend la grandeur de l'Arc-en-Ciel.

En troiſiéme lieu, ſi l'on fait réfléxion à la grandeur de l'Arc-en-Ciel, il paroît qu'elle dépend de la portion de la baſe d'un cone qui ſe rencontre au deſſus de la ſurface de la terre lorſqu'on obſerve ce Météore. Il eſt même évident que cette portion eſt d'autant plus petite, que l'axe de la viſion qui eſt le même que celuy de ce cone, incline davantage vers cette ſurface; ce qui arrive d'autant plus que le Soleil eſt plus élevé ſur l'Horizon, d'où vient que plus cet aſtre aura d'élévation, plus l'Arc-en-Ciel paroîtra petit.

7. Pourquoy nous voyons l'Arc-en-Ciel comme dans les nuës.

En quatriéme lieu, ſi l'on conſidère que la diſtance des objets qui ſont loin de nous, ne ſe connoît que fort incertainement, comme il ſera dit enſuite, & que nous prenons ſouvent pour également diſtants des corps qui ſont diverſement éloignés de nous, on connoîtra facilement que cette mépriſe fait que nous rapportons les couleurs de l'Arc-en-Ciel aux nuës, comme à une ſuperficie ſphèrique concave aſſès exacte, dont nôtre œil eſt le centre, bien que ces nuës ſoient inégalement éloignées de l'endroit où nous ſommes; d'où vient que nous jugeons l'Arc-en-Ciel plus loin de nous, plus grand & plus régulierement rond qu'il n'eſt en effet; ce qui ſe confirme, parce que ſi la pluye qui nous le fait voir, tombe ſi près de nous que nous puiſſions remarquer la différence de la diſtance des gouttes & des nuës qui ſont au delà, l'Arc-en-Ciel ne nous paroît plus ſi régulier; & nous y appercevons diverſes irrégularités ſelon que la pluye tombe diverſement ſur la terre. Par exemple, ſi le vent la chaſſe vers nous, comme les gouttes les plus baſſes ſont les plus proches; auſſi les cornes de l'Arc-en-Ciel nous paroiſſent avancer plus que le haut, & par conſéquent l'Arc nous paroît incliné à l'Horizon.

8. Pourquoy les deux cornes de l'Arc-en-Ciel paroiſſent quelquefois inégalement éloignées.

S'il arrive même que la pluye ſe borne du côté du ſpectateur dans un plan tellement incliné à l'axe de la viſion qu'il faſſe un angle aigu vers la main gauche, & un obtus vers la droite, ce ſera une néceſſité que la figure conique qui détermine les gouttes qu'on doit voir colorées, les rencontre de telle ſorte que celles qui ſont à la gauche ſoient beaucoup plus près de l'œil du ſpecta-

LIVRE HUITIE'ME. PARTIE II. 197

teur ou de l'axe de la vifion, que celles qui font à la droite, & parce que ce font ces deux fortes de gouttes qui forment les deux cornes de l'Arc-en-Ciel, elles paroîtront inégalement éloignées ; & fi l'on veut établir le centre de cet Arc dans un point également diftant des deux cornes, il fera néceffaire qu'il fe rencontre hors de l'axe de la vifion.

Si le Soleil eftant dans l'Horizon le fpectateur eftoit fort élevé, comme par exemple, s'il eftoit au fommet d'une haute montagne, il n'y a pas de doute que l'axe de la vifion dans lequel eft le centre de l'Arc-en-Ciel, feroit alors notablement élevé au deffus de l'Horizon en comparaifon de la grandeur du cercle dont cet Arc a coûtume de faire une partie, fi bien qu'il en pourroit paroître plus de la moitié, & même on pourroit fuppofer la montagne fi haute & la pluye fi près de l'œil du fpectateur, qu'on verroit l'Arc-en-Ciel comme un cercle entier.

9. Pourquoy l'on voit quelquefois l'Arc-en-Ciel comme un Cercle entier.

S'il arrivoit même que quelque nuë empêchât alors les rayons du Soleil de tomber fur la plus haute partie de la circonférence de ce cercele, on n'en verroit que la partie d'en bas, laquelle fembleroit un Arc-en-Ciel renverfé.

10. Pourquoy il paroît quelquefois renverfé.

Enfin, fi les gouttes de pluye qui doivent paroître colorées ne fe rencontrent pas vis-à-vis d'une nuë, mais vis-à-vis de quelques autres objets aufquels on rapporte fa principale attention ; c'eft fur ces objets qu'on croit voir l'Arc-en-Ciel. C'eft ainfi en effet qu'on le croit voir quelquefois fur des montagnes & quelquefois fur des prairies qui font oppofées au delà de la pluye.

CHAPITRE XIX.

Des Couleurs, des Couronnes, & des Parhélies.

COMME les nuës ou les broüillards ne font pas toûjours compofés de groffes gouttes, mais fouvent de gouttes fort petites, & même quelquefois de parcelles de glace ou de nège de diverfes figures, ainfi qu'il a efté remarqué dans le 5. Livre, il eft néceffaire que lorfqu'il y a dans l'air des nuës médiocrement épaiffes, la lumiere du Soleil ou de la Lune

1. Comment fe forment les petites Couronnes.

B b iij

qui les pénètre, se rompe dans les gouttes d'eau qui les composent ; de telle sorte que cette lumiere n'estant visible qu'à une certaine distance de ces astres, au delà de laquelle le reste de la nuë paroît noir, les rayons qui sont dans la convexité des courbures proches de l'obscurité, doivent paroître rouges ; & l'on doit voir bleus ou violets ceux qui sont dans la concavité de la même courbure & du côté de la Lune & du Soleil.

S'il arrive encore que les nües soient composées de parcelles de neige plattes qui commençant à se fondre prennent des figures convexes, comme ces convéxités ont des foyers où les rayons se croisent, on doit voir alors deux rangs de couleurs contigües & non mêlées comme celles de l'Arc-en ciel, parce que la figure Elliptique ou parabolique des parcelles d'eau qui les produit, sépare bien plus les rayons que la figure sphérique des gouttes qui produisent l'Arc-en ciel.

2. Ce que font les petites Couronnes. Ces couleurs ainsi disposées au tour du Soleil ou de la Lune font ce qu'on appelle *Couronnes* qui ont pour l'ordinaire quatre ou cinq dégrés de diametre & dont l'explication semble fondée sur l'expérience ; car si l'on souffle en ouvrant la bouche contre une glace de verre bien polie, & qu'on regarde ensuite une chandelle allumée au travers des petites gouttes d'eau imperceptibles qui sont sur le verre, on voit une petite couronne de quatre ou cinq degrés de diametre concentrique à la flamme de la chandelle, & toute semblable à celle qu'on voit autour du Soleil ou de la Lune avec un rang de couleurs.

3. Comment se forment les grandes Couronnes. Que si au lieu de parcelles d'eau ou de nège, qui commencent à se fondre, il y a dans l'air des filaments de glace qui ayent la figure d'un Prisme & qui tournent en tous sens par les mouvemens différents de l'air, la lumiere qui les pénetre en venant aux yeux doit paroître colorée à peu prés comme celle qui passe au travers du Prisme triangulaire de verre ; avec cette différence seulement que le rouge doit paroître du côté de l'astre, & le bleu du côté opposé, à cause que la figure de ces Prismes dispose tellement les rayons rompus que ceux qui sont proches de l'ombre & dans la convéxité de la courbure sont les plus proches de l'astre, & ceux qui sont dans la concavité en sont les plus éloignés.

LIVRE HUITIE'ME. PARTIE II. 199

Par exemple, si nous supposons que A B C, & D E F, sont deux Prismes qui composent les petites Etoiles de nège, & que

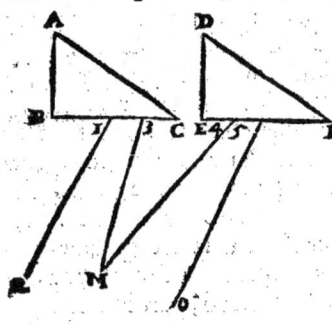

l'œil soit placé en M, si deux rayons parallèles qui partent de l'extremité droite du Soleil, tombent sur les côtés A C & D F, ils souffriront deux réfractions dans ces Prismes. Supposons ensuite que 1 2, & 3 M. sont deux de ces rayons & que 4 M, & 5.6.en sont deux autres; cela estant, je dis que les rayons rompus 3 M & 5 6 sont dans la convexité de la courbure & 1 2 & 4 M dans la concavité. D'où il s'ensuit que l'œil estant en M, recevra le rayon rouge 3 M du Prisme A B C, & le rayon bleu 4 M, du Prisme D E F, mais il ne recevra pas le rayon 1. 2. & 5. 6, & par conséquent il verra du rouge du côté du Soleil, & du bleu du côté opposé : ce qu'il falloit prouver.

Les couleurs ainsi disposées autour du Soleil ou de la Lune, font ce qu'on appelle *les grandes Couronnes*, qui ont environ 45. degrés de diamètre autour du Soleil ou de la Lune, & qu'on voit quelquefois pendant que l'air est assés serain, ainsi qu'il a esté remarqué.

Lors qu'entre les Prismes équilatéraux qui font les grandes Couronnes, il y en a qui ont une de leurs extremités plus pesante que l'autre, ils doivent par cette raison estre dans une situation perpendiculaire, & la lumière de l'Astre qui les pénètre, doit par conséquent se rompre de telle sorte qu'elle fasse paroître des couleurs semblables à celles qu'on voit en regardant au travers des Prismes équilatéraux de verre, en telle sorte néanmoins que le rouge doit estre tourné du côté du Soleil ou de la Lune, par la même raison qu'il est tourné ainsi dans les grandes Couronnes. Les couleurs qui paroissent de cette façon, sont ce qu'on appelle *Parhélies*.

Quand le Soleil est proche de l'horizon, les Parhélies doivent estre dans la circonférence des Couronnes, au lieu que quand le Soleil est élevé, ils doivent paroître un peu au dehors; la

4.
Comment se forment les Parhélies, & ce qu'ils sont.

raison de cela est que quand le Soleil est proche de l'horizon, plusieurs Prismes tournent une de leurs faces directement vers luy ; d'où vient que les réfractions de sa lumiere sont petites, au lieu que le Soleil estant élevé, & l'incidence des rayons estant plus oblique, les réfractions qui sont plus grandes jettent les Parhélies en dehors. L'expérience fait voir un effet tout semblable ; car si l'on place deux chandelles allumées, ensorte que l'une soit à quelque distance de l'autre, & directement au dessus, & qu'on tienne l'œil à la hauteur de la chandelle la plus basse en les regardant au travers d'un Prisme de verre situé perpendiculairement, & tourné de maniere qu'on voye les flammes des chandelles avec des couleurs, celle d'en haut qui représente le Soleil quand il est fort élevé, paroîtra beaucoup à côté de l'inférieure.

6.
Pourquoy les couleurs des Parhélies sont plus belles que celles des Couronnes.

Les couleurs des Parhélies sont plus belles que celles des grandes Couronnes ; parce qu'il y a plus de petits Prismes à proportion qui sont disposés à recevoir directement les rayons du Soleil, & qui sont transparents vers leur extrémité la plus pesante vers laquelle tend tout ce qu'il y a de plus liquide. Cela est confirmé par l'expérience qui fait voir que les Arcs-en-Ciels qui se font dans les broüillards n'ont que de la blancheur, & que ceux qui se forment dans les gouttes de pluye ont des couleurs fort belles, particulierement quand les gouttes sont fort grosses.

7.
Pourquoy les Parhélies ont pour l'ordinaire une longue queuë.

Les Parhélies ont pour l'ordinaire une queuë assés longue d'une blancheur fort éclatante, laquelle procède vray-semblablement ou des réflexions qui se font sur les surfaces des petits Prismes qui sont tournés vers le Soleil, ou des réfractions contraires que les rayons souffrent en passant au travers de ces mêmes Prismes, ou peut-estre de ces deux causes ensemble, comme l'expérience semble le confirmer dans les petites gouttes de pluye qui sont autour d'une grosse nuë qui cache le Soleil, car on voit que ces petites gouttes de pluye, ou ces parcelles de nège à demi fonduë, prennent une blancheur éclatante non seulement par les rayons qui se réfléchissent de leur surface, mais encore par ceux qui en les pénétrant souffrent des réfractions contraires, c'est à dire, qui se détruisent les unes les autres.

Les Parhélies doivent estre de figure ovale par la même raison
que

que la lumiere reçûë sur un papier qui est à trois ou quatre pieds de distance d'un Prisme, paroît sous cette figure.

8. Pourquoy i's sont de figure ovale.

Au reste, comme les couleurs dépendent pour la plufpart des réfractions, & que les réfractions souffrent du plus & du moins, c'est à dire qu'elles sont plus ou moins fortes ; delà vient qu'on peut considerer les couleurs comme une espèce de quantité continuë, qui peut estre mesurée par la quantité des angles des réfractions dont elles dépendent ; c'est ainsi que les ont considerées ceux qui ont calculé les angles des réfractions que souffrent les rayons qui produisent les couleurs de l'Arc-en-Ciel, entre lesquels M. Descartes, & M. Mariotte de l'Academie Royale des Sciences de Paris se sont le plus signalés ; pour nous, nous évitons exprès ce calcul, estant persuadés qu'il est impossible de connoître précisément la quantité des angles de réfraction des rayons pour deux raisons. 1. Parce qu'on ne peut sçavoir exactement la proportion qui est entre le Sinus de l'angle que le rayon d'incidence fait avec la perpendiculaire, & le Sinus de l'angle que le rayon rompu fait avec la même perpendiculaire, & qu'on le suppose seulement pour faciliter le calcul. 2. Parce qu'on suppose que tous les rayons qui partent du centre du Soleil, & qui tombent sur la moitié d'une goutte, sont paralleles, ce qui est impossible, estant absolument nécessaire que ces rayons fassent un cone, dont la pointe est dans le centre du Soleil, & la base sur la moitié de la goutte qui est éclairée.

Il est bien vray qu'on fait passer ces rayons pour paralleles, & qu'ils le sont à nôtre égard, parce que l'angle qu'ils font au centre du Soleil, est si petit, que nous ne pouvons le déterminer, mais nous sçavons tres certainement qu'il suffit que ces rayons ne soient pas paralleles en effet, pour qu'un Physicien soit dans la nécessité de se tromper, s'il les suppose tels en expliquant les couleurs de l'Arc-en-Ciel : car il faut sçavoir que la nature n'agit pas suivant les suppositions des Géomètres, mais suivant les loix immuables du mouvement, qui sont pour l'ordinaire contraires à ces suppositions.

Il faut ajoûter que quand le calcul des angles de réfraction se pourroit faire avec exactitude ; on ne découvriroit pas par luy quelle est la vraye nature des couleurs, qui est tout ce qu'on cherche en Physique ; mais on détermineroit seulement

Tome III. Cc

CHAPITRE XX.

Suite des Couleurs & de leurs causes particulieres.

1. *Que le Sel, le Soulfre & la terre sont également les principes des couleurs.*

IL y a des Chymistes qui croyent que les sels acides & les sels Alkali sont les seuls principes des Couleurs. D'autres prétendent que les soulfres en sont la seule cause, & nous sommes persuadés que les couleurs dépendent indifféremment du sel, du soulfre, & de la terre ; car, par exemple, l'acide fait devenir rouge le noir, le bleu & le violet ; il change le rouge en jaune, & le jaune en jaune tres pâle. Au contraire, le sel Alkali change ordinairement le rouge en violet ou en rouge de pourpre, & le jaune en fueille morte, les vapeurs de Salpêtre qu'on distille paroissent rouges, les Soulfres de l'esprit de vin qu'on brûle, sont bleus, & la terre du Bol, de l'Ocre & de l'Argile est rouge ; d'où il s'ensuit que toutes les couleurs ne dépendent pas d'un seul principe, mais de plusieurs, à cause que la lumiere peut aussi bien se modifier en passant par les sels, & par les terres qu'en passant par les soulfres.

2. *Qu'il y a des couleurs qui sont plus adhérentes aux corps colorés que d'autres.*

C'est aussi par cette raison qu'il y a des couleurs beaucoup plus fixes que d'autres : car il y en a qui dépendent du sel & du soulfre des parties solides, & d'autres qui sont produites par une matiere fort délicate, qui est mêlée parmi les parties solides sans changer leur configuration ; la teinture jaune de l'or est une couleur fixe ; car quoy qu'on mette l'or en fusion, ou qu'on le fasse dissoudre dans quelque liqueur, sa couleur ne diminuë point ; au lieu que la pluspart des autres couleurs se tirent assés facilement par des dissolvants : par exemple, la pluspart de la teinture du bois de Bresil passe dans l'eau, où on la fait boüillir, sans que ses fibres ni la fermeté de ses parties solides en reçoivent aucun changement sensible.

Les couleurs qui se tirent facilement des corps sont fort sujettes à changer, à cause que leurs principes se détruisent les uns les autres ; car il faut tres peu de différence dans l'union ou dans la séparation des principes pour faire une grande di-

LIVRE HUITIE'ME. PARTIE II.

verſité dans les couleurs qui en dépendent, comme il paroît par les changemens preſque infinis que les couleurs reçoivent par le ſeul mélange des ſels acides & Alkali ; par exemple, lors qu'on met un morceau de bois de Breſil dans du jus de citron, & qu'on le retire après l'y avoir laiſſé trois ou quatre heures, le jus de citron demeure auſſi clair qu'auparavant, & cependant ſi l'on y verſe quelques gouttes d'huile de Tartre, il paroît auſſi-tôt d'une belle couleur rouge : Et ce qu'il y a de tres conſidérable, c'eſt que les acides différents n'agiſſent pas de même ſur tous les corps qui ont des couleurs ſemblables, l'eſprit de vitriol & le jus de citron font perdre la couleur jaune à la décoction de la gaude ; mais l'eſprit de ſalpètre la rend de couleur fueille morte. Au contraire, l'eſprit de vitriol & le jus de citron ne font pas perdre la couleur jaune au ſaffran diſſous dans l'eau commune, & l'eſprit de ſalpètre la luy ôte. L'eſprit de vitriol ne change pas le bleu de l'Inde, mais l'eſprit de ſalpètre le luy ôte preſque entierement. Les Alkali ne font pas auſſi toûjours des changements ſemblables ſur les couleurs qui ſe reſſemblent ; la teinture bleuë des violettes devient verte par les Alkali, & le bleu du Tourneſol demeure bleu. L'eſprit d'alun rougit le Tourneſol, & ne rougit pas le bleu de l'Inde ; ainſi, les règles de l'Acide & de l'Alkali touchant les changements des couleurs ſouffrent des exceptions preſque infinies qu'on ne peut connoître que par des expériences auſſi infinies.

Cependant, il y a lieu de s'étonner que les couleurs ne ſe confondent pas lors qu'elles paſſent pluſieurs enſemble par un même endroit ; mais on peut lever facilement cette difficulté, ſi l'on veut conſidérer qu'il a eſté cy-devant prouvé qu'un même point de matiére peut tranſmettre pluſieurs actions des corps lumineux & des corps réſonants ſans qu'elles ſe confondent, ni qu'elles reçoivent aucun autre changement que de s'affoiblir mutuellement, comme l'expérience fait voir qu'elles s'affoibliſſent en effet.

Quant à la diviſion qu'on a coûtume de faire des couleurs en vrayes & en fauſſes, en fixes & en paſſagéres, elle eſt ſans aucun fondement ; car en effet, on appelle vrayes les couleurs d'une pièce de drap ou d'une fleur, & l'on nomme fauſſes ou ſeulement apparentes, celles qu'on voit en regardant au travers

3. *Que toutes les Couleurs ſont également vrayes.*

d'un Prisme triangulaire de verre, quoy qu'au fond il y ait autant de vérité & de réalité dans les unes que dans les autres. En effet, comme il y a trois choses réelles qui contribuent à faire voir la couleur d'une piéce de drap, sçavoir l'œil du spectateur, la piéce de drap, & la lumiere qu'elle réfléchit, il y en a autant d'autres qui servent à faire voir les couleurs au travers d'un Prisme, sçavoir l'œil du spectateur, le Prisme & la lumiere qui se modifie en le pénétrant.

Toute la différence qu'on peut remarquer entre les objets colorés, est que quelques-uns comme le Prisme, ne font voir des couleurs qu'en un certain aspect, & que l'œil changeant tant soit peu de place, on cesse de voir les couleurs qu'on voyoit auparavant; au lieu que d'autres objets, comme une piéce de drap & une Tapisserie, sont vûs sous la même couleur d'une infinité d'endroits; toutefois à considérer la chose de plus près, il est certain que le Prisme & la Tapisserie se ressemblent encore en cela, dautant que les parties de la Tapisserie qui réfléchissent la lumiere vers l'œil, qui est à un certain endroit, n'en réfléchissent pas vers luy quand il change de place, & l'on ne continuë de voir la même couleur qu'à cause qu'au défaut des premieres parties, il y en a d'autres semblables qui réfléchissent la lumiere avec la même modification. En telle sorte que si l'œil estant arrêté en un certain lieu duquel il voit une certaine couleur en regardant un objet, on supposoit que Dieu anéantit toutes les parties qui réfléchissent la lumiere vers un autre côté, cet œil ne pourroit pas le moins du monde changer de place qu'il ne cessât de voir la même couleur.

D'où dépendent les couleurs changeantes.

Cela supposé, il n'y a plus de difficulté à connoître la nature des couleurs qu'on appelle *Changeantes*, comme sont celles qu'on voit au col d'un Canard & d'un Pigeon, ou à la queuë d'un Paon: car il ne faut que penser qu'il y a dans ces corps un tel arrangement de parties insensibles que celles qui sont propres pour modifier la lumiere d'une certaine façon, sont disposées pour la renvoyer vers un certain endroit, & que les parties qui la peuvent modifier d'une autre façon, la réfléchissent d'un autre côté; d'ou il s'ensuit que si l'œil est au lieu où parviennent les rayons qui peuvent, par exemple, causer le sentiment de rouge, on verra rouge, au lieu que si on le plaçoit en l'endroit où font réfléchis les rayons qui peuvent exciter le sentiment de jaune, on verroit la couleur jaune : Ce qui se confirme en premier lieu, parceque les couleurs différentes de vert, de rouge, & de pourpre qu'on voit alternativement dans les plumes du col d'un Pigeon, peuvent estre observées avec un Microscope qui fait voir que chaque petit filet de chaque plume transversale est composé de plusieurs petits quarrés alternativement rouges & verts : Cela se confirme en second lieu, parce que les ouvriers ont trouvé le moyen de faire des E'toffes changeantes en faisant la chaisne ou la trame de soye d'une certaine couleur, & l'enflure d'une autre ; mais ce qui ressemble mieux aux corps à qui on attribuë ces couleurs changeantes, sont ces images canelées qui de divers endroits sont vûës diversement : Ainsi, en regardant une de ces images d'un côté, elle répréfente un Chat, & la voyant d'un autre, elle répréfentera une tête de mort ; Car comme ce sont diverses parties qui produifent ces diverses apparences, ce sont aussi diverses parties du col d'un Pigeon qui font paroître diverses couleurs.

CHAPITRE XXI.

Contenant l'Examen de l'opinion d'un Philosophe Moderne touchant les Couleurs.

ON se plaint depuis long-temps que les nouveaux Philosophes après avoir si bien expliqué le noir & le blanc, ne parlent ordinairement des autres couleurs qu'en termes généraux, & par des conjectures fort éloignées. Monsieur Barrow de l'Académie Royale des Sciences d'Angleterre, voulant remédier à ce defaut, a proposé sur les couleurs un sentiment qu'il croit estre différent du nôtre : mais qui dans le fond n'est que la même chose, comme nous l'allons faire voir.

Il dit que le rouge consiste dans de petits pelotons de rayons de lumiere séparés les uns des autres par des ombres assés grandes, mais dont les rayons de chacun sont tres-séparés. * Pour prouver sa conjecture, il assûre que la lumiere réfléchie des Miroirs ardents rougit lors qu'elle est ainsi située : Que la même cho-

* Voyés le Journal des Sçavans du 19. Nov. 1675.
I.
Ce que c'est que le rouge selon M. Barrovv.

se paroît aux corps denses enflammés qu'on peut imaginer disposés en de petits monceaux de particules pleines de lumiere ; Que la même couleur se fait encore voir dans une nuë de rosée exposée au Soleil du matin ou du soir.

2. Ce que c'est que le bleu.

Il veut que le bleu consiste dans la réfléxion d'une lumiere rare & lentement agitée, & par là il explique pourquoy les corps composés de particules blanches & noires alternativement disposés paroissent bleus. Il en donne une expérience également sensible & facile ; car si l'on reçoit de jour sur un papier blanc l'ombre d'un corps opaque quel qu'il soit interposé entre ce papier & la lumiere d'une chandelle, on verra que cette ombre paroîtra bleuë. On voit la même couleur au Ciel lorsqu'il est sans nuages, & dans lequel il y a par conséquent peu de particules de matiere qui puissent renvoyer la lumiere à nos yeux. Et la Mer nous paroît aussi bleuë, quoy qu'elle soit composée de particules de sel qui sont blanches, & d'une liqueur qui absorbe presque toute la lumiere qu'elle reçoit.

3. Ce que c'est que le verd & le jaune.

Selon cet Auteur la nature du verd approche fort de celle du bleu, & il veut que le jaune soit composé d'une blancheur mêlée de quelque rougeur.

4. En quoy l'opinion de M. Barrow convient, & en quoy elle diffère de celle des Cartésiens.

Nous tombons d'accord avec Monsieur Barrow que le rouge consiste dans des rayons de lumiere qui sont condensés & séparés par des ombres ; mais on voudroit sçavoir comment ces ombres & cette condensation de rayons contribuënt à produire le rouge, ce qu'il n'explique pas, & ce dont nous avons cidevant rendu raison, lorsque nous avons fait voir que les ombres font piroüetter autour de leur centre toutes les petites boules dont les rayons sont composés (ce qui constituë la vraye nature du rouge) & que la condensation des rayons les rend capables d'ébranler l'organe de la vûë.

Il est aussi fort aisé d'expliquer par nôtre principe, pourquoy la lumiere réfléchie des Miroirs ardents rougit lors qu'elle a des ombres aux côtés ; car il est évident qu'elle rougit, parce que les ombres font piroüetter toutes les petites boules des rayons en même sens. Les corps denses enflammés paroissent encore rouges, non parce qu'on les peut imaginer disposés en de petits monceaux de particules pleines de lumiere ; car il reste toûjours à sçavoir pourquoy ces particules pleines de lumiere causent le rouge ; mais parce que les parties des corps denses & enflammés produisent des ombres qui font pi-

LIVRE HUITIE'ME. PARTIE II. 207

roüetter les rayons, comme il a esté dit, & ainsi du reste.

Nous demeurons encore d'accord que le bleu consiste dans une lumiere rare & lentement agitée : si par ces mots l'Auteur entend une lumiere qui a moins du mouvement circulaire que celle qui produit le rouge, mais il manque à dire en quoy consiste la lenteur & la raréfaction de la lumiere ; ce que nous avons expliqué en faisant voir que les rayons qui produisent le bleu, sont non seulement plus écartés que ceux qui causent le rouge, mais encore qu'ils ont moins du mouvement circulaire. Nous expliquons aussi plus facilement que luy les expériences qu'il apporte pour confirmer son opinion : Car en effet, si l'ombre d'un corps opaque interposé entre un papier blanc & la lumiere d'une chandelle paroît bleuë, ce n'est pas précisément parce que la lumiere de cette chandelle est rare & lentement agitée sur ce papier, mais parce qu'elle est tellement mêlée avec l'ombre que cause le corps opaque, que les petites boules des rayons sont plus disposées à se mouvoir en ligne droite qu'à tourner autour de leur centre en la proportion que nous avons dite. Par la même raison si la Mer nous paroît de couleur bleuë, quoy qu'elle soit composée de particules de sel qui sont blanches, c'est parce que l'eau qui absorbe la lumiere cause des ombres, qui produisent dans les petites boules des rayons que les particules de sel réfléchissent, la proportion du mouvement direct & du mouvement circulaire dans laquelle cette couleur consiste.

Cet Auteur prétend que la nature du verd approche fort de celle du bleu, & nous le voulons aussi ; car nous avons enseigné que le verd dépend d'un mélange du jaune & du bleu, ainsi que l'expérience le fait voir.

Ce qu'il dit du jaune est encore fort vray, il veut qu'il soit composé d'un blanc mêlé de quelque rouge. En effet, le jaune est composé des rayons qui participent du mouvement circulaire qui fait le rouge, & du mouvement direct qui fait le blanc. Mais il manque à dire pourquoy ils en participent, ce que nous avons expliqué. * Ainsi l'on peut assûrer que Monsieur Barow n'a rien dit de nouveau à nôtre égard touchant les couleurs, & que tout ce qu'il a fait a esté de retrancher du Systême des Cartésiens ce qu'il y a de plus particulier & de plus essentiel, pour n'en retenir que ce qu'il y a de plus général & de plus commun.

* 2. Part. Chap. 15. Art. 2.

CHAPITRE XXII.

Comment la Lumiere & les Couleurs passent au travers des humeurs de l'Oeil.

I.
Que les rayons qui partent d'un même point de l'objet, se vont réünir environ en même point du fond de l'œil.

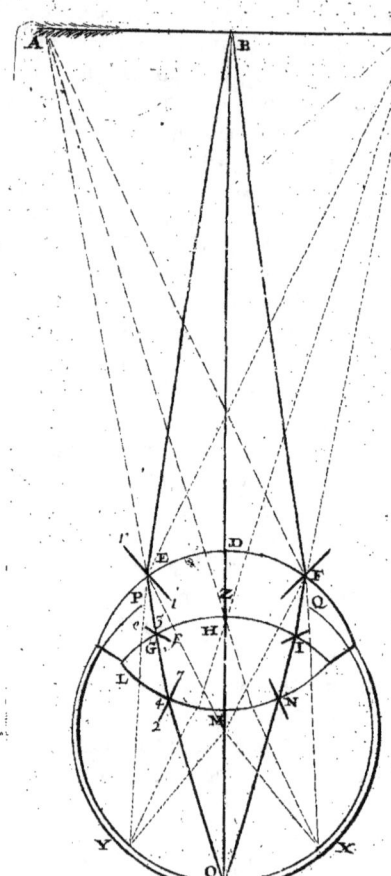

CE qui vient d'estre dit de la Lumiere & des Couleurs estant supposé, il ne nous reste plus qu'à découvrir comment elles agissent sur les yeux pour nous faire voir les objets lumineux & colorés.

Pour cet effet proposons nous l'œil z & l'objet A B C; car il n'y a pas de doute que chaque point, c'est à dire, que chaque partie visible de cet objet n'envoye des rayons dans tous les endroits du milieu, d'où on le peut appercevoir, mais parce qu'il n'y a que les rayons qui passent par la prunelle qui servent à la vision, nous ne considérons aussi que ceux qui tombent sur l'endroit de la cornée E D F qui correspond vis à vis la Prunelle P Q.

Pour éviter même la confusion qui pourroit naître de la consideration de ces rayons, qui sont presque infinis, à cause du grand nombre des parties visibles qui sont dans

LIVRE HUITIEME. PARTIE II.

dans l'objet, nous n'examinerons que les seuls rayons qui partent des trois points A B C, & parce que ces rayons sont encore en trop grand nombre, nous nous réduirons d'abord à la consideration des seuls rayons qui partent du point B, entre lesquels nous n'en considérerons que trois; sçavoir les rayons B D, B E, B F.

Quant au rayon B D, comme il est perpendiculaire à la superficie E D F, nous devons penser qu'il ne souffrira aucune réfraction en passant de l'air en l'humeur aqueuse, & par conséquent qu'il ira tout droit en H, où tombant encore perpendiculairement sur la surface de l'humeur cryftalline G H I, il tendra directement vers M, & parce qu'il tombe encore perpendiculairement sur la surface de l'humeur vitrée L M N il tendra directement vers O.

2. Démonstration.

Il n'en sera pas de même du rayon B E; car comme il ne tombe pas à plomb sur la surface E D F, où il se présente pour passer de l'air dans l'humeur aqueuse; il doit, suivant les règles de la réfraction qui ont esté établies, se rompre en approchant de la perpendiculaire r 1; ensuite dequoy il aboutira au point 3. de la surface de l'humeur cryftalline, & sera par ce moyen plus proche du point H, qu'il n'auroit esté s'il n'avoit esté rompu.

Deplus, le rayon E 3 n'estant point perpendiculaire à la surface G H I, & se présentant pour passer de l'humeur aqueuse dans un milieu qui est plus dur, sçavoir, dans l'humeur cryftalline, il se rompra encore en s'approchant de la perpendiculaire ef, & par conséquent il parviendra à quelque point de la surface de l'humeur vitrée; par exemple, au point 4 où il sera plus proche du point M qu'il n'auroit esté sans cette seconde réfraction.

Enfin, parce que le rayon 3 4 est incliné sur la superficie, par laquelle il doit passer de l'humeur cryftalline qui est un corps assés dur, dans l'humeur vitrée qui l'est moins, il doit se rompre en s'éloignant de la perpendiculaire 7 2, laquelle, comme vous voyez, est tellement située, que le rayon qui s'en est éloigné, tend à s'approcher du rayon B D O, & l'on peut concevoir qu'il se rompt de telle sorte qu'il parvient au même point O, où le rayon B D O estoit déja parvenu.

Considérant ensuite ce qui arrive au rayon B F on connoî-

Tome III.   D d

210 LA PHYSIQUE.

tra qu'en se rompant en F, en I & en N il se joindra aux deux autres en O ; & parce que les réfractions que souffrent les rayons qui tombent entre BE & BF ne sont pas si grandes que celles de ces deux rayons là, il est aisé de juger que tout ce qu'elles peuvent faire, est de les détourner tous vers ce même point O.

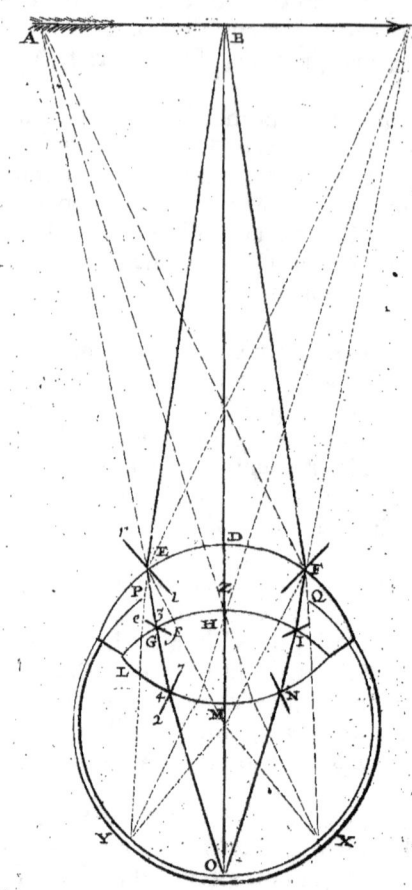

En examinant les rayons qui partent d'un autre point comme est le point A, on connoîtra que chacun de ceux qui tombent dans l'œil, y souffre de telles réfractions qu'ils vont tous ensemble aboutir à peu près dans un même point comme x.

De même, ceux qui partiront d'un point pris entre A & B parviendront à un autre point du fond de l'œil entre x & O.

Ce que je viens de dire des rayons qui partent du point A se doit entendre par proportion de ceux qui partent du point C, c'est à dire, qu'ils reçoivent de telles réfractions en entrant de l'air dans l'œil, qu'ils vont tous ensemble aboutir à peu près en un même point du fond de l'œil comme Y.

LIVRE HUITIE´ME. *PARTIE II.*

Ceux enfin qui partiront d'un point pris entre B & C, parviendront à un autre point du fond de l'œil entre Y & O. Ainsi un point de l'objet n'agit autant qu'il est possible, que sur un point du fond de l'œil, & réciproquement un point du fond de l'œil ne recevra à peu près que l'impression d'un seul point de l'objet, comme il paroît dans cette figure, où les trois points de l'œil Y O X ne reçoivent que l'impression de trois points de l'objet A B C.

Je dis à peu près, & non pas exactement, & en toute rigueur, parce que si les surfaces E D F, G H I, & L M N sont tellement courbées qu'elles conduisent justement les rayons qui viennent d'un point de l'objet comme B en un seul point comme O, il est impossible qu'elles assemblent de même les rayons qui viennent d'un autre point, tels que sont les points A & C, parce que tout autre point n'est pas disposé à l'égard de l'œil comme est le point B.

Il faut ajoûter que si l'objet s'approchoit ou se reculoit de l'œil, ensorte que le point B se rencontrât toûjours dans la la ligne B D, les trois superficies E D F, G H I & L M N ne recevroient plus les rayons du point B, comme auparavant, mais elles les disposeroient à s'unir en un point au deça ou au delà du fond de l'œil : ce qui feroit cause que l'impression qu'un point de l'objet feroit sur le fond de l'œil s'étendroit dans un grand espace, & par conséquent que deux points voisins de l'objet agiroient un peu confusément.

Mais si nous reconnoissons en cela de la confusion, nous y remarquons en même-temps le remède ; car l'œil n'estant pas inflexible selon l'opinion de tous les Opticiens & de la pluspart des Anatomistes, il peut tellement changer de figure & causer de telles réfractions, que la Rétine ne manquera pas de se rencontrer où elle doit estre pour recevoir exactement tous les rayons qui viennent d'un même point de l'objet, quoy que ce point se rencontre plus près ou plus loin de l'œil qu'il ne faudroit pour que ses rayons s'unissent exactement sur la Rétine indépendamment de la flexibilité de l'œil. C'est pourquoy puis que les réfractions déterminent les rayons qui viennent d'un point trop éloigné à s'unir plus près du crystallin qu'il ne faut ; nous devons penser que ce défaut est corrigé par l'applatissement de l'œil qui causant de moindres réfractions

212 LA PHYSIQUE.

aux rayons, fait qu'ils se vont réünir plus loin. Au contraire, les mêmes réfractions faisant que les rayons qui viennent d'un point fort proche se réünissent trop loin du cryſtallin, nous

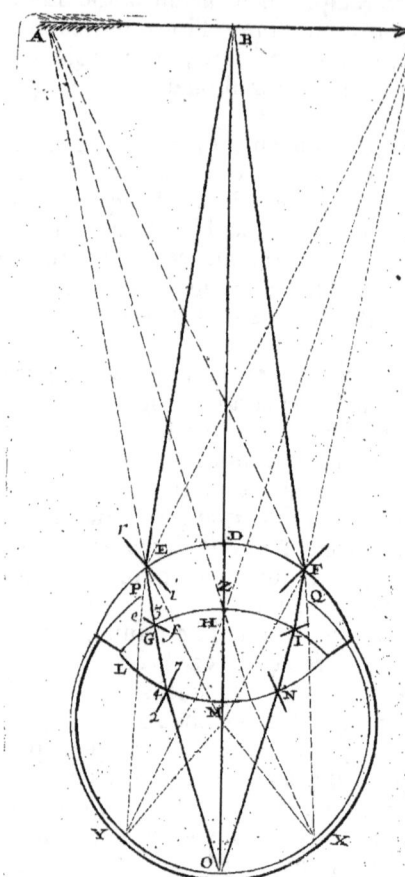

devons juger que l'œil devenant alors plus convexe, & cauſant de plus grandes réfractions, il fait que la réünion des rayons se fait plus près, c'eſt à dire préciſément ſur la Rétine, laquelle reçoit par ce moyen juſtemét ſautant de différentes impreſſions qu'il y a dans l'objet de points qui ſont diverſement colorés ou illuminés.

Au reſte, comme tous les rayons qui partent des deux points A & C, ſe vont réünir aux deux points de la Rétine marqués X & Y, & que la diſtance de ces deux points, qui eſt la vraye meſure de la grandeur apparente de l'objet A B C, eſt toûjours égale, ſoit que la prunelle s'élargiſſe, ſoit qu'elle ſe rétréciſſe, pourvû que l'œil conſerve toûjours la même figure, nous établirons pour maxime que l'élargiſſement & le rétréciſſement de la prunelle ne ſervent de rien pour aggrandir l'image des objets, mais ſeulement pour la rendre plus vive, ce qu'il faut bien remarquer.

CHAPITRE XXIII.

Contenant l'explication de certains termes qui sont d'usage dans le Traité de l'Optique, c'est à dire de la Vision.

IL paroît par ce qui vient d'estre dit dans le Chapitre précédent, que tous les rayons qui partent d'un même point de l'objet vont en s'écartant vers l'œil, que ceux qui partent des extrémités, vont en s'approchant, au moins si l'objet est plus grand que la prunelle, & qu'il y a d'autres rayons qui vont de l'objet vers l'œil, en gardant toûjours la même distance entre-eux, delà vient que pour donner des noms qui conviennent à ces différents rayons, nous nommerons les premiers *Divergents*, les seconds *Convergents*, & les troisiémes *Paralleles*; desorte que par des rayons divergents, nous entendons des rayons qui s'écartent les uns des autres en s'éloignant de leur origine, tels sont les rayons B E, B F qui partent du point B. Par les rayons convergents, nous entendons des rayons qui s'approchent les uns des autres, & qui s'unissent en un point du milieu, tels sont les rayons A Z & C Z : & par les rayons paralleles, nous entendrons des rayons qui dans leur origine & dans leur terme sont également distans les uns des autres.

1. *Ce que sont les rayons convergents, divergents, & paralleles.*

Et parce que les rayons qui partent de chaque point de l'objet tombent sur un point de l'œil, nous appellerons ce point *Point d'incidence*; de telle sorte que le point d'incidence d'un rayon ne signifiera autre chose que le point, sur lequel ce rayon tombe en passant de l'air dans l'œil, tels sont les points de la cornée E & F, sur lesquels tombent les deux rayons B E, B F.

2. *Ce que c'est que le point d'incidence.*

Deplus, parce que les rayons qui tombent obliquement sur la cornée de l'œil font un angle avec la perpendiculaire tirée par le point d'incidence, nous appellerons cet angle l'*Angle d'inclinaison* d'un rayon, desorte que cet angle ne sera autre chose que l'espace compris entre le rayon & la perpendiculaire qui se croisent au point d'incidence, tel est l'angle B E t.

3. *Ce que c'est que l'angle d'inclinaison.*

Considérant encore que les rayons qui tombent sur la cornée font un angle avec elle, nous appellerons cet angle, An-

4. *Ce que c'est que l'angle d'incidence.*

214   LA PHYSIQUE.

gle d'*incidence*; ainſi l'angle d'incidence d'un rayon ſur la cornée ſera l'eſpace compris entre la cornée & ce rayon, tel eſt l'angle C E D.

5.
Ce que c'eſt que l'Axe optique.

Et parce que quand on regarde un objet, il y a toûjours un rayon qui tombant perpendiculairement paſſe par les centres de la prunelle & de l'œil ſans ſouffrir aucune réfraction, pour diſtinguer ce rayon de tous les autres, nous l'appellerons *Axe optique*, deſorte que le mot d'axe optique ſignifiera un rayon qui vient d'un point de l'objet, & qui paſſe par le centre de l'œil & de la prunelle ſans ſouffrir aucune réfraction, tel eſt le rayon B D O.

6.
Ce que c'eſt qu'un Pinceau optique.

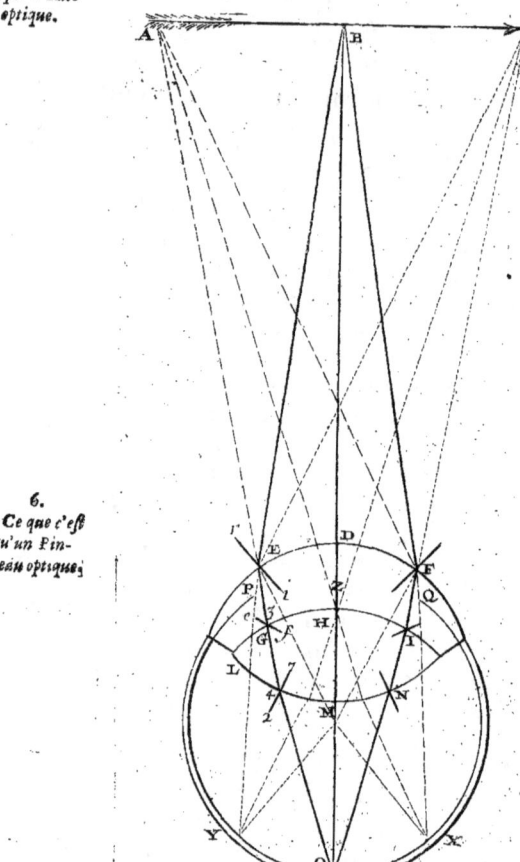

Deplus, comme chaque point de l'objet envoye ſur tout le cryſtallin des rayons qui ſe vont terminer à un ſeul point de la Rétine, il ſe forme là deux cones de rayons qui ont le cryſtallin pour baſe, & dont les ſommets oppoſés ſont l'un dans l'objet & l'autre dans la rétine, c'eſt l'aſſemblage de ces deux cones de rayons que nous appellerons *Pinceau optique*. Ainſi le mot de pinceau optique ne ſignifiera autre choſe que l'aſſemblage de deux cones de rayons qui ont pour base commune le cryſtallin, & dont l'un a la pointe ſur l'objet & l'autre ſur la rétine. B E D F & O E D F ſont deux cones, dont l'aſſemblage forme le pinceau optique o qui trace l'image du point B de l'objet.

Il faut ajoûter que comme les axes des pinceaux optiques qui viennent des extrémités de l'objet font dans le centre de la prunelle un angle qui eſt plus grand ou plus petit à meſure que l'objet eſt plus proche ou plus éloigné de l'œil, nous appellerons cet angle l'*Angle viſuel*; deſorte que le mot d'angle viſuel ne ſignifiera autre choſe que l'eſpace qui eſt compris entre les deux axes des pinceaux optiques qui aboutiſſent aux extrémités de l'objet, & qui ſe croiſent au centre de la prunelle, tel eſt l'angle A z C.

7.
Ce que c'eſt que l'angle viſuel.

Il ne ſuffit pas d'avoir défini les mots qui ſont d'uſage dans l'optique, il eſt encore néceſſaire d'établir quelques Axiomes qui ſervent de fondement à cette ſcience.

Premier Axiome.

Les Rayons convergents eſtant prolongés au delà de leur point de concours deviennent divergents. Par exemple, les rayons A z & C z eſtant prolongés au delà du point concours z deviennent divergents en allant vers Y & vers X.

Second Axiome.

Tout point viſible d'un objet conſidéré ſéparement envoye des rayons qui ſont divergents.

Troiſiéme Axiome.

Les rayons qui partent des extrémités d'un objet, & qui vont vers l'œil, ſont convergents lors que l'objet eſt plus grand que la prunelle; & au contraire ils ſont divergents ſi la prunelle eſt plus grande que l'objet. Par exemple, les rayons A E & C F ſont divergents, parce que l'objet A B C eſt plus grand que la prunelle P Q, il arriveroit tout le contraire ſi la prunelle eſtoit plus grande que l'objet.

Quatriéme Axiome.

La réfraction de la lumiere eſt plus ou moins grande, ſelon que les rayons ſont plus ou moins inclinés ſur le ſecond milieu, par exemple, les rayons B E & B F souffrent de plus grandes réfractions que tous les autres rayons qui sont entre-eux à mesure qu'ils sont plus inclinés sur la partie de l'œil EF.

Cinquiéme Axiome.

Un rayon tombant incliné sur un second milieu plus dense se rompt en s'approchant de la perpendiculaire, c'est ainsi que se rompent les rayons B E & B F en entrant dans la cornée.

Sixiéme Axiome.

Tous les Axes des pinceaux optiques passent par le centre de la prunelle, par exemple, les axes des pinceaux optiques B O, A X, & C Y passent par le centre de la prunelle z.

Septtéme Axiome.

L'Ame rapporte la sensation qu'elle a de chaque point de l'objet par les axes des pinceaux optiques, & par tous les rayons qui composent ces pinceaux, & elle rapporte cette sensation précisément au point, où ces rayons & cet axe se croisent. Par exemple, l'Ame rapporte la sensation qu'elle a du point B par l'axe optique O B, & par les rayons E B & F B, & elle rapporte cette sensation précisément au point B, parce que c'est là où l'axe optique & ces rayons se croiseroient s'ils estoient prolongés au delà de l'objet.

8.
Ce que c'est que l'angle de distance.

Et parce que les rayons & les axes des pinceaux optiques ne se peuvent croiser sans faire un angle qui est plus grand ou plus petit à mesure que l'objet est plus proche ou plus éloigné, nous appellerons cet angle l'*Angle de distance* ; de sorte que par l'angle de distance nous n'entendrons autre chose qu'un espace compris entre les rayons extrémes d'un pinceau optique, qui partent du même point de l'objet que celuy où se termine l'axe optique, tels sont les angles E A F, E B F, & E C F.

CHAP.

CHAPITRE XXIV.

Comment les objets impriment leurs images sur la Rétine & ensuite dans le Cerveau, & d'où dépend la grandeur de ces images.

DE ce que chaque point de l'objet ABC agit sur chaque point du fond de l'œil vis-à-vis lequel il correspond, il s'ensuit que tout l'objet doit agir en même temps sur une certaine étenduë de la Rétine, laquelle ressemble à l'objet en une chose seulement, sçavoir en ce qu'elle reçoit autant de divers pressements en toutes ses parties, qu'il y a de différents degrés de lumiere dans les parties de l'objet qu'ó regarde.

En quoy consiste l'image des objets qui est sur la Rétine.

Et parce qu'on a coûtume de donner le nom d'image à tout ce qui ressemble à quelque chose, nous pouvons prendre pour l'image de l'objet ABC la partie de la Rétine YOX qui reçoit les rayons qu'il réfléchit, & dire en général que les objets tracent leurs images matérielles dâs le fond des yeux en mouvant la Rétine en autant de différentes manieres qu'ils ont de parties de différéntes couleurs.

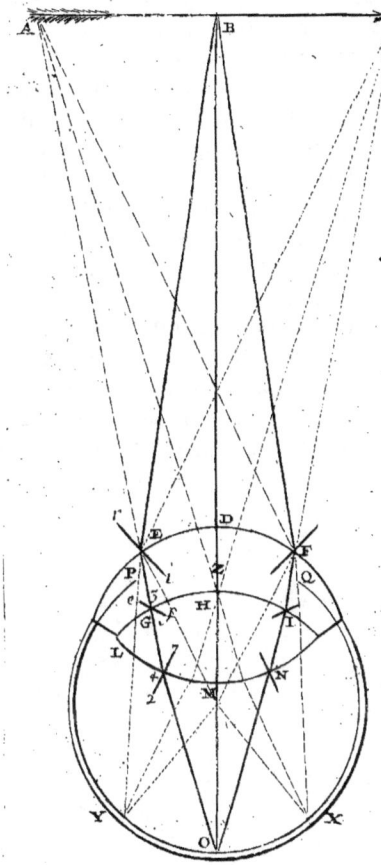

Tome III   Ee

Il ne faut pas rechercher dans cette image d'autre reſſemblance que celle-là ; car ſi on la vouloit comparer davantage avec l'objet, on trouveroit qu'elle luy eſt diſſemblable en pluſieurs choſes, 1. En ce qu'elle répréſente toûjours un corps par une ſuperficie ; quelquefois une ſuperficie par une ligne, & une ligne par un point. 2. En ce qu'elle a une ſituation contraire ; car la partie haute de l'objet eſt peinte dans la partie baſſe de l'œil, & la partie droite dans la partie gauche, comme il paroît par la Figure précédente, où la partie droite de l'objet marquée c eſt peinte ſur le côté gauche de l'œil marqué y, & la partie gauche ſur la partie droite marquée x.

2.
D'où dépend la grandeur des images des objets ſur la Rétine.

Il faut ajoûter que la partie de l'œil qui reçoit l'image de l'objet, eſt plus ou moins grande ſelon que l'objet eſt plus proche ou plus éloigné, ſelon que le milieu qui eſt entre luy & l'œil, rompt plus ou moins les rayons en s'approchant ou en s'éloignant de la perpendiculaire ; & enfin ſelon que les corps d'alentour ſont plus ou moins éclairés.

Nous expliquerons enſuite comment la grandeur de l'image matérielle des objets dépend, ou de ce qu'ils envoyent des rayons qui ſouffrent de plus grandes réfractions, ou de ce que les corps d'alentour ſont moins éclairés ; & nous allons faire voir maintenant comment elle dépend de ce que les objets ſont plus proches.

LIVRE HUITIE'ME. PARTIE II. 219

En effet, quand un objet est proche, il trace une image plus grande que quand il est éloigné, comme il paroît dans l'œil C, où l'espace H I qui reçoit l'image de l'objet éloigné F G, est plus petit que l'espace D E, qui reçoit celle de l'objet A B, que je suppose égal à l'objet F G, mais plus proche.

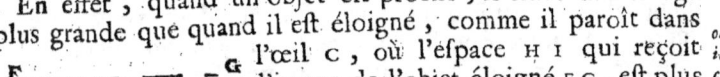

Fig. 3. Qu'un objet, quand il est proche, cause une plus grande image que quand il est éloigné.

Et parce que la grandeur de l'espace H I, répond à la quantité de l'angle H K I, lequel est égal à l'angle visuel F k G, delà vient qu'on peut assûrer en général, que l'image matérielle des objets est d'autant plus grande ou plus petite que l'angle F k G, qu'on appelle pour cela l'*Angle Visuel*, est plus grand ou plus petit. Ce qu'il faut néanmoins entendre de telle sorte que cette image ne s'aggrandit, ou ne se diminuë pas dans la même proportion que les objets s'approchent ou s'éloignent de l'œil ; car il peut estre démontré que l'Angle visuel, sous lequel on voit un objet qui est à cent pas de l'œil, ne diminuë pas de la moitié quand cet objet est transporté à deux cens pas, & qu'il peut estre à une telle distance, que quoyqu'il s'éloigne encore de cent pas, ce changement ne rendra pas la grandeur de l'angle visuel sensiblement différente.

Mais de quelque grandeur que soit l'image qui est sur la Rétine, comme elle ne consiste que dans les différents mouvements des filets des nerfs optiques, il faut de nécessité qu'elle passe jusqu'à la partie du cerveau d'où ces nerfs tirent leur origine. Mais parce que nous n'avons qu'une seule sensation ensuite de chacune des deux images que l'objet a causées dans les deux yeux, on est en peine de sçavoir s'il y a un endroit particulier dans le cerveau, où les deux images se réünissent avant que l'ame en soit touchée, & avant qu'elle reçoive cette autre image spirituelle qui la rend formellement voyante.

E e ij

220 LA PHYSIQUE.

* M. Rohault dans son Traité de Physiq. 1. Partie Chap. 31. Art. 20.

Il y a des Philosophes * qui croyent qu'outre la ressemblance sensible qui se rencontre dans les deux yeux, il y en a encore une autre que les sens ne sçauroient appercevoir, & qui par cette raison doit passer pour une supposition purement arbitraire, qui consiste en ce que le nombre des filets de l'un des nerfs optiques est égal au nombre des filets de l'autre. C'est pourquoy, si pour plus grande facilité nous supposons que le nerf optique de l'œil A, contienne cinq filets, dont les extrémités

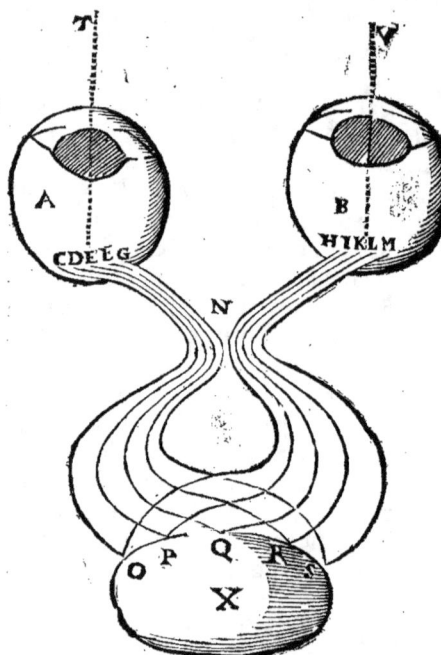

soient C D E F G, il faut penser qu'il y en a un pareil nombre dans le nerf de l'œil B, dont les extrémités E & k, qui sont au milieu des autres, se trouvent justement au bout des axes optiques, c'est à dire, aux extrémités des lignes T E, V k, qui passent par le centre de la prunelle, de l'humeur crystalline, & du corps de l'œil, & que les autres sont tellement arrangées autour d'elles, que l'on peut prendre séparément en certain ordre tous les filets de l'un des yeux, & les comparer avec ceux de l'autre pris dans le même ordre pour en composer plusieurs paires, qu'ils nomment *Sympathiques* : Ainsi commençant par les filets C & H, qui sont les plus avancés vers la main gauche, ils en font une premiere paire ; les autres paires sont D I, E K, F L, & G M. Enfin ils se persuadent que les filets sympathiques de chaque paire aboutissent à un même point de la partie du cerveau qui excite l'ame à sentir : comme vous voyés icy que la paire C H aboutit au point O du principal organe X ; la paire D I au point

LIVRE HUITIE'ME. PARTIE II.

p; la paire E K au point Q; la paire F L au point R, & la paire G M au point s.

Cela eſtant ſuppoſé, ils conçoivent que quand nous voulons regarder un objet, nous tournons tellement les yeux vers luy que les impreſſions qu'il fait ſur les filets ſympathiques des deux yeux, ſe réüniſſent en un ſeul point du cerveau, d'où il s'enſuit qu'au lieu de deux images que l'objet a imprimées dans les yeux, il n'y en a qu'une dans la partie du cerveau que ces Philoſophes prennent pour l'organe immédiat de la vûë.

On peut bien par cette ſuppoſition expliquer pourquoy l'ame n'a qu'une ſeule ſenſation de chaque point de l'objet, quoyque ce point trace deux images ſur la rétine : mais on ne ſcauroit rendre raiſon par là, pourquoy l'ame rapporte cette ſenſation préciſément à chaque point de l'objet d'où elle procède.

Il faut ajoûter que l'anatomie ne nous enſeigne pas qu'il y ait dans le cerveau aucune partie ſimple qui ſoit l'organe immédiat de la vûë, c'eſt pourquoy nous abandonnerons cette ſuppoſition, & nous tâcherons d'expliquer cy-après la ſimplicité apparente des objets ſans ſuppoſer cette prétenduë union des filets ſympathiques des nerfs optiques en un même point du cerveau.

CHAPITRE XXV.

Comment ſe fait la Viſion.

PUISQUE l'ame eſt de telle nature qu'à l'occaſion des mouvements que les corps lumineux ou colorés cauſent ſur la Rétine, & enſuite dans le cerveau, elle reçoit certaines ſenſations de lumiere ou de couleur, il eſt aiſé d'entendre que les différentes parties de l'objet agiſſant ſéparément ſur diverſes parties de la Rétine ou du cerveau, l'ame doit avoir en même temps & ſans confuſion, autant de ſenſations particulieres qu'il y a de parties dans l'objet qui cauſent des mouvements différents dans la Rétine : d'où il réſulte une ſenſation totale qui répréſente tout l'objet, & qui n'eſt autre choſe qu'une certaine image ſpirituelle qui rend l'ame formellement voyante dépendemment de l'image matérielle qui eſt tracée ſur la Rétine.

I.
Que l'Ame doit avoir autant de ſenſations particulieres qu'il y a de parties dans l'objet qui cauſent des mouvements différents ſur la Rétine.

2.
Que la vision est d'autant plus vive que l'œil reçoit plus de rayons de chaque point de l'objet.

Suivant ce principe, la vision ou l'image spirituelle de l'objet qui est dans l'ame, sera d'autant plus vive, (le reste estant égal) que l'objet envoyera plus de rayons dans les yeux, parce que l'impression qu'il fera sur l'organe, sera plus grande. Par la même raison, un objet causera une sensation plus vive lorsqu'on le regardera avec les deux yeux, que si on ne le regardoit qu'avec un seul, parce qu'il entrera dans les deux yeux deux fois autant de rayons d'un même point de l'objet qu'il en entre dans un seul; d'où il s'ensuit que le cerveau qui est l'organe immédiat de la vûë, sera doublement ébranlé.

Si l'on consideroit seulement l'action d'un seul point de l'objet, il faudroit dire qu'il seroit senty d'autant plus obscurément qu'il agiroit de plus loin, à cause que les rayons qu'il envoye estant divergents, il en peut moins entrer dans la prunelle lorsque l'œil est éloigné, que lorsqu'il est proche. Mais il faut penser d'ailleurs que ce point trace sur la Rétine une image materielle qui est d'autant plus petite, qu'il est plus éloigné, & que par consequent la partie de la Rétine qui reçoit son image, n'est pas moins ébranlée, ni la sensation qui en résulte moins vive, que s'il estoit plus proche.

A quoy il faut ajoûter que la prunelle qui s'élargit quand nous regardons de loin, reçoit beaucoup plus de rayons que si elle estoit resserrée, comme elle l'est quand nous regardons de près; d'où vient que les objets éloignés se doivent faire sentir plus vivement que ceux qui sont proches. C'est par cette raison, par exemple, que les nûës & plusieurs autres corps fort éloignés paroissent clairs, au lieu que si on les regardoit de près, ils paroîtroient sombres & obscurs.

3.
D'où dépend la distinction de la vision.

Quant à la distinction de la vision, il est certain qu'elle dépend de ce que les rayons se rompent en telle sorte dans les humeurs des yeux, que tous ceux qui tombent sur un même point de la Rétine partent d'un même point de l'objet; & comme cette circonstance ne se rencontre précisément que dans les rayons qui partent de l'endroit de l'objet, où aboutissent les deux axes optiques, nous ne voyons aussi que cet endroit distinctement, & toutes les autres parties doivent estre vûës plus confusément, comme l'expérience l'enseigne.

La distinction de la vision dépend encore de la grandeur de la partie du fond de l'œil, où l'objet trace son image, dans laquelle il doit fe rencontrer pour le moins autant d'extrémités des filets du nerf optique, qu'il y a de différentes parties dans l'objet, afin que chacune faſſe ſon impreſſion ſéparée ; car ſi les rayons qui viennent de deux parties diſtinctes d'un même objet s'aſſembloient chacune à part dans deux points diſtincts d'un même filet ; ce ſeroit comme s'ils s'eſtoient aſſemblés en un ſeul point, à cauſe qu'ils ne pourroient pas mouvoir ce filet en deux diverſes façons tout à la fois. C'eſt pour cette raiſon que les objets fort éloignés qui tracent leurs images dans une fort petite partie de la Rétine, ne peuvent eſtre vûs que confuſément.

Il eſt encore évident que ſi un objet éloigné eſt compoſé de parties de différentes couleurs, pluſieurs agiſſant enſemble ſur un même filet, celle qui ſera d'une couleur plus vive ſe fera ſentir toute ſeule, à cauſe que ce filet ne ſuivra alors que le ſeul mouvement que cette partie luy imprimera. Nous obſervons auſſi qu'un Pré dans lequel il y a pluſieurs petites fleurs blanches parmy un tres-grand nombre de brins d'herbe ne paroît de loin que tout blanc ; c'eſt encore par la même raiſon que les Planètes, quoy qu'elles ſoient de diverſes couleurs, ne paroiſſent que lumineuſes, & que quand les Peintres nous veulent répréſenter des éloignements, ils ont accoûtumé de ſe ſervir de couleurs blanches.

4. D'où vient qu'on répréſente les éloignements par les couleurs blanches.

CHAPITRE XXVI.

Comment l'Ame rapporte hors d'elle l'image ſpirituelle qu'elle a conçûë des objets qui agiſſent ſur les organes de la vûë.

IL ne s'agit pas icy d'examiner ſi l'Ame rapporte hors d'elle les différentes ſenſations qu'elle reçoit de diverſes parties des objets qu'elle regarde ; car nous ſçavons par expérience que cela eſt vray, mais il eſt queſtion de rechercher quel eſt le lieu, où l'ame rapporte ces ſenſations, & par quelles lignes elle les y rapporte.

Or il ne faut pas douter que l'ame ne rapporte hors d'elle ſes ſenſations par les mêmes lignes, par leſquelles les objets agiſſent ſur les organes de la vûë ; c'eſt pourquoy, puis que

1. Que l'ame rapporte au dehors ſes

les objets n'agissent sur les yeux que par les pinceaux optiques, il ne faut pas faire difficulté de reconnoître que c'est par ces pinceaux que l'ame rapporte ses sensations hors d'elle.

Sensations par les mêmes lignes par lesquelles les objets agissent sur les organes de la vûë.

Que si l'on demande encore en quel endroit de ces pinceaux l'ame rapporte ses sensations, nous répondrons qu'elle les rapporte précisément à leur pointe, c'est à dire, au point par lequel chaque pinceau touche l'objet ; & en effet, si elle les rapportoit en quelque autre lieu, il s'ensuivroit que l'ame devroit voir autant de fois le même point de l'objet qu'il y auroit de rayons dans chaque pinceau optique ; ce qui n'arrivant pas, c'est une marque infaillible, que chaque sensation particuliere se termine à la pointe de chaque pinceau optique, au delà de laquelle il n'y a rien qui agisse sur l'organe de la vûë.

2. *Qu'elle les rapporte à la pointe des pinceaux optiques.*

Mais si l'ame rapporte chaque sensation à la pointe de chaque pinceau optique, puis que chaque pinceau optique se termine à chaque point de l'objet ; n'est-il pas évident que la sensation totale qui résultera des sensations particulieres de l'ame, sera rapportée à tout l'objet ? ou pour dire la même chose en d'autres termes, n'est-il pas évident que l'objet paroîtra revêtu de toutes les couleurs que sa présence cause dans l'ame ?

3. *Que l'objet doit paroître revêtu de toutes les couleurs qu'il cause dans l'ame.*

Non seulement l'objet doit paroître revêtu des couleurs qu'il a causées dans l'ame, il doit encore occuper tout l'espace qui est compris entre les pointes des deux pinceaux qui aboutissent à ses extrémités, & parce que cet espace augmente ou diminuë toûjours à mesure que l'objet s'approche ou s'éloigne de l'œil ; nous devons conclure, que l'objet doit paroître plus grand ou plus petit, selon qu'il est plus proche ou plus éloigné de nous. Nous pouvons même assûrer que la juste mesure de cette grandeur apparente de l'objet, est l'angle que font au centre de la prunelle les axes des deux pinceaux optiques qui partent des extrémités de l'objet. C'est par cette raison aussi que nous avons appellé cy-devant cet angle, l'*Angle visuel*.

4. *De quelle grandeur doit paroître l'objet.*

Suivant ces principes, nous dirons que l'ame rapporte ses sensations hors d'elle, non pas par le jugement comme quelques-uns prétendent, mais par une simple institution de la nature, qui a ordonné que cela seroit ainsi, afin de déterminer l'ame à fuir ou à suivre les objets de la vûë qui sont éloignés d'elle

5. *Que l'Ame rapporte ses sensations au dehors par l'institution de la nature.*

selon

LIVRE HUITIEME. PARTIE II.

selon qu'elle jugeroit par les sensations, que ces objets produisent en elle, qu'ils sont conformes ou contraires à sa nature.

Il est vray qu'après que l'ame a rapporté ses sensations hors d'elle par les pinceaux optiques, elle fait plusieurs jugements qui servent à déterminer la quantité de la distance des objets, mais ils ne font jamais que l'ame rapporte ses sensations en un lieu, qui soit plus proche ou plus éloigné qu'un autre. En effet, si le rapport des sensations hors de l'ame se faisoit par le jugement, nous concevons bien qu'un homme qui ignore les règles de l'optique pourroit voir les objets renversés dans une Lunette à deux verres convexes, parce qu'il ne sçait pas que les rayons qui viennent de l'extrémité de l'objet, se croisent entre les deux verres ; mais nous ne concevons pas pourquoy un sçavant Opticien devroit voir le même objet renversé, puis que ce croisement des rayons ne luy seroit pas inconnu, & qu'il pourroit par son jugement rapporter chaque sensation particuliere à chaque point de l'objet d'où elle procède, & par conséquent voir l'objet droit.

6. Que c'est par des jugements que l'Ame connoît la quantité de la distance des objets.

Au reste, de ce que l'ame rapporte les sensations qu'elle a de chaque point de l'objet, à la pointe de chaque pinceau optique, il est vray de dire que la longueur de l'axe de chaque pinceau contient la vraye distance de chaque point de l'objet ; ainsi nous établirons pour maxime, *Que la longueur des axes des pinceaux optiques contient la vraye distance des objets.*

7. Quelle est la vraye distance des objets.

Et parce que l'ame ne rapporte pas ses sensations par les seuls axes des pinceaux optiques, mais encore par tous les autres rayons qui composent ces pinceaux ; nous établirons pour seconde maxime, que l'ame rapporte les sensations qu'elle a de chaque point de l'objet par les axes des pinceaux optiques, & par tous les rayons qui composent ces pinceaux, & qu'elle les rapporte précisément au point, où ces rayons & ces axes se couppent.

Et dautant que les rayons & les axes des pinceaux optiques ne se peuvent couper sans faire un angle, lequel est plus grand ou plus petit à mesure que l'objet est plus proche ou plus éloigné, nous avons appellé cet angle, *Angle de distance*, desorte que par l'angle de distance nous n'entendons autre chose que l'espace compris entre deux rayons qui sont aux extrémités de

8. Ce que c'est que l'angle de distance.

Tome III. F f

chaque pinceau optique, & qui se rencontrent dans un même point de son axe, comme il a esté remarqué.

CHAPITRE XXVII.

Comment l'Ame voit les objets en leur situation propre, & pourquoy elle les voit quelquefois renversés.

POUR comprendre comment nous voyons les objets dans leur propre situation, il n'y a qu'à considérer que la même Loy de l'union de l'esprit & du corps qui oblige l'Ame à rapporter hors d'elle la sensation totale d'un objet de la vûë, l'oblige aussi d'y rapporter toutes les sensations particulieres dont cette sensation totale est composée ; c'est pourquoy puis que l'impression qui se fait dans la partie droite de l'œil, vient de l'extrémité gauche de l'objet, & que celle qui se fait dans la partie gauche de l'œil, vient de l'extrémité droite du même objet, il est nécessaire que l'image totale que l'objet trace sur la Rétine, soit renversée ; mais cela n'empêche pas que lorsque nous regardons un objet, il ne doive paroître dans sa véritable situation ; car comme l'ame est obligée de rapporter au dehors les sensations qu'elle a reçûës par les axes de la vision, & que ces axes sont des lignes droites qui se croisent au centre de la prunelle, elle rapportera la sensation qui luy vient du côté droit de l'œil, au côté gauche de l'objet ; & celle qui luy vient du côté gauche de l'œil au côté droit de l'objet. D'où il s'ensuit que l'image spirituelle qui rend l'ame formellement voyante, sera droite, quoy que l'image matérielle de laquelle elle dépend, soit renversée.

<small>I.
Comment deux différents milieux font paroître renversé un objet qui est droit.</small>

Cette maxime est à la vérité générale pour tous les objets qu'on regarde par un milieu simple & uniforme, mais elle ne concerne point ceux qu'on voit par deux milieux de différente nature ; car rien n'empêche que ces milieux ne fassent paroître renversés, les objets qui sont dans une situation droite. En effet, lorsqu'il arrive par quelque cause que ce soit que les pinceaux optiques qui partent des extrémités de l'objet se croisent avant que d'arriver à l'œil, il est alors nécessaire que celuy qui vient du côté droit de l'objet, fasse son impression sur le côté droit de l'œil, & que celuy qui vient du côté gauche fasse aussi son impression sur le côté gauche; ce qui ne peut arriver sans que l'ame qui est obligée de rapporter ses sensations par les axes des pinceaux optiques, qui se croisent au centre de la prunelle, ne voye l'objet renversé, comme il paroîtra clairement, lors que nous parlerons des Lunettes à deux verres convexes.

On demandera peut-estre pourquoy l'ame dans cette occasion rapporte ses sensations par les axes des pinceaux optiques, qui se croisent au centre de la prunelle plûtôt que par d'autres lignes droites; à quoy nous répondons que cela arrive, parce qu'estant nécessaire que l'ame rapporte les sensations de la vûë au dehors, il est plus à propos qu'elle les rapporte constamment par les principaux optiques, dont les axes se croisent au centre de la prunelle, que par d'autres lignes droites, parce qu'il arrive presque toûjours que les objets agissent par ces pinceaux sur la Rétine, de telle sorte que leur extrémité droite fait impression sur la partie gauche de l'œil, & leur extrémité gauche sur la partie droite, au lieu que le contraire n'arrive que par accident, & quand il arrive, l'ame le peut appercevoir par le jugement ou par la raison, & l'ayant apperçû elle peut corriger ce défaut en jugeant que l'objet est droit, quoy qu'il paroisse renversé.

2. Pourquoy l'ame rapporte ses sensations par les axes des pinceaux optiques.

On n'apperçoit pas la situation des objets par les deux yeux autrement que par un seul, dont la raison est que le même point de l'objet qui se peint dans la partie droite ou gauche d'un œil, se peint aussi en même-temps dans la partie droite ou gauche de l'autre œil ; ce qui fait que l'objet paroît également droit ou renversé, soit qu'on le regarde avec un œil seul, soit qu'on le regarde avec les deux yeux.

3. Qu'on voit la situation des objets par deux yeux comme par un seul.

C'est pourquoy, puis que les objets paroissent droits, parce que les rayons qui viennent de leurs extrémités se croisent au centre de la prunelle; nous pouvons établir pour règle générale qu'ils doivent paroître renversés toutes les fois que les rayons souffrent dans le milieu un ou plusieurs croisements, qui détruisent l'effet de celuy qui se fait dans l'œil.

4. Règle générale pour connoistre quand les objets doivent paroistre renversés.

F f ij

CHAPITRE XXVIII.

Comment les objets de la vûë paroissent simples, quoy qu'ils tracent deux images dans les yeux.

QUAND on considère qu'un même objet trace deux images, une dans chaque œil, il semble d'abord qu'il doit paroître double ; mais si peu de réflexion qu'on fasse sur la maniere dont se fait la vision, on s'apperçoit aussi-tôt qu'il doit paroître que simple, dont la raison est qu'en regardant un objet, nous tournons tellement les yeux vers luy que les axes de la vision de l'un vont aboutir précisément au même endroit de l'objet, où vont aboutir les axes de la vision de l'autre ; ce qui fait que l'Ame rapporte les sensations qui répondent aux deux images qui sont dans les yeux à un seul endroit, sçavoir à celuy où est l'objet qu'on regarde ; par exemple,

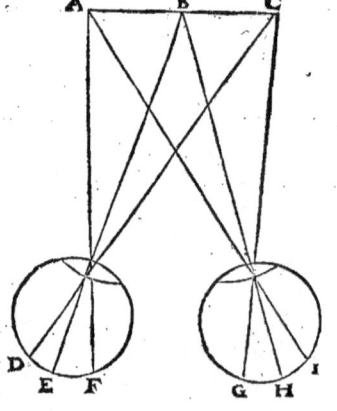

1.
En quoy l'opinion de M. Rohault differe de la nôtre.

quoy que l'objet A B C, trace deux images, une dans chaque œil, il ne produit pourtant qu'une seule idée, parce que l'ame rapporte les deux sensations qui dépendent des mouvements des parties de la Rétine marquées D & G, au seul point de l'objet marqué C ; celles qui dépendent des mouvements des parties F & I au seul point A, & enfin celles qui dépendent des mouvements des parties E & H, au seul point B.

Cette maniere d'expliquer la simplicité apparente des objets differe de celle de M. Rohault, en ce qu'il suppose que les deux impressions que l'objet fait dans les yeux se réünissent dans le cerveau, afin de ne causer qu'une seule sensation dans l'ame : & nous prétendons au contraire que les deux impressions qui sont dans les yeux, causent deux sensations distin-

LIVRE HUITIE'ME. PARTIE II.

ctes, mais semblables, lesquels l'ame rapporte ensuite au même point de l'objet qui agit sur les organes de la vûë. Or il est bien plus aisé de concevoir comment l'ame rapporte deux sensations à un seul point de l'objet par les deux axes optiques qui y aboutissent, qu'il n'est aisé de concevoir comment elle rapporte une seule sensation à un seul point par ces deux axes, ou par un seul axe ; car si elle la rapporte par un seul axe, on demandera par quel, & pourquoy elle la rapporte par celuy-là plûtôt que par l'autre ; & si elle la rapporte par tous les deux, on dira que l'ame peut bien recevoir deux sensations distinctes par deux axes optiques, qui aboutissent à un même point, puis qu'elle peut diviser une seule sensation, qui est de soy tres simple, pour la rapporter par ces deux axes à ce même point.

2. *Objection avec la Réponse.*

On dira peut estre que l'Ame ne peut rapporter deux sensations en un même point de l'bjet par les deux axes optiques, à cause que ces deux axes sont paralleles, & qu'estant tels, ils ne peuvent aboutir en un même point ; mais nous repondons, qu'outre que le parallelisme des axes optiques n'est fondé sur aucune raison antécédente, il est manifestement contraire à l'expérience qui fait voir qu'en regardant un objet qui est proche, les prunelles sont plus inclinées l'une vers l'autre, que lors que nous regardons le même objet quand il est éloigné : ce qui ne pourroit estre, si les axes optiques éstoient parelleles.

3. *Confirmation de la Réponse.*

A quoy il faut ajoûter que si les axes optiques éstoient paralleles, nous verrions avec la même distinction les deux points de l'objet où ils se terminent ; ce qui n'arrive pas, sans qu'il serve de rien de dire que l'axe d'un œil estant tendu, l'axe de l'autre est relâché, & par conséquent que l'un agit sans l'autre : car cela est avancé sans preuve, n'y ayant aucune raison de croire que l'ame doive rapporter ses sensations par un axe optique plûtôt que par l'autre, puis que l'objet agit également par tous les deux.

4. *D'où vient que les objets paroissent quelquefois doubles quand on les regarde avec deux yeux.*

Or si la simplicité apparente des objets dépend de ce que les axes de la vision d'un œil aboutissent au même point de l'objet auquel aboutissent les axes de la vision de l'autre, il faut par la raison des contraires qu'un objet paroisse double, toutes les fois que ces axes n'aboutiront pas au même point, parceque l'Ame rapporte alors ses sensations par deux axes qui aboutissent à des lieux différents ; c'est ce qu'on expérimente toutes les fois qu'en regardant un objet, on presse le coin d'un œil tandis qu'on laisse l'autre dans sa situation naturelle: car alors les deux axes optiques n'aboutissent plus à un même point, ce qui fait que l'Ame, qui doit rapporter les sensations qui viennent dés extrémités de l'objet autour des axes optiques, est obligée par cette raison de rapporter l'idée totale de l'objet à deux lieux différents, & par conséquent de voir l'objet double, quoy qu'il soit unique.

<small>§.
D'où vient qu'ils paroissent quelquefois doubles lorsqu'on ne les regarde qu'avec un œil.</small>

On peut voir encore les objets doubles avec un seul œil, si on les regarde par deux trous faits dans une Carte, pourveu toutefois que la distance de ces trous ne soit pas plus grande que la prunelle, & que l'objet qu'on regarde soit si proche de l'œil, que la pointe des pinceaux qui en tracent l'image tombe sur des points qui soient au delà de la Rétine; parce qu'alors chaque pinceau des rayons est divisé par les deux trous de la Carte en deux pinceaux, dont chacun frappe une partie différente de la Rétine; ce qui est cause que l'ame qui est obligée de rapporter ses sensations au dehors par des lignes droites qui passent par le centre de la prunelle, rapporte en deux différents endroits celles qu'elle reçoit d'un seul point de l'objet qui frappe en même temps deux parties de la Rétine, d'ou il s'ensuit que l'objet doit parôitre double.

LIVRE HUITIE'ME. PARTIE II. 231

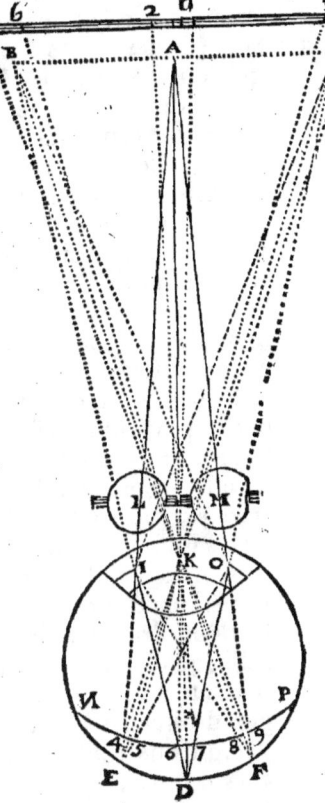

Cecy paroîtra plus clairement par cette Figure dans laquelle soit IKO, la prunelle d'un œil trop applati, ou par sa conformation naturelle, ou par rapport à la distance de l'objet BAC, lequel il regarde par deux trous d'une Carte marqués L & M.

Or cela estant supposé, il est visible que les rayons qui partent des points BAC, gardent la même direction qu'ils auroient, si la Carte n'estoit pas interposée, & que par conséquent ceux qui partent du point A, ayant passé par les deux trous marqués L & M, se vont réünir au point D, ceux qui partent du point B, au point F, & ceux qui partent du point C au point E, d'où il s'ensuit que les trois pointes des pinceaux B F, A D, C E, sont au delà de la Rétine N P.

Il est encore évident que les rayons qui viennent d'un même point de l'objet ayant passé par les deux trous de la Carte, forment deux pinceaux différents, par exemple, les rayons qui partent du point A forment les deux pinceaux A 6, A 7. Les rayons qui partent du point B, forment les deux pinceaux B 8, B 9, & enfin ceux qui partent du point C, forment les deux pinceaux C 4, C 5. Ce qui fait voir que les rayons qui partent d'un même point de l'objet, pressent la Rétine en deux endroits différents dans chacun desquels ils répréfentent le même point de l'objet.

232 LA PHYSIQUE.

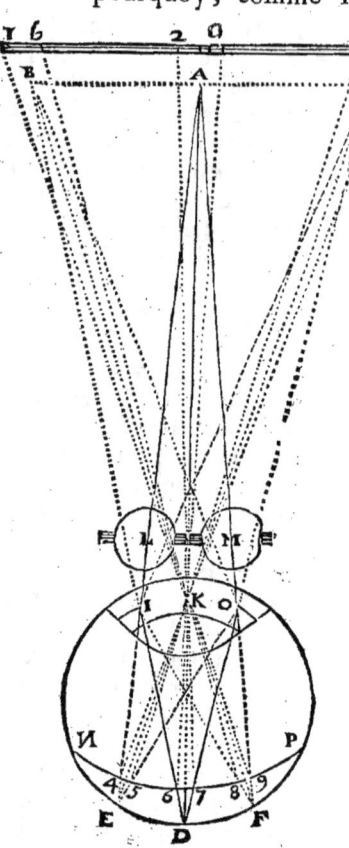

C'eſt pourquoy, comme l'Ame ſelon l'inſtitution de la nature rapporte toutes les ſenſations de la vûë au dehors par des lignes droites qui ſont les axes des Pinceaux optiques & qui paſſent par le centre de la prunelle, elle rapporte auſſi la ſenſation qu'elle reçoit par le pinceau A 6, ſuivant la ligne droite 6 K a, & celle qu'elle reçoit par le pinceau A 7, ſuivant la ligne droite 7 K 2. Par la même raiſon elle rapporte la ſenſation qu'elle reçoit par le pinceau B 8, ſuivant la ligne droite 8 K b & celle qu'elle reçoit par le pinceau B 9, ſuivant la ligne 9 K 1. Enfin, elle rapporte la ſenſation qu'elle reçoit par le pinceau C 5 ſuivant la ligne droite 5 k 3, & celle qu'elle reçoit par le pinceau C 4, ſuivant la ligne droite 4 K c, d'où il s'enſuit que toutes ces lignes droites, après avoir paſſé par le centre de la prunelle, qui eſt le centre commun de tous les pinceaux, vont déterminer le milieu & les extrémités des deux objets qui paroiſſent.

Le point 2 repréſente le milieu de l'objet qui eſt peint par les rayons qui paſſent par le trou M, & les points 1 & 3 repréſentent les extrémités du même objet, ſçavoir 1, repréſente l'extrémité gauche, & 3 l'extrémité droite. Au contraire, le point a repréſente le milieu de l'objet qui eſt peint par les rayons qui paſſent par le trou L, & les points c & b repréſentent

LIVRE HUITIÉME. PARTIE II.

sentent les deux extrémités de cet objet, sçavoir *b* l'extrémité gauche & *c* l'extrémité droite ; ce qui est confirmé par l'expérience qui fait voir qu'en fermant le trou M, l'objet 1, 2, 3. disparoît, & qu'en fermant le trou L, on cesse de voir l'objet *b a c*.

Si au lieu de l'objet B A C, on regarde une carte percée de trois trous, on verra six trous placés en 1 *b*, 2 *a*, 3 *c*, de telle sorte que si l'on ferme le trou M, les trois trous 1, 2, 3. disparoîtront, & si l'on ferme le trou L, on cessera de voir les trois trous *b a c*.

<small>6. D'où vient qu'ils paroissent quelquefois triples.</small>

Ce que nous disons de l'objet B A C, & de trois trous faits dans une Carte, ne se doit pas entendre généralement de toute sorte d'objets, mais de ceux-là seulement qui ne sont que peu éclairés ; car pour ceux qui le sont beaucoup, il se peut faire que quoy qu'on les regarde par deux trous faits dans une Carte, ils paroîtront simples, parce que la Rétine pourra estre si délicate, que l'ébranlement que les deux pinceaux qui viennent d'un même point de l'objet, impriment aux parties de la Rétine, qui leur répondent, se comuniquera à celles d'entre deux qui ne leur répondent pas, d'où il s'ensuivra que les deux pinceaux se réüniront, & n'en feront plus qu'un seul, & que par conséquent l'objet ne devra paroître que simple. Cela se confirme, parce que les mêmes yeux qui voyent une chandelle simple par les deux trous d'une carte, voyent doubles les autres objets qui sont moins éclairés.

Les objets peuvent paroître multipliés de plusieurs autres manieres dont nous parlerons dans la Dioptrique & dans la Catoptrique, nous nous contenterons pour le présent d'expliquer un phénomène qui semble estre indépendant de tout ce que nous venons de dire, & qui consiste en ce qu'on peut avoir un objet devant soy, & ne le voir pas, quoy qu'on apperçoive tout ce qui est autour de luy, & qu'il ait d'ailleurs toutes les conditions nécessaires pour estre vû.

<small>7. Comment on peut voir un objet devant soy & ne l'appercevoir pas, quoy qu'on apperçoive tout ce qui est autour de luy.</small>

Pour en faire l'expérience, mettés un morceau de papier blanc à la hauteur de vos yeux pour servir de point fixe, & à deux pieds de là attachés en un autre au côté droit ; cela estant fait, mettés vous vis-à-vis du premier papier, éloignés-vous peu à peu, & vous ne serés pas arrivé à la distance de dix pieds que le second papier disparoîtra entierement : & afin que vous ne croyés pas que c'eſt l'obliquité de l'objet qui vous en fait perdre la vûë, vous remarquerés que vous voyés d'autres objets qui ſont encore plus à côté.

On peut donner à cette difficulté deux ſolutions aſſès vray-ſemblables : La premiere eſt, qu'il ſe peut faire que la perte de l'objet qui arrive en cette expérience, vienne de ce que les filaments du nerf optique s'écartant de tous côtés à peu prés de même que les fils d'une houpe renverſée, pour former la Rétine, reçoivent les rayons trop obliquement pour faire l'impreſſion néceſſaire à la vûë. La ſeconde, que ce defaut de viſion peut auſſi eſtre cauſé par les troncs des artères & des veines qui ſe trouvent à l'endroit vis-à-vis duquel l'objet diſparoît.

Pour revenir au général de la ſituation & du nombre des objets; on peut dire en premier lieu, qu'ils doivent paroître droits toutes les fois que l'impreſſion qu'ils font dans le côté gauche de l'œil, vient du côté droit de l'objet, & que celle qu'ils font dans le côté droit, vient du côté gauche, au lieu qu'ils doivent paroître renverſés toutes les fois que le contraire arrive, comme il peut arriver en pluſieurs manieres qui ſeront expliquées enſuite.

On peut dire en ſecond lieu, que les objets qu'on regarde avec deux yeux, paroiſſent ſimples, lorſque l'ame ſuivant les loix de l'union avec le corps, eſt obligée de rapporter au même endroit de l'objet les deux ſenſations qu'elle a, qui répondent aux deux impreſſions que ce même endroit de l'objet a faites dans les deux yeux, au lieu qu'ils doivent paroître doubles toutes les fois que le contraire arrive ; c'eſt à dire, que l'Ame rapporte en deux différents endroits les deux ſenſations qu'elle a qui répondent aux deux impreſſions que le même point de l'objet a faites dans les deux yeux, comme il arrive toutes les fois qu'en regardant un objet on preſſe le coin d'un œil, & qu'on laiſſe l'autre dans ſa ſituation naturelle.

On peut dire enfin, que les objets qu'on regarde avec un ſeul œil paroiſſent doubles ou triples, ſuivant que les pinceaux des rayons qui viennent de chaque point de l'objet, ſont diviſés chacun en deux ou en trois pinceaux, comme il arrive lorſqu'on regarde avec un ſeul œil par deux ou par trois trous faits dans une carte, comme nous avons dit : ou ſi vous voulés lorſqu'on regarde un objet dans un Miroir à pluſieurs faces.

CHAPITRE XXIX.

Comment on connoît la distance des objets par la vûë.

IL ne s'agit pas icy de la distance des objets considérée en elle-même ; car nous sçavons tres-certainement qu'elle est égale à la longueur des pinceaux optiques, qui peignent les objets sur la Rétine. Il est seulement question de la connoissance qu'on peut avoir de la distance des objets par le sens de la vûë, laquelle on nomme distance *Apparente*, au lieu qu'on appelle l'autre distance *Absoluë*.

<small>1. Comment on connoit la distance apparente des objets.</small>

Or de ce que les deux axes optiques ne diffèrent pas des deux rayons qui viennent directement d'un même point de l'objet dans les deux yeux, nous pouvons dire en général que le plus sur moyen que nous ayons pour connoître la distance apparente des objets, est la grandeur de l'angle que les deux axes optiques forment au point de l'objet où ils aboutissent. En effet, de même qu'un aveugle qui auroit dans ses mains deux bâtons droits, desquels il ne sçauroit pas même la longueur, pourroit par une espèce de Géométrie naturelle connoître à peu près la distance de quelque corps en le touchant du bout de ces bâtons, à cause de l'éloignement où ses mains se trouveroient l'une à l'égard de l'autre ; l'Ame peut aussi connoître à peu près la distance d'un objet par la disposition de ses yeux, qui est bien différente quand les deux axes optiques forment un grand ou un petit angle ; car quand ils en forment un grand, ils concourent plus près de nous ; & quand ils en forment un petit, ils concourent plus loin.

<small>2. D'où vient qu'on a plus de peine à connoître la distance d'un objet avec un œil qu'avec deux.</small>

Il y a lieu de croire aussi que la difficulté qu'on trouve à connoître la quantité de la distance d'un objet qu'on regarde avec un seul œil, vient de ce que l'autre estant fermé les deux axes optiques ne font plus aucun angle, & que les seuls moyens qui nous restent pour connoître la quantité de cette distance, sont d'un côté l'élargissement de la prunelle & l'applatissement de l'œil qui servent à voir distinctement les objets éloignés : & de l'autre le resserrement de la prunelle & l'allongement de l'œil qui servent à voir distinctement les objets qui

Gg ij

font proches : Mais parce que l'élargissement ou le resserrement de la prunelle d'un seul œil, lorsqu'on regarde un objet à diverses distances, n'est pas si sensible que le changement de situation qui arrive aux deux yeux, lorsque pour voir à diverses distances on les tourne diversement pour faire que les deux axes optiques concourent à un même point de l'objet, il ne faut pas s'imaginer aussi que nous connoissions si exactement la distance des objets, quand nous n'en jugeons que par l'élargissement ou par le resserrement de la prunelle d'un seul œil, que lorsque nous l'appercevons par la différente inclinaison qu'ont les yeux l'un vers l'autre, lorsque leurs axes concourent à un même point de l'objet ; d'où vient que nous connoissons bien moins exactement la distance quand nous ne nous servons que d'un œil, que lors que nous nous servons de tous les deux. En effet, si l'on veut essayer de toucher un bâton éloigné de trois ou de quatre pieds avec le bout d'une baguette d'environ la même longueur, on manquera plusieurs fois de suite de le toucher en ne le regardant que d'un œil, du moins si l'on tâche de le toucher de travers, au lieu qu'on le touchera du premier coup en le regardant des deux yeux. Je dis si on tâche de le toucher de travers : & non pas par une ligne droite qui aille directement de l'œil au bâton ; car alors il seroit plus facile d'en venir à bout par un œil seul que par tous les deux, à cause que cette ligne droite nous serviroit de règle.

3. Qu'on connoît la distance des objets par la confusiō avec laquelle on les voit.

Il y a plusieurs autres manieres de connoître la distance des objets. Car en premier lieu de ce que nous avons expérimenté plusieurs fois qu'un objet se voyoit d'autant plus confusément qu'il estoit plus éloigné ; nous nous sommes fait une règle pour l'avenir, qui est que le plus ou le moins de confusion nous sert pour juger qu'une distance est plus grande ou plus petite.

4. Qu'on juge que les objets sont plus éloignés à mesure qu'ils paroissent d'une couleur plus claire,

En second lieu, de ce que nous avons connu qu'un objet se voyoit d'une couleur d'autant plus claire que nous sçavons qu'il est plus éloigné ; cela fait que voyant ensuite d'une couleur fort claire un objet qui de près a coûtume de paroître d'une couleur plus sombre, nous le jugeons fort éloigné de nous.

5. Comment nous connoiss-

En troisiéme lieu, l'interposition des objets qui se rencontrent entre nous & le corps que nous regardons, nous aide beaucoup à en connoître l'éloignement, la raison de cela est

que les diſtances particulieres que nous concevons entre les *ſons la diſ-*
objets ſont comme autant d'antécédens qui ſervent à ſupputer *tance d'un objet par*
la diſtance totale du corps que nous regardons ; ce qui ſe con- *l'interpoſitiõ*
firme, parce que ſi en regardant un clocher aſſés éloigné de *de pluſieurs*
nous, nous voyons en même-temps pluſieurs terres & pluſieurs *autres.*
maiſons entre-nous & luy, ſa diſtance ne manque pas de nous
paroître plus grande que quand nous le voyons tout ſeul. C'eſt
par cette même raiſon encore que les montagnes qui bornent
l'horizon, paroiſſent bien plus éloignées que ne font le ſoleil ni
la Lune, lors qu'ils ſont dans le Méridien.

 Ces quatre moyens ſuffiſent à la vérité pour connoître la *6.*
diſtance des objets autant qu'il eſt néceſſaire pour nôtre uſa- *Pourquoy nous ne con-*
ge, mais ils ne ſuffiſent pas pour la connoître exactement ; car *noiſſons pas*
on ſçait en premier lieu que l'angle de diſtance change nota- *exactement*
blement quand un objet qui eſtoit à un pied de nôtre vûë, eſt *la diſtance des objets.*
tranſporté à quatre, mais on ſçait auſſi que ce changement eſt
beaucoup moins ſenſible quand il eſt tranſporté de quatre à
huit, & encore moins quand il eſt tranſporté de huit à douze,
juſques-là qu'il devient tout à fait inſenſible s'il eſt tranſporté de mille pieds à cent mille ; enſuite dequoy vous pourriez
tranſporter cet objet juſqu'aux Étoiles fixes ſans qu'il arrivât
aucun changement ſenſible à cet angle. Or c'eſt par cette raiſon que nous voyons le Soleil & la Lune comme envélopés
dans les nuës, quoy qu'ils en ſoient fort éloignés, & que nous
voyons que les Comètes ſont preſque ſans mouvement ſur la fin
de leur cours, à cauſe qu'elles s'éloignent de nous par des lignes droites dans leſquelles l'angle de diſtance ne change pas
ſenſiblement.

 On ſçait en ſecond lieu, que le ſecond & le troiſiéme moyens ne ſont pas plus ſûrs que le premier ; & pour le dernier,
ſi on l'examine bien, il paroîtra avoir deux défauts conſidérables, dont le premier eſt, qu'il ne peut ſervir que pour les choſes qui ſont ſur la terre, & l'autre qu'il faut eſtre aſſûré qu'il
ne ſe trouve entre-nous & l'objet ni montagnes, ni vallées ;
outre que quand il n'y auroit rien de tout cela, nous ne pourrions connoître que fort imparfaitement la diſtance totale d'un
objet quand nous ne connoiſſons pas exactement les diſtances
particulieres des objets qui ſont entre-nous & luy.

 Il ne faut pas s'imaginer auſſi que les ſens nous ayent eſté donnés pour nous apprendre au juste la distance des objets; car comme les connoissances des sens ne doivent servir que pour conserver la vie, il suffit pour cela qu'ils nous fassent connoître la distance des corps qui sont proches de nous autant qu'il est nécessaire pour que nous les puissions éviter, ou nous joindre à eux, selon que cela nous paroît utile ou contraire. Et pour les corps qui sont assés éloignés, & qui ont par conséquent peu de raport à nous, il suffit que l'ame connoisse en général qu'ils sont plus proches ou plus éloignés les uns que les autres, sans qu'il soit nécessaire de sçavoir de combien ils le sont.

Il arrive même que quand les corps sont si éloignés qu'ils n'ont plus aucun rapport à nous, l'ame ne doit plus connoître leur distance respective, c'est à dire, celle par laquelle les uns sont censés plus éloignés que les autres, ainsi que l'expérience le confirme.

8. Que la connoissance de la distance est composée d'une sensation & d'un jugement.

Nous pouvons donc assûrer que la connoissance de la distance est composée d'une sensation que nous rapportons au dehors vers les objets, & d'un jugement que nous faisons que ces objets sont proches de nous, quand l'angle de distance est grand, & au contraire qu'ils sont éloignés lors qu'il est petit : desorte que si nous nous trompons dans ce jugement, c'est parce que nous ne connoissons pas exactement la grandeur de cet angle.

9. Que quoyque l'angle de distance change toûjours lors que les objets s'approchent ou s'éloignet, il ne change pas toûjours également à proportion qu'ils s'approchent ou s'éloignent.

A quoy il faut ajoûter que quoyque cet Angle change toûjours quand les objets s'éloignent ou s'approchent, il ne change pas néanmoins toûjours également, comme il a esté remarqué, ce qui nous jette encore dans une espéce de nécessité de nous tromper, lors que l'angle de distance est devenu si petit qu'il ne change plus sensiblement à nôtre égard, parce qu'alors nous ne manquons pas de juger que les objets qui se sont approchés ou éloignés de nous, sont toûjours à une même distance.

CHAPITRE XXX.

Comment on connoît la grandeur des objets par la vûë.

1. Pourquoy on ne peut con-

IL ne s'agit pas icy de la grandeur absoluë ou véritable des objets, car il est impossible de la connoître par la vûë, parce qu'-

LIVRE HUITIE′ME. PARTIE II. 239

elle suppose la grandeur apparente, & que celle-cy peut estre dif- *noître la gra-*
férente dans tous les hommes, comme il paroît, de ce que les ob- *deur vérita-*
jets qui sont également éloignés sont vûs d'autant plus grands *ble des ob-*
que l'image qu'ils tracent au fond des yeux a plus d'étenduë. *jets.*
Or il est certain que les images qui se tracent dans les yeux de
ceux qui ont l'œil plus allongé, ou le crystallin plus convexe,
sont plus grandes que celles qui se tracent dans les yeux de
ceux qui voyent à l'ordinaire; d'où vient qu'on ne peut se fier
à ses propres yeux pour juger de la grandeur véritable des
objets au regard de tous les hommes, & que pour la déterminer
précisément il faut raisonner beaucoup, & déduire plusieurs
vérités les unes des autres, comme l'expérience le fait voir
touchant la connoissance de la véritable grandeur du Soleil &
de la Lune, qui sont des corps fort éloignés, laquelle ne se
déduit que par le calcul & par le raisonnement, & pour les
corps qui sont proches de nous, il les faut encore mesurer
pour en découvrir la véritable grandeur & la quantité précise.

Cependant, quoy que la vûë ne nous fasse connoître la véri- *2.*
table grandeur d'aucune chose, il ne faut pas croire pourtant *Que la vûë*
qu'elle nous trompe ou qu'elle nous soit inutile. Car en premier *n'est ni trom-*
lieu, elle ne nous trompe pas, parce que la vûë ne nous est pas *peuse ni inu-*
donnée pour connoître la véritable grandeur des choses, mais *tile.*
seulement pour connoître leur grandeur respective ; En second lieu, elle ne nous est pas inutile ; car il suffit pour nôtre conservation (pour laquelle seule la vûë nous a été donnée) qu'elle nous fasse connoître que certains corps sont plus
grands, ou plus petits que d'autres, sans qu'il soit nécessaire
de sçavoir de combien ils le sont.

Quant à la grandeur apparente des objets, de laquelle seule *3.*
il s'agit maintenant, nous disons que la connoissance en dépend *Que la con-*
principalement de deux choses, sçavoir, de ce que l'Ame rap- *noissance de*
porte au dehors toutes les sensations qu'elle reçoit par les *la grandeur*
organes de la vûë, & de ce qu'elle les rapporte dans un espace *des objets*
qui est toûjours proportionné, non à la grandeur véritable de *cipalement*
l'objet, mais à la grandeur de l'image matérielle qu'il trace sur *de deux cho-*
la Rétine. *ses, & de*
quelles.

Suivant ce principe les objets qui sont à une même distance *4.*
de l'œil doivent paroître plus grands, ou plus petits à mesure *D'où dépend*
que l'image qu'ils tracent sur la Rétine est plus ou moins grande, *la connois-*
sance de la

grandeur des objets qui sont également éloignés.

car, comme l'Ame est obligée, suivant les loix de l'union, de rapporter la vision au dehors par des lignes droites qui se croisent en passant par le centre de la prunelle, il faut de nécessité que l'espace auquel elle la rapporte, réponde précisément à la grandeur de l'image que l'objet a tracée sur la Rétine, & par conséquent que l'objet paroisse plus grand ou plus petit, suivant que cette image a plus ou moins d'étendüe, ou ce qui est la même chose, suivant que cet objet est vû sous un angle plus grand ou plus petit.

Et il seroit inutile de dire que deux objets diversement éloignés estant vûs sous un même angle, le plus éloigné est plus grand que le plus proche en même proportion qu'il est plus éloigné, & que par conséquent il doit paroître plus grand ; car nous répondons à cela que la grandeur apparente des objets ne dépend pas seulement de leur grandeur véritable, mais encore de la quantité de l'angle de leur distance, qui est tel à l'égard des objets diversement éloignés, que l'angle de distance de l'objet le plus éloigné est plus petit que celuy de l'objet le plus proche, à mesure qu'il est plus éloigné.

Ainsi puisque l'Ame rapporte ses sensations dans un espace proportionné à la grandeur de l'Angle visuel, il faut que quand deux corps inégalement éloignés paroissent sous le même angle, ils soient vûs de même grandeur. Il faut, par exemple, que si les objets A B & C D, sont vûs sous le même angle E, leur grandeur apparente soit la même, dont la raison est que la grandeur de l'angle sous lequel le corps A B est vû, décroît à mesure que son angle de distance diminuë, & cet angle diminuë à mesure que l'objet s'éloigne.

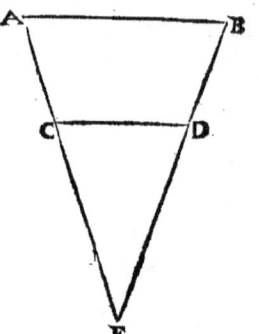

C'est donc de la grandeur des images qui sont sur la Rétine & de la quantité de l'angle de distance qui leur répond, que dépend principalement la grandeur apparente des objets ; de telle sorte que si un objet nous paroît d'une certaine grandeur ; ce n'est pas qu'il ne puisse nous paroître plus grand ou plus petit, mais c'est que nous sommes obligés par les loix de l'union de l'esprit

prit avec le corps de conformer sa grandeur apparente à la grandeur de l'image qui est dans l'œil, & la quantité de l'angle de distance. C'est par cette seule raison que le Soleil & la Lune, qui sont des corps d'une prodigieuse étenduë, ne peuvent néanmoins paroître que de la grandeur d'un ou deux pieds seulement, quoyque nous soyons capables de les voir plus grands, parce que l'image qu'ils tracent sur la Rétine n'a pas plus d'étenduë qu'en auroit celle d'un corps d'un ou de deux pieds de grandeur, qui seroit vû par le même angle.

On voit par là combien s'éloignent de la raison ceux qui s'imaginent que de deux objets qui sont à égale distance, & qui tracent des images égales sur la Rétine, l'un peut paroître plus grand que l'autre, si l'on juge qu'il est plus éloigné ; car outre que cela est contraire à la raison, il répugne entierement à l'expérience qui fait voir que la grandeur apparente des objets diminuë à raison de leur distance, ce qui est le premier fondement de l'optique.

5. Que le jugement que nous faisons qu'un objet est plus éloigné, ne fait pas qu'il paroisse plus grand.

Ainsi nous pouvons assûrer en général que la grandeur apparente des objets dépend uniquement de la grandeur des images qu'ils tracent sur la Rétine.

CHAPITRE XXXI.

Pourquoy la Lune paroît aux yeux plus grande près de l'Horizon que dans le Méridien, quoy qu'elle soit plus éloignée de nous ; & pourquoy estant mesurée, elle paroît plus petite quand elle se lève que lors qu'elle est fort haute.

TOUT le monde sçait par expérience que la Lune paroît plus grande quand elle est proche de l'Horizon, que quand elle est fort élevée au dessus. Cependant quand on la mesure on trouve qu'elle est plus petite, & que plus elle s'élève, plus son diamètre s'aggrandit ; ce qui semble renverser ce grand principe d'optique que nous avons établi, qui est *que les objets paroissent plus grands à mesure qu'ils sont plus proches, & plus petits à mesure qu'ils sont plus éloignés*. Car il est certain que la Lune quand elle se lève, est plus éloignée de nous du demi-diamètre de la terre, que lors qu'elle est perpendiculaire à nôtre tête : ce qui a fait dire à un grand Philosophe qu'il tenoit la raison de cette apparence plus difficile à trouver que les plus grandes Équations d'Algèbre.

<small>1.
Que la grandeur de la Lune sur l'horizon ne dépend pas de la grandeur de la prunelle.</small>

Les sentiments des Philosophes sont fort partagés sur ce sujet ; il y en a qui veulent que la grandeur apparente de la Lune sur l'horizon dépende de ce qu'estant proche de ce cercle, elle n'a qu'une lumiere sombre & peu éclatante, qui ne peut blesser ni fatiguer l'organe de la vûë, ce qui fait que pour regarder alors cet Astre la prunelle s'élargit & s'ouvre beaucoup, & qu'ainsi le nerf optique estant fort étendu au fond de l'œil, reçoit une plus grande image de l'objet. Mais que la Lune s'élevant peu à peu sa lumiere devient plus éclatante, & blesse & fatigue davantage l'organe de la vûë ; ce qui fait que pour la regarder la prunelle s'étrécit, & le nerf optique estant moins étendu reçoit une plus petite image de la Lune.

Pour détruire cette explication, il suffit d'avoir démontré que s'il n'y a autre chose, la grandeur de la prunelle n'augmente pas l'image des objets, mais seulement qu'elle la rend plus forte & plus vive, en ce qu'elle laisse passer plus de rayons. Cela peut encore se rendre sensible par l'expérience des verres convexes objectifs des Lunettes, dont il sera parlé ; car qu'on en fasse l'ouverture plus grande ou plus petite, les images qui se peignent sur un papier qu'on met en la place de la Rétine, ne sont pas pour cela plus grandes ou plus petites, dont la raison est que quoy qu'on fasse l'ouverture de ces verres plus petite ou plus grande, leur figure demeurant toûjours la même, elle cause toûjours les mêmes réfractions, soit qu'elle reçoive peu ou beaucoup de rayons, & ces verres répandent le peu de rayons qu'ils reçoivent par leur petite ouverture sur un aussi grand espace du papier que s'ils en recevoient un plus grand nombre. C'est pour cette raison aussi, que l'image de l'objet est aussi grande, mais qu'elle n'est pas si forte, parce qu'il y a trop peu de rayons pour la marquer fortement dans un grand espace de la Rétine.

<small>2.
Ni de l'aplatissement de tout le corps de l'œil.</small>

D'autres disent qu'il est vray que s'il n'y avoit autre chose que l'élargissement de la prunelle, il pourroit ne pas suffire à faire paroître la Lune plus grande sur l'Horizon que dans le Méridien ; mais que cet élargissement de la prunelle, est toû-

LIVRE HUITIÈME. PARTIE II.

jours accompagné d'un certain applatissement de l'œil qui rompt les rayons de la Lune, de telle sorte qu'ils ne manquent pas de proportionner la grandeur de son image à l'élargissement de la prunelle.

Nous demeurons bien d'accord avec ces Auteurs que la prunelle s'élargit en regardant les objets éloignés, sur tout quand ils sont sombres ou obscurs, nous reconnoîtrons même (si l'on veut) que cet élargissement de la prunelle fait que le Crystallin s'applatit, mais bien loin que cet applatissement du Crystallin, rende l'image de la Lune plus grande, il la rend plus petite, parce qu'il cause de plus petites réfractions, ce qui est la raison générale pourquoy les mêmes objets estant éloignés paroissent plus petits que quand ils sont proches.

Il y en a d'autres qui prétendent que cette grandeur apparente de la Lune sur l'horizon ne dépend point de l'élargissement de la prunelle, ni de l'aplatissement du Crystallin, mais du jugement que nous faisons que la Lune est plus éloignée de nous lors qu'elle est sur l'horizon que lors qu'elle est dans le méridien, assûrant que ce jugement a la propriété de faire qu'un objet paroisse plus grand, quoy que son image sur la Rétine soit plus petite.

3. Ni du jugement que nous faisons qu'elle est plus éloignée.

Nous répondons qu'il n'y a rien qui soit plus contraire aux loix de l'optique que cette explication, & que tant s'en faut que le jugement que nous faisons que les objets sont éloignés, contribuë à les faire paroître plus grands, il sert au contraire à les faire paroître plus petits, dont la raison est que ce jugement dépend d'un mouvement de la prunelle qui est tel, pour voir les objets distinctement, qu'à mesure qu'ils sont plus éloignés elle s'élargit davantage; & à mesure qu'elle s'élargit, l'œil & le crystallin s'applatissent. Or il est évident que quand l'œil est applati les réfractions sont moindres, & par conséquent que les images des objets qu'elles causent sur la Rétine, sont plus petites.

Pour donner donc une explication plus simple & plus naturelle que les précédentes, nous dirons que la grandeur apparente de la Lune sur l'horizon dépend principalement des vapeurs qui s'élèvent continuellement en l'air, & qui se disposent en sorte autour de la terre que leur surface convexe est concentrique avec elle. D'où il s'ensuit

4. Mais des réfractions que causent les vapeurs qui sont en plus grande quantité sur

H h ij

l'horizon que vers le méridien. que ces vapeurs causent aux rayons de la Lune des réfractions qui les font approcher de la perpendiculaire, & qui sont par conséquent propres à augmenter l'image de la Lune sur la Rétine, par la même raison que les verres convexes sont propres à augmenter celles de tous les objets qu'on regarde au travers de ces verres.

Il est encore évident par le 4. Ax. que la Lune estant dans l'horizon ses rayons doivent souffrir de plus grandes réfractions qu'ils n'en souffrent, lors qu'elle est dans le méridien à mesure qu'ils sont plus inclinés. Or est-il que la grandeur des images dépend de la grandeur des réfractions ; il s'ensuit donc que l'image de la Lune sur la Rétine est plus grande lors qu'elle est sur l'horizon que lors qu'elle est dans le méridien. Sans qu'il serve de rien de dire que lors que la Lune est dans l'horizon, elle est plus éloignée de nous que lors qu'elle est dans le méridien : car rien ne nous empêche de concevoir que la grandeur des réfractions augmente plus l'image de la Lune que son éloignement ne la peut diminuer ; ce qui fait que la Lune doit paroître plus grande dans l'horizon que dans le méridien, ainsi que l'expérience le fait voir.

5.
Quel est le sentiment de l'Auteur de la recherche de la vérité sur ce sujet.

* Liv. 1.
Chap. 9.
Art. 3.

L'Auteur de la recherche de la vérité * reconnoît sans peine qu'un tres grand nombre de Philosophes attribuent, ce que nous venons de dire, aux vapeurs qui s'élèvent de la terre ; & il tombe d'accord avec eux que les vapeurs rompant les rayons des objets, les font paroître plus grands, & qu'il y a plus de vapeurs entre nous & la Lune lors qu'elle se lève, que lors qu'elle est fort haute ; & que par conséquent elle devroit paroître quelque peu plus grande qu'elle ne paroît si elle estoit toûjours également distante de nous : mais cependant il ne veut pas qu'on dise que cette réfraction des rayons de la Lune soit la cause de ces changements apparents de sa grandeur ; car cette réfraction, dit-il, n'empêche pas que l'image qui se trouve au fond de nos yeux , lors que nous voyons la Lune qui se lève, soit plus petite que celle qui s'y forme, lors qu'il y a long-temps qu'elle est levée.

Il ajoûte que les Astronomes qui mesurent les diamètres des Planètes, remarquent que celuy de la Lune s'aggrandit à proportion qu'elle s'éloigne de l'horizon, c'est à dire, à proportion qu'elle nous paroît plus petite ; d'où il conclut que le diamètre de l'image que nous en avons dans le fond de nos yeux est plus petit lors que nous la voyons plus grande.

LIVRE HUITIEME. PARTIE II.

Pour répondre à cela, voicy comment nous raisonnons, en suivant les principes de cet Auteur. Les vapeurs rompent les rayons de telle sorte qu'elles font paroître les objets plus grands. Il y a plus de vapeurs entre nous & la Lune, lors qu'elle se lève que lors qu'elle est fort haute, donc la Lune doit paroître plus grande sur l'horizon que dans le méridien ; pourvû que les réfractions qui se font sur l'horizon augmentent plus son image sur la Rétine que son éloignement de nous ne la diminuë. Cette conséquence se déduit si naturellement des principes de cet Auteur, qu'on a peine à concevoir comment il en a pû tirer une toute contraire, en assûrant que le diamètre de l'image que nous avons de la Lune dans le fond de nos yeux est plus grand. Ce qui renverse tous les fondemens de l'optique.

6. *Réfutation de ce sentiment.*

Quant à ce qu'il ajoûte que les Astronomes qui mesurent les diamètres des Planètes remarquent que celuy de la Lune s'aggrandit à proportion qu'elle s'élève, nous en demeurons d'accord, c'est aussi dequoy on demande la raison, & ce que cet Auteur n'explique pas, se contentant de dire sans le prouver, que le diamètre de l'image que nous en avons dans le fond de nos yeux est plus petit, lors que nous voyons la Lune plus grande, ce qui répugne.

Ainsi pour dire quelque chose de plus vray-semblable, nous pouvons assûrer que la Lune estant mesurée paroît plus petite lors qu'elle se lève que lors qu'elle est fort haute, parce que la Lunette dont on se sert pour la mesurer, cause toûjours & par tout des réfractions égales, ce qui fait qu'il n'y a que le différent éloignement de la Lune qui puisse causer de l'inégalité dans la grandeur de l'image qu'elle trace sur la Rétine. Or est-il que par le 3. Art. du Chap. 17. le reste estant égal, plus les objets sont éloignés, plus leurs images sont petites ; donc la Lune estant plus éloignée de nous lors qu'elle est dans l'horizon que quand elle est dans le méridien ; ce n'est pas merveille si elle paroît sous un moindre diamètre.

7. *Pourquoy la Lune estât mesurée paroît plus petite sur l'horizon que dans le méridien.*

C'est donc une chose constante, que la Lune, bien qu'elle dût paroître plus petite estant sur l'horizon, à cause qu'elle est plus éloignée, cela n'empêche pas qu'elle ne puisse paroître plus grande, & qu'elle ne paroisse en effet telle toutes les fois que les réfractions de ses rayons augmentent plus son image

Hh iij

matérielle sur la Rétine, que son éloignement de la terre ne la diminuë, ce qui est confirmé par l'expérience qui fait voir qu'un objet, quoy que plus éloigné, peut paroître plus grand estant regardé par un verre convexe qu'il ne paroîtroit estant plus proche, s'il estoit regardé sans ce verre.

CHAPITRE XXXII.

Contenant quelques réflexions sur la connoissance de la grandeur des Objets.

<small>1. Que l'image matérielle des objets s'augmente en trois manieres, & en quelles.</small>

IL paroît assès par ce qui a esté dit dans les deux derniers Chapitres, que la grandeur apparente des objets ne dépend point de ce que nous les jugeons plus éloignés, mais seulement de ce qu'ils tracent une plus grande image sur la Rétine, soit que la grandeur de cette image dépende de la proximité des objets, soit qu'elle vienne de la qualité du milieu ; soit enfin qu'elle dépende de ce que les rayons que les objets font réfléchir, frappent tellement la Rétine qu'ils communiquent leur impression aux parties voisines.

Il a esté prouvé que l'image matérielle des objets qui peuvent s'approcher ou s'éloigner de nous, s'augmente ou se diminuë de la premiere façon ; Que l'image matérielle de la Lune qu'on regarde par ces vapeurs s'augmente de la seconde ; il reste enfin à faire voir que l'image matérielle des objets qui sont environnés d'autres corps plus ou moins éclairés qu'eux, s'augmente, ou se diminuë de la troisiéme maniere.

<small>2. Pourquoy un Clocher estant également éloigné paroît de différentes grandeurs.</small>

Pour cet effet il faut considérer que l'œil ne rapporte pas d'ordinaire à l'ame un seul objet séparé de tous les autres, mais qu'il luy fait voir aussi tous les corps qui sont autour de l'objet principal qu'elle regarde ; d'où il s'ensuit que si cet objet est beaucoup plus éclairé que ces corps, il trace un image si vive qu'elle se répand sur la Rétine beaucoup au delà de ses justes bornes ; ce que l'expérience fait voir dans un Clocher qu'on regarde d'un même lieu, lequel paroît tantôt plus grand & tantôt plus petit, selon qu'il répond à des parties du Ciel qui sont plus sombres, ou plus claires. En effet, quand elles sont plus claires, elles impriment sur la Rétine une image si vive, qu'elle refferre beaucoup celle que le Clocher y caufe; au lieu que quand elles font plus fombres, il arrive tout le contraire; ce qui fait que la grandeur apparente de ce Clocher s'augmente.

C'eft encore par cette raifon que la grandeur apparente de toutes les chofes lumineufes s'augmente pendant la nuit, & que l'obfcurité, qui affoiblit toutes les chofes vifibles, donne, ce femble, de nouvelles forces à celles-là; car fi vous regardés la nuit un flambeau éloigné de vous, vous verrez fa flamme beaucoup plus grande qu'elle ne vous paroîtra le jour, dont la raifon eft que l'impreffion que fait le flambeau fur des parties de la Rétine qui font en repos durant la nuit pendant laquelle rien ne les agite, fe communique aux parties voifines; de telle forte que ce ne font pas feulement les petits filets du nerf optique, qui font frappés, mais encore ceux qui font autour d'eux, qui reçoivent l'image matérielle du flambeau; ce qui augmente fa grandeur apparente.

3. Pourquoy la grandeur d'une Chandelle allumée s'augmente la nuit.

On peut obferver toutes les nuits cet aggrandiffement des objets dans les Planètes, mais fur tout dans la Lune; car fi vous la confidérés pendant qu'elle eft nouvelle, vous verrés que cette feconde lumiere rougeâtre qui remplit fon difque, fait que la partie qui eft éclairée directement du Soleil, & qui forme à nôtre égard le croiffant, décrit une portion d'un plus grand cercle que ne fait celle qui eft éclairée foiblement par la réfléxion qui vient de la terre. Par une raifon contraire le rond de Lune paroît beaucoup plus petit le jour qu'il ne fait la nuit, parce que les parties du Ciel qui l'environnent font plus lumineufes.

4. Pourquoy les Planètes paroiffent plus grandes qu'elles ne font.

Enfin cet aggrandiffement eft encore plus fenfible dans les Etoiles fixes; car cette grandeur apparente, qu'on appelle leur chevelure, n'a d'autre raifon que l'obfcurité des nuits; puifque fi les Etoiles fixes eftoient à nôtre égard véritablement auffi grandes qu'elles le paroiffent eftre, elles feroient un jour plus beau que celuy que le Soleil nous donne. C'eft auffi delà qu'on tire la raifon pour laquelle les Lunettes de longue vûë qui groffiffent fi fort toutes les Planètes, femblent diminuer la grandeur des Etoiles fixes; car en leur ôtant une chevelure qui triple, par exemple, leur véritable grandeur, ils leur font perdre plus qu'ils ne leur rendent par les réfractions qu'ils font

5. Pourquoy les E'toiles fixes.

souffrir à leurs rayons : ce qui se confirme, parce que si les Telescopes sont si longs, qu'ils rendent l'image matérielle des Etoiles fixes plus grande que ne feroit leur chevelure, on ne manque pas, en les regardant par ces Lunettes, de les voir plus grandes que si on les regardoit avec les yeux seulement.

6.
D'où dépend la connoissance de l'éloignement des objets.

C'est donc une chose assûrée que la connoissance de l'éloignement des objets, & celle de leur grandeur apparente, dépendent immédiament de deux principes fort différents : La connoissance de l'éloignement dépend immédiatement, non de la grandeur de l'image matérielle qui est sur la Rétine, mais de la quantité de l'angle de distance, comme il paroît par l'expérience qui fait voir que l'éloignement paroît toûjours grand, lorsque l'angle de distance est petit, quoyque l'image matérielle soit grande, & que l'éloignement paroît petit, quand l'angle de distance est grand, quoyque l'image matérielle soit petite.

7.
D'où dépend la connoissance de leur grandeur.

Au contraire la connoissance de la grandeur apparente dépend immédiatement, non de la quantité de l'angle de distance, mais de la grandeur de l'image matérielle ; cela est encore confirmé par l'expérience qui fait voir que l'objet paroît toûjours grand, quand l'image matérielle est grande, quoyque l'angle de distance soit petit, & qu'il paroît toûjours petit, quand l'image matérielle est petite, quoyque l'angle de distance soit grand ; d'où il s'ensuit que si la distance sert quelquefois à faire juger de la grandeur, ou la grandeur à faire juger de la distance, ce n'est pas un effet immédiat de la vûë, mais de la raison, qui déduisant une vérité d'une autre, conclut enfin, ou qu'un corps, qu'elle sçait estre fort grand, est fort éloigné, parce qu'il paroît fort petit, ou qu'un corps qu'elle sçait estre fort éloigné, est fort grand, parce qu'il paroît tel.

C'est pourquoy, nous ne sçaurions estre de l'opinion de ceux qui disent qu'un objet paroît plus grand de cela seul qu'on le juge plus éloigné, nous croyons au contraire, qu'il doit paroître plus petit, dont la raison est que le jugement que nous faisons qu'une distance est plus grande, ne peut faire tout au plus au regard de la grandeur apparente de l'objet qu'on juge plus éloigné, que ce que feroit cette même distance, si elle

estoit

LIVRE HUITIE'ME. *PARTIE II.* 249

eſtoit telle qu'on l'imagine. Or eſt-il que cette diſtance ſi elle eſtoit telle qu'on l'imagine, feroit paroître l'objet plus petit. Donc le jugement qu'on fait de cette diſtance, doit diminuer auſſi la grandeur apparente de cet objet; ce qu'il faloit prouver.

CHAPITRE XXXIII.

Comment on connoît par la Vûë la figure, le nombre, le mouvement & le repos des corps.

LE même motif qui fait voir la ſituation des corps, fait voir auſſi la figure, parce que la figure n'eſt autre choſe que le rapport qui eſt entre les parties qui terminent quelque eſpace. Ainſi nous découvrons les figures par la vûë de la même maniere & par les mêmes raiſons que nous connoiſſons la ſituation.

Il faut avoüer pourtant que nous ne voyons jamais exactement les figures. Nous ne pouvons pas, par exemple, nous aſſûrer par les yeux ſi un cercle & un quarré, qui ſont les deux figures les plus ſimples, ne ſont point un Ellipſe ou un Parallelograme, quoyque ces figures ſoient tout proches de nous.

Je dis plus, nous ne pouvons pas diſtinguer exactement ſi une ligne eſt droite ou non, principalement ſi elle eſt un peu longue, il nous faut pour cela une règle, & nous ne ſçavons pas même ſi cette règle eſt telle que nous la ſuppoſons devoir eſtre, ſans que nous puiſſions jamais nous en aſſûrer entierement.

Ce que je dis des figures qui ſont proches de nous, eſt encore plus vray de celles qui en ſont éloignées : Quand nous regardons un cube, par exemple, il eſt certain que tous les côtés que nous en voyons ne font preſque jamais une image d'égale grandeur dans le fond des yeux, puiſque l'image de ce cube qui ſe peint ſur la Rétine, eſt fort ſemblable à un cube peint en perſpective; d'où il s'enſuit que les ſenſations que nous avons nous doivent répréſenter les faces de ce cube comme inégales, puis qu'elles ſont inégales dans le cube en per-

Tome III.   I i

1. Qu'on connoît la figure des corps par les mêmes raiſons qu'on connoît leur ſituation.

2. Que nous ne voyons jamais exactement les figures, & pourquoy.

spective. Cependant nous les jugeons égales, & c'est précisément le jugement que nous joignons à la vision, & que nous confondons avec elle, qui fait que nous disons que nous voyons un cube.

<small>3.
D'où viennent les erreurs qu'on attribuë à la vûë à l'égard des figures.</small>

C'est aussi ce jugement qui est la vraye cause des erreurs qu'on attribuë à la vûë. C'est à luy, par exemple, que nous devons rapporter l'erreur où nous tombons, lorsque nous assûrons que le Soleil, la Lune & les autres corps sphériques fort éloignés sont plats & comme des cercles : C'est luy encore qui nous fait assûrer que toutes les Etoiles & le bleu qui paroît au Ciel, sont dans le même éloignement & comme dans une voûte parfaitement concave.

<small>4.
Comment nous connoissons qu'un objet se meut.</small>

Quant au mouvement, nous ne le connoissons que d'une seule maniere par les yeux ; sçavoir, lorsque nous voyons qu'un objet est toûjours successivement conjoint avec d'autres. Et parce que le repos est contraire au mouvement, nous le connoissons aussi par une raison tout opposée.

<small>5.
Comment nous sçavons qu'il est simple.</small>

Pour le nombre qu'on met aussi entre les objets de la vûë, nou sommes censés ne voir qu'un seul objet en regardant par un milieu uniforme, lorsque nous n'avons qu'une seule sensation, & que nous rapportons cette sensation à un seul endroit. Au contraire, nous sommes censés voir deux ou plusieurs objets en même temps, lorsque nous avons des sensations différentes, & que nous les rapportons en divers lieux. *Je dis en regardant par un milieu uniforme*, pour distinguer la vraye pluralité des objets de celle qui n'est qu'apparente qui dépend de la qualité du milieu, ou de la diverse situation des yeux.

<small>6.
Que nous voyons les objets tels qu'ils sont peints sur la Rétine.</small>

Or il paroît clairement par tout ce qui vient d'estre dit que les yeux ne font que voir, & qu'ils ne jugent jamais, à proprement parler ; d'ou il s'ensuit qu'ils nous répréfentent toûjours les choses telles qu'elles sont peintes sur la Rétine, c'est à dire, qu'ils nous répréfentent un Cube, non avec six faces égales, mais comme un Cube en perspective.

Ce que je dis du Cube se doit entendre par proportion de tout ce qui nous est répréfenté en perspective, c'est à dire, que nous le voyons tel qu'il est peint sur la Rétine, & que si nous disons qne nous le voyons autrement, c'est un effet du jugement que nous faisons ensuite de ce que nous voyons, par lequel nous assûrons qu'un corps dont nous ne voyons que

LIVRE HUITIE'ME. *PARTIE II.* 251

deux faces, par exemple, en a six, qu'un corps que nous voyons ovale est tout rond, & ainsi de tous les autres objets qui dépendent de l'optique. Cependant nous ne sommes pas censés nous tromper, lorsque nous jugeons ainsi ; car quoyque le jugement que nous faisons, comprenne quelque chose de plus que ce qui est représenté par la vûë, il est néanmoins fort exact, parce qu'il s'accorde avec la nature des choses qui sont répresentées ; ce qui est tout le but de l'optique.

Il ne faut pas croire pourtant que tous les jugements qui acompagnent la vûë, soient également exacts, il y en a plusieurs qui nous tromperoient toûjours, s'ils n'estoient guidés par la raison, mais cela nous importe peu à l'egard des corps fort éloignés : & quant à ceux qui sont proches, il suffit pour l'usage de la vie (auquel seul le sens de la vûë se rapporte) que nous connoissions en général qu'ils ont des figures telles ou telles, qu'ils sont en mouvement ou en repos, & qu'ils sont uniques ou plusieurs en nombre.

CHAPITRE XXXIV.
De la Dioptrique, ou de la maniere de perfectionner la vision par différentes sortes de Lunettes.

Quand on examine toutes les conditions qui sont requises à la perfection de la vision & de quelle sorte il a esté pourveu à chacune par la nature, on reconnoît aisément que l'art y peut encore ajoûter quelque chose.

Or on peut réduire toutes les choses qui regardent la perfection de la vision à trois principales qui sont les *Objets*, les *Organes intérieurs* & les *Organes extérieurs*. Entre les objets, les uns sont proches & accessibles, & les autres éloignés & inaccessibes, & avec cela les uns sont plus & les autres moins illuminés. Nous pouvons approcher ou éloigner, & augmenter ou diminuer la lumiere de ceux qui sont accessibles, mais nous ne pouvons rien changer dans les autres. Nous ne pouvons aussi ajoûter rien aux organes intérieurs qui sont les nerfs optiques & le Cerveau, à moins que de nous faire un nouveau corps; ce qui est impossible ; de telle sorte qu'il ne nous reste qu'à

I.
Qu'on peut réduire à trois chefs toutes les choses qui regardent la perfection de la vision, & à quels.

Ii ij

considérer les organes extérieurs entre, lesquels nous comprenons non seulement toutes les parties de l'œil qui ont esté cy-devant décrites, mais encore tous les autres corps transparents qu'on peut mettre entre l'œil & l'objet.

2. *Qu'il y a trois choses touchant les organes extérieurs ausquelles il est besoin de pourvoir.*

Or nous trouvons que toutes les choses, ausquelles il est besoin de pourvoir touchant les organes extérieurs se réduisent à trois principales. La premiere est de faire ensorte que les rayons qui se vont rendre sur un point de la Rétine, ne viennent autant qu'il est possible que d'un point de l'objet, & qu'ils ne reçoivent aucune nouvelle modification dans l'espace qui est entre l'œil & l'objet. La seconde, que l'image que les rayons forment sur la Rétine, soit la plus grande qu'il est possible. Et la troisiéme que ces mêmes rayons soient assés forts pour mouvoir les petits filets du nerf optique, mais qu'ils ne le soient pas tant qu'ils blessent la vûë.

3. *Comment la nature a pourvû à la premiere chose qui est necessaire du côté des organes extérieurs.*

La nature a employé plusieurs moyens pour pourvoir à la premiere de ces choses ; car en premier lieu, remplissant l'œil de liqueurs fort transparentes & qui ne sont teintes d'aucune couleur ; elle a fait que les rayons qui viennent de dehors, peuvent passer jusqu'au fond de l'œil sans perdre l'impression de la lumiere ou de la couleur qu'ils portent. En second lieu, par les réfractions que causent les superficies des liqueurs des yeux, elle a fait que les rayons qui viennent d'un même point de l'objet, se rassemblent en un même point de la Rétine, & qu'ensuite ceux qui viennent des autres points se rassemblent aussi en autant d'autres points le plus exactement qu'il est possible. En troisiéme lieu, par le changement de la figure du corps de l'œil, elle a fait qu'encore que les objets puissent estre plus ou moins éloignés une fois que l'autre, les rayons qui viennent de chaque point, ne laissent pas de s'assembler assés exactement en autant d'autres points du fond de l'œil.

4. *Qu'elle n'y a pas tellement pourvû qu'il ne reste encore quelque chose à y ajoûter, & quoy.*

Il faut remarquer néanmoins que la nature n'a pas tellement pourvû à cétte derniere partie qu'il n'y ait encore quelque chose à ajoûter ; car outre qu'elle ne nous a pas donné à tous le moyen de courber assés les superficies des yeux pour voir distinctement les objets qui en sont fort proches comme à un demi doigt de distance, elle a encore manqué davantage à l'égard de quelques autres, à qui elle a donné des yeux de telle figure qu'ils ne leur peuvent servir qu'à regarder des choses éloignées ;

ce qui arrive principalement aux Vieillards, deforte qu'il femble que les yeux fe forment au commencement un peu plus longs & plus étroits qu'ils ne doivent eftre, & qu'enfuite pendant qu'on vieillit, ils deviennent plus plats & plus larges.

5. *Comment l'art y peut rémédier.*

Pour rémédier par art à ces défauts, il faut premierement chercher quelles figures doivent avoir des pièces de verre ou de cryftal pour courber les rayons qui tombent fur elles, en telle forte que tous ceux qui viennent d'un certain point de l'objet, fe difpofent en les traverfant tout de même que s'ils eftoient venus d'un autre point, qui fût plus proche ou plus éloigné; qui fût plus proche pour fervir à ceux qui ont la vûë courte, c'eft à dire, qui ont l'œil trop convexe, & qui fût plus éloigné, tant pour les Vieillards, que généralement pour tous ceux qui veulent voir des objets plus proches que la figure de leurs yeux ne leur permet.

Quant à la grandeur de l'image matérielle des objets, elle dépend principalement de deux chofes, fçavoir de la diftance qui eft entre l'objet & le lieu où fe croifent les rayons que l'objet envoye de fes extrémités vers le fond de l'œil, puis de celle qui eft entre ce même lieu & le fond de l'œil.

Il n'y a que ces deux chofes qui puiffent rendre l'image des objets plus grande. La premiere même eft inutile lors que les objets ne font pas acceffibles, mais quand ils le font, il eft évident que leurs images fe forment d'autant plus grandes fur la Rétine que nous le regardons de plus près, ainfi qu'il a efté remarqué.

6. *Comment l'art peut rendre les images des objets plus grandes fur la Rétine.*

Quant à la feconde, elle augmente les images des objets en faifant que les rayons qui viennent de leurs extrémités fe croifent le plus loin qu'il eft poffible du fond de l'œil, & que s'étant croifés, ils embraffent auffi le plus grand efpace qu'il eft poffible fur la Rétine.

Pour la troifiéme & derniere chofe qui eft requife à la perfection de la vifion de la part des organes extérieurs, qui eft que les rayons qui meuvent chaque filet du nerf optique, ne foient ni trop forts ni trop foibles, la nature y a fi bien pourvû, en nous donnant pouvoir d'étrecir & d'élargir la prunelle des yeux felon le befoin que nous en avons, que fi les rayons font fi forts qu'on ne les puiffe fouffrir lors même qu'on a étréci la prunelle autant qu'on a pû, comme il arrive lors

254 LA PHYSIQUE.

qu'on veut regarder le Soleil, il sera aisé d'y apporter du remède en mettant contre l'œil quelque corps noir dans lequel il y ait quelque trou fort étroit, qui fasse l'office de la Prunelle, ou bien en y mettant un verre teint de quelque couleur sombre. Au contraire, lors que les rayons sont trop foibles pour estre sentis, nous les pouvons rendre plus forts, au moins quand les objets sont accessibles, en les exposant aux rayons du Soleil.

CHAPITRE XXXV.

Comment se fait la Vision au travers de différents Verres.

NÔTRE dessein n'est pas de rechercher quelles figures devroient avoir les Verres pour rendre la visiō la plus parfaite qu'il est possible, nous voulons seulement considérer les propriétés des verres convexes & concaves sphériques, qui sont les seuls dont on se sert aujourd'huy dans la composition des Lunettes.

*1.
Comment se détournent les rayons qui sont paralleles en passant par un verre convexe de deux côtés.*

Pour cet effet, proposons nous un verre lenticulaire, c'est à dire, un verre plus large que profond, convexe de deux côtés, & ayant des convéxités égales, tel qu'est le verre 2, 3. & pensons que plusieurs rayons parallèles, tels que sont A B, C D, E F, tombent dessus, & pour prévoir de quelle maniere ces rayons se détournent, tirons premierement par les points B D F, des perpendiculaires comme A B K, h D i, l F m qui tendent au point k que je suppose estre le centre de la surface D B F.

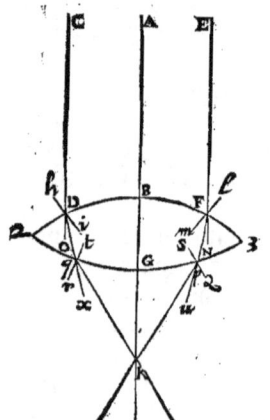

Cela fait, si nous considérons que le rayon A B ne diffère pas de la perpendiculaire, nous conclurons qu'il ne doit se détourner aucunement, quoy qu'il passe de l'air dans le verre, & qu'il doit tendre directement vers G, ou tombant encore à plomb sur la superficie de l'air, il ira encore tout droit vers k, sans souffrir aucun réfraction.

Quant aux autres rayons, comme C D & E F, puis qu'ils font inclinés fur la furface de ce verre, ils n'iront pas directement en *o* ni en N, mais s'approchant de leurs perpendiculaires *h i, l m*, & faifant certains angles de réfraction, ils iront vers *q* & vers *p*, & tendront ainfi à s'approcher du rayon A B k. Et parce qu'ayant tiré aux points *q* & *p* des perpendiculaires comme *t q r*, & *s p z*, on s'apperçoit que les rayons D *q* & F *p* tombent obliquement fur la furface de l'air, on conclura encore qu'ils fe rompront en s'éloignant de leurs perpendiculaires ; deforte que D *q* n'ira pas directement en *x*, mais vers k, ni F *p* directement en *u*, mais vers le même endroit k.

On démontrera de même que les rayons qui tombent entre les rayons C D & E F fe détourneront deforte qu'ils couperont les premiers environ l'endroit k, & par là on connoîtra qu'un Verre qui eft convexe de deux côtés ayant des convéxités égales, a la propriété d'affembler les rayons qui font paralleles, vers le centre de la convéxité par laquelle il les a reçûs, ainfi que Képler l'a démontré dans la trente-neuviéme propofition de fa Dioptrique.

On peut tirer de cette doctrine de Képler trois maximes fort importantes.

La premiere eft, que les rayons qui tombent paralleles fur un verre convexe de deux côtés, dont les convexités font égales, fe réüniffent au centre de la premiere convexité, comme il fe voit dans la Figure précédente.

Par la raifon des contraires les rayons qui partent du centre de la feconde convexité d'un verre convexe de deux côtés, deviennent paralleles en paffant par ce verre.

La feconde maxime eft, que dans les verres convexes dont les deux convéxités font égales, les rayons qui viennent d'un point plus éloigné que n'eft le centre de la premiere convexité, deviennent convergents en paffant par ces verres, mais de telle forte qu'ils fe vont réünir en un point, qui eft toûjours plus éloigné que n'eft le centre de la premiere convexité : mais qui l'eft plus ou moins, felon qu'ils viennent de plus près ou de plus loin.

2. *Comment fe détournent les rayons qui tombent paralleles fur un verre convexe dont les convéxités font égales.*

3. *Comment fe détournent ceux qui partent du centre de la feconde convéxité.*

4. *Comment fe détournent ceux qui viennent d'un point plus éloigné que ce centre.*

256 LA PHYSIQUE.

Par exemple, les rayons qui partent du point H, que je suppose estre plus éloigné du verre A B C D, que n'est le point I, qui est le centre de la seconde convexité A D C, deviennent convergents en sortant du verre, & se vont réünir au point k, qui est beaucoup plus éloigné du verre que n'est le point *q*, qui est le centre de la premiere convexité A B C : ces mêmes rayons se réüniroient en un point qui seroit plus proche de *q*, que n'est le point k, s'ils venoient d'un point plus éloigné que H, au lieu qu'ils se réüniroient en un point plus éloigné que le point k, s'ils venoient de plus près.

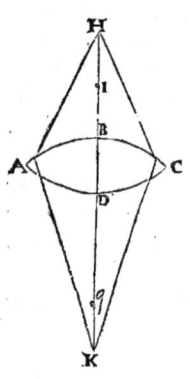

5.
Comment se détournent ceux qui viennẽt d'un point plus proche.

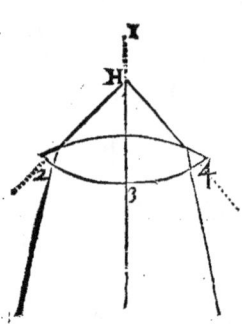

Au contraire, les rayons qui partent d'un point plus proche que n'est le centre de la seconde convexité, sont divergents en sortant du verre, mais ils le sont moins qu'ils ne l'estoient, lors qu'ils y sont entrés. Par exemple, les rayons qui partent du point H, qui est plus proche du verre que n'est le point I, que je suppose estre le centre de la convexité 2 3 4, demeurent divergents en sortant du verre, mais ils le sont moins qu'ils ne l'estoient, lors qu'ils y sont entrés, comme il paroît par cette Figure.

La

LIVRE HUITIÈME. PARTIE II.

La troisième maxime est, que les rayons qui tombent convergents sur un verre convexe de deux côtés, en sortent si convergents, qu'ils se vont réünir en un point qui est plus proche de ce verre, que n'est le centre de sa première convexité : Par exemple, les rayons E A, & F C, qui tombent convergents sur la convexité A B C, se vont réünir au point G, qui est plus proche du verre que n'est le point H, que je suppose le centre de la convexité A B C.

6. Comment se détournent ceux qui viennent convergents sur un verre convexe-convexe.

Le même Képler a démontré dans la 35ᵉ proposition de sa Dioptrique, qu'un verre plan-convexe a la propriété d'assembler les rayons qu'il reçoit parallèles vers l'extrémité du Diamètre de sa convexité ; d'où il s'ensuit que les rayons parallèles qui tombent sur un verre plan-convexe, c'est à dire, qui est plat d'un côté & convexe de l'autre, se vont réünir à une distance double de celle, où se vont réünir les rayons qui tombent parallèles sur un verre convexe-convexe de convexités égales.

7. Comment se détournent ceux qui tombent parallèles sur un verre plan-convexe.

Il s'ensuit encore que les rayons inclinés qui partent de l'extrémité du Diamètre des verres plan-convexes, sortent parallèles de ces verres ; Que ceux qui viennent d'un point plus proche, en sortent divergents, & que ceux qui viennent d'un point plus éloigné en sortent convergents. Voilà les principales propriétés des verres convexes-convexes & des verres plan-convexes touchant l'usage des Lunettes.

258   LA PHYSIQUE.

8. Comment se détournent les rayons qui tombent paralleles sur un verre concave de deux côtés.

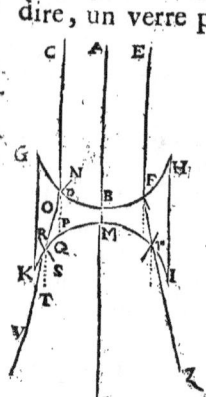

Considérons encore un verre concave de deux côtés; c'est à dire, un verre plus mince au milieu qu'aux bords, tel qu'est celuy dont le porfil est icy marqué GBHIMK, & suppofons que des rayons paralleles comme AB, CD, EF, tombent deffus; & afin de prévoir de quelle maniere ils se doivent rompre, élevons des perpendiculaires aux points B D F, où ils se prefentent pour entrer dans le verre.

Cela eftant fait, puifque le rayon AB tombe à plomb fur la furface du verre, il ira jufqu'en M, fans fouffrir aucune réfraction, & parce qu'il tombe encore perpendiculairement fur la furface de l'air, il doit tendre directement vers L, mais parce que le rayon C D tombe obliquement fur la furface du verre, il n'ira pas directement vers P, mais il fe détournera vers Q en approchant de la perpendiculaire N O, & parce qu'il tombe encore obliquement fur la furface de l'air; il n'ira pas directement vers T, mais il fe rompra vers V en s'éloignant de la perpendiculaire R S.

En confidérant le rayon EF, on trouvera par un femblable raifonnement qu'il ira en *r*, & de là en z. Ainfi l'on connoîtra que le verre concave de deux côtés a la propriété de rendre divergents les rayons qu'il a reçûs paralleles; & par une raifon contraire qu'il a la propriété de rendre paralleles ceux qu'il a reçûs convergents.

CHAPITRE XXXVI.

Contenant l'explication de quelques termes qui font d'ufage dans la Dioptrique, avec quelques Axiomes qui fervent de fondement à cette fcience.

AVANT que d'entrer plus avant dans la Dioptrique, c'eft à dire, dans la connoiffance de la vifion qui fe fait par des Lunettes, il faut définir quelques mots, & établir quelques Axiomes qui font abfolument néceffaires pour entendre ce que nous dirons de cette fcience. Voicy les définitions.

LIVRE HUITIEME. PARTIE II.

L'Angle de Réfraction est un angle compris d'un rayon in- 1.*Définition.*
cident directement prolongé dans le second milieu, & de la
partie rompuë de ce rayon. Soit, par exemple, dans cette
Figure le rayon incident G D, soit sa continuation directe D E, soit
sa partie rompuë D H ; l'Angle E D H fait
de la partie directe & de la partie rompuë du
rayon incident, sera l'angle de réfraction.

L'angle rompu est un angle formé par 2.*Définition.*
le rayon rompu & par la perpendiculaire
tirée par le point d'incidence, tel est l'angle C D H.

Le Verre sphérique convexe est celuy, 3.*Définition.*
lequel estant formé régulierement selon
quelque portion de sphère, est plus épais en
son milieu qu'en ses extrémités.

Il y a quatre espèces de verres sphériques convexes, les uns 4.*Définition.*
sont plans d'un côté & convexes de l'autre, qu'on appelle *Plan-
convexes* ; les autres sont convexes de deux égales convexités, les autres de deux convexités inégales ; & les autres
enfin sont convexes d'un côté d'une convexité de moindre
sphère, & de l'autre concaves d'une concavité de plus grande
sphère.

Le verre sphérique concave est celuy, qui estant régulière- 5.*Définition.*
ment tourné selon quelque portion de sphère, est moins épais
en son milieu qu'en ses extrémités.

PREMIER AXIOME.

L'inclinaison d'un rayon n'excédant pas trente degrés, l'expérience fait voir que l'angle de réfraction du rayon qui entre de l'air dans le verre, est environ la troisième partie de
l'angle d'inclinaison du rayon dans l'air.

SECOND AXIOME.

Quand l'inclinaison d'un rayon n'excède pas 30. degrés, la
même expérience fait voir que l'angle de réfraction d'un rayon
sortant du verre dans l'air, est environ la moitié de l'angle
d'inclinaison du rayon dans le verre.

Troisième Axiome.

Les rayons parallèles qui tombent perpendiculairement sur un verre plan-convexe, qui est une portion de sphère moindre que 30. degrés, concourent avec leur axe à la distance du Diamètre de sa convexité.

Quatrième Axiome.

Les rayons qui tombent convergents sur un verre plan-convexe sphérique, concourent plus près du verre que la distance du Diamètre de sa convexité.

Cinquième Axiome.

Les rayons qui tombent parallèles sur un verre convexe de deux convexités égales, concourent environ à la distance de leur demi-Diamètre. C'est ce que Képler a démontré dans la 39. propos. de sa Dioptrique. Ces trois derniers Axiomes ne different guères des trois Maximes du Chapitre précédent.

Sixième Axiome.

L'ame estant obligée de rapporter ses sensations au dehors par des lignes droites, doit en regardant par des verres convexes ou concaves, les rapporter à des points d'où les rayons ne viennent pas, à cause que ces verres ployent tellement les rayons qu'estant continués en ligne droite de l'œil vers l'objet, ils ne vont plus aboutir aux mêmes points; mais à des points qui sont plus proches ou plus éloignés que l'objet, selon qu'ils ont esté diversement ployés. C'est de ce seul principe que dépend la grandeur différente des mêmes objets regardés par différents verres à une même distance.

Et il ne faut pas s'imaginer que la nature nous trompe en cela; car outre que ce cas n'arrive que par accident, elle nous a donné le jugement & la raison pour nous faire connoître quand il arriveroit.

LIVRE HUITIE'ME. *PARTIE II.* 261

CHAPITRE XXXVI.

Comment on peut perfectionner la vision par un seul verre convexe.

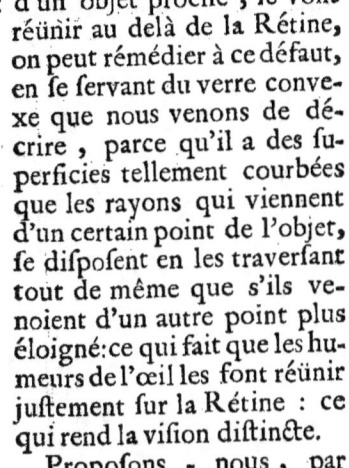

QUAND un œil est trop applaty, & que les rayons qui viennent de chaque point d'un objet proche, se vont réünir au delà de la Rétine, on peut rémédier à ce défaut, en se servant du verre convexe que nous venons de décrire, parce qu'il a des superficies tellement courbées que les rayons qui viennent d'un certain point de l'objet, se disposent en les traversant tout de même que s'ils venoient d'un autre point plus éloigné : ce qui fait que les humeurs de l'œil les font réünir justement sur la Rétine : ce qui rend la vision distincte.

Proposons - nous, par exemple, un objet comme A B qui soit si proche de l'œil d'un Vieillard qu'il ne le puisse voir que confusément, & mettons ensuite entre cet œil & l'objet le verre convexe de deux convéxités égales C d E : cela estant fait, il est visible par ce qui a esté dit cy-devant, que les rayons qui partent de chaque point de l'objet se disposeront en passant par ce verre à s'unir au deçà ou au delà du centre de sa convéxité, selon qu'ils viendront d'un

K k iij

262 LA PHYSIQUE.

point de l'objet qui fera plus proche, ou plus éloigné que n'eſt le centre de cette convéxité. Suppoſons, par exemple, que ceux qui partent du point B s'aſſemblent en G, & ceux qui partent du point A en H.

Enſuite dequoy, ſi nous plaçons l'œil en 1, il eſt évident que les rayons qui portent l'image de chaque point de l'objet ſont convergents, c'eſt à dire, tels qu'ils ſe préſentent pour entrer dans l'œil avec quelque diſpoſition à s'unir ; d'où il s'enſuit que les trois réfractions qui ſe feront à l'entrée des trois humeurs de l'œil, détermineront ces rayons à s'unir plus près du cryſtallin, qu'ils n'euſſent fait ſans le ſecours de ce verre. Ainſi, ce Vieillard, qui ne voyoit confuſément qu'à cauſe que les rayons ne s'uniſſoient pas aſſés tôt, pourra avoir une viſion diſtincte, comme l'expérience le confirme.

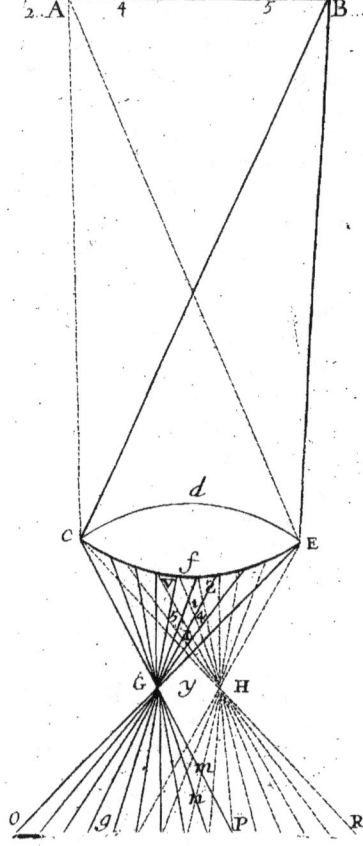

1.
Pourquoy les verres convexes font voir diverſement les objets ſelon qu'ils ſont diverſement placés à l'égard de l'œil.

L'objet regardé par cette Lunette paroîtra plus grand à cauſe que les rayons V 1, & S 1, qui partent des deux extrémités de l'objet, ſe préſentent pour entrer dans l'œil ſous un plus grand angle que s'ils n'avoient pas eſté rompus par ce verre ; de ſorte que paroiſſant venir des endroits 2 & 3. ils vont tracer dans l'œil une image de l'objet auſſi grande que ſi l'objet occupoit l'étenduë 2, 3. ce qui fait qu'il doit paroître de cette grandeur par le 6. Ax. du Ch. précéd.

Quant à la diſtance de l'objet, elle doit paroître plus petite à

LIVRE HUITIE'ME. *PARTIE II.*

mesure qu'il paroît plus grand. Si l'œil estoit en L, il recevroit les rayons qui partent de chaque point de l'objet encore plus convergents ; & les rayons qui viennent des deux extrémités comme 4 L & 5 L, faisant encore un plus grand angle que S 1 & V 1, ils devroient faire paroître l'objet plus grand.

Si l'œil estoit supposé en y on devroit expérimenter la vision fort vive, dautant qu'elle seroit causée par l'action de tous les rayons qu'un même point de l'objet envoye sur toute la superficie du verre ; mais avec tout cela la vision devroit estre fort confuse, à cause que les rayons estant déja unis, lors qu'ils se présenteroient pour entrer dans l'œil, les réfractions qu'ils souffriroient ensuite, ne feroient autre chose que les des-unir ; & ainsi ceux qui viennent d'un même point de l'objet en traceroient l'image sur plusieurs filets du nerf optique, sur lesquels les rayons qui viennent des autres points voisins traceroient aussi la leur, & ainsi l'image de l'objet seroit toute confuse.

Si l'œil estoit placé en M, il est certain qu'on devroit voir l'objet renversé, parce qu'on verroit la partie gauche A par le rayon H M qui est à droite de G M, par lequel on voit la partie gauche B. On devroit aussi voir assès confusément, tant parce que les rayons qui partent de chaque point, comme du point A par exemple, ne s'assemblent pas exactement au delà de la Lunette, & qu'ainsi l'œil ne peut prendre aucune figure qui serve à réünir exactement les rayons qu'il reçoit du point H, qu'à cause que quand tous ces rayons partiroient véritablement du point H, ils viennent avec tant de divergeance que l'œil ne peut s'applatir assès pour faire qu'ils se réünissent précisément sur la Rétine.

Si l'œil estoit supposé en N, on devroit voir l'objet un peu plus distinctement, mais toûjours renversé : & quant à sa grandeur, on en jugeroit par la grandeur de l'angle sous lequel les rayons qui viennent des extrémités de l'objet, se présentent pour entrer dans l'œil.

Au reste, comme l'espace O P & Q R, dans lequel s'étendent les rayons qui viennent des deux extrémités de l'objet, est d'autant plus grand qu'on suppose que l'objet est plus éloigné du point y, où les rayons qui viennent de son milieu s'assemblent, cela fait que l'étenduë Q P où l'œil peut recevoir

264 LA PHYSIQUE.

en même-temps l'impreſſion des deux extrémités de l'objet A B eſt plus grande, & par conſéquent qu'il y a un plus grand eſpace où promenant l'œil, on voit toûjours l'objet tout entier.

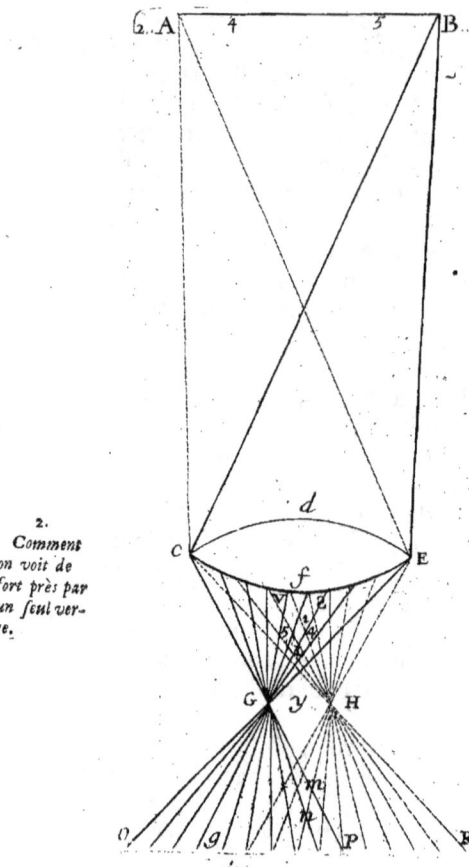

2. Comment on voit de fort près par un ſeul verre.

L'expérience confirme tout ce que nous venons de dire de la viſion qui ſe fait par un ſeul verre convexe convexe ; car ſi vous mettez l'œil comme au point 1, l'objet vous paroîtra plus diſtinct, mais non pas beaucoup plus grand. Si vous reculez l'œil, comme au point L, il vous paroîtra beaucoup plus diſtinct & plus grand; ſi vous placez l'œil en l'endroit y qui eſt plus loin du verre, vous ne verrés l'objet que confuſément, & ſi vous le mettez au point m, qui eſt encore plus éloigné, vous le verrez renverſé.

Après avoir rémédié au défaut de ceux qui ne voyent que les objets éloignés ; (ce qui eſt aſſés particulier aux Vieillards, dont les yeux ſont trop applatis,) il faut tâcher de rémédier encore à un autre défaut qui eſt commun à tous les hommes, qui eſt de ne pouvoir voir diſtinctement de plus près que d'un pied de diſtance, ou environ ; pour cet effet, on a coûtume d'interpoſer un verre fort convexe entre l'œil & l'objet qui eſt ſi proche ; car comme ce verre eſt placé fort près de l'objet les rayons qui partent d'un point, ne tendent pas à ſe réünir après l'avoir traverſé, mais ſeulement ils deviennent beaucoup

moins

LIVRE HUITIE'ME. PARTIE II.

moins divergents qu'ils n'eſtoient auparavant ; deſorte que l'œil eſtant d'ailleurs aſſés proche de ce verre, les réfractions qui ſe font à l'entrée de ſes humeurs, diſpoſent facilement les rayons qui partent d'un ſeul point de l'objet, à s'aſſembler dans un autre point de la Rétine ; ce qui rend la viſion extrémement diſtincte ; car outre que les rayons qui viennent de divers points de l'objet, ne ſe confondent pas, l'image totale qu'ils impriment eſt ſi grande, qu'il s'y trouve un aſſés grand nombre de filets du nerf optique pour faire ſentir à l'ame beaucoup de particularités, qu'elle ne connoîtroit pas ſi l'image eſtoit plus petite, & ſi les rayons qui viennent de deux points voiſins de l'objet, eſtoient obligés de s'aſſembler en un point du même filet.

Il ne faut pas toutefois prétendre d'augmenter cette image à l'infini ; car tout le plus qu'on peut faire par les Verres convexes, c'eſt que l'œil qui ſans eux ne pourroit voir diſtinctement un objet plus proche qu'à un pied de diſtance, en pourra voir un qui ſera, par exemple, douze fois plus près de luy, à cauſe que ce ne ſera plus ſur la ſurface de l'œil qu'ils commenceront à ſe croiſer, mais ſur celle du verre dont l'objet ſera plus proche ; ce qui fera qu'ils formeront une image dont le diamètre ſera douze fois plus grand qu'il ne pourroit eſtre ſi l'on ne s'eſtoit ſervy de ce verre, & dont par conſéquent la ſuperficie ſera 144. fois plus grande. D'où il s'enſuit que l'objet paroîtra 144. fois plus grand & à proportion plus diſtinct.

C'eſt ſur cela ſeul qu'eſt fondée toute l'invention de ces Lunettes compoſées d'un ſeul petit verre fort convexe, dont l'uſage eſt par tout aſſés commun, & qu'on appelle pour l'ordinaire des *Microſcopes*.

266   LA PHYSIQUE.

CHAPITRE XXXVII.

Comment on perfectionne la vision par un seul verre concave de deux côtés.

7.
Différentes propriétés des verres concaves.

COMME les verres convexes servent à perfectionner la vûë de ceux qui ne peuvent voir que de loin, les concaves servent aussi à rendre plus distincte la vision de ceux qui ne peuvent regarder que de près; par exemple si nous supposons un homme qui ait la vûë courte, c'est à dire, qui ne sçauroit voir distinctement l'objet A B à cause qu'il est trop éloigné, il faut seulement pour luy en rendre la vision distincte interposer le verre concave de deux côtés dont le profil est icy C D E, F G H, car la surface de ce verre est tellement disposée que les rayons qu'il reçoit d'un seul point de l'objet deviennent beaucoup plus divergents lors qu'ils en sortent; Ainsi, ceux qui partent du point A tombant sur la partie du verre V X, après l'avoir traversé s'écartent dans l'espace R Z, ceux qui venant du point B tombent sur la même partie V X, s'étendent dans l'espace Y T.

D'ailleurs, ce verre a encore la proprieté de faire que les rayons qui viennent des deux extremités de l'objet, se rencontrent en faisant un plus petit Angle qu'ils n'auroient fait s'ils n'eussent passé par ce verre, par exemple, les rayons L I & M I, qui viennent des deux extrémités de l'objet A B, font un si petit Angle qu'ils semblent venir des endroits marqués N & O.

Cela supposé, si un homme qui ne peut voir que les objets

LIVRE HUITIE'ME. PARTIE II.

qui font proches à caufe que les rayons qu'il reçoit d'un feul point de l'objet fe réünissent avant que d'avoir atteint la Rétine, place fon œil en I, pour regarder l'objet A B, qui est fort éloigné, il le verra fort distinctement à caufe que les rayons qui viennent d'un feul point font rendus fi divergents par ce verre, que les réfractions qu'ils fouffrent dans l'œil ne les peuvent faire réünir que lorsqu'ils rencontrent la Rétine. Au contraire fi un œil de figure ordinaire eftoit placé en I, & qu'il regardât le même objet A B, il eft certain qu'il le verroit confufément à caufe que les rayons qu'il recevroit de chaque point, feroient fi divergents, que les réfractions des humeurs des yeux ne les pourroient difpofer à s'unir en autant de points fur la Rétine.

Mais de quelque façon qu'on ait les yeux difpofés, foit qu'on les ait propres pour voir les objets proches, foit pour voir ceux qui font éloignés, quand on fe fert de cette Lunette, la diftance de l'objet doit paroître moindre qu'elle n'eft véritablement, à caufe que quand les rayons qui viennent d'un feul point fe préfentent pour entrer dans les humeurs des yeux, ils ont la même divergeance qu'ils auroient, s'ils partoient en effet d'un point d'un objet qui fût beaucoup plus proche.

Pour la grandeur, comme les extrémités A & B font vûës par des rayons qui font un plus petit angle qu'ils ne feroient, s'ils n'avoient fouffert aucune réfraction en paffant par ce verre, & qui femblent venir des points marqués K & O, par cette raifon l'objet A B ne doit paroître que de la grandeur N O.

Enfin, l'œil qui fe fert du verre concave, doit voir l'objet A B dans fa véritable fituation, dautant que les rayons qui luy font voir la partie gauche B, viennent du côté gauche.

Ajoûtés que l'efpace R T, où fe rencontrent les rayons qui partent des deux extrémités A & B, eftant fort grand, c'eft une néceffité que l'œil fe promenant dans toute cette largeur puiffe voir l'objet tout entier, ainfi que l'expérience le confirme. Suivant les mêmes principes plus un verre concave eft éloigné de l'œil, plus il repréfente l'objet petit.

Ce que nous venons de dire des verres convexes & concaves de deux côtés, fe doit entendre par proportion de ceux qui font plan-convexes & plan-concaves.

Ll ij

CHAPITRE XXXVIII.

Des Lunettes à deux verres dont l'un est convexe de deux côtés, & l'autre concave.

1. Comment les rayons passent par les Lunettes de deux verres.

COMME l'usage des Lunettes ne consiste qu'à faire paroître les objets plus grands & plus distincts, & que d'ailleurs la distinction & la grandeur apparente des objets dépendent principalement de la grandeur de l'image matérielle qu'ils tracent sur la Rétine, on peut disposer de telle sorte deux verres, dont l'un soit convexe & l'autre concave, qu'on verra par leur moyen fort distinctement des objets éloignés, qu'on ne pourroit voir sans leur secours qu'avec beaucoup de confusion.

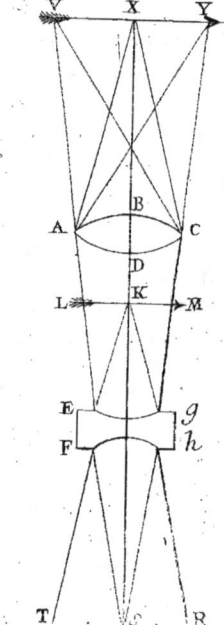

Par exemple, pour voir distinctement l'objet v x y, qui est fort éloigné, il faut appliquer aux extrémités d'un tuyau deux verres, dont celuy qu'on met du côté des objets, soit convexe, & l'autre qu'on met au bout du tuyau qu'on applique à l'œil, soit concave; en sorte que le foyer du convexe, & le foyer virtuel du concave soient tous deux vers le même point s; car il est visible que ces deux verres estant ainsi disposés, les deux superficies convexes du premier, font que tous les rayons qui viennent du point x, tendent à se réünir au point s, que je suppose estre environ le centre de la premiere convexité. Que ceux qui viennent du point y, qui est le côté droit de l'objet, tendent à se réünir au point t, qui

LIVRE HUITIE'ME. PARTIE II.

est au côté gauche du point s, & que ceux qui viennent du point v, qui est le côté gauche de l'objet, tendent à se réunir au point r, qui est au côté droit du même point s.

Mais comme l'on ne peut empêcher que les humeurs des yeux ne causent les réfractions qu'elles ont coûtume de produire, elles ployent aussi tellement les rayons des points v x y, qui sont disposés à s'unir au point r s t, chacun au sien, que leur réünion se feroit avant qu'ils eussent atteint la Rétine, si le verre concave ne l'empêchoit ; mais ce verre est mis si à propos entre le verre objectif & le point r s t, que tous les rayons qui partent des points v x y, & qui tendent aux points r s t, sont tellement ployés par les concavités de ce verre, qu'ils en sortent paralleles, & comme s'ils n'avoient pas esté ployés du tout, mais qu'ils vinssent des points l k m, qui sont plus proches que les points v x y ; ce qui fait que les réfractions que causent les humeurs des yeux qui eussent esté nuisibles sans ce verre, sont utiles avec luy, parce qu'elles disposent à la réünion les rayons que le verre concave avoit désunis. Ainsi l'image materielle que l'objet trace sur la Rétine est fort grande, & par conséquent fort distincte ; ce qui est cause que l'objet v x y, quoyque fort éloigné, ne laisse pas d'estre vû fort distinctement & même assès grand, parce que les rayons qui viennent de ses extrémités entrent dans l'œil sous un plus grand angle.

2. Comment par ces Lunettes on verra l'objet plus grand.

Celuy qui se sert de cette Lunette, doit voir l'objet qu'il regarde dans sa véritable situation, dautant que les rayons v A, & y C, qui viennent des extrémités de l'objet ne se croisent aucunement entre les deux verres ; d'où il s'ensuit que ceux qui font voir la partie droite de l'objet, viennent du côté droit, & ceux qui font voir la partie gauche, viennent du côté gauche.

3. Pourquoy on sa voit dans la situation naturelle.

Il est encore à remarquer que le plus petit verre concave fait voir les objets plus grands, mais plus obscurs, parce que les rayons qu'il rend fort divergents, vont tracer sur la Rétine une image si grande qu'ils n'en peuvent ébranler que foiblement chaque partie : ce qui rend la vision obscure, au lieu que le plus grand concave fait voir l'objet plus petit, mais plus clair par une raison contraire.

Ainſi, nous pouvons établir pour règle. 1. Que pluſieurs verres convexes eſtant ſucceſſivement aſſemblés avec un même verre concave, celuy qui fait portion d'une plus grande ſphère répréſentera les objets plus grands avec ce même verre concave. 2. Qu'un même verre concave eſtant donné, il doit eſtre poſé plus loin des verres convexes, avec leſquels il a plus grande proportion d'inégalité de ſphère, & au contraire. 3. Que les verres convexes & concaves qui ſont en plus grande proportion d'inégalité de ſphères répréſentent les objets plus grands, & par conſéquent, un même verre convexe répréſentera toûjours les objets d'autant plus grands qu'il ſera joint avec un verre concave de plus petite ſphère, parce qu'il a plus grande proportion d'inégalité avec luy; de telle ſorte que s'il y avoit plus grande proportion entre le verre convexe & le verre concave d'une petite Lunette, qu'entre le verre convexe & le concave d'une plus grande Lunette; la plus petite Lunette répréſenteroit les objets plus grands que la plus grande, d'où il s'enſuit qu'on peut conſtruire une Lunette qui répréſentera les objets de telle grandeur qu'on voudra, en augmentant ſeulement ou en diminuant à ſa volonté la proportion des ſphéricités du verre convexe & du verre concave qu'on luy veut accommoder.

LIVRE HUITIE'ME. PARTIE II. 271

CHAPITRE XXXIX.

Des Lunettes à deux verres convexes.

Comment les rayons qui partent des objets passent par les Lunettes à deux verres.

OUTRE les Lunettes composées de deux verres dont l'un est convexe & l'autre concave, il y en a d'autres qui servent au même usage, & qui sont composées de deux verres convexes disposés de telle sorte que les rayons qui partent par exemple du point x, qui est fort éloigné, sont tellement courbés par le verre objectif ABCD, qu'ils tendent par la 1. maxime à s'assembler au point k, que nous supposons estre à peu prés le centre de la premiere convexité de ce verre.

Lorsque ces rayons se sont réünis au point K qui est à peu prés le centre de la secõde convexité, du verre oculaire E F, ils vont en divergeant vers ce verre, & tombant obliquement sur la surface, ils sont obligés par la 2. part. de la 1. max. d'en sortir paralleles, & par conséquent d'aller aboutir au point 3.

Quant aux rayons qui viennent du point v & du point y, ils sont tellement ployés en passant par le verre objectif ABCD, qu'ils tendent à s'assembler aux deux points N & P qui sont aux côtés du point K. Par exemple ceux qui viennent du point v, tendent à s'assembler au point P. & ceux qui viennent du point Y, au point N.

Et parce que les points N & P, sont tellement situés à l'égard du verre oculaire E F, que les rayons qui en partent doivent souffrir à peu près les mêmes réfractions qu'ont souffert ceux qui sont partis du point K, cela fait que les rayons qui partent de chacun de ces points, doivent sortir paralleles entr'eux de ce verre.

Je dis *qui partent de chacun de ces points*, pour marquer que nous ne prétendons pas parler des rayons qui partent de deux points différents ; comme, par exemple, du point N & du point P ; car il est visible que ces rayons doivent estre convergents, tant par les réfractions qu'ils souffrent, qu'à cause de l'obliquité avec laquelle ils tombent sur le verre oculaire, qui font que les cylindres de lumiere K 3, E 4, & P 2, sont obligés de se croiser en un point qui est entre M R, lequel est à peu près le centre de la premiere convexité du verre oculaire E F.

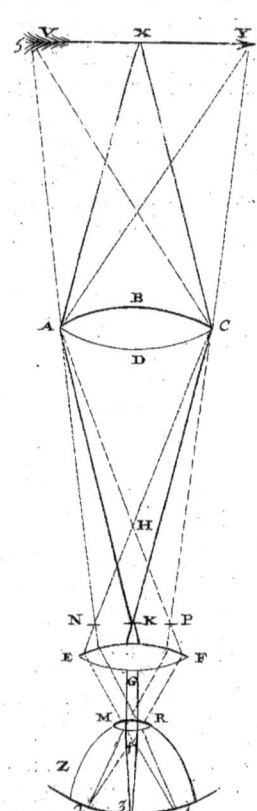

Voila ce qui concerne les rayons qui partent d'un même point de l'objet, & pour ceux qui partent des extrémités, tels que sont les rayons V A, & Y C, il est visible qu'ils sont tellement rompus par le verre objectif A B C D, qu'ils sont contraints de s'assembler au point H, qui par la 3. Max. est plus proche de la convexité A B C, que n'est le point k, que nous supposons estre le centre de cette convexité.

Ces

LIVRE HUITIE'ME. *PARTIE II.*

Ces deux rayons partant du point H vont en divergeant vers le verre oculaire E F, & ils sont tellement ployés par ce verre, qu'ils se vont réünir au point r, qui par la 3. Max. est plus éloigné de ce verre que n'est le centre de sa premiere convéxité.

Cela estant supposé, si nous considérons que la prunelle de l'œil z se trouve justement placée entre M & R, il est évident qu'elle reçoit là les trois Cylindres de lumiere E 4 & F 2 & G 3, & qu'elle reçoit les deux Cylindres E 4 & F 2, qui viennent des deux extrémités de l'objet, sous l'angle E r F, qui est plus grand qu'il ne seroit, si les rayons qui le forment, n'avoient passé par les deux verres de cette Lunette. Ainsi, l'image matérielle de l'objet se trouvant plus grande sur la Rétine 2, 3, 4. ce n'est pas merveille si l'objet paroît aussi plus grand.

2. Comment ces Lunettes font paroitre les objets plus grands.

Et parce que les rayons qui viennent de chaque point de l'objet sont parallèles lorsqu'ils entrent dans l'œil, & que cette disposition est la plus propre pour faire, qu'ils se reünissent exactement sur chaque filet de la Rétine, cela fait encore que la vision est fort distincte par ces deux verres.

3. Comment elles les representent distinctemet.

Quant à la situation, il est évident que l'objet doit paroître renversé à cause que les rayons qui viennent de ses extrémités V & Y s'estant croisés entre les deux verres au point H ne se redressent plus, d'où il s'ensuit que ceux qui font voir la partie droite de l'objet, viennent de son côté gauche, & ceux qui font voir la partie gauche, viennent de son côté droit.

4. Pourquoy elles les font voir renversés.

Si la prunelle estoit placée plus près ou plus loin du verre oculaire que ne sont les points M & R, alors elle ne seroit plus assés grande pour recevoir les rayons qui viendroient des points 5 & 6, qui sont aux côtés de l'objet, ce qui seroit cause que le champ de la Lunette, c'est à dire, que l'espace qu'elle représente, paroîtroit plus petit, ainsi que l'expérience le fait voir.

5. Pourquoy quand l'œil s'approche ou s'éloigne trop de cette Lunette le cħap paroist plus petit.

Il faut remarquer encore que la prunelle estant entre les points M & R, l'œil n'aperçoit aucun Iris, ou s'il en voit quelqu'un, il est foible, parce que les rayons qui viennent de divers côtés de l'objet se croisent en cet endroit là, & qu'en se croisant leurs couleurs s'effacent les unes les autres.

6. Pourquoy l'œil qui est placé au centre de l'oculaire, n'aperçoit presque aucun Iris.

Si au contraire l'œil est plus proche du verre, il doit voir un Iris bleu à cause qu'il ne reçoit plus tout le Cylindre de lumiere qui vient du point F, mais seulement la partie de ce Cylindre qui est dans la concavité, laquelle, par ce qui a esté

7. Pourquoy s'il est plus

Tome III. Mm

proche ou plus éloigné, il en voit un bleu, ou un rouge.
* Chap. 17. Art. 3.

cy-devant dit * doit répréfenter la couleur bleuë. Au lieu que fi l'œil s'éloigne du verre, il doit voir un Iris d'un rouge jaunâtre, parce qu'alors la prunelle ne reçoit plus les rayons qui font dans la concavité du Cylindre, mais feulement ceux qui font dans la convéxité ; ce qui mérite particulierement d'eftre remarqué.

CHAPITRE XL.
Des Lunettes à trois verres convexes.

1. Comment les rayons paffent par cette Lunette.

SI l'on ajoûtoit un troifiéme verre aux deux de la Lunette précédente, tel qu'eft dans cette figure le verre convexe H I, fans changer en rien la fituation des deux autres verres; l'expérience fait voir que la vifion feroit obfcure & confufe. Au lieu que fi l'on éloigne le fecond verre E F du premier A B, c'eft à dire, fi l'on éloigne l'oculaire intérieur du verre objectif, d'un efpace plus que double du foyer de cet oculaire, les deux oculaires eftant éloignés l'un de l'autre d'un intervalle plus grand que celuy de leurs deux foyers, l'on verra fort diftinctement par une Lunette de trois verres.

La raifon de cette différence eft, que dans la premiere fituation les rayons qui partent de chaque point de l'objet, tombant paralleles fur l'Oculaire intérieur en fortent fi convergents, que l'œil les difpofe à fe réünir avant qu'ils ayent atteint la Rétine ; ce qui rend la vifion confufe, au lieu que dans la feconde fituation, les rayons tombant divergents fur ce même Oculaire, ils en fortent fi peu convergents que l'œil les fait réünir précifément fur la Rétine ; ce qui rend la vifion diftincte.

Pour concevoir enfuite pourquoy les rayons qui partent d'un même point de l'objet, fortent convergents du verre oculaire d'une Lunette de trois verres. Il faut confidérer que ceux qui partent, par exemple, des points v x y de l'objet, fe vont croifer aux points N K P, qui font à peu près le centre de la premiere convéxité du verre objectif A B C D ; d'où ils vont enfuite en divergeant vers la Lentille intérieure E F. Et parce que les points N K P, d'où ces rayons viennent, font plus éloignés de cette Lentille que n'eft le centre de fa feconde convéxité ; il faut par la troifiéme Maxime qu'ils s'aillent croifer un peu plus

LIVRE HUITIE'ME. PARTIE II. 275

loin que le centre de la premiere convexité; comme par exemple au point G : & parce que le point G est plus éloigné du verre H I que n'est le centre de sa seconde convexité, il faut encore par la 2. Max. que les rayons qui viennent de chaque point de l'objet, & qui se sont croisés au point G, deviennent convergents en sortant de ce verre ; ce qu'il falloit prouver.

Cela estant supposé, si la prunelle de l'œil se trouve justement placée entre les points M R qui sont à peu près le centre de la premiere convéxité du verre oculaire H I, elle recevra les rayons qui viennent des extrémités de l'objet sous l'angle H M I, ou, ce qui est la même chose, sous l'angle H R I, lequel est plus grand que ne seroit celuy sous lequel elle les recevroit, si ces rayons n'avoient passé par ce troisiéme verre, d'où il s'ensuit que l'image qui se trace sur la Rétine doit estre à proportion plus grande, & par conséquent que l'objet doit paroître aussi plus grand.

2. Comment elle fait paroître l'objet plus grand.

Il doit paroître encore dans sa situation naturelle, parce que les rayons qui partent de ses extrémités, se croisent deux fois entre les trois verres, sçavoir aux points S, & au point G, ce qui fait que le second croisement redresse ce que le premier avoit renversé, & que par conséquent l'œil voit la partie droite de l'objet marquée Y par le Cylindre de lumiere 1, 2 qui vient du côté droit de l'ob-

3. Pourquoy dans sa situation naturelle.

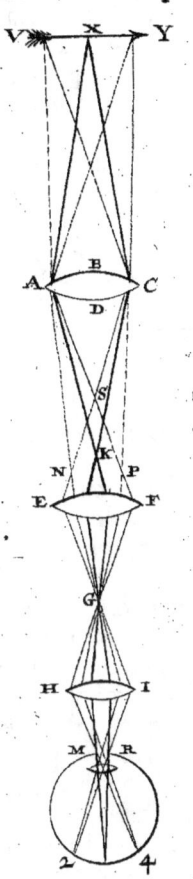

M m ij

jet, & il voit la partie gauche v, par le Cylindre de lumiere H 4 qui vient du côté gauche.

4.
Pourquoy le champ paroît plus petit dans la Lunette de trois verres que dans celle de deux.

Le champ doit paroître plus petit dans la Lunette de trois verres que dans celle de deux ; dont la raifon eft que dans la Lunette de trois verres la Lentille intérieure E F, eftant plus éloignée du verre objectif, qu'elle ne l'eft dans la Lunette de deux verres, elle ne reçoit plus les rayons qui viennent des extrémités du champ, ce qui fait qu'il paroit plus petit.

Deplus, fi la prunelle, qui eft placée entre les points M R, pour voir le plus diftinctement qu'il eft poffible, vient à s'approcher ou à s'éloigner de l'oculaire H I, le champ paroîtra encore plus petit, par la même raifon que nous avons dit qu'il paroît ainfi dans la Lunette de deux verres.

Quant aux Iris qu'on voit aux bords de cette Lunette, ils doivent paroître bleus ou rougeâtres, felon que l'œil eft plus proche ou plus éloigné de l'oculaire que les points M R, par la même raifon qu'ils paroiffent tels dans la Lunette précédente de deux verres, à cela près qu'ils font plus fenfibles dans celle-cy,

CHAPITRE XLI.

Des Lunettes à quatre verres convexes.

1.
Comment les rayons paffent par cette Lunette.

ON peut encore voir les objets diftinctement & dans leur fituation naturelle par une Lunette de quatre verres, mieux que par la précédente, pourvû que le premier & le fecond foient difpofés de la même maniere que dans la Lunette à deux verres, & que le troifiéme & le quatriéme foient éloignés l'un de l'autre d'environ la diftance de leurs foyers : car cela eftant fuppofé, il eft vifible que les rayons qui partent des trois points de l'objet V X Y ayant paffé par le verre objectif A B fe vont réünir par la 1. Max. aux points C 2 D, qui font à peu près le centre de la premiere convéxité de ce verre. Et parce que ces trois points font encore le centre de la feconde convéxité de la Lentille intérieure E F, il faut encore par la 1. Max. que les rayons qui partent de ces trois points & qui tombent divergents fur cette Lentille en fortent paralleles, & par conféquent qu'ils compofent trois Cylindres de lumiere, tels que font les Cylindres E H, F G & 34.

LIVRE HUITIÈME. *PARTIE II.* 277

Avis sur ces deux Figures.

On doit penser que ces deux Figures, etant mises bout à bout l'une de l'autre, n'en composent qu'une seule, c'est pourquoi il faut concevoir que les points C, 2, D. de la premiere, sont precisem.^t appliqués sur les points, C, 2, D. de la 2.e, en sorte, que ces deux Figures representent une lunette d'aproche à quatre verres convexes combinés à l'ordinaire, avec l'objet supposé à une distance convenable, et l'oeil appliqué à cette lunette.

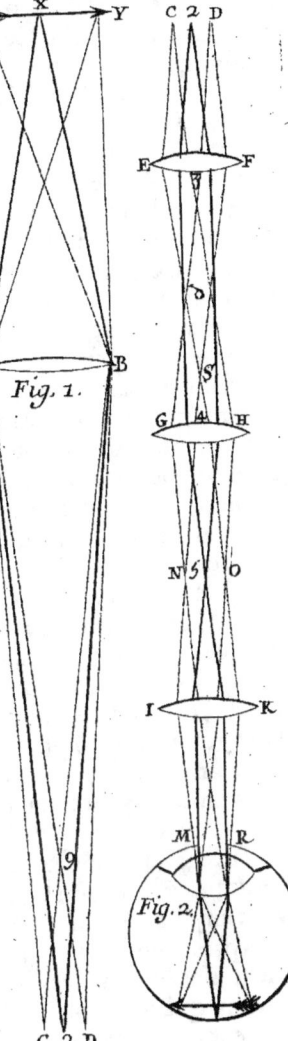

Fig. 1.

Fig. 2.

Il paroît encore que les deux Cylindres de lumiere E H, F G se doivent croiser au point 6. qui est à peu près le centre de la premiere convéxité de la Lentille intérieure E F, par la même raison que nous avons dit que les rayons qui viennent de différents côtés de l'objet se croisent au centre de la premiere convéxité du verre objectif A B.

Après que ces deux Cylindres de lumiere se sont croisés au point 8. ils deviennent divergents, & tombent ainsi sur la moyenne Lentille G H. Cependant comme les rayons de chaque Cylindre sont paralleles, il faut par la 1. Max. qu'ils s'aillent réünir aux points N 5 O qui sont vers le centre de la premiere convéxité de cette Lentille ; & parce que ces trois points sont encore vers le centre de la seconde convéxité de l'oculaire I k, il faut encore par la même Maxime, que les rayons qui en partent deviennent paralleles en passant par cet oculaire, & qu'ils composent par ce moyen trois Cylindres de lumiere, dont les deux extrémes se croisent entre les points M R par la même raison que nous avons dit que les rayons qui viennent des extrémités de l'objet, se croisent au point G dans la Lunette de trois verres.

Quant aux rayons qui partent des extrémités de l'objet tels que sont les rayons V A & Y B, il est certain qu'après avoir traversé le premier verre, ils se vont croiser au point 9. qui par la 3. Max. est plus proche de la convéxité A B que n'est le point 2, que nous supposons estre le centre de cette convéxité. Du point 9 ces rayons vont en divergeant vers la Lentille intérieure, qui par ses convéxités les rompt de telle sorte qu'ils se vont réünir au point s, qui par la 3. Max. est au delà du centre de la premiere convéxité du verre E F. Du point s, ces rayons vont en divergeant sur la Lentille moyenne G H, & parce que le point s est plus proche de cette Lentille que n'est le centre de sa seconde convéxité, par la 3. Max. ces rayons vont en divergeant vers le verre oculaire I k, & du verre oculaire I k ils vont en convergeant vers la prunelle M R.

2. Comment elle fait paroître l'objet plus grand.

Après quoy si l'on suppose que la prunelle se trouve justement placée entre les points M R, il est visible qu'elle reçoit les rayons qui viennent de chaque point de l'objet, & ceux qui partent des extrémités avec les mêmes modifications qu'elle les a reçûs par le verre oculaire des Lunettes précédentes ; d'où il s'ensuit que l'œil doit voir l'objet plus grand & plus distinct.

LIVRE HUITIEME. PARTIE II. 279

Avis
sur ces deux Figures.

On doit penser que ces deux Figures, étant mises bout à bout l'une de l'autre, n'en composent qu'une seule, c'est pourquoi il faut concevoir que les points C, 2, D, de la premiere,  sont precisem.^t appliqués sur les points C, 2, D, de la 2.e, en sorte, que ces deux Figures representent une lunette d'aproche à quatre verres convexes combinés à l'ordinaire, avec l'objet supposé à une distance convenable, et l'œil appliqué à cette lunette.

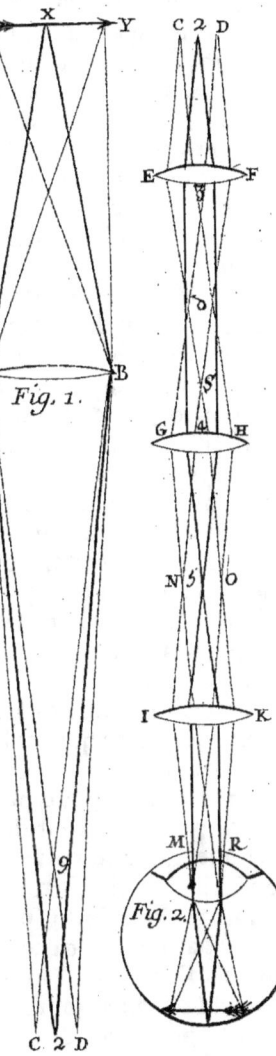

Il le verra encore dans sa situation naturelle, parce que les rayons qui viennent des extrémités v & y, ne se croisent que deux fois, sçavoir au point 9, qui est entre l'objet & la lentille intérieure, & au point 6 qui est entre la lentille intérieure & la lentille moyenne; ce qui fait que le second croisement redresse ce que le premier avoit renversé, & par conséquent que l'œil voit la partie droite de l'objet par des rayons qui viennent du côté droit, & la partie gauche par des rayons qui viennent du côté gauche.

3. Pourquoy dans une situation droite.

Au reste le champ doit paroître plus grand par cette Lunette que par celle de trois verres, dont la raison est que la lentille intérieure est plus proche de l'objet dans cette Lunette qu'elle ne l'est dans l'autre; ce qui fait qu'elle reçoit des rayons des extrémités du champ qu'elle ne recevroit pas si elle en estoit plus éloignée, d'où vient que le champ doit paroître à proportion plus grand.

4. Pourquoy le champ paroit plus grand par cette Lunette que par celle de trois verres.

Il est vray que la prunelle ne peut sortir tant soit peu d'entre les points M R, soit en s'approchant du verre oculaire, soit en s'en éloignant que l'œil ne perde de vûë une partie du champ, dont la raison est qu'alors la prunelle n'est plus assés grande pour recevoir tous les rayons qui en viennent: elle peut même s'approcher, ou s'éloigner tant de ce verre, que l'œil ne verra plus qu'une fort petite partie de l'objet.

Quant aux Iris qui paroissent dans cette Lunette, ils dépendent des mêmes principes que ceux qui paroissent dans les Lunettes précédentes de deux & de trois verres.

Avant que de quitter la matiere des Lunettes, il ne sera peut-estre pas hors de propos d'expliquer un phénomène, qui semble avoir esté oublié par la pluspart de ceux qui ont écrit de la Dioptrique, c'est de sçavoir pourquoy quand on regarde par une Lunette renversée, c'est à dire par une Lunette dont le verre objectif est tourné vers l'œil, on voit les objets dans la même situation, mais plus petits & plus éloignés qu'ils ne paroissent, quand on les regarde par la même Lunette située à l'ordinaire: ce qui provient sans doute de ce que les rayons se croisent autant de fois dans la seconde situation que dans la premiere, & de ce que le verre objectif qui est devenu oculaire, cause aux rayons qui viennent de l'extrémité de l'objet des réfractions si petites, qu'ils se présentent pour entrer

5. Pourquoy par une Lunette renversée on voit les objets plus petits & plus éloignés.

trer dans l'œil sous un angle beaucoup plus petit que ne seroit celuy sous lequel ils y entreroient, si la Lunette estoit droite. Ce qui fait encore que le champ vû par cette Lunette, doit paroître d'autant plus grand que cet angle visuel est plus petit.

Au reste, c'est une chose commune à toutes les Lunettes composées de plusieurs verres, que la distinction des objets qu'elles représentent, dépend de ce que les rayons qui partent de chaque point de l'objet, se réünissent sur chaque filet de la Rétine, & que leur grandeur apparente & leur situation dépendent aussi de ce que les rayons qui viennent des extrémités de l'objet, se croisent plus ou moins souvent entre les verres, & de ce que les angles qu'ils font, lorsqu'ils entrent dans l'œil, sont plus ou moins grands. C'est en général de ces trois principes que dépendent toutes les propriétés particulieres des Lunettes qui sont presque infinies.

Je dis *de ces trois principes Physiques*, pour marquer que la connoissance de la Dioptrique, ne dépend pas seulement de la Physique, mais encore de la Géométrie & des Méchaniques; de la Géométrie en tout ce qui regarde la spéculation; & des Méchaniques en tout ce qui concerne la pratique. Nous laissons le soin d'expliquer les deux dernieres parties aux Géométres de profession, & à ceux qui travaillent à faire des Lunettes; & nous nous renfermons uniquement dans ce qui regarde la Physique.

Il y a même un grand nombre d'autres questions Physiques qu'on pourroit faire sur cette matiere; mais nous sommes persuadés que ceux qui auront bien conçû tout ce que nous avons dit de la nature de la vision par les Lunettes, n'auront pas peut-estre grande peine à les résoudre d'eux-mêmes; & le soin qu'ils se donneront d'en chercher la solution, fera qu'ils la comprendront encore mieux, & qu'ils se la rendront encore plus familiere, c'est pourquoy nous n'en dirons rien davantage.

Il faut ajoûter que ce que nous allons dire des Microscopes, qui sont des espèces particulieres de Lunettes, à deux, à trois, & à quatre verres, pourra servir beaucoup à éclaircir les difficultés qui restent à expliquer.

CHAPITRE XLII.

Des *Microscopes à deux & à trois verres convexes.*

COMME l'on peut voir les objets fort éloignés par des Lunettes composées de plusieurs verres, on peut voir aussi ceux qui sont fort proches par d'autres Lunettes à deux, & à trois verres convexes, qu'on appelle *des Microscopes*, soit par exemple 2 3, & 4 5, deux verres convexes tellement situés dans un tuyau que 2 3, soit le verre objectif, & 4 5 le verre oculaire soit l'œil c, qui regarde l'objet A B, par ces deux verres, & soit l'objet A B plus éloigné du verre objectif que le centre de sa seconde convéxité.

Cela étant ainsi je dis, 1. Que par les règles précédentes les rayons qui partent du point de l'objet marqué A, apres avoir traversé le verre 2 3, s'iront réünir au point F, & ceux qui partent du point B, au point E. Ie dis, 2. Que les rayons qui se sont unis au point E, & au point F, iront en divergeant vers le verre oculaire 4 5 ; & parce que les deux points E & F, d'où ils partent, sont plus proches du verre 4 5, que n'est le centre de sa seconde convéxité, ce verre par la seconde partie de la seconde maxime ployera ces rayons de telle sorte qu'ils iront encore en divergeant vers la prunelle Q R. Ie dis 3. que la prunelle & les humeurs des yeux ployeront tellement ces rayons, que ceux qui viennent du point E, s'iront réünir sur le point de la Rétine marqué T, & ceux qui viennent du point F, sur le point de la même Rétine marqué s.

Ensuite dequoy, puisque l'ame raporte les sensations de la vûë aux extrémités des axes de la vision, & que l'axe de la vision du point A, se termine au point H, & celuy du point B, au point G, c'est une nécessité qu'elle voye les deux extrémités de l'objet A B, dans les deux points G H, & par consé-

---

1. *Pourquoy ces Microscopes font paroitre les objets fort grands.*

LIVRE HUITIEME. PARTIE II. 283

quent que l'objet A B, paroisse de la grandeur de la ligne G H.

Il est encore évident que l'objet A B, doit paroître renversé dans ce Microscope, parce que les rayons qui viennent du côté gauche de l'objet, entrent par le côté droit de l'œil, & ceux qui viennent du côté droit par le côté gauche, à cause qu'ils se sont croisés au point K.

2. Pourquoy renversés.

Toute la différence qui se trouve entre les Microscopes de trois verres convexes & ceux de deux, consiste en ce que les Microscopes de trois verres font voir une plus grande étenduë de l'objet, à cause que le verre du milieu ploye les rayons qui viennent des extrémités de l'objet de telle sorte qu'ils tombent sur le verre oculaire, sur lequel ils ne tomberoient pas sans luy.

3. Pourquoy les Microscopes à trois verres font voir une plus grande étenduë de l'objet que ceux de deux verres.

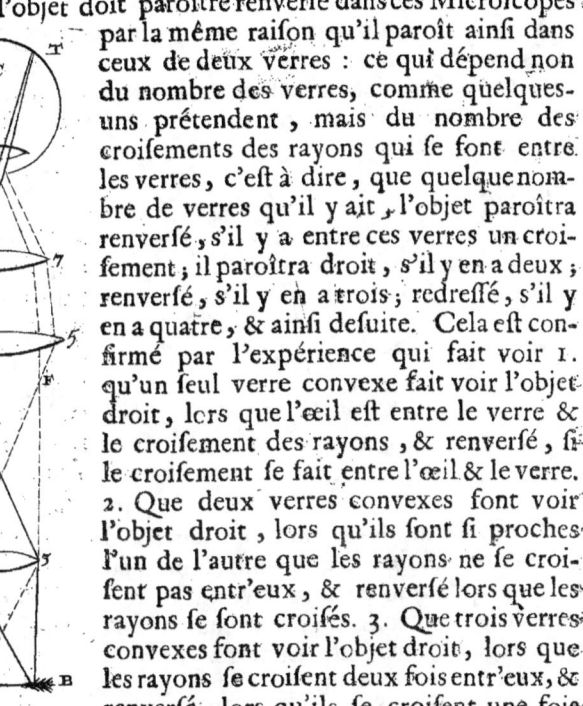

Du reste, l'objet doit paroître renversé dans ces Microscopes par la même raison qu'il paroît ainsi dans ceux de deux verres : ce qui dépend non du nombre des verres, comme quelques-uns prétendent, mais du nombre des croisements des rayons qui se font entre les verres, c'est à dire, que quelque nombre de verres qu'il y ait, l'objet paroîtra renversé, s'il y a entre ces verres un croisement ; il paroîtra droit, s'il y en a deux ; renversé, s'il y en a trois ; redressé, s'il y en a quatre, & ainsi desuite. Cela est confirmé par l'expérience qui fait voir 1. qu'un seul verre convexe fait voir l'objet droit, lors que l'œil est entre le verre & le croisement des rayons, & renversé, si le croisement se fait entre l'œil & le verre. 2. Que deux verres convexes font voir l'objet droit, lors qu'ils sont si proches l'un de l'autre que les rayons ne se croisent pas entr'eux, & renversé lors que les rayons se sont croisés. 3. Que trois verres convexes font voir l'objet droit, lors que les rayons se croisent deux fois entr'eux, & renversé, lors qu'ils se croisent une fois seulement, comme il arrive dans ce dernier Microscope. 4. Que quatre verres convexes font voir l'objet droit lors que les rayons

4. Pourquoy ils font voir également l'objet renversé.

N n ij

ne se croisent que deux fois entr'eux, comme il arrive dans les Téloscopes ordinaires, & renversé lors qu'ils se croisent trois fois.

J'ay dit, *qui se font entre les verres*, pour marquer que les croisements des rayons qui se font dans l'œil, ne doivent estre comptés pour rien, à cause qu'ils n'empêchent pas, comme il a esté dit, que les objets ne paroissent droits.

CHAPITRE XLIII.
Des Lunettes à facettes, ou de multiplication.

APRE'S avoir parlé des Lunettes de Longue-vûë & des Microscopes, il ne sera pas hors de propos de dire un mot en passant des Lunettes de multiplication, c'est à dire, des Lunettes qui font voir le même objet en même temps en plusieurs lieux.

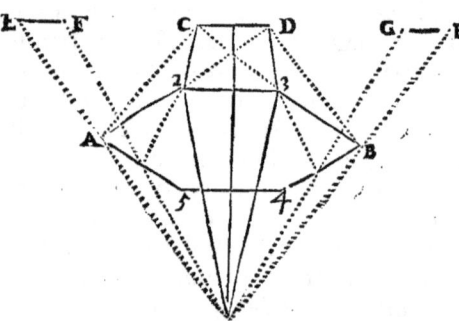

Pour cet effet, il faut supposer que A B est un verre taillé à trois facettes répréfentées par les lignes A 2, 2 3, 3 B; & que la ligne C D, répréfente un objet, que l'œil placé en X regarde par cette Lunette.

Or cela estant ainsi il est visible que les rayons qui partent de l'objet C D, & qui passent par la face 2 3, vont aboutir au point X, & par conséquent qu'ils doivent faire voir l'objet C D, dans le même lieu, où il est, & avec la même grandeur qu'il paroît avoir quand on le regarde sans cette Lunette.

Il est encore évident que les rayons qui tombent sur la face A 2, doivent faire paroître l'objet en E F; & enfin que ceux qui tombent sur la face B 3, le doivent faire paroître en G H, c'est à dire, que l'objet sera vû en même temps en trois endroits, à cause des trois faces du verre.

Non seulement l'objet C D, paroîtra en même temps en divers lieux, il sera encore vû sous diverses couleurs, parce que les rayons qui tombent sur la face A 2, reçoivent presque les mêmes modifications qu'ils recevroient, s'ils passoient par un Prisme triangulaire de verre, c'est pourquoy l'objet C D paroîtra en E F, avec du rouge & du jaune à son extrémité supérieure, & avec du violet & du bleu à son extrémité inférieure. Par une semblable raison l'on verra l'objet en G H, ayant du rouge & du jaune à l'extrémité inférieure, & du violet & du bleu à l'extrémité supérieure: ce que l'expérience confirme.

Quant aux rayons qui tomberont sur la face 2 3, ils feront voir l'objet en C D, sans couleur, parce que les secondes réfractions détruisent les premieres, comme il a esté remarqué.

CHAPITRE XLIV.

De la Catoptrique, c'est à dire, de la maniere dont se fait la vision par différentes sortes de Miroirs.

APRE's avoir consideré ce qui regarde les Lunettes & la proprieté qu'elles ont de perfectionner la vûë par des réfractions, il faut pour ne rien omettre de ce qui concerne le général de la vision, tâcher de découvrir, s'il est possible, ce que diverses sortes de Miroirs peuvent contribuer à nous faire voir certains corps que nous ne pourrions appercevoir, si ces Miroirs ne nous en réfléchissoient la lumiere.

Pour cet effet, il faut premierement remarquer que quoy que chaque espèce de Miroir ait sa maniere particuliere de représenter, tous les Miroirs conviennent néanmoins en ce qu'ils réfléchissent la lumiere de telle sorte, que l'angle de réflexion est toûjours égal à celuy d'incidence, & que le rayon réfléchi ne se détourne aucunement à droite ni à gauche, c'est à dire, que le rayon d'incidence & celuy de réflexion sont dans une superficie plane perpendiculaire à la surface du Miroir; d'où il s'ensuit qu'encore que chaque point d'un objet visible envoye une grande quantité de rayons qui couvrent toute la surface du miroir, il n'y en a cependant que quelques-uns qui puissent parvenir à l'œil, qui est arrêté dans un certain endroit.

1.
Comment on voit par un Miroir plan.

Cela estant supposé, si nous nous proposons un miroir plan comme A B, par lequel l'œil K voit l'objet D E ; après avoir abaissé de tel point qu'on aura voulu choisir, comme du point D, la perpendiculaire D I L, à la surface du miroir prolongée s'il en est besoin, il sera aisé de prouver que ce point D sera vû au point L de cette perpendiculaire, en sorte que la distâce I L, dont il paroîtra éloigné au delà du miroir, sera égale à la ligne I D, dont il est véritablement éloigné au deçà; car il est facile de montrer que les rayons D F, D G par lesquels le point D se fait voir, se réfléchissent de telle sorte en F C, & G H, qu'ils se présentent pour entrer dans la prunelle C H, comme s'ils partoient véritablement du point L, ce qui fait que l'ame, qui est obligée de rapporter ses sensations en ligne droite, est déterminée à les rapporter à ce point. Et comme le point D, a esté pris à discretion, ce qui a esté dit de luy, se doit pareillement entendre de tous les autres points de l'objet. Ainsi, la sensation totale qu'on a en regardant un objet dans un miroir plan, doit estre rapportée au delà du miroir autant que l'objet est au deçà.

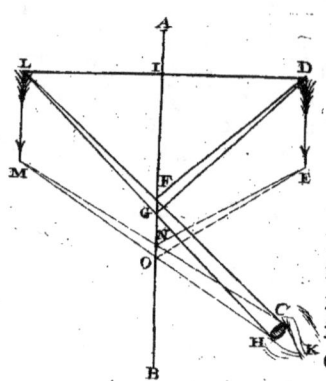

Il paroît encore que cet objet doit estre vû dans sa situation naturelle : car la partie D qui est plus haute que la partie E estant vûë par les rayons d'incidence D F, D G, & par les rayons réfléchis F C, G H, qui semblent venir du point L, & la partie basse estant vûë par les rayons d'incidence E N, E Q, & par les rayons réfléchis N C, O H, qui semblent venir du point M, l'on rapporte la sensation qu'on a du point D au point L, & celle qu'on a du point E, au point M, qui est au-dessous de L.

Il paroît enfin que l'objet doit paroître aussi grand qu'on le verroit, s'il estoit véritablement en L M, parce que l'espace où on l'imagine, est borné de deux lignes paralleles qui sont

LIVRE HUITIE'ME. PARTIE II. 287

éloignées l'une de l'autre juftement de l'intervalle qu'il y a entre fes extrémités.

Quant au Miroir convexe A B C, par lequel je fuppofe que l'œil k doit voir l'objet E F, fi l'on veut confidérer la maniere particuliere, dont il réfléchit les rayons qu'il reçoit de chaque point de l'objet, on verra que les rayons réfléchis B D, G H,

2.
Comment par un Miroir convexe

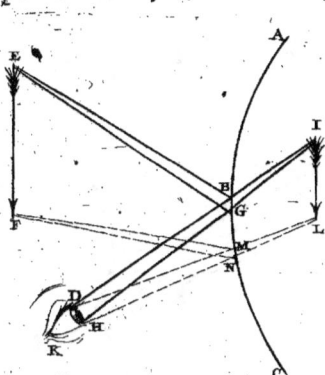

ont la même divergeance qu'ils auroient s'ils partoient véritablement du point I qui eft beaucoup moins au delà du miroir que l'objet n'eft au deçà ; ce qui eft caufe que l'Ame rapporte fon image beaucoup plus près qu'elle ne fait en regardant dans un miroir plan.

On verra encore que l'objet doit paroître beaucoup plus petit qu'il n'eft, & comme s'il eftoit véritablement en I L; car l'efpace, où l'Ame rapporte fon idée, eft borné de deux lignes paralleles, qui font éloignées l'une de l'autre juftement de l'intervalle qu'il y a entre I & L.

Mais fi le Miroir convexe differe en cela du Miroir plan, il luy reffemble d'un autre côté, en ce qu'il fait voir l'objet dans fa véritable fituation, comme il paroît, de ce que les rayons D M L, L N H, par lefquels on voit le point plus bas de l'objet marqué F, fe préfentent pour entrer dans la prunelle au deffous des rayons I B D, qui font fentir le point E qui eft le plus haut.

La vifion qui fe fait en regardant dans un Miroir concave fe diverfifie en plufieurs manieres, felon que l'œil & l'objet en font diverfement éloignés.

288 LA PHYSIQUE.

3. Comment par un Miroir concave.

Suppofons le Miroir fphérique concave A B C dont le centre eft environ le point T, & penfons 1°. Que l'œil D voye par ce Miroir l'objet E F, qui eft affés près de fa fuperficie:

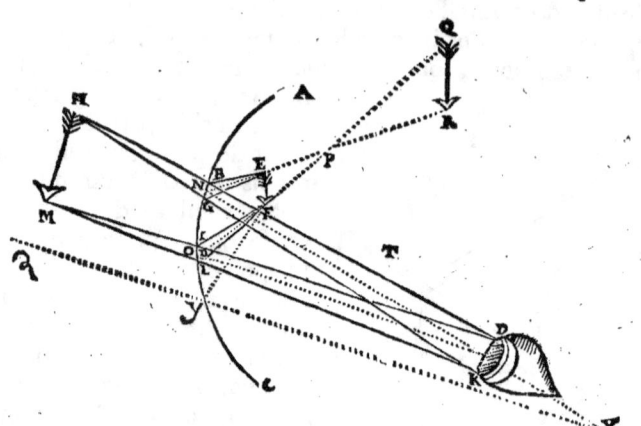

cela eftant, il eft vifible que les rayons E B, E G qui viennent du point E, font tellement réfléchis dans la prunelle D k, qu'ils n'ont que tres peu de divergence ; enforte qu'ils femblent venir du point H, qui eft beaucoup plus loin au delà du Miroir que l'objet n'eft au deçà ; ce qui fait que l'Ame rapporte fa fenfation beaucoup plus loin qu'elle ne feroit en regardant dans un Miroir plan, & à plus forte raifon dans un Miroir convexe.

Pour ce qui eft des rayons qui partent de divers points de l'objet, ils font tellement réfléchis, que ceux qui fervent à faire fentir un endroit bas fe trouvent au deffous des autres, qui font fentir un endroit plus haut. Ainfi, les rayons I D, L k qui font fentir le point F de l'objet, font au deffous de B D, G K qui font fentir le point le plus haut E, & ces rayons I D, L k, qui fe préfentent pour entrer dans la prunelle, comme s'ils partoient du point M, font caufe qu'on voit le point F en M, & parce que la grandeur H M furpaffe de beaucoup la grandeur E F ; il s'enfuit que l'objet doit paroître beaucoup plus grand dans le Miroir concave qu'il n'eft en effet.

Et dautant que les rayons E N, F O vont en s'écartant vers le Miroir, c'eft une néceffité qu'eftant continués du côté E F

ils

# LIVRE HUITIEME. *PARTIE II.*

se rencontrent en un point comme P, après lequel celuy qui estoit au dessus se trouve au dessous ; ce qui est cause que si un objet estoit en QR, il seroit vû renversé ; mais avec cela les rayons qui devroient servir à faire sentir un seul point de l'objet, tomberoient en telle sorte sur la surface du Miroir, qu'en se réfléchissant vers l'œil, ils se croiseroient à diverses distances entre l'œil & le Miroir, d'où il arriveroit qu'ils ne pourroient estre réünis dans un seul point de la Rétine, & par conséquent que la vision seroit fort confuse.

Si l'œil estoit placé justement au centre du Miroir concave, on ne pourroit rien voir que la prunelle ; car comme il n'y a que les rayons qui tombent à plomb sur une surface sphérique qui se réfléchissent vers le centre ; il n'y a aussi que ceux qui partent du centre qui tombent perpendiculairement sur la surface sphérique ; de sorte que tous les rayons qui partiroient de la prunelle, & qui tomberoient sur toute la surface du Miroir reviendroient delà dans l'œil, lequel par conséquent verroit la prunelle grande comme le Miroir.

Si l'objet estant en E F, l'œil estoit en X entre les rayons BD, & G K continués, il est manifeste qu'on verroit encore le point H par les rayons qui se réfléchissent de la partie du Miroir G B, mais on ne verroit pas le point F par les rayons I D, L K qui viennent de l'endroit I L, au lieu desquels ceux qui tomberoient de F en Y, & qui delà tendroient vers X, serviroient à faire sentir le point F, lequel par conséquent seroit vû environ l'endroit Z ; d'où il arriveroit que l'objet paroîtroit grand comme H Z.

Si l'objet s'éloignoit du Miroir comme d'E vers P, l'œil demeurant en l'endroit D, les rayons qui partiroient de chaque point de l'objet pour aboutir à un endroit du Miroir, comme B G, y parviendroient avec moins de divergence ; de sorte qu'en se réfléchissant, ils deviendroient convergents ; ce qui feroit que se présentant pour entrer dans la prunelle avec plus de disposition à s'unir qu'à l'ordinaire, ils se réüniroient en effet avant que d'atteindre la Rétine ; d'où il s'ensuivroit que la vision seroit confuse ; mais elle le seroit encore plus si l'œil estoit placé justement à l'endroit, où se fait la réünion des rayons qui partent de chaque point de l'objet, parce que les premieres réfractions de l'œil commenceroient à des-unir ces

Tome III. Oo

rayons, & les autres continueroient à les écarter de plus en plus

Enfin, si l'objet estant vers p, l'œil s'éloignoit quelque peu de l'endroit où se fait la réünion des rayons qui partent de chaque point après avoir esté réfléchis, il recevroit ces rayons avec trop de divergence ; Ainsi, faute de pouvoir s'allonger assés, la vision seroit encore confuse, mais si l'œil reculoit assés de cet endroit de réünion, ensorte qu'il ne reçût plus les rayons avec trop de divergence, la vision devroit estre distincte, & ce qui est tres digne de remarque, & qui paroît le plus admirable effet du Miroir concave ; c'est que comme nous sommes naturellement obligés de rapporter nôtre sensation en l'endroit d'où les rayons qui nous font sentir chaque point de l'objet, semblent partir ; il semble que nous voyons l'objet entre le Miroir & nôtre œil, tellement que si l'on presente une épée nüe devant le Miroir, on en verra une autre qui semble sortir hors du Miroir, & s'avancer vers nous d'autant plus qu'on en approche l'épée.

Quant aux Miroirs de multiplication, ils n'ont rien de particulier par dessus les Lunettes à facettes, si ce n'est qu'ils font voir le même objet en même temps en plusieurs lieux par des réfléxions, au lieu que les Lunettes les font paroître ainsi par des réfractions.

La science des Miroirs aussi bien que celle des Lunettes à plusieurs verres est presque infinie, dans l'une & dans l'autre les verres peuvent estre combinés en plusieurs façons, & de chaque combinaison il en résulte des effets différents. Nous n'avons pas entrepris d'expliquer tous ces effets, mais seulement de donner des règles générales par lesquelles on les puisse expliquer dans des traités particuliers.

Au reste comme la vision se fait toujours par des rayons qui viennent directement, ou qui ont souffert quelque réfraction ou réflexion en venant de l'objet dans l'œil, cela a donné lieu de diviser toute la science de la vision en trois parties, scavoir, en Optique, en Dioptrique, & en Catoptrique. On nomme *Optique* la connoissance de la vision qui se fait par des rayons directs ; on appelle *Dioptrique*, la science de la vision qui se fait par des rayons rompus, & l'on nomme enfin *Catoptrique*, la vision qui se fait par des rayons réfléchis.

CHAPITRE XLV.

Contenant quelques réfléxions sur la Dioptrique & la Catoptrique.

NOus avons fuppofé que dans les Lunettes de deux & de quatre verres, les rayons qui viennent de chaque point de l'objet fortent paralleles du verre oculaire extérieur, & cela eft tres vray, pourvû qu'ils viennent précifément du centre de la 2. convexité de ce verre, mais s'ils viennent d'un point plus proche, ou plus éloigné (comme ils en peuvent venir) il eft évident qu'ils doivent fortir de ce verre divergents ou convergents, fans toutefois que cela change rien dans les propriétés de ces Lunettes.

Et il n'importe de dire que fi les rayons qui partent de chaque point de l'objet, entroient en divergeant ou en convergeant dans l'œil, fes humeurs ne fcauroient les ployer comme il faut, pour les faire réunir fur un point de la Rétine, d'où il s'enfuivroit que la vifion feroit confufe; Car l'expérience fait voir que nous voyons fort diftinctement les objets que nous regardons par un feul verre convexe, quoyque l'œil qui voit par ce verre, reçoive les rayons convergents, & que nous voyons encore fort diftinctement les objets que nous regardons dans les Miroirs plans, concaves, & convexes, quoyque les rayons par lefquels nous les voyons, foient divergents, on voit encore par des rayons divergents dans des Microfcopes à deux & à trois verres.

Les Lunettes de trois verres ont cecy de particulier, que les Iris y paroiffent plus forts, & que l'œil, pour voir les objets le plus diftinctement qu'il eft poffible de les voir par cette Lunette, doit eftre placé plus loin de l'oculaire qu'il ne l'eft en regardant par les Lunettes de deux & de quatre verres.

Or la force des Iris vient vray-femblablement de la fituation extraordinaire des verres de cette Lunette, qui eftant tous hors de leurs foyers, font piroüetter plus fort qu'à l'ordinaire les petites boules du fecond Elément. Il y a même lieu de croire que la raifon pourquoy l'œil doit eftre placé plus loin de l'oculaire de cette Lunette que des autres, eft que les verres font tellement situés que les rayons qui viennent des extrémités de l'objet sont peu convergents en sortant de cette Lunette, & par conséquent que leurs cones se vont réünir plus loin du verre, que dans les autres Lunettes.

Quant aux Microscopes, on en peut faire de plusieurs manieres différentes de celles que nous venons de décrire. Il est même visible que les rayons qui partent des extrémités de l'objet, & qui sortent du verre oculaire extérieur, seront paralleles, convergents ou divergents, selon la situation qu'on aura donnée aux verres dont ces Microscopes seront composés.

Au reste, nous ne disons rien du croisement des rayons qui se fait entre les verres de différentes Lunettes, qui ne soit vray; tout ce que nous en écrivons est confirmé par des expériences qui ont esté faites par M. Homberg Gentilhomme Allemand, si fameux par les grandes connoissances qu'il a de la Physique, mais sur tout, par l'adresse & l'exactitude extrême avec laquelle il fait toutes sortes d'expériences.

LA PHYSIQUE
OU
LA CONNOISSANCE
DES CORPS NATURELS,
& de leurs Propriétés.

LIVRE HUITIÉME.
De l'Homme & de ses Propriétés.

TROISIÉME PARTIE.

Des Causes Physiques des Fonctions de l'Imagination, du Jugement, de la Raison, de la Mémoire, & des habitudes corporelles & spirituelles.

CHAPITRE PREMIER.

Que le Centre ovale est l'organe immédiat de l'Imagination, ce que c'est que ce centre ovale, & comment il reçoit l'impression des objets extérieurs par les organes des sens.

LE rapport & la liaison étroite qui se trouvent entre les fonctions des sens & celles de l'imagination, font juger que la faculté de sentir & celle d'imaginer, n'ont qu'un seul organe, ou si elles en ont deux, qu'ils dépendent tellement l'un de l'autre, qu'ils ne peuvent agir séparément ; car nous sçavons par expérience que l'Ame ne sent jamais qu'elle n'imagine quel-

294 LA PHYSIQUE.

que chose, & qu'elle n'imagine jamais aucune chose, qu'elle ne sente en quelque façon. En effet, quand elle pense à un corps qu'elle ne voit pas, elle se le réprésente revêtu de quelque couleur; & quand elle a la sensation de quelque couleur, elle la considère comme dans quelque corps coloré ; d'où il s'ensuit que pour découvrir quel est l'organe immédiat de l'imagination, il ne faut qu'examiner quelle est la partie du cerveau qui communique immédiatement avec tous les nerfs qui sont les organes des sens.

Or l'expérience fait voir que tous les nerfs prennent leur origine des corps canelés ; car il paroît en premier lieu que la 1e paire H H, la troisiéme 2 2, la sixiéme B B, la septiéme e e, la huitiéme h h, la neuviéme J J, & la dixiéme paire k k,

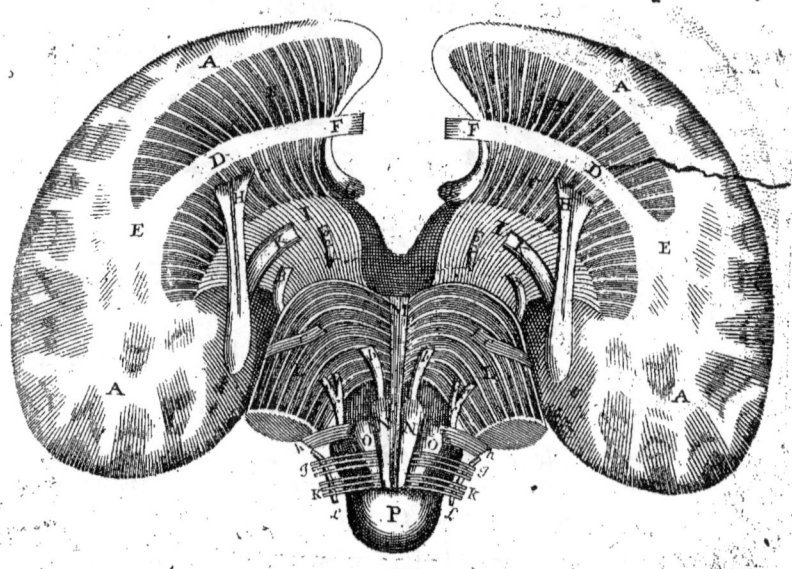

prennent en tout, ou en partie leur origine des traits blancs des corps canelés qui viennent de la région moyenne du centre ovale.

Il paroît en second lieu que les nerfs de la seconde paire X X sortent d'une espèce de membrane blanche & molle qui a communication avec le centre ovale par les racines de la voûte avec laquelle elle est unie.

LIVRE HUITIE'ME. *PARTIE III.* 295

Il paroît en troisiéme lieu, que la cinquiéme paire *c c* fort du proceſſus annulaire de Willis; mais de telle ſorte que cela n'empêche pas que l'impreſſion que les objets extérieurs font ſur ſes nerfs, ne ſe communique au centre ovale par le moyen des liaiſons qui ſont entre le grand & le petit cerveau.

Il paroît enfin que les nerfs de la moëlle de l'Épine communiquent tous à la région inférieure du centre ovale par les traits blancs des corps canelés marqués dans cette Figure DF, DF; d'où il faut conclure que le centre ovale eſt l'organe immédiat de la faculté d'imaginer.

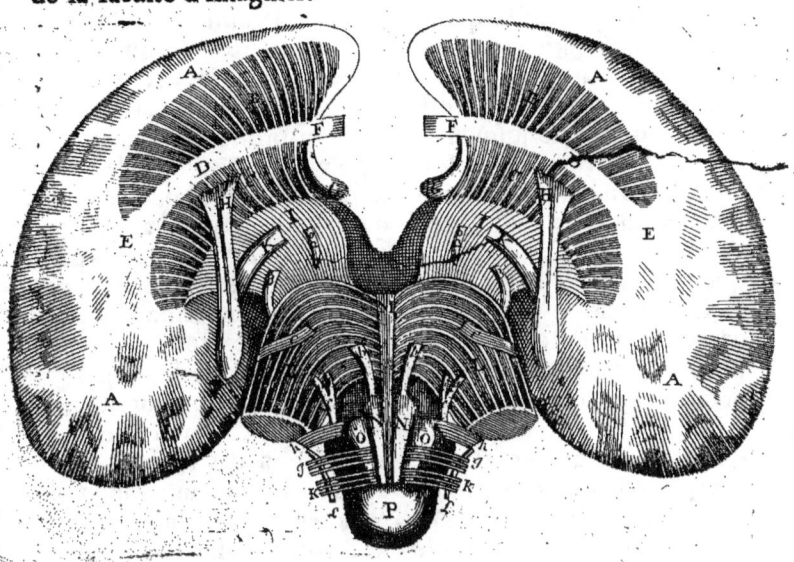

Cela eſt confirmé 1. Parce que les Eſprits animaux qui ſe font formés dans la ſubſtance cendrée du cerveau ſe vont rendre immédiatement dans ce centre, afin d'eſtre conduits par les traits blancs des corps canelés dans l'origine des nerfs pour aller enſuite dans les muſcles.

2. Parce qu'il n'y a que le centre ovale qui contienne une quantité d'eſprits ſuffiſante pour réveiller dans l'ame ce nombre infiny de différentes imaginations qu'elle expérimente.

3. Parce qu'il n'y a que cette partie dans le cerveau qui puiſſe

recevoir par l'action des objets extérieurs des traces que le simple cours des esprits animaux peut r'ouvrir ensuite pour r'appeller l'idée des choses absentes.

Ces trois raisons & plusieurs autres, qui seroient trop longues à dire, nous ont porté à croire que le centre ovale est l'organe immédiat de l'imagination. Ce n'est pas que nous trouvions aucune répugnance à penser que cet organe peut consister dans quelqu'autre chose, mais dans quoy qu'il puisse consister, cela ne nous importe guères, parce qu'estant nécessaire d'agir par des hypothèses dans les matieres qui n'ont rien de sensible, telle qu'est celle-cy, il suffit que nôtre supposition ne contienne rien qui soit contraire à ce que l'expérience nous enseigne de la structure du cerveau, & à ce que la raison nous fait connoître des loix générales de la nature, pour devoir estre reçûë jusqu'à ce qu'on en propose une meilleure.

<small>1. Quelle est la structure du centre ovale, & dequoy il est composé.</small>

Quant au centre ovale, nous pouvons dire qu'il n'est autre chose qu'un amas de petites fibres molles & fléxibles qui ne sont pas unies & polies, mais qui ont de petites branches, qui s'élèvent au dessus du corps des fibres en forme de petits poils, que le cours des esprits animaux couche bien toûjours un peu, mais non pas de telle sorte qu'ils ne s'écartent & ne se joignent en se mêlant avec les autres poils des fibres voisines, principalement quand ces fibres sont de celles que les objets n'ébranlent pas souvent : D'où il s'ensuit qu'on ne sçauroit mieux faire comprendre l'estat de toutes les fibres du centre ovale, qu'en disant qu'auparavant que l'action des objets, ou le cours particulier des esprits y ait fait aucune impression plus en un endroit qu'en un autre, elles ressemblent en quelque façon aux arbres d'une épaisse forest, dont toutes les branches se joignent & se croisent ensemble.

Il y a des Anatomistes qui prétendent que le centre ovale n'est autre chose qu'un tissu & un assemblage de petits tuyaux qui sortent de la substance cendrée du cerveau, & qui s'étendent sans interruption jusqu'à l'origine des nerfs ; il seroit même fort difficile de leur prouver que ce qu'ils disent n'est pas vray, néanmoins comme cette opinion n'est fondée sur aucune raison antécédente, & qu'elle ne sçauroit servir à expliquer tous les effets de l'imagination, nous nous servirons par provision de nôtre hypothèse comme paroissant plus simple

LIVRE HUITIE'ME. PARTIE III.

ple & plus naturelle, laiffant toutefois la liberté à chacun de fe fervir d'une autre telle qu'il voudra, pourvû qu'elle foit conforme aux loix générales de la nature.

Ainfi pour concevoir les différents changements qui peuvent arriver au centre ovale par l'action des objets extérieurs, il ne faut que fe repréfenter celuy que pourroit caufer dans la foreft dont nous venons de parler, le cours d'un vent impétueux, qui pafferoit nouvellement entre fes arbres, ou le changement qu'y pourroit apporter un chaffeur, ou une bête qui la perceroit, lefquels en écartant & en ployant quelques branches de fes arbres, & les arrangeant diverfement, leur feroient prendre une autre fituation que celle qui leur eft naturelle, & penfer enfuite que l'action des objets extérieurs peut apporter à peu près un changement femblable à l'état naturel des fibres du centre ovale, & y former des routes & des chemins qui n'y eftoient pas auparavant, & aufquels la nature a uny les idées des objets qui les ont formés. Ces routes & ces chemins des efprits animaux font ce que nous appellerons cy-après des *Traces*.

Nous dirons mêmes que ces traces font *diftinctes* ou *confufes*, non pas par rapport au plus ou moins de reffemblance qu'elles peuvent avoir avec l'objet, qui les excite; mais à l'égard de la netteté ou confufion qui fe trouve dans les idées qu'elles réveillent dans l'ame; outre qu'on peut dire que ces traces font les plus diftinctes qui approchent davantage de la forme du cours des efprits, à laquelle la nature a joint l'idée claire d'un certain objet, & que les autres font d'autant plus confufes qu'elles s'éloignent davantage de cette forme; d'où il s'enfuit que la nature n'a pas uny les idées des objets aux traces feulement, mais encore au cours que les efprits prennent par ces traces; ce qu'il faut bien remarquer.

3. En quoy confifte la diftinction ou la confufion des traces.

Cela eftant fuppofé, il eft fort probable que la fubftance cendrée du cerveau n'eft deftinée qu'à former les efprits animaux; Les artères, les veines & les glandes, dont elle eft compofée, la rendent tres propre à cet ufage, au lieu que ces artères, ces veines, & ces glandes la rendent incapable de recevoir ce nombre infiny de traces qui font néceffaires pour réveiller dans l'ame tant de différentes façons d'imaginer qu'elle expérimente. Il y a encore beaucoup d'apparence

4. Quel eft l'ufage de la fubftance cendrée du cerveau.

Tome III.   P p

que le Cervelet sert particulierement à produire les mouvements qui sont nécessaires à la vie, & que s'il contribuë quelque chose aux fonctions de l'imagination, ce n'est que parce qu'il fournit des esprits animaux au centre ovale lors qu'il en manque. D'où vient peut-estre que ceux qui fatiguent beaucoup leur imagination en méditant, n'ont d'ordinaire que peu de santé, & que ceux qui se portent bien, ne sont guères propres à méditer.

CHAPITRE II.
Des causes Physiques des Fonctions de l'Imagination.

L'IMAGINATION se prend quelquefois pour la puissance ou faculté que nous avons d'imaginer ; & quelquefois aussi pour l'acte ou la fonction de cette puissance ; nous n'examinerons pas maintenant ce que c'est que l'imagination prise au premier sens, parce qu'elle a esté définie cy-devant. * Nous tâcherons seulement de découvrir quelles sont les causes Physiques des opérations de cette faculté considérée entant qu'elle dépend pour agir, des organes du corps, & sur tout du centre ovale, & parce que les opérations de l'imagination sont de deux sortes, & que les unes dépendent de la présence & de l'action des objets extérieurs, & les autres du simple cours des esprits animaux par les traces que les objets extérieurs ont déja gravées dans le centre ovale ; nous déclarons que nôtre dessein est d'expliquer également les causes Physiques des unes & des autres : nous entendons par causes *Physiques*, non des causes qui agissent réellement sur l'ame ; car le corps n'a point cette puissance, mais des causes, dont l'action suivant les Loix de l'union de l'esprit & du corps, est nécessairement suivie des perceptions de l'ame qui sont des opérations de la faculté d'imaginer, ainsi qu'il a esté remarqué dans le Traité des sens.

* Métaphy. Liv. 2. Chap. 2. Art. 1.

1. *Pourquoy nous n'avons pas autant d'idées qu'il y a de différents cours d'esprits dās le centre ovale.*

Pour commencer cette explication, il faut remarquer premierement que bien que les esprits animaux qui descendent de la substance cendrée, se meuvent sans cesse dans le centre ovale, ils ne peuvent néanmoins réveiller les idées des choses que nous n'avons ni vûës, ni senties, soit parce que les esprits animaux n'estant déterminés par l'action d'aucun objet se répandent également dans toutes les parties du centre ovale & ne font aucune impreſſion particuliere, ſoit parce que le grand nombre des traces, qui ont eſté gravées dans le centre ovale par les objets, déterminent la pluſpart des eſprits à couler dans celles qui ſont les plus aiſées à r'ouvrir, & par conſéquent les plus propres à faire rénaître dans l'ame les idées que la nature ou l'habitude ont liées à ces traces.

Il faut ajoûter que la nature n'a pas lié les idées des choſes à tous les cours que les eſprits animaux peuvent prendre d'eux-mêmes, mais ſeulement à ceux qui ſont excités par les objets extérieurs, d'où il s'enſuit que quoy qu'il ne répugne pas que les eſprits prennent comme d'eux-mêmes un cours différent de tous ceux qui peuvent eſtre déterminés par les objets des ſens, nous ne devons pas pour cela avoir d'idée qui répreſente quelque choſe que nous n'ayons jamais vûë ni ſentie, parce que la nature n'a point uny d'idée à ce cours particulier des eſprits animaux.

Il s'agit donc de ſçavoir ſi les traces du cerveau d'où les connoiſſances de l'Ame dépendent, ſe font dans toute la maſſe du cerveau ou dans quelque partie. Or il y a apparence, comme il a eſté remarqué, qu'elles ſe font principalement dans le centre ovale ; car les eſprits ne ſçauroient ailleurs ſe mouvoir auſſi librement qu'ils doivent faire, pour ſe porter en peu de temps dans toutes les traces qu'il leur faut parcourir, pour former toutes les idées qui ſont néceſſaires à un raiſonnement ; mais parce qu'il faut que chaque trace ſoit diſtincte & ſéparée des autres, afin que les nouvelles ne puiſſent pas effacer les vieilles, & que quelqu'un pourroit prendre delà occaſion de douter que le centre ovale ſoit aſſés grand pour recevoir, & contenir diſtinctement toutes celles qui ſont néceſſaires aux connoiſſances d'un homme ſçavant ; nous diſons qu'on n'entrera jamais dans ce doute ſi l'on conſidère la délicateſſe de ces traces qui ſont ſi menuës qu'il n'y a point de partie ſenſible dans le centre ovale qui ne ſoit capable d'en contenir peut-eſtre mille & davantage. Ainſi il eſt bien croyable que nos connoiſſances ſont limitées par l'étenduë du centre ovale, mais cela n'empêche pas que nous ne puiſſions avoir autant d'idées différentes qu'il peut recevoir diſtinctement des traces diverſes.

Que ſi l'on objecte que ſouvent nous imaginons pluſieurs

2. Comment le centre ovale peut contenir toutes les traces qui répondent aux idées d'un homme ſçavant.

propriétés d'un même sujet confusément, & comme toutes ensemble, ce qui n'arriveroit pas si l'idée de chacune dépendoit de sa trace particuliere : nous répondons que les traces particulieres qui répréfentent ces propriétés estant proches les unes des autres, & disposées entre-elles, comme elles le sont ; & d'ailleurs la vitesse des esprits animaux estant aussi grande qu'elle l'est, ce n'est pas merveille si le plus souvent ils coulent dans toutes ces traces successivement en si peu de temps, qu'il semble que nous imaginons dans un instant toutes les propriétés qui leur répondent ; mais aussi, parce qu'il arrive quelquefois que les esprits coulent plus lentement dans quelqu'une de ces traces, ou du moins qu'ils y coulent plus long-temps que dans les autres, cela fait que nous imaginons d'une façon plus remarquable la propriété dont l'idée dépend de cette trace.

3. Objection avec la réponse.

Il est donc nécessaire qu'il se fasse autant de traces dans le centre ovale qu'il y a d'objets sensibles différents qui agissent sur les organes. Et il ne suffit pas que ces traces soient distinctes en nombre, il faut encore qu'elles soient de nature différente, afin que les idées qui en dépendent, nous répréfentent les objets avec leurs différences spécifiques ; c'est pourquoy il est nécessaire de chercher les causes ou les raisons naturelles de cette prodigieuse variété de traces, ce que nous ferons après avoir expliqué en général la maniere dont elles sont produites dans le centre ovale.

4. Qu'il y a autant de traces dans le centre ovale, qu'il y a dans l'ame d'idées distinctes.

Après que les nerfs qui aboutissent au cerveau ont porté leur mouvement jusqu'aux corps canelés, ceux-cy le transmettent au centre ovale par le moyen des traits blancs qui s'étendent depuis ces corps jusqu'à ce centre, d'où il s'ensuit que le centre ovale est mû en différentes parties, selon que les objets extérieurs agissent sur différents organes, & que les esprits animaux prennent autant de différents cours, qu'il y a dans le centre ovale de parties, qui sont diversement mûës ; c'est pourquoy puis que nous imaginons les objets sensibles immédiatement après que nous les avons sentis, il faut penser que quand nous conservons l'idée d'un objet que nous ne sentons plus, cela vient de ce que les esprits, qui sont dans le centre ovale persistent dans le même mouvement lors que les corps canelés ne sont plus ébranlés comme ils l'estoient.

5. Que les traces dépendent des mouvements qui se font dans les corps canelés.

Il est donc vray-semblable que la premiere fonction de l'ame consiste dans une simple vûë des choses par laquelle elle les contemple, comme si elles estoient présentes ; Or il a esté remarqué dans la Logique, * qu'il y a deux sortes de simple vûë, dont l'une s'appelle *Incomplexe*, qui n'a qu'un seul & unique objet, ou si elle en a plusieurs, ils ne sont considérés que comme un seul. L'autre est appellée *Complexe*, qui a au moins deux objets, & qui par conséquent est en quelque façon double ; car elle ne les représente pas comme un seul objet, mais comme plusieurs, qui ont un certain ordre & rapport entr'eux, comme lors que nous imaginons une épée dans un fourreau. Or la simple vûë de plusieurs objets considérés comme un seul, dépend d'un mouvement des esprits animaux tout à fait semblable à celuy par lequel l'idée & la sensation de ces objets sont produites, si ce n'est qu'il est plus lent ou plus foible, & la vûë complexe se fait par deux mouvements lents & foibles, par lesquels les esprits coulent successivement, mais sans interruption dans les traces de ces deux objets.

6. *Comment l'ame conçoit les choses d'une vûë simple & d'une vûë complexe.*
* 1. Part. Chap. 1. & 5.

Bien que les traces que les esprits r'ouvrent en passant par le centre ovale, ne soient que la peinture ou l'image de la trace qui s'est formée la premiere fois par l'action de l'objet, si toutefois durant le sommeil le cours des esprits vient à se porter dans quelque trace particuliere, il peut la r'ouvrir bien davantage qu'elle ne l'a esté par l'action des sens, dont la raison est que tous les esprits, ou du moins la pluspart de ceux qui se trouvent alors dans le centre ovale, n'estant point divertis par l'action d'aucun objet, peuvent aller dans cette trace. C'est pour cette raison que nous sentons quelquefois en dormant la piquûre d'une épingle bien plus vivement que nous ne sentirions un coup d'épée, si nous estions éveillés.

7. *Pourquoy nous sentons quelquefois plus vivement durant le sommeil que pendant la veille.*

Comme il y a durant la veille beaucoup de choses qui partagent & qui divisent le cours des esprits animaux qui se promenent dans le centre ovale, il n'y a aussi aucune trace qui en soit autant remplie qu'elle l'a esté la premiere fois qu'elle a esté gravée ; delà vient que les idées qui dépendent d'un simple cours des esprits animaux, doivent estre plus vives & plus expresses dans les songes du sommeil, que dans les rêveries de la veille, ainsi que l'expérience le confirme.

8. *Pourquoy nous imaginons de mesme.*

Tous les songes & toutes les rêveries que nous faisons lors qu'estant seuls & éloignés du commerce des choses sensibles,

9. *D'où dépendent toutes nos rêverie*

nous ne penfons point à régler nos penfées, dépendent du cours que les efprits animaux prennent comme d'eux-mêmes dans les traces du centre ovale, qui font les plus faciles à fe r'ouvrir ; de forte que quand nous faifons, comme l'on dit, des châteaux en Efpagne, & que nous imaginons des chofes chimériques & impoffibles, comme des montagnes d'or, ou des chofes femblales ; c'eft parce que les efprits animaux n'eftant pas déterminés par l'action des fens à paffer par certaines traces, fe promènent à leur gré dans celles qui font déja faites, & vont de celle qui répréfente de l'or, par exemple, dans celle qui répréfente une montagne, d'une fi grande viteffe que les deux idées qui dépendent de ces traces eftant excitées enfemble & unies par le jugement dont il fera parlé enfuite, font concevoir à l'ame une montagne d'or ; c'eft encore par le moyen de ces agitations vagabondes & indéterminées des efprits animaux que fe font les fonges pendant le fommeil.

Pendant le fommeil, le cerveau n'eft pas toûjours tellement épuifé d'efprits qu'il n'en refte quelquefois affés pour caufer un fommeil interrompu par un cours déréglé de quelques efprits animaux qui ont efté trop échauffés, foit par quelque exercice immoderé du corps, foit par quelque violante paffion de l'ame, ce qui produit l'infomnie.

10.
D'où vient l'infomnie.

L'infomnie vient auffi quelquefois de ce que les efprits animaux font troublés par quelque fermentation extraordinaire qui leur arrive dans certaines parties du corps, comme dans les entrailles, dans l'eftomach, dans les reins, &c. car venant à communiquer leur mouvement au cerveau par le moyen des nerfs, ils ne manquent pas d'y réveiller les traces qui ont du rapport aux chofes qui ont coûtume d'eftre répréfentées par ces parties. Ainfi, par exemple, quand les efprits animaux fe font fermentés dans la ratte, ils vont réveiller dans le cerveau des traces qui répréfentent des chofes triftes ; quand ils fe font fermentés dans les parties qui fervent à la génération, ils réveillent des traces qui fe rapporteut aux penfées lafcives ; & ainfi du refte.

11.
D'où vient qu'il y a des gens qui fe lèvent du lit en dormant.

Si pendant que les efprits animaux font agités dans le cerveau d'un homme, qui dort, ils ont la force d'entrer dans quelques nerfs qui fervent au mouvement local, ils ne manqueront pas de faire mouvoir tout le corps diverfement felon les différentes manieres dont il aura accoûtumé d'eftre mû,

C'est pour cela qu'il y a des hommes qui quoy qu'endormis, ne laissent pas de sortir du lit, de se promener, de changer les meubles d'une chambre, &c.

Quand des esprits animaux ne se meuvent que dans le centre ovale, ils ne réveillent que les traces de l'imagination & de la mémoire, comme il arrive à ceux qui estant ensevelis dans un profond sommeil, pensent estre en des lieux fort éloignés, & voir, ou faire des choses tout extraordinaires, dont ils font des descriptions tres-exactes lors qu'ils sont éveillés, ainsi qu'il arrive à la pluspart de ceux qu'on appelle *Sorciers*. Au contraire, quand les esprits se répandent dans les nerfs, & qu'ils vont simplement dans les organes, qui servent au mouvement local, ils font mouvoir simplement le corps sans qu'il en reste aucun souvenir dans la mémoire, comme il arrive à la pluspart des Noctambules, qui estant éveillés ne se souviennent plus de ce qu'ils ont fait, ce qui provient sans doute de ce que les esprits animaux qui causent leurs mouvements, partent de la région inférieure du centre ovale, d'où ils coulent immédiatement dans la moëlle de l'Epine, & delà dans les nerfs & dans les muscles qui servent à produire tous ces différents mouvements, comme il paroît dans la Figure précédente.

12. *D'où vient qu'il y a des gens qui se souviennent de ce qu'ils ont pensé la nuit, & d'autres qui ne se souviennent pas de ce qu'ils ont fait.*

La parole nous fait penser à la chose qu'elle signifie, & réciproquement la chose à la parole, à cause de la facilité que les esprits ont à se porter de l'une dans la trace de l'autre, laquelle facilité procède de ce que les traces de la chose & de la parole se forment presqu'en même temps lorsque nous apprenons à parler & à connoître, par deux cours d'esprits faits immédiatement l'un après l'autre; car par ce moyen ceux du dernier cours forment un petit chemin entre les deux par lequel les esprits glissent toûjours après de l'une dans l'autre, & font par ce moyen que les idées de la parole & de la chose qu'elle signifie, se suivent nécessairement l'une l'autre, comme aussi celles de toutes les choses qui sont connuës en même temps ou immédiatement les unes après les autres.

13. *Pourquoy la parole nous fait penser à ce qu'elle signifie.*

C'est encore par ce moyen que nous rappellons toutes les idées qui sont nécessaires pour faire le récit des choses passées; car comme les objets, qui ont agi successivement sur les sens, ont imprimé chacun sa trace particuliere dans le centre ovale, les esprits animaux passant ensuite fort souvent par ces traces,

14. *Comment on fait le récit des choses passées, & pourquoy on*

héfite quelquefois en le faifant.

font des chemins fi profonds pour aller de l'une dans l'autre, qu'il fuffit qu'ils foient déterminés à couler dans la premiere pour aller enfuite comme d'eux-mêmes de celle-là dans toutes les autres avec le même ordre que nous avons vû les chofes que ces traces réprefentent. C'eft ainfi que ceux qui parlent en public récitent par ordre tout ce qu'ils fe font propofés de dire ; & s'ils héfitent quelquefois en le récitant, cela vient de ce que les traces qui réprefentent les chofes qu'ils veulent dire, ne fe touchent pas toûjours immédiatement, & de ce que celles qui font entre deux, arrêtent quelquefois les efprits animaux au paffage, & les obligent à paffer par quelque trace étrangere, & à produire par ce moyen des penfées qui font hors du fujet qu'ils récitent.

15.
Pourquoy on fent plus vivemēt qu'on n'imagine.

Comme les fibres du centre ovale font beaucoup plus agitées par la prefence & par l'action des objets que par le fimple cours des efprits animaux, l'ame eft auffi beaucoup plus touchée par les objets extérieurs qu'elle fent, que par ceux qu'elle imagine ; ce n'eft pas qu'il ne puiffe arriver quelquefois dans des perfonnes qui ont l'imagination échaufée par quelque fiévre, ou autrement, que les efprits animaux remüent les traces du centre ovale avec autant de force que les objets extérieurs les remüeroient s'ils eftoient prefents, mais auffi ces perfonnes fentent alors ce qu'elles ne devroient qu'imaginer, & croyent voir devant leurs yeux des objets réels, qui ne font cependant que dans leur imagination ; ce qui fait voir que les fens pris pour la premiere efpèce d'imagination ne différent de la feconde que du plus au moins.

16.
Comment une forte diftraction nous empêche de voir ce qui eft devant nous.

Non feulement quand les efprits font fort échauffés, mais même quand l'ame fe trouve occupée ou diftraite par quelque forte penfée, nous n'avons aucun fentiment des chofes préfentes, car il arrive alors qu'on parle à nous fans que nous l'entendions, & que les objets vifibles fe préfentent à nous fans eftre vûs, quoyque nos yeux ouverts & bien difpofés en reçoivent tout ce qui eft néceffaire à la vifion, ce qui procède de ce que les efprits animaux qui font dans le centre ovale eftant determinés à couler par la trace, d'ou dépend cette penfée, réfiftent au mouvement, que ceux qui ont efté excités par l'objet fenfible, tâchent de leur imprimer ; à raifon dequoy ils ne peuvent faire aucune impreffion fur le centre ovale, quoy que l'objet
foit

LIVRE HUITIE'ME. PARTIE III.

soit présent, ni par conséquent produire aucune idée de cet objet, tandis que la même pensée dure.

Suivant ce même principe, il sera fort utile de penser par avance à quelque douleur que nous devons souffrir, car par exemple lorsque nous avons résolu d'extirper une loupe ou quelque autre chair superflüe, & que pour nous préparer à souffrir la douleur que nous devons recevoir par l'incision du rasoir ou par l'application du cautère, nous y pensons souvent, alors il arrive non seulement que cette pensée, si elle est plusieurs fois réitérée, vient à estre moins effroyable, mais encore que la douleur que nous souffrons, lors qu'effectivement on fait l'opération, n'est pas si grande qu'elle auroit esté si nous n'y eussions jamais pensé ; ce qui vient vray-semblablement de ce que les esprits animaux qui seroient nécessaires pour rendre sensible la partie sur laquelle le rasoir ou le cautère agissent, sont obligés par l'habitude à couler dans la trace qui sert à réveiller la pensée de cette douleur ; ce qui fait que l'ame est d'autant moins sensible à la douleur, même qu'elle s'applique plus fortement à la pensée qu'elle en a.

14. Pourquoy on est moins sensible à une douleur qu'on a préveüe depuis long-temps.

Lorsque nous compatissons avec ceux qui sont affligés d'une douleur aiguë, ou à qui nous voyons couper un membre gangréné, il nous semble que nous souffrons effectivement une douleur quasi pareille en la partie semblable de nostre corps ; Ce qui procède vray-semblablement de ce que les esprits animaux qui sont dans le centre ovale, excitent des imaginations aussi fortes & aussi vives, que seroient les sensations mêmes que produiroient les choses, qu'il semble que nous voyons, si elles estoient présentes. Ce qui fait que nous sentons alors ces choses, à peu près comme si elles agissoient sur les organes de nos sens ; car il a esté remarqué * que les sensations ne différent point des imaginations proprement dites, qu'en ce que les sensations sont d'ordinaire plus claires & plus vives, à cause qu'elles dépendent de la présence de l'objet, qui agissant immédiatement sur les organes, & produisant par conséquent un plus grand mouvement dans le cerveau, excite une imagination à proportion plus vive.

15. Comment nous sentons de la douleur dans les parties semblables à celles que nous voyons coupper dans les autres.

* Chap. IV.

Si un homme qui a vû souvent une femme avec indifférence, vient enfin à l'aimer, il est certain que les qualités desavantageuses de cette femme ne feront plus tant d'impression sur

16. Comment l'amour cache les défauts de ceux qu'on ayme.

Tome III. Qq

l'esprit de cet homme, qu'elles en faisoient avant son amour, car par exemple, s'il l'entend chanter, il ne trouvera plus dans sa voix, quoyque mauvaise, les defauts qu'il avoit accoutumé d'y remarquer, dont la raison est que cette voix se trouve mêlée avec l'idée entiere de cette femme, laquelle est accompagnée d'un si grand nombre de sentimens agréables, qu'ils ne laissent pas à l'ame la liberté de pouvoir songer aux défauts de cette voix pour en remarquer les irrégularités.

17. *D'où vient que nous imaginons confusément les propriétés d'un même sujet.*

Lors que nous imaginons confusément & comme toutes ensemble les propriétés différentes de quelque sujet, quoy qu'elles fassent chacune son impression particuliere sur les sens & sur le centre ovale, cela vient sans doute de ce que les traces de ces propriétés sont si proches les unes des autres, que les esprits animaux qui les r'ouvrent fort promptement, réveillent des idées qui les répréfentent comme unies.

18. *D'où vient que nous ne sentons pas quelquefois les choses présentes.*

Si quelquefois nous ne sentons pas les choses qui agissent actuellement sur les organes, comme il arrive lors que l'Ame se trouve occupée ou distraite par quelque forte pensée; c'est parce que les esprits animaux coulent en si grande quantité par la trace d'où dépend cette pensée, que ceux qui restent, ne sont plus suffisans pour remplir la trace que l'objet qui est présent, tâche d'imprimer. C'est par cette raison que ceux qui sont touchés de quelque vive douleur, par exemple, ne peuvent penser à aucune autre chose.

19. *Comment nous connoissons les raports des choses.*

Lors que les traces de deux objets sont tellement situées dans le centre ovale que les esprits animaux sont indispensablement obligés de passer réciproquement de l'une dans l'autre, l'Ame imagine avec nécessité les rapports qui sont entre ces objets. C'est ainsi, par exemple, que nous connoissons les rapports du Maître au Valet, du Précepteur au Disciple, & en général tous les rapports qui sont exprimés par des termes, qu'on appelle *Respectifs*.

CHAPITRE III.

Des changements qui arrivent à l'imagination, tant du côté des Esprits animaux, que de celuy du Centre ovale.

PUISQUE la nature de l'imagination consiste dans la puissance que l'Ame a de recevoir les idées des objets extérieurs à l'occasion des traces qu'ils ont gravées dans le centre ovale, ou que les esprits animaux ont r'ouvertes ensuite, il faut de nécessité que tous les changements qui arrivent à la faculté d'imaginer, dépendent, ou de la diversité des Esprits animaux, ou de la différente disposition du Centre ovale. 1. *D'où dépendẽt les changements de l'Imagination.*

Or personne ne doute que les viandes que nous mangeons ne changent les esprits, & que le sang mêlé avec le chyle estant fort différent d'un autre sang, qui auroit déja circulé par le cœur, ne produise des esprits animaux fort différents dans les personnes qui sont à jeun, & dans d'autres qui viennent de manger; & mêmes, parce qu'entre les viandes & les breuvages dont on se sert, il y en a d'une infinité de différentes sortes; il est évident que deux personnes qui viennent de manger & qui sortent d'une même table, doivent sentir des changements différents dans leur imagination, selon qu'ils ont des corps diversement disposés. 2. *D'où dépendent ceux des Esprits animaux.*

Pour l'air que nous respirons, quoy qu'il n'apporte pas d'abord un aussi grand changement aux esprits que fait le chyle, cependant il opère à la longue ce que le chyle fait en peu de temps, c'est à dire que l'air, selon qu'il est mêlé avec des sels & des soulfres qui sont plus ou moins propres à augmenter ou à diminuer la fermentation du sang, cause de grands changements aux esprits animaux; c'est ce qu'on reconnoît tous les jours par les différents caractères d'imagination des personnes de différents païs; les Espagnols, par exemple, ont l'imagination fort différente de celle des François, les François de celle des Allemands, les Allemands de celle des Italiens, &c.

Pour comprendre ensuite la cause des changements qui arrivent à l'imagination du côté même du cerveau, & sur tout du centre ovale que nous prenons pour l'organe immédiat de la 3. *Dans quelles circonstances de temps le centre ovale reçoit ses principaux changeméts.* faculté ou puissance d'imaginer ; il faut remarquer que toutes les parties des corps vivants, sont dans un mouvement perpetuel, avec cette seule différence que le mouvement des parties qu'on appelle *Fluides*, est sensible, & que celuy des parties *Solides*, ne l'est pas ; d'où vient que les changements qui arrivent à celles-cy, sont beaucoup moins fréquents, & moins considérables que ceux qui arrivent aux autres ; car en effet, le centre ovale du même homme ne change notablement durant toute la vie que dans l'enfance, dans l'âge d'un homme fait, & dans la vieillesse.

4.
D'où dépend la différente facilité d'imaginer des Enfants & des Hommes faits.
Les fibres du centre ovale dans l'enfance sont molles, délicates & fléxibles, & avec l'âge elles deviennent plus sèches, plus dures & plus fortes : car comme les vents sèchent la terre sur laquelle ils soufflent, les esprits animaux coulant incessamment autour des fibres du centre ovale, les rendent aussi peu à peu plus sèches, plus solides & plus comprimées ; ensorte que les personnes âgées les ont toûjours moins fléxibles que ceux qui sont moins avancés en âge. C'est principalement de cette disposition du centre ovale que dépend la différence qui se remarque dans la facilité d'imaginer des Enfants, des Femmes, des Hommes faits, des Vieillards, & du même Homme en différents temps.

En effet, comme les fibres du centre ovale des Enfants sont fort délicates, & que les impressions qu'elles reçoivent des objets extérieurs par les sens, sont fort fréquentes, l'Ame est aussi tellement occupée à contempler les idées qui leur répondent, qu'elle est incapable d'avoir aucune application pour les choses insensibles ou absentes ; delà vient cette difficulté que les Enfants ont de connoître les choses qu'ils ne voyent ou ne sentent pas.

C'est cette même délicatesse des fibres du cerveau des Enfants, qui fait qu'ils apprennent facilement les choses, & qu'ils les oublient de même, parce que les traces qui réveillent les idées de ces choses, s'impriment dans le centre ovale, & s'en effacent avec la même facilité. C'est par cette raison encore que les Enfants s'instruisent bien mieux par les exemples que par les paroles, à cause que les exemples estant des choses sensibles, ils font des impressions beaucoup plus fortes. C'est enfin, par la même raison que l'imagination des Enfants se corrompt facilement par trop d'exercice ; car comme les fibres de leur centre ovale sont fort tendres & délicates, l'action continuelle des objets extérieurs, qui les agite, les désunit enfin, & les sépare de telle sorte qu'elles ne sont plus capables de recevoir les traces de plusieurs choses de suite.

Ce qui vient d'estre dit du cerveau des Enfants, se doit entendre par proportion de celuy des Femmes ; ce qui est cause qu'elles ne sont guères propres qu'à imaginer les choses présentes qui agissent sur les sens.

Comme les fibres du cerveau des hommes faits ont acquis pour l'ordinaire une consistence médiocre depuis trente jusqu'à soixante & dix ans, & que les plaisirs & les douleurs ne font plus alors tant d'impression sur elles ; l'ame n'estant plus divertie par les objets des sens, peut avoir plus facilement des imaginations nettes & distinctes. C'est pour cela que nous voyons peu de jeunes gens qui pensent bien, & que nous en voyons beaucoup plus parmi les hommes faits qui possèdent cette qualité. *5.* *Pourquoy les Hommes faits pensent mieux que les Enfants.*

La consistence des fibres du cerveau des Vieillards devient enfin si grande qu'ils sont incapables de rien méditer, & de goûter les sentimens les plus raisonnables lors qu'ils sont appuyés sur de nouvelles véritez : car comme nous ne pouvons rien apprendre sans attention, ni estre attentifs, sans imaginer profondement, ni imaginer ainsi, sans que les esprits animaux coulent dans les traces du centre ovale, d'où dépendent les idées des choses que nous considérons ; les fibres du centre ovale se peuvent estre tellement durcies dans les Vieillards, qu'elles ne sont plus capables de recevoir de nouvelles traces : ce qui est cause que l'ame ne peut plus estre attentive à ce qui se présente de nouveau, mais seulement aux choses qui luy sont familieres, c'est à dire, aux choses dont les traces ont esté souvent r'ouvertes par les esprits animaux. *6.* *Pourquoy les Vieillards sont incapables de méditer.*

Cela est si propre aux Vieillards que ceux-la même qui ne le sont pas, peuvent par une longue habitude à penser à certaines choses, durcir tellement les conduits du centre ovale, où les traces de ces choses sont gravées, & faire prendre un tel cours aux esprits dans ces traces, qu'ils ne peuvent plus traverser le centre ovale sans réveiller les idées qui répondent à ces traces, ou d'autres, qui y ont du rapport : C'est par cette raison que ceux qui ont accoûtumé de deſſigner, voyent quelquefois des têtes d'hommes ou d'autres choſes qu'ils ont ſouvent deſſignées ſur des murailles, où il n'y a que des traces irrégulieres ; d'où il s'enſuit qu'il eſt fort avantageux de méditer ſouvent ſur toutes ſortes de ſujets, afin d'acquerir par là une certaine facilité de penſer à tout ce qu'on veut ; car de même que nous acquerons une grande facilité à remüer les doigts par le fréquent uſage que nous en faiſons en joüant des inſtruments, les fibres du centre ovale, dont le mouvement eſt néceſſaire pour imaginer, acquierent auſſi par l'uſage une certaine mobilité, qui fait qu'on imagine les choſes avec beaucoup de facilité.

Ce qui vient d'eſtre dit des Vieillards ſe doit entendre avec plus de raiſon de ceux qui ſont dans l'âge décrépit, parce que les fibres de leur cerveau ſont encore plus infléxibles, & qu'ils manquent d'eſprits animaux pour remplir les traces que les objets ont gravées, outre que leur cerveau eſtant abreuvé pour l'ordinaire de beaucoup d'humeurs ſuperfluës, ils perdent enfin peu à peu le ſouvenir des choſes paſſées.

7. En quoy conſiſte la bonté de l'imagination.
On peut donc aſſûrer qu'il y a quatre qualités qui contribuent principalement à la bonté de l'imagination, & enſuite à la perfection du jugement & du raiſonnnement des hommes faits : c'eſt à ſçavoir, la *Promptitude*, la *Netteté*, la *Force*, & la *Délicateſſe* : Car en effet, ceux qui imaginent ce qu'ils ont à dire, ou à faire, le plus promptement, le plus nettement, & le plus fortement, & qui, outre cela, remarquent juſqu'aux moindres circonſtances, qui eſt ce qu'on appelle délicateſſe d'imagination, doivent paſſer pour eſtre les plus judicieux & les plus raiſonnables. Il ſemble même que la promptitude & la délicateſſe s'accordent aſſès bien enſemble, parce que pour avoir l'imagination délicate, il faut que les fibres du centre ovale ſoient ſi aiſées à mouvoir que peu de choſe ſuffiſe pour les ébranler, & l'expérience fait voir que ceux qui ſont ainſi diſpoſés, imaginent auſſi promptement.

La promptitude & la délicateſſe de l'imagination dépendent principalement de deux choſes, ſçavoir de la facilité avec laquelle le centre ovale reçoit les traces des objets, & de l'abondance des eſprits animaux, lorſqu'il n'y a rien de trop violent, ni de trop inégal, ſoit dans la maniere de leur cours, soit dans la groffeur de leurs parties. La premiere chofe fe rencontre dans ceux, dont les fibres du centre ovale ont une confiftence médiocre, & font auffi délicates & fubtiles que la nature de l'homme le peut fouffrir ; cette facilité s'acquiert encore par l'habitude, lorfque ces traces font fouvent ouvertes, & que les organes des fens font fort exercés ; auffi voyons-nous que nous concevons bien plus facilement & plus promptement les chofes que nous avons déja vûës & pratiquées, que non pas les autres.

La netteté eft la meilleure & la plus avantageufe de toutes les qualités de l'imagination, comme eftant celle qui contribuë plus au raifonnement ; car quoy que nous ayons l'avantage d'avoir l'imagination prompte, nous ne fçaurions pourtant jamais bien raifonner, fi nous ne concevions bien nettement les chofes dont nous voulons difcourir.

Cette qualité fi avantageufe confifte en ce que la trace totale que chaque objet imprime eft compofée d'autant de traces particulieres, qu'il y a de propriétés différentes dans cet objet ; d'où il s'enfuit qu'elle demande une certaine médiocrité de toutes les autres circonftances qui perfectionnent l'imagination, & outre cela de l'habitude & de l'attention ; car il eft certain que nous concevons plus nettement les mêmes chofes la feconde fois que la premiere, & quand nous fommes attentifs que quand nous laiffons errer nonchalemment nôtre penfée : La raifon de cela eft que les propriétés d'un objet, qui n'ont pû faire de traces la premiere fois, en font la feconde, la troifiéme ou la quatriéme.

C'eft la netteté de l'imagination qui fait les Sçavants, les Peintres, les Architectes & les Ingénieurs ; quand elle fe trouve avec la force & avec une promptitude médiocre.

La force de l'imagination dépend de deux conditions, dont la premiere eft la véhémence & la durée de l'action qui produit les traces dans le centre ovale, & la feconde l'abondance & l'égalité du cours des efprits qui rempliffent ces traces ; cette force paroît principalement dans les actions qui partent d'une forte attention, telle que nous la voyons dans les Danfeurs de corde.

CHAPITRE IV

Des Imaginations fortes, & de leurs effets.

1.
Ce que c'eſt qu'un Homme foû, & d'où dépend ſa folie.

SI c'eſt un avantage d'avoir l'imagination forte, ce n'eſt qu'au cas que les eſprits animaux ne coulent pas ſi conſtamment dans certaines traces, qu'ils ne puiſſent couler dans d'autres qui ſont nouvellement imprimées par des objets qui agiſſent actuellement ſur les ſens, parce qu'autrement l'ame tombe dans une eſpèce de folie; car nous appellons ordinairement foux ceux qui eſtant contraints par l'union naturelle qui eſt entre les idées & les traces du centre ovale de penſer à des choſes auſquelles les autres, avec qui ils converſent, ne penſent pas, répondent ſeulement ſelon leurs propres idées, & non pas ſelon celles des perſonnes qui les interrogent. Ce qui ne peut procéder que de ce que les eſprits animaux ont plus de facilité à paſſer par certaines traces qui ſont dans leur centre ovale, que par celles qui ſont nouvellement formées par les paroles de ceux qui s'entretiennent avec eux, d'où il s'enſuit que les actions des foux ne nous paroiſſent telles, que par ce que nous ignorons ce qui ſe paſſe dans leur cerveau, & que nous nous perſuadons qu'ils doivent agir & parler conformément à ce qu'on leur dit; ce qui eſt impoſſible; ſoit parce qu'ils n'entendent pas ce qu'on leur propoſe, leur imagination eſtant trop occupée d'une autre penſée, ſoit parce que s'ils l'entendent, le trouble qui eſt dans leurs eſprits animaux, ne permet pas que l'impreſſion des paroles dont on ſe ſert pour leur parler, reſte plus d'un moment dans leur centre ovale; ce qui eſt cauſe qu'ils ne peuvent répondre conformément à ce qu'on leur demande, parce qu'ils ne l'apperçoivent pas.

2.
Ce que c'eſt qu'un Homme hypocondriaque, & en quoy conſiſte ſa maladie.

De plus, ſi par quelque diſpoſition opiniâtre des eſprits, la trace d'un coq, par exemple, vient à eſtre ſouvent r'ouverte & qu'elle le ſoit ſans interruption, l'âme ſe conſidérera enfin comme unie avec un coq, & comme ne faiſant qu'un tout avec luy de la même façon qu'elle eſt unie, & qu'elle ne fait qu'un tout avec ſon corps; enſuite dequoy les eſprits eſtant diſpoſés à couler de cette trace dans les muſcles qui ſervent

à

à produire le chant & toutes les autres actions d'un coq, ce n'eſt pas merveille, ſi nous voyons des perſonnes qui imitent cet animal, mais ce qu'il y a de plus ſurprenant en cecy, c'eſt que telles perſonnes ſont quelquefois ſages en toute autre choſe qu'en ce qui regarde le ſujet de leur folie; ce qui procède ſans doute de ce que les eſprits ayant ceſſé de couler par la trace qui cauſe leur folie, quand on ne leur dit rien qui les puiſſe faire couler de nouveau dans la même trace, ils doivent eſtre ſages juſqu'à ce que leur accès revienne: C'eſt à dire juſqu'à ce que quelque cauſe ayt déterminé le même cours des eſprits. Les foux de cette ſorte ſont ceux qu'on appelle *Hypocondriaques*, d'où il s'enſuit que les foux & les Hypocondriaques ne différent que du plus au moins, entant que les premiers ont l'imagination toute corrompüe, & que les autres ne l'ont gâtée qu'en partie.

Puiſque le viſage d'un homme paſſionné pénètre ceux qui le voyent, & imprime naturellement en eux une paſſion ſemblable à celle, dont il eſt agité, quoy que d'ailleurs l'union de cet homme avec ceux qui le regardent, ne ſoit pas fort grande, il ne faut pas s'étonner, ſi les meres qui ſont intimement unies à leurs enfans, leur peuvent communiquer les mêmes ſentimens dont elles ſont frappées. Car, ſoit que le ſang ou les eſprits animaux de la mere ſe communiquent à l'enfant par le *Placenta*, ſoit qu'ils ne s'y communiquent pas, le contact immédiat de la matrice & du Fœtus ſuffit pour faire entendre que quand une paſſion violente agite la mere, le ſang communique ſon mouvement à la matrice, la matrice à la peau de l'enfant, celle-cy aux petits nerfs, qui y aboutiſſent, & ces derniers au centre ovale, & aux eſprits, qui commencent à former dans le cerveau de l'enfant des traces, qui répondent préciſément à celles qui ſont dans le centre ovale de la mere.

Et parce que ces traces ſont toûjours accompagnées des idées que la nature y a liées, il eſt viſible que les meres peuvent corrompre l'imagination des enfans en y gravant des traces qui réveilleront enſuite des idées qui ſeront contraires à celles qu'ils devroient avoir; car comme elles leur communiquent le mouvement de leurs eſprits animaux, il faut de néceſſité qu'elles leur faſſent naître les mêmes paſſions & les mêmes ſentimens dont elles ſont touchées: & parce que les traces qui

3. Comment les Meres peuvent communiquer à leurs Enfants les paſſions dont elles ſont agitées.

ont esté r'ouvertes fort souvent, se conservent long-temps, quoy qu'elles soient gravées dans un cerveau tendre, on peut croire que comme il n'y a guères de femmes qui n'ayent esté émues de quelque violente passion durant leur grossesse, il ne doit y avoir que peu d'enfants qui n'héritent de leurs meres le commencement de la même passion.

<small>4.
D'où viennent la pluspart des inclinations, & des aversions secrettes qu'on appelle naturelles.</small>

C'est de cette source que dérivent la pluspart des aversions secretes que nous avons pour certaines choses sans en sçavoir la raison; on en voit, par exemple, qui ne peuvent souffrir la vûë d'un Rat, d'une Souris, ou d'un Chat, mais principalement des animaux qui rampent, comme sont les Serpents & les Couleuvres, parce que ces animaux ont fait peur aux femmes lors qu'elles estoient grosses.

Je dis *la pluspart*, pour faire entendre que ces aversions peuvent aussi procéder de ce que les choses mêmes que nous avons en horreur, ont frappé le cerveau la premiere fois qu'elles se sont présentées à nous, d'une maniere qui n'estoit pas conforme à la constitution naturelle de nôtre corps; ce qui a esté cause qu'elles ont formé des traces qui ont réveillé un sentiment d'horreur & d'aversion, lequel se renouvelle depuis toutes les fois que les mêmes traces sont r'ouvertes, soit par l'action des objets, soit par le seul cours des esprits animaux.

<small>5.
D'où vient le pouvoir que la Mere a sur le corps de l'Enfant qui est dans son sein.</small>

Voilà ce que peut l'imagination d'une mere sur celle de son enfant. Voyons maintenant ce qu'elle peut sur tout son corps, & pour cet effet considérons que les esprits animaux se portent non seulement dans les parties de nos corps pour faire les mêmes mouvements que nous voyons dans le corps des autres, mais encore qu'ils se portent principalement dans les parties de nos corps, qui répondent à celles que nous voyons estre muës dans le corps des autres. C'est par cette raison que nous nous sentons si portés à baailler lorsque nous voyons que les autres baaillent, & que quand nous voyons qu'on frappe quelqu'un fort rudement, les esprits animaux causent une émotion dans tout le corps, à laquelle si nous faisions attention, nous sentirions bien qu'elle fait son effet au même endroit de nôtre corps où nous voyons que celuy des autres est blessé : ce qui se fait particulierement ressentir dans les personnes délicates, qui ont l'imagination vive, & les chairs fort tendres & molles; car l'expérience fait voir qu'ils ressentent souvent une espèce de frémiſſement dans l'endroit de leur corps, qui répond à celuy où une autre perſonne reçoit actuellement quelque bleſſure.

Je dis, *ce qui ſe fait particulierement reſſentir dans les perſonnes délicates*, pour faire entendre que celles qui ne le ſont pas, ne ſont point ſi ſenſibles aux maux des autres : car comme la vûë d'une bleſſure qu'une perſonne reçoit, pouſſe les eſprits animaux dans les parties qui répondent à celles que l'on voit bleſſer, les eſprits animaux font auſſi une plus grande impreſſion ſur les fibres d'un corps délicat, que ſur celles d'un corps fort robuſte. C'eſt par cette raiſon que les hommes qui ont plus de force, ne ſont point bleſſés par la vûë de quelque meurtre, au lieu que les femmes & les enfants ſouffrent beaucoup de peine par les bleſſures qu'ils voyent recevoir à d'autres. Et parce que les enfants qui ſont encore dans le ſein de leur mere, ont les fibres des chairs beaucoup plus délicates que les femmes & les autres enfants qui ont déja vû le jour, le cours des eſprits animaux y doit produire des changements beaucoup plus conſidérables.

Ainſi, quand une mere voit rompre un criminel, tous les coups qu'on donne à ce malheureux, frappent avec force ſon centre ovale, & par contrecoup le cerveau tendre & délicat de ſon enfant ; mais parce que les fibres du cerveau de la mere ont beaucoup plus de conſiſtence, elles peuvent réſiſter à l'effort de ces coups, au lieu que les fibres du cerveau de l'enfant qui ſont plus tendres & plus délicates, en ſont quelquefois tellement dérangées que l'enfant ſe trouve pour toûjours deſtitué de la raiſon, à cauſe qu'elles ne ſont plus capables de recevoir les traces des objets bien nettes & bien diſtinctes : & parce que les eſprits de la mere ſe portent principalement aux endroits de ſon corps qui répondent à ceux, où le criminel eſt frappé ; la même choſe ſe paſſe dans l'enfant avec cette différence ſeulement, que comme les os de la mere peuvent réſiſter à la violence des eſprits animaux ſans en eſtre bleſſés, & qu'il arrive ſouvent que ceux de l'enfant ne ſont pas capables d'une ſemblable réſiſtance, pour lors l'enfant doit naître avec les os rompus, tandis que ceux de la mere demeurent dans leur entier.

Si la mere qui voit rompre les bras ou les jambes d'un Criminel, détermine le cours des eſprits animaux vers quelque

6.
D'où viennent les mar-

ques que les meres impriment sur le corps de leurs enfats.

autre partie de son corps en se chatoüillant avec beaucoup de force, il pourra arriver que son enfant n'aura ni les bras ni les jambes rompuës, mais que la partie qui répond à celle vers laquelle elle a déterminé ses propres esprits, sera blessée, parce que les esprits qui se répandent alors par tout le corps pour le rendre plus sensible, ne manquent pas de se porter en plus grande quantité vers la partie du corps qui est fortement chatoüillée, comme vers celle où ils peuvent continuer leur mouvement avec plus de facilité. C'est par ce principe que les femmes qui durant leur grossesse souhaitent certaines choses avec passion, en marquent les traces à leurs enfants dans les mêmes parties du corps, ausquelles elle se sont frottées durant leur desir, du moins si elles ont l'imagination forte.

7. Comment elles se renouvellent en certaines saisons.

Ce qu'il y a de tres considérable touchant les marques que les meres impriment à leurs enfans, est qu'elles se renouvellent en certaines rencontres ; par exemple, si c'est une Cerise qui est marquée sur le visage, elle sera plus vive & plus fraîche dans la saison des Cerises que dans un autre temps ; ce qui procède sans doute de l'étroite correspondance que l'Auteur de la nature a mise entre le corps de l'enfant & celuy de la mere, lors que l'enfant est encore renfermé dans son sein : car cette correspondance est telle, comme il vient d'estre dit, que la mere, qui souhaite avec passion de manger une Cerise, communique au cerveau de l'enfant une trace de Cerise semblable à celle qui est dans le sien, laquelle conduit ensuite les esprits animaux de l'endroit de son visage qui correspond à celuy du visage de la mere, où elle a détourné le cours des esprits animaux en se chatoüillant ; avec cette différence pourtant que les esprits de la mere rencontrant en son visage des parties dures & inflexibles, ils n'y font aucune marque, au lieu que ceux de l'enfant, qui trouvent dans le sien des parties molles & flexibles, y laissent une impression qui dure toute la vie, & qui se renouvelle à toutes les saisons des Cerises, parce que celles qui se présentent aux yeux de l'enfant, font couler les esprits animaux dans les premieres traces, lesquelles les conduisent précisément à l'endroit du visage où il est marqué.

Ce que je viens de dire des marques des fruits se doit entendre généralement de toutes les autres, de quelque nature qu'elles puissent estre ; c'est à dire, qu'elles se renouvellent

LIVRE HUITIE'ME. PARTIE III. 317

toutes les fois qu'on défire avec paffion de voir, ou de manger quelque chofe de même nature que ce qui les a produites. J'ay vû, par exemple, une femme qui portoit fur le vifage la marque d'un Foye, laquelle fe renouvelloit toutes les fois qu'elle fouhaittoit de manger de cette forte de viande, ou feulement qu'elle en voyoit manger à d'autres.

Cela eftant fuppofé, il n'y a pas lieu de douter que la caufe de ces paffions extraordinaires, dont il a efté parlé * qui changent la figure du fœtus en celle d'un animal d'autre efpèce, ne réfide le plus fouvent dans l'imagination des meres, qui ayant la force de remüer les humeurs de l'enfant, comme il vient d'eftre dit, y peut exciter les mêmes paffions qu'elles fouffrent : Car il eft aifé de voir que quoyque ces paffions ne puiffent caufer aucun changement à la fituation des parties de la mere, parce qu'elles réfiftent beaucoup au mouvement, elles peuvent néanmoins changer la figure du fœtus à caufe de la délicateffe de fes membres. Ce qui femble confirmer cette opinion, eft qu'on ne voit jamais ces fortes de changements, que l'enfant, en qui ils fe font faits, ne foit fujet aux mêmes paffions, qui poffèdent d'ordinaire l'animal, dont il a pris la figure ; ce qui eft fort remarquable.

* Part. 1. Chap. 9. Art. 6.

Non feulement les meres ont du pouvoir fur l'efprit & fur le corps de leurs enfants, lors qu'ils font enfermés dans leur fein, les peres & d'autres prennent encore part à cet empire après que les enfants font nais ; car il faut penfer que la plufpart des forcelleries dépendent de l'imagination des peres & des enfants. En effet, il fuffit pour établir ces opinions qu'un pere, ou quelqu'autre qui a l'imagination forte, raconte à des enfants qu'il a efté au fabath ; car, comme il parle d'une maniere forte & vive, le cerveau des enfants qui eft encore tendre, ne manque pas d'en eftre frappé, & parce que le pere redifant fouvent la même chofe retouche les mêmes traces, les idées qui leur répondent deviennent enfin fi vives, que les enfants perfuadés du fabath, il leur prend envie d'y aller ; pour cet effet ils fe frottent de quelque onguent dont le pere a dit qu'il fe frottoit, leur imagination s'échauffe encore par cette circonftance, & les efprits animaux qui coulent la nuit avec affés de force pour r'ouvrir les traces par lefquelles ils ont coulé durant le jour, leur font voir comme préfentes toutes les

8. *De l'origine des Sorcelleries.*

R r iij

choses dont le pere, ou quelqu'autre leur a parlé, ils s'entredisent ensuite ce qu'ils croyent avoir vû, & fortifiant encore de cette sorte les traces de leur préténduë vision, ils s'imaginent enfin d'estre sorciers. Ce que je dis des enfants se doit entendre des personnes adultes, qui ont le cerveau assés tendre au commencement, & qui sont instruits de cette sorte par des gens qui ont l'imagination forte.

<small>9. Des Loups garoux.</small> Il y a même des personnes, dont le cerveau est capable de recevoir assès profondément les traces qui leur peuvent faire croire qu'ils deviennent Loups toutes les nuits; & quand ils les ont reçûës, les esprits ne manquent pas de couler par ces traces dans tous les muscles qui servent à faire toutes les actions que font les loups, ou qu'ils ont oüy dire que les loups faisoient : C'est pourquoy ils sortent la nuit de leurs maisons, ils courent les ruës, & se jettent sur quelque enfant, s'ils en rencontrent; d'où il s'ensuit qu'il n'y a de différence entre un sorcier & un loup garou, qu'en ce que celuy-cy a le cerveau tout renversé, ce qui n'arrive que rarement ; car on ne voit que peu de loups garoux : au lieu que l'autre n'a que l'imagination trop forte, en ce qu'il croit de voir la nuit des choses qui ne sont point, & qu'il ne peut pas, après qu'il est éveillé, discerner d'avec les pensées qu'il a eües pendant le jour ; d'où il s'ensuit que les loups garoux sont des espèces d'Hypocondriaques.

Il y a encore cette différence entre les loups garoux & les sorciers, que dans ceux-cy les esprits animaux n'agissent que dans le centre ovale, au lieu que dans ceux-là leur action s'étend jusques sur les nerfs & sur les muscles, qui servent à faire les mouvements qui sont propres aux loups.

Par tout ce qui vient d'estre dit, il est évident que l'imagination prise pour une simple faculté, est une puissance purement passive, qui reçoit toutes les traces des objets, & qui n'en peut produire aucune, parce que si l'ame les pouvoit produire, ou elle les produiroit avant que de connoître les objets, ou après les avoir connus : or elle ne les produiroit pas avant que de connoître les objets ; car comme un Peintre pour habile qu'il soit dans son art, ne peut répresenter un animal qu'il n'a jamais vû, l'ame ne peut aussi former les traces des choses qu'elle ne connoît point ; & si elle les connoît, il luy est inutile d'en former les traces : d'où il faut conclure que le centre ovale ne reçoit aucune trace qui ne luy soit imprimée par les objets, ni l'ame aucune idée, qui ne dépende de ces traces.

CHAPITRE V.

Des Causes Physiques des fonctions du Jugement.

AVANT que d'entrer dans l'examen des Causes Physiques des fonctions du jugement, il est nécessaire de considérer l'ordre & le progrès naturel que l'homme tient dans ses connoissances depuis qu'il commence à se servir des sens jusqu'à son âge parfait, dans lequel il se trouve pourvû des expériences qui sont nécessaires pour juger de tous les sujets communs & ordinaires.

Pour commencer par les sentimens qu'il a dans le sein de sa mere, nous avons déja déterminé qu'il n'en peut gueres recevoir que par l'attouchement, mais quoyqu'il en soit de ces sentimens, qui ne peuvent estre que fort obscurs & imparfaits, il est certain qu'après qu'il est nay, & que les nerfs & le cerveau ont acquis quelque consistance, les objets trouvant en eux les dispositions nécessaires pour produire des sentimens plus vifs, l'imagination de l'enfant devient plus nette & plus distincte : c'est alors qu'il commence à connoître les corps particuliers par les rapports que les sens de la vûë & du toucher luy en font continuellement, & qu'après avoir consideré leur étendüe & les intervalles qui sont entr'eux, il entre dans quelque obscure connoissance de la distance & du lieu, où toutes les choses qu'il apperçoit sont placées ; après quoy quand il contemple les corps avec leur quantité en les comparant l'un à l'autre & qu'il voit toujours que le petit corps est contenu dans le grand, il apprend généralement, quoy qu'encore fort obscurément, que le contenant est plus grand que le contenu, & que le tout est plus grand que la partie, qui sont, à mon avis, deux des premiers jugemens qu'il fait & deux des premieres vérités qui viennent à sa connoissance, ainsi qu'il a esté-cy devant remarqué.*

1.
Comment l'enfant qui est sorty du sein de sa mere, commence à connoitre les choses particulieres & les premieres vérités.

* 1. Part. Chap. 11. Art. 9.

320   LA PHYSIQUE.

2. *D'où dépendết les fonctions du jugement.*

Cela fuppofé, puifque toutes les opérations que nous venons de rapporter, & plufieurs autres font des fonctions du jugement, nous ne ferons pas difficulté de dire qu'elles dépendent de ce que les efprits animaux r'ouvrent alternativement les traces du fujet & de l'attribut. Car il s'enfuit de là que comme ces traces font ouvertes l'une après l'autre, à caufe de la liaifon qu'elles ont enfemble, l'ame peut aifément comparer enfemble les idées qui leur répondent, & après avoir connu leurs rapports d'égalité ou d'inégalité, affûrer qu'elles conviennent, ou ne conviennent pas.

3. *D'où dépendent fes perfections & les défauts.*

Cette opinion eft d'autant plus vray-femblable, qu'elle fert à expliquer toutes les bonnes & mauvaifes qualités du jugement. Car, en premier lieu, fi la principale perfection du jugement confifte dans fon exactitude, comme il n'en faut pas douter, nous devons croire que cette qualité dépend principalement de la netteté des traces du fujet & de l'attribut, & de celle des circonftances & dépendances qui les accompagnent : car fi nous confidérons le fujet & l'attribut felon l'ordre, & les rapports qu'ils ont entre-eux, alors l'ame voyant clairement cet ordre & ces rapports, prononce un jugement qui eft véritable : au lieu qu'il eft faux, ou téméraire, fi elle regarde l'union ou la féparation du fujet d'avec l'attribut d'une vûë vague, peu attentive, & indéterminée ; qui procède principalement de ce que les traces du fujet & de l'attribut font confufes & indiftinctes.

Je dis, *principalement*, pour marquer que quelques diftinctes que foient les traces du fujet & de l'attribut, fi les efprits animaux coulent fi promptement de la trace du fujet dans celle de l'attribut, que l'ame n'ait pas le loifir de confidérer toutes les propriétés de chacun pour les comparer enfemble, c'eft une néceffité qu'elle juge mal, parce que cette comparaifon eft abfolument néceffaire à la bonté d'un jugement.

Le cours trop précipité des efprits animaux peut procéder également de deux principes, ou de ce qu'ils font trop agités, ou de ce que les traces du centre ovale font fi ouvertes qu'elles ne les retiennent pas affés long-temps pour eftre émûës dans toutes leurs parties, les jugements irréguliers que nous faifons dans nos maladies, lorfque le fang eft trop échauffé par quelque violente fiévre, dépendent du premier principe, & ceux

LIVRE HUITIE'ME. *PARTIE III.*

que nous formons pendant la santé par trop de precipitation dépendent du second.

Ceux, dont les fibres du centre ovale sont fort délicates, ne sont guères propres qu'à juger des choses sensibles, parce que ces fibres cèdent aisément aux esprits, & changent presque à tous moments la situation qu'elles devroient retenir pour donner à l'ame assès de loisir pour considérer les choses avec attention, ce qui fait qu'elle n'en considère que l'écorce, & que l'imagination n'a pas assès de force pour en pénétrer le fond sans se distraire; la moindre bagatelle remplit toute la capacité de l'esprit de ces personnes, parce que les moindres choses produisent dans les fibres molles & tendres de leur centre ovale, des mouvements qui excitent par une suite nécessaire des sentiments si vifs, que l'ame en est occupée toute entiere.

4. Pourquoy ceux qui ont le cerveau tendre ne sôt propres qu'à juger des choses sensibles.

Comme la consistance des fibres du cerveau n'est pas égale dans tous les hommes faits, & qu'il y en a, en qui elles sont moins dures & plus fléxibles qu'en d'autres; delà vient que les premiers sont si sensibles aux divertissements, qu'ils deviennent incapables d'éxaminer les choses qui enferment quelque difficulté considérable, à cause que la capacité de leurs esprits est toute remplie des plaisirs qui viennent des impressions continuelles que les objets extérieurs font sur les sens. C'est par cette raison que les gens, qui s'abandonnent à toutes sortes de divertissements, ne sont pas capables de pénétrer les choses difficiles: car comme ils ne se servent jamais que des sens, ils acquièrent peu à peu une telle délicatesse pour les choses sensibles, qu'on peut dire qu'ils en ont peu pour les choses qui sont du seul ressort de l'imagination.

5. Pourquoy ceux qui sont sensibles aux divertissements sont incapables de juger des choses difficiles.

Ceux, dont le cerveau a une consistance moyenne, & les esprits animaux ont une grosseur, une quantité, & un mouvement proportionnés, doivent remarquer les principales différences des choses, parce que les esprits animaux estant médiocrement agités ont le loisir de r'ouvrir dans le cerveau des traces assès profondes pour donner à l'ame le moyen de considérer les objets qu'elle regarde avec assès d'attention pour en reconnoître toutes les propriétés & les différences, & pour comparer exactement ensemble tous les rapports du sujet & de l'attribut, qui est ce en quoy consiste la principale perfection du jugement, comme il a esté remarqué.

6. Pourquoy ceux qui ont le cerveau d'une consistance moyenne, jugët le mieux.

Tome III.   Sf

7.
Pourquoy on retient plus facilement les vérités sensibles que les vérités abstraites.

Parce que les traces, qui ont une liaison naturelle avec les idées, touchent plus vivement l'esprit que celles qui n'y sont liées que par l'habitude, la plûpart des hommes ont assès de facilité pour comprendre & pour retenir les vérités sensibles; au lieu qu'ils ont beaucoup de peine à comprendre, & encore plus à retenir les vérités abstraites, c'est à dire, les rapports des choses qui ne viennent pas à l'imagination par les sens, de sorte que lors que ces rapports sont un peu composés, ils nous paroissent absolument incompréhensibles, lors que nous ne sommes pas encore accoûtumés à les considérer, parce que nous n'avons pas fortifié la liaison de ces idées abstraites avec leurs traces par une méditation assès longue, pour avoir contracté une grande habitude; & s'il arrive quelquefois que nous les ayons comprises, nous les oublions en peu de temps, parce que la liaison qui dépend de l'habitude, n'est jamais aussi forte que celle qui dépend de la nature, comme il sera dit ensuite.

Ainsi, quand nous commençons la Géométrie, nous devons concevoir clairement & sans peine les petites démonstrations qu'on nous fait, du moins si nous entendons distinctement les termes dont on se sert pour les faire, parce que les idées du cercle, du quarré, du triangle, &c. sont liées naturellement avec les traces des figures que nous voyons devant les yeux; ce qui fait une impression si vive & si prompte dans le cerveau que la seule exposition de la figure qui sert à la démonstration, nous la fait plûtôt comprendre que les discours qui l'expliquent, parce que les mots n'estant liés aux idées que par habitude, ils ne réveillent pas ces idées avec assès de promptitude; c'est de là principalement que dépend la difficulté qu'il y a d'apprendre les Sciences. *

* Voyés la Recherche de la Vérité Liv. 2.

8.
Pourquoy ceux qui sont accoûtumés à juger exactement de certaines choses, ne jugent pas si bien des autres.

Ceux qui sont accoûtumés à juger exactement de certaines choses, doivent juger d'ordinaire peu exactement des autres, parce que le cours des esprits animaux qui vont dans les traces accoûtumées, interrompt celuy des esprits qui se portent dans les traces nouvelles. C'est par cette raison, par exemple, que les Géomètres de profession, qui sont de tous les hommes, ceux qui jugent le plus exactement de l'objet de leurs connoissances, sont pour l'ordinaire peu propres à bien juger des choses communes & ordinaires, qui regardent l'usage de la vie.

LIVRE HUITIE'ME. *PARTIE III.* 323

Enfin, lors que l'ame connoît clairement & distinctement toutes les parties de l'objet qu'elle examine, il faut penser que l'évidence & la clarté qui se trouve dans cette connoissance, dépend de ce que les fibres du centre ovale reçoivent autant de différents ébranlements qu'il y a de propriétés différentes dans l'objet que l'ame considere. Cela est confirmé par l'exemple d'un homme qu'on voit de loin ; car de ce que l'espace du centre ovale qui reçoit sa trace, est fort petit, il s'ensuit qu'il n'y a qu'une partie des traces qui servent à représenter chaque propriété de cet homme, qui puissent y estre gravées ; ce qui rend son idée totale si confuse, qu'on ne sçait précisément juger si l'on voit un homme, ou quelque autre chose. Si au contraire cet homme s'approche de telle sorte que les traces qui sont excitées par son mouvement, se puissent joindre à celles qui sont formées par ses autres propriétés, alors il se forme une trace qui représente un corps, qui se meut véritablement, sans qu'on puisse juger pourtant, si c'est un homme ou un autre animal, qui se meut. Que si cet homme vient enfin si près de l'œil que sa tête, ses yeux, ses bras, &c. puissent joindre les traces qu'ils impriment à celles que les autres propriétés ont gravées, la trace totale de cet objet représente, non seulement un corps qui se meut, mais encore un homme avec la distinction de toutes les parties qui agissent sur les sens, & qui impriment leurs traces dans le centre ovale. D'où il s'ensuit visiblement que la perfection des fonctions du jugement suppose celles des fonctions de l'imagination.

9.
D'où dépend la claire perception des objets.

CHAPITRE VI.

Des causes Physiques des fonctions de la Raison.

IL y a lieu de croire que les fonctions de la raison dépendent à peu près des mêmes principes que celles du jugement ; car comme l'ame ne peut connoître l'union ou la séparation du sujet & de l'attribut de la conclusion, que par des raisons que les jugements précédents luy fournissent, en considérant un milieu, qui est hors du sujet & de l'attribut, il faut penser que les esprits animaux en r'ouvrant les traces de ce

1.
D'où dépendent les fonctions de la raison.

S s ij

milieu, & passant delà dans celles du sujet & de l'attribut de la conclusion, produisent presqu'en même-temps les connoissances de ce sujet & de cet attribut, d'où résulte celle de leur union, ou de leur séparation ; ce qui donne lieu à l'ame d'assurer que ce sujet & cet attribut conviennent, ou ne conviennent pas.

Cecy paroîtra plus clairement dans ce Syllogisme affirmatif.

Tout Homme est animal,
Pierre est homme,
Donc Pierre est animal.

1. *Exemple d'un Syllogisme affirmatif.*

Or il est certain que l'ame après avoir connu par le cours des esprits, qui ont passé de la trace de l'homme dans celle de l'animal, les natures universelles d'homme & d'animal, elle voit clairement que toute l'espèce humaine est comprise dans le genre d'Animal ; & par cette vûë elle forme la premiere proposition de l'argument, *Tout Homme est animal.* Ensuite dequoy après avoir connu Pierre, & l'Homme en général par l'habitude que les esprits ont de se porter de la trace de Pierre dans celle de l'Homme ; l'Ame voit encore manifestement que l'espèce humaine contient Pierre, comme un de ses individus, & par cette vûë elle fait la seconde proposition, *Pierre est Homme.* Enfin, les Esprits animaux se portant par la même habitude dans la trace de Pierre, & ensuite dans celle de l'Animal, l'Ame voit d'une vûë claire par la considération de toute l'espèce humaine que Pierre y est compris, & par cette même vûë elle juge qu'il est Animal, c'est à dire, qu'elle forme cette conclusion du Syllogisme, *donc Pierre est Animal.*

La même chose paroît dans ce Syllogisme négatif.

Nul Animal n'est arbre,
Tout Homme est animal,
Donc nul Homme n'est arbre.

3.
2. *Exemple d'un Syllogisme négatif.*

Car l'ame y contemple simplement l'Animal & l'Arbre en leur généralité, comme elle a contemplé l'Animal & l'Homme dans le syllogisme affirmatif, avec cette différence pourtant, qu'ayant remarqué dans celuy-là que l'Animal contenoit tout l'homme, elle s'apperçoit dans celuy-cy que l'Arbre ne contient aucun Animal, parce qu'elle ne voit dans aucun Animal les marques de la nature de l'arbre ; de sorte qu'après avoir contemplé tout le sujet & tout l'attribut, voyant clairement qu'ils ne sont pas unis ensemble, elle prononce que *nul Animal n'est arbre*, & forme ainsi la premiere proposition du Syllogisme. Après quoy se portant par l'habitude des esprits animaux à considérer toute l'espèce de l'homme en particulier, & voyant qu'elle est contenuë dans le genre d'animal, elle fait le second jugement de la même sorte qu'elle avoit fait le premier du Syllogisme affirmatif. Et enfin réfléchissant par l'habitude des esprits animaux sur le genre d'Arbre, & s'appercevant qu'il ne contient aucun animal, elle voit par ce moyen tout l'homme séparé de l'arbre, & conclut, *Que nul homme n'est arbre*: D'où il s'ensuit que les fonctions du jugement & de la raison dépendent des mêmes principes, c'est à dire, des mêmes traces, avec cette seule différence que les fonctions du jugement, ne dépendent que d'un cours alternatif des esprits des traces du sujet dans celles de l'attribut, & que celles du raisonnement dépendent, non seulement d'un cours alternatif des traces du sujet dans celles de l'attribut de la conclusion, mais encore des traces du sujet & de l'attribut dans celles du milieu.

Cela supposé, il est évident que la perfection du raisonnement consiste principalement en deux choses. 1. En ce que les traces du sujet & de l'attribut de la conclusion sont profondes, & bien unies ensemble, & avec celles du milieu. 2. En ce que les esprits animaux qui coulent par ces traces & les remplissent, ont un mouvement tempéré, ce qui ne pouvant se rencontrer que rarement ensemble ; ce n'est pas merveille si l'on voit si peu de gens qui raisonnent bien.

4.
D'où dépend la perfection du raisonnement.

Lorsque les hommes raisonnent sur les choses dont les idées sont liées aux traces par la nature, leurs raisonnements doivent estre bons, & à peu près semblables, parce que les mêmes idées qui servent à former les prémisses, servent aussi à former la conclusion. C'est par cette raison que tous les hommes forment des jugements semblables sur les vérités Mathématiques, parce qu'elles sont fondées sur des maximes qui sont conçuës de tout le monde de la même sorte, à cause que c'est la nature même, qui en a lié les idées avec les traces. Ils doivent au contraire raisonner d'une maniere toute différente sur les choses dont les idées ne sont liées avec les traces que par l'habitude ; car comme cette habitude est

5.
D'où vient que les Hommes raisonnent diversement sur le même sujet.

Sf iij

différente en divers hommes, divers hommes doivent auſſi raiſonner diverſement ſur différentes maximes. Par exemple, un Mahométan conclut en raiſonnant ſur ſon faux culte, qu'il faut prier Dieu dans une Moſquée, parce qu'il ajoint par l'habitude la trace de Moſquée avec celle de prier Dieu. Un Chrétien conclut au contraire, qu'il faut prier Dieu dans une Egliſe, parce qu'il a lié par l'habitude la trace de l'Egliſe avec celle de la Priere. Ce que je dis des Chrétiens & des Mahométans à l'égard de la Réligion, ſe doit entendre par proportion des François & des Eſpagnols par rapport à la façon des habits, puiſque les François croyent que c'eſt un bien d'en changer ſouvent, à cauſe qu'ils ont joint par l'habitude, la trace de ce changement avec celle du plaiſir & du bien : au lieu que les Eſpagnols eſtiment que c'eſt un bien de retenir toûjours la même mode, parce qu'ils ont joint la trace qui la répréſente, avec la trace naturelle, qui cauſe le plaiſir & l'agrément.

Ainſi les hommes doivent former des raiſonnements tout contraires ſur les maximes qui ne ſont pas généralement approuvées, & principalement ſur celles qui ſont reçûës par l'autorité des Loix, des Religions, des Coûtumes, ou même ſur celles que chacun ſe forge tant ſur les choſes naturelles, que ſur les morales qui procèdent en chacun de la conſtitution particuliere de ſon cerveau, dont il ſe trouve quelquefois autant de différences qu'il y a de perſonnes. Ainſi il ne faut pas s'étonner s'il y a tant de différentes Sectes dans la Philoſophie naturelle & morale, s'il y a dans le monde tant de coûtumes, tant de Loix civiles & tant de fauſſes Religions, puiſque leurs Auteurs, même les plus ſages & les plus prudents, n'ont pû éviter de mêler leurs maximes particulieres à tous les raiſonnements dont ils ſe ſont ſervis dans leur établiſſement.

6. Ce que c'eſt qu'on entend par le mot de ſens commun.

On prend quelquefois le ſens commun pour l'imagination même, entant qu'elle eſt l'endroit, où aboutiſſent tous les organes des ſens, mais on le prend plus ordinairement pour le jugement & pour le raiſonnement. C'eſt ainſi qu'on dit qu'un homme n'a pas le ſens commun, pour ſignifier qu'il juge & qu'il raiſonne mal.

7. D'où dépendent les fonctions de la volonté.

Quant aux principes Phyſiques des fonctions de la volonté, ils ſont les mêmes que ceux des fonctions du jugement & de la raiſon, avec cette ſeule différence que les fonctions de la volonté fuppofent celles de la raifon ou du jugement, comme celles-cy fuppofent les fonctions de l'imagination ; d'où il s'enfuit que ceux qui ont le jugement & la raifon bien formés, ne manquent guères d'avoir la volonté bien règlée, ainfi que l'expérience le confirme.

CHAPITRE VII.

Des caufes Phyfiques des fonctions de la Mémoire & des habitudes corporelles & fpirituelles.

PUISQUE la Mémoire ne confifte qu'en ce que les traces du centre ovale, qui ont efté ouvertes d'une certaine façon par la préfence & par l'action des objets, confervent pendant quelque temps la facilité à eftre r'ouvertes de la même maniere. Nous devons croire qu'on ne doit pas fe reffouvenir également de toutes les chofes qu'on a vûës, parce que toutes les impreffions des objets ne font pas également fortes, c'eft par cette raifon que nous nous fouvenons bien mieux de ce que nous avons vû avec quelque furprife, que de ce qui s'eft préfenté tout fimplement à nos yeux.

1. Pourquoy on ne fe reffouvient pas également de toutes chofes.

De même, parce que les efprits animaux coulent d'autant plus facilement dans les traces, qu'ils y ont paffé plus fouvent, à caufe qu'ils ont emporté peu à peu ce qui réfiftoit à leur paffage, ce qu'on a apperçû plufieurs fois fe doit réprefenter à l'ame plus facilement que ce qu'on n'a vû qu'une ou deux fois, à caufe que les traces eftant plus profondes & plus ouvertes, les efprits animaux y peuvent couler avec plus de facilité & en plus grande abondance.

De plus, parce que les nerfs, qui font les organes des fens ébranlent bien plus le cerveau, & y gravent des traces bien plus profondes que ne font les efprits animaux, qui r'ouvrent les traces de l'imagination, on doit auffi fe fouvenir plus diftinctement des chofes qu'on a vûës que de celles qu'on a imaginées, c'eft par cette raifon qu'on fçaura mieux la diftribution des veines dans le Foye après qu'on l'aura vûë une fois dans la diffection de cette partie, qu'après qu'on l'aura lûë plufieurs fois dans un livre d'anatomie.

2. Pourquoy on fe fouviët mieux de ce qu'on a vû que de ce qu'on a imaginé.

Lorfqu'une penfée qui nous revient eft accompagnée d'une

3.
D'où vient la différence de la mémoire & de la réminiscence.

ou de deux autres, que nous avons eûës en même-temps la premiere fois, nous nous souvenons d'avoir autrefois pensé à la même chose à laquelle nous pensons pour lors. Par exemple, si nous rencontrons un homme que nous avons vû autrefois, sans pourtant reconnoître son visage, il est certain que le seul moyen qu'il a pour nous en faire souvenir, est de nous dire le lieu, où nous avons esté autrefois ensemble, les discours qui y furent tenus, & les autres choses qui se firent alors, parce que l'idée du lieu, des discours & des choses qui se sont passées s'unissant à celle du visage en fait naître le souvenir; c'est en cela seul que consiste toute la différence qui se trouve entre la simple Mémoire & la Réminiscence dont il a esté parlé dans la Métaphysique.*

* Liv. 2.
Part. 1.
Chap. 7.
Art. 1.

4.
En quoy consiste la bonté de la Mémoire.

La Mémoire la plus excellente sera sans doute celle qui dépend d'une consistance moyenne du cerveau, parce que cette consistance est tres propre pour faire que les traces que les sens ont imprimées, soient non seulement assés profondes pour donner à l'Ame le loisir de considérer les idées qu'elles réveillent, mais encore qu'elles soient assés biens liées ensemble, & remplies d'un cours d'esprits assés tempéré, pour faire que ces idées se représentent à l'Ame dans le même ordre que les traces ont esté auparavant imprimées; parce que la profondeur des traces, & le mouvement tempéré des esprits cause de l'attention à l'Ame, & leur liaison de l'ordre & de la netteté dans ses idées.

5.
Pourquoy ceux qui ont la Mémoire bonne, ont d'ordinaire le jugement mauvais.

Enfin, comme pour apprendre avec facilité, il faut avoir le cerveau propre à recevoir des traces différentes, ces traces partagent tellement la capacité de l'ame qu'elle ne peut plus considérer avec assés d'attention les idées qui leur répondent; d'où il s'ensuit qu'une excellente Mémoire ne peut guères s'accorder avec un bon jugement, c'est à dire, que ceux qui ont beaucoup de facilité à apprendre, & à se souvenir de ce qu'ils ont appris, ne sont guères propres à bien juger. C'est par cette considération que les Hommes, quoy que pleins d'amour propre, ne laissent pas de s'attribuer sans peine le défaut de la Mémoire, estant intérieurement persuadés que ce défaut sera plus que compensé par la réputation qu'ils auront bon esprit.

J'entends, par *bons Esprits*, non ceux que le vulgaire estime tels

tels, parce qu'ils ont la Mémoire excellente, & qu'ils conçoivent sur le champ beaucoup de pensées sur le même sujet, mais ceux-là seulement, qui jugent & qui raisonnent bien, lesquels on peut réduire en général à deux classes, sçavoir, aux esprits *de justesse*, & aux esprits *de profondeur* ; les esprits de justesse consistent à tirer exactement les conséquences des principes constants & invariables, tels que sont ceux de la Géométrie ; & les esprits profonds consistent à bien raisonner sur des principes contingents & variables, tels que sont les principes qui regardent les usages de la vie naturelle, civile & politique, lesquels n'ont aucune liaison nécessaire avec leurs causes.

6. *Quels sont les bons esprits, & de combien de sortes il y en a.*

Ce qui vient d'estre dit de la Mémoire, nous conduit aisément à la connoissance des habitudes corporelles & spirituelles ; car comme la Mémoire consiste dans la facilité qu'ont les esprits à r'ouvrir les mêmes traces, les habitudes corporelles ne sont autre chose qu'une certaine facilité qu'ont ces esprits à couler dans les muscles qui servent à mouvoir les membres extérieurs, ni les habitudes spirituelles autre chose que la facilité qu'ont ces mêmes esprits à couler par les petits chemins qui sont entre les traces, par lesquels ils vont des unes dans les autres. Par exemple, un habile joüeur de Luth ne rend ses doigts plus souples, ni un Danseur ses jambes, qu'en faisant perdre la fermeté aux parties de ces membres, par un certain exercice qui les rend capables de se mouvoir d'un mouvement plus prompt & plus facile. Par la même raison, un Philosophe ne médite sans peine, qu'à cause que ses esprits ont acquis de la facilité à passer par les petits chemins, dont il a esté parlé, en les rendant plus ouverts par leur fréquent passage.

7. *D'où dépendent les habitudes corporelles & spirituelles.*

D'où il faut conclure, que les Enfants sont beaucoup plus capables d'acquerir de nouvelles habitudes que les personnes plus âgées, parce qu'ayant les nerfs, les muscles & le cerveau plus tendres, les esprits animaux y peuvent former plus facilement des passages ; d'où vient que les Enfants à force de parler acquierent une si grande facilité de s'exprimer, qu'ils prononcent les paroles avec une vitesse incroyable.

Voilà en général l'explication des causes Physiques des fonctions de l'Imagination, du Jugement, de la Raison & de la Mémoire, qui sont les quatre principales facultés de l'Ame.

CHAPITRE VIII.

De la liaison des Idées avec les traces, & des traces avec certains cours des Esprits animaux qui causent des émotions dans l'Ame.

<small>1.
Que c'est l'expérience qui enseigne que les traces sont liées avec les idées & les sensations.</small>

IL n'y a personne qui ne sçache que les traces du cerveau sont liées avec les Idées des objets, & avec les sensations qu'ils produisent. On sçait, par exemple, que la trace qu'un cheval imprime dans le centre ovale par sa présence & par son action, est unie avec l'idée qui répréfente ce cheval, & avec une sensation qui le fait paroître coloré. On sçait encore que les traces sont unies avec les traces, parce qu'on expérimente tous les jours qu'une seule idée en réveille plusieurs autres. On sçait enfin, qu'il y a certaines traces, qui sont liées avec un cours d'esprits animaux capable de troubler l'ame, & qu'il y en a d'autres, qui sont liées avec des cours d'esprits incapables de l'émouvoir ; car on expérimente qu'il y a des objets, dont la présence nous émeut beaucoup, & d'autres dont elle ne nous touche pas.

<small>2.
Comment les idées des choses corporelles sont liées avec les traces, & comment les idées des choses spirituelles.</small>

Il est encore évident par l'expérience que l'union qui est entre les idées des choses sensibles & les traces que ces choses gravent dans le centre ovale, ne dépend point de nôtre volonté, mais qu'elle vient immédiatement de la nature ; & qu'au contraire la liaison, qui se rencontre entre les traces qui sont excitées dans le centre ovale, & les idées des choses purement intelligibles, telles que sont toutes les choses spirituelles, ne vient point du tout de la nature, mais de nôtre volonté qui les a attachées à certaines paroles, ou autres signes corporels, ou du moins a consenty à la volonté de ceux qui les y avoient auparavant attachées.

Ainsi, par exemple, comme l'idée d'un Cheval se présente à l'Ame, au même moment que la trace à laquelle cette idée est jointe par la nature, s'excite dans le centre ovale ; de même, depuis que nôtre volonté a uny l'idée des choses intelligibles ou spirituelles à une trace corporelle, par exemple, celle d'un Estre parfait à la trace corporelle de ce mot, *Dieu*, cette trace réveille nécessairement l'idée de l'Estre parfait, & toutes les causes qui peuvent reproduire cette trace, soit qu'elle

LIVRE HUITIÉ'ME. *PARTIE III.* 331

soit produite par les sens, ou par l'imagination, peuvent auſſi réveiller l'idée que nous y avons jointe, quand on s'y eſt une fois habitué. C'eſt de cela ſeul que dépend tout l'uſage de la parole.

La liaiſon des traces avec les traces dépend uniquement de l'habitude & de l'identité du temps, auquel pluſieurs traces ſe ſont formées enſemble dans le centre ovale ; car elles ſe joignent ſi bien les unes aux autres par l'habitude qu'elles ont à ſe former enſemble, qu'il ne s'en peut réveiller aucune ſans toutes celles qui ont eſté imprimées en même-temps ; par exemple, ſi un homme ſe trouve dans une ceremonie publique, les traces que forment les perſonnes plus conſidérables, qui y aſſiſtent, & celles du temps, du lieu, du jour & de toutes les autres particularités ſe lient tellement enſemble, à cauſe qu'elles s'impriment en même-temps dans le cerveau, qu'il ſuffira enſuite que la trace du lieu, ou même d'une autre circonſtance moins remarquable ſe réveille, pour que toutes les autres ſe réveillent auſſi, & que cet homme ſe repréſente toutes les particularités de cette ceremonie. C'eſt là l'unique cauſe Phyſique des fonctions de la Mémoire & des habitudes corporelles & ſpirituelles.

3. D'où dépend la liaiſon des traces avec les traces.

Je dis *corporelles & ſpirituelles*, pour marquer que les habitudes corporelles & ſpirituelles dépendent d'un même principe, avec cette ſeule différence que les habitudes corporelles dépendent principalement (comme il a eſté dit) de la facilité qu'ont les eſprits animaux à couler dans les parties extérieures du corps pour les mouvoir, au lieu que les habitudes ſpirituelles dépendent de la facilité qu'ont ces mêmes eſprits à paſſer par de petits chemins, qu'ils ſe ſont formés dans le centre ovale, pour aller d'une trace dans une autre ; ainſi, par exemple, la facilité de chanter & de danſer eſt une habitude corporelle, & celle d'étudier ou de méditer, eſt une habitude ſpirituelle ; d'où il s'enſuit que ceux-là ſe trompent beaucoup, qui prennent pour des habitudes ſpirituelles la facilité qu'a l'Ame de faire certaines choſes indépendamment du corps ; car il eſt certain que l'Ame, comme telle, c'eſt à dire, comme un eſprit uny à un corps, ne peut agir que dépendamment de ce corps ; c'eſt pourquoy, s'il y a des habitudes de l'Ame qu'on apelle *Spirituelles*, ce n'eſt pas pour

4. Que les habitudes corporelles & ſpirituelles dépendent d'un même principe.

Tt ij

signifier qu'elles font indépendantes du corps, mais feulement pour défigner qu'elles en dépendent d'une maniere plus fubtile & moins fenfible, que les habitudes qu'on appelle *Corporelles*.

5.
D'où dépend la liaifon des traces avec l'émotion des efprits animaux qui caufe les paffions.

Entre les traces, qui font liées avec le cours des Efprits animaux qui font capables de mouvoir l'Ame, il y en a qui y font liées par la feule nature, & d'autres qui y font liées par la feule habitude. Celles, qui y font liées par la feule nature, dépendent de l'action des objets qui agiffent fur nous d'une maniere convenable ou contraire à nôtre nature, c'eft à dire, qui tendent à détruire, ou à conferver nôtre corps. C'eft par cette raifon que nous fommes touchés d'amour ou de haine pour les objets, qui nous caufent du plaifir ou de la douleur.

Les traces qui font jointes par la feule habitude au cours des efprits qui émeuvent l'Ame, font celles qui ont efté imprimées par des objets, qui ne font convenables ni difconvenables par eux-mêmes, mais par d'autres dont les traces fe font unies avec les leurs. Ainfi, par exemple, fi nous aimons des habits faits d'une certaine façon, & fi nous les haïffons faits d'une autre ; ce n'eft pas que ces habits ayent rien d'eux-mêmes, qui foit convenable, ou contraire à nôtre nature ; mais c'eft que les traces qu'ils impriment, s'uniffent avec celles qui réprésentent que c'eft un bien d'eftre habillé comme les autres, & un mal de ne l'eftre pas, lefquelles font naturellement fuivies de quelque agitation des efprits animaux qui émeut l'ame ; c'eft là l'unique fondement des paffions qu'on appelle *Acquifes*, dont il fera parlé enfuite.

CHAPITRE IX.

De la liaison des traces avec les nerfs, & des nerfs avec les nerfs.

IL n'est pas mal aisé de concevoir quelle est la liaison qui se trouve entre les traces du cerveau & les nerfs ; car comme les nerfs ne sont autre chose qu'une continuation des fibres qui composent le centre ovale, il est facile de voir que les traces, qui se forment dans le centre ovale, ont communication avec l'origine des nerfs : mais il y a bien plus de peine à concevoir quelle est la liaison ou la sympathie qui se trouve entre plusieurs nerfs, par laquelle un seul objet agissant sur un seul organe produit en même temps des mouvements différents dans diverses parties du corps. Voicy en général quelle est cette sympathie.

Il y a plusieurs fibres des nerfs de la troisiéme & de la cinquiéme paire, qui environnent les troncs des nerfs optiques, & qui vont s'inférer dans la tunique uvée, & sclérétique ; c'est ce qui fait que la vûë s'affoiblit dans les mouvements convulsifs des yeux, parce que ces fibres serrent les principes des nerfs optiques, & empêchent par ce moyen que les esprits animaux n'y coulent.

Les nerfs de la cinquiéme paire sont composés de plusieurs fibres, dont les unes sont plus molles & les autres plus dures, & qui, quoy qu'unies ensemble, peuvent estre facilement séparées, de telle sorte que leur tronc près de son origine, n'est autre chose qu'un faisseau de plusieurs nerfs qui se vont inférer en différentes parties du corps : Ces nerfs forment aux côtés de la selle du Turc un grand *Plexus* qui est attaché à l'os pétreux par le moyen de la dure mere ; ce *Plexus* ou cette liaison des fibres nerveuses semble estre faite principalement pour établir quelque sympathie entre toutes les parties, où ces fibres se vont inférer ; c'est par cette liaison que l'odeur, ou la simple vûë d'une chose qui plaît au gout, fait couler la salive dans la bouche ; Que les différentes traces qui sont excitées dans le cerveau, causent différents mouvements dans les parties intérieu-

1.
D'où vient que la vûë d'une chose qui a plû au gout fait couler la salive.

res du corps ; & enfin que les différents caractères des paſſions de l'ame ſont imprimés dans toutes les parties du viſage.

2. D'où vient la ſympathie qui ſe trouve entre l'oüie & les parties intérieures du corps.

Les nerfs de la ſeptiéme paire ſont unis par la plus molle de leurs branches avec les racines de la paire vague, d'où vient cette grande ſympathie qui ſe trouve entre l'oüie & les parties intérieures du corps, dans leſquelles les nerfs de la paire vague ſe vont répandre ; ce qui fait que non ſeulement le cerveau, mais encore les entrailles & pluſieurs autres parties du corps, ſouffrent différents mouvements, ſelon que différents ſons frappent les oreilles ; c'eſt delà que vient ce grand penchant qu'on a à danſer, lorſqu'on entend joüer du violon.

Le rameau dur de la ſeptiéme paire s'eſtant diviſé en deux branches, envoye une des fibres de la ſeconde branche dans la langue, d'où elle va s'inférer dans une des productions des nerfs de la cinquiéme paire ; ce qui établit la ſympathie qui eſt entre la langue & l'oreille, par laquelle le ſeul nom d'une choſe qui a plû au gout, en réveille l'appétit.

3. Pourquoy la 8. paire des nerfs s'appelle, la paire vague.

Il n'y a rien de plus néceſſaire à ſçavoir que la diſtribution des nerfs de la huitiéme paire, & des nerfs intercoſtaux, parce que c'eſt d'eux que dépend la conſervation de l'animal ; les nerfs de la huitiéme paire ſervent à en diriger l'œconomie, & les nerfs intercoſtaux à la troubler : les uns & les autres ſe répandent preſque dans toutes les parties du corps ; d'où vient que la huitiéme paire s'appelle la paire vague. La paire vague & les nerfs intercoſtaux ne ſe joignent pas ſeulement enſemble auprès du cerveau, mais encore dans le ventre moyen & inférieur, ce qui a eſté fait apparemment pour établir la grande ſympathie qui eſt entre eux, & par leur moyen entre les parties dans leſquelles les nerfs intercoſtaux, & ceux de la paire vague s'inférent.

Les nerfs de la huitiéme paire ont communication avec ceux de l'oreille près de leur origine, d'où vient que différents ſons excitent différents mouvements dans le cœur, & dans toutes les parties qui en ſont voiſines.

4. D'où vient que l'ame profére différents ſons ſelon qu'elle eſt agitée par diverſes paſſions.

Il y a une branche de la huitiéme paire qui s'inſére dans les muſcles de l'œſophage, c'eſt cette branche qui fait la ſympathie qui ſe trouve entre l'organe de la voix, le cerveau & le ventre moyen & inférieur, à raiſon de laquelle la langue ſuivant les diverſes paſſions, qui poſſedent l'ame, produit des ſons différents qui marquent ces paſſions.

La huitiéme paire envoye des fibres qui lient & environnent les vaisseaux de la tête, sur tout les artères carotides & les veines jugulaires, & se vont inférer dans les membranes voisines de ces artères & de ces veines ; c'est là la raison pourquoy dans la crainte, qui procède de quelque bruit excité tout à coup, & dans toute appréhension de quelque danger, le cerveau tourne comme en rond; delà vient encore que dans les passions violentes les uns pâlissent & les autres rougissent, selon que les fibres de ces nerfs serrent plus ou moins les veines jugulaires & les artères carotides, le visage pâlit lorsque les artères sont trop serrées, & il rougit lorsque ces fibres serrent trop les veines. Que s'il arrive que par une crainte excessive les artères carotides & les veines jugulaires soient tellement serrées, que le commerce, qui est entre le cerveau & le cœur, soit entierement interrompu, il faut nécessairement que l'animal périsse.

5. D'où vient que dans les passions violentes les uns pâlissent & les autres rougissent.

La quatriéme production du rameau gauche de la huitiéme paire, qui constituë le nerf recurrent gauche, envoye dans le cœur des fibres qui établissent la sympathie qui est entre luy & la trachée artère en plusieurs occasions, sur tout dans le chanter, dans le rire, & dans le pleurer.

Le nerf gauche de la huitiéme paire, après plusieurs détours, envoye une grosse branche au nerf droit de la même paire, & sortant ensuite de la région postérieure du cœur, perce le Diaphragme, & va répandre dans l'orifice supérieur de l'estomach quelques fibrilles, qui se joignant avec celles du nerf de l'autre côté, qui viennent à leur rencontre, établissent une si grande sympathie entre le cœur & l'estomach, que quand l'orifice supérieur de celuy-cy est trop piquoté, l'autre tombe en défaillance.

6. D'où vient la sympathie qui est entre le cœur & l'estomach.

Les nerfs intercostaux sont appellés ainsi, à cause qu'ils sont adhérants à la racine des côtes, ces nerfs tirent leur origine des nerfs de la cinquiéme & sixiéme paire, le tronc du nerf intercostal n'estant autre chose qu'un assemblage d'un des nerfs de la sixiéme paire, & de deux rameaux de la cinquiéme, qui se joignent aux côtés de la selle du tronc. La communication que ce nerf a avec la huitiéme paire établit cette grande sympathie qui est entre le cerveau & les parties du moyen & du bas ventre, & qui fait que les différentes dispositions du cerveau,

7. D'où viennent les chângements que souffrent les parties du visage, selon que les parties du bas ventre sont diversement muës.

caufent différents mouvements dans ces parties, & réciproquement que les différents mouvements de ces parties caufent différentes difpofitions dans le cerveau, & différentes idées dans l'ame ; c'eft pour cela que les yeux, les lèvres, & les autres parties du vifage, dans lefquelles les nerfs de la cinquiéme & de la fixiéme paire fe vont inférer, fouffrent différents changements, felon que les parties du bas ventre font diverfement mûës.

8. *D'où vient la fympathie qui eft entre le gofier & les paffions hyftériques.*

Les *Plexus*, que les nerfs intercoftaux & les nerfs de la huitiéme paire font dans la tête, ont communication enfemble par le moyen d'une fibre nerveufe qui établit la fympathie qui eft entre le gofier & les paffions hyftériques & hypocondriaques, & fait que ceux qui font atteints de ces paffions, ont peine à refpirer, & fentent au gofier comme une tumeur qui reffemble à un corps rond.

Les nerfs intercoftaux lient l'une & l'autre veine axillaire, d'où vient que quand ces nerfs font en convulfion, les bras deviennent froids : or la nature femble avoir ainfi lié les deux artères axillaires, afin que les entrailles dans lefquelles les nerfs intercoftaux font répandus, ne manquent pas de fang, lequel y doit couler d'autant plus fort, que ces deux artères font ferrées plus étroitement.

9. *Pourquoy quand les nerfs intercoftaux font en convulfion, on urine plus fréquemment.*

Les nerfs intercoftaux, qui compofent le *Plexus* des reins, embraffent les deux artères émulgentes & les lient en différentes manieres ; d'où vient que dans une grande fiévre, où les nerfs intercoftaux font en convulfion, on urine plus fréquemment, en plus grande abondance, & même avec douleur.

10. *D'où vient la tumeur que les paffions hyftériques caufent autour du nombril.*

Les nerfs intercoftaux, qui compofent le *Plexus* méfentérique moyen, répandent leurs fibres dans le Méfentère, dans les Inteftins, dans les Tuniques de la grande Artère defcendante, & même dans celles de la Veine-cave afcendante, & ceux qui compofent le plus bas *Plexus*, répandent les leurs dans les Membranes qui font couchées fur les Vertèbres des Lombes & de l'os *Sacrum*, dans les Tuniques de l'inteftin droit, de la veffie, & deplus dans les tefticules & dans la matrice des Femmes. D'où vient que dans les affections hyftériques la tête, le ventre moyen & inférieur, & toutes les autres parties du corps tombent en convulfion ; par exemple, fi la matiere qui caufe la fermentation dans les tefticules ou dans la matrice, eft fi acre

qu'elle

LIVRE HUITIE'ME. *PARTIE III.* 337

qu'elle excite une autre fermentation dans le *Plexus* méfentérique inférieur, dés auſſi-tôt les eſprits animaux, qui ſont dans le ſupérieur & dans le moyen, ſe fermenteront auſſi, & par ce moyen mettant en contraction tous les nerfs méſaraïques, ils aſſembleront autour de l'ombilic les inteſtins, & feront paroître une tumeur, que les ignorants prennent pour la matrice même, qui eſt montée en ce lieu là.

    Voilà en général quelle eſt la ſympathie des nerfs, ceux qui en voudront avoir une connoiſſance plus ample & plus exacte, pourront recourir à la Neurologie de M. Vieuſſens. * Car pour nous, il nous ſuffit d'en avoir expliqué tout ce qui eſt néceſſaire pour l'intelligence des paſſions de l'Ame, dont nous allons parler.

* Liv. 3.

LA PHYSIQUE
OU
LA CONNOISSANCE
DES CORPS NATURELS,
& de leurs Propriétés.

LIVRE HUITIEME.
De l'Homme & de ses Propriétés.

QUATRIEME PARTIE.
Des Passions de l'Ame, & des causes Physiques de leurs fonctions.

CHAPITRE PREMIER.
Des Passions de l'Ame en général, & de leurs causes Physiques.

I.
Que les Passions sont des sentimēts que l'Ame rapporte à elle-même.

APRE's ce qui vient d'estre dit des fonctions des Sens, de l'Imagination, du Jugement, de la Raison & de la Mémoire ; il n'y a plus, ce semble, qu'un pas à faire pour arriver à la connoissance des fonctions des passions de l'Ame ; car comme nous sçavons par expérience que l'Ame rapporte tous les sentiments qu'elle reçoit, au dehors, vers les objets qui les causent, ou à quelque partie du corps, auquel elle est unie, ou à soy-

même : puis que nous avons déja attribué aux sens toutes les manieres de sentir que l'Ame rapporte aux dehors, ou à quelque partie de son corps, nous devons reconnoître que tous les sentiments de l'ame, qu'elle rapporte à soy-même, appartiennent aux passions.

Mais la question est de sçavoir quelles sont les causes qui produisent ces sentiments dans l'ame, si ce sont les objets considérés en eux-mêmes, ou les rapports qui sont entr'eux, ou les rapports qu'ils ont avec nous. Or ce ne sont pas les objets considérés en eux-mêmes, parce que nous sçavons par expérience, qu'il y a plusieurs objets que nous considérons sans aucune passion. Ce ne sont pas non plus les rapports qui sont entre les objets, parce que nous voyons encore ces rapports sans en estre émûs ; nous voyons, par exemple, sans émotion que les deux moitiés d'une pomme sont égales, qu'une maison est plus grande qu'une chambre, &c. Il reste donc que ce sont les rapports que les objets ont avec nous qui produisent dans l'ame les sentiments des passions.

2. Que les passions de l'ame dépendent, non des objets extérieurs, mais du rapport de convenance, ou de contrariété qu'ils ont avec nous, ou d'un rapport de nouveauté.

Et parce que tous les rapports que les objets ont avec nous, se réduisent en général à trois, sçavoir, aux rapports de convenance, aux rapports de disconvenance, & aux rapports de nouveauté ; il faut nécessairement conclure que toutes les fonctions des passions de l'ame dépendent, ou des objets qui nous conviennent, ou de ceux qui nous sont contraires, ou de ceux qui sont nouveaux à nôtre égard.

En effet, nous sçavons par expérience, que la nature a tellement lié les traces de ces objets avec le cours des esprits, qui est nécessaire pour fuïr, ou pour suivre ceux qui sont convenables, ou contraires, ou pour considérer avec attention ceux qui sont nouveaux, qu'il est impossible que ces traces soient imprimées dans le centre ovale, sans que l'ame se sente émûë de quelque passion ; c'est pourquoy, si la peur fait mouvoir les pieds pour fuïr, & si la hardiesse dispose les bras à se défendre, ou à attaquer ; cela dépend uniquement de l'étroite correspondance que l'Auteur de la nature a mise entre la grandeur, la figure, ou la situation des traces que les objets de ces passions ont imprimées, & les membres qui doivent estre mûs pour le bien du corps, lequel est le but principal de toutes les passions de l'ame.

3.
Définition des passions de l'ame en général.

Ainsi, pour comprendre toutes les fonctions des passions de l'ame sous une idée bien nette, il faut dire *qu'elles sont des sentiments, ou des émotions de l'ame, qu'elle rapporte particulierement à elle, qui sont causées par des objets extérieurs nouveaux, ou par des objets extérieurs conformes ou contraires à nôtre nature, & qui sont entretenuës & fortifiées par un cours des esprits animaux qui dépend de quelque agitation particuliere du cœur, ou de quelque mouvement inusité du cerveau.*

4.
Explication de cette définition.

Je dis 1. *Que les fonctions des passions sont des sentiments,* parce que ce sont des connoissances qui dépendent de l'étroite liaison qui est entre le corps & l'ame, & qu'elles ne sont pas autrement excitées dans l'ame que les autres sensations, ni autrement connuës par elle. Je dis 2. *Qu'elles sont des émotions de l'ame,* parce que nous sçavons par expérience, que nous n'avons point de façons de penser, qui agitent l'ame si fort que les passions. Je dis 3. *Que nous les rapportons particulierement à l'ame,* afin de les distinguer de nos autres sentiments que nous rapportons ou aux objets extérieurs, ou à quelques parties de nôtre corps. Je dis 4. *Qu'elles sont causées par des objets nouveaux, ou par des objets conformes ou contraires à nôtre nature,* pour expliquer leur premiere cause. Et je dis enfin, *Qu'elles sont entretenuës & fortifiées par un cours des esprits animaux qui dépend de quelque agitation particuliere du cœur, ou de quelque mouvement inusité du cerveau,* tant pour marquer leur derniere & plus prochaine cause, que pour les distinguer encore des autres sentiments, qui ne sont pas ainsi entretenus & fortifiés par un mouvement particulier du cœur, ni par une impression inusitée du cerveau.

5.
Pourquoy les objets produisent des passions différentes, selon qu'ils sont conformes ou contraires à nôtre nature.

Cette définition estant supposée, pour découvrir ensuite pourquoy, selon que les traces des objets sont conformes ou contraires à nôtre constitution naturelle, elles produisent des émotions différentes dans l'ame ; il n'y a qu'à considérer que la nature nous ayant donné les passions pour nous conserver, elle a tellement lié les traces qui sont imprimées par des objets conformes ou contraires à nôtre nature, avec le cours des esprits, qui est nécessaire pour suivre ou pour fuïr ces objets, qu'il est impossible que ces traces soient réveillées dans le centre ovale, soit par les sens, soit par l'imagination, sans que l'ame soit émûë d'amour, ou de haine pour ces objets.

Je dis, *par les sens ou par l'imagination*, pour marquer que l'émotion des esprits, d'où dépendent les passions, ne suit pas seulement des traces qui sont actuellement formées par les objets extérieurs, mais encore de celles qui sont seulement r'ouvertes par les esprits animaux, lors que les objets n'agissent plus, comme il paroît de ce qu'entre toutes les choses qui nous ont émûs par leur présence, il n'y en a pas une seule dont le simple souvenir ne puisse nous émouvoir, lors qu'elle est absente.

6. *Comme la seule imagination peut réveiller les passions de l'ame.*

CHAPITRE II.
De l'origine des Passions en général.

IL n'y a personne qui ne puisse avoir observé que quand il a une fois attaché quelque idée à un certain nom, comme par exemple, l'idée qu'il a de l'Estre parfait, à ce nom là, *Dieu*, il ne sçauroit plus par après l'entendre prononcer sans que l'idée qu'il y a jointe, ne revienne dans l'ame; & de même aussi quand cette idée se représente à l'ame, elle se ressouvient en même temps du nom qu'on y a attaché.

1. *Comment les passions se sont formées.*

Or si estant adultes nous avons bien la force de lier nos idées à certains mouvements du cerveau, & de faire par ce moyen que les uns & les autres s'entresuivent sans se quitter presque jamais, je ne pense pas qu'il y ait lieu de douter que les premieres pensées que nous avons euës en naissant, & un peu après que nous sommes nés, ne doivent estre bien plus unies aux mouvements du cerveau qui les ont excitées, & à l'occasion desquels nous les avons euës la premiere fois : & que les premiers mouvements, qui ont alors suivy & accompagné nos idées, ne leur doivent aussi estre bien plus unis ; car outre que c'est la nature, & non pas nôtre volonté, qui a causé cette union, le cerveau estant alors extrémement mol & humide, les traces que les objets intérieurs y ont imprimées, & les chemins que les esprits animaux s'y sont faits peu de temps après sa formation, sont sans doute bien plus ouverts, mieux gravés, & plus libres que ne sont ceux qu'ils font long-temps après, lorsque le cerveau est devenu plus dur & plus ferme, & qu'il est presque tout remply des traces, que les objets extérieurs y ont laissées.

V u iij

Et parce que toutes les pensées que nous avons euës alors, n'ont point eu d'autres objets que les choses, qui faisoient du bien ou du mal à nôtre corps, & qui disposoient ainsi l'ame par les loix de l'union à vouloir s'y unir, ou à s'en séparer, cela a esté cause que le même mouvement des esprits animaux qui a averti l'ame de la présence de ces objets convenables, ou contraires, a esté suivi immédiatement de celuy qui estoit nécessaire pour fuïr, ou pour rechercher ces objets, & il s'y est tellement uni, que lors qu'il s'offre encore à présent quelque objet convenable ou contraire, quoyque d'une nature totalement différente de ces premiers objets, les esprits animaux, qui coulent dans la trace qu'il a imprimée, sont conduits infailliblement dans les parties qui ont servi autrefois à nous unir à l'objet de nôtre premier amour, ou à nous séparer de l'objet de nôtre premiere aversion.

2. *Que les passions ne dépendent pas immédiatement de nôtre volonté, mais des traces que les choses convenables ou contraires, ont excitées dans le centre ovale.*

Nous expérimentons aussi tous les jours que ce n'est pas en voulant avoir telles ou telles passions, mais en excitant ce premier mouvement, & en nous réprésentant quelque chose d'agréable ou de desagréable, que nous avons le pouvoir d'exciter le cours des esprits animaux dans lequel consiste la passion d'amour ou d'aversion, que nous voulons avoir. C'est encore par la même raison que quand nous voulons nous opposer à une passion, nous sommes obligés d'employer des moyens semblables à ceux qui ont servi à la produire ; c'est à dire, à nous réprésenter des choses qui forment dans le centre ovale des traces, dont la grandeur, la figure & la situation sont telles, qu'elles conduisent les esprits animaux dans les nerfs destinés à donner aux corps des mouvements contraires à ceux que la premiere passion y avoit excités.

CHAPITRE III.

De l'origine, de la nature, & des effets de l'Amour & de la Haine.

1. *Que l'amour & la haine commencèt dans le sein de nos meres.*

SUIVANT ce qui vient d'estre dit dans le Chapitre précédent de l'origine des passions en général, il y a lieu de croire que puisque l'amour & la haine sont deux passions de

LIVRE HUITIEME. *PARTIE IV.*

l'ame, qui ont pour objet le bien du corps, elles commencent lorsque nous sommes encore dans le sein de nos meres, & qu'elles dépendent principalement de ce qu'il y a dans le fœtus un chyle ou un aliment plus ou moins convenable que l'ordinaire.

En effet, lorsque le chyle est un aliment plus convenable que de coûtume, la fermentation qui s'en fait dans le cœur, est cause qu'il agite les petits nerfs, qui y vont, un peu plus fort qu'à l'ordinaire, mais d'une maniere agréable, à cause que ce mouvement est égal & uniforme; ce qui donne occasion à l'ame de s'unir de volonté à l'objet qui cause ce mouvement; c'est à dire, de concevoir pour ce sujet un amour dans lequel elle est confirmée par l'arrivée des esprits qui s'engendrent de ce nouveau chyle, lesquels trouvant la partie du cerveau qui a esté remüée, plus disposée à les recevoir que toutes les autres, ils y coulent fort promptement, & par ce moyen tiennent en mouvement cette partie; ce qui oblige l'ame à perséverer dans le premier amour qu'elle a pour ce chyle.

2. Comment l'amour commence.

Par une raison contraire, la premiere haine doit estre produite par un chyle mal digéré, qui estant venu dans le cœur s'y fermente imparfaitement, & montant ensuite jusqu'au cerveau s'y convertit en des esprits animaux, si peu conformes à l'état naturel du centre ovale, que les chemins qu'ils se forment pour aller dans les nerfs les conduisent infailliblement, suivant l'institution de la nature, dans les muscles qui servent à repousser ce chyle mal digéré vers les intestins & vers l'estomach, où il achève de se corrompre, & d'où il sort quelquefois par le vomissement.

3. Comment la haine.

Il n'y a pas de doute que les mouvements du cerveau d'où dépendent ces deux premieres passions, sont beaucoup fortifiés par les passions d'amour ou de haine, dont la mere est agitée pendant qu'elle porte l'enfant dans son sein; car comme elle est étroitement unie avec luy, il faut de nécessité qu'elle luy cause la même passion d'amour ou de haine dont elle est émüe; ce qu'elle ne peut faire qu'en produisant dans son centre ovale un cours d'esprits animaux, qui conspire avec celuy que le chyle y a produit, & qui rend par conséquent la partie du centre ovale, où se fait ce cours d'esprits, plus aisée à mouvoir.

4. Que les premieres passions de l'enfant sont beaucoup fortifiées par celles de la mere.

5.
Que les premieres passions des Enfants sont encore forifiées par les objets extérieurs, & comment.

Il est encore évident que tous les objets extérieurs, qui excitent ensuite dans le centre ovale des traces qui se joignent à ces premiers mouvements, doivent causer la même émotion dans les esprits, & par conséquent produire la même passion dans l'ame. Ainsi, par exemple, lors qu'un objet convenable frappe le cerveau par l'organe des sens, il produit dans le centre ovale un mouvement qui est si conforme à l'état naturel du cerveau, que la trace qui en résulte, se formant précisément en la partie qui a esté müe par le chyle, elle fait couler les esprits dans les mêmes muscles pour produire les mêmes mouvements, & par conséquent la même passion d'amour; de sorte que l'amour qui n'estoit causé, avant la naissance, que par un aliment convenable, qui entroit abondamment dans le cœur, & y excitoit plus de chaleur que de coutûme, est produit maintenant par tous les objets qui impriment des traces, qui se forment dans les parties du centre ovale, qui ont esté müës par un chyle convenable.

Par la même raison, lors qu'un objet disconvenable frappe les sens, il meut les fibres du centre ovale d'une maniere si contraire, que la trace qui en résulte se formant dans la même partie du centre ovale, dont l'ébranlement a causé la haine, elle conduit infailliblement les esprits animaux par les mêmes nerfs dans les mêmes muscles, & produit par conséquent la même passion d'aversion.

6.
En quoy l'amour & la haine different du côté du corps.

L'amour & la haine different donc du côté du corps, en ce que dans l'amour les esprits animaux coulent par les nerfs intercostaux & par ceux de la 8. paire dans les fibres du cœur & dans les muscles qui servent à élargir les arteres, les veines, & l'orifice du conduit thorachique, afin que le chyle & le sang coulent avec plus d'abondance vers le cœur, & qu'en s'y fermentant d'une maniere plus loüable qu'à l'ordinaire, ils puissent faire des esprits propres à entretenir l'amour, & par conséquent le bon état, auquel le corps se trouve alors; au lieu que dans la haine les esprits coulent d'une maniere toute contraire, sçavoir par quelques branches des mêmes nerfs, partie dans les muscles de l'estomach & des intestins, pour empêcher que le chyle ne se mêle avec le sang en resserrant les ouvertures du conduit thorachique, partie dans les petits nerfs qui servent à

resserrer

LIVRE HUITIE'ME. PARTIE IV. 345

resserrer les veines pour empécher que le sang n'aille au cœur aussi abondamment qu'à l'ordinaire, & partie dans les petits nerfs de la Rate & de la région inférieure du Foye, où est le receptacle de la bile pour faire que les parties du sang qui ont coûtume d'estre rejettées vers ces endroits là, en sortent, & coulent avec celles qui sont dans les rameaux de la veine cave, vers le cœur. Ce qui cause beaucoup d'inégalités dans la chaleur du sang, parceque celuy qui revient de la Rate, ne se dilate, & ne se meut qu'avec peine ; au lieu que celuy qui vient de la vésicule du fiel, se dilate & se meut fort promptement ; ensuite dequoy les esprits qui se forment dans la substance grise du cerveau, ont aussi des parties inégales & des mouvements irréguliers, qui sont tres propres à entretenir & à fortifier le cours que l'objet de la haine leur à fait prendre ; ce qui entretient l'ame dans des pensées pleines d'aigreur & d'amertume pour l'objet qui les cause, & qu'elle hait.

Nous pouvons donc dire que l'Amour en général *n'est autre chose qu'une émotion de l'ame, qui l'incite à s'unir de volonté ou d'effet aux choses qui luy paroissent convenables, & qui est causée, entretenuë, & fortifiée par un cours d'esprits animaux, qui dépend de ce que la trace de l'objet aymé est liée avec les branches des nerfs intercostaux, & avec celles des nerfs de la 8 paire qui se répandent dans le cœur, & dans les Muscles qui servent à élargir les artères, les veines, & l'orifice du conduit thorachique, afin que le sang & le chyle coulent avec plus d'abondance dans le cœur.*

7.
Ce que c'est que l'amour.

Je dis en premier lieu, que *l'Amour n'est autre chose qu'une émotion de l'Ame*, pour marquer que j'entends définir l'Amour, & non pas la simple puissance d'aimer. Je dis en second lieu, *qui l'incite à s'unir de volonté ou d'effet*, pour distinguer l'amour de la haine, qui porte l'ame à se séparer des choses. Ie dis en 3. lieu, *qui nous paroissent convenables*, pour faire entendre que l'amour ne regarde que le bien apparent ou véritable. Je dis en dernier lieu, *& qui est causée par un cours d'esprits, qui dépend de ce que la trace de l'objet aymé est liée avec les branches des nerfs imtercostaux & avec celles des nerfs de la 8.paire, qui se répandent dans le cœur & dans les Muscles qui servent à élargir, &c.* pour distinguer l'amour de la haine.

La haine au contraire, n'est autre chose qu'une *émotion de l'ame, qui l'incite à se séparer de volonté ou d'effet, des choses qui*

8.
Ce que c'est que la haine.

Tome III. X x

luy paroissent contraires, & qui est causée, entretenüe, & fortifiée par un cours d'esprits, qui dépend de ce que la trace de l'objet que l'ame hait, est liée avec les branches des nerfs intercostaux & des nerfs de la 8. paire, qui se répandent dans les intestins, dans la Rate & dans le Foye, &c. pour empêcher que le sang n'aille au cœur aussi abondamment qu'à l'ordinaire.

Je dis en premier lieu, *Que la haine est une émotion de l'Ame*, pour marquer ce qu'elle a de commun avec l'amour. Je dis en second lieu, *Qui l'incite à se séparer de volonté ou d'effet*, pour signifier ce qu'elle a de particulier ; & j'ajoûte, *Qui est causée par un cours d'esprits, qui dépend*, &c. pour faire entendre que la haine dépend d'un objet & d'une trace aussi réels & aussi positifs que l'amour ; & qu'il n'y a pas plus de raison de dire que la haine est une privation de l'amour, que de dire que l'amour est une privation de la haine, estant certain que l'amour & la haine sont deux passions tres-réelles & tres-positives.

9.
Quelles sont les proprietés de l'amour.

La nature de l'amour & de la haine estant telle que nous venons de dire, il sera aisé d'en déduire les propriétés qui suivent. La premiere est, que dans l'amour le poux doit estre plus grand & plus fort que de coûtume, parce que la trace de l'objet aimé conduit les esprits par les nerfs de la huitiéme paire dans les muscles qui poussent le sang vers le cœur plus qu'à l'ordinaire.

La seconde est que la trace de l'objet aimé estant fort profonde, peut envoyer tant d'esprits dans le cœur, & celuy-cy pousser tant de sang vers le cerveau que les esprits qui en résultent, ne pouvant estre conduits réglément dans les muscles, coulent tantôt dans l'un & tantôt dans l'autre; ce qui est cause que toutes les parties du corps sont mûës sans mesure; c'est à dire, qu'elles tremblent comme il arrive dans les violentes passions d'amour.

La troisiéme, que la trace de l'objet aimé peut estre si profonde, & la liaison qu'elle a avec les nerfs intercostaux & avec ceux de la huitiéme paire, si uniforme; que les esprits coulant également dans les muscles qui servent au mouvement, le corps demeure immobile, & tombe dans ce qu'on appelle *Langueur*.

LIVRE HUITIE'ME. *PARTIE IV.* 347

La quatriéme, que ceux, en qui le cerveau peut conferver plus long-temps les traces de l'objet aimé, font les plus conftants, parce que ces traces eftant plus long-temps ouvertes, ou du moins retenant la facilité de l'eftre, donnent lieu aux efprits animaux qui font dans le centre ovale, d'y couler plus long-temps, & de conferver par ce moyen l'idée de l'amour.

Il faut ajoûter que la difpofition du fang peut eftre telle en certaines perfonnes, que les efprits qui en font formés, ont la figure & le mouvement convenables pour couler par ces traces; d'où il s'enfuit que ceux qui ont le cerveau fort moû, & par conféquent peu capable de conferver long-temps les mêmes traces, font peu conftants, & que les moins conftants de tous font ceux, qui à cette difpofition du cerveau joignent celle du cœur & du fang, de laquelle il vient d'eftre parlé. C'eft par cette raifon que les fanguins aiment d'ordinaire moins conftamment que les mélancoliques.

La cinquiéme, que fi on éloigne de la vûë de celuy qui aime, la chofe dont il eft paffionné, ou fi on luy en propofe une plus agréable, à mefure que celle qui luy a donné de l'amour fe préfentera pour réveiller fon defir, on pourra diminuër & même faire perdre tout fon premier amour, parce que les efprits venant à couler par la trace du nouvel objet incontinent après avoir coulé par celle de l'ancien, & à y repaffer fouvent, fi cet objet eft fouvent préfenté, ils abandonneront enfin par habitude la premiere trace pour fe porter dans la feconde: ce qui fera caufe que l'ame perdra l'idée du premier objet, & qu'elle fera toute remplie de paffion pour le fecond.

La fixiéme, que l'amour doit eftre plus grand à proportion que les efprits coulent avec plus d'abondance & de facilité par les traces defquelles il dépend : Or les efprits coulent ainfi à mefure que les petits chemins qui les conduifent dans ces traces font plus grands & plus ouverts ; d'où il s'enfuit que l'amour doit croître par degrés, comme l'expérience le confirme.

Il y a beaucoup d'autres effets de l'amour, dont nous ne difons rien, parce qu'ils dépendent en partie de quelques autres paffions qui font jointes à l'amour, comme de l'efpérance, de la joye, de la triftefle, & principalement du defir, dont nous n'avons pas encore parlé.

20.
Quelles sont les propriétés de la haine.

Quant à la haine, puis qu'elle dépend immédiatement d'un mouvement du sang & des esprits opposé à celuy, qui produit l'amour, elle doit avoir aussi des effets tout contraires; c'est à dire, que dans la haine le poux doit estre plus petit & plus inégal, l'estomach doit cesser de faire son office, & il doit corrompre & convertir en mauvaises humeurs les viandes qu'on a mangées. Ce que l'expérience confirme.

CHAPITRE IV.

Que l'Amour & la Haine prennent des noms différents selon la diversité de leurs effets.

1.
Ce que c'est que la bienveillance, l'amitié, l'affection & la dévotion.

COMME l'amour agit diversement, on luy donne aussi des noms qui répondent à la diversité de ses effets. Ainsi, parce que dés qu'on se joint de volonté à un objet, on joint aussi à luy tout ce qu'on croit luy estre convenable, par cette raison on donne à cet amour le nom de *Bien-veillance*; tel est l'amour qu'un pere a pour ses enfants, lequel ne regarde principalement que leur avantage, & qui ne veut point les posseder autrement qu'il fait, en recherchant leur bien comme le sien propre. Je dis, *principalement*, pour marquer qu'absolument parlant, il n'y a point d'amour qui ne regarde directement ou indirectement le bien de celuy qui aime.

Deplus, si nous estimons l'objet de nôtre amour, moins que nous-mêmes, nous n'avons pour luy qu'une simple *affection*. Si nous l'estimons autant, nous avons de l'*Amitié*, & si nous l'estimons plus que nous-mêmes, la passion que nous avons s'appelle *Dévotion*, d'où il s'ensuit qu'on peut avoir de l'affection pour une fleur, pour un oiseau, pour un cheval; mais on ne peut avoir de l'amitié pour les hommes qui sont tellement l'objet de cette passion, qu'il n'y a point d'homme si imparfait qu'il soit, pour qui on ne puisse avoir une parfaite amitié, lors qu'on pense qu'on en est aimé, & qu'on a l'ame véritablement généreuse.

Pour ce qui est de la dévotion, son principal objet est sans doute la Divinité, à laquelle on ne sçauroit manquer d'estre dévot, quand on la connoît comme il faut, & qu'on sçait

LIVRE HUITIÉ'ME. *PARTIE IV.* 349

qu'on la doit regarder comme le plus grand de tous les biens, entant qu'elle est la source & l'origine de tous les autres. On peut aussi avoir en quelque sorte de la dévotion pour son Prince, pour sa patrie, pour sa ville, & même pour un homme particulier, lors qu'on l'estime beaucoup plus que soy-même, mais alors la dévotion se prend dans un sens impropre.

La différence qui est entre ces sortes d'amour, paroît principalement dans leurs effets ; car comme dans toute sorte d'amour on se considère comme joint de volonté, ou d'effet à la chose qu'on aime, on est aussi toûjours prêt d'abandonner la moindre partie du tout qu'on compose avec elle pour conserver l'autre ; ce qui est cause que dans la simple affection, l'on se préfère toûjours à ce que l'on aime ; on se préfère, par exemple, à une fleur, à un chien, à un cheval. Au contraire, dans la véritable dévotion on estime tellement la chose aimée, qu'on ne craint pas de s'exposer à la mort pour son intèrest, on ne craint pas même de mourir effectivement pour la gloire de Dieu. Enfin, dans l'amitié on cherit également les intèrests de ses amis & les siens propres, & l'on ne préfère jamais les derniers que dans l'extrème nécessité.

2. Quels sont les effets de ces différentes sortes d'amour.

Quoy que la haine soit directement opposée à l'amour, on ne luy donne pas néanmoins autant de noms différents à cause qu'on ne remarque pas tant la différence qui est entre les maux, dont on se sépare de volonté, qu'on remarque celle qui se rencontre entre les biens ausquels on se joint. Mais comme l'amour s'appelle proprement *Amour*, lors qu'il a pour objet des choses que la raison a réprésentées comme bonnes, & qu'il prend le nom d'*Agrément*, lors qu'il a pour objet des choses, que les seuls sens réprésentent comme convenables. La haine retient aussi proprement le nom de *Haine*, lors qu'elle regarde des choses que la raison a réprésentées comme nuisibles, & elle prend le nom d'*Horreur* ou d'*Aversion*, lors qu'elle regarde des objets que les sens ont réprésentés comme disconvenables. D'où vient qu'on appelle *Bon* ou *Mauvais*, ce que la raison propose comme convenable, ou disconvenable à nôtre nature, & qu'on nomme *Beau* ou *Laid*, ce qui nous est ainsi réprésenté par les sens, & principalement par celuy de la vûë, qui seul en cecy est plus considéré que tous les autres.

3. Que l'amour diffère de l'agrément, & la haine de l'horreur, & en quoy.

X x iij

L'*Agrément* & l'*Horreur* font donc deux paſſions beaucoup plus violentes que l'amour & la haine, à cauſe que les ſenſations touchent l'ame beaucoup plus vivement que les raiſonnemens; ce ſont auſſi de toutes les paſſions celles, qui trompent le plus, & dont on doit plus ſoigneuſement ſe garder ; car ſi preſque tous les hommes abandonnent leur devoir pour ſuivre leurs paſſions, cela vient principalement de ce que la ſeule raiſon leur répréſente leur devoir : au lieu que les ſens leur répréſentent les objets de leurs paſſions d'une maniere plus vive, plus conſtante & plus accoûtumée, comme il a eſté remarqué dans la Métaphyſique. *

Pourquoy l'agrément & l'horreur ſont plus violents que l'amour & la haine.

* Liv. 2. Part. 2. Chap. 19. Art. 4.

CHAPITRE V.

De la Nature, de l'origine & des effets de la Joye, de la Triſteſſe, & du Deſir, qui ſont des eſpèces d'Amour & de Haine.

1.
Qu'il ne faut établir qu'autant d'eſpèces d'amour & de haine, qu'il y a d'idées acceſſoires, qui accompagnent l'idée principale du bien & du mal.

Nous ne multiplions pas les eſpèces d'amour ſelon la diverſité des objets, que nous aimons, parce qu'un ſeul objet les peut cauſer toutes, & que dix mille objets peuvent n'en cauſer qu'une : Car quoyque les objets ſoient différents entr'eux, ils ne ſont pas toujours tels par rapport à nous, & ils n'excitent pas par conſéquent toûjours des paſſions différentes. Par exemple, un gouvernement de Province eſt différent d'un Evêché, cependant ces deux dignités excitent à peu près dans les ambitieux la même paſſion, parce qu'elles réveillent dans l'ame une même idée du bien : mais un gouvernement de Province accordé, poſſédé, ôté, produit des paſſions toutes différentes, à cauſe qu'il réveille dans l'ame des idées du bien différemment circonſtantiées ; d'où il s'enſuit qu'il faut établir autant d'eſpèces d'amour & de haine qu'il y a d'idées acceſſoires qui accompagnent l'idée principale du bien & du mal, & qui la changent notablement à nôtre égard. Ainſi, par exemple, l'idée d'un bien qu'on poſſède produira une joye qui ſera une eſpèce d'amour, & l'idée d'un bien qu'on ne poſſède pas, mais qu'on peut poſſeder, produira un deſir qui ſera encore une autre eſpèce d'amour.

LIVRE HUITIE'ME. PARTIE IV.

Par la même raison l'idée d'un mal, dont on est attaqué, produira la tristesse qui est une espèce de haine, & l'idée d'un mal, dont on n'est pas atteint, & duquel on se peut garantir, produira le desir de s'en délivrer, qui est encore une espèce de haine.

Quant à l'origine de ces passions, comme la joye & le desir ne sont autre chose que l'amour même considéré entant qu'il possède son objet, ou qu'il le peut seulement posseder, il ne faut pas douter que la premiere joye & le premier desir ne soient produits dans le sein de nos meres. La premiere joye y est produite, lors qu'un chyle loüable & bien digéré forme dans le centre ovale des mouvements si conformes à son état naturel, qu'ils sont suivis d'un cours des esprits qui excite une émotion agréable, qui réprésente à l'ame que l'objet qui la cause, est une chose qui luy convient.

2. Que la premiere joye & le premier desir sont produits dãs le sein de nos meres, & comment.

Pour le premier desir, il est produit, lors que ce chyle loüable & bien digéré vient à manquer, parce qu'alors les esprits qui entretiennent son souvenir, en mouvant les mêmes parties du centre ovale qu'il a mûës, coulent dans toutes les parties du corps, mais particulierement dans le cœur & dans tous les endroits qui luy fournissent du sang, afin qu'en en recevant une plus grande abondance que de coûtume, il se forme une plus grande quantité d'esprits dans le centre ovale, tant pour y entretenir & fortifier les mouvements qui causent le desir, que pour passer delà dans tous les organes des sens & dans tous les muscles, qui peuvent servir à obtenir le chyle que l'Ame desire.

Deplus, comme la tristesse n'est que la haine même considèrée entant que l'ame ne se peut délivrer du mal qui la possède, il y a lieu de croire que la premiere tristesse est produite lorsque l'ame est nouvellement jointe au corps, & qu'elle dépend de ce qu'un chyle mal digéré cause des mouvements dans le centre ovale, si contraires à sa nature, que l'émotion des esprits animaux, dont ils sont suivis, produit un sentiment desagréable, qui réprésente à l'ame que le mal, dont elle est atteinte, luy appartient.

Ces trois ébranlements du centre ovale estant ensuite beaucoup augmentés par les différents cours des esprits que la joye, la tristesse, & le desir dont la mere est agitée pendant sa gros-

3. Que tous les objets qui ont du rap-

port avec ce-luy qui a causé la premiere joye, produisent la même passion, & pourquoy.

fesse, y ont causées, il ne faut pas s'étonner si tous les objets qui ont du rapport avec ce bon ou mauvais chyle, produisent des traces qui se forment dans les mêmes parties du centre ovale qu'il a muës, & qui causent par ce moyen de semblables passions.

Ainsi pour donner de justes idées de la joye, du desir, & de la tristesse, il faut dire que *la Joye est une agréable émotion de l'ame causée, entretenuë & fortifiée par un cours des esprits qui est institué de la nature pour répresenter à l'ame, que l'objet dont elle joüit, & qui cause sa passion, luy appartient.*

4. Ce que c'est que la joye.

5. Ce que c'est que la tristesse.

Que la Tristesse est une émotion desagréable causée, entretenuë & fortifiée par un cours des esprits, qui est institué de la nature pour répresenter à l'ame que l'objet qui la cause, est un mal qui luy appartient.

6. Ce que c'est que le desir.

Et enfin *que le Desir est une émotion de l'ame causée, entretenuë, & fortifiée par un cours des esprits qui est institué de la nature pour inciter l'ame à vouloir pour l'avenir les choses qui luy sont représentées comme convenables dans cette circonstance de temps.*

Je dis en premier lieu *que la joye est une émotion agréable,* pour marquer que c'est dans cette émotion que consiste la joüissance du bien que l'ame possede : car en effet, l'ame ne reçoit aucun autre fruit des biens, & pendant qu'elle n'a aucune joye, on peut dire qu'elle n'en joüit pas plus que si elle ne les possedoit point.

Je dis en 2. lieu, *causées, entretenuës & fortifiées par un cours des esprits,* pour signifier ce que la joye a de commun avec toutes les autres passions. Je dis en dernier lieu, *qui est institué de la nature pour répresenter à l'ame &c.* pour faire connoître ce que la joye a de particulier qui la distingue de la tristesse.

Je dis ensuite, *que le desir est une émotion de l'ame* pour marquer ce que le desir a de commun avec toutes les passions en général. J'ajoute, *causée, entretenuë & fortifiée par un cours des esprits, qui est institué de la nature pour répresenter les choses convenables.* Pour signifier ce que le desir a de commun avec l'amour en particulier ; & je dis en dernier lieu, *à vouloir pour l'avenir, &c.* afin de faire connoître ce que le desir a de particulier, qui le distingue de la joye & de la tristesse.

Ces définitions estant supposées, on en peut aisément déduire
ces

LIVRE HUITIE'ME. PARTIE IV.

ces conséquences. 1. Que dans la joye la couleur doit eftre plus vive & plus vermeille qu'à l'ordinaire, parce que le mouvement des efprits qui caufe cette paffion, ouvre les orifices du cœur, & ceux des branches des nerfs de la 8. paire qui lient les veines jugulaires, ce qui fait que le fang, qui eft retenu à la tête, enfle médiocrement toutes les parties du vifage; d'où vient l'air plus riant & plus gay.

7. Quelles font les propriétés de la joye.

2. Que la joye peut caufer la pamoifon ; car comme le mouvement qui la produit, ouvre extraordinairement les orifices du cœur, le fang des veines y entre quelquefois tout à coup en fi grande abondance, qu'il ne peut eftre pouffé affés fort pour lever les valvules, qui ferment les artères du cœur ; ce qui fait que fon mouvement eft arrêté pour quelque temps. Je dis *pour quelque temps*, pour marquer que la pamoifon ne diffère de la mort que par la durée ; car on meurt lors que le mouvement du cœur ceffe tout à fait, & l'on tombe feulement en pamoifon, lors qu'il ceffe de telle forte qu'il peut eftre de nouveau excité. Il y a plufieurs indifpofitions du corps qui peuvent faire tomber en défaillance, mais il n'y a que l'extrême joye entre toutes les paffions, qui ait ce pouvoir.

3. Que le ris ne peut compatir avec les grandes joyes, parce que le Poûmon reçoit tant de fang, tandis qu'elles durent, qu'il ne peut eftre long-temps dans l'expiration, ni par conféquent produire le ris, qui dépend uniquement de ce que les côtes s'abaiffant par fecouffes compriment le Poûmon de telle forte, qu'elles obligent l'air qu'il contient, d'en fortir auffi par fecouffes, ce qui fait qu'il produit en fortant cette voix éclatante & inarticulée qui compofe *le Ris*.

4. Que la joye doit eftre babillarde ; car comme la fource des penfées confifte dans l'imagination, & que toute l'activité de celle-cy dépend des efprits animaux, lors que ces efprits font en grand nombre, il eft néceffaire qu'ils produifent plufieurs penfées, lefquelles font fuivies d'un flux de paroles, à caufe que dans la joye l'ame cherche à fe répandre, & qu'il n'y a rien par où elle le puiffe faire auffi bien que par les paroles, qui font les véritables fignes des penfées. Voilà les principaux effets de la joye, voicy ceux de la trifteffe.

8. Quelles font les propriétés de la trifteffe.

1. Le poux doit eftre foible & lent dans les perfonnes triftes, parce que les humeurs de la Rate qui fe mêlent avec le fang

Tome III.   Y y

dans la tristesse le rendent moins propre à se fermenter.

2. Les personnes qui sont tristes, doivent pâlir, parce que la tristesse qui retarde le mouvement du sang, fait qu'il devient plus froid, plus épais & moins vermeil dans les parties du corps les plus éloignées, mais sur tout dans le visage, qui devient pâle & décharné, principalement lors que la tristesse est grande, ou qu'elle survient promptement, parce qu'alors les fibres des nerfs de la 8. paire serrant plus étroitement les artères carotides qu'à l'ordinaire, empêchent le sang de monter à la tête & au visage. Que s'il arrive quelquefois qu'on rougit estant triste, cet effet ne doit pas estre tant attribué à la tristesse qu'aux autres passions qui se joignent à elle, comme à l'amour, au desir, & quelquefois à la haine ; car comme les mouvements, qui causent ces passions agitent le sang, qui vient du Foye, de la Rate, des Intestins & des autres parties intérieures, ils le poussent aussi vers le cœur, & delà par la grande artère dans les veines du visage, sans que la tristesse qui tâche de retarder son mouvement, le puisse empêcher, excepté lors qu'elle est excessive. Mais bien qu'elle ne soit pas médiocre, elle peut empêcher aisément que le sang, qui est monté à la tête, ne descende vers le cœur, pendant que le desir, l'amour, & la haine y en poussent d'autre des parties inférieures. Ainsi, ce sang estant arrêté autour du visage le rend rouge. Cecy paroît principalement dans la honte qui est une passion composée de l'amour de soy-même, & d'un desir pressant d'éviter quelqu'infamie, qui est présente ; ce qui fait aller le sang des parties inférieures vers le cœur, & du cœur par les artères vers le visage, où il est arrêté par la tristesse qu'on a de se voir en danger de perdre son honneur, lequel on chérit quelquefois plus que la vie. Ce sont là les principaux effets de la tristesse. Et voicy enfin ceux du desir.

9.
Quelles sont les propriétés du desir.

1. Il doit estre fort ordinaire à ceux qui desirent ardamment quelque chose d'estre distraits, lors qu'on leur parle d'autre chose que de leur passion, ou qu'ils sont avec des personnes qui ne peuvent les y servir ; car comme les traces qui excitent le desir répresentent continuellement à l'ame l'idée de la chose qu'elle desire, & celle des moyens qui sont nécessaires pour l'acquérir, elle n'a plus la liberté d'écouter ce qu'on dit qui ne se rapporte pas à sa passion, d'où vient qu'elle se tait ou

qu'elle répond avec desordre. Ce qui va quelquefois à un tel excès, que l'ame est privée de l'usage des sens, & même ravie en extase.

2. L'agitation du corps, qui est si naturelle à ceux qui desirent ardamment, est une suite nécessaire du cours des esprits dans les muscles qui servent à rendre les membres plus mobiles pour obtenir ce qu'on desire. En effet, si celuy qui desire avec passion change à toute heure de posture & de place, s'il jette les yeux tantôt d'un côté & tantôt d'un autre, s'il se lève & s'assied, s'il marche & s'il s'arrête de moment en moment, cela vient de ce qu'il est irrésolu, & que les esprits animaux, qui ont un mouvement indéterminé, forment continuellement dans son centre ovale les traces de nouveaux desseins.

3. La précipitation des paroles, & les longues exclamations doivent accompagner le desir de ceux, qui sont avec des personnes qui les peuvent secourir ; car comme les traces qui produisent le desir, réveillent des idées qui représentent continuellement de nouveaux moyens pour obtenir ce qu'ils souhaitent, elles leur font aussi prononcer des paroles en foule, & avec les voyelles les plus fortes pour demander le secours qui est nécessaire. Ce que l'expérience confirme.

4. Pendant un grand desir on se sent beaucoup plus disposé au mouvement qu'à l'ordinaire, pourvû que l'objet desiré soit tel qu'on puisse faire dés ce temps-là quelque chose pour l'acquerir ; car au contraire, si l'on s'imagine qu'il est impossible pour lors de rien faire qui soit utile, toute l'agitation des esprits, qui cause le desir, se fait dans la partie supérieure du centre ovale, où elle sert seulement à r'ouvrir la trace de l'objet desiré sans passer aucunement par les nerfs dans les muscles, à cause que le cours des esprits qui passent par cette partie, se va terminer aux centres demi-circulaires ; ce qui fait que le corps demeure languissant & abattu.

CHAPITRE VI.

De l'origine, de la nature & des effets des Passions qui sont des espèces de Joye, de Tristesse & de Desir.

I.
Division de la Joye, de la Tristesse & du Desir en leurs espèces.

COMME l'amour & la haine se joignent à la joye, à la tristesse, & au desir, selon que leurs objets se rapportent diversement à nous ; de même la Joye, la Tristesse & le Desir se joignent à plusieurs autres passions, selon les différents rapports qui les circonstancient. En effet, lors qu'une chose est réprésentée comme bonne ou comme mauvaise, non à nôtre égard, mais par rapport à d'autres ; si nous les en jugeons dignes, elle produit en nous une certaine joye, qui est tantôt sérieuse, & tantôt pleine de ris & de moquerie ; sérieuse, lors qu'elle procède du bien qui arrive à d'autres qui en sont dignes, & pleine de ris & de moquerie, lors qu'elle procède du mal qui leur arrive, & qu'ils méritent. Si au contraire nous les en jugeons indignes, le bien qui leur arrive, produit en nous l'*Envie*, & le mal qui leur survient, y cause la *Pitié*, qui sont deux espèces de tristesse.

De plus, lors qu'une action est réprésentée à l'ame comme bonne ou mauvaise par rapport à celuy qui l'a produite ; si c'est nous qui l'avons produite, & qu'elle soit bonne, cela nous cause une certaine joye qu'on appelle *Satisfaction intérieure*, qui est la plus douce de toutes les joyes ; & si elle est mauvaise, cela excite le *Repentir* qui est la plus cruelle de toutes les tristesses. Si d'autres l'ont produite, & qu'elle soit bonne, nous concevons pour eux de la *Faveur* ; quoyqu'elle n'ait pas esté faite pour nous ; & si elle l'a esté, outre la faveur, nous avons de la *reconnoissance*. Si au contraire elle est mauvaise, & qu'elle n'ait aucun rapport à nous, nous concevons de l'*Indignation*; & si elle nous regarde, de la *Colère*.

Lorsque le bien ou le mal, qui est, où qui a esté en nous, est considéré par rapport à l'opinion que d'autres en peuvent avoir, nous en concevons de la *Gloire* ou de la *Honte*; de la gloire, du bien, & de la honte, du mal. Si ce bien ou ce mal sont considérés selon leur durée, la durée du bien cause l'*En-*

LIVRE HUITIE'ME. PARTIE IV.

nuy, ou le *Dégoust*, au lieu que celle du mal diminuë la tristesse. Enfin de la perte du bien passé vient le *Regret*, qui est une espèce de tristesse ; & du souvenir du mal passé vient l'*Allegresse*, qui est une espèce de joye.

Le desir a ses espèces comme la joye & la tristesse ; car si nous jugeons qu'il y a beaucoup d'apparence d'obtenir ce que nous desirons, cela cause l'*Esperance* ; S'il y en a peu, cela cause la *Crainte*. Enfin lorsque l'espérance est extrême, elle s'appelle *Sécurité* ou *Assûrance* ; au contraire, de l'extrême crainte vient le *Desespoir*.

Deplus, lorsque nous craignons ou espérons quelque chose, si l'evenement nous est représenté comme dépendant de nous, & qu'il se rencontre de la difficulté au choix des moyens, nous concevons de l'*Irrésolution* qui nous dispose à délibérer & à prendre conseil. Si la difficulté est dans l'exécution, cela cause le *Courage* & la *Hardiesse* en certains hommes, & en d'autres la *Peur* & l'*Epouvante*. Enfin si l'on s'est déterminé à quelque chose avant que d'avoir délibéré ou pris conseil, cela cause le remord de *Conscience*, lequel diffère des passions précédentes qui sont des espèces de desir, en ce qu'il ne regarde pas le temps à venir, mais le présent ou le passé. Ainsi, comme l'envie, la pitié, la satisfaction intérieure, le repentir, la faveur, la réconnoissance, l'indignation, la colère, la honte, la gloire, le dégoût, le regret & l'alégresse sont des espèces de joye & de tristesse, l'espérance, la crainte, la sécurité, le désespoir, l'irrésolution, le courage & la peur sont des espèces de desir.

Pour examiner ensuite ces passions, suivant le dénombrement que nous venons d'en faire, nous sommes obligés de commencer par la dérision ou moquerie. Pour cet effet, il faut remarquer que cette passion n'a pas commencé comme les précédentes, dans le sein de nos meres, parce qu'elle suppose une certaine connoissance des personnes à qui quelque petit mal est arrivé, laquelle ne se trouve point dans l'Ame avant la naissance de l'Enfant, ni même que long-temps après, lors que ses organes s'estant fortifiés par le temps, & ses connoissances s'estant augmentées par l'usage, il est devenu capable de distinguer le bien du mal, & le mérite du démérite. Ainsi, nous pouvons dire, *Que la moquerie est une passion mêlée de*

2.
Ce que c'est que la moquerie.

Y y iij

haine & de joye, qui vient de ce qu'on apperçoit quelque petit mal en une perſonne qu'on penſe en eſtre digne.

3. Pourquoy la moquerie eſt accompagnée du rire.

On a de la haine pour le mal, & on a de la joye de le voir en celuy qui en eſt digne, & lors que cela ſurvient inopinément, cette ſurpriſe eſt cauſe qu'on éclate de rire, mais ce mal doit eſtre petit ; car s'il eſt grand, on ne peut pas croire que celuy qui en eſt atteint, en ſoit digne, à moins qu'on ne ſoit de tres mauvais naturel, ou qu'on luy porte beaucoup de haine. C'eſt par cette raiſon que certaines gens ne ſçauroient voir tomber quelqu'un ſans rire, horſmis que cette chûte ne cauſe quelque grand mal ; car alors, ils ont plûtôt de la pitié, que de la moquerie.

4. Pourquoy ceux qui ont des défauts fort apparents, ſont plus enclins à la moquerie que les autres.

L'expérience fait voir que ceux qui ont des defauts fort apparents, par exemple, qui ſont boiteux, borgnes, boſſus, ou qui ont reçû quelque affront en public, ſont particulierement enclins à la moquerie, parce que deſirant de voir tous les autres auſſi diſgraciés qu'eux, ils ſont bien aiſe des maux qui leur arrivent, & les en eſtiment dignes.

Outre cette moquerie, qui eſt une paſſion vicieuſe, il y a une autre moquerie modeſte, qui reprend utilement les vices en les faiſant paroître ridicules, ſans toutefois qu'on en rie ſoy-même, ni qu'on témoigne aucune haine contre les perſonnes dont on ſe moque ; cette diſpoſition eſt une qualité d'honnête homme qui fait paroître la gayeté de ſon humeur & la tranquillité de ſon ame, qui ſont des marques de vertu, & ſouvent même il ne montre pas moins l'adreſſe de ſon eſprit en ce qu'il ſçait donner un tour agréable aux choſes dont il ſe moque ; car il n'eſt pas deshonnête de rire lors qu'on entend les railleries d'un autre ; mêmes ces railleries peuvent eſtre telles que ce ſeroit une baſſeſſe, ou chagrin de n'en rire pas. Lorſqu'on raille ſoy-même, il eſt fort ſéant de s'abſtenir de rire, afin de ne ſembler pas eſtre ſurpris par les choſes qu'on a dit, ni admirer l'adreſſe qu'on a de les inventer ; ce qui fait qu'elles ſurprennent plus ceux qui les entendent.

5. Quelles ſont les cauſes Phyſiques de la moquerie.

Quant aux cauſes Phyſiques de la Moquerie, elles ſont les mêmes que celles de la joye & de la haine mêlées enſemble, avec cette différence pourtant que celles de la joye contribuent beaucoup plus à la produire ; En effet, c'eſt la joye qui donne à ceux qui ſe moquent, cet air gay & cette rougeur qui paroît

LIVRE HUITIEME. *PARTIE IV.*

sur leur visage; c'est elle qui rend le son de la voix plus doux & plus agréable; & c'est elle enfin qui les rend plus attentifs & plus disposés à rire.

6. *Ce que c'est que l'Envie, & où elle commence.*

L'envie ne commence pas dans le sein de nos meres, parce qu'elle suppose, comme la Moquerie, des conoissances que l'ame ne peut acquerir que par l'usage. En effet, ce n'est que l'usage qui peut apprendre à l'ame à comparer le bien qui arrive aux autres avec le sien pour juger s'ils sont contraires, & pour s'en fâcher au cas qu'ils le soient; c'est pourquoy nous pouvons dire que *l'envie est une émotion de l'ame causée, entretenüe & fortifiée par un cours des esprits, qui représente que c'est un mal de voir arriver du bien aux autres; comme s'ils le recevoient à nôtre prejudice.*

L'envie est une espèce de tristesse de ce qu'on voit arriver du bien à ceux qu'on croit en estre indignes, & de ce qu'on n'espère pas de pouvoir posseder ce même bien, ou un semblable, pourveu que ce bien soit du nombre de ceux qu'on attribüe à la fortune; car, pour les biens de l'ame, ou même du corps, c'est-assés en estre dignes que de les avoir reçûs de Dieu avant qu'on fût capable de commettre aucun mal: en effet, nous ne portons guères envie aux gens pour les avantages qu'ils ont reçûs de la nature, mais lorsque la fortune envoye des biens à quelqu'un, c'est de là que naist ordinairement l'envie.

7. *Quelles sont les propriétés de l'Envie.*

Cela supposé, il ne faut pas s'étonner si les envieux sont d'ordinaire mornes & mélancoliques; car outre que la haine & la tristesse arrêtent le mouvement du sang en comprimant les artères & les veines, elles expriment encore de la Rate un suc qui le rend moins fluide & moins coulant, & par conséquent plus disposé à se convertir en des esprits propres à causer des pensées tristes.

Il ne faut pas s'étonner non plus si les envieux se chagrinent lorsqu'ils entendent parler de ceux, qui sont l'objet de leur passion; car, comme cette idée réveille leur envie, & que l'envie est une espèce de haine, les mêmes sucs de la Rate, qui produisent dans la haine des pensées desagreables, en produisent aussi dans l'envie; ce qui fait que ceux qui sont atteints de cette passion, ne peuvent entendre parler de ceux qui la causent, sans se sentir émûs de quelque chagrin & sans tomber dans quelque mauvaise humeur extraordinaire, d'où vient qu'on dit que l'envie est une passion, qui ronge ceux qu'elle possède.

8. Ce que c'est que la satisfaction intérieure de soy-même, d'où elle procède, & quels sont ses effets.

Il y a deux sortes de *satisfaction intérieure*; l'une qui est une vertu, & l'autre qui est une passion; la premiere est une habitude qui réside dans l'ame de tous ceux qui suivent constamment la vertu, laquelle se nomme *Repos, ou tranquilité de conscience*; & la seconde est un plaisir qu'on sent de nouveau, lorsqu'on vient de faire quelque action qu'on croit bonne; car cela produit une espèce de joye qui est la plus douce de toutes les joyes, parce que sa cause ne dépend que de nous mêmes; & qu'elle est le fruit & la recompense de toutes nos bonnes actions.

Les causes Physiques de la satisfaction intérieure sont les mêmes que celles de la joye, horsmis que la satisfaction intérieure renferme de plus que la joye, une certaine trace qui répresente à l'ame, qu'elle est la cause de la chose qui la rend satisfaite & contente.

Ceux qui joüissent de cette satisfaction de soy même, ont d'ordinaire une humeur gaye, qui procède de ce que la joye qui est renfermée dans cette satisfaction, ne chassant que du sang dans le cœur, elle ne peut produire dans l'ame que des pensées agréables, qui se répandant sur le visage & dans les actions des gens de bien, les font paroître plus guais & plus tranquilles.

9. Ce que c'est que le Repentir, & pourquoy il est produit.

Le *Repentir* est directement opposé à la satisfaction de soy même, c'est une espèce de tristesse qui vient de ce qu'on croit avoir fait quelque mauvaise action, dont on espère d'estre pardonné. Cette passion est tres amère, parce que la cause n'en vient que de nous; ce qui n'empêche pas néanmoins qu'elle ne soit tres utile, lorsqu'il est vray que l'action, dont nous nous repentons, est mauvaise, & que nous en avons une connoissance certaine, parce qu'elle nous incite à mieux faire une autre fois.

10. Ce que c'est que le Remors de conscience, & de son usage.

Les causes Physiques du Repentir sont les mêmes que celles de la tristesse & du desir; de la tristesse, pour avoir fait une mauvaise action; & du desir, pour en estre pardonné.

Le *Remors de conscience* est une espèce de tristesse, qui vient du doute qu'on a qu'une chose qu'on fait, ou qu'on a faite,

LIVRE HUITIE'ME. PARTIE IV.

faite, n'est pas bonne. Ainsi le remors présuppose nécessairement le doute, parce que si l'on estoit entierement assûré que ce qu'on fait, fût mauvais, on s'abstiendroit de le faire, à cause que la volonté ne se porte qu'aux choses qui ont quelque apparence de bonté; & si l'on estoit assûré que ce que l'on a déja fait, fût mauvais, on en auroit du repentir, & non pas seulement du remors. L'usage de cette passion est de faire qu'on examine si la chose dont on doute, est bonne ou mauvaise, & d'empêcher qu'on ne la fasse une autre fois pendant qu'on n'est pas assûré qu'elle soit bonne; & ses causes Physiques sont les mêmes que celles de la tristesse.

La *Faveur* est proprement une espèce de joye, qu'on a de voir arriver du bien à quelqu'un, pour qui on a de la bonne volonté.

<small>11. Ce que c'est que la Faveur.</small>

Cette passion est excitée en nous par quelque bonne action de celuy à qui nous sommes favorables : car nous sommes portés naturellement à aimer ceux qui font des choses que nous estimons bonnes, encore qu'il ne nous en revienne aucun bien présent, parce que nous esperons toûjours qu'il nous en peut revenir quelqu'un avec le temps.

La *Réconnoissance* est aussi une espèce de joye, causée en nous par quelque action de celuy pour qui nous sommes reconnoissants, par laquelle nous croyons qu'il nous a fait quelque bien, ou du moins qu'il a eu intention de le faire ; cette passion contient les mêmes choses, & dépend des mêmes causes que la faveur ; mais elle a cela de plus qu'elle est fondée sur une action qui nous touche, & que nous desirons reconnoître par quelque retour.

<small>12. Ce que c'est que la Réconnoissance.</small>

L'*Ingratitude* n'est pas une passion, parce que la nature n'a mis aucun mouvement dans le sang, ni dans les esprits pour l'exciter, mais c'est seulement un vice directement opposé à la réconnoissance, entant que celle-cy est toûjours vertueuse, & l'un des principaux liens de la societé humaine, comme il sera prouvé dans la Morale. Le vice de l'ingratitude appartient proprement aux hommes brutaux, aux stupides & aux foibles ; aux brutaux, parce qu'ils pensent que toutes choses leur sont dûës ; aux stupides, parce qu'ils ne font aucune réflexion sur les bienfaits qu'ils reçoivent ; & enfin, aux foibles, parce que sentant leur infirmité & leur besoin, ils recherchent bassement

<small>13. Ce que c'est que l'Ingratitude.</small>

Tome III.   Z z

le secours des autres, & après qu'ils l'ont reçû, ils les haïssent, parce que n'ayant pas la volonté de leur rendre la pareille, ou desespérant de le pouvoir faire, & s'imaginant que tout le monde est mercénaire comme eux, & qu'on ne fait aucun bien que dans l'espérance d'en estre récompensé par celuy à qui on l'a fait, ils pensent avoir trompé leurs bien-faiteurs.

CHAPITRE VII.

Suite des passions de l'Ame qui sont des espèces de Joye, de Tristesse & de Desir.

1.
Ce que c'est que l'Indignation.

L'Indignation est une espèce de haine qu'on a naturellement contre ceux qui font quelque mal, de quelque nature qu'il soit.

Cette passion est quelquefois mêlée avec l'Envie, & quelquefois avec la pitié ; elle est mêlée avec l'Envie, lors qu'on est indigné contre ceux qui font du bien aux personnes qui ne le méritent pas ; car on porte alors envie à ceux qui reçoivent ce bien ; & elle est mêlée avec la pitié, lors qu'on est indigné contre ceux qui font du mal aux personnes qui n'en sont pas dignes ; car alors on a de la pitié pour ceux qui reçoivent ce mal ; & parce que c'est en quelque façon recevoir du mal que d'en voir faire, delà vient que quelques-uns joignent à leur indignation la pitié, & quelques autres la moquerie, selon qu'ils sont portés de bonne, ou mauvaise volonté envers ceux à qui ils voyent commettre des fautes ; c'est ainsi que Démocrite rioit de toutes les folies des hommes, parce qu'il estoit porté de mauvaise volonté envers eux, & qu'Héraclite pleuroit de voir les mêmes folies, parce qu'il avoit une volonté contraire.

2.
Ce que c'est que la Colère, & quels sont ses effets & ses causes.

La *Colère* est une espèce de haine ou d'aversion que nous avons contre ceux qui nous font quelque mal.

Cette passion contient la même chose que l'indignation, & outre cela elle est fondée sur une action qui nous touche, & dont nous avons desir de nous venger ; car ce desir accompagne presque toûjours la colère, laquelle est directement opposée à la reconnoissance, comme l'indignation est contraire à la faveur ; mais elle est incomparablement plus violente que les trois autres passions ; à cause que le desir de repousser les choses nuisibles est la plus violente de toutes les passions, comme celle qui a besoin de plus de force. C'est ce desir joint à l'amour qu'on a pour soy-même, qui fournit à la colère toute l'agitation du sang que la hardiesse & le courage peuvent causer ; & la haine fait que c'est principalement le sang qui vient de la Rate & du Foye, qui reçoit cette agitation, lors qu'il entre dans le cœur, ou à cause de la bile, à laquelle il est mêlé, il cause une chaleur plus âpre & plus ardente que n'est celle qui peut estre excitée par l'amour ou par la joye seule.

Les signes extérieurs de la colère sont différents, selon le divers tempérament des personnes, & selon la diversité des autres passions qui se mêlent avec la colère ; de là vient qu'on en voit qui pâlissent ou qui tremblent lors qu'ils se mettent en colère, & on en voit d'autres qui rougissent ou qui pleurent : ce qui est cause qu'on peut distinguer deux espèces de colère ; l'une qui est fort prompte, & qui se manifeste beaucoup à l'extérieur, mais néanmoins qui a peu d'effet, & peut facilement estre appaisée, & l'autre qui ne paroît pas tant à l'abord, mais qui ronge davantage le cœur, & qui a des effets plus dangereux.

Ceux qui ont beaucoup de bonté & beaucoup d'amour, sont les plus sujets à la premiere, car elle ne vient pas d'une profonde haine, mais d'une prompte aversion qui les surprend, à cause qu'estant portés à imaginer que toutes choses doivent aller de la façon qu'ils jugent estre la meilleure, aussi-tôt que le contraire arrive, ils s'en offencent, & souvent même sans que la chose les touche en leur particulier, à cause qu'ayant beaucoup d'affection ils s'interessent pour ceux qu'ils aiment, de la même façon que pour eux-mêmes. Ainsi, ce qui ne seroit qu'un sujet d'indignation pour un autre, est pour eux un sujet de colère ; & parce que l'inclination qu'ils ont à aimer, fait qu'ils ont toûjours beaucoup de chaleur & de sang dans le cœur, l'aversion qui survient ne peut y pousser si peu de bile, que cela ne cause d'abord une grande émotion dans le sang, mais qui ne dure guères, à cause que la surprise ne continuë pas, & qu'aussi-tôt qu'ils apperçoivent que le sujet qui les a offencés, ne les devoit pas tant émouvoir, ils s'en repentent.

L'autre espèce de colère, dans laquelle la haine & la tristesse prédominent, n'est pas si apparente d'abord, sinon peut-estre en ce qu'elle fait pâlir le visage en faisant que les muscles du cou compriment les artères & empéchent le sang de monter à la tête, mais sa force est augmentée peu à peu par l'agitation qu'un ardent desir de se vanger excite dans le sang, lequel estant mêlé avec la bile, qui est poussée vers le cœur de la partie inférieure du foye par les filaments du nerf de la 8. paire qui sont destinés à cet effet, elle excite dans le sang une chaleur fort âpre & fort piquante. Et comme ce sont les ames les plus généreuses qui ont le plus de reconnoissance, ce sont celles aussi qui ont le plus d'orgueil, & qui sont les plus foibles & les plus infirmes, qui se laissent le plus emporter à cette espèce de colere, parce que les injures paroissent d'autant plus grandes que l'orgueil fait qu'on s'estime davantage.

Les causes Physiques de la colère sont les mêmes que celles de l'amour, de la haine & du desir, c'est-à dire, que la trace qui produit la colère, est composée de trois traces dont chacune estant suivie d'une émotion particuliere des esprits, ce n'est pas merveille si les personnes qui sont en colère, sont agitées de plusieurs mouvements différents selon que ces émotions sont différentes & diversement combinées.

<small>3.
Ce que c'est que la Gloire.</small>
La *Gloire* est une espèce de joye fondée sur l'amour qu'on a pour soy même, qui vient de l'opinion qu'on a d'estre loüé & estimé par les autres.

Cette passion est différente de la satisfaction de soy-même, qui vient de l'opinion qu'on a d'avoir fait quelque bonne action; car on est quelquefois loüé pour des choses qu'on ne croit pas estre bonnes, & blâmé pour celles qu'on croit les meilleures.

<small>4.
Ce que c'est que la Honte.</small>
La *Honte* au contraire est une espèce de tristesse fondée sur l'amour de soy même, qui vient de l'opinion qu'on a d'estre blâmé ou méprisé par les autres.

La gloire & la honte ont un même usage, en ce qu'elles nous incitent à la vertu ; l'une par l'espérance, & l'autre par la crainte : il est seulement besoin de s'instruire exactement de ce qui est véritablement digne de loüange ou de blâme, afin de n'estre pas honteux de bien faire, & de ne tirer pas vanité de ses vices, comme il arrive à plusieurs : c'est pourquoy il ns'est pas bon de se dépouiller entierement de ces deux passions; car quoyque le peuple juge tres mal, neantmoins parce que nous ne pouvons pas vivre sans luy, & qu'il nous importe d'en estre estimés, nous devons souvent suivre ses opinions plûtôt que les nôtres touchant l'extérieur de nos actions, ainsi qu'il sera démontré dans la Morale.

Comme *la Honte* est composée de l'amour de soy-même & de la tristesse qu'on a d'estre en danger de tomber dans l'infamie, cet amour fait venir le sang des parties inférieures vers le cœur, & de là par les arteres vers le visage, où estant arrêté par la tristesse qu'on a de se voir en danger de perdre son honneur, il produit la rougeur qui paroît dans la honte.

5. Quels sont les effets de la Honte.

Le *Dégoût* est une espèce de tristesse qui vient de la même cause dont la joye est venüe auparavant, & qui dépend de ce qu'un cours des esprits a joint la trace qui représente l'objet, dont on se dégoute, avec celle qui représente quelque mal; ce qui fait que l'idée de cet objet est accompagnée d'un sentiment desagréable.

6. Ce que c'est que le Dégoût.

Le *Regret* est aussi une espèce de tristesse laquelle est toûjours jointe à quelque désespoir, & au souvenir du plaisir que nous a donné la joüissance de la chose dont nous regrettons la perte.

7. Ce que c'est que le Regret.

Nous ne regrettons jamais que les biens dont nous avons jouy, & qui sont tellement perdus, que nous n'avons aucune espérance de les recouvrer de la façon que nous les possedions auparavant.

L'Allegresse est une espèce de joye, qui a cela de particulier, que sa douceur est augmentée par le souvenir des maux qu'on a soufferts & dont on se sent allégé.

8. Ce que c'est que l'Allegresse.

L'Espérance est une émotion de l'ame qui la porte à se persuader que ce qu'elle desire arrivera.

Cette passion est causée par les mouvements particuliers des esprits qui produisent la joye & le desir.

9. Ce que c'est que l'Espérance.

La *Crainte* est une autre émotion de l'ame qui la porte à croire que ce qu'elle desire n'arrivera pas.

10. Ce que c'est que la Crainte.

Bien que l'espérance & la crainte soient deux passions contraires, on peut néanmoins les avoir toutes deux ensemble, sçavoir, lorsqu'on se représente en même temps ou presqu'en même temps diverses raisons, dont les unes font juger que l'accomplissement de ce qu'on desire est facile, & les autres le font paroître difficile: mais l'espérance ne se trouve jamais avec le desir que la crainte n'y soit aussi. La raison en est, qu'on n'espère jamais d'avoir ce qu'on desire, qu'on ne craigne aussi de ne l'avoir pas ; car lorsque l'espérance est si forte qu'elle chasse entierement la crainte, elle n'est plus espérance, & se nomme *Sécurité* ou assûrance : au lieu que lorsque la crainte est si grande qu'elle ôte toute espérance, elle se change en desespoir, & ce desespoir répréséntant la chose comme impossible, éteint entierement le desir, lequel ne regarde naturellement que les choses possibles.

11.
Ce que c'est que l'Irrésolution, & quel est son usage.

L'*Irrésolution* est une espèce de crainte qui retenant l'ame comme en balance entre plusieurs actions qu'elle peut faire, est cause qu'elle n'en execute aucune.

L'usage de cette passion est bon en ce que l'ame a du temps pour choisir avant que de se déterminer ; car nos erreurs viennent la plufpart de ce que nous jugeons avec trop de précipitation, mais lorsque l'irrésolution dure plus qu'il ne faut, & qu'elle fait employer à délibérer le temps, qui est requis pour agir, elle est fort mauvaise.

12.
Ce que c'est que le Courage, & de quelles causes Physiques il dépend.

Le *Courage* est une émotion de l'ame qui l'incite à se porter puissamment à l'execution des choses qu'elle veut faire de quelque nature qu'elles soient, & la *Hardiesse* est une espèce de courage qui dispose l'ame à l'execution des choses qui sont les plus dangereuses.

La trace qui cause cette passion est composée de celles qui produisent le desir, la crainte & l'espérance, en telle sorte néanmoins que le cours des esprits qui cause le desir & l'espérance, a plus de force pour pousser le sang vers le cœur que la crainte n'en a pour l'empêcher d'y aller.

13.
Ce que c'est que l'Emulation.

L'*Emulation* est aussi une espèce de courage, qui consiste dans une émotion de l'ame causée par un cours des esprits qui la dispose à entreprendre des choses qu'elle espère luy pouvoir réüssir, parce qu'elle les voit réüssir à d'autres.

14.
Ce que c'est que la Lâcheté & la Peur, quel est leur usage.

La *Lâcheté* qui est directement opposée au courage, est une espèce de tristesse, qui empêche l'ame de se porter à l'execution des choses qu'elle feroit, si elle estoit exempte de cette passion. Et la *Peur*, ou l'*Epouvante* qui est contraire à la hardiesse, est un trouble, ou un étonnement de l'ame, qui luy ôte la force de réfister aux maux qu'elle regarde comme proches d'elle.

La lâcheté a cet ufage qu'elle exempte des peines qu'on prendroit fur des raifons vray-femblables, fi d'autres raifons plus certaines n'avoient excité cette paffion, mais ordinairement cette paffion eft tres-nuifible à caufe qu'elle détourne la volonté des actions utiles; & parce qu'elle ne vient que de ce qu'on n'a pas affès d'efpérance ou de defir, il ne faut qu'augmenter ces deux paffions pour corriger la lâcheté.

Pour ce qui eft de la *Peur*, il ne femble pas qu'elle puiffe jamais eftre utile, fi ce n'eft que les maux qui la caufent, ne puiffent eftre évités que par la fuite, auffi n'eft-ce pas proprement une paffion particuliere, mais feulement un excès de lâcheté, d'étonnement, & de crainte qui eft toûjours vicieux, comme la hardieffe eft un excès de courage, qui eft toûjours bon, pourveu que la fin qu'on fe propofe foit jufte. Et parce que la principale caufe de la peur eft la furprife, il n'y a rien de meilleur pour s'en exempter que de fe préparer à tous les évenements, dont la rencontre inopinée peut la caufer.

Il paroît par tout ce qui vient d'eftre dit que l'amour & la haine font deux paffions primitives dont toutes les autres paffions qui regardent le bien ou le mal, ne font que des fuites & des conféquences médiates & immédiates. En effet, comme la Joye, la Trifteffe & le Defir ne font que des efpèces d'amour & de haine, toutes les autres paffions dont il a efté parlé, ne font que des fuites immédiates de la Joye, de la Trifteffe & du Defir; de forte que comme dans la Morale plufieurs vertus fe confondent fouvent enfemble pour n'en compofer qu'une feule, il y a auffi plufieurs paffions dans l'homme qui ne s'abandonnent jamais, ou qui vivent tellement d'emprunt qu'il ne leur refteroit rien, fi elles avoient rendu aux autres paffions tout ce qu'elles en ont reçû; telle eft l'efpérance, dont il ne refteroit que le nom, fi le defir qui la pique, fi la crainte qui la retient, & fi l'audace qui l'anime, l'avoient quittée.

15. Que l'amour & la haine font deux paffions primitives, defquelles toutes les autres paffions dépendent médiatemẽt ou immédiatement.

CHAPITRE VIII.

De la Nature, de l'origine, & des effets de l'Admiration.

1. *Ce que c'est que l'admiration.*

COMME l'Ame est touchée d'amour ou de haine pour les choses convenables, ou disconvenables, elle est aussi frappée d'admiration pour celles qui sont nouvelles; c'est à dire, qui frappent le cerveau dans des endroits, où il n'a jamais esté touché, car l'expérience fait voir que lors que nous voyons quelque chose pour la premiere fois, ou que l'ayant déja vûë accompagnée de certaines circonstances, nous la voyons revêtuë d'autres, nous en sommes surpris, & nous l'admirons; d'où il s'ensuit que *l'Admiration* n'est autre chose *Qu'une émotion de l'Ame causée par un objet nouveau, & entretenuë & fortifiée par un cours des esprits animaux dépendant de ce que la trace de cet objet s'imprime dans une partie du cerveau, qui n'a pas encore esté touchée, ou si elle l'a esté cy-devant, qui est touchée d'une maniere toute nouvelle.*

Je dis que *l'Admiration est une émotion de l'Ame*, pour marquer ce qu'elle a de commun avec les autres passions, & j'ajoûte, *causée par un objet nouveau*, pour désigner ce qu'elle a qui luy est propre, & qui la distingue de l'amour & de la haine, qui ont pour objet le bien & le mal.

2. *Que l'admiration commence dans l'Ame, dés qu'elle est unie avec le corps.*

Cette définition estant supposée, il y a lieu de croire que l'admiration commence dans l'ame aussi-tôt qu'elle est unie avec le corps, estant impossible que tout ce qu'elle apperçoit alors ne luy paroisse nouveau; puis qu'il frappe nécessairement le cerveau, en quelque partie qui n'a pas encore esté touchée; mais avec le temps l'ame se doit délivrer peu à peu de cette passion, à mesure que ses connoissances s'augmentent, parce que les traces d'où dépendent ses idées, sont tellement répanduës dans toute la substance du centre ovale, que les objets qui se présentent de nouveau, ne peuvent d'ordinaire que r'ouvrir quelqu'une de celles qui sont déja formées, ou que d'autres objets qui ont du rapport avec eux, ont imprimées.

3. *Quelles sont ses propriétés.*

Quant aux propriétés de l'admiration, comme un simple chatoüillement à la plante des pieds excite par la nouveauté,
plûtôt

plûtôt que par la force de l'impreſſion, un ſentiment tres-vif & tres-piquant, qui rend l'ame fort attentive au ſujet qui le produit : De même un ſimple mouvement qui ébranle le cerveau d'une maniere toute nouvelle, touche l'ame ſenſiblement & la rend fort attentive à conſidérer ce qu'il y a de nouveau dans l'objet qui le cauſe.

Deplus, comme les traces qui produiſent l'admiration, ſont imprimées dans quelque partie du cerveau qui n'a pas encore eſté mûë, elles n'ont point auſſi de communication avec les autres traces qui conduiſent les eſprits animaux dans quelques muſcles particuliers; d'où vient que dans l'admiration, les eſprits animaux ne ſe répandent point dans les membres pour donner au corps la diſpoſition qui ſeroit propre à rechercher l'objet qu'on admire, & qu'ils ne coulent point au cœur, ny aux autres parties pour précipiter, ou retarder le mouvement du ſang, comme il arrive dans toutes les paſſions qui ont pour objet le bien ou le mal. Au contraire, le mouvement qui cauſe l'admiration, eſt quelquefois tel qu'il fait, que tous les eſprits prennent leur cours vers l'endroit du cerveau, où eſt la trace de l'objet qu'on admire, & qu'ils ſont de là tellement diſtribués dans les muſcles, qu'ils ne coulent pas plus dans les uns que dans les autres; ce qui fait que le corps demeure immobile comme une ſtatuë, & qu'on ne peut rien appercevoir de l'objet que ſa premiere face ; c'eſt ce qu'on appelle *eſtre étonné*. D'où il s'enſuit que l'Étonnement n'eſt qu'un excès d'admiration qui ne peut eſtre que mauvais.

Pour comprendre plus particulierement la cauſe de l'Étonnement, il faut conſidérer que quand une trace eſt nouvellement imprimée, elle n'eſt encore jointe à aucune autre trace, & par conſéquent qu'elle reçoit tous les eſprits animaux, dont le cours eſt déterminé par l'action de l'objet qu'on admire, & que les ayant reçûs, elle les répand également de tous côtés ; au lieu que lors qu'une trace n'eſt pas nouvelle, elle eſt déja liée à pluſieurs autres traces, qui s'ouvrant en même-temps qu'elle, conduiſent les eſprits animaux en certains membres plûtôt qu'en d'autres.

Si l'Admiration ne va pas juſqu'à l'Étonnement, elle peut eſtre utile en ce qu'elle fait que nous retenons mieux en nôtre mémoire les choſes que nous ignorions auparavant ; à cauſe

4. Ce que c'eſt qu'eſtre étonné.

5. Quels ſont les uſages de l'Admiration.

Tome III.   A a a

ature, font for-
que les traces que nous en avons dans le centre ovale, sont fortifiées par le mouvement des esprits d'où dépend cette passion. En effet, nous ne nous ressouvenons guères des choses ausquelles nous n'avons point fait d'attention la premiere fois qu'elles se sont présentées à nous, & nous n'y apportons guères d'attention, lors qu'elles n'ont rien qui nous surprenne. Mais l'admiration peut estre nuisible lors qu'elle fait admirer les choses qui ne méritent que peu ou point d'estre considérées, parce que cela peut pervertir l'usage de la raison. Et c'est la maladie de ceux qui sont aveuglement curieux, c'est à dire, qui recherchent les raretés seulement pour les admirer & non point pour les connoître.

5. Comment on se peut délivrer de l'admiration.

Il n'y a point d'autre remède pour s'empêcher d'admirer avec excès, que celuy d'acquerir la connoissance de plusieurs choses qui peuvent sembler les plus rares & le plus étranges, parce qu'après cela les autres semblent tres communes. D'où vient qu'on a raison de dire que le propre du Sage est de ne rien admirer, parce qu'il doit connoître toutes choses, & n'en appercevoir pas seulement la premiere face qui se présente, mais encore pénétrer jusques dans le fond de leur essence.

Il est donc nécessaire d'avoir quelque inclination à admirer, parce que cela nous dispose à l'acquisition des vérités que nous ignorons, mais quand nous les avons acquises, il faut tâcher ensuite de se délivrer de l'admiration le plus qu'il est possible ; ce qu'il sera aisé de faire en corrigeant ce défaut par une réflexion & attention souvent réitérée, par laquelle nous jugeons que les choses qui se présentent, valent la peine d'estre retenuës dans la mémoire.

CHAPITRE IX.

De la Nature, de l'Origine, & des effets des passions qui sont des espèces d'Admiration.

1. Que l'admiration se divise en plusieurs espèces, & en quelles.

COMME l'Admiration procède de la nouveauté ; & que celle-cy peut estre diversement circonstantiée par des idées accessoires, il faut qu'il y ait plusieurs passions particulieres, qui sont des suites & des dépendances de l'admiration, ou pour

LIVRE HUITIE'ME. *PARTIE IV.*

mieux dire, qui font l'admiration même diverfement modifiée.

Je dis, *Que la nouveauté peut eftre diverfement circonftantiée par des idées acceffoires*; car en effet, lors qu'un objet nouveau nous furprend, c'eft par fes bonnes, ou par fes mauvaifes qualités qu'il nous furprend; s'il nous furprend par fes bonnes qualités, nous l'eftimons; & s'il nous furprend par fes mauvaifes qualités, nous le méprifons.

Or quand nous eftimons une chofe, ou c'eft nous-mêmes que nous eftimons, ou c'eft un objet différent de nous; fi c'eft nous-mêmes, ou nous nous eftimons autant que nous le pouvons faire légitimement, ou nous nous eftimons au delà. Si nous nous eftimons de la premiere façon, c'eft ce qu'on appelle *Générofité*; & fi nous nous eftimons de la derniere, c'eft ce qu'on nomme *Orgueil*. Si nous fommes généreux, nous ne nous préférons à perfonne; & c'eft ce qu'on appelle *Modeftie*; & fi nous nous méprifons nous-mêmes, c'eft à dire, fi nos mauvaifes qualités nous furprennent, cela fe nomme *Baffeffe d'ame*.

Lors que nous eftimons des chofes différentes de nous, fi nous les confidérons comme des caufes libres capables de nous faire du bien, cette eftime s'appelle *Vénération*, & quand nous les méprifons, fi nous les confidérons encore comme des caufes libres incapables de nous faire du mal, ce mépris s'appelle *Dédain*. Ainfi, l'admiration eft une paffion dont l'eftime & le mépris, la générofité & l'orgueil, la modeftie & la baffeffe, la vénération & le dédain font des efpèces.

L'eftime entant qu'elle eft une paffion, *confifte dans une certaine pante, ou inclination de l'ame à confidérer la valeur d'une certaine chofe, caufée par la trace que cette chofe imprime, & entretenuë & fortifiée par un cours des efprits dépendant de cette même trace, & de la liaifon qu'elle a avec d'autres traces, que des objets aimables ont imprimées.* D'où il s'enfuit que l'eftime n'eft pas une pure admiration, mais un mélange d'admiration & d'amour, elle n'a auffi d'autres caufes Phyfiques que celles de ces deux paffions.

2. Ce que c'eft que l'Eftime.

Le *Mépris* au contraire, *eft une pante ou inclination de l'ame à confidérer la baffeffe d'une chofe, caufée par la trace qu'elle imprime, & entretenuë & fortifiée par un cours des efprits dépendant de cette même trace, & de la liaifon qu'elle a avec d'autres*

3. Ce que c'eft que le Mépris.

traces que des objets nuisibles ont imprimées. D'où il s'enfuit que le mépris est composé d'admiration & de haine. En effet, lors que nous n'admirons ni la grandeur, ni la bassesse d'un objet, nous n'en faisons ni plus, ni moins d'état que la raison nous l'enseigne, & alors nous l'estimons & méprisons sans passion; d'où il s'enfuit que l'estime & le mépris sont quelquefois des passions; & qu'ils ne sont quelquefois que de simples jugemens que nous faisons de la valeur de chaque chose, lesquels estant souvent réïtérés, se nomment des *Vertus*.

<small>4.
Que l'estime & le mépris se peuvent rapporter à toutes sortes d'objets.</small>

L'estime & le mépris se peuvent généralement rapporter à toutes sortes d'objets, n'y en ayant aucun que nous ne puissions estimer, ou mépriser; mais ces passions sont principalement remarquables quand nous les rapportons à nous mêmes; c'est à dire, quand c'est nôtre propre mérite, ou démérite que nous estimons, ou méprisons; car le mouvement des esprits qui les cause, est alors si manifeste, qu'il change la mine, les gestes, la démarche, & généralement toutes les actions de ceux qui conçoivent une meilleure, ou plus mauvaise opinion d'eux-mêmes qu'à l'ordinaire.

<small>5.
Qu'il n'y a qu'une chose qui nous puisse donner une juste raison de nous estimer, & quelle elle est.

* M. Descartes dans son Traité des Passions.</small>

Or il n'y a en nous qu'une seule chose, qui nous puisse donner une juste raison de nous estimer, sçavoir le bon usage de nôtre libre arbitre : car il n'y a que les seules actions qui dépendent de cette faculté, pour lesquelles nous puissions avec raison estre loüés ou estimés. C'est pourquoy, nous pensons avec un grand Philosophe,* que la vraye générosité qui fait qu'un homme s'estime au plus haut point qu'il peut légitimement s'estimer, consiste en deux choses seulement. 1. En ce qu'il connoît qu'il n'y a rien, qui luy appartienne véritablement que la libre disposition de sa volonté, & qu'il n'y a aucune chose pour laquelle il doive estre loüé ou blâmé, que parce qu'il use bien ou mal de sa liberté. 2. En ce qu'il sent en soy-même une ferme & constante résolution d'en faire toujours un bon usage; c'est à dire, de ne manquer jamais de volonté pour executer toutes les choses ausquelles il croira que son devoir l'oblige.

<small>6.
Que les personnes généreuses ne méprisent personne, & pourquoy.</small>

Les personnes généreuses, c'est à dire, celles qui ont cette connoissance, & ce sentiment d'elles-mêmes, se persuadent facilement que chaque homme peut avoir cette même bonne opinion de soy, parce qu'il n'y a rien en cela qui dépende

LIVRE HUITIE'ME. *PARTIE IV.* 373

d'autruy; c'eſt pourquoy ils ne mépriſent jamais perſonne, & bien qu'ils voyent ſouvent que les autres commettent des fautes qui font paroître leur foibleſſe, ils ſont toutefois plus enclins à les excuſer, qu'à les blâmer, & à croire que c'eſt plûtôt manque de connoiſſance, que faute de bonne volonté, qu'ils les commettent : Et comme ils ne penſent point eſtre fort au deſſous de ceux qui ont plus qu'eux des biens de la fortune, ou même qui ont plus d'eſprit, de ſçavoir, ou de beauté, comme, dis-je, ils ne ſe croyent pas inférieurs généralement à tous ceux qui les ſurpaſſent en quelques autres perfections, auſſi ne s'eſtiment-ils pas beaucoup au deſſus de ceux qu'ils ſurpaſſent en toutes ces choſes, à cauſe qu'elles leur ſemblent eſtre fort peu conſidérables en comparaiſon de la bonne volonté, pour laquelle ſeule ils s'eſtiment, & laquelle ils ſuppoſent auſſi eſtre, ou du moins pouvoir eſtre dans tous les autres hommes. C'eſt par cette raiſon que les plus généreux ont coûtume d'eſtre plus modeſtes, parce que la modeſtie qui eſt une vertu, ne conſiſte qu'en ce que la réflexion que nous faiſons ſur l'infirmité de nôtre nature, & ſur les fautes que nous pouvons avoir autrefois commiſes, ou que nous ſommes capables de commettre, qui ne ſont pas moindres que celles, qui peuvent eſtre commiſes par d'autres, eſt cauſe que nous ne nous préférons à perſonne, & que nous penſons que les autres ayant leur libre arbitre, comme nous avons le nôtre, ils en peuvent uſer auſſi bien que nous.

7. Comment on peut acquerir la générosité.

Pour devenir généreux autant qu'il eſt poſſible, il faut conſidérer particulierement deux choſes. La premiere eſt que ce qu'on nomme communément *Vertu*, n'eſt autre choſe qu'une certaine habitude de l'ame, qui la diſpoſe à connoître & à vouloir faire ſon devoir. Et la ſeconde, que cette connoiſſance & cette volonté eſtant produites dans l'ame, & fortifiées par quelques mouvements des eſprits, ſont en même temps des actions de vertu & des paſſions de l'ame. C'eſt pourquoy, pour acquerir la générosité, qui conſiſte dans ces deux fonctions de l'ame, il faut s'occuper ſouvent à conſidérer ce que c'eſt que le libre arbitre, & combien ſont grands les avantages qui viennent de ce qu'on a une ferme réſolution d'en bien uſer; comme auſſi il faut regarder d'autre part combien ſont vains & inutiles tous les ſoins qui travaillent les ambitieux, parce qu'-

Aaa iij

on peut par ce moyen exciter en foy la paſſion, & enſuite acquerir la vertu de généroſité, qui eſt comme un rémède général contre tous les déréglements des paſſions.

8.
Quels ſont les orgueilleux.

Par la même raiſon que nous appellons *Généreux* ceux qui s'eſtiment ſeulement pour les choſes qui dépendent d'eux-mêmes; nous devons nommer *Orgueilleux* tous ceux qui ont bonne opinion d'eux-mêmes pour quelque autre choſe telle qu'elle puiſſe eſtre.

Ces orgueilleux ſont d'autant plus vicieux que la cauſe pour laquelle ils s'eſtiment, eſt plus injuſte. Or la plus injuſte de toutes ces cauſes, eſt lors qu'ils ſont orgueilleux ſans aucun ſujet, c'eſt à dire, ſans qu'ils penſent qu'il y ait en eux aucun mérite pour lequel ils doivent eſtre eſtimés par deſſus les autres, mais ſeulement parce qu'ils ne font point d'eſtat du mérite, & qu'ils s'imaginent que la gloire n'eſt autre choſe qu'une uſurpation, & que ceux qui s'en attribuënt le plus, ont plus de mérite.

Ce vice eſt ſi déraiſonnable qu'il y a apparence que perſonne ne s'y laiſſeroit entraîner, ſi perſonne n'eſtoit loüé injuſtement; mais la flaterie eſt ſi commune par tout, qu'il n'y a point d'homme ſi défectueux, qui ne ſe voye ſouvent eſtimé pour des choſes qui ne méritent aucune loüange, ou même qui méritent du blâme; ce qui donne lieu aux ſtupides de tomber dans l'orgueil.

9.
Ce que c'eſt que la Baſſeſſe d'ame.

La *Baſſeſſe d'ame*, qu'on appelle autrement *Modeſtie vitieuſe*, conſiſte principalement en ce qu'on ſe ſent foible, ou peu réſolu, & que comme ſi l'on n'avoit pas l'uſage entier de ſon libre arbitre, on ne ſe peut empêcher de faire des choſes dont on ſçait qu'on ſe repentira enſuite.

Ce défaut conſiſte auſſi en ce qu'on ne croit pas pouvoir ſubſiſter par ſoy-même, ni ſe paſſer de pluſieurs choſes, dont l'acquiſition dépend d'autruy; d'où il s'enſuit que ce vice eſt directement oppoſé à la généroſité. Cela n'empêche pas néanmoins qu'il n'arrive ſouvent que ceux qui ont l'eſprit le plus bas, ſont les plus arrogants & les plus ſuperbes, de même que les plus généreux ſont les plus modeſtes; mais au lieu que ceux qui ont l'eſprit fort généreux, ne changent point d'humeur dans les proſpérités non plus que dans les adverſités, où leur condition eſt ſujette; ceux qui ſont foibles & timides ne ſont conduits au contraire que par l'inconstance de la fortune, la prosperité ne les enflant pas moins que l'adversité les abbat.

On voit même souvent que ces esprits lâches s'abbaissent honteusement auprès de ceux dont ils attendent quelque profit, ou craignent quelque mal, & qu'en même temps ils s'élèvent insolemment au dessus de ceux dont ils n'espèrent, ni ne craignent rien.

La bassesse & l'orgüeil ne sont par seulement des vices, mais encore des passions, à cause que leur émotion paroît fort à l'extérieur en ceux qui sont fortement enflés ou abbattus par quelque nouvelle occasion. Il y a même lieu de croire que l'orgueil est causé par un mouvement des esprits composé en partie de celuy qui produit l'admiration, & en partie de celuy qui cause la joye & l'amour, tant l'amour qu'on a pour soy-même, que celuy qu'on a pour la chose, qui fait qu'on s'estime; & qu'au contraire la bassesse est produite par un mouvement des esprits composé de celuy qui cause l'admiration, la tristesse & l'amour qu'on a pour soy-même, & de celuy qui cause la haine qu'on a pour ses défauts.

10. Que l'orgüeil & la bassesse d'ame ne sont pas seulement des vices, mais encore des passions.

La vénération est une certaine inclination qui porte l'ame non seulement à estimer l'objet qu'elle révère, mais aussi à se soumettre à luy avec quelque crainte pour tâcher de se le rendre favorable.

11. Ce que c'est que la vénération.

D'où il s'ensuit que nous n'avons de la vénération que pour les choses libres que nous jugeons capables de nous faire du bien & du mal, sans que nous sçachions lequel des deux elles feront, & nous avons de l'amour & de la dévotion pluſtôt qu'une simple vénération pour les causes dont nous n'attendons que du bien, & si nous ne jugeons point que la cause de ce bien ou de ce mal soit libre, nous ne nous soumettons point à elle pour tâcher de l'avoir favorable.

Le mouvement des esprits qui cause la vénération est composé de ceux qui produisent l'admiration & la crainte, de laquelle il a esté parlé; Ainsi, par exemple, quand je révère mon pere, outre que la trace qui cause cette passion, fait couler des esprits comme dans l'admiration, elle en fait encore couler comme dans l'amour & dans la crainte: de sorte que l'ame se sentant émuë en même temps de ces trois différents sentiments, elle conçoit la passion qu'on appelle *vénération*, ou *respect*.

12. Quel est le mouvement des esprits qui la produit.

Enfin, le *dédain* est une émotion de l'ame qui l'incite à mépri-

13.
Ce que c'est que le dédain.

ser une cause libre, en jugeant que quoiqu'elle soit capable de faire du bien ou du mal, elle est néanmoins si fort au dessous de nous, qu'elle ne nous peut faire ni l'un ni l'autre.

Le mouvement des esprits qui excite cette passion, est composé de ceux qui excitent l'admiration & l'audace, ou sécurité, de laquelle il a esté parlé. Les personnes qui sont généreuses, ou qui ont l'ame basse, sont ceux qui font le meilleur ou le plus mauvais usage de la passion du respect ou de la vénération, parce que plus on est généreux, plus on est porté à rendre à chacun ce qui luy appartient. Ainsi, les personnes généreuses ont non seulement une tres grande vénération pour Dieu, mais elles rendent aussi sans répugnance le respect qui est dû aux hommes, à chacun selon le rang & l'autorité qu'il a dans le monde ; & elles n'ont du dédain & du mépris que pour les vices. Au contraire, ceux qui ont l'ame basse, sont sujets à pécher par excès, quelquefois en ce qu'ils révèrent les choses qui ne sont dignes que de mépris ; & quelquefois en ce qu'ils dédaignent insolemment celles qui méritent le plus d'estre révérées ; desorte qu'ils passent souvent fort promptement de l'extrême impiété à la superstition, puis de la superstition à l'impiété ; si bien qu'il n'y a aucun vice ni aucun déréglement d'esprit dont ils ne soient capables.

CHAPITRE X.

Des Passions Naturelles, & des Passions Acquises.

1.
Quelles sont les passions naturelles & les passions acquises.

IL est aisé de concevoir que les passions naturelles sont celles qui dépendent des traces du centre ovale, ausquelles la nature même a uni immédiatement l'émotion des esprits animaux, qui est propre à chacune ; & que les passions acquises sont celles, qui dépendent des traces ausquelles la nature n'a uni cette émotion que médiatement, sçavoir par d'autres traces. Ainsi, par exemple, l'aversion que nous avons pour la douleur est une passion naturelle, parce que la nature a uni elle-même immédiatement l'émotion des esprits qui est nécessaire pour fuir l'objet qui la cause, à la trace qu'il produit dans le centre ovale. Au contraire, l'agrément que nous avons pour un habit à la mode,

mode, est une passion acquise, parce que ce n'est pas la nature, mais l'habitude qui a joint la trace de cet habit avec l'émotion des esprits qui est propre à la passion d'amour ou d'agrément.

C'est par ce principe qu'une certaine action dont nous serions aucunement émûs, si elle estoit produite par une personne indifférente, nous offence sensiblement, si la trace qui la représente vient à se lier avec les traces naturelles qui produisent la colère & la vengeance. La raison de cela est que cette action est alors représentée comme un mal à éviter, & que la nature a tellement joint la trace qui réveille cette idée, à l'émotion des esprits qui cause la colère, ou la vengence, qu'il est impossible d'avoir l'une sans l'autre.

2. Exemple des passions acquises.

C'est encore par la même raison qu'une action qui estant faite dans un certain païs, ne causeroit aucune passion de honte, parce qu'elle seroit faite conformément aux loix de ce païs, nous fera rougir dans le nôtre, si elle est faite contre les coûtumes qui s'y observent, parce que la trace qui est pour lors dans le cerveau, est jointe avec celles qui représentent comme un mal de ne pas faire comme les autres font dans le païs où l'on se trouve, & la nature a tellement lié ces traces & les idées qui en dépendent, avec l'émotion des esprits qui cause la honte, qu'il est impossible de les séparer.

Ainsi les passions acquises ne différent principalement des passions naturelles, qu'en ce que celles-cy ne changent point avec le temps, & qu'elles sont les mêmes en toutes sortes de païs, parce qu'elles dépendent d'une disposition des fibres du centre ovale qui est naturellement liée avec l'émotion des esprits qui les entretient & les conserve ; au lieu que les passions acquises sont différentes selon la diversité des peuples qui les reçoivent, & non seulement elles ont leur naissance, mais encore leur vieillesse & leur mort comme les saisons ; dont la raison est qu'elles dépendent d'une liaison des traces qui change souvent, & que les esprits animaux perdent l'habitude de couler par les petits chemins, dont il a esté parlé, qui font la communication des traces acquises avec les naturelles.

3. En quoy les passions acquises différent des naturelles.

J'ay dit, *ne différent principalement*, pour marquer qu'il y a encore une autre différence entre les passions naturelles & les passions acquises qui consiste en ce que les premieres s'acquièrent tout d'un coup, & que les autres ne s'acquièrent que successivement & peu à peu ; avec cette circonstance encore que les unes s'acquièrent plûtôt & les autres plus tard ; celles qui s'acquièrent plûtôt, sont les passions acquises dont les traces sont si voisines des passions naturelles, que les esprits animaux se font promptement des passages pour aller, des unes dans les autres, & celles qui s'acquièrent plus tard, sont au contraire les passions acquises dont les traces sont si éloignées de celles des passions naturelles, que les esprits animaux ont besoin de quelque temps pour ouvrir des chemins, qui aillent des unes aux autres. La haine qu'on conçoit tout d'un coup pour les salades à cause d'un ver qu'on a rencontré dans une, est produite de la premiere sorte ; & l'amour qu'on conçoit pour les choses qui ne plaisent que par un long usage, est produit de la seconde.

4.
Que les passions naturelles & les passions acquises sont de même espèce, & pourquoy.

Quelque différence qui se trouve entre les passions naturelles & acquises, il ne faut pas croire pourtant qu'elles soient d'une espèce différente ; car quoyque les passions de différents peuples ne s'accordent pas toûjours à l'égard des objets particuliers qu'elles choisissent, & qu'il arrive souvent que les uns adorent ce qui n'est pas seulement regardé par les autres ; cette diversité ne met pas néanmoins une différence spécifique entre leurs passions, c'est assès qu'elles se rencontrent toutes dans la poursuite du bien & dans la fuite du mal considérés universellement, quoyque toutes ne poursuivent pas le bien, ni ne fuyent le mal dans le même lieu, ni de la même façon ; c'est assès que les passions n'ayent jamais quitté leurs principaux objets, que l'amour n'ait jamais quitté le bien pour courir après le mal, que la joye n'ait jamais poursuivy les choses affligeantes, ni la tristesse recherché les choses guayes, pour devoir estre comprises sous la même espèce.

CHAPITRE XI.

Que l'Ame peut avoir en même temps des passions contraires, & comment un même objet en peut causer en même temps deux différentes en différents hommes.

POUR peu de réflexion qu'on fasse sur la nature du centre ovale, on concevra aisément qu'il peut recevoir en même temps des traces différentes, & que les ayant reçûës, si elles sont si peu profondes que les esprits animaux suffisent pour les remplir toutes ensemble, l'émotion différente des esprits animaux qui les accompagne doit produire des passions diverses. Cela est évident par l'expérience qui fait voir que le repentir, la colère, la honte, &c. sont des passions composées de passions différentes, par exemple, le repentir est composé du desir, & de la tristesse : la colère de l'amour, de la haine & du desir : & la honte de l'amour de soy-même & de la tristesse ; & ce qu'il y a en cecy de plus considérable, est qu'il y a quelquefois dans le centre ovale des traces qui sont accompagnées d'émotions contraires, & qui produisent par conséquent des passions tout opposées. La joye, par exemple, se rencontre avec la tristesse, lors qu'un mary pleure sa femme morte, laquelle je suppose qu'il seroit fâché de voir ressuscitée ; car il se peut faire que son cœur est resserré par la tristesse que l'appareil des funérailles excite en luy. Il se peut faire même que quelque reste d'amour ou de pitié tirent de véritables larmes de ses yeux, bien qu'il sente cependant une joye sécrète dans le plus intérieur de son ame, laquelle a tant de pouvoir que la tristesse & les larmes qui l'accompagnent, ne peuvent rien diminuer de sa force.

C'est par la même raison que lors que nous lisons des avantures étranges, ou que nous les voyons répréfenter sur un théatre, quoyque cela excite quelquefois en nous de la tristesse, nous ne laissons pas néanmoins d'avoir du plaisir à sentir exciter en nous cette passion.

Nous sçavons bien qu'il y en a qui croyent que la joye qu'on sent alors est une passion purement intellectuelle, qui n'est exci-

1. *Comment l'Ame peut avoir en même temps des passions contraires.*

2. *Que l'Ame n'a point*

de passions intellectuelles.

tée dans l'ame que par l'ame même, mais nous ne sommes pas de cette opinion, nous sommes au contraire tres persuadés que cette joye est une passion corporelle qui dépend d'un certain mouvement des esprits, & du sang qui entretient & qui fortifie l'idée qu'on a qui représente comme un grand bien, de ce qu'on est privé ou d'une femme qui estoit contraire à nos plaisirs, ou des maux qui rendent misérables ceux que nous voyons représenter sur les Theâtres. En effet, nous ne sentons point de passions intellectuelles en cette vie, parce que l'ame, à cause de son union avec le corps, est tellement dépendante du mouvement du sang & des sprits, que la joye même que nous estimons la plus pure & la moins corporelle, qui est celle de suivre la vertu, n'en est pas exempte, puis qu'elle dépend comme les autres passions corporelles, d'une certaine agitation des esprits qui fortifie l'idée que nous avons, qui représente que c'est un grand bien d'estre vertueux, parce que c'est par la seule pratique de la vertu qu'on peut devenir heureux.

3.
Comment le même objet peut en même temps causer deux passions différentes, & mêmes contraires en deux différentes personnes.

Cela supposé, il n'y a pas lieu de s'étonner si deux hommes peuvent avoir en même temps des passions différentes pour le même objet; car comme la situation des fibres qui composent le centre ovale de l'un, est souvent fort dissemblable de celle des fibres qui composent le centre ovale de l'autre, il se peut faire aussi que le même objet formera dans l'un des traces qui seront jointes avec celles de l'amour, & dans l'autre des traces qui seront jointes avec celles de la haine; ce qui fera que ce même objet sera en même-temps aimé & haï par ces deux personnes. Ainsi, nous pouvons rapporter fort raisonnablement la diversité des passions de différentes personnes pour un même objet à la diversité du témpéramment, ou de la disposition du centre ovale, & dire en général que la diversité des passions dépend de celle des traces du cerveau, & la diversité de celles-cy du témpéramment du centre ovale que nous prenons icy pour l'organe immédiat des passions de l'ame, comme nous l'avons pris cy-devant pour l'organe immédiat de l'imagination, du jugement & du raisonnement.

Ainsi, par exemple, quand un homme qui est seul dans un Bois, rencontre un Lion, la présence de ce Lion & son action impriment une trace dans le centre ovale, qui se joignant à celles qui réveillent les idées qui représentent des choses nuisibles, conduit les esprits animaux, partie dans les nerfs qui servent à tourner le dos & à remuer les jambes pour s'enfuir, & partie en ceux qui servent à donner au sang & aux esprits l'émotion qui est requise pour faire sentir à l'ame la passion de la peur.

Or la même présence du Lion qui cause la peur dans cet homme peut exciter le courage dans d'autres, parce que, comme il vient d'estre dit, tous les cerveaux ne sont pas disposés de la même façon, & que le même mouvement qui excite dans quelques-uns la peur en faisant couler les esprits dans les nerfs, qui servent à remüer les jambes & à tourner le dos, fait que dans les autres les esprits entrent partie dans les nerfs qui servent à remüer les mains pour se défendre, & partie dans ceux qui agitent & poussent le sang vers le cœur en la façon qui est requise pour produire des esprits propres à continuer cette défence. Ce que nous disons de la peur & du courage, se doit entendre par proportion des autres passions qui sont contraires & opposées, c'est à dire, que le même objet les peut causer en même temps dans des personnes différentes.

CHAPITRE XII.

Que l'Ame peut modérer ou même arrêter ses Passions, & comment.

IL n'y a personne qui ne sçache que nous sommes assés maîtres des perceptions des sens que nous rapportons aux objets de dehors; car bien que nous ne puissions pas les exciter en l'absence de ces objets, ni les empêcher en leur présence, nous pouvons au moins presque toûjours ouvrir ou fermer nos sens, & nous approcher, ou nous éloigner des objets extérieurs; ainsi il arrive rarement que nous ne soyons pas en partie cause des actions des objets & des perceptions de nos sens, ou s'il arrive que les unes & les autres se fassent sans que nous y consentions, nous pouvons pour l'ordinaire y rémédier quand nous voulons, & nous empêcher de les souffrir. Il n'en est pas de même des perceptions que nous rapportons à nôtre corps, ni de celles qui dépendent de la mémoire, dont nous ne sommes presque jamais les maîtres, parce que nous

1. Que les perceptions de la mémoire & des sens ne dépendent pas autant de nous que celles de la vüe & de l'oüie, & pourquoy.

ne pouvons pas empêcher que leurs caufes n'agiffent fur nôtre corps, ni effacer quand nous voulons les traces qu'elles ont imprimées dans nôtre mémoire.

2.
Que les perceptions des paſſions qi lêtes n'en dépendent point.

Or nous avons encore bien moins de pouvoir fur les perceptions que nous rapportons à l'ame même pour deux raifons. La premiere, parce qu'il n'y a point de manieres de penfer qui inclinent l'ame fi fortement à confentir à quoy que ce foit que font les paſſions à confentir aux mouvements aufquels elles difpofent & préparent les corps. Et la feconde, parce que les paſſions eftant entretenuës & fortifiées par la difpofition qui fe trouve dans le cœur, dans le fang & dans les efprits ; fi cette difpofition eft un peu forte, quand même l'ame auroit le pouvoir de changer quand elle voudroit, le mouvement des efprits & les traces du centre ovale, toutefois à moins qu'elle ne perfévère long-temps dans cette volonté, ce qui eft tres difficile, à caufe que le corps l'oblige d'eftre attentive à quelque autre chofe, les efprits qui viennent de nouveau du cœur r'ouvrant fans ceffe la même trace, renouvellent dans l'ame à tous moments la même paſſion, & font ainfi qu'elle eft la maîtreffe, & tout ce que l'ame peut faire quand cette paſſion eft fort violente, c'eft de ne pas confentir à fes effets, & d'arrêter autant qu'elle peut, les mouvements des membres extérieurs qui l'accompagnent.

3.
Que les perceptions des paſſions modérees en dépendent, & comment.

Je dis, <i>quand cette paſſion eſt fort violente</i>, pour marquer que quand elle ne l'eft pas, l'ame peut avec le temps non feulement fufpendre les mouvements extérieurs des paſſions, mais encore modérer & même arrêter les mouvements intérieurs dans lefquels elles confiftent non directement ; car ces mouvements ne font pas au pouvoir de la volonté pour les faire ceffer quand elle veut, mais indirectement, entant qu'il eft au pouvoir de l'ame d'attacher à ces mouvements des idées qui font liées à des mouvements contraires ; ce qui ne fe peut faire que fucceſſivement & par une longue habitude, du moins à l'égard des mouvements intérieurs. Par exemple, s'il arrive que je reçoive la trace d'un objet agréable, d'abord les efprits animaux par un mouvement naturel & infaillible, fe portent aux jambes & aux mains, afin de les mouvoir pour courir après cet objet & pour le prendre. Et fi cet objet m'eft fouvent répréfenté, non feulement le plaifir que je prends à le confidérer, s'entretient & s'augmente, mais encore les esprits s'accoûtument à faire le même chemin, & les bras & les jambes à faire les mêmes mouvements. Cependant tout cela n'empêche pas que je ne puisse prévenir si je veux, cette habitude, soit en m'éloignant de la vûë de la chose pour laquelle je suis passionné, soit en m'en proposant une autre qui me donne de la crainte à mesure que celle qui me donne de l'amour se présente pour réveiller mon desir ; car comme les esprits passent alors par la trace de l'objet nouveau incontinent après avoir passé par celle de l'ancien, & qu'ils y repassent souvent, si cette objet m'est souvent réprésenté, cette habitude fera que la pluspart des esprits couleront dans la derniere trace, laquelle estant jointe à celle de la crainte, ne manquera pas de les conduire dans les muscles qui servent à faire reculer le corps & la tête, & dans ceux qui servent à remüer les jambes pour fuïr, à raison dequoy le plaisir que je prenois à considérer l'objet agréable estant diminué & les esprits perdant peu à peu l'habitude de mouvoir les parties du corps favorables à mon amour, il viendra enfin à se perdre tout à fait.

Si l'ame ne peut pas toûjours arrêter les passions de cette maniere, cela vient de ce qu'elles dépendent d'une émotion du sang & des esprits si grande, que tandis qu'elle dure les passions qui en dépendent, demeurent nécessairement présentes à l'ame, & tout le plus grand effort qu'elle puisse faire pendant que cette émotion est dans sa force, c'est de ne pas consentir à ses effets, & de détourner plusieurs mouvements ausquels elle dispose le corps ; par exemple, si la colère fait lever la main pour frapper, la volonté la peut retenir ; si la peur incite les jambes à fuïr, la volonté les peut arrêter non directement, mais indirectement, comme il a esté remarqué.

Quelqu'un objectera sans doute, que puisque nous voulons que l'ame puisse arrêter les mouvements des membres extérieurs qui sont les effets des passions, c'est mal à propos & sans raison que nous ne reconnoissons pas qu'elle peut arrêter tout de même les mouvements intérieurs dans lesquels les passions consistent : mais il est aisé de répondre en faisant remarquer qu'il y a cette différence entre les mouvements extérieurs & les mouvements intérieurs des passions, que ceux-cy ne dépendent que des traces qui sont imprimées par les objets des passions, au lieu

4.
Pourquoy dans les violentes passiōs l'ame peut arrêter les mouvements extérieurs & non pas les intérieurs.

que les autres dépendent de traces différentes de celles-là, & quelquefois contraires, auſquelles la volonté peut avoir lié de telle ſorte celles des paſſions, qu'en même temps qu'il y a des eſprits qui coulent par les dernieres pour aller dans les muſcles qui ſervent à mouvoir un membre extérieur, il y en a un plus grand nombre qui coulent par les premieres pour aller dans les muſcles qui ſervent à l'arrêter.

<small>5. Rémède général contre les paſſions.</small>

Il y a pluſieurs autres rémèdes contre les paſſions, dont le plus général & le plus aiſé à pratiquer eſt que lors que l'on ſe ſent émû de quelqu'une, on doit ſe ſouvenir que tout ce qui ſe préſente alors à l'imagination, tend à tromper le jugement & à luy faire paroître les motifs qui ſervent à juſtifier la paſſion, beaucoup meilleurs qu'ils ne ſont ; & lors que la paſſion ne nous incite qu'à faire des choſes dont l'execution ſouffre quelque delay, il faut s'abſtenir d'agir : au contraire ſi la paſſion nous porte à des actions ſur leſquelles il eſt néceſſaire de ſe déterminer ſur le champ, il faut que la volonté porte principalement l'ame à conſidérer & à ſuivre les raiſons qui ſont contraires à celles que la paſſion répréſente, encore qu'elles paroiſſent moins fortes.

D'où il s'enſuit que l'ame a deux ſortes de forces pour arrêter les paſſions, l'une qui luy eſt propre, & l'autre qui eſt étrangere ; la premiere conſiſte dans certains jugements fermes & déterminés qu'elle a faits de réſiſter à ſes paſſions autant que ſon devoir le peut demander ; c'eſt ainſi, par exemple, que quand la paſſion du jeu ſe préſente à l'ame, la réſolution qu'elle a pluſieurs fois faite d'employer ſon temps à l'étude peut arrêter l'envie de joüer. La force qui eſt étrangere, conſiſte en ce que les objets produiſent actuellement dans le cerveau des traces contraires à celles qui réveillent la paſſion dont l'ame eſt poſſédée. Ainſi, par exemple, lors que l'ame eſt touchée d'amour, le jeu, ou la chaſſe peuvent exciter des traces dans le cerveau, qui ſeront contraires à celles qui cauſent cette paſſion, & ainſi des autres.

<small>6. Autre rémède général contre les paſſions.</small>

Enfin, on ne détruit pas ſeulement les paſſions par des paſſions contraires, mais on les détruit encore en retranchant les objets qui les nourriſſent ; car bien que nos paſſions naiſſent avec nous, & qu'elles empruntent leur vigueur de nôtre conſtitution naturelle, néanmoins elles tirent leur nourriture des objets

objets extérieurs, & si ces objets ne les entretiennent, il est nécessaire qu'elles meurent, ou qu'elles languissent. Par exemple, l'ambition ne nous tourmente guères dans la solitude, & quand elle ne voit plus la grandeur des Villes, la magnificence des Bâtiments, la pompe des Triomphes, elle perd bien-tôt le souvenir de la gloire ; & ce feu n'ayant plus d'aliment qui le nourrisse, se consume & s'éteint bien-tôt luy-même, la tristesse prend des forces parmi les ténèbres, & les chambres obscures & parées de dueil conspirent avec elle pour nous affliger ; mais si nous éloignons de nous ces objets, la nature se lasse de pleurer, & se console elle-même lors qu'elle ne voit plus rien qui entretienne sa tristesse. Ce que je viens de dire de la tristesse & de l'ambition se doit entendre de toutes les autres passions qui ne sont opiniâtres, que parce qu'elles sont aidées par les objets dont l'action & le mouvement qu'ils impriment dans le centre ovale, & ensuite dans les esprits & dans le sang, ne dépendent pas directement de nôtre volonté.

D'où il faut conclure que tous les mouvements des passions se font directement par machine, & qu'un corps sans ame disposé comme celuy d'un homme, seroit capable de les produire par la seule disposition & arrangement de ses parties; en quoy je trouve que nous devons particulierement admirer la bonté de Dieu qui nous ayant voulu donner des passions propres à conserver la vie, lors que nous en userions bien; à fait quelque chose de plus avantageux pour nous, d'avoir disposé les organes de nôtre corps de telle sorte qu'ils agissent comme d'eux-mêmes à la présence des objets qui les touchent, que s'il avoit laissé à l'ame la conduite directe & immédiate de ces mouvements ; car comme elle est extrêmement bornée, & qu'elle ne peut estre beaucoup attentive en même temps à plusieurs choses, les objets extérieurs qui tâchent à nous détruire, eussent corrompu nôtre corps avant qu'elle eût pû donner les ordres nécessaires pour le conserver.

7. *Que tous les mouvements des passions se font directement par la machine du corps.*

CHAPITRE XIII.

Que toutes les Passions de l'Ame se rapportent à la conservation du corps, & qu'elles n'y sont contraires que par accident.

1.
Quel est l'usage des Passions.

PAR tout ce qui vient d'estre dit de la nature & des effets des passions, il est évident que la nature ne les a données à l'ame que pour conserver son union avec le corps ; en effet, tout l'usage des passions consiste à causer, entretenir & fortifier dans le corps certains mouvements qui sont nécessaires pour conserver son union avec l'esprit. Par exemple, quand je regarde une chose nouvelle, la trace qu'elle excite, réveille non seulement l'admiration, mais elle dispose encore le sang à produire des esprits propres pour entretenir cette passion, afin que l'ame puisse bien-tôt reconnoître ce que l'objet qui la cause, a de nouveau par rapport à elle. D'où il s'ensuit que l'admiration même qui n'a pour objet que la nouveauté se rapporte à l'ame, au moins indirectement. Tout de même, quand je vois une chose qui me convient, non seulement la trace qu'elle imprime, & qui réveille son idée, produit en moy le desir, elle dispose encore le cœur & le sang à former des esprits propres pour entretenir ce desir. Ce que je dis de ces deux passions se doit entendre généralement de toutes les autres qui en sont composées, & qui ont pour objet le bien ou le mal, ou la nouveauté diversement circonstantiés.

2.
En quel sens on peut dire qu'il est bon que nous puissiōs quelquefois mal user de nos passions.

On dira peut-estre que si les passions estoient instituées de la nature pour la conservation de l'homme, nous n'en userions jamais mal, & qu'elles ne feroient jamais paroître les biens & les maux qu'elles répréfentent, plus grands qu'ils ne sont en effet.

A quoy il est aifé de répondre, que s'il falloit estimer les passions nuisibles, parce que nous en usons quelquefois mal, il faudroit dire aussi que les voiles font nuisibles aux vaisseaux, parce qu'elles contribuënt quelquefois à les faire perir par des naufrages, ou bien que la Médecine est nuisible aux hommes, parce que les Médecins ne la font pas bien ; ce qu'on n'oseroit pourtant avancer, parce que dans le fond les voiles sont d'elles-mêmes abſolumēt néceſſaires à la Navigation, & la Médecine n'eſt jamais contraire à la vie des hommes que par accident.

Il faut ajoûter que ſi les paſſions eſtoient ſi modérées qu'elles ne répréſentaſſent jamais que la juſte valeur des choſes, elles feroient pour l'ordinaire impuiſſantes pour nous porter autant qu'il ſeroit néceſſaire, à fuïr, ou à rechercher leur objet; ce qui nous cauſeroit un préjudice bien plus grand que n'eſt celuy que nous recevons de ce qu'elles vont quelquefois dans l'excès, parce qu'en pluſieurs rencontres nous avons un beſoin abſolu de toute la force des paſſions pour nous conſerver, & qu'il n'arrive jamais que par accident que leurs excès aillent juſqu'à nous détruire : Ce qui fait voir combien ſont vaines les exclamations de ceux qui crient contre les paſſions, comme contre des défauts eſſentiels à l'homme, & qui ne prennent pas garde que ſi l'ame en eſtoit entierement dépoüillée, elle n'auroit pas plus d'action, ou de mouvement pour toutes les fonctions de la vie qu'en a un vaiſſeau qui eſt dépourvû de voiles, pour la navigation.

Or quoy que toutes les paſſions de l'ame ſe rapportent à la conſervation de l'homme, il ne faut pas croire pourtant qu'elles y contribuent toutes également ; Il y a au contraire lieu d'eſtimer que l'amour & la haine ſont les deux paſſions les plus utiles, & les premieres employées pour nôtre conſervation. En effet, l'Ame eſt avertie des choſes qui ſont utiles au corps par une eſpèce de plaiſir qui produit premierement l'amour de ce qu'on croit en eſtre l'objet, puis la joye de le poſſeder ; & en troiſiéme lieu, le deſir d'acquerir tout ce qui peut faire qu'on continuë dans cette joye. L'Ame eſt encore avertie des choſes qui nuiſent au corps par la douleur, laquelle produit premierement la haine de ce qui la cauſe, puis la triſteſſe ; & en troiſiéme lieu, le deſir de s'en délivrer : d'où il s'enſuit que ces paſſions ſont les plus utiles à la conſervation du corps, & par conſéquent à celle de l'ame, laquelle ſuivant les loix de l'union dépend abſolument de la conſervation du corps. J'entens par le mot d'*Ame* l'eſprit conſidéré, non ſelon ſon eſtre abſolu, ſuivant lequel il ne dépend aucunement du corps, mais ſelon ſon eſtre reſpectif, ſelon lequel il n'eſt autre choſe que l'acte d'un corps organique, comme il a eſté dit.*

Il ſemble même que la haine & la triſteſſe ſont en quelque

3.
Que toutes les paſſions ne contribuent pas également à nôtre conſervation, & quelles ſont celles qui y ſont les plus utiles.

* Dans la Métaphyſ. Livre 1. Part. 2. Art. 3.

façon premieres & plus neceſſaires que l'amour & la joye, à cauſe qu'il importe beaucoup plus à l'Ame de repouſſer les choſes qui nous peuvent détruire, dont le nombre eſt preſque infiny, que d'acquérir celles qui ſervent à nous conſerver, ou qui ajoûtent ſeulement quelque perfection ſans laquelle nous pouvons ſubſiſter.

CHAPITRE XIII.

Des inclinations & des averſions naturelles, & en quoy elles différent des véritables Paſſions.

1. De l'origine des inclinations & des averſions naturelles.

TOUTE la différence que nous remarquons entre les inclinations & les averſions de l'ame qu'on appelle *Naturelles*, & les paſſions, conſiſte en ce que nous pouvons rendre raiſon pourquoy nous aimons, ou haïſſons les objets des paſſions, & que nous n'en pouvons rendre aucune pourquoy nous aimons, ou haïſſons les objets de nos inclinations & de nos averſions naturelles. Ce qui vient ſans doute de ce que les traces des objets des paſſions ne ſont pas ſi proches des traces que les premiers objets convenables ont imprimées dans le centre ovale, que celles des inclinations & des averſions naturelles ; ce qui eſt cauſe que l'amour ou la haine que l'ame conçoit pour les objets des paſſions, ne ſe peut former qu'à la longue, & dans un eſpace de temps, pendant lequel elle a le loiſir d'examiner ce qu'il y a d'aimable ou d'odieux dans ces objets, au lieu que les inclinations & les averſions naturelles ſe forment ſi promptement, à cauſe de la proximité des traces, que l'ame ne peut appercevoir le rapport ni la reſſemblance que les objets, pour qui elle ſe ſent émûë, ont avec ceux pour leſquels elle a eu premierement de l'amour, ou de la haine.

2. Pourquoy nous aimons ſouvent une perſonne plûtôt qu'une autre, ſans en connoître le mérite.

Ainſi la cauſe qui nous incite ſouvent à aimer une perſonne plûtôt qu'une autre avant que nous en connoiſſions le mérite, conſiſte dans la ſituation des traces du cerveau, ſoit que cette ſituation ait eſté miſe par les objets des ſens, ſoit par quelque autre cauſe ; car comme il a eſté dit, les objets qui touchent nos ſens, meuvent par l'entremiſe des nerfs quelques parties du centre ovale, & y font des traces qui peuvent eftre r'ouvertes enfuite de la même façon par un autre objet qui reffemble en quelque maniere au précédent, encore qu'il ne luy reffemble pas en tout ; par exemple fi un enfant vient à aimer une fille de fon âge qui eft un peu loûche, la trace qui fe formera par la vûë dans fon cerveau, quand il regardera ces yeux égarés, fe joindra tellement à celle qui s'y fait auffi pour émouvoir en luy la paffion d'amour, que long-temps après en voyant des perfonnes loûches, il fe fentira plus enclin à les aimer qu'à en aimer d'autres, pour cela feul qu'elles auront ce défaut, fans qu'il fçache pourtant que c'eft pour cela ; d'où il s'enfuit que quand nous fommes portés à aimer quelqu'un fans que nous en fçachions la caufe, nous pouvons croire que cela vient de ce qu'il y a quelque chofe en luy de femblable à ce qui a efté dans un autre objet que nous avons aimé auparavant.

Les inclinations & les averfions naturelles ne font pas feulement excitées par la préfence des objets, qui agiffent fur les fens, elles le font encore par le fimple cours des efprits animaux qui r'ouvrent les traces que les objets ont imprimées; d'où il s'enfuit qu'il fuffit quelquefois d'entendre parler du fujet de nôtre amour, ou de nôtre averfion, pour faire que ces paffions fe réveillent, ainfi qu'il arrive à ceux qui ne fçauroient entendre parler d'une Médecine fans en reffentir incontinent l'amertume à la bouche, & l'averfion au cœur ; ce qui vient de ce que la trace de cette Médecine eft fi profondement gravée dans le centre ovale, que lorfque les efprits animaux font déterminés par la parole à tendre vers elle, ils la trouvent prefque auffi ouverte qu'elle le feroit, fi la Médecine eftoit dans la bouche.

3. Que les inclinations & les averfions naturelles ne dépendent pas feulemēt des fens, mais encore de l'Imagination & de la Mémoire.

Il n'eft pas mêmes toûjours néceffaire que l'objet qui eft préfent aux fens, foit entierement femblable au premier objet de nôtre averfion ou inclination, il fuffit bien fouvent qu'il ait avec luy quelque léger rapport qui faffe que fa trace ait communication avec celle de ce premier objet; après quoy bienque les efprits ne foient particulierement pouffés que dans la trace de l'objet préfent, ils ne laiffent pas de couler auffi-tôt dans celle de l'autre, & de réveiller par ce moyen nôtre premiere paffion.

4. Qu'il n'eft pas néceffaire que l'objet qui réveille nos inclinations, foit entierement femblable à celuy que nous avons aimé le premier.

5.
Que nos in-clinations naturelles se fortifient, & comment on les peut arrêter.

Cela supposé, il est évident que nos inclinations & aversions naturelles se doivent fortifier de plus en plus à mesure que les petits chemins, par lesquels leurs traces ont communication avec celles de nos premieres passions, sont plus ouverts & plus battus; d'où il s'ensuit que le seul moyen qu'il y a de corriger leurs excès, c'est de penser à quelque chose qui soit ordinairement suivie de mouvements contraires à ceux qui accompagnent l'objet de nos inclinations, ou aversions naturelles; parce que de cette façon la trace qui se r'ouvrira de nouveau, conduira les esprits animaux autre part, & les détournera de la route qu'ils avoient accoûtumé de prendre si elle n'est pas fort profonde; car si elle l'est, ils la reprendront malgré tout le soin qu'on apportera pour la leur faire quitter: Ce n'est pas qu'à la longue on n'en puisse venir à bout en s'appliquant fortement à considérer que cet objet n'est pas avantageux ou nuisible, & en prenant une résolution ferme & opposée à l'inclination ou aversion; mais il faut pour cela une application & une étude si grandes, que la pluspart des hommes ne sont pas capables de les avoir: C'est pourquoy il ne faut pas s'étonner si ces sortes d'aversions ou d'inclinations naturelles durent quelquefois toute la vie.

Conclusion du Traité des Passions de l'Ame.

1.
Que les perceptions des passions résident dans l'ame, & leurs mouvements dãs le Corps.

CE qui vient d'estre dit des passions, fait assès connoître qu'elles résident dans l'ame & dans le corps; dans l'ame à l'égard de tout ce qu'elles ont qui renferme quelque perception, & dans le corps à l'égard de tout ce qui renferme quelque mouvement, en telle sorte néanmoins que les mouvements qui se font dans les corps, sont les causes naturelles des perceptions, des sentimens ou des émotions qui sont dans l'ame. Voilà ce qui regarde le sujet ou la matiere des passions.

2.
Division de l'amour, en amour propre & en amour simple, ou affection.

Quant à leur nombre, il faut avant que de le déterminer, prendre garde que nous n'aimons pas les choses considérées en elles-mêmes, mais les rapports de convenance qu'elles ont avec nous: d'où il s'ensuit que nous nous aimons plus nous-mêmes que nous n'aimons toutes les autres choses naturelles, puisque nous nous aimons nous-mêmes pour nous-mêmes, & que nous n'aimons tout le reste des choses naturelles que par rapport à nous; d'où vient que pour marquer cette différence on a donné le nom d'*Amour propre* à l'amour que nous avons pour nous-mêmes, & qu'on a laissé le nom simple d'*Amour* ou d'*Affection* à celuy que nous avons pour toutes les autres choses.

Cela supposé, on peut dire à divers égards qu'il y a plusieurs passions, ou qu'il n'y en a qu'une seule ; Qu'il n'y en a qu'une seule, si par passion on entend l'*Amour propre*, parce qu'en effet toutes les émotions de l'ame, qui portent le nom de passion, ne sont que des propriétés de l'amour propre : Par exemple, quand l'amour propre languit après ce qu'il aime, on l'appelle *Desir ;* Quand il le possède, il prend le nom de *Joye ;* Quand il fuit ce qu'il abhorre, il s'appelle *Crainte ;* Et quand après une longue & inutile défense, il est contraint de le souffrir, il se nomme *Tristesse*.

3. *Comment on peut dire qu'il n'y a qu'une passion, ou qu'il y en a plusieurs.*

Si au contraire on entend par *passion* des émotions qui incitent l'ame à se joindre ou à se séparer des choses selon qu'elles luy paroissent bonnes ou mauvaises, il est certain qu'on peut dire qu'il y a plusieurs passions dans l'ame, puisqu'il y a des émotions, qui sont différentes, & mêmes qui sont contraires. En effet, si l'ame a de l'inclination ou de l'aversion pour les choses qui luy plaisent, ou qui luy sont desagreables, c'est l'amour & la haine, qui sont deux émotions de l'ame entierement opposées ; si elle s'éloigne de ces choses, c'est la *fuite,* si elle s'en aproche, c'est *le desir* ; si elle se promet la possession de ce qu'elle souhaitte, c'est *l'espérance ;* si elle ne se peut défendre du mal qu'elle apprehende, c'est *le desespoir* : si elle tente de le combattre, c'est la *hardiesse* : si elle s'échauffe & s'anime pour le vaincre, c'est la *Colère* : Enfin, si elle possède le bien, c'est la *joye,* & si elle souffre le mal, c'est la *tristesse*.

Or toutes ces passions sont des émotions de l'ame différentes ou contraires, dont on peut & on doit déterminer le nombre, ainsi que l'avons fait.

Lors que l'amour propre est pris pour une passion, on peut dire que toutes les passions de l'ame ne sont que des modifications de l'amour propre, ou pour mieux dire, qu'elles ne sont que l'amour propre même modifié diversement par la pante que nous avons à nous unir, ou à nous séparer de tout ce qui nous paroît convenable ou disconvenable. Et parce que tout ce qui nous paroît tel, ne l'est pas toûjours en effet, delà

4. *Que l'amour propre est quelquefois ignorant & quelquefois éclairé.*

vient qu'on diftingue l'amour propre en ignorant & en éclairé, & qu'on appelle l'amour propre *ignorant*, celuy qui fait que nous nous aimons dans des chofes contraires à nôtre bien ; & amour propre *éclairé*, celuy qui fait que nous nous aimons dans ce qui nous convient en effet.

5.
Que la principale étude de l'homme doit eftre de corriger les paffions par les préceptes de la Morale.
 D'où il faut conclure que la principale étude de l'homme, doit confifter à rendre fon amour propre éclairé en corrigeant les excès de fes paffions ; ce qui fe peut faire en deux manieres, ou en oppofant des paffions à d'autres paffions, ou en les modérant par la pratique des vertus qui leur font contraires. Nous avons déja enfeigné dans ce Traité des Paffions à les modérer de la premiere forte, & nous enfeignerons à les modérer de la feconde dans la Morale, dont nous allons traiter.

LA MORALE
OU
LA CONNOISSANCE
DES DEVOIRS DE L'HOMME.

AVERTISSEMENT.

OTRE deſſein n'eſt pas de parler icy de cette partie de la Philoſophie Morale qu'on nomme Politique, qui regarde la maniere particuliere de conduire les Etats & les Républiques : nous laiſſons ce ſoin-là aux Politiques de profeſſion, & nous nous réduiſons à cette Partie de la Morale, qui enſeigne à chacun la maniere de ſe conduire dans chaque rencontre particuliere.

 Cette Partie, quoy qu'elle ne ſoit pas auſſi éclatante que la Politique, ne laiſſe pas d'eſtre utile, & même néceſſaire, à cauſe qu'il ſeroit preſque impoſſible que ceux qui ſont chargés de gouverner les Etats, y puſſent réüſſir, ſi ceux qui leur ſont ſoûmis, ne connoiſſoient leurs propres devoirs, & l'obligation où ils ſont, de s'abandonner à la conduite de leurs Supérieurs.

 Cette conſidération rend l'étude de la Morale ſi importante, qu'il y a lieu de s'étonner, que dans tous les Siecles on ait vû tant de perſonnes qui ont tâché de découvrir les reſſorts de la Nature pour la ſimple inſtruction de l'eſprit, & qu'il s'en ſoit trouvé ſi peu, qui ſe ſoient appliquées à examiner les devoirs des hommes, dont la connoiſſance eſt ſi néceſſaire pour la conſervation du genre humain. Mais ce qu'il y a encore de plus ſurprenant, eſt que ceux mêmes qui ſe ſont le plus adonnés à cet exa-

Tome III.   Ddd

men, n'ont rapporté presque aucun fruit de leur étude pour avoir ignoré les véritables principes de la Morale.

La plûpart des Philosophes Payens n'ont considéré dans cette sçience, que ce qui regarde la vie Civile ; & presque tous les Chrétiens n'ont examiné que ce qui concerne le Christianisme ; ce qui a fait que les uns ni les autres n'ont pû former qu'une idée imparfaite de la Morale, parce que la Morale Chrétienne suppose la Morale Civile, dont la plûpart des Philosophes Chrétiens n'ont pas connu les obligations ; & la Morale Civile suppose la Morale naturelle, dont presque tous les Payens ont ignoré les devoirs.

Pour remédier à ces inconvéniens autant qu'il nous sera possible, nous joindrons la Morale naturelle à la Morale Civile, & la Morale naturelle & Civile à la Morale Chrétienne ; & nous tâcherons de faire de ces trois parties un seul Système de Morale qui soit fondé sur des principes incontestables.

Pour cet effet, nous diviserons tous les devoirs de l'homme en trois classes, dont la premiere comprendra tous les devoirs de l'homme considéré dans l'état de la nature, où il ne reconnoît d'autre loy que sa propre raison. La seconde contiendra tous les devoirs de l'Homme considéré dans l'état politique, où il est obligé de reconnoître les loix de ses Supérieurs ; & la troisième embrassera tous les devoirs de l'Homme considéré dans l'état du Christianisme, où il fait profession d'obéïr aux Loix de Jesus-Christ.

Prenant ensuite ce qu'il y a de plus connu dans les devoirs de l'Homme considéré dans l'état de la Nature, nous ferons voir en premier lieu qu'il est obligé d'aimer sa conservation, & de l'aimer, non d'un amour simplement apparent, mais d'un amour véritable.

Et parce que la conservation de chaque homme en particulier est tellement liée avec celle des autres hommes, qu'il arrive rarement qu'on puisse travailler à sa conservation propre sans travailler à celle des autres, ni travailler à celle des autres sans procurer la sienne : nous enseignerons en second lieu que l'homme, pour s'aimer d'un amour véritable, doit aimer son prochain comme soy-même.

Et dautant que l'homme ne peut s'aimer soy-même, ni aimer son prochain sans aimer de véritables biens, ni aimer de véritables biens sans aimer Dieu qui les a produits & qui les conserve ;

AVERTISSEMENT.

nous ferons voir en troisiéme lieu, que l'homme ne peut s'aimer soy-même, ni aimer son prochain d'un amour véritable sans avoir de l'amour pour Dieu ; d'où il s'ensuit que l'amour de Dieu est une partie essentielle du devoir de l'homme dans l'état de la nature.

Deplus, parce que les hommes sont tellement corrompus depuis le péché d'Adam, qu'ils ne manqueroient pas de se quereler sur l'usage de ce que la nature leur a donné en commun, nous ferons voir que pour établir la paix qui regne maintenant parmi eux, ils ont esté obligés de céder les uns aux autres une partie du droit qu'ils avoient sur toutes choses ; ce qu'ils n'ont pû faire que par des pactes & par des conventions, dont nous expliquerons la nature & les propriétés.

Nous proposerons ensuite les Loix de la nature, qui regardent les devoirs réciproques des hommes, & celles qui regardent la gloire de Dieu ; nous rechercherons quelle est leur origine ; & ayant reconnu que Dieu en est l'Auteur, nous ferons voir qu'elles sont immuables ; & par conséquent que ce qu'elles ont deffendu ne peut jamais estre permis, & que ce qu'elles ont commandé ne peut jamais estre deffendu, car il n'arrivera jamais que l'orgeüil, l'ingratitude, l'infidelité, &c. soient des choses permises, ni que les vertus opposées soient des choses deffendües.

Enfin sçachant que la gloire de Dieu consiste dans la manifestation de ses attributs, & que la conservation des hommes, à laquelle la pluspart des Loix de la nature se rapportent immediatement, sert beaucoup à faire éclater la puissance & la bonté divine, nous conclurons que quand l'homme s'aime comme il faut, il s'aime pour la gloire de Dieu, voilà en abbregé tout ce qui sera contenu dans le premier Livre.

Ayant consideré dans le second, que pour entretenir la paix, il est nécessaire de mettre en usage les loix naturelles ; & que les hommes se dispensent aisément de pratiquer ces loix, lors qu'ils ne craignent pas d'estre punis pour les avoir violées ; nous tâcherons de prouver que le seul moyen qu'on a pû trouver pour obliger les hommes à pratiquer les loix naturelles, a esté d'imposer de si grandes peines à ceux qui les violeroient, que chacun aimât mieux les observer que les enfraindre : ce qui n'a pû se faire qu'en établissant des sociétés civiles avec une autorité souveraine.

Après cela, nous montrerons comment ces sociétés se sont formées ; de combien de sortes il y en a ; d'où vient leur puissance absoluë ; Quels droits il faut que chaque particulier cède nécessairement à ceux qui gouvernent les E'tats ; Quels sont les devoirs des Sujets dans chaque sorte de gouvernement ; Quelle puissance les Souverains ont sur eux ; Quels sont les droits des Peres sur les Enfans ; des Maris sur les Femmes ; des Maîtres sur les Valets ; des Vainqueurs sur les Vaincus, & des Hommes sur les Bêtes.

Nous prouverons enfin, que l'état Civil dépend de l'état naturel, en ce que toute l'autorité des sociétés Civiles est fondée sur la Loy particuliere de la nature qui commande d'estre fidelles; car en effet, d'où vient que les Sujets sont obligés d'obeïr à l'E'tat, si ce n'est de ce qu'ils l'ont promis ? mais nous ferons voir en même-temps que l'état Civil est plus parfait que l'état naturel, en ce que l'état Civil a des forces suffisantes pour contenir dans leur devoir ceux qui auroient envie de violer les loix de la nature : au lieu que l'état naturel est entierement dépourvû de ces forces.

Nous examinerons dans le 3. Livre les Loix divines ; nous tâcherons de découvrir, comment elles ont esté proposées ; & parce que la connoissance de tout ce qu'on appelle loy dépend de celle qu'on a du droit de regner, nous tâcherons encore d'expliquer quel est l'Empire que Dieu exerce sur les hommes par l'ancienne & par la nouvelle alliance.

Nous ferons voir que toutes les loix divines proposées sous l'ancienne alliance se réduisent à deux chefs, sçavoir aux loix du Décalogue, & à ces loix tant politiques que cérémoniales qui se lisent depuis le 20. Chap. de l'Exode jusqu'à la fin du Pentateuque.

Nous montrerons que tous les préceptes du Décalogue, qui regardent les mœurs, ne sont autre chose que les loix naturelles réduites par écrit, & que les loix politiques, judicielles & cérémoniales, qui regardent seulement le peuple Juif, ont esté des loix véritablement civiles : Ce qui fait voir que sous le regne de Dieu par l'ancienne alliance les loix divines n'ont eu rien de contraire aux loix naturelles & civiles.

Nous proposerons ensuite la venuë du Messie & l'institution de la nouvelle alliance avec les conditions sous lesquelles elle a esté établie tant de la part des hommes que du côté de Dieu même;

AVERTISSEMENT.

Nous ferons voir la nécessité qu'il y a de croire en JESUS-CHRIST *pour estre sauvé:* Nous expliquerons quelle puissance il a eu de pardonner les péchés & de révéler les véritez surnaturelles: Nous dirons quelles sont ces véritez, en quoy elles different des véritez naturelles, & quelle est la puissance que JESUS-CHRIST *a donnée à l'Eglise pour décider les contestations qui peuvent naître à leur occasion parmi les fideles.*

Nous examinerons les Loix que JESUS-CHRIST *a proposées de la part de son Pere, nous démontrerons qu'elles sont toutes comprises en abbregé dans ces deux commandemens de* JESUS-CHRIST; Tu aimeras le Seigneur ton Dieu sur toutes choses, & ton prochain comme toy même. *Nous ferons voir encore que le premier de ces commandemens avoit esté donné par Moïse en mêmes termes, & que le second comprend en abbregé toutes les Loix naturelles & civiles. Ce qui fait voir que dans la nouvelle alliance les commandemens de* JESUS-CHRIST *ne sont pas plus contraires aux Loix naturelles & civiles, que l'estoient les commandemens de Dieu dans l'ancienne alliance.*

Enfin, nous prouverons que Loix Chrétiennes sont plus saintes & plus efficaces que les Loix naturelles & Civiles; plus saintes, parce qu'elles nous font agir non seulement en vûë de la paix & de nôtre conservation temporelle, mais principalement en vûë de Dieu & du salut éternel: & plus efficaces, parce qu'elles n'enseignent pas seulement ce qu'il faut faire, mais elles donnent encore la force pour l'accomplir, d'où nous conclurons que la Morale naturelle, & la Morale civile seroient fort imparfaites sans la Religion Chrétienne.

Cette maniere de traiter la Morale sera bien différente de celle de quelques Auteurs Modernes, qui au lieu de Livres de Morale, nous ont donné des traitez de Métaphysique. En effet, c'est à la Métaphysique & non à la Morale, à prouver qu'il n'y a que Dieu qui puisse rendre les hommes heureux: Qu'il est Auteur du plaisir & de la douleur: Qu'il peut faire goûter des plaisirs infinis à une ame qui luy est unie: Que tout ce qui porte l'Image de Dieu, donne du plaisir à une ame: Que les hommes sont faits pour posseder Dieu &c. Cependant c'est en cela principalement que consiste la Morale de ces Auteurs, mais il seroit aisé de faire voir, qu'on peut avoir une parfaite connoissance de toutes ces choses, & néanmoins ignorer ses devoirs; car on

398 AVERTISSEMENT.

peut sçavoir, par exemple, que Dieu est Auteur du plaisir & de la douleur, & ne sçavoir pas que nous devons rapporter l'un & l'autre à la gloire de Dieu, & que nous les y rapportons en effet, lorsque nous goûtons les plaisirs, & souffrons les douleurs conformement aux Loix naturelles, divines, & humaines ; ce qui regarde proprement la Morale ; au lieu que le reste n'est que pure Métaphysique.

LA MORALE
OU
LA CONNOISSANCE
DES DEVOIRS DE L'HOMME,

Ce que c'est que la Morale en général, & en combien d'espèces elle se divise.

ES anciens Philosophes ne recommandoient rien tant à leurs Disciples, que de s'étudier & de se connoître eux-mêmes ; c'est de là qu'est venuë cette maxime si célèbre, *Connois-toy toy-même*. On la fit graver sur le frontispice du fameux Temple de Delphes, pour avertir les hommes par cette Inscription, qu'ils ne pouvoient s'appliquer à aucune chose qui leur fût plus utile que d'apprendre à se bien connoître.

<small>1. Qu'il n'y a rien de plus nécessaire que de se connoître soy-même.</small>

Suivant ce principe, nous avons tâché de donner à l'homme une parfaite connoissance de luy-même, & pour y réüssir plus méthodiquement, nous avons divisé les matieres qui peuvent regarder sa connoissance, suivant les questions qui se traitent dans les différentes parties de la Philosophie. Nous avons tâché dans la Métaphysique d'expliquer quelle est la nature des principales parties de l'homme, ce que c'est que le corps & l'esprit, ce que ces deux substances ont de propre & de commun ; si elles sont distinctes, comment elles sont unies ensemble, & quelles sont les loix, les suites, & les effets de leur union.

<small>2. Comment on se peut connoître soy-même.</small>

Et parce que toutes les fonctions de l'esprit qui regardent

cette union, dépendent des mouvements du corps auquel l'esprit est uni, nous avons tâché dans la Physique d'expliquer la composition du corps humain & les fonctions de ses principales parties.

Nous avons fait voir ensuite comment se fait la respiration, la digestion, le changement des aliments en sang, celuy du sang en esprits animaux, en chair & en os, ou plûtôt nous avons fait voir comment se forme, se meut, & se change le sang pour la nourriture, pour l'accroissement, & pour la génération.

Nous avons démontré comment les objets extérieurs excitent en nous les sentiments du son, des odeurs, des saveurs, &c. comment les objets intérieurs y produisent la faim & la soif, comment les objets tant intérieurs qu'extérieurs y réveillent l'imagination & la mémoire ; & enfin comment ils causent toutes les émotions qu'on appelle, Passions de l'ame.

3. En quoy consiste le bon ou le mauvais usage que l'homme peut faire des fonctions de ses facultés naturelles.

Il ne nous reste donc maintenant qu'à examiner en quoy consiste le bon ou le mauvais usage que l'homme peut faire de toutes les fonctions des facultés que Dieu luy a données ; car comme il est naturellement doüé de raison & de liberté, il est par conséquent capable, & obligé de rapporter toutes ces fonctions à la fin à laquelle elles sont destinées, sans quoy il est censé d'en faire un mauvais usage.

Or il faut remarquer que la fin se divise en derniere & en moyenne ; la derniere ne se rapporte à aucune autre fin, & toutes les autres fins moyennes se rapportent à elle : & de cette façon il n'y a que la gloire de Dieu qui mérite la qualité de derniere fin, estant la seule à laquelle toutes les choses se rapportent. La fin moyenne est celle à laquelle quelques choses se rapportent ; mais de telle sorte qu'elle même se rapporte à d'autres choses. Telle est la conservation de l'homme, laquelle d'un côté est la fin de plusieurs actions de l'homme, & de l'autre elle se rapporte à la gloire de Dieu.

4. Ce que c'est que la Morale spéculative.

Les actions de l'homme considérées par rapport à leur fin, se nomment *Mœurs* ; d'où il s'ensuit que l'homme a des bonnes mœurs lorsqu'il rapporte ses actions à leur fin, & qu'il en a de mauvaises, lorsqu'il ne les y rapporte pas ; c'est pourquoy puisque l'homme rapporte ou ne rapporte pas ses actions à leur fin, selon qu'il agit d'une maniere conforme ou contraire aux

Loix

Loix naturelles, divines ou humaines, nous pouvons aſſûrer que la vraye ſcience Morale conſiſte dans la connoiſſance de ces Loix.

Néanmoins, comme cette connoiſſance ſeroit inutile ſi elle s'arrêtoit ſimplement à conſidérer ſon objet, & ſi elle ne devenoit active, ne ſervant actuellement à regler la conduite des hommes, on peut dire que la Morale conſidérée d'une maniere pratique, n'eſt autre choſe *que l'Art de bien vivre, ou l'Art de vivre honnétement*, c'eſt à dire, l'Art de conformer ſes actions aux Loix.

5. Ce que c'eſt que la Morale pratique.

Et il ne ſerviroit rien de dire qu'on ne peut pas proprement appeller *Art* la Philoſophie morale, parce qu'elle n'a pas pour ſujet des actions qui laiſſent après elles quelque effet ſenſible, comme font l'Architecture & la Peinture ; car nous répondons que pour l'établiſſement d'un Art, il n'eſt pas néceſſaire qu'il regarde des actions qui laiſſent après elles quelque effet ſenſible, puis que ſoit qu'on prononce un diſcours, ſoit qu'on le mette par écrit, on uſe d'un même artifice & de mêmes préceptes : ce qui fait voir que cette diverſité d'actions, dont les unes laiſſent quelque choſe de ſenſible après elles, & les autres ne laiſſent rien, eſt ſeulement matérielle, & par conſéquent incapable de donner ou d'ôter la qualité d'art à quelque habitude intellectuelle.

6. Objection avec la réponſe.

On peut encore appeller la Morale la *Science du Bien & du Mal*, en prenant le mot de Science dans une ſignification rigoureuſe pour la connoiſſance d'une choſe par ſa cauſe : car outre que la Morale explique la fin des actions humaines, elle démontre pluſieurs de ſes concluſions par voye de cauſe, comme par un moyen évident & néceſſaire.

7. Que la Morale eſt un art & une ſcience à divers égards.

Et ce ſeroit en vain qu'on objecteroit que les Sciences n'ont pour objet que des choſes générales, néceſſaires & immuables; ce qui fait que la Morale ne peut regarder les actions humaines qui ſont paſſageres, particulieres & muables ; car nous répondons que la Philoſophie Morale ne s'attache pas particulierement à telle ou telle action, par exemple, elle ne conſidère pas ſeulement la continence d'Alexandre ou de Scipion, mais elle traite en gros de toutes les actions humaines, entant qu'elles participent génériquement ou ſpécifiquement à une même marque de bonté ou de malice.

Tome III.   E e e

Ainſi l'on peut dire que la Morale eſt une Science & un Art à divers égards : Qu'elle eſt une Science par rapport aux actions humaines conſidérées en général ; & un Art, par rapport à ces mêmes actions conſidérées en particulier, entant que chaque homme eſt obligé de conformer les ſiennes aux Loix qui luy ſont impoſées ; c'eſt pourquoy, puis que toutes les Loix qui ſont impoſées aux Hommes, ſe réduiſent aux Loix naturelles, divines & humaines. Nous diviſerons la Morale en général en *Morale Naturelle*, en *Morale Civile*, & en *Morale Chrétienne* ; Après quoy nous expliquerons la Morale Naturelle dans le premier Livre ; la Morale Civile dans le ſecond, & la Morale Chrétienne dans le troiſiéme.

LA MORALE
C'est à dire
LA CONNOISSANCE
DES DEVOIRS DE L'HOMME.

LIVRE PREMIER.

Des devoirs de l'Homme considéré dans l'état de la Nature.

PREMIERE PARTIE.

De la Morale spéculative, ou de la simple connoissance des devoirs de l'Homme dans l'état de la Nature.

CHAPITRE PREMIER.

Que l'Homme dans l'état de la Nature s'aime toûjours, mais qu'il ne s'aime pas toûjours comme il se doit aimer.

Our peu de réflexion que nous fassions sur la maniere dont nous avons esté faits, nous ne pouvons pas ignorer que Dieu en nous faisant, ne nous ait imposé une nécessité indispensable de contribuer de tout nôtre pouvoir à la conservation de nôtre estre. En effet, si nous examinons bien toutes les facultés de connoître, de vouloir & de sentir que Dieu nous a départies en nous formant, nous reconnoîtrons aisément qu'

<small>I.
Que toutes les facultés de l'homme tendent à sa conservation.</small>

elles tendent toutes à cette fin, & qu'elles ne s'en écartent jamais que lorsque nous en faisons un mauvais usage; par exemple, l'entendement nous a esté donné pour connoître ce que les choses sont en elles-mêmes, & par rapport à nous; la volonté nous a esté donnée pour nous unir aux choses qui paroissent bonnes, & pour nous séparer de celles qui paroissent mauvaises: Les sentiments intérieurs nous ont esté accordés pour nous faire distinguer par la faim & par la soif les temps ausquels nous avons besoin de manger & de boire d'avec ceux ausquels nous n'en avons pas besoin: Les sentiments extérieurs nous ont esté donnés pour nous faire connoître par la douleur & par le plaisir les objets extérieurs qui nous sont utiles ou dommageables, afin de nous approcher des uns & de nous éloigner des autres: Enfin nous avons des passions pour exciter l'ame à fortifier certains mouvements qui sont nécessaires à la conservation de l'union de l'esprit & du corps: de sorte que si les sentiments & les passions ont quelquefois un effet tout contraire, ce n'est pas tant un défaut des passions & des sentiments que de la volonté qui souffre qu'ils aillent dans l'excès.

*2.
Qu'il est impossible d'aimer aucune chose que par rapport à soy-même.*

Si nous joignons à tout cela ce qui a esté dit de la nature de l'amour, il sera aisé de reconnoître que nous devons nous aymer par nécessité; car puis que l'amour n'est qu'un mouvement de l'ame qui nous unit à ce qui nous convient, & qu'il n'y a rien dans l'état de la nature qui nous convienne plus que la conservation de l'estre que Dieu nous a donné, c'est à dire, que l'union de l'esprit avec le corps, dans laquelle consiste toute l'essence & la nature de l'homme, qui ne voit que l'amour que nous avons pour cette union est un amour essentiel à l'homme, considéré en tant qu'homme, & qu'il ne répugne pas moins que l'homme soit sans cet amour, qu'il répugne qu'un triangle soit sans trois côtés. *

* Voyés le 7. Chap. de la 2. Part. du 2. Liv. de la Métaphysique.

C'est aussi une chose certaine que nous sommes portés naturellement, à regarder nôtre estre & nôtre vie, comme la principale partie de toutes les choses ausquelles nous nous unissons par l'amour; en effet, l'amour que nous avons pour les autres choses n'est qu'une suitte & une dépendance de l'amour que nous avons pour nous mêmes; car ce ne sont pas les choses en elles-mêmes que nous aimons, mais le rapport & la convenan-

LIVRE PREMIER. *PARTIE I.*

ce qu'elles ont avec nous; autrement, il n'y auroit aucune raison d'user de choix, & de préférence, à cause que toutes les choses sont également parfaites en elles mêmes, c'est à dire qu'elles sont ce qu'elles sont, aussi parfaitement qu'elles le peuvent estre.

Il ne faut pas croire aussi que l'amour que nous avons pour nous mêmes, qu'on appelle *amour propre*, soit seulement la cause ou la règle de nos amours; il faut penser au contraire que tous les autres amours sont des espèces, ou pour mieux dire, des manieres de l'amour propre; car si nous aimons un objet nouveau, ce n'est pas qu'il se produise en nous un nouvel amour; mais c'est que connoissant dans cet objet quelque nouveau rapport de convenance avec nous, nous nous y aimons par un amour aussi ancien que nous mêmes, puisque nous nous y aimons par nôtre amour propre, qui est un amour essentiel & nécessaire, mais qui est nouvellement modifié par cet objet.

Cependant bien que nous nous aimions par nécessité, nous ne nous aymons pas toûjours comme nous devons nous aimer, parce que nous nous aimons souvent dans des choses qui n'ont pas avec nous les rapports de convenance que nous pensons qu'elles ayent, par exemple, quand j'aime à manger d'une viande qui est agréable au goût, mais nuisible à la santé, je m'aime à la verité dans le plaisir que j'ay à manger cette viande; mais je ne m'aime pas comme je me devrois aimer, parce que je m'aime dans une chose qui en effet ne me convient pas; de même, lors que je dérrobe, je m'aime à la vérité dans la chose dérrobée; mais mon amour n'est pas raisonnable, parce que je m'expose à un danger manifeste de porter la peine de ce crime : enfin nous nous aimons toûjours, mais nous nous aimons mal toutes les fois que nous nous aimons dans des choses qui ne nous conviennent qu'en apparence, & que nous croyons nous convenir en effet.

Or il n'y aura pas peine à concevoir comment nous nous aimons mal, si l'on considère que par l'institution de la nature, dont il a esté parlé, les sentiments & les passions de l'ame sont les plus ordinaires moyens que nous ayons pour distinguer ce qui est convenable à nôtre nature, d'avec ce qui y est contraire: car chacun sçait par expérience, que depuis le péché d'Adam, ces moyens ne sont pas infaillibles, & que les sentiments & les

3.
Que nous ne nous aymons pas toûjours comme il faut, & pourquoy.

passions nous réprésentent souvent le mal pour le bien : en effet, si la douleur & le plaisir estoient des marques asseurées de la convenance ou de la disconvenance que les choses ont avec nous, nous ne nous tromperions jamais dans le choix des biens, parce que nous aimerions toûjours les choses qui produiroient le plaisir ou la joye, & nous haïrions celles qui causeroient la douleur ou la tristesse ; mais comme il arrive souvent que les choses qui sont utiles en certains temps & en certains lieux, sont nuisibles en d'autres, & que néanmoins les sentiments de douleur ou de plaisir qu'elles causent, sont toûjours les mêmes ; cela fait que nous sommes comme dans une espèce de nécessité de nous tromper, touchant ce que nous aimons dans plusieurs rencontres, du moins, si nous ne consultons que les sens ou les passions, comme nous faisons d'ordinaire, & si nous ne recourons à la raison pour apprendre d'elle le véritable rapport de convenance ou de disconvenance que les choses ont avec nous dans chaque rencontre particuliere.

4. Ce que sont l'amour propre ignorant, & l'amour propre éclairé.

C'est par cette raison aussi qu'on a distingué l'amour propre en *ignorant* & en *éclairé*, entendant par l'amour propre ignorant un amour, par lequel nous nous aymons dans des choses nuisibles, & par l'amour propre éclairé, un amour de choix, par lequel nous ne nous aimons que dans des choses utiles, c'est à dire, qui ont avec nous un véritable rapport de convenance.

Ceux qui n'ont jamais pris garde à cette distinction, ne manqueront pas de trouver étrange que nous établissions pour fondement de la morale naturelle l'amour propre : car comme cet amour est généralement condamné de tout le monde, & regardé comme l'unique source de la corruption humaine ; ils croiront qu'une morale naturelle qui est fondée sur ce principe, doit estre rejettée comme une morale dangereuse ; mais ils changeront peut-estre de sentiment, s'ils veulent se donner la peine de considérer que leur opinion procède de ce qu'ils confondent l'amour propre ignorant avec l'amour propre éclairé, & qu'ils tiennent pour mauvais & pour corrompu en bonne morale, tout ce qui a quelque rapport à nous : ce qui est également contraire à la raison & à l'expérience, qui font voir que la nature du véritable amour consiste à nous unir de volonté, ou d'effet aux choses qui nous conviennent, ou paroisfent nous convenir : à quoy il faut ajoûter que si toutes les choses qui se rapportent à nous, estoient mauvaises, il s'ensuivroit que la force & la tempérance, qui sont deux vertus naturelles, qui tendent directement à conserver nôtre vie, seroient aussi blâmables, que la foiblesse & l'intempérance, qui sont deux vices opposés, qui tendent à la détruire, ce qu'on ne sçauroit raisonnablement penser.

Il y a donc un amour propre ignorant & un amour propre éclairé : ce dernier est un effet du reste de la lumiere que Dieu infusa dans l'ame de l'homme en le formant, & le premier est une suite du péché d'origine, dont il sera parlé, qui a tellement renversé l'amour humain, qu'au lieu qu'avant ce péché l'homme n'aimoit que les choses qui luy estoient en effet convenables, il en aime maintenant plusieurs qui ne luy conviennent qu'en apparence & par erreur.

On attribuë l'amour propre éclairé à la partie supérieure de l'ame que nous avons appellée *Appétit raisonnable*, * & l'on nomme les biens qui sont l'objet de cet amour : *Les biens de l'ame*: au contraire on rapporte l'amour propre ignorant à la partie inférieure de l'ame que nous avons nommée *Appétit sensitif* ou *concupiscible*, & on appelle les biens qui sont l'objet de cet amour, *les biens du corps* ou simplement *les biens sensibles*.

L'amour propre éclairé a des Loix qu'on nomme *les Loix de la raison* ou *de la nature*, & l'amour propre ignorant a aussi des Loix, qu'on appelle *les Loix de la chair*, ou *de la concupiscence*.

5.
D'où procédent l'amour propre ignorant & l'amour propre éclairé.

* Métaphys.
Liv. 2.
Part. 2.
Art. 2.

CHAPITRE II.

Que l'Homme dans l'état de la Nature aime Dieu nécessairement, & pourquoy.

IL y a eu des Philosophes qui se sont persuadés qu'il n'y a que la Religion Chrétienne, dont il sera parlé ensuite, qui nous enseignant le mystère de l'Incarnation, par lequel Dieu s'est rendu semblable à nous, fait que nous sommes capables de l'aimer, & que ceux qui sans la connoissance de ce mystère ont semblé avoir de la passion pour quelque divinité, n'en ont point eu néanmoins pour le vray Dieu ; mais seulement pour quelques idoles qui ont frappé leurs sens, & ausquels ils ont donné le nom de *Dieu.*

1. *Que nous pouvons aimer Dieu, & comment.*

Quoyqu'il en soit de cette opinion, nous sommes tres-persuadés que nous sommes capables d'aimer Dieu, malgré l'infinie distance qu'il y a de luy à nous, & que comme cette distance ne nous empêche pas de le connoître, elle ne nous empêche pas aussi de l'aimer.

Et il n'importe de dire qu'il n'y a rien en Dieu qui puisse estre senti ou imaginé, ni par conséquent qui puisse exciter dans le cœur une véritable passion d'amour ; car je répons que nous ne sommes pas obligés d'aimer Dieu d'un amour de passion à prendre ce mot à la rigueur, mais d'un amour raisonnable, qui consiste à nous unir à luy de volonté, comme à un estre souverainement aimable.

J'ajoûte encore que nous pouvons aimer Dieu d'une véritable passion d'amour, non pas à la vérité comme un bien qui nous convienne immédiatement par luy-même; car sa nature est trop relevée par dessus la nature, mais comme la science & l'origine de tous les biens qui nous peuvent convenir : Je suis même persuadé que nous ne cessons jamais d'aimer Dieu de cette sorte d'amour : Car comme nous ne sommes jamais sans aimer quelque chose, c'est à dire, sans nous unir de volonté ou d'effet à quelque bien apparent ou véritable, nous ne sommes aussi jamais sans aymer Dieu, qui a produit & qui conserve ce bien ; De sorte que nous pouvons dire icy de l'amour que nous avons pour Dieu, ce que nous avons dit dans la Métaphysique de la connoissance que nous avons de son existence & de sa nature, sçavoir que comme l'idée de l'existence & de la nature de Dieu est inséparable de l'idée que nous avons de chaque estre créé, aussi l'amour que nous portons à Dieu, ne peut estre séparé de celuy que nous avons pour chaque chose qui paroît bonne ; d'où il s'ensuit que nous aimons Dieu, du même amour dont nous nous aimons nous-mêmes, & toutes les choses que nous croyons nous convenir, soit qu'elles nous conviennent en effet, soit qu'elles ne nous conviennent qu'en apparence, & par erreur.

* L'Auteur de la recherche de la vérité. Liv. 3. Chap. 4.

C'est en ce sens qu'un Philosophe moderne * enseigne qu'il n'y n'y a point de volonté, qui n'ait un amour naturel & nécessaire pour Dieu. Que les justes & les impies, les bien-heureux & les damnés aiment Dieu de cet amour, lequel n'eftant autre chose que l'inclination naturelle qui nous porte vers la source de tous les biens, tous les esprits aiment Dieu de cet amour par une espèce de nécessité naturelle, puis que tous les esprits, & les démons mêmes, desirent ardemment d'eftre heureux, & de posseder le souverain bien, & qu'ils le desirent sans choix, sans délibération, sans liberté, & par la nécessité de leur nature. Outre cette maniere d'aimer Dieu qui est nécessaire & commune à tous les esprits, il y en a une autre qui se fait avec choix, & qui est propre aux hommes qui aiment Dieu, comme il veut estre aimé. Cette maniere consiste à préférer l'obéissance, qu'on doit aux Commandements de Dieu, à la possession de tous les autres biens du monde.

CHAPITRE III.

Que l'Homme dans l'état de la nature est obligé d'aimer Dieu d'un amour de choix.

OUTRE la maniere d'aimer Dieu, dont il vient d'estre parlé dans le Chapitre précédent, qui est nécessaire, & commune non seulement à tous les Hommes, mais encore à tous les Esprits, il y en a une autre qui n'est propre qu'aux hommes qui aiment Dieu, comme il veut estre aimé, c'est à dire, qui l'aiment d'un amour de choix, par lequel ils le préferent à tous les biens.

Il n'est pas aussi aisé que l'on pense d'expliquer comment l'homme peut aimer Dieu d'un amour de choix, tel que nous venons de dire, dont la raison est que cet amour suppose deux objets aimables, dont l'un est préféré à l'autre, & l'on ne voit pas qu'il y ait aucun objet créé qui puisse estre comparé à Dieu, pour luy disputer la qualité de bon ; il semble au contraire que Dieu doit estre considéré comme un bien absolu, & par conséquent comme un bien, qui doit estre aimé avec nécessité.

Cependant nous sommes obligés d'aimer Dieu d'un amour de choix & nous l'aimons en effet ainsi, toutes les fois que pouvant l'aimer, comme auteur des biens simplement apparents, nous ne l'aimons que comme auteur des biens vérita-

Tome III. Fff

I. Comment l'Homme peut aimer Dieu d'un amour de choix.

bles, en quoy nous ufons de choix & de préférence. Ainfi, par exemple, nous aimons Dieu d'un amour de choix, lors que nous l'aimons comme auteur des aliments qui font néceffaires à nôtre conservation, & nous l'aimons au contraire avec choix, mais d'une maniere dont il ne veut pas eftre aimé, lors que nous l'aimons comme auteur des aliments qui détruifent nôtre fanté ; c'eft pourquoy, puis que Dieu nous commande toûjours d'ufer des véritables biens, & qu'il nous défend toûjours de nous fervir de ceux qui ne font qu'apparents, c'eft une règle générale que l'homme aime Dieu d'un amour de choix, lors qu'il obeït à fes ordres, & qu'il préfère cette obeïffance à la poffeffion de tout autre bien.

2. D'où vient la difficulté qu'il y a à aimer Dieu.

Il eft vray que pour aimer Dieu de cette forte, nous avons befoin d'une méditation attentive & fouvent reïterée, à caufe que nous fommes continuellement détournés de cet amour, par la préfence des biens fenfibles qui nous portent à les aimer beaucoup plus que nous n'aimons les biens raifonnables : Cependant, comme les hommes font doüés de raifon, Dieu veut plûtôt en eftre aimé d'un amour de choix, que d'un amour d'inftinct, & d'un amour indéliberé, femblable à celuy par lequel nous aimons les chofes fenfibles fans connoître qu'elles font bonnes autrement que par le plaifir que nous en fentons. Mais comme les hommes font continuellement dans les occafions d'aimer ces chofes, ils ne peuvent conferver long-temps leur amour électif pour Dieu contre l'amour naturel des chofes fenfibles, fi ce n'eft que leur volonté fe foit fortifiée depuis long-temps par l'habitude d'aimer les biens raifonnables.

3. Qu'eft ce qu'il faut faire pour acquerir cette forte d'amour.

Nous croyons même que le plus court chemin qu'on puiffe prendre pour contracter cette habitude, eft de faire fouvent réflexion que Dieu ne nous commande rien qui ne nous foit avantageux ; & que fa puiffance & fa bonté font fi grandes, qu'il a créé une infinité de chofes qui fervent à nôtre confervation ; ce qui nous remplit de tant d'admiration, de refpect, & de reconnoiffance pour Dieu, que le regardant comme la fource de tous nos vrais biens, nous nous uniffons de volonté à luy, & l'aimons parfaitement.

4. Que l'homme peut aimer Dieu

Il eft vray qu'il ne femble pas que nous puiffions avoir un amour fincère pour Dieu, fi nous ne l'aimons purement & fimplement pour luy-même, fans nous regarder aucunement, &

sans le considérer comme auteur de nos biens. Nous sçavons même qu'il y a des gens qui croyent aimer Dieu de cette sorte d'amour ; & peut-estre même s'en trouve-t'il qui l'aiment ainsi ; mais nous disons que cette espèce d'amour est un amour divin, & une grace particuliere du Ciel, qui appartient au Christianisme, dont il ne s'agit pas encore ; car nous ne parlons icy que de l'amour que l'homme peut avoir pour Dieu dans l'état de la nature par ses propres forces, sans aucun secours particulier de la Grace divine.

sincerement, & l'aimer par rapport à soy, & comment.

Et ce seroit en vain qu'on objecteroit, que si l'homme dans l'état de la nature aimoit Dieu par rapport à soy, il seroit luy-même la fin de son amour, ce qui n'appartient proprement qu'à Dieu ; car nous répondons, que quoy que l'homme ne puisse rien aimer que par rapport à soy (parce que telle est la nature de son amour depuis le péché d'Adam) il n'est pas néanmoins luy-même la fin derniere de son amour, parce qu'aimant tout par rapport à soy, il est obligé de s'aimer soy-même par rapport à la gloire de Dieu, qui est l'unique fin derniere, non seulement de tous les amours, mais même de toutes les actions raisonnables, comme il sera prouvé ensuite.

5.
Que l'homme n'est pas la fin derniere de son amour, quoy qu'il aime tout par rapport à soy.

C'est donc une chose constante que nous pouvons, & que nous devons aimer Dieu d'un amour de choix dans l'état de la nature ; mais comme l'usage de nôtre langue ne permet pas que nous disions à ceux qui sont d'une condition fort relevée par dessus la nôtre, que nous les aimons, mais seulement que nous les respectons, & que nous avons de l'attachement pour leur service, à cause que l'amitié d'homme à homme rend égaux en quelque façon ceux en qui elle se trouve. Ainsi loin d'assûrer que nous avons de l'amour pour Dieu ; il faudroit ce semble, nous contenter de dire que nous avons pour luy du respect, de la vénération, & de la reconnoissance ; mais parce qu'on n'a pas accoûtumé de donner divers noms aux choses qui conviennent en une même définition, & qu'on n'a pas autrement défini l'amour en général, qu'en disant que c'est une passion qui nous fait joindre de volonté, ou d'effet à quelque objet qui nous paroît convenable, sans distinguer s'il est plus grand, égal, ou plus petit que nous, pour parler le langage commun, nous pouvons dire que nous avons de l'amour pour Dieu, & que c'est dans cet amour que consiste nôtre principal devoir dans l'état de la nature.

6.
En quel sens on peut dire que l'homme a de l'amour pour Dieu.

Fff ij

CHAPITRE IV.

Que l'Homme dans l'état de la nature ne peut s'aimer comme il doit, sans aimer son prochain comme soy-même.

1. *Quelles sont les principales causes des querelles des hommes.*

QUELQUE disposition naturelle que les hommes ayent à s'aimer les uns les autres, soit à cause de leur mutuelle ressemblance, ou pour les services réciproques qu'ils se peuvent rendre; l'expérience fait voir néanmoins qu'ils ne laissent pas de tomber dans des querelles perpétuelles qui procedent de plusieurs causes, dont les deux principales sont à mon avis la communauté des biens, & la vaine gloire.

Il n'y a point parmi les hommes de vice plus commun que la vaine gloire, qui fait que chacun veut avoir de la supériorité sur les autres ; ce qui cause des guerres perpétuelles, qui sont beaucoup augmentées par la communauté des biens, c'est à dire, par le droit que la nature a donné à chacun sur toutes choses ; car s'il arrive que plusieurs recherchent en même temps un bien qui ne peut estre divisé, ni possedé en commun ; il est nécessaire qu'ils entrent en dispute pour la possession de ce bien. C'est pourquoy, si nous voyons maintenant regner quelque paix & quelque amour parmi les hommes, ce n'est pas tant un effet de la disposition naturelle qu'ils ont à s'aimer les uns les autres, que d'une discipline étudiée, dont voicy l'ordre & la suite.

2. *Quelle est la Loy fondamentale de la nature.*

L'expérience ayant fait connoître que la guerre estoit inséparable de l'état de la nature, & que la conservation du genre humain estoit incompatible avec la guerre ; la droite raison (que nous ne distinguons pas icy de la Loy naturelle) fit entendre aux hommes *Qu'il faloit rechercher la paix par toutes les voyes possibles ; & qu'au cas qu'on ne pût l'obtenir, il se falloit préparer à la guerre.*

Ce premier précepte passe pour la Loy fondamentale de la nature, à cause que les autres préceptes de la raison naturelle, qui regardent les devoirs réciproques des hommes, dépendent de celuy-cy, & n'en sont que des suites ou des corollaires ; & parce qu'il seroit inutile aux hommes de rechercher la paix,

LIVRE PREMIER. PARTIE I. 413

s'ils n'avoient des moyens propres pour l'acquerir ; la droite raison leur enseigna cette seconde Loy, *Qu'ils ne devoient pas retenir tout le droit qu'ils avoient sur toutes choses, & qu'il en falloit céder une partie aux autres.*

3. Seconde Loy de la nature.

Cette Loy fut fondée sur ce qu'en retenant tout ce droit, ils conservoient la matiere des querelles qui naissent de ce que les biens sont communs, & qu'en cédant une partie ils se disposoient à la paix.

L'ordre voudroit que j'expliquasse tout de suite les autres Loix de la nature qui dérivent de cette premiere, & qui tendent immédiatement à établir la paix parmy les hommes ; mais parce que la plusart de ces Loix supposent des conventions par lesquelles, suivant la seconde Loy de la nature, les hommes se transfèrent réciproquement une partie de leurs droits sur toutes choses : il faut avant que de parler de ces Loix, avoir examiné la nature & les suites de ces conventions.

Pour cet effet il faut remarquer qu'on se départ du droit qu'on a sur une chose en deux manieres ; ou en y renonçant, ou en le transfèrant à un autre. La simple rénonciation se fait lors qu'on déclare expressément qu'on ne veut plus se réserver la permission qu'on a de faire une chose qu'on avoit droit de faire auparavant.

4. Ce que c'est que céder son droit, & comment on le cède.

Le transport de droit se fait lorsque par des actes valables on donne à connoître qu'on cède à un autre ce qu'il veut bien recevoir, & qu'on se dépoüille en sa faveur du droit qu'on a de luy résister en la possession de certaines choses.

Je dis premierement, *Qu'on cède à un autre ce qu'il veut bien recevoir*, pour faire entendre que la volonté de celuy à qui l'on transporte son droit, doit concourir avec celle de la personne qui fait le transport ; car par exemple, si j'ay voulu céder mon droit à une personne qui le refuse, je ne l'ay pas pourtant abandonné simplement en faveur du premier venu, parce que la raison pour laquelle je le voulois donner à celuy-cy, ne se rencontre pas dans les autres.

Je dis secondement ; *Qu'on se dépoüille du droit qu'on a de luy résister*, parce qu'en effet, le transport d'un droit ne peut consister que dans la simple privation de cette résistance, comme il paroît de ce qu'avant le transport, celuy à qui il est fait, avoit déja droit sur la chose transportée.

De ce que la volonté de celuy ou de ceux à qui l'on transfère son droit, est nécessaire, il s'ensuit que nous ne pouvons pas contracter avec les bêtes, parce qu'estant privées de la raison & de l'usage de la parole, elles ne peuvent par aucun signe valable faire connoître qu'elles ont la volonté d'accepter le droit que nous leur transférons.

Il s'ensuit encore que dans l'état de la nature on ne peut contracter avec Dieu, ni par conséquent faire des vœux, si l'on ne sçait par une révélation particuliere qu'il a la volonté de les accepter.

Mais quant à nous qui sommes Chrétiens, nous sçavons que nous avons le pouvoir de nous obliger à Dieu par des vœux, parce qu'il paroît par la sainte Écriture qu'il luy a plû d'y donner son consentement, & de substituer quelques personnes en sa place, ausquelles il a donné l'autorité d'examiner & d'accepter les vœux que nous luy faisons.

5. Ce que c'est que donner.

Lors qu'on transporte son droit à un autre, sans qu'il y entre aucune considération de quelque bien-fait qu'on ait reçû de luy, ou de quelque condition, dont il promette de s'acquiter, ce transport s'appelle *un don* ; d'où il s'ensuit que pour donner il faut se servir de termes qui signifient qu'on donne *présentement* : car il est censé que celuy qui promet de donner à l'avenir, & qui ne donne pas sur le champ, se réserve tacitement le pouvoir de changer d'affection, si celuy à qui il a promis de donner, change ou paroit changer de mérite.

6. Ce que c'est qu'un Contract.

L'action de deux ou de plusieurs personnes qui se transportent mutuellement leurs droits, s'appelle *Contract* : C'est pourquoy puisque personne n'a droit sur l'impossible, personne ne peut aussi contracter de ce qui est hors de son pouvoir, ni par conséquent s'obliger par un Contract à ne pas résister à celuy ou à ceux qui luy veulent ôter la vie ; car tout ainsi que chacun aime nécessairement sa vie comme le fondement de tous les biens de la nature, il fuit aussi nécessairement la mort comme le pire de tous les maux naturels.

7. Qu'on ne peut contracter ni faire des

C'est pour cette raison qu'on tient liés, non seulement ceux qu'on mène au dernier supplice, mais encore ceux à qui l'on fait souffrir de moindres peines ; car les Juges sçavent bien que les criminels ne sont obligés par aucun pacte à ne pas résister

LIVRE PREMIER. PARTIE I. 415

à ceux qui leur font souffrir la peine à laquelle ils ont esté condamnés, sur tout quand elle est capitale. Nous ne voyons pas aussi que dans l'état des sociétés civiles les Juges demandent pour l'execution de leurs Arrests, de s'asseûrer par aucun pacte de la patience des criminels, mais ils tâchent seulement de les tenir attachés, & de pourvoir à ce que personne ne les deffende, comme il sera dit dans le Livre qui suit.

pactes touchant les choses impossibles.

Quand les parties ont contracté, si elles exécutent sur le champ les choses dont elles sont convenuës, le Contract se fait & finit en même temps: mais si au contraire aucune n'exécute, ou si l'une exécute & que l'autre n'exécute pas, la promesse de celle qui n'exécute pas, est proprement ce qu'on appelle *Pacte du Contract*, ou simplement *Pacte*.

8.
Ce que c'est qu'un pacte.

Les contracts qui se font dans l'état de la nature, de telle sorte qu'aucune des parties n'accomplit sa promesse, sont de nul effet lors que l'une des parties vient à avoir un juste sujet de se défier de l'autre: la raison de cela est que ce seroit agir contre la droite raison que de se mettre le premier en devoir de tenir sa promesse, s'il y a une juste raison de croire que les autres ne tiendront pas la leur.

9.
Que dans l'état de nature les pactes sont quelquefois invalides, & quand.

Je dis: *s'il y a une juste raison de croire &c.* Car s'il n'y a une nouvelle cause de crainte, qui paroisse évidemment dans les paroles, ou dans les actions de celuy avec lequel on a contracté, on ne doit pas estimer qu'il y ait un juste sujet d'appréhender qu'il ne tiendra pas sa parole: c'est pourquoy puisque les autres causes n'ont pas empêché de contracter avec luy, elles ne doivent pas empêcher que le contract ne s'observe.

Il n'en est pas de même des pactes qui se font dans la société civile, dans laquelle, comme il sera démontré ensuite, on peut contraindre ceux qui ont contracté, à observer le contract qu'ils ont fait; & en ce cas, celuy qui est obligé à faire quelque chose, peut commencer à exécuter ce qu'il a promis, parce que l'autre y peut estre pareillement contraint.

Quand on est convenu avec quelqu'un d'une chose & qu'on convient apres cela du contraire avec un autre, la derniere convention est de nul effet, parce que celuy, qui par le premier pacte a transporté son droit à une personne, n'a plus la puissance de le transférer à une autre, & ainsi son dernier pacte ne peut estre valable.

10.
Qu'un second pacte contraire au premier est invalide.

11.
Qu'on est obligé quelquefois à garder les pactes qui ont esté extorqués, & quand.

Il faut ajoûter que les conventions mêmes qui ont esté extorquées par la crainte, ont la force d'obliger, & qu'elles doivent estre exécutées si quelque Loy civile, ou quelque Loy divine positive ne le défend. Par exemple, si j'ay promis à un voleur pour racheter ma vie, de luy conter mille écus en un certain jour, je suis obligé d'exécuter ma promesse, parce que les pactes obligent toûjours lorsque ce qu'on a reçû & ce qu'on a promis est bon & licite. Or il est bon de conserver sa vie, & il est permis de donner tout ce que l'on veut de son bien, mêmes à un voleur, pour la racheter. On est donc obligé à son pacte, quoyque fait avec violence, si (comme je le suppose) quelque Loy divine ou humaine ne le rend illicite.

12.
Pourquoy l'on ajoûte le serment aux promesses.

Quoyque l'obligation qui naît des pactes soit la plus grande qui puisse estre, on ne laisse pas d'y ajoûter quelquefois le serment par lequel on prend Dieu pour garand de ce que l'on promet, & la raison pour laquelle on l'y ajoûte, c'est afin que ceux qui font des promesses, craignent davantage de violer leur foy, sçachant bien qu'on peut tromper les hommes, & échapper à leurs punitions, mais qu'on ne peut pas éviter celles de Dieu, ni se soustraire à sa puissance.

13.
Quand il est permis de l'y ajoûter.

De ce que le serment n'a esté introduit que pour prendre Dieu à témoin & pour Juge, contre ceux qui voudront violer leur foy; il s'ensuit qu'il n'est pas nécessaire pour sa sûreté d'exiger un serment, quand on est assûré de découvrir l'infidélité si elle arrive, & lors qu'estant arrivée, on ne manque pas de puissance pour en tirer raison.

Il est si nécessaire de sçavoir ce qui vient d'estre dit de la nature des Contracts, & de l'obligation où l'on est de les accomplir, qu'il seroit impossible sans cela de reconnoître la véritable cause de la paix qui regne parmy les hommes. Mais après cela il faut revenir aux Loix de la nature.

CHAP.

CHAPITRE V.

Continuation des Loix de la nature qui regardent la Paix & l'Amour du prochain.

LA troisiéme Loy de la nature eſt *Qu'il faut garder les conventions qu'on a faites.*
La raiſon de cette Loy eſt évidente, ſi l'on conſidère que pour ſe conſerver il eſt néceſſaire d'entretenir la paix. : Qu'il faut pour entretenir la paix ſe tranſporter certains droits les uns aux autres; Qu'on ne ſe peut tranſporter ces droits que par des pactes, & que les pactes ſeroient inutiles, ſi on ne les accompliſſoit. Il n'y a pas même d'exception à faire des perſonnes avec qui on contracte ; car celuy qui fait un Contract, témoigne qu'il veut entrer dans une obligation indiſpenſable d'executer ce qu'il promet, parce qu'il faut garder la foy qu'on donne, ou ne la pas donner : ceux qui obſervent cette Loy de nature ſont nommés *Fideles*, & ceux qui la violent *Infideles*.

<small>1.
3. Loy de la nature touchant la fidélité.</small>

Et comme l'on ne peut faire des conventions, ſi par des ſignes valables on ne tranſporte quelque choſe de ſon droit, & que ces ſignes ſont pour l'ordinaire des paroles, la même nature qui nous preſcrit par ſa troiſiéme Loy de garder les pactes, nous ordonne par la quatriéme, *de nous ſervir en les faiſant de paroles qui expriment nos véritables ſentimens.* La raiſon de cela eſt, que lors que nous témoignons par nos paroles que nous avons la volonté de céder un certain droit, ſi nous avions l'intention de le retenir ; ce ne ſeroit pas tant rechercher la paix qu'exciter la guerre : ceux qui obſervent cette Loy de la nature, ſont nommés *Sincères*, & ceux qui la violent *Fourbes* ou *Menteurs*.

<small>2.
4. Loy de la nature touchant la ſincérité.</small>

La cinquiéme Loy de la nature ordonne, *de pardonner les fautes paſſées à ceux qui ſe repentent de nous avoir offencés, & qui en demandent pardon, en prenant toutefois des aſſûrances contr'eux pour l'avenir.* La raiſon de cette Loy eſt, que pardonner une offence reçûë, n'eſt autre choſe qu'accepter la paix, & l'accorder à ceux qui la demandent, & qui pro-

<small>3.
5. Loy de la nature touchant le pardon.</small>

mettent qu'ils ne feront plus la guerre : autrement la paix qu'on accorderoit à une perfonne qui ne feroit pas cette promeffe, & qui ne donneroit pas des affûrances pour l'avenir, ne feroit pas tant une paix qu'un effet honteux de la crainte ; mais auffi celuy qui ne veut pas pardonner à une perfonne qui fe repent, & qui donne pour l'avenir toutes les affûrances néceffaires, il témoigne par fa conduite que la paix luy déplaît. En quoy il choque la Loy fondamentale de la nature. Ceux qui obfervent cette Loy fe nomment *Cléments* ou *Miféricordieux*, & ceux qui la violent font appellés *Vindicatifs* ou *Inéxorables*.

4.
6. Loy de la nature touchant la douceur.

La 6. loy de la nature commande, *Que quand on impofe des peines, on n'ait aucun égard au mal paffé, mais au bien à venir*, c'eft à dire que la nature ne permet pas d'impofer des peines que pour corriger les coupables, ou pour rendre meilleurs ceux à qui leur punition fert d'exemple. La raifon de cette loy fe tire de la nature de la fin, qui regarde toûjours l'avenir ; ce qui fait que le châtiment, lorfqu'il ne regarde que le temps paffé, n'eft qu'une action de vanité qui n'aboutit à rien, & qui s'exerce par conféquent contre toute forte de raifon. Or offenfer quelqu'un fans raifon, c'eft troubler la paix. La nature ordonne donc quand on fe venge de n'avoir aucun égard au paffé, l'obfervation de cette loy fe nomme *Douceur* & l'infraction *Cruauté* ou *Vengeance*.

5.
7. Loy de la nature touchant la modeftie.

Soit que tous les hommes foient naturellement égaux, foit qu'ils ne le foient pas, ils font obligés de reconnoître une égalité entre eux, parce que s'ils y fuppofoient de l'inégalité, ils entreroient en querelle, & la néceffité les obligeant enfin à faire la paix, ils ne pourroient la conclurre fans fe traiter d'égaux. C'eft pourquoy la nature a établi pour 7. Loy, *Que tous les hommes doivent s'eftimer naturellement égaux*, l'infraction de cette Loy fe nomme *Orgueil*, & l'obfervation *Modeftie*.

6.
8. Loy de la nature touchant la modération.

De plus, comme il a efté néceffaire pour la confervation de chaque particulier qu'il ait tranfporté aux autres une partie de fes droits, il a efté auffi néceffaire qu'il fe foit refervé comme une chofe inaliénable la poffeffion de quelques autres ; comme par exemple, de jouir de l'air, de l'eau, & de toutes les autres chofes qui font abfolument néceffaires à la vie, c'eft pour cela que la nature a ordonné par la 8. loy, *Que chacun doit accorder aux*

LIVRE PREMIER. PARTIE I.

autres les mêmes privileges qu'il demande pour soy-même. La raison de cette loy est que si l'on en usoit autrement, ce ne seroit pas reconnoître l'égalité naturelle, qui a esté établie par la loy précédente, parce que reconnoître des personnes comme égales, n'est autre chose que leur accorder des choses égales, sans quoy ces personnes ne se reüniront jamais en une société civile, l'observation de cette loy se nomme *Moderation*, & l'infraction *Vanité* ou *Présomption*.

La 9. loy de la nature, qui n'est qu'une suite de la précédente enseigne, *Qu'il faut se servir en commun des choses qui ne peuvent estre divisées, & cela au gré de celuy qui en a besoin, si la quantité de la chose dont l'usage est commun, le permet, ou si elle ne le souffre pas, il en faut user avec mesure & proportionnément au nombre de ceux qui ont droit de s'en servir;* par exemple, si nous sommes plusieurs à joüir d'un même puits, nous devons nous en servir en commun, parce qu'il ne peut estre divisé, & chacun peut puiser de l'eau à son gré, pourvû que la quantité le permette; mais si elle ne le souffroit pas, il en faudroit puiser avec reserve; c'est a dire que si nous estions quatre par exemple, il en faudroit puiser chacun une quatriéme partie. La raison de cette loy est que si l'on agissoit autement, on ne garderoit pas l'égalité naturelle, & on tomberoit dans l'orgueil ou dans la vanité.

7.
9. Loy de la nature touchant l'usage des choses qui sont en commun.

Que si la chose dont on a la faculté de se servir ne peut estre divisée ni possedée en commun, la 10. loy de la nature ordonne *Qu'on s'en serve tour à tour:* elle veut même que dans l'usage alternatif on jette le sort pour sçavoir qui en aura le premier la possession: ainsi par exemple, si nous sommes deux à nous servir d'un même cheval, nous nous en servirons chacun à nôtre tour, & s'il le faut, nous jetterons le sort pour sçavoir qui en sera le premier maître; la raison est qu'il faut toûjours avoir égard à l'égalité naturelle, laquelle on ne peut rencontrer dans ces occasions que par le sort.

8.
10. Loy de la nature touchant l'usage du sort.

Et comme par les deux loix précédentes il nous est défendu de nous attribuer plus d'avantage que nous n'en accordons aux autres, quand il s'agit de distribuer le droit à deux parties, les mêmes loix nous défendent d'en favoriser l'une plustôt que l'autre, parce que ce seroit violer l'égalité naturelle: pour éviter cet inconvenient; la nature a ordonné par une onzieme

9.
11. Loy de la nature touchant l'équité.

loy, *Que ceux qui seront établis pour Juges soient également favorables aux deux parties ;* l'observation de cette loy se nomme *Equité*, & l'infraction *Acceptation des personnes*.

10.
12. Loy de la nature touchant le choix d'un juge dans les différents.

Et parce qu'il naît parmi les hommes une infinité de différents touchant l'application qui se doit faire des loix de la nature dans les rencontres particulieres, il est ordonné par la 12. loy, *Que les deux parties qui sont en différent, conviendront d'un tiers, & qu'elles s'engageront à s'en tenir au jugement qu'il prononcera sur les choses contestées.*

11.
13. Loy de la nature touchant la défence d'estre Juge en sa propre cause.

Celuy qui est choisi par les parties pour terminer leur différent, ne doit pas estre intèressé en la chose contestée ; car comme chacun cherche naturellement ses intèrets propres, & ne regarde ceux des autres que par accident, en tant qu'ils sont joints avec les siens, il est à présumer qu'une partie ne sçauroit observer si précisement l'égalité qui est prescrite par la 7. loy de la nature, qu'une troisieme personne qui n'auroit aucun intérêt à la chose : C'est pourquoy la nature a ordonné par sa 13. loy, non seulement *Que personne ne soit juge de sa propre cause, mais même que celuy-là ne le soit pas qui a raison d'espérer plus davantage de gain d'une partie que du gain de l'autre.*

12.
14. Loy de la nature touchant l'usage des témoins.

La 14. loy de la nature commande *Que lors qu'il s'agit d'un fait, c'est à dire d'une action qu'on ne peut sçavoir que par le témoignage des hommes, le Juge ne croye à l'une ny à l'autre des deux parties qui asseureront des choses contradictoires, mais qu'il s'en tienne à une troisiéme, ou quatriéme personne sur le rapport desquelles il prononcera sur le fait dont il s'agit ;* c'est donc par la 14. loy de la nature que les juges dans les affaires qui consistent en faits donnent leur sentence suivant le rapport des témoins qui semblent ne devoir favoriser aucune partie.

13.
15. Loy de la nature touchant la gratitude ou reconnoissance.

La 15. loy de la nature ordonne *de ne recevoir jamais un bien-fait qu'avec une disposition intérieure de faire en sorte que le bien-faicteur n'ait jamais lieu de se repentir de l'avoir conféré* ; la raison de cette loy est que si l'on reçoit un bienfait avec une disposition contraire, il n'y aura plus aucune honnêteté parmi les hommes, & toute l'amitié qui les lie ensemble en sera bannie, l'observation de cette loy se nomme *Réconnoissance* & l'infraction *Ingratitude*.

Et comme ce n'est pas seulement avec juste raison, mais encore

LIVRE PREMIER. PARTIE I.

par une nécessité naturelle que chacun fait ce qu'il peut pour acquerir les choses qui sont nécessaires à sa conservation, s'il s'en rencontre qui veüillent retenir ce qui leur est nécessaire; ceux là excitent la guerre, parce qu'ils disputent sans aucun besoin, ce qui est nécessaire aux autres ; pour éviter cela la nature a ordonné par sa seizieme loy, *Que chacun se rende commode aux affaires des autres dans toutes les choses qui ne sont pas contraires à ses propres intêrets* ; ceux qui observent cette loy sont nommés *Commodes*, & ceux qui la violent *Incommodes & Difficiles*.

14.
16 Loy de la nature touchant la défence d'être incommode aux autres.

Les loix de la nature n'estant autre chose que certaines maximes du bon sens & de la droite raison, il est aisé de voir que ceux-là les violent qui font des choses qui troublent l'usage de la raison & du bon sens, or ceux qui s'enyvrent commettent cette faute ; c'est pour cela aussi que la nature a défendu par sa dix-septiéme loy *de s'adonner à l'yvrognerie*.

15.
17. Loy de la nature touchant l'yvrognerie.

Les loix de la nature que nous venons de proposer, & qui regardent le prochain, sont si aisées à concevoir par la seule lumiere naturelle que personne ne les peut ignorer ; en effet nous n'avons pour les reconnoître, qu'à nous mettre en la place de ceux envers lesquels nous sommes en doute si nous les observons ; car nous connoîtrons d'abord que ce qui nous poussoit à une certaine action estant balancé, tiendra nôtre raison comme en équilibre, & nous empêchera de passer outre, c'est ce qu'on a voulu signifier par cette maxime si reçûë. *Qu'il ne faut faire aux autres que ce que nous voudrions qu'on nous fit à nous mêmes*.

16. Comment on doit agir envers le prochain.

J'ay dis : *envers lesquels nous sommes en doute si nous les observons* ; pour faire entendre que cette maxime n'est pas générale, & qu'il y a des cas où l'on n'est pas obligé de l'observer, sçavoir lors que nôtre droit est manifestement connû : Par exemple, quand j'ay prété à une autre une chose qui dans la suite me devient absolument nécessaire, quoyque je voulusse bien, si j'estois à la place de cet autre, q'uon me laissât ce que je possède, je ne suis pas pourtant obligé de le luy laisser, parce que je conçois clairement que la droite raison veut que dans les choses absolument nécessaires je me prefere aux autres : par la même raison quand le prochain m'a offensé, & que je ne

Ggg iij

puis me mettre à couvert de ses insultes qu'en le denonçant à la justice, je ne suis pas obligé de ne le point denoncer, parce que la cinquiéme loy de la nature ne me commande de pardonner que lors que j'ay des assûrances pour l'avenir comme il a esté dit.

17. *Que les véritables interests sont communs entre les hommes.*

Par tout ce qui vient d'estre dit des Loix de la nature qui regardent le prochain, il est manifeste que les devoirs des hommes sont si réciproques, que tout ce que chacun fait de bien ou de mal aux autres, retombe sur luy-même. En effet, si un homme est modeste, sa modestie tourne à son avantage, parce qu'il se procure la paix en s'accommodant aux intèrets des autres; s'il est reconnoissant, sa reconnoissance retombe encore sur luy, parce qu'il s'attire de nouveaux bienfaits en témoignant du ressentiment pour ceux qu'il a déja reçus : au contraire, s'il est cruel, ingrat, fâcheux, &c. il se trahit luy-même, parce qu'en choquant les autres, il les rend contraires à ses véritables intèrets.

Si les hommes considéroient cela avec assés d'attention, je ne doute pas qu'ils ne s'attachassent plus fortement qu'ils ne font à observer les Loix de la nature qui regardent le prochain: mais au contraire comme ils s'abandonnent lâchement à suivre leurs passions qui leur réprésentent pour l'ordinaire leurs propres intèrets comme séparés de ceux des autres, ils croyent aussi qu'ils pourront avancer leurs affaires sans avoir égard à celles du prochain; ce qui est une erreur extrème.

C'est donc une chose constante que nous ne pouvons nous aimer comme il faut, si en même temps nous n'aimons le prochain comme nous nous aimons nous mêmes; c'est à dire si nous ne l'aimons d'un amour éclairé, qui consiste à procurer toûjours ses intèrets tandis qu'ils ne sont pas contraires aux nôtres. Je dis, *Tandis qu'ils ne sont pas contraires aux nôtres.* Car quand ils le sont, bien loin de nous aimer comme il faut en les procurant, nous nous trahirions nous mêmes : & nous violerions par conséquent le fondement du droit naturel, qui consiste dans le devoir indispensable que Dieu a imposé à toutes les créatures de se conserver autant qu'elles le peuvent faire.

18. *Des Loix de la nature qui ne regar-*

Outre les Loix de la nature qui regardent le prochain, il y en a d'autres qui nous regardent directement nous mêmes. En voicy deux qui sont comme la source de tous les autres.

La premiere ordonne *d'éviter généralement tout ce qui gâ-* *dent que* *te le bon tempéramment du corps, & qui ruïne la santé* ; c'est *nous seule-* pécher contre cette Loy, par exemple, que de manger, de *ment, qui* *font la force* boire, de courir avec excès, & de faire généralement tout ce *& la tempé-* qui nous peut causer des indispositions qui abbrègent le cours *rance.* de la vie. Ceux qui observent cette Loy sont nommés *Tempé-* *rants*, & ceux qui la violent *Intempérants*.

La seconde Loy ordonne *de résister puissamment à tout ce* *qui nous peut détruire* : cette Loy est encore fondée sur la raison, puisqu'elle enseigne des moyens pour conserver la vie qui est le fondement du droit naturel ; c'est à dire le but principal de toutes nos actions raisonnables dans l'état de la nature. L'observation de cette Loy s'appelle *Force*, & l'inobservation *Foiblesse* ou *Lâcheté*.

Voilà les principales Loix de la nature, dont l'observation rend nôtre amour propre éclairé, & fait que personne ne peut travailler à sa propre conservation, sans travailler à celle des autres ; ce qui estoit absolument nécessaire pour entretenir quelque commerce d'amitié parmy les hommes ; car comme la nature de l'amour consiste à nous unir au bien, & que le bien est ce qui nous convient, comment nous fussions nous unis au prochain s'il ne nous eut esté convenable ; & en quoy eut-il pû nous convenir, si nôtre conservation eût esté indépendante de la sienne ?

CHAPITRE VI.

Des Loix naturelles qui regardent immédiatement la gloire de Dieu.

APRE´s avoir consideré les Loix naturelles qui tendent à I. établir & à conserver la paix parmy les hommes, il faut *Ce que c'est* examiner celles qui tendent immédiatement à procurer la gloi- *que la gloire* re de Dieu, mais il faut sçavoir auparavant ce que c'est que *de Dieu ac-* *cidentelle.* cette gloire de Dieu, & en quoy elle consiste.

Nous n'entendons pas icy par la gloire de Dieu sa gloire essentielle, qui ne diffère pas de Dieu même, & qui par conséquent ne peut estre procurée par aucune créature, mais nous entendons la gloire de Dieu accidentelle, qui confifte dans la manifeftation de fes attributs. C'eft pourquoy, puifque les attributs de Dieu ne peuvent eftre manifeftés qu'aux créatures intelligentes, il faut penfer que l'honneur de Dieu (que je ne diftingue pas de fa gloire accidentelle) n'eft autre chofe que l'eftime que les créatures intelligentes ont pour luy, de laquelle procédent néceffairement ces trois affections particulieres de l'ame, l'*Admiration*, l'*Amour*, & la *Crainte*: L'admiration qui fe rapporte aux attributs de Dieu, qui ne nous regardent pas, comme font l'Eternité, l'Immenfité, &c. Et l'amour, & la crainte, qui fe rapportent aux attributs de Dieu qui nous regardent, comme font fa Bonté, fa Puiffance, &c.

C'eft de ces trois fources que naiffent toutes les actions extérieures que nous faifons pour marquer l'honneur intérieur que nous rendons à Dieu : de forte que c'eft proprement glorifier Dieu que de tâcher par toutes fortes de moyens d'exciter dans les autres de l'admiration pour tous les attributs qui ne nous regardent pas, & de l'amour & de la crainte, pour tous ceux qui nous regardent.

2. *Que le culte de Dieu confifte dans des paroles & dans des actions.*

Cela fuppofé : il eft évident que le culte de Dieu (que je ne diftingue pas de l'honneur extérieur qu'on luy rend) doit confifter dans des paroles ou dans des actions, puis que nous n'avons point d'autres moyens pour exprimer nos penfées & nos fentiments intérieurs. Il confifte dans des paroles, lors que par nos difcours nous faifons valoir les attributs de Dieu, & il confifte dans des actions, lors que nous en produifons qui fervent à le faire eftimer & révérer de tout le monde.

3. *Quelles font les Loix de la nature qui regardent le culte de Dieu.*

Voicy donc les Loix de la nature qui regardent le culte de Dieu, qui confifte dans des paroles. La premiere ordonne *de luy attribuer l'exiftence*, parce que nous ne fçaurions avoir la volonté portée à glorifier Dieu, fi fon exiftence eftoit purement imaginaire.

La feconde prefcrit *de ne point donner à Dieu des attributs qui défignent quelque chofe de finy & de déterminé*, parce que ce n'eft pas glorifier Dieu, comme il faut, que de luy attribuer moins de grandeur ou de puiffance que nous n'en concevons : or tout ce qui eft fini eft au deffous de tout ce que nous concevons de Dieu, puis qu'il eft aifé de concevoir toûjours quelque nouveau degré de perfection dans une chofe finie.

Ceux

Ceux-là pèchent contre cette loy qui attribuent à Dieu une figure, parce que toute figure est déterminée ; Qui disent que Dieu est composé de parties ou qu'il est un tout, parce que ces façons de parler signifient des attributs qu'on donne aux choses finies ; Qui disent que Dieu est dans un lieu, parce que rien ne peut-estre dans un lieu qu'il ne reçoive de tous côtés des bornes de sa grandeur. Ceux-là pèchent encore contre cette loy, qui avoüent que Dieu se meut, ou qu'il se repose, parce que le mouvement & le repos supposent un lieu, duquel Dieu n'est pas capable.

La troisiéme loy de la nature *Défend de donner à Dieu des attributs qui signifient quelque sentiment ou quelque passion*, si ce n'est qu'on ne prenne pas ces attributs pour quelque affection qui soit en Dieu, mais pour quelque effet qui est hors de luy : au nombre de ces attributs sont la colère, la repentance, la pièté, la miséricorde & autres semblables passions qui marquent quelque défaut.

La quatriéme loy de la nature *Ordonne que quand nous attribuons à Dieu la science, la sagesse, l'entendement, la volonté, la vûë, l'oüie, & les autres actions des sens qui dépendent des objets extérieurs, nous ne pensions pas qu'il arrive en Dieu rien de semblable à ce qui se passe en nous* : dautant que cela marque de la dépendance laquelle répugne à l'idée de Dieu.

Ainsi pour ne donner à Dieu que des attributs qui conviennent en toute rigueur à sa Divinité, il faut se servir ou de mots négatifs, tels que sont ceux d'*Infiny*, d'*Eternel*, d'*Incompréhensible*, &c. ou de mots superlatifs, comme sont ceux de *Tres-bon*, de *Tres-grand*, de *Tres-fort*, &c. de *Roy*, &c. & ne les employer que pour exprimer ce que Dieu est à nôtre égard, & non pas ce qu'il est en luy-même.

Ceux-là pèchent contre cette loy, qui disent : *Que Dieu voit les choses avant qu'il se soit déterminé à les vouloir ; Qu'il consulte l'ordre avant que d'agir ; Qu'il voudroit bien qu'il n'y eût pas de monstres, mais que la simplicité des Loix du mouvement l'oblige à les souffrir*, & choses semblables qui marquent en Dieu de la dépendance ou de l'imperfection.

La cinquiéme loy *ordonne de ne jamais prendre le nom de Dieu en vain* ; parce que ce respect & cette retenuë sont des effets de la crainte ou de l'amour ; & la crainte & l'amour font un aveu de la puissance & de la bonté divine.

Voilà les loix de la nature qui regardent les paroles, voicy celles qui concernent les actions.

La premiere *ordonne les Prieres*, parce qu'elles font des preuves de nôtre dépendance, & de la confiance que nous avons en la puissance & en la bonté divine.

La seconde *commande les Actions de graces*, qui estant des effets de la recoonnoissance, marquent encore la bonté & la puissance de Dieu, avec cette différence que les Prieres précèdent le bien-fait, & que les Actions de graces le suivent.

La troisième *commande de ne point faire d'actions extérieures qui ne soient conformes aux Loix de la nature*, n'y ayant rien par où Dieu soit plus glorifié que par l'obeissance qu'on rend à ses Commandements, qui dans l'état de la nature ne sont pas différents des Loix naturelles. Ceux qui observent les Loix précédentes sont appellés *Pieux*, & ceux qui les violent, sont nommés *Impies*.

4. Qu'il est permis de parler de Dieu dans la Morale, autrement que dans la Métaphysique, & pourquoy ?

On objectera peut-estre qu'il y a de grands personnages qui ont violé les Loix précédentes, sans qu'on les ait accusés d'impieté. Moïse, par exemple, a dit que Dieu s'estoit répenti d'avoir créé l'Homme ; Qu'il s'estoit mis en colère contre son peuple ; Qu'il l'avoit retiré d'Egypte par la force de son bras; & il attribuë à Dieu plusieurs autres perfections qui ne conviennent qu'à des estres finis & limités, sans que personne se soit avisé de le traiter d'impie. Nous répondons qu'on peut considérer Dieu en deux manieres, ou en luy-même, ou par rapport à nous; que quand on le considère en luy-même, la Loy de la nature ne permet jamais qu'on dise qu'il s'est repenti, qu'il s'est mis en colère, &c. parce que ces perfections supposent toûjours quelque défaut dans le sujet où elles sont; mais au contraire quand on considère Dieu par rapport à nous, comme Moïse l'a consideré ; non seulement la Loy de la nature permet, mais même elle ordonne qu'on parle de Dieu, comme Moïse en a parlé, parce que les hommes sont bien plus portés à le craindre & à l'aimer, lors qu'il leur est réprésenté comme sujet à l'amour & à la haine, que s'il leur estoit réprésenté tel qu'il est en luy-même, c'est à dire, comme incapable de ces passions. Ainsi ces façons de parler, *Dieu se repent, Dieu* se met en colère, &c. sont tres propres dans la Morale, où l'on ne parle guères de Dieu que par rapport à nous ; mais elles ne seront jamais permises par les Loix de la nature dans un pur Traité de Métaphysique, où l'on ne parle de Dieu que par rapport à luy-même.

CHAPITRE VII.

De la nature & de l'origine des Loix naturelles.

BIEN que les hommes soient tellement sujets à la puissance de Dieu, qu'ils ne puissent rien faire contre sa volonté ; ce n'est pas pourtant par là que Dieu est dit regner sur eux en un sens propre & dans une signification exacte : Car ce n'est pas le gouvernement qui s'exerce en agissant, qu'on nomme *regner*, mais celuy-là seulement qui se pratique par l'autorité des commandements ou par la crainte des menaces ; d'où vient qu'on ne doit pas mettre au nombre des sujets de Dieu, entant qu'il regne par la nature, les corps inanimés, ni les choses privées de la raison, quoy qu'elles soient soûmises à sa puissance, à cause qu'elles ne sont pas capables de recevoir ses commandemens, ni de craindre ses menaces.

1. Ce que c'est que regner.

On en doit aussi exclure les Athées, qui ne croyent pas son existence, & ceux encore qui la croyant, luy ôtent le gouvernement des choses du monde : car quoy que malgré eux Dieu les gouverne par sa puissance, toutefois ils ne reconnoissent pas ses ordres, & ne craignent pas ses menaces ; mais ceux-là seuls sont véritablement sous le regne de Dieu, qui croyent qu'il existe, qui luy laissent la conduite & la disposition de toutes choses ; & qui avoüent qu'il leur a donné des loix pour servir de règle à leur conduite.

2. Que Dieu ne regne pas sur les Athées, & pourquoy.

Les loix que Dieu a données aux hommes pour se conduire, s'appellent *Loix naturelles*, & ces loix ne sont autre chose que certains preceptes de bien vivre. Car il faut remarquer que Dieu aimant la conservation des hommes qu'il a faits, il a esté de sa bonté & de sa sagesse d'imprimer dans leur esprit, lors qu'il l'a uni au corps, une connoissance générale du bien, c'est à dire, une idée de tout ce qui se peut rapporter à la conservation de cette union.

3. Qu'est-ce qu'on entend par les Loix naturelles.

Or c'est cette idée ou cette connoissance qu'on appelle le

Hhh ij

4.
Ce que c'est que la Lumiere naturelle, & les Loix naturelles qui en dérivent.

bon Sens, la droite Raison, ou la Lumiere naturelle : & ce sont les connoissances particulieres qui dérivent de cette idée générale qu'on nomme *les Loix naturelles* : d'où il s'ensuit, que les loix naturelles en général ne sont autre chose, *que certaines lumieres ou connoissances qui servent à nous conduire dans chaque rencontre particuliere, & qui se déduisent de la raison générale que Dieu a imprimée dans l'ame de tous les hommes en la formant.*

Nous disons premierement, que les loix naturelles *sont certaines connoissances qui servent à nous conduire, &c.* pour distinguer les loix de la nature des règles du Mouvement, qu'on appelle aussi quelquefois *Loix de la nature.* Nous disons secondement *qu'elles se déduisent de la raison générale*, pour marquer que les loix naturelles ne sont que des suites & des effets de la lumiere naturelle. Nous ajoûtons *Que Dieu a imprimées dans l'ame de tous les hommes*; pour signifier que les loix de la nature sont générales & communes, & qu'il n'y a point d'homme pour méchant qu'il soit, qui n'en ait quelque connoissance. En effet, tout le monde sçait que Dieu est bon, tout-puissant, &c. tout le monde sçait que la vertu est aimable, que le vice est odieux, &c. & personne n'ignore qu'il faut éviter le meurtre, le larcin, l'adultère, & choses semblables qui sont défendues par les loix naturelles.

CHAPITRE VIII.

Qu'on n'est pas toûjours obligé d'observer extérieurement les Loix de la nature qui regardent le prochain, mais qu'on ne peut se dispenser en aucun cas d'observer extérieurement celles qui regardent immédiatement la gloire de Dieu.

I.
Qu'il y a des occasions où il faut changer l'ordre des choses, & quelles sont ces occasions.

SI tous ceux qui ont connoissance des loix naturelles que nous venons de proposer, estoiët également disposés à les observer, tous les hommes seroient obligés à garder ces loix extérieurement, c'est à dire, à faire des actions qui leur fussent conformes : mais parce que la pluspart poussés par un desir déréglé qui les porte à la recherche de leurs plaisirs ou de leurs intérêts particuliers, les violent sans cesse, ceux qui ont envie de les garder, se trouvent dans une malheureuse nécessité de ne le pas faire, parce qu'en voulant suivre ces loix, tandis que les autres ne les gardent pas, ils se conduiroient tres déraisonnablement en ce qu'au lieu de travailler à se conserver, ils se précipiteroient dans une ruine certaine.

Nous ne sommes donc obligés à pratiquer extérieurement les loix de la nature, qui regardent immédiatement le prochain, si ce n'est lors que les autres sont disposés à les observer comme nous ; hors delà, il nous suffit d'avoir une disposition intérieure de les mettre en usage, si nous le pouvons en sûreté ; & nous ne sommes point du tout obligés à les observer en effet. Ainsi, par exemple, quand nous employons toute sorte de moyens contre ceux qui mettent tout en usage contre nous, quand nous défendons ce qu'on nous veut ôter, & qui est absolument nécessaire pour nous conserver, nous ne faisons rien contre la droite raison : au contraire en user autrement, ce seroit commettre une lâcheté, & nous trahir nous-mêmes.

C'est ce qui a fait dire à un ancien Philosophe, *Qu'il se trouve des occasions où il faut changer l'ordre des choses, & où il semble qu'on doive faire le contraire de ce qui est digne d'un homme juste, & de celuy qu'on appelle homme de bien. On doit*, dit-il, *refuser de rendre à un furieux l'épée qu'on a reçûë en dépôt, tandis qu'il estoit en son bon sens, on ne doit pas tenir la parole qu'on luy a donnée, de luy rendre ses armes ; & c'est ainsi que quelquefois il est juste d'aller contre la vérité & de manquer à sa parole : car on doit rapporter toutes ses actions à ces deux fondements, qui sont de ne faire tort à personne, & de faire en sorte de contribuer à l'utilité publique. Enfin, à mesure que les choses se changent, ou par le temps, ou par quelque accident, les devoirs se changent avec elles, & ne sont pas toûjours les mêmes, il peut arriver que l'effet d'une promesse ou l'exécution d'un traité sera inutile, ou même contraire à celuy qui a promis, & à celuy à qui on a voulu promettre ; vous ne devez donc pas exécuter les promesses*, continuë-t'il, *qui sont inutiles ou contraires à ceux à qui elles ont esté faites, ni celles qui nuisent plus qu'elles ne profitent à celuy à qui vous avez promis : car c'est manquer à son devoir que de négliger les plus grands de tous les maux, & de remédier seulement aux moindres ; si vous avez donc promis à quelqu'un d'aller à l'heure même plaider sa cause, & que cependant vôtre fils devienne malade jusques à désesperer de sa vie, vous ne man-*

Ciceron Liv. 1. des Offices.

querez pas à vôtre devoir, quand vous ne ferez pas ce que vous avez promis; au contraire, celuy à qui vous avez fait espérer que vous prendrez le soin de le défendre, sortira de son devoir, ou montrera qu'il l'ignore, s'il se plaint que vous l'ayez abandonné. Ce sont les propres termes de ce Philosophe, par lesquels il paroît évidemment que les actions extérieures prescrites par les loix naturelles ne sont pas toûjours les mêmes, & qu'elles doivent changer selon les temps, les lieux & les occasions.

2. Que les Loix de la nature sont immuables, & comment.

Or bien que les actions extérieures changent souvent, il ne faut pas croire pourtant que les Loix naturelles qui regardent le prochain, changent aussi ; au contraire, il faut penser qu'elles sont immuables, non seulement parce qu'elles tendent toûjours à la même fin immédiate qui est nôtre conservation & celle du prochain ; mais encore à cause qu'elles demandent que nous soyons toûjours disposés à les observer intérieurement, lors même que la nécessité nous oblige à les violer dans l'extérieur : Il ne faut pas croire aussi que quand la nature nous ordonne de prendre le bien des autres, ou même de leur ôter la vie, si cela est absolument nécessaire pour conserver la nôtre, elle nous commande le larcin, ou le meurtre, il faut penser au contraire qu'elle prescrit deux vertus opposées à ces vices ; parce que tuer un homme pour défendre sa vie, n'est pas commetre un meurtre, mais employer legitimement ses forces naturelles pour sa défense ; par la même raison, prendre le bien des autres pour s'exempter de la mort, n'est pas dérober, mais user d'une sage précaution pour conserver sa vie ; d'où il s'ensuit que c'est quelquefois observer les Loix de la nature que de les violer quant à l'extérieur.

3. Que dans l'état de la nature il ne faut pas mesurer la justice par les actions extérieures, mais par l'intention de celuy qui les fait.

Je dis : *Quant à l'extérieur*, pour marquer qu'il n'est jamais permis de les violer intérieurement, & que la même nature qui ordonne de tuer & de prendre le bien d'autruy pour conserver sa vie, commande d'avoir une disposition intérieure telle que nous n'ayons jamais la volonté de tuer ni de prendre le bien des autres, si la nécessité absoluë de nous conserver ne nous y oblige ; d'où il s'ensuit que dans l'état de la nature il ne faut pas mesurer le juste & l'injuste par les actions extérieures, mais par le dessein & par l'intention de celuy qui en est l'auteur ; car on fait toûjours justement, c'est à dire avec droit, ce qu'on fait en vûë de la paix & de sa conservation.

ainsi les Loix de la nature qui regardent le prochain, obligent toûjours intérieurement, ou comme l'on parle, devant le tribunal de la conscience, mais elles n'obligent pas toûjours extérieurement ou hors de ce tribunal: J'ay dit, *Qui regardent le prochain*, car pour les Loix naturelles qui regardent immédiatement la gloire de Dieu, elles obligent toûjours intérieurement & extérieurement; car al ne sera jamais permis de témoigner par ses paroles ni par ses actions que Dieu n'est pas Eternel, Infiny, Tout-puissant, &c.

CHAPITRE IX.
Que l'Homme qui s'aime selon les Loix naturelles, s'aime par rapport à la gloire de Dieu & pourquoy.

IL a esté suffisamment prouvé que dans l'état de la nature nous aimons toutes choses par rapport à nous, il reste maintenant à faire voir que dans ce même état nous devons nous aimer nous mêmes par rapport à la gloire de Dieu; & que nous nous aimons en effet ainsi, lors que nous nous aimons d'un amour propre éclairé, c'est à dire, d'un amour propre qui tend à nôtre conservation & à la conservation du prochain. En effet en quoy peut éclater davantage la gloire de Dieu que dans la conservation des créatures & sur tout des créatures intelligentes, puisqu'il a esté démontré que la gloire de Dieu n'est autre chose que la manifestation de ses attributs, c'est à dire, que l'admiration & l'estime que les créatures intelligentes ont pour sa grandeur, & l'amour & la crainte qu'elles ont pour sa puissance & pour sa bonté.

1. *Comment les hommes procurent la gloire de Dieu.*

On dira peut-estre que si la gloire de Dieu dépendoit de la conservation des créatures, comme Dieu aime nécessairement sa gloire, il devroit aussi nécessairement conserver toutes ses créatures, cependant l'expérience fait voir qu'elles se détruisent les unes les autres. Je répons que Dieu pour procurer sa gloire doit conserver les estres substantiels, parce que si ces estres estoient détruits, il ne resteroit plus rien en quoy il pût manifester ses attributs; mais qu'il n'est pas nécessaire qu'il conserve les estres modaux; car outre qu'il y en a toûjours de nou-

2. *Objection avec la réponse.*

veaux qui succèdent en la place de ceux qui sont détruits, il n'y a rien qui publie plus hautement son immutabilité & sa puissance que cette continuelle succession d'estres modaux.

Il faut ajoûter qu'encore que Dieu veüille que les estres modaux se détruisent successivement les uns les autres, il ne veut pas pourtant qu'ils se détruisent eux mêmes, au contraire il a donné à tous les estres modaux des facultés qui tendent à les conserver tandis qu'ils en font un bon usage, ce qui est le fondement de cette grande maxime *que rien ne tend de soy à sa propre destruction.*

<small>3. Autre objection avec sa réponse.</small> On dira encore que si la gloire de Dieu dépendoit de la conservation des créatures, & sur tout des créatures intelligentes, chaque homme seroit obligé de mourir pour conserver les autres hommes, à cause que la gloire de Dieu seroit bien plus grande dans la conservation de deux, ou de plusieurs hommes, que dans la conservation d'un seul.

Nous répondons à cela qu'il est vray que la gloire de Dieu considérée en elle-même est plus grande dans la conservation de deux ou de plusieurs hommes, que dans la conservation d'un seul, mais qu'il n'en est pas de même de la gloire de Dieu considérée par rapport à nous, car il est certain que nous sommes bien plus obligés à procurer à Dieu la gloire qui dépend de nôtre conservation, qu'à luy procurer celle qui dépend de la conservation des autres.

<small>4. Que nous ne sçaurions quand, ni comment nous procurerions de la gloire à Dieu, si nous ne luy en procurions en nous aimant d'un amour propre éclairé.</small> C'est donc une chose constante que nous nous aimons par rapport à la gloire de Dieu, toutes les fois que nous nous aimons d'un amour éclairé, c'est à dire d'un amour qui tend à nôtre conservation. en effet, comment sçaurions nous que nous procurons la gloire de Dieu dans chaque rencontre particuliere, si nous n'estions assûrés que nous la procurons en suivant la droite raison, & comment serions nous assûrés que nous suivons celle cy, si ce que nous faisons ne se rapportoit à nôtre conservation & à celle du prochain, tandis qu'elle n'est pas contraire à la nôtre. Par exemple, comment sçaurions nous que nous procurons la gloire de Dieu en nous abstenant de manger & de boire, si la raison ne nous répresentoit la santé comme un bien, & comme une chose nécessaire pour nous conserver; & comment sçaurions-nous que nous procurons la gloire de Dieu, lorsque nous sommes fidèles, si la raison ne nous

répresentoit

LIVRE PREMIER. *PARTIE I.* 433

répréfentoit la fidélité comme le lien de la paix, & la paix comme un moyen abfolument néceffaire à conferver les hommes: de forte qu'il en feroit à peu près d'un homme qui dans l'état de la nature chercheroit à procurer la gloire de Dieu fans avoir égard à fa propre confervation, & à celle de fon prochain; comme d'un pilote qui eftant en pleine mer voudroit rencontrer le port qu'il a quitté, fans le fecours des aftres, c'eft à dire, que comme le Pilote ne rencontreroit ce port que par hazard, cet homme ne procureroit aufli la gloire de Dieu que par accident; en quoy certes la bonté & la fageffe de Dieu paroiffent d'autant plus grandes, qu'il a voulu lier fi étroitement fa gloire avec la confervation des créatures, & fur tout des créatures intelligentes, que comme Dieu ne peut aimer les créatures que pour fa gloire, il eft aufli impoffible que les créatures aiment leur confervation fans aimer la gloire de Dieu.

Ceux qui parlent de la gloire de Dieu en l'air & fans s'entendre, difent que la juftice, la force, la tempérance, & les autres vertus naturelles (dont il fera parlé cy après) font des chofes bonnes & défirables par elles mêmes, & qui tendent à la gloire de Dieu fans aucun rapport à la confervation des hommes: mais outre que le contraire fera demontré dans la fuite, je demande à ceux qui ont cette opinion, ce que c'eft que la juftice; s'ils difent qu'elle eft une conftante volonté de rendre à chacun ce qui luy appartient, je demande à quoy fert cette conftante volonté, s'ils difent qu'elle fert à vivre en paix, je demande derechef à quoy fert la paix; s'ils difent qu'elle fert à conferver les hommes, je demande encore pourquoy il eft bon de conferver les hommes; s'ils difent que c'eft pour faire éclater la gloire de Dieu. Je conclus donc que la juftice ne regarde la gloire de Dieu qu'entant qu'elle fert à conferver la vie des hommes: je voudrois fçavoir encore ce que c'eft que la force; s'ils difent que c'eft une fermeté d'ame à fouffrir, ou à repouffer les chofes difficiles, je demande à quoy fert cete fermeté; s'ils difent qu'elle fert à fe conferver, je demande encore pourquoy on fe veut conferver; fi c'eft pour la gloire de Dieu, je conclus encore que la force ne tend à la gloire de Dieu qu'entant qu'elle contribüe à conferver les hommes. Ce que je dis de la juftice & de la force fe doit entendre par proportion de toutes les autres vertus naturelles, qui ont tou-

Tome III. lii

3.
Que la gloire de Dieu n'eft pas la fin prochaine, mais la fin derniere des vertus naturelles.

tes pour fin immédiate la conservation des hommes & pour fin dernière la gloire de Dieu, ainsi qu'il vient d'estre démontré.

CHAPITRE IX.

Que l'Homme dans l'état de la nature doit préférer la gloire de Dieu à sa propre conservation.

1. *Que nôtre conservation est quelquefois contraire à la gloire de Dieu, & quand.*

SI la conservation de l'homme se rapportoit essentiellement à la gloire de Dieu, il suffiroit à l'homme de travailler à sa conservation pour estre assûré qu'il travailleroit à la gloire de Dieu; mais parce qu'il arrive quelquefois que la conservation de l'homme est incompatible avec la gloire de Dieu, cela fait que l'homme pour procurer cette gloire, doit abandonner quelquefois sa propre conservation ; c'est ce qui se rencontre dans toutes les occasions où l'on propose à l'homme de mourir ou de nier l'existence ou la providence divine. Car comme nôtre conservation n'est qu'un moyen pour procurer la gloire de Dieu, si ce moyen devient contraire à sa fin, nous sommes obligés de l'abandonner par la même raison qu'il a esté prouvé que nous devions abandonner la pratique de toutes les Loix naturelles qui tendent à la paix, lors que la paix estoit contraire à nôtre conservation; nous devons donc mourir avant que de nier l'existence ou la providence de Dieu, ou avant que de violer la moindre des Loix de la nature qui regardent immédiatement sa gloire.

2. *Que Dieu est le principe & la fin de l'homme.*

Cela posé, il est évident que Dieu est le commencement & la fin de l'homme ; le commencement, parce qu'il l'a produit & qu'il le conserve ; & la fin, parce que la conservation même de l'homme se rapporte à la gloire de Dieu comme à sa fin derniere. Je dis à la gloire de Dieu & non à l'amour de Dieu, pour marquer qu'il y a cette différence entre l'amour & la gloire de Dieu que l'amour que nous avons pour Dieu, est respectif, c'est à dire tel qu'il se rapporte à nous & que sa gloire est absoluë. C'est à dire telle qu'elle ne se peut rapporter qu'à elle même, ce qui est si vray que Dieu même ne peut agir principalement que pour sa gloire. C'est pourquoy afin de conformer nôtre conduite à celle de Dieu, autant qu'il est possible, nous devons aimer la gloire de Dieu comme nôtre fin principale & nôtre conservation pour la gloire de Dieu.

LA MORALE
OU
LA CONNOISSANCE
DES DEVOIRS DE L'HOMME

LIVRE PREMIER.

Des devoirs de l'Homme considéré dans l'état de la Nature.

SECONDE PARTIE.

De la Morale naturelle active, ou des moyens de s'acquiter facilement de ses devoirs dans l'état de la Nature.

CHAPITRE PREMIER.

Des Vertus Morales en général, & de la Prudence Naturelle en particulier.

IL ne suffit pas d'avoir expliqué tout ce qui regarde la connoissance des devoirs de l'homme dans l'état de la Nature, il nous faut encore examiner ce qui peut porter l'homme à remplir avec facilité tous les devoirs que les Loix naturelles luy imposent : & parce que l'expérience fait voir qu'il n'y a rien qui le dispose tant à cela, que ce qu'on appelle *la Vertu Morale* ; l'ordre veut que nous disions un mot en passant de cette vertu, afin que nous puissions descendre plus facilement

Iii ij

aux vertus particulieres qui font propres à l'homme dans l'état de la nature, qu'on appelle par cette raison *Vertus Naturelles*, qui font des espèces de la Vertu Morale en général.

1.
Ce que c'est que la vertu Morale en général.

Ceux qui ont parlé de la Vertu Morale en général, en ont donné des définitions qui paroissent différentes, mais qui s'accordent dans le fond ; les uns ont dit que la vertu Morale en général *est une qualité qui rend bon celuy qui la possède*. Les autres ont dit, *Que c'est une habitude qui consiste en une médiocrité réglée par la raison*. Les autres, *Que c'est une constance perpetuelle & conforme au bon sens*. Et nous disons, *Qu'elle est une constante disposition de la volonté à bien faire, & à suivre la raison*, ce qui revient à la même chose.

Nôtre dessein n'est pas de parler icy de toutes les vertus Morales, nous nous restreindrons à parler seulement de celles qui sont propres à l'homme dans l'état de la nature, telles que sont la Prudence, la Force & la Tempérance ; nous réservant à parler de la Justice qui regarde le public, & de toutes les autres vertus qui en sont des espèces, lors que nous traiterons de l'Homme consideré dans l'état de la société civile.

2.
Ce que c'est que la prudence naturelle, & comment on la peut acquerir.

La prudence naturelle *est une habitude de l'ame qui nous rend disposés à faire un juste choix des moyens qui sont les plus propres, pour parvenir à la fin que nous nous proposons dans chaque rencontre particuliere.*

Cette vertu est composée de quatre parties, la premiere est *de bien déliberer*. La seconde *de bien resoudre*. La troisième *d'estre ferme dans ce qu'on a résolu*. Et la quatriéme *de bien conduire & de bien executer sa résolution*.

Pour bien déliberer, il faut en premier lieu éviter la précipitation ; car comme les choses nous regardent diversement, & qu'il y en a souvent qui semblent se rapporter à nôtre bien qui ne s'y rapportent pas en effet ; il faut pour agir prudemment, se donner la peine de les bien examiner, afin de distinguer celles qui sont des biens véritables de celles qui ne sont que des biens apparents. C'est delà qu'est venuë cette maxime si célèbre parmy les Sages, *Qu'il faut de la diligence pour l'execution, mais que la lenteur doit accompagner la déliberation*.

Il faut en second lieu connoître les personnes avec qui l'on a affaire, leur naturel, leur humeur, leur esprit, leur inclination, leur dessein & leur façon d'agir ; il faut aussi connoître la nature des affaires dont on traite, & la connoître non seulement dans la superficie & dans l'apparence, mais encore la pénétrer jusques dans le fond, pour cet effet, il faut la regarder souvent de tous côtés, & par toutes ses faces ; car il est certain que selon la diverse qualité des personnes & des affaires il faut changer de conduite ; par la même raison qu'un Pilote selon les divers endroits de la mer, & selon la diverse qualité des temps dispose diversement ses voiles.

Il faut en troisiéme lieu connoître exactement le juste prix des choses pour ne donner à chacune que celuy qui luy appartient. Pour cet effet, il se faut rendre maître de ses passions, & s'élever beaucoup au dessus des jugements populaires qui n'ont d'ordinaire pour fondement que la nouveauté, le bruit ou l'artifice, & qui ne regardent presque jamais la vraye valeur & la vraye utilité des choses.

Il faut en quatriéme lieu, avoir conservé dans la mémoire l'idée des choses passées, parce que comme tous nos jugements supposent des connoissances, & que dans les choses contingentes, telles que sont celles que la prudence regarde ; on n'a point de principe de connoissance plus assûré que celuy-cy, sçavoir que des causes semblables doivent probablement produire des effets semblables ; il est visible que pour faire cette comparaison de cause à cause, il faut nécessairement se souvenir du passé. Et même comme il n'arrive guères que deux affaires se ressemblent dans toutes leurs circonstances, il faut pour cette raison avoir dans son souvenir un nombre d'événements qui soient semblables dans le général, mais toutefois qui soient dissemblables selon plusieurs circonstances, afin que dans le jugement qu'on doit faire, on puisse avoir égard à ce qu'elles ont de contraire.

En cinquiéme lieu, il faut sçavoir prendre conseil des autres, avec cette précaution pourtant qu'il n'en faut prendre que des personnes sages, expérimentées, & qui n'ayent aucun intérêt en l'affaire dont il s'agit.

En sixiéme lieu, il ne faut avoir ni trop, ni trop peu de confiance en ceux à qui on est obligé de communiquer ses desseins, parce que l'un & l'autre seroit nuisible ; mais quand on auroit quelque défiance, il ne faudroit pas la témoigner, parce que ce seroit donner lieu à ceux à qui nous la témoignerions, de devenir nos ennemis ; il ne faut donc jamais se confier tellement à d'autres qu'on ne puisse changer de conduite à leur égard sans avoir aucun lieu de s'en repentir.

En septiéme lieu, il faut sçavoir prendre son temps, ce n'est pas qu'il n'arrive quelquefois que les desseins précipités sont suivis d'un succès heureux, mais ce n'est que rarement & par hazard ; ainsi prendre l'occasion trop legerement, & la laisser échapper, ce sont deux vices extrèmes qu'il faut également éviter. Les jeunes Gents tombent facilement dans le premier, à cause qu'ils sont prompts & boüillants, & les stupides tombent dans le second, parce qu'ils n'ont pas l'esprit assès vif.

En dernier lieu, il ne faut pas tant se fier à son industrie qu'on ne donne quelque chose à la fortune, toutes deux ont part à nos desseins, & y concourent ensemble, quelque industrie que nous apportions à nos affaires, il y a toûjours quelqu'accident que nous ne pouvons pas prévoir, & qui dépend de ce qu'on appelle *Fortune* ; c'est pourquoy il faut avoir égard à l'une & à l'autre, & ne pas imiter les jeunes Gents qui donnent tout à la fortune, ni la pluspart des Vieillards qui donnent tout à l'industrie, quoyque dans le fond, s'il faloit prendre une de ces deux conduites, celle des Vieillards seroit la plus sage ; car quoy que l'évenement ne soit pas quelquefois heureux, il suffit qu'ils ayent fait ce qu'ils ont jugé estre le meilleur, après avoir consulté la raison & l'expérience pour estre contents d'eux-mêmes ; au lieu que ceux qui donnent tout à la fortune ont regret de n'avoir pas fait ce qu'ils eussent pû faire, s'il n'eussent agi témérairement & par hazard.

Pour bien résoudre, il faut avoir déja bien délibéré ; car comme une grande lumiere de l'entendement est suivie d'un grand penchant de la volonté, lors que l'ame a connu clairement ce qui est bon, ou mauvais, elle se porte naturellement à desirer l'un, ou à fuïr l'autre, si elle n'est empêchée par la violence des passions, dont nous avons enseigné à modérer les excès.

Pour estre fermes dans les résolutions qui ont esté prises, il faut se représenter souvent que dans les choses qui regardent le cours de la vie, on ne doit pas toûjours attendre l'évidence pour se déterminer à prendre un party, dautant que souvent l'occasion d'agir seroit passée, avant qu'on fût entierement éclaircy. Il suffit de faire tout ce qu'on peut pour connoître ce qui est meilleur, & il faut après cela s'en tenir aussi constamment à ce qui a paru tel que si on en avoit une véritable démonstration ; car quoy qu'il puisse arriver qu'on se soit trompé, on est néanmoins tres-certain d'avoir fait son devoir, ce qui délivre des repentirs & des remors qui agitent ordinairement l'esprit de ceux qui estant foibles & chancellants se laissent aller sans cesse à de nouvelles résolutions.

Remarquez que quand j'ay dit qu'il faut s'en tenir aussi constamment à ce qui a une fois paru meilleur que si on en avoit une véritable démonstration, je n'ay entendu parler que du temps auquel on n'a pas des raisons évidentes, car dés qu'on en a, il faut abandonner la vray-semblance ; mais aussi pendant qu'on n'a que des probabilités, il se faut tenir à ce qui a paru une fois plus probable, & ne l'abandonner pas pour suivre ce qui le peut paroître davantage ; car comme nôtre esprit est fertile en probabilités, il en fournit incessamment de nouvelles, & nous faisant ainsi passer continuellement d'un dessein à un autre, il rend inutiles les moyens que nous avons employés pour l'execution de chacun en particulier, au lieu que si nous les avions tous constamment rapportés au premier dessein, il auroit peut-estre réüssi.

Pour devenir prompts dans l'execution, il faut se réprésenter souvent l'exemple de ceux à qui des entreprises, quoy que bien concertées, ont néanmoins mal réüssi, parce qu'ils n'ont pas sçû profiter de l'occasion.

De tout ce qui vient d'estre dit de la prudence naturelle, il est aisé de conclure que toutes les manieres de l'acquerir se réduisent à deux seulement, sçavoir aux préceptes & à l'expérience. Quant à l'expérience elle est de deux sortes, l'une propre & l'autre étrangere. L'expérience propre est la connoissance des choses que nous avons vûës ou faites, & l'autre est la connoissance des choses qui ont esté vûës ou faites par d'autres, & que nous ne sçavons que par le rapport d'autruy. La prudence que l'on acquiert par l'expérience & par l'usage est bien plus assûrée que celle qu'on acquiert par les préceptes ou par la science de l'histoire, mais elle est aussi bien plus difficile à acquerir.

3. Que toutes les manieres d'acquerir la prudence se réduisent à deux, & à quelles.

CHAPITRE II.

De la Force Naturelle.

1. Ce que c'est que la force naturelle, & comment on la peut acquerir.

LA force *est une fermeté d'ame à souffrir ou à repousser en vûë de l'utilité, les choses qui sont difficiles.*

Je dis en premier lieu, *que la force est une fermeté d'ame à souffrir ou à repousser les choses qui sont difficiles*, pour faire voir que ceux-là se trompent qui croyent qu'on ne peut témoigner de la force que dans la guerre, estant certain qu'il n'y a pas moins de courage à soûtenir les afflictions & les disgraces qui arrivent dans le cours de la vie. En effet, la force militaire n'est qu'une tres-petite partie de la vraye force qui est propre à toute sorte d'états, & qui tenant les hommes dans une même situation, fait qu'ils sont toûjours semblables à eux-mêmes dans toute sorte d'occasions.

Je dis en second lieu, *que la force est fondée sur la vûë de l'utilité*, pour marquer qu'elle suppose non seulement la connoissance des maux qu'il faut souffrir, mais encore l'utilité qu'il y a à les endurer. C'est pourquoy ceux-là sont dans l'erreur qui font consister la force dans une témérité inconsidérée, & qui estiment courageux ceux qui poussés par une impétuosité aveugle, osent tout entreprendre : car il est certain qu'il n'y a de véritables forts que ceux qui connoissent les dangers, & qui ne les aimant ni ne les recherchant point indiscretement, s'y portent néanmoins vigoureusement lorsque l'utilité le demande.

Je dis enfin, *que la force est une fermeté d'ame*; c'est à dire, une résolution qui ne se relâche jamais quoy qu'il arrive, mais qui achève généreusement son entreprise, d'où vient que ceux-là sont dans l'erreur qui font consister la force dans la vigueur des bras, dautant que cette vertu n'est pas une perfection du corps, mais de l'ame, ni une fermeté des bras, & des jambes, mais du courage.

2. Que la force se divise en plusieurs espèces, & en quelles.

La force se divise communément en trois espèces, sçavoir en *magnanimité*, en *constance*, & en *patience* : quoy que dans la vérité la magnanimité, la constance & la patience, ne soient

pas

LIVRE PREMIER. *PARTIE II.*

pas tant des espèces différentes de force, que la force même sous d'autres noms.

La *Magnanimité* n'est autre chose que la force même, car comme la force regarde proprement les choses difficiles & formidables, il est certain que pour attaquer ou pour soûtenir ces choses, il faut avoir l'ame grande.

La *Constance*, qu'on nomme aussi persévèrance, n'est encore que la force même entant qu'elle se manifeste par des actes souvent réïterés, & par une durée de temps considérable : car un homme n'est pas véritablement fort s'il ne demeure ferme dans ce qu'il a entrepris ; d'où vient que la constance & la persévérance sont la même chose, du moins si on entend parler de la persévérance qui regarde les choses difficiles ; car quant à celle qui a pour objet les choses faciles & communes, elle ne mérite pas le nom de force.

Enfin la *Patience* ne diffère en rien de la constance, si ce n'est qu'elle consiste plûtôt à endurer, comme le porte le mot, qu'à attaquer ; car sa nature est de souffrir volontairement & pendant long-temps des choses difficiles en vûë de quelque utilité qui en doit revenir.

Le principal devoir de la force naturelle est de nous rendre fermes contre les douleurs corporelles, contre les passions immodérées de l'ame, & contre l'horreur de la mort : & parce que c'est dans le mépris qu'on fait de la douleur que la force paroît principalement, à cause que la douleur est le plus grand, & à vray dire, le seul mal corporel, nous commencerons à donner les avis qui servent à acquerir l'habitude de la supporter patiemment.

Le premier est, de considérer que les douleurs sont des maux nécessaires ausquels l'homme a esté assujetti pour estre porté à fuir les choses nuisibles, ou à chercher les moyens de s'en garantir ; & par conséquent que l'homme seroit ennemy de soy-même s'il desiroit d'en estre tout à fait exempt, parce que ce seroit demander d'estre privé d'un moyen qui luy est absolument nécessaire pour se conserver.

3. *Remèdes contre la douleur.*

Le second est, de faire réflexion que quand le temps où l'on souffre sera passé, celuy qui succedera sera si agréable, qu'il semblera que la nature ne nous a fait éprouver des douleurs que pour nous donner enfuite plus de plaifir.

Le troifiéme eft, de confidérer que fi la douleur eft médiocre la patience eft facile, fi elle eft grande qu'il y a d'autant plus de vertu à fouffrir généreufement : & fi elle ne doit finir qu'avec la vie, qu'elle deviendra plus légère par l'accoûtumance.

Le quatriéme & dernier eft, que les douleurs ont encore cela de bon qu'en nous dégageant de la vie, elles nous font moins haïr la mort qui eft un mal inévitable.

Voilà les préceptes qui enfeignent comment on peut acquerir de la force contre les douleurs, en voicy d'autres qui enfeignent comment on en peut acquérir contre les paffions fâcheufes de l'ame, qui font la *Crainte*, la *Triftefe*, la *Colère*, la *Haine*, & la *Vengeance*.

4.
Remèdes contre la Crainte.

Le premier avis contre la *Crainte*, eft d'attendre les maux avec patience ; de penfer que nos craintes font auffi fujettes à nous tromper que nos efpérances ; que l'avenir, lequel nous penfons devoir apporter de l'affliction, n'amenera que de la joye ; qu'il ne faut pas fe rendre malheureux avant le temps; que peut-eftre on ne le fera pas, & que nous le fommes effectivement lors que nous craignons de l'eftre.

Le fecond, qu'il faut s'accoûtumer à méditer fur les chofes qui paroiffent les plus terribles ; mais fur tout qu'il faut faire fouvent réflexion que plufieurs grands Hommes ont évité les plus grands dangers pour ne s'en eftre pas étonnés, & que d'autres fe font perdus dans les moindres, pour ne s'y eftre pas bien réfolus.

5.
Remèdes contre la Triftefe.

Les remèdes contre la *Triftefe*, qui eft la plus incommode de toutes les paffions, font de deux fortes, les uns viennent de la nature & les autres de l'induftrie : ceux qui viennent de la nature, font les fréquentes réflexions que nous faifons fur les maux qui nous arrivent, en confidérant fouvent que des perfonnes de tout âge, de tout fexe, & de toute condition, ont fupporté patiemment des difgraces pires que les nôtres, & que les maux que nous fouffrons ne font grands ou petits que felon qu'ils nous touchent, & qu'ils nous touchent plus ou moins, felon l'opinion que nous en avons, cette maniere de fe garantir de la tristesse est fort bonne & fort glorieuse, mais aussi elle est tres-rare, parce qu'il n'y a que les esprits du premier ordre qui en soient capables.

Les remèdes qui dépendent de l'industrie sont bien plus faciles, le principal consiste à détourner l'esprit de la considération du mal pour l'appliquer à quelque idée agréable, ou du moins à quelque idée différente de celle du mal qu'on sent, ou de la cause qui le fait sentir. Il a esté prouvé que ce remède est le plus propre de tous pour arrêter, ou du moins pour modérer les passions, & il se pratique dans les maux du corps comme dans ceux de l'esprit. Car un Médecin ne pouvant purger une humeur qui accable une partie, la détourne sur une autre, qui est moins dangereuse.

6. *Remèdes contre la Colère.*

Les avis contre la *Colère* se réduisent à trois, le premier est de se délivrer de l'opinion qu'on pourroit avoir d'estre méprisé par d'autres, & de penser que cette opinion est indigne d'un homme d'honneur; car quoy qu'elle semble procéder de ce qu'on s'estime beaucoup, elle est pourtant un effet de foiblesse, estant impossible que celuy qui se croit méprisé ne se deffie de soy-même.

Le second est, de considérer que la colère est une passion violente qui corrompt le sang, qui précipite le jugement, & qui pour se satisfaire, nous expose à des dangers plus grands que ceux que nous voulons éviter.

Pour se défendre contre la *Haine* dans l'état de la nature, il faut se représenter souvent que nous n'avons aucun sujet de nous plaindre de ceux qui nous offensent, parce qu'ils ne peuvent dans cet état nous faire aucune injure, dautant que l'injure suppose des pactes, & que les pactes sont invalides dans l'état de la nature. Il faut considérer encore que la haine gâte le tempéramment du corps, qu'elle trouble le jugement, & qu'enfin elle est toûjours un mal infaillible pour nous, outre que souvent elle ne peut pas nuire à ceux que nous haïssons.

7. *Remèdes contre la vengeance.*

Pour réprimer la *Vengeance*, il se faut souvenir qu'il n'y a rien de plus honorable que de pardonner, dautant que pardonner, c'est proprement accorder la paix à ceux qui la demandent; au lieu qu'user de vengeance, c'est rechercher une gloire qui n'est propre qu'à exciter la guerre.

Il y a plusieurs remèdes contre l'*Horreur de la mort*, dont voicy les principaux.

8. Remèdes contre l'horreur de la mort.

Le premier est de considérer souvent, que c'est estre déraisonable que de craindre la mort ; car si la mort est une bonne chose, pourquoy la craindre, & si c'est une chose mauvaise, pourquoy la rendre pire en y ajoûtant la tristesse ?

Le second est de penser souvent à la mort, non seulement dans les dangers, mais même au milieu des plaisirs : de considérer que la vie se mesure par la fin, & qu'elle est toûjours assés longue quand elle est bonne.

Le troisiéme, de se représenter souvent que la mort est une chose naturelle & inévitable, & par conséquent qu'il ne faut pas prétendre que l'ordre de la nature se change pour nous.

CHAPITRE III.

De la Tempérance naturelle.

1. Ce que c'est que la Tempérance naturelle, & comment on l'acquiert.

LE mot de *Tempérance* est pris tantôt dans une signification générale, & tantôt dans une signification particuliere; il est pris dans le premier sens, lors qu'il signifie une certaine habitude qui nous dispose à avoir de la modération en toutes choses. Et il est pris dans le second, lors qu'il signifie une certaine facilité que nous avons à réprimer les voluptés qui regardent les plaisirs du goût & de l'attouchement.

Nous ne parlerons pas icy de la tempérance prise au premier sens, parce qu'elle regarde plus l'état civil que l'état naturel. Nous traiterons seulement de la tempérance prise au second sens.

2. Comment en acquiert la Tempérance qui réprime le goût.

Or pour acquerir la tempérance qui réprime le goût, il faut prendre soin de regarder la quantité & la qualité des viandes dont on se sert. La quantité, qui consiste en ce qu'on n'en prenne qu'autant que la faim & la soif en demandent ; car tout ainsi que la nature nous a imprimé le desir de boire & de manger, elle nous a donné aussi la faim & la soif pour estre la règle & la mesure ordinaire de la quantité de ce qu'il faut que nous mangions & beuvions, à moins que nôtre tempérament ne soit altéré par quelque maladie. Et la qualité, qui consiste en ce qu'elles ne soient ni trop chaudes ni trop froides par rapport à nous.

La tempérance qui réprime les plaisirs de l'attouchement, qu'on appelle proprement *Voluptés corporelles*, dépend principalement de trois choses.

3. Comment on acquiert celle qui réprime les voluptés corporelles.

La premiere est la facilité qu'on a à s'attacher à quelque occupation honnête, laquelle consumant une grande partie des esprits animaux qui contribuent à produire la matiere des voluptés, ôte par ce moyen à l'ame, non seulement l'idée de la volupté, mais même le loisir de s'occuper à des pensées qui pourroient la luy faire désirer.

La seconde est l'habitude qu'on s'est formée de résister aux voluptés & à les vaincre ; car c'est une règle qu'on devient d'autant moins enclin à une passion qu'on luy résiste plus souvent, de sorte que quand son habitude seroit déja contractée, on pourroit s'en défaire par la désacoûtumance, & en acquerir une contraire par les raisons qui ont esté démontrées dans le Traité des Passions de l'Ame.

La troisiéme & derniere est la continuelle réflèxion qu'on fait, Que les voluptés déréglées ramollissent & relâchent la vigueur de l'esprit & du corps ; Qu'elles dégénèrent bien-tôt en leur contraire, qui sont la douleur & le repentir : & enfin, Qu'elles sont la cause des plus grands maux de la vie.

4. Ce que sont les vertus prises abstractivement.

Au reste, quand on considère que les vertus en général ne sont autre chose que des habitudes à faire de bonnes actions, & que les bonnes actions ne sont telles qu'entant qu'elles se rapportent directement à la paix, à nôtre conservation, ou à la gloire de Dieu, on ne doit pas faire difficulté de reconnoître que les vertus prises abstractivement ne sont autre chose *qu'un certain rapport de nos actions à la paix, à nôtre conservation, ou à la gloire de Dieu*. Et parce que les vices sont opposés aux vertus, il faut dire par la règle des contraires, que les vices pris abstractivement, ne sont autre chose *que certains rapports opposés à ceux dans lesquels consistent les vertus*.

Il ne faut donc pas croire que les vertus consistent entre

deux vices extrêmes, comme quelques-uns l'affûrent ; car outre que par le quatriéme Axiome des secondes Réflexions de la Métaphysique, on ne peut connoître des vices extrêmes sans avoir auparavant connu les vertus qui leur sont opposées ; cette définition des vertus n'enseigne tout au plus que le lieu où elles sont placées, & elle n'explique point quelle est leur nature, ni quels sont leurs usages, qui est pourtant ce que nous cherchons.

LA MORALE
OU
LA CONNOISSANCE
DES DEVOIRS DE L'HOMME.

LIVRE SECOND.

Des devoirs de l'Homme considéré dans la Société Civile.

PREMIERE PARTIE.

De la Morale spéculative, ou de la simple connoissance des devoirs de l'Homme considéré dans l'état de la Société Civile.

CHAPITRE PREMIER.

Des Sociétés Civiles, & comment elles se font formées ?

I tous ceux qui connoissent les Loix naturelles, estoient portés à les observer, il seroit inutile de former des Sociétés Civiles, parce que cette seule connoissance conduiroit nécessairement les hommes à la paix, qui est l'unique fin qu'ils se proposent en établissant des Sociétés : Mais parce que dans l'état de la nature, les Loix de la raison, quoyque connuës de tout le monde, estoient sans effet à cause que la violence des passions qui dominoient sur les hommes, causoient parmy eux une guerre perpétuelle, ils furent obligés pour se conserver de

I.
Qu'est ce qui a porté les hommes à former des sociétés civiles.

recourir à d'autres moyens, dont le premier & le principal fut de s'unir plusieurs ensemble, afin que s'il faloit combattre, ils ne fussent pas sans secours: & parce qu'il eut esté inutile que plusieurs hommes se fussent unis pour se défendre contre d'autres, s'ils n'eussent pourveu en même temps aux moyens de conserver la paix parmy eux, ils résolurent pour ne se pas laisser diviser par l'envie & par l'émulation (qui sont si ordinaires parmy les hommes) de n'avoir tous qu'une volonté; c'est à dire, d'agir de concert dans toutes les choses qui seroient nécessaires pour la paix & pour la défense commune. Pour cet effet, ils convinrent que chaque particulier soûmettroit sa volonté à celle d'une certaine personne ou de plusieurs, dont l'avis prévaudroit, & seroit suivy de tous les autres sur les choses qui concerneroient la paix ou la défense commune, & que ceux qui ne voudroient pas s'y soûmettre, seroient regardés comme ennemis.

2.
Ce que c'est qu'un état ou une société civile.

L'union qui se fit de cette sorte, forma le corps d'un Etat ou d'une Société civile, dans laquelle toutes les volontés des particuliers n'en faisant plus qu'une, l'Etat fut aussi considéré comme n'estant qu'une seule personne; ainsi l'on peut dire en général qu'un Etat ou une Société Civile, *est une assemblée de plusieurs hommes réünis en une seule personne civile, dont la volonté doit estre suivie conformement à l'accord qui en a esté fait, comme estant la volonté de tous les particuliers.*

Je dis que l'Etat *est une assemblée de plusieurs hommes*; pour marquer ce que l'état a de commun avec la multitude. Et j'ajoûte; *réünis en une seule personne civile*, pour faire connoître ce que l'état a de particulier; car il y a cette différence entre l'état & la multitude, que l'état est une assemblée de plusieurs personnes qui se gouvernent régulièrement par la volonté d'un seul ou de plusieurs, suivant l'accord qui en a esté fait: Au lieu que la multitude est une assemblée de plusieurs personnes qui ont chacune leur volonté propre, suivant laquelle il leur est permis d'agir & de faire tout ce qu'elles veulent.

3.
Comment on acquiert le droit de commander aux autres.

La Nature de l'état estant telle, il est évident que celuy, ou ceux, à la volonté desquels les particuliers ont soûmis les leurs, ont acquis par cette soûmission, le droit de commander aux autres, & qu'ils ont acquis ce droit, parce que chaque particulier a renoncé à celuy qu'il avoit de leur résister: Je dis

à

LIVRE SECOND. PARTIE I.

à celuy qu'il avoit de leur *résister*, pour marquer que personne ne peut communiquer son droit à un autre d'une autre maniere, qu'en promettant de ne luy pas résister, quand il voudra faire quelque chose. Les particuliers qui ont renoncé au droit qu'ils avoient de résister, ont esté appellés *Sujets*, & celuy, ou ceux en faveur desquels ils y ont renoncé, se nomment en général *Souverains*.

Et parce que les particuliers, qui ont renoncé à leur droit, l'ont fait, ou de gré ou par force, il y a aussi deux sortes d'Etat ; il y a un Etat despotique, & un Etat institué ou politique. Dans l'Etat despotique les Sujets se soûmettent malgré eux à un vainqueur pour se garantir de la mort ; & dans l'Etat politique ou institué, ils établissent eux-mêmes une Puissance souveraine pour en recevoir de la protection. Nous allons parler maintenant de l'Etat institué, & nous traiterons ensuite de l'Etat despotique.

4. Qu'il y a deux sortes d'E'tats, un E'tat despotique, & un E'tat institué, ou politique.

CHAPITRE II.

Des divers E'tats politiques ou institués, & comment ils subsistent.

POur peu de réflexion qu'on fasse sur la maniere dont les Etats politiques se sont formés, on voit aisément qu'il n'y en peut avoir que de trois sortes à raison des trois différentes manieres, dont la Puissance souveraine a pû estre communiquée ; car elle n'a pû estre communiquée qu'à tout le peuple, ou à un certain nombre, ou à une seule personne. Quand elle a esté donnée à tout le peuple, cet Etat s'est nommé *Démocratie*, ou E'tat populaire, tels sont les E'tats de Holande ; Quand elle a esté commise à un certain nombre des plus sages. Cet E'tat s'est nommé *Aristocratie*, ou Sénat, telle est la République de Venise ; & quand elle a esté donnée à une seule personne, cet E'tat s'est appellé *Monarchie* ou Royaume, tels sont les E'tats de France, d'Espagne, &c.

1. Qu'il y a trois sortes d'E'tats politiques.

Quand je dis qu'il n'y peut avoir que trois sortes d'E'tats politiques, cela doit estre entendu des E'tats simples ; car rien

Tome III. Lll

n'empêche qu'il n'y en puisse avoir, & qu'il n'y en ait en effet un grand nombre d'autres composés de ces trois là.

<small>2. Quelle sorte d'Etat a esté formée la premiere.</small>

Quant à l'origine des Etats politiques, il y a lieu de croire que la Démocratie s'est formée la premiere, & qu'elle a pris sa naissance des conventions réciproques des particuliers, par lesquelles chacun a promis de soûmetre sa volonté à celle du plus grand nombre, à condition que les autres en feroient de même.

L'Aristocratie a pû se former ensuite de l'Etat populaire, entant qu'on a proposé au peuple certaines personnes de réputation & de naissance, lesquelles il a éluës par la pluralité des suffrages ; & après cette élection, ce petit nombre de personnes a eû la même autorité qu'avoit auparavant tout le peuple, lequel a cessé d'estre peuple, & a dégénéré en une multitude confuse de personnes particulieres qui ont eû chacun sa volonté propre à l'égard des autres, mais qui ont toutes esté obligées d'obeir à ceux qui ont esté choisis pour les gouverner.

Il y en a qui croyent que la Monarchie a tiré son origine de l'Aristocratie ou de la Démocratie, dont la Puissance souveraine a esté transférée à un seul homme, qui a esté proposé par le Sénat ou par le peuple, comme le plus digne de commander aux autres. Mais la plus saine opinion & la plus reçûë, est que le pouvoir absolu des Rois vient immédiatement de Dieu ; & que si Dieu se sert des peuples pour établir les Rois qu'il a choisis luy-même, ce n'est (comme l'a tres-bien remarqué un Auteur Moderne) que pour cacher ses conseils secrets sous l'apparence d'événements ordinaires.

<small>3. Comment les Etats politiques se continuent.</small>

La Démocratie & l'Aristocratie se continuent à peu près de la même façon, & voicy comment. Tandis que l'Assemblée subsiste on désigne le temps & le lieu où se fera une nouvelle assemblée, car autrement on tomberoit dans l'Anarchie, & le Peuple ou le Sénat ne répréfenteroit plus une personne publique, mais il deviendroit une multitude confuse, à qui on ne pourroit attribuer aucun droit ni aucune action. En effet, si l'assemblée, tandis qu'elle subsiste, ne désignoit pas le temps & le lieu où se fera une nouvelle assemblée ; celles qui se feroient ensuite n'estant pas légitimement convoquées, ne composeroient plus une personne civile, & nul de ceux qui y assisteroient, ne seroit obligé à se soûmettre aux délibérations des autres, lors qu'elles feroient contraires à ses sentimens. La raison en est, que la multitude n'a le pouvoir de résoudre quelque chose, que lors que chacun de ses membres est obligé à se soûmettre aux résolutions du plus grand nombre; ce qui suppose un corps politique & une personne civile qui dépend d'une convocation légitime. D'où il s'ensuit que le peuple ni le Sénat ne peuvent conserver la Puissance souveraine, que tandis qu'ils conviennent du temps & du lieu auquel tous ceux qui le voudront, se pourront trouver derechef à une nouvelle assemblée.

Il faut même pour soûtenir cette Puissance que les intervalles d'une convocation à l'autre, soient si courts qu'il ne puisse survenir entre-deux aucun accident qui soit capable de troubler la République, faute d'une Puissance absoluë qui puisse luy résister sur le champ, ou bien qu'on laisse durant ces intervalles à un homme seul, ou à plusieurs, qui sont toûjours assemblés, l'usage de la souveraineté; car sans cela on ne pourvoiroit pas assés à la défense des particuliers, & chacun, faute de trouver sa sûreté dans l'autorité publique, auroit droit de travailler à sa conservation par les moyens, que sa prudence luy suggéreroit, ce qui seroit proprement détruire la société civile, dans laquelle les particuliers ne doivent avoir d'autre règle pour se conduire que la volonté de l'E'tat. Pour éviter ces inconvéniens, les E'tats Démocratiques ont toûjours des Magistrats assemblés pour pourvoir aux affaires qui ont besoin de diligence.

Quant à la Monarchie, elle se continuë par un droit de succession, dont nous ne parlerons pas, parce qu'il regarde plus la Jurisprudence que la Morale.

CHAPITRE III.

Qu'il n'y a point d'espèce d'E'tat politique qui puisse subsister sans une puissance absoluë.

AYANT étably la nature & l'origine des E'tats Politiques, l'ordre voudroit, ce semble, qu'on comparât toutes les sociétés civiles, pour faire voir les avantages qu'elles ont les unes pardeſſus les autres ; mais comme cela ne regarde pas la Morale, & que ce Paralelle nous engageroit trop avant dans des recherches purement politiques, qui ne ſont pas de nôtre ſujet ; nous nous contenterons de faire voir qu'il n'y a aucune ſorte d'E'tat qui puiſſe ſubſiſter long-temps, ſi ceux qui le gouvernent n'ont une puiſſance abſoluë.

1. Pourquoy les E'tats ont beſoin d'une puiſſance abſoluë.

Pour ſe convaincre de la néceſſité de cette puiſſance, il ne faut que conſidérer que la ſûreté publique eſt la fin pour laquelle les hommes ſe ſont aſſemblés pour former des ſociétés civiles, & qu'on n'a pû parvenir à cette ſûreté qu'en ordonnant de ſi grandes peines contre ceux qui violeroient les loix de l'E'tat, qu'ils ayent à ſouffrir plus de mal quand ils ont tranſgreſſé ces loix, qu'ils ne ſe procurent de bien en les tranſgreſſant, ce qui ne ſe peut faire ſans une puiſſance abſoluë, qui impoſe des peines à ceux qui violent les loix, & qui les leur faſſe ſouffrir, quelque effort qu'ils puiſſent faire pour les éviter.

2. Quand, & comment ils reçoivent cette puiſſance.

Il eſt même viſible que ceux qui gouvernent les E'tats ont reçû cette puiſſance abſoluë, lors que les particuliers ſe ſont obligés à ne pas défendre ceux contre leſquels l'Etat voudroit ordonner quelque peine pour avoir violé les loix de la ſociété. Je dis *à ne pas défendre ceux*, &c. mais je ne dis pas à ne ſe point défendre eux-mêmes ; pour donner à entendre que les particuliers n'ont pû s'obliger à cela, parce que la vie, qui eſt le fondement de tous les autres biens naturels, paroît ſi déſirable qu'il eſt impoſſible à ceux qui uſent de la raiſon, de renoncer au droit de la défendre, lors qu'elle eſt attaquée. C'eſt pourquoy, ſi l'E'tat me commandoit de me tuer moy-même, je ne ſerois pas obligé de luy obeïr, cependant ſa puiſſance ne ſeroit pas moins abſoluë pour cela ; car outre que je n'ay pas pû promettre ce que je refuſerois alors, il ſe trouveroit aſſés d'autres perſonnes qui ſeroient obligées d'executer ce commandement. Par la même raiſon, un enfant ne doit pas eſtre le bourreau de ſon pere, quoy qu'il ſoit condamné par les loix, parce qu'il s'en trouvera aſſés d'autres qui feront cet office, & qu'un homme d'honneur mourra plûtôt que de vivre infame, & regardé comme le deſtructeur de celuy qui l'a mis au monde. Il y a pluſieurs cas ſemblables où l'on peut refuſer d'obeïr ſans offenſer la puiſſance abſoluë, de laquelle ſi les

LIVRE SECOND. PARTIE I.

Souverains se servoient dans ces occasions, bien qu'ils usassent d'un droit qui leur a esté donné, ils ne laisseroient pas de violer les loix de la nature & d'offencer Dieu.

Au reste, la puissance absoluë qui réside dans les Souverains est ce qu'on nomme *Glaive de Justice*, par lequel la paix est entretenuë parmi les membres de l'Etat. Mais, parce qu'il seroit inutile de joüir d'une paix intérieure, si l'Etat ne se pouvoit défendre contre ceux qui n'ont pas voulu se soûmettre à ses loix; il est encore nécessaire pour la sûreté publique, que ceux qui gouvernent l'Etat ayent droit de faire la paix, ou de déclarer la guerre quand ils le jugent à propos, c'est aussi ce qu'on appelle *Glaive de la Guerre*.

3. *Ce que c'est que le Glaive de la Justice, & le Glaive de la guerre.*

De plus, comme la pluspart des querelles des hommes naissent des différentes opinions qu'ils ont du bien & du mal, de l'honnête & du deshonnête, il faut que les Souverains ayent droit de donner aux particuliers des règles générales, par lesquelles chacun puisse sçavoir ce qui luy appartient ou ne luy appartient pas, ce qui est bien, ou ce qui est mal, ce qui est honnête ou deshonnête. Ces règles sont proprement ce qu'on nomme *Loix Civiles*. Ainsi, c'est aux Souverains à déterminer ce que sont, par exemple, le meurtre & le larcin; car quoy que les loix naturelles défendent ces mêmes crimes, il n'appartient pourtant qu'aux loix Civiles de marquer ce qu'il faut appeller *Larcin* ou *Meurtre*. En effet, ce n'est pas un larcin de prendre à quelqu'un ce qu'il possède, mais de luy ôter ce que la loy civile luy donne; car c'est à la loy civile à déterminer ce qui est à nous, & ce qui est aux autres. De même tout homicide n'est pas meurtre, mais seulement quand on tuë celuy que la loy civile défend de faire mourir.

4. *Que c'est aux Souverains à établir des loix Civiles.*

Et parce que toutes les affaires qui regardent la paix ou la guerre ne peuvent estre gouvernées par le seul Souverain, sans le secours de quelques Officiers; & que la défense commune demande que ceux qui sont établis pour juger les procès, ou pour conduire les armées, s'acquittent facilement de leurs charges; il est nécessaire de laisser le choix de ces personnes aux Souverains. C'est aussi ce qu'on appelle *le droit d'élire les Magistrats*.

5. *Que c'est aux Souverains à choisir les Magistrats.*

De plus, comme la volonté de faire ou de ne pas faire une chose dépend pour l'ordinaire de l'opinion qu'on a qu'elle est

6. *A juger des Doctrines*

Lll iij

qui s'enseignent touchant les mœurs.

bonne ou mauvaise, il importe beaucoup pour la paix & pour la tranquilité publique, d'empêcher qu'on ne propose des opinions & des doctrines qui soient contraires aux bonnes mœurs & au repos de l'état ; d'où il s'ensuit que le droit de juger de toutes les doctrines qu'on enseigne dans l'état touchant les mœurs, appartient à celuy ou à ceux qui le gouvernent : Je dis *touchant les mœurs*, pour faire entendre que les Souverains n'ont aucun droit sur les doctrines qui ne regardent que l'instruction de l'esprit, à l'égard desquelles chacun se peut instruire comme il veut : Car par exemple, chacun peut penser ce qu'il voudra des causes du flux & du reflux de la Mer, des propriétés de l'aimant, & en général de toutes les choses purement spéculatives, desquelles chacun doit juger suivant ses propres idées.

7. Et à régler le culte de Dieu dans les E'tats purement humains.

Enfin c'est aux Souverains (dans tous les E'tats purement humains) à régler le Culte divin, c'est à dire, les cérémonies avec lesquelles Dieu doit estre honoré dans ces états ; car si chaque particulier suivoit sa phantaisie dans le culte qu'il rendroit à Dieu, comme les opinions des hommes sont fort différentes, l'un n'honoreroit pas Dieu au sens de l'autre ; d'où il s'ensuivroit que le culte que chacun rendroit à Dieu, pour raisonnable qu'il fût, ne mériteroit pas ce titre, à cause que la nature du culte consiste à estre un signe extérieur de l'honneur qu'on rend intérieurement à une personne, & qu'un signe ne peut estre une marque d'honneur, s'il ne paroît tel aux yeux de ceux qui l'observent, & il ne peut paroître ainsi, s'il n'est réglé par l'état ; d'où vient que dans les états purement humains c'est obeïr à la Loy de la nature que de suivre les ordonnances publiques touchant la maniere d'honorer Dieu. Je dis *dans les états purement humains*, pour donner à entendre que dans les états, qui sont sous l'ancienne ou sous la nouvelle alliance, la maniere d'honorer Dieu ne dépend pas de l'autorité des Souverains, mais de la pure volonté de Dieu, laquelle il a manifestée dans l'ancien Testament par les Prophetes, & qu'il a découverte dans le nouveau par Nôtre Seigneur JESUS-CHRIST & par son Eglise, comme il sera prouvé dans la suite.

CHAPITRE IV.

Contenant les deux principales objections qu'on fait contre la Puissance Absoluë des Souverains, avec leur réponse.

MAIS, dira-t-on, si les Souverains, ont une puissance absoluë telle que vous venez de la répréfenter, n'auront-ils pas le droit de faire tout ce qu'ils voudront fans faire tort à perfonne ? & s'ils ont ce droit, où fe trouvera la fûreté des particuliers dans les êtats politiques ? Je répons à cette difficulté que le pouvoir abfolu des Souverains n'empêche pas que les particuliers ne foient en fûreté ; car quoyque les Souverains puiffent exécuter tout ce qu'ils veulent fans faire injure à leurs fujets, ils ne peuvent pourtant rien faire qui foit contraire aux Loix de la nature fans offenfer Dieu ? *1. Que les Souverains ne peuvent rien faire contre les Sujets fans offenfer Dieu.*

Mais, ajoûtera-t-on, ne fe peut-il pas rencontrer des Souverains qui auront le naturel affés mauvais pour fe mocquer des jugements de Dieu ; & pour ufer mal de leur puiffance, fi elle eft abfoluë ? Je répons que cela peut encore arriver, mais qu'on ne fçauroit éviter ce danger ; car fi l'on ne veut donner aux Souverains qu'une puiffance limitée, il faut au moins que cette puiffance foit fuffifante pour défendre la vie des particuliers ; & fi elle fuffit pour cela, pourquoy ne fuffira-t-elle pas pour opprimer leur liberté ? Il n'y a donc rien dans la puiffance des Souverains dont l'incommodité ne doive eftre d'autant plus fupportable qu'elle naît de la faute des fujets plûtôt que de la nature même de l'état ; car fi les hommes fe fçavoient gouverner eux-mêmes, il feroit inutile de former des Sociétés Civiles pour les contenir dans leur devoir par une autorité publique. *2. Que l'abus que les Souverains font de leur autorité naît plûtôt de la faute des Sujets que de la nature même de l'Etat.*

La feconde objection eft, qu'il n'y a point d'état civil où il ne foit permis aux particuliers d'agir en juftice contre les Souverains : ce qui n'arriveroit pas fi le pouvoir de l'êtat eftoit abfolu. Je répons que quand on agit contre les Souverains par les loix, ce n'eft pas pour difputer avec eux le droit abfolu de poffeder la chofe qui eft en conteftation, mais feulement pour *3. Comment un particulier peut agir en Juftice contre l'Etat.*

découvrir s'ils n'ont point déclaré par des loix précédentes qu'ils ne veulent pas posseder cette chose.

4.
Que la puissance des Souverains ne peut estre limitée.

Il y a donc dans chaque société Civile une ou plusieurs personnes qui ont sur les particuliers autant de légitime puissance, que chacun en avoit hors de la société sur sa propre personne, c'est à dire, qui ont une puissance absoluë : En effet, si leur puissance estoit limitée, il faudroit qu'elle le fût par une puissance supérieure, à laquelle je demanderois ensuite si elle n'en reconnoîtroit point quelque autre au dessus d'elle, & allant ainsi par degrés je remonterois nécessairement à une puissance suprème, qui seroit celle de l'état politique, laquelle je demande.

5.
Que les Souverains sont Injusticiables.

Ceux qui possèdent cette puissance sont *Injusticiables*, c'est à dire, tels que quoy qu'ils fassent, ils ne peuvent estre légitimement punis ; car tout ainsi que naturellement on ne peut punir un homme, si l'on n'a des forces suffisantes pour s'en rendre le maître, on ne le peut aussi punir légitimement dans la société, si l'on n'a pour cela une autorité légitime, laquelle on ne peut avoir contre les Souverains.

6.
Qu'ils ne sont point sujets aux loix civiles.

Les Souverains ne sont pas non plus sujets aux loix Civiles ; car comme ces loix ne sont que les propres ordonnances de l'Etat ; si les Souverains estoient sujets aux loix Civiles, ils seroient sujets à leur propre volonté ; ce qui répugne, parce que celuy qui est sujet à soy-même, se dégage quand il veut, & ne reçoit point d'autre loy que celle qui l'affranchit de toutes les autres.

7.
Que les particuliers n'ont rien de propre à leur égard.

Enfin, comme les choses n'ont commencé d'estre propres aux particuliers, qu'après que les sociétés civiles ont esté établies ; & que ce qu'on nomme *Propre* aux particuliers, est ce que chacun peut retenir sans violer les loix de l'Etat, & sans faire tort à personne, quoy que chaque particulier puisse avoir en propre quelque chose à l'égard des autres, il ne peut néanmoins exclure le droit du Souverain, dont la volonté estant la règle du *Mien* & du *Tien*, elle l'est par conséquent, de ce qui est propre ou n'est pas propre à chaque particulier.

C'est donc une chose assûrée, qu'en toute société civile il y a une certaine personne, ou une certaine assemblée qui a sur les particuliers une puissance souveraine, qui consiste dans le pouvoir de faire des loix, & de les abroger ; de déclarer la guerre

guerre, & de conclure la paix, de décider tous les différends, & enfin d'élire tous les Magiſtrats & tous les Officiers de l'E´tat.

CHAPITRE V.

Que dans l'Ariſtocratie & dans la Démocratie la Puiſſance abſoluë ne peut eſtre légitimement révoquée par les particuliers qui l'ont établie, ſi ce n'eſt du conſentement de ceux qui la poſſèdent.

COMME les conventions tirent toute leur force de la volonté de ceux qui les font, & qu'elles la perdent auſſi par le conſentement de ces mêmes perſonnes, il ſemble que la ſouveraineté puiſſe eſtre ôtée à ceux qui la poſſèdent, ſi les particuliers conviennent de les en dépoüiller. Mais on peut prouver le contraire par deux raiſons tres convaincantes : La premiere eſt, que tous les particuliers s'eſtant obligés mutuellement les uns aux autres d'obeïr à ceux qui gouvernent l'E´tat; s'il arrive qu'un ſeul d'entr'eux veüille perſiſter dans l'obeïſſance, les autres ne peuvent légitimement refuſer d'y perſiſter auſſi, parce que c'eſt faire tort à une perſonne d'exécuter malgré luy ce qu'on s'eſt obligé par un pacte exprès de ne pas faire ſans ſon conſentement. Or il eſt moralement impoſſible que tous les Sujets d'un E´tat conſpirent en même-temps contre ceux qui les gouvernent ; il eſt donc moralement impoſſible que ceux qui gouvernent un E´tat puiſſent eſtre légitimement dépoüillés de l'autorité publique ſans leur propre conſentement.

1. *Preuve.*

La ſeconde raiſon eſt, que ſi la puiſſance ſuprême pouvoit eſtre révoquée, cette révocation ſe devroit faire, ou par chaque particulier, ou par le plus grand nombre : or il vient d'eſtre prouvé qu'elle ne ſe peut faire par chaque particulier, eſtant moralement impoſſible que chaque particulier veüille dégrader en même temps celuy ou ceux qui gouvernent l'E´tat. Elle ne ſe peut faire non plus par le plus grand nombre : car ce n'eſt pas une choſe naturelle que la plus grande opinion paſſe pour la volonté de toute une aſſemblée, ſi ce n'eſt que cette aſſemblée ſoit légitimement convoquée ; or il n'eſt pas

2. *Preuve.*

Tome III. Mmm

probable que celuy, ou ceux qui gouvernent l'E'tat, convoquent jamais une assemblée pour disputer avec eux des droits de l'Empire. Il s'ensuit donc que les particuliers ne peuvent jamais révoquer les conventions qu'ils ont faites pour conférer aux Souverains la suprême puissance.

3. Preuve.

Il faut ajoûter que la Souveraineté n'est pas établie par les seules conventions que les particuliers ont faites entr'eux, mais qu'elle dépend encore principalement de ce que les particuliers légitimement assemblés s'obligent aux Souverains de telle sorte, qu'outre les conventions mutuelles des Sujets entr'eux, il se fait une donation de droit aux Souverains, laquelle on est obligé de leur faire valoir, au lieu que les Souverains ne peuvent s'obliger à personne, non pas même au peuple, lequel cesse d'estre peuple dés qu'il a renoncé à la puissance souveraine.

4. Ces preuves sont encore plus fortes pour les Monarques.

Les mêmes raisons qui prouvent que le Sénat ni le peuple ne peuvent estre dépoüillés de la puissance suprème qui leur a esté conférée : les mêmes prouvent aussi que les Monarques n'en peuvent estre privés ; & il y a encore une raison particuliere pour ceux-cy, qui est que les Monarques n'ayant reçû leur autorité ni du Sénat ni du peuple, mais de Dieu même, il n'appartient qu'à Dieu de la leur ôter ; lors qu'ils en font un mauvais usage.

5. Que les Souverains ne peuvent s'obliger aux particuliers par aucun pacte.

C'est donc une chose constante que les Souverains ne peuvent s'obliger aux particuliers par aucun pacte, au lieu que les particuliers doivent aux Souverains une obéïssance simple, de laquelle ils ne peuvent jamais se dégager que du consentement même de ceux à qui ils ont promis de la rendre. Les Souverains donnent ce consentement en quatre manieres. La premiere est en renonçant, c'est à dire, en abandonnant simplement le droit de la souveraineté sans le transférer à un autre ; car alors ils introduisent derechef le droit de la nature, par lequel chaque particulier peut pourvoir comme il veut, à sa propre conservation.

6. En combien de manieres les Souverains dispensent les particuliers de l'obeïssance.

La seconde est la perte de l'E'tat, lors que les ennemis s'en emparent, sans qu'on puisse résister à leur violence ; car quand les Sujets ont fait tous leurs efforts pour s'opposer aux ennemis, ils ont accompli la promesse mutuelle qu'ils avoient faite d'obeïr absolument à l'E'tat,

La troisiéme est le défaut de successeurs : car quand il n'en paroît aucun, les Sujets sont quittes de leur serment de fidélité, parce que personne ne peut estre obligé, s'il ne sçait à qui il est obligé.

La quatriéme & derniere est la permission, qu'on demande & qu'on obtient d'aller demeurer hors d'un Etat, où l'ordre qu'on reçoit de le vuider ; car en l'un & en l'autre de ces cas, on est affranchi des loix de la société qu'on quitte, à cause qu'on s'oblige d'obéïr à celles de la société où l'on entre. Hors delà, les Sujets sont indispensablement attachés à l'obéïssance qu'ils ont promise, de laquelle il leur est impossible de se dégager sans violer la loy de la nature, qui commande de garder les pactes, & sans faire revenir l'Etat de guerre qui est pire que celuy des sociétés le plus mal gouvernées ; comme il paroît de ce que dans les sociétés les Sujets ne sont en état de recevoir du mal que de celuy, ou de ceux qui ont le souverain pouvoir, au lieu que hors des sociétés ils sont en état d'en recevoir de tous les particuliers.

CHAPITRE VI.

De l'Obéïssance que les Sujets doivent aux Souverains, & en quoy elle consiste.

COMME il n'y a point d'Etat politique, qui puisse subsister sans un souverain pouvoir, il n'y en a point aussi dans lequel les Sujets ne doivent à celuy ou à ceux qui les gouvernent, une obéïssance absoluë, en tout ce qui regarde la paix & la défense commune. Je dis *en tout ce qui regarde la paix & la défense commune*, pour marquer que l'obéïssance des Sujets à l'égard de l'Etat ne s'étend pas aux choses qui regardent directement le salut éternel, lesquelles dépendent immédiatement de JESUS-CHRIST & de son Eglise ; mais seulement de celles qui se rapportent au salut temporel des hommes.

Et il n'importe de dire que les Sujets peuvent refuser d'obéïr à l'Etat, non seulement quand il commande de faire des choses qui sont contraires aux loix de JESUS-CHRIST,

1. *Jusqu'où s'étend l'obéïssance que les particuliers doivent à l'Etat politique.*

2. *Qu'il y a des occasions où les parti-*

culiers peuvent refuser d'obéïr à l'Etat sans offencer sa puissance absoluë.

mais lors même que ce qu'il commande regarde le salut temporel des particuliers : car par exemple, un sujet ne seroit pas obligé d'obeïr à l'Etat, s'il luy commandoit de se tuer soy-même, parce que la vie estant un bien nécessaire, il est impossible qu'aucun particulier puisse renoncer au droit de la conserver quand il est en danger de la perdre. Cependant la puissance de l'Etat ne laissera pas d'estre absoluë : car quand un particulier refuse de se tuer, il s'en trouve assés d'autres qui sont obligés de le faire mourir quand l'Etat l'ordonne. Il y a plusieurs autres cas où l'on peut refuser d'obéir sans offencer la puissance absoluë, de laquelle si les Souverains se servoient dans ces occasions, bien qu'ils usassent du droit de l'Empire qu'ils ont reçû immédiatement de Dieu, ou que le peuple leur a conféré, ils ne laisseroient pas de violer les loix de la nature, & d'offencer Dieu.

3.
En quoy consiste principalement l'obéïssance qu'on doit aux Souverains.

L'obéïssance, qu'on doit aux Souverains, consiste principalement dans deux choses, sçavoir dans le respect qu'on porte à leur personne, & dans la soûmission avec laquelle on obéit à leurs coommandements. Or le respect qu'on doit aux Souverains, est de deux sortes, l'un est intérieur & l'autre extérieur : le respect intérieur n'est autre chose que l'amour qu'on a pour la personne des Souverains, accompagné de crainte & d'espérance ; de crainte pour leur puissance ; & d'espérance pour leur bonté.

Il faut toûjours honorer intérieurement les Souverains de l'honneur qui consiste dans la crainte de leur puissance, mais on n'est pas toûjours obligé de les honorer de l'honneur qui consiste dans l'amour de leur bonté, si ce n'est qu'ils soient toûjours pourvûs de cette qualité.

L'honneur extérieur consiste dans des paroles, & dans des actions : On honore les Souverains par des paroles en tenant d'eux des discours avantageux, & en leur attribuant autant qu'il est possible, des qualités qui servent à les faire estimer de tout le monde ; sous ce précepte sont compris tous les discours qu'on fait pour établir leur autorité, comme quand on dit, *Qu'il n'appartient pas à chaque particulier de juger de ce qui est bon ou mauvais dans la société. Que les Souverains ne sont pas sujets aux loix civiles. Que l'autorité souveraine ne peut estre partagée. Que chaque particulier n'a pas une propriété absoluë fur fon bien, &c.* Car tous ces difcours impriment de la crainte pour les Souverains, & la crainte eft un aveu de leur puiffance.

On honore les Souverains par des actions, lors qu'on obeït exactement aux loix civiles ; lors par exemple, qu'on ne tuë point, qu'on ne dérobe point, qu'on n'abufe point de la femme de fon prochain &c. c'eft principalement en cela que confifte l'obéïffance des fujets à l'égard des Souverains. Il faut dire à peu près la même chofe de l'obéïffance, qui eft dûë aux Magiftrats ; car comme les Souverains leur ont communiqué de leur puiffance, felon le rang qu'ils leur ont voulu donner dans l'E´tat, les Sujets font obligés de les honorer, & de leur obéïr en toutes chofes, pourvû que leurs commandements ne bleffent pas l'autorité des Souverains, dont ils exercent la puiffance.

CHAPITRE VII.

A quoy les Souverains font obligés en qualité de Souverains?

CEux qui n'ont jamais confidéré la nature ni l'origine des Sociétés Civiles, croiront d'abord qu'en attribuant aux Souverains un pouvoir abfolu, c'eft leur donner la liberté d'en faire un mauvais ufage, mais ils changeront peut-eftre d'opinion, s'ils prennent la peine de confidérer que bien que les Souverains ne foient pas fujets aux Loix Civiles, qui défendent le *Larcin*, le *Meurtre*, l'*Adultère*, &c. ils ne laiffent pas d'eftre fujets aux Loix naturelles qui défendent les mêmes actions. D'où il s'enfuit que les Souverains font obligés de garder les mêmes chofes que les fujets obfervent, avec cette feule différence que leur obligation ne vient que de la Loy de la nature, & que celle des fujets dépend tout enfemble de cette Loy, & de la Loy Civile.

Il faut ajoûter que les Souverains par l'inftitution de l'état, font effentiellement obligés de protéger leurs fujets, & de les défendre contre l'attaque des étrangers, fuivant cette commune maxime, *Que la confervation du peuple foit la fouveraine Loy de l'E´tat.*

Cette confervation fuppofe quatre chofes : La premiere, que

1.
Que les Souverains ne font pas fujets aux Loix Civiles, mais qu'ils doivent obeïr aux Loix naturelles.

les sujets soient protégés contre les ennemis de dehors : La seconde, que la paix soit entretenuë au dedans de l'état. La troisiéme, que les sujets s'enrichissent autant qu'ils le peuvent faire légitimement : Et la quatriéme, qu'ils joüissent d'une innocente liberté.

<small>2.
Que la conservation de l'E'tat suppose quatre choses, & quelles.</small>

Le Souverain pour protéger ses sujets a besoin principalement de deux choses : La premiere est, d'estre averty de ce qui se passe chez les étrangers pour pouvoir s'opposer à leurs desseins, s'ils en ont, qui soient contraires à son état ; car comme les Sociétés Civiles sont dans un état perpétuel de guerre & d'hostilité les uns à l'égard des autres, ainsi qu'il a esté prouvé, & que dans cet état on n'est obligé de garder les pactes que quand l'une des parties ne donne à l'autre aucun juste sujet de se défier de sa fidelité, il est nécessaire qu'un Souverain sçache les entreprises que les étrangers font contre son état, afin que s'ils ont dessein de violer leur foy, il ne se croye pas obligé de garder la sienne. La seconde est, de faire toute sorte de provisions de paix & de guerre.

Comme il y a plusieurs choses qui contribuent à troubler la paix de l'état, il y en a aussi plusieurs autres qui concourent à l'entretenir : Voicy les trois principales. La premiere est, de faire supporter également les impôts que le Souverain est obligé de lever pour la défense de l'état. La seconde est, de tenir en bride les ambitieux ; car comme il y a dans chaque état des personnes qui s'estiment plus sages & plus propres au maniment des affaires que ceux qui en sont chargés, elles ne manquent pas aussi par toutes sortes de moyens de décrier leur conduite ; de sorte que ne trouvant pas leur conte dans l'état présent des choses, elles tâcheroient de le troubler, si le Souverain ne s'opposoit à leurs mauvais desseins.

Mais s'il est du devoir des Souverains de réprimer les ambitieux ; c'est à dire, ceux qui n'ont que quelque disposition à la révolte ; ils sont encore bien plus obligés de dissiper les factions qui sont déja formées : J'entends par faction, *Une troupe de mutins qui se sont unis par cabale sous l'appuy de quelque particulier, sans la permission de celuy ou de ceux qui gouvernent l'état.*

La troisiéme & derniere est, de faire en sorte que les Loix Civiles contre le *Meurtre*, le *Larcin*, l'*Adultère*, &c. soient exactement obfervées, afin que par la punition rigoureufe des crimes chaque particulier foit porté à fe tenir dans fon devoir.

Il y a trois chofes qui contribuent à enrichir fes fujets, le *travail*, le *revenu de la terre & de la mer*, & l'*épargne* ; d'où vient que les Souverains font obligés d'établir toutes les Loix qui font néceffaires pour leur augmentation.

Quant à la liberté des fujets, elle ne confifte pas à eftre exempts des Loix de l'état; mais en ce que les Souverains laiffent à leur choix une infinité d'actions. D'où il s'enfuit que cette liberté n'eft autre chofe que la partie du droit de la nature, à laquelle les Loix Civiles n'ont donné aucune atteinte, & qui doit eftre mefurée par l'utilité des particuliers & par l'intérêt de l'état ; c'eft à dire que les Souverains ne doivent reftreindre la liberté des fujets qu'autant qu'il eft néceffaire pour procurer l'avantage & la fûreté de l'état. La raifon de cela eft que les hommes, lors qu'ils délibèrent de ce qu'ils doivent faire ou ne pas faire, ont accoûtumé de confulter leur raifon naturelle plûtôt que la fcience des Loix, de laquelle peu de gens font inftruits: d'où vient que fi les Loix eftoient en trop grand nombre, & que quelques-unes défendiffent ce qui n'eft pas directement contraire à la raifon, il faudroit de toute néceffité que ceux qui les ignoreroient, tombaffent dans des piéges qui feroient dreffés à leur innocente liberté, ce que les Souverains doivent éviter.

Les Souverains font donc obligés comme les fujets, mais avec cette différence, que leur obligation procède des feules Loix de la nature, qui n'engagent que la confcience ; & que celles des fujets dépend tout enfemble des Loix naturelles & des Loix Civiles; d'où vient que nous devons rendre conte de nos actions à Dieu & aux Souverains, & que les Souverains ne doivent répondre des leurs qu'à Dieu feul.

3. *Que les Souverains ne doivent rendre conte de leurs actions qu'à Dieu feul.*

CHAPITRE VIII.

Des devoirs des Souverains à l'égard des autres Souverains.

1.
Ce que c'est que le droit des gents.

POUR peu de réflexion qu'on fasse sur la nature & sur l'origine des Sociétés Civiles, on ne pourra pas douter que ces Sociétés ne soient entre-elles comme les particuliers estoient à l'égard les uns des autres avant l'établissement des états ; c'est à dire, que comme dans l'état de la nature chaque particulier avoit droit d'employer ses forces contre tous les autres, quand il le jugeoit à propos, chaque société a droit aussi d'employer les siennes contre tous les autres états, si elle le juge nécessaire. Il y a cette seule différence qu'on nomme *Droit de nature*, celuy que les particuliers avoient de se conserver eux-mêmes, & qu'on appelle *Droit des gents*, celuy qu'a l'état de conserver ses sujets.

2.
Ce que sont les loix des gents.

De plus, comme dans l'état de la nature chaque particulier ne consulte que sa raison pour trouver les moyens de conserver sa vie : de même les Souverains ne sont obligés de consulter que la leur pour tâcher de conserver leur état avec cette seule différence encore qu'on appelle *Loix de la nature*, les maximes de la raison des particuliers qui servoient de règle à leur conduite, & qu'on nomme *Loix des gents*, les maximes du bon sens que les Souverains suivent pour régler leur état.

3.
Que les Souverains violent la loy des gents en rompant la foy des traités.

Cela supposé, comme dans l'état de la nature la raison fait entendre aux particuliers qu'il est impossible d'obtenir la paix sans renoncer à la Communauté des biens, & sans céder une partie de leurs droits par des pactes réciproques : elle fait aussi connoître aux Souverains qu'ils ne peuvent vivre en paix avec leurs voisins, s'ils ne renoncent à cette même communauté, & s'ils ne cèdent une partie de leurs droits par des traités mutuels : d'où il s'ensuit que comme chaque particulier transgresse la Loy de la nature en violant les pactes qu'il a faits, les Souverains violent aussi la Loy des gents, lors qu'ils rompent la foy des Traités.

Je dis, *Qu'ils violent la Loy des gents, & non pas le droit des gents*; pour donner à entendre que la loy & le droit des gents sont font deux chofes fort différentes : Car en effet, le droit des gents confifte dans la puiffance que les Souverains ont d'employer comme ils veulent, les forces des fujets pour la confervation de l'état. Au lieu que la Loy des gents confifte dans des maximes de la raifon par lefquelles les Souverains font obligés de régler leur conduite les uns à l'égard des autres : d'où il s'enfuit que la loy & le droit des gents font deux chofes oppofées, puis que le droit des gents eft une liberté que la nature donne aux Souverains de faire tout ce qu'ils veulent les uns à l'égard des autres, & que la Loy des gents eft une reftriction de cette liberté.

Il faut ajoûter, que comme la Loy de la nature n'oblige pas toûjours les particuliers à la garder extérieurement, mais feulement dans l'intérieur de la confcience : la Loy des gents n'oblige pas auffi les Souverains à la mettre en ufage lorfque leurs voifins négligent de la pratiquer; mais ils ne laiffent pas d'eftre obligés à conferver toûjours une difpofition intérieure à obferver cette Loy, toutes les fois que fa pratique les conduit à la fin qu'elle fe propofe, qui eft la confervation de l'état.

4.
Que les Souverains ne font pas toûjours obligés de garder extérieurement la loy des gents.

Enfin, la Loy des gents eft immuable comme la Loy de la nature; c'eft à dire, que comme celle-cy ne change jamais la fin qu'elle s'eft propofée au commencement, qui eft la confervation de chaque particulier; celle-là ne change auffi jamais la fin qu'elle regarde, qui eft la confervation de chaque état. C'eft pourquoy il ne faut pas mefurer la juftice ou l'injuftice des Souverains par leurs actions, mais par leur confcience; car ils font juftement tout ce qu'ils font pour la confervation de l'état, mais hors de là toutes les entreprifes qu'ils font fur leurs voifins, font autant d'infractions de la Loy des gents. Je dis *Qu'ils font juftement tout ce qu'ils font pour le bien de l'état*; pour faire entendre que les devoirs réciproques des Souverains ne font fondés que fur les pactes & fur les traités, en vertu defquels ils jouiffent de quelque trêve, & que hors de là, leur état eft un état de guerre, dans lequel chacun a droit d'ufer légitimement de fes forces, comme il veut, contre les autres.

5.
Que la loy des gents eft immuable comme celle de la nature.

Ce droit des Souverains s'appelle *le droit des gents*, & il diffère du *droit naturel* en ce que celuy cy-confifte dans la liberté qu'ont les particuliers dans l'état de la nature de faire tout ce qu'ils jugent néceffaire pour fe conferver ; au lieu que celuy-là confifte dans la liberté qu'ont les Souverains dans la fociété civile de faire tout ce qu'ils trouvent à propos pour conferver l'état ; Ce qui fait voir que la loy des gents n'eft qu'une reftriction du droit des gents, comme il a efté prouvé que la loy naturelle n'eft qu'une limitation du droit naturel.

CHAPITRE IX.

Du Droit des Parents fur les Enfants & des Maîtres fur les Valets.

1. Que la mere eft la premiere maîtreffe de fes enfans.

POUR reconnoître quel eft le Droit des Peres & des Meres fur les Enfants, il faut remonter jufques à l'état de la nature, & confiderer que comme cet etat eft un état de guerre de tous contre tous, la raifon veut que le plus fort fe rende maître du plus foible, & que par confequent la Mere foit la maîtreffe de fes Enfants, puis qu'elle eft la premiere qui les tient en fa puiffance, & qu'elle a droit de les expofer fans eftre obligée d'en répondre à perfonne, parce qu'il n'y a encore perfonne à qui elle fe foit foûmife. C'eft pourquoy, fi dans l'état de la nature qui eft un état de guerre, une Mere élève fon Enfant, elle n'eft cenfée l'élever qu'à cette condition, que quand cet Enfant fera devenu grand, il demeurera dans l'obeiffance ; car comme par le droit naturel chacun tâche de fe conferver foy-même, on ne peut pas concevoir qu'une Mere donne la vie à fon Enfant fi abfolument, que quand fon âge & fes forces le luy permettront, il puiffe luy ôter la fienne fans commettre aucune perfidie, c'eft à dire fans violer quelque pacte, au moins implicite, que l'Enfant a fait d'eftre foumis à fa Mere.

2. Que la mere peut tranfporter le droit qu'elle a fur fes enfans en quatre manieres, & en quelles.

Quoy que le droit fur les Enfants appartienne naturellement à la Mere, cela n'empêche pas néanmoins qu'il ne puiffe eftre tranfporté à d'autres en quatre différentes manieres. La premiere eft, fi la Mere abandonne fon droit en expofant fon Enfant, car alors celuy qui le reçoit, & qui l'élève, entre dans ce même droit ; la raifon eft que la Mere en expofant l'Enfant luy a comme ôté la vie qu'elle luy avoit donnée, & elle a perdu par conféquent toute l'obligation qu'elle s'eſtoit acquiſe ſur luy : & bien que dans l'état de la nature dans lequel nous ſuppoſons que chacun a droit ſur toutes choſes, la Mere puiſſe redemander ſon Enfant, elle n'a pourtant aucun droit particulier ſur luy, & l'Enfant ne peut ſe donner à elle ſans eſtre perfide à l'égard de celuy à qui il eſt redevable de la vie.

La ſeconde, ſi la Mere a eſté faite priſonniere de guerre, l'Enfant qui naîtra d'elle, appartiendra au vainqueur; car celuy qui a droit ſur le corps d'une perſonne, a droit auſſi ſur tout ce qui appartient à cette perſonne.

La troiſiéme, ſi la Mere eſt membre d'un état, celuy ou ceux qui gouvernent cet état, ont une puiſſance abſoluë ſur tout ce qui naîtra d'elle, & l'Enfant ne ſera pas moins ſujet que la Mere.

La quatriéme & derniere, ſi par un Contract de mariage la Femme s'oblige de vivre ſous la puiſſance de ſon Mary (comme cela ſe pratique par tout entre les Chreſtiens) les Enfans communs ſeront ſous la puiſſance du Pere, à cauſe que cette même puiſſance s'étend déja ſur la Mere.

C'eſt donc une choſe conſtante que les Enfans doivent à leurs Parents une obeïſſance abſoluë ; mais avec cette circonſtance que cette obeïſſance a beaucoup plus d'étenduë dans l'état de la nature, qu'elle n'en a dans les ſociétés civiles ; car dans l'état de la nature, elle s'étend généralement à tout ce que les Parents peuvent commander à leurs Enfants, pourvû qu'ils ne leur commandent pas de nier l'exiſtence de Dieu, ou de ſe tuer eux-mêmes ; au lieu que dans les ſociétés civiles, elle ne regarde que les choſes ſur leſquelles les Souverains n'ont rien déterminé. Par exemple, un Fils eſt obligé dans la ſociété civile d'obeïr à ſon Pere, quand il luy commande d'aller à la chaſſe, ou de reſter à la maiſon ; parce qu'il eſt ſuppoſé que l'état n'a rien preſcrit à cet égard, mais il ne ſeroit pas tenu de luy obeïr, s'il luy commandoit de prendre le bien de ſon voiſin, parce que cette uſurpation eſt défenduë par la loy civile.

Quant au droit des Maris ſur les Femmes, & des Maîtres ſur les Valets, il eſt fondé ſur des pactes à peu près ſemblables à ceux ſur leſquels eſt fondé le droit des Peres ſur les Enfants ; il y a ſeulement cette différence, que les pactes des

3.
Surquoy eſt fondé le droit des Maris ſur les Fem-

mes, & des Enfants font toûjours implicites, & que ceux des Femmes &
Maîtres fur des valets font toûjours explicites ; il y a encore cette diffé-
les Valets. rence entre les Femmes & les valets, que parmi les Chrétiens
les Femmes font pacte d'obeïr pour toûjours à leurs Maris, au
lieu que les valets ne s'obligent d'ordinaire à leurs Maîtres que
pour un temps.

CHAPITRE X.
De l'Etat Despotique, & du droit des Hommes fur les Bêtes.

NOus n'avons parlé jufqu'icy que de la domination Politique, qui fe forme par le confentement de plufieurs
perfonnes ; il refte à dire maintenant quelque chofe de la domination Defpotique qui s'acquiert par la force & par la puiffance naturelle, fans le confentement des fujets.

1. Pour avoir une idée exacte de la nature de cette domination,
Qu'on ne il faut confiderer qu'on ne peut acquerir de l'empire fur une
peut acque-
rir de l'em- perfonne que par trois moyens. Le premier eft, lors que pour
pire fur une obtenir la paix, on fe met volontairement fous la puiffance
perfonne que d'un autre, dont on efpère de la protection. C'eft ainfi que les
par trois
moyens, & fociétés civiles, dont il a efté parlé, fe font établies. Le fecond
par quels. eft la génération, dont je viens de traiter dans le Chapitre précédent, en vertu de laquelle les enfants font obligés d'obeïr à
leurs peres & à leurs meres. Et le troifiéme eft, lors que quelqu'un eft prifonnier de guerre, ou lors que fe défiant de fes
forces il promet d'obéïr au vainqueur ; car après ce Contract
le vaincu doit au vainqueur une obéïffance abfoluë ; c'eft dans
cette promeffe, ou dans ce contract du vaincu avec le vainqueur que confifte la nature & la force de l'êtat Defpotique.

2. Entre les prifonniers de guerre, dont on épargne la vie, les
En quoy les uns traitent avec le vainqueur, & les autres ne traitent pas avec
Efclaves
différent des luy, ces derniers font ceux qu'on tient enfermés dans les pri-
Sujets. fons, & qu'on ne fait travailler que dans des lieux où l'on eft
bien affûré de leurs perfonnes : ceux-cy ne portent pas le nom
de *Sujets*, mais d'*Efclaves* ; & comme ils ne fervent en vertu
d'aucun pacte, ils ne font auffi rien contre les loix de la nature quand ils s'enfuïent pour recouvrer leur liberté ; car com-

me le Maître a droit de les faire mourir quand il veut, ils ont aussi le droit d'éviter la mort par tous les moyens qu'ils peuvent. Tels sont les Esclaves de Tunis, d'Alger, &c.

Les vaincus qui ont traité avec le vainqueur, sont ceux qu'on nomme *Sujets* dans l'état Despotique. Ceux-cy doivent une obeissance absoluë, dont l'obligation ne vient pas seulement de ce que le vainqueur leur a donné la vie, & qu'il la leur conserve ; mais principalement de ce qu'il leur laisse la liberté. La raison de cecy, est que toute obligation procède de la nature ou de quelque pacte, ou de tous les deux ensemble. L'obligation des Esclaves vient de la nature seule, c'est à dire, de la force & de la puissance. L'obligation des Sujets dans les Etats Politiques vient du pacte seul, & l'obligation des sujets dans un Etat Despotique vient & du pacte & de la nature ; de la nature, parce que le vainqueur est le plus fort ; & du pacte, parce qu'il se fie aux vaincus. Lesquels, s'ils n'estoient attachés par l'obligation tacite ou expresse de quelque contract, pourroient non seulement s'enfuir, comme les Esclaves, mais encore faire tout ce qu'ils jugeroient à propos pour se mettre en sûreté contre la puissance de leurs Maîtres.

Cependant, comme dans l'Empire Despotique le Souverain n'a pas moins de droit sur un sujet qu'il laisse en liberté sur sa parole, que sur un Esclave qu'il tient en prison ; il arrive que tout ce qui appartient au sujet avant la perte de sa liberté, & tout ce qu'il acquiert ensuite, devient propre au Souverain Despotique, sans toutefois que cela empêche que ce sujet ne puisse par la permission du Souverain, maintenir ou défendre la possession de certaines choses contre ses compagnons, à peu près par la même raison, qu'encore que dans l'état Politique un sujet n'ait rien qui luy soit propre contre la volonté de celuy ou de ceux qui le gouvernent ; il y a pourtant plusieurs choses desquelles il peut dire à l'égard de ses Concitoyens qu'elles luy appartiennent.

Quant aux Bêtes, si nous pouvions traiter avec elles, & demeurer d'accord que nous nous épargnerions les uns les autres, nous serions obligés d'observer cette convention ; mais parce qu'elles sont incapables de faire des pactes, nous ne pouvons avoir aucune sûreté de leur part. C'est pourquoy, comme dans l'état de la nature, il estoit permis à chacun de s'assujetir

3. *Que le droit que nous avons sur les Bêtes est fondé sur la nature.*

les autres, quand il le jugeoit néceſſaire à ſa conſervation, pourquoy la même choſe ne nous feroit-elle pas permiſe à l'égard des Bêtes?

Nous devons donc croire que la domination ſur les Bêtes a eſté donnée à l'Homme, non ſeulement par un privilege particulier du droit divin poſitif, duquel nous parlerons enſuite, mais encore par le droit commun de la nature; car ſi l'Homme n'eut pas eu cette domination avant qu'elle luy eût eſté donnée par la Loy divine, il n'eut pas eû le droit d'égorger certains animaux pour s'en nourrir, en quoy ſa condition eût eſté pire que celle des bêtes, puis qu'elles euſſent eu le droit de dévorer, & qu'il n'eût pas eu celuy de les tuer pour ſervir à ſa nourriture. C'eſt pourquoy, comme c'eſt par l'inſtinct de la nature que les Bêtes ſe jettent ſur nous lors que la faim les preſſe, c'eſt auſſi par le droit de la nature que nous les tuons lors qu'elles peuvent ſervir à nôtre uſage.

On dira peut-eſtre que nous ne devrions pas tuer les animaux innocents, deſquels nous n'avons rien à craindre; mais je réponds que nous ne commettons aucune injuſtice en les tuant, parce que l'injuſtice ſuppoſe des pactes ou des loix. Et qu'il n'y a ni pactes ni loix établis entre nous & les bêtes, il faut ajoûter qu'il n'y a aucune eſpèce d'animaux, quelque familiers & innocents qu'ils ſoient, qui ne nous cauſât beaucoup de dommage ſi nous la laiſſions trop multiplier, au lieu qu'elle nous eſt d'une grande utilité lorſque nous la réduiſons à un nombre médiocre d'individus.

CHAPITRE XI.

De la Loy en général, & de ſes différentes eſpèces.

I.
Ce que c'eſt que Loy en général.

LA Loy en général *n'eſt autre choſe que l'ordonnance d'une ou de pluſieurs perſonnes, dont le commandement tient lieu de raiſon ſuffiſante pour y obéir.* Je dis que *la Loy eſt l'ordonnance d'une ou de pluſieurs perſonnes,* pour marquer ce que la Loy a de commun avec le conſeil qui eſt une eſpèce de commandement: Et j'ajoûte, *dont le commandement tient lieu de raiſon ſuffiſante pour y obéir,* afin de ſignifier ce qu'elle a de particulier qui la distingue du conseil ; car on fait toûjours librement ce que le conseil ordonne, & l'on fait toûjours par devoir ce que la Loy commande.

Suivant cette définition, on peut diviser la Loy en *divine* & en *humaine* ; la loy divine se peut diviser encore en *naturelle* & en *positive*. La loy naturelle est celle que Dieu a déclarée à tous les hommes en leur donnant la droite raison : Et la loy positive, celle qu'il a publiée à quelques hommes en particulier par la bouche de ses Prophètes.

Qu'il y a des Loix divines & des Loix humaines.

La loy naturelle se divise encore en naturelle à tous les hommes, qui est celle qu'on appelle proprement *la Loy de la nature*, & en naturelle aux états ; qu'on nomme *la Loy des gents*. Les préceptes de ces deux loix sont les mêmes ; mais parce que les états, quand ils sont une fois établis, prennent la forme d'une personne particuliere, la loy que nous appellons naturelle, en parlant de chaque homme en particulier, estant appliquée aux Etats, aux Peuples & aux Nations, se nomme *Loy des gents*. La loy des gents est encore quelquefois appellée *le droit des gents*. Mais ce n'est que par ceux qui confondent la loy avec le droit, & qui ne prennent pas garde que la loy estant un commandement, & le droit une liberté, ce sont deux choses opposées.

On pourroit définir icy la loy de la nature, mais comme cela a esté fait dans le premier Livre, je me contenteray de donner une idée de la loy des gents, en disant qu'elle n'est autre chose *qu'une certaine lumiere ou connoissance naturelle que Dieu a mise dans l'esprit des Souverains pour servir de règle à leur conduite touchant le gouvernement de leurs états*. Je dis que la *loy des gents est une certaine lumiere ou connoissance*, pour marquer ce qu'elle a de commun avec la loy de la nature ; Et j'ajoûte, *que Dieu a mise dans l'esprit des Souverains*, pour marquer ce qu'elle a de particulier.

Ce que c'est que la Loy des gents.

Quant aux loix humaines elles sont toutes civiles ; & on peut dire en général que les loix civiles ne sont autre chose, *que des ordonnances que les Souverains ont publiées pour servir de règle aux actions des particuliers qui regardent la paix, & la défense commune*. Je dis *que les loix civiles sont des ordonnances*, pour désigner ce qu'elles ont de commun avec toutes les loix : Et j'ajoûte, *que les Souverains ont publiées*, &c. pour marquer quelle est leur différence.

4.
Les Loix humaines peuvent estre divisées en sacrées & en seculieres.

Les loix civiles peuvent estre divisées suivant la diverse matiere qu'elles traitent. En *Sacrées* & en *Seculieres*. Les loix seculieres sont celles qui regardent le temporel ; & les sacrées celles qui concernent la Religion ; c'est à dire le culte de Dieu, & les cérémonies, qui ne sont définies par aucune loy divine positive. Je dis *qui ne sont définies par aucune loy divine positive*, pour donner à entendre que dans les états purement humains les loix sacrées & civiles procèdent de la même puissance, au lieu que dans le regne de Dieu par l'ancienne & par la nouvelle alliance, ces deux sortes de loix procèdent de deux puissances distinctes, comme il sera prouvé ensuite.

5.
Les Loix civiles ont deux parties, la distributive & la vindicative.

La loy Civile a deux parties ; l'une est de juger, & l'autre de contraindre à acquiescer au jugement. La premiere s'appelle *distributive*, & l'autre *vindicative*. Par la partie distributive de la loy, on rend à chacun ce qui luy appartient ; & par la partie vindicative on détermine les peines qui sont dûës à ceux qui transgressent les loix. Ces deux parties sont également nécessaires aux loix civiles, parce que ce seroit en vain qu'elles défendroient de commettre des offenses, si elles ne punissoient ceux qui les commettent.

6.
Que toute Loy doit estre proclamée.

Il est encore nécessaire à l'essence de la loy civile, que les sujets en connoissent l'Auteur, & qu'ils sçachent ce qu'elle défend : La connoissance de l'Auteur dépend des sujets mêmes, parce que le droit de faire des loix civiles ne peut estre conféré à personne sans leur consentement, & sans leur convention expresse ou sous-entenduë. La convention est expresse lorsque les sujets promettent de se soûmettre au commandement d'une certaine personne, & elle est simplement sous-entenduë lors que sans promettre expressément aucune obeïssance, ils se servent du bénéfice des loix de l'E'tat pour se défendre contre les violences. Quant à la connoissance des loix, elle dépend de la publication que le Souverain en fait faire, après laquelle chaque particulier est obligé de s'y soûmettre.

CHAP:

CHAPITRE XII.

De l'Injure & de l'Injustice, & de leurs différentes espèces.

TOUTE action ou ômission par laquelle on reprend un droit qu'on a donné, s'appelle *Injure*, c'est pourquoy on ne peut faire injure à une personne avec laquelle on n'a fait aucun pacte. On met aussi beaucoup de différence entre le domage & l'injure ; car si un Maître commande à son valet qui luy a promis obéïssance de faire un présent à une certaine personne, lors que le valet manque à faire sa commission, il cause à la vérité du domage à celuy qui devoit recevoir le présent, mais il ne fait injure qu'à son maître. *[1. Ce que c'est que l'injure, & en quoy elle diffère du domage.]*

Par la même raison si dans un Etat quelqu'un nuit à un autre avec lequel il n'a fait aucun pacte, il luy cause à la vérité du domage, mais à parler proprement l'injure ne regarde que le Souverain ; car si celuy qui a reçû le domage, se plaignoit de l'injure, l'autre pourroit répondre qu'il ne luy a rien promis, & que par conséquent il a droit à son égard de faire tout ce qu'il veut.

L'injure diffère encore de l'injustice, en ce que l'injustice est rélative à la loy civile & que l'injure ne regarde que la loy naturelle & l'accord qu'on a fait avec quelque personne particuliere. En effet, ce qui est injuste est tel envers tous ; mais une injure peut toucher une certaine personne sans en toucher une autre : Car c'est proprement la force du pacte & le transport du droit qui fait qu'une certaine personne reçoit une injure plûtôt qu'une autre ; d'où vient que dans tous les Etats, on laisse aux particuliers la liberté de rompre ou de faire excuter les pactes, qu'ils ont faits entre eux, mais il n'en est pas de même de l'infraction des loix politiques, car le larcin, le meurtre & les autres crimes ne sont pas punis selon la volonté de ceux contre qui ils ont esté commis, mais selon les loix établies par l'Etat. *[2. Ce que c'est que l'injustice.]*

Quant à l'injustice elle est de deux sortes, l'une est dans les actions & l'autre est dans les personnes, l'injustice qui est dans les actions consiste dans l'opposition qu'elles ont aux loix ci- *[3. Que l'injustice se trouve dans]*

Tome III.   Ooo

viles ; & l'injuſtice dans les perſonnes conſiſte dans l'habitude qu'elles ont à violer ces loix, ou à ne les obſerver que par la crainte des peines, ce qui fait voir qu'un homme peut agir juſtement ſans mériter le titre de juſte, parce qu'eſtre juſte, c'eſt proprement ſe plaire aux actions de vertu, au lieu qu'on peut agir juſtement par la ſeule crainte des peines.

les actions & dans les perſonnes.

4.
Qu'on peut eſtre juſte & tranſgreſſer la loy.

Suivant ce principe, ceux qui ne tranſgreſſent les loix que par infirmité, quoy qu'on blâme leurs actions, ne laiſſent pas de conſerver le titre de *Juſtes*, au lieu que ceux qui mépriſent les loix en les obſervant, ſont véritablement injuſtes, quoy qu'ils ne commettent aucun crime.

5.
En quoy la malice diffère de la méchanceté.

Et parce que ce ne ſont pas les ſeules actions des perſonnes injuſtes qui ſont contraires aux loix civiles, & que l'eſprit & le cœur ſont encore dans le déréglement, on a donné deux noms différents à ces deux ſortes de répugnance : la répugnance de l'action aux loix civiles ſe nomme *Injuſtice*, & celle de l'eſprit & du cœur ſe nomme *Malice* ou *Méchanceté*.

6.
Ce que c'eſt qu'eſtre criminel de Lèze-Majeſté.

Les Sujets qui ne violent que quelques loix civiles particulieres, comme ſont celles qui défendent le larcin ou le meurtre, ſont ſeulement nommés larrons, ou meurtriers. Mais quand ils violent en même-temps toutes les loix civiles, comme il arrive lors qu'ils renoncent à la convention générale qu'ils ont faite d'obeïr à l'Eſtat, alors ils ſont appellés *Criminels de Lèze-Majeſté*. Cette mauvaiſe volonté ſe découvre par les actions, lors qu'un ſujet tâche de faire violence à la perſonne du Souverain ou de ſes Miniſtres, comme il arrive à ceux qui ôtent la vie à leurs Princes, qui prennent les armes contre l'Eſtat, ou qui pendant la guerre ſe jettent dans le party des ennemis. Elle paroît dans les paroles, lors qu'on nie que les Sujets ſoient obligés d'obeïr à l'Eſtat, ſoit qu'on le nie abſolument, comme feroient ceux qui diroient qu'il ne faut obéir qu'à Dieu, ſoit qu'on le nie en partie, comme ſi l'on diſoit que le Souverain n'a pas droit de dénoncer la guerre, de faire la paix, de lever des Soldats, d'établir des impoſts ou d'exercer la Juſtice ; ainſi l'on peut définir le crime de Lèze-Majeſté, en diſant *Qu'il conſiſte dans une action ou dans un diſcours, par lequel un ſujet déclare qu'il n'a pas la volonté d'obéïr à l'Eſtat.*

Au reste, comme chaque particulier est obligé d'obéir à la loy naturelle qui recommande la fidélité des promesses, avant même que les Etats soient établis, & que d'ailleurs le crime de Lèze-Majesté n'est autre chose que l'infraction de cette loy; il est évident que ceux qui commettent ce crime, transgressent une loy naturelle plus ancienne que la loy civile, d'où il s'ensuit que les rebelles, les traîtres, & tous les autres qui sont convaincus du crime de *Lèze-Majesté*, ne sont pas punis par le droit civil ; mais par le droit de la nature, c'est à dire, non comme de mauvais Sujets, mais comme des ennemis de l'État.

Que les Criminels de Lèze-Majesté violent la Loy naturelle, & non pas la Loy civile.

Enfin, les mots de *Faute*, de *Péché*, de *Crime*, de *Mauvaise action*, d'*Offence*, &c. ne signifient autre chose que certaines espèces d'injustice, d'injure, ou de domage. Par exemple, une action n'est appellée *Mauvaise*, que parce qu'elle fait du mal à celuy qui la commet, ou à quelque autre. Elle n'est appellée *Faute*, que parce que celuy qui la commet, faillit, c'est à dire, se trompe, elle ne se nomme *Crime*, qu'entant qu'elle est blâmée de tout le monde, & regardée comme contraire à quelque loy civile. Elle ne se nomme *Offence*, que parce qu'elle choque l'Auteur de la loy qui la défend. Et enfin, elle ne s'appelle *Péché*, que parce qu'elle est contraire à quelque Loy divine positive, d'où vient qu'avant la loy il n'y avoit point de Péché.

Voilà en général ce qui regarde la connoissance des devoirs de l'homme considéré dans l'état de la société civile ; comme ces devoirs consistent principalement dans l'obéissance, & que l'obligation d'obéir suppose le droit de commander. J'ay fait voir en premier lieu, quelle est l'origine de ce droit dans les Souverains, dans les Parents, dans les Maris & dans les Maîtres, qui sont ceux qui ont le plus de puissance dans la société, soit civile, soit despotique. J'ay montré ensuite, d'où vient l'obligation qu'ont les Sujets d'obéir à leurs Princes, les Enfants à leurs Parents, les Femmes à leurs Maris, & les Valets à leurs Maîtres ; & j'ay expliqué enfin la nature & l'origine des Loix & des Offences.

Outre les devoirs essentiels & fondamentaux de la société civile que nous venons d'expliquer ; il y en a une infinité d'autres, dont nous n'avons pas parlé, tant parce qu'ils dérivent de ceux-là, qu'à cause que le deſſein que nous avons d'établir un Syſtème général de Morale, ne ſouffre pas que nous deſcendions dans un plus grand détail ; ceux qui voudront voir quelque choſe de plus particulier pourront conſulter les Eſſais de Morale, ſur tout le Vol. 1. 4. Traité, qui a pour titre *Des moyens de conſerver la Paix avec les Hommes*, dans lequel on explique merveilleuſement tous les devoirs des Hommes, dont nous n'avons pas parlé.

LA MORALE
OU
LA CONNOISSANCE
DES DEVOIRS DE L'HOMME.

LIVRE SECOND.

Des devoirs de l'Homme considéré dans la Société Civile.

SECONDE PARTIE.

De la Morale civile pratique, ou des moyens de s'acquiter facilement des devoirs de la Société Civile.

CHAPITRE PREMIER.

De la Prudence Civile en général, & de ses espèces.

LEs vertus civiles en général ne different des vertus naturelles que dans l'étenduë de leurs actions. Par exemple, la prudence naturelle ne regarde que le choix des moyens qui sont propres à conserver chaque particulier, & la prudence civile regarde le choix des moyens qui sont propres à conserver le public : c'est pourquoy puis que les Princes & les Peres de famille sont ceux qui ont le principal soin de maintenir la paix & la tranquillité publique, c'est à leur égard particulierement que la prudence civile se divise en prudence *politique*, & en prudence *œconomique*.

I.
Que la Prudence civile se divise en politique & en œconomique.

La prudence *politique* se peut encore diviser en deux parties, dont l'une regarde la défense des Etats contre les puissances étrangeres ; & l'autre la conservation de la paix parmy les sujets de chaque état particulier.

2. Que la Prudence politique se divise encore comme en deux parties, & en quelles.

Pour acquerir la prudence politique qui regarde la défense des états durant la paix, les Souverains doivent considérer 1. que l'état de chaque Société civile par rapport aux autres, est un état de guerre & d'hostilité, de telle sorte que si les sociétés civiles cessent quelquefois de combattre les unes contre les autres, ce n'est pas tant l'effet d'une paix solide, que d'un dessein de se reposer pour quelque temps, afin de se remettre plus vigoureusement au combat ; d'où vient qu'un Prince sage ne doit pas tant s'assûrer sur les traités qu'il a faits avec ses voisins, que sur leur foiblesse, laquelle il doit procurer par toute sorte de moyens légitimes, soit en formant des intelligences secrettes pour découvrir leurs desseins, soit en attirant dans ses intérets les ministres & les grands hommes dont se servent les autres Princes.

3. Comment on peut acquerir la prudence politique, qui regarde la défense des Etats.

2. Ils doivent considérer que les Souverains, pour détourner le mal de leurs êtats, doivent conduire leurs desseins par des voyes cachées, s'ils ne peuvent autrement réüssir, & poser pour principe que de surprendre dans ces occasions, est un effet de prudence plûtôt que de lâcheté ; & que ce n'est pas estre mal faisant que de faire du mal par nécessité ; Qu'il est permis d'employer toute sorte de moyens, soit l'adresse, soit la force, pour abattre la puissance des étrangers quand elle est devenuë raisonnablement suspecte. Et enfin, qu'il leur est non seulement permis, mais encore qu'ils sont obligés en conscience de détourner par tous les moyens qu'ils peuvent, les maux qui menacent leur Etat.

4. Comment on peut acquerir la Prudence militaire.

Pour acquerir la prudence *Militaire*, qui est celle qui regarde particulierement le temps auquel on est en guerre, il faut que les Princes repassent souvent par leur esprit, que soit qu'ils veüillent attaquer ou se défendre, ils doivent mesurer leurs forces ; & si elles ne sont pas assès grandes, bien loin de déclarer la guerre, ils n'attendront pas même que les ennemis les attaquent, mais ils les préviendront en leur envoyant des Ambassadeurs, ou en relâchant plûtôt quelque chose de leur droit, & si rien ne peut arrêter les ennemis, ils ramasseront toutes leurs forces & celles de leurs alliés pour se défendre.

Ils doivent encore confidérer que la guerre eſt juſte en pluſieurs occaſions, comme lors qu'on la fait, ou pour prévenir un ennemy duquel on a juſte ſujet de ſe défier, ou pour reprendre quelque choſe que l'ennemy a injuſtement uſurpée, ou pour ſecourir des alliés, ou enfin pour réprimer une puiſſance qui devient ſuſpecte pour eſtre trop grande, mais que hors de là, toute guerre eſt injuſte & contraire à la loy des gents.

On peut acquerir la prudence *politique* qui regarde la paix intérieure de l'êtat par pluſieurs moyens, dont voicy les deux principaux.

Le premier eſt, que le Souverain tâche autant qu'il eſt poſſible de connoître les mœurs & le naturel de ſes peuples; car il y en a qui ſont colères, audacieux, guerriers, & d'autres qui ſont timides, adonnés au vin & aux femmes. C'eſt en ce ſens que ſe doit entendre cette maxime des Sages; *Qui n'a point obéy, ne ſçait point commander;* car cela ne veut pas dire que les Princes doivent avoir eſté ſujets, mais que ceux qui veulent bien commander, doivent connoître l'humeur & le naturel de leurs ſujets, comme s'ils eſtoient eux-mêmes de leur ordre & en leur place.

5. Comment on peut acquerir la Prudence politique qui regarde la paix.

Le ſecond eſt de connoître non ſeulement la nature des êtats en général telle qu'elle a eſté décrite dans la premiere partie de ce Livre, mais encore la diſpoſition particuliere de celuy que chaque Prince gouverne; c'eſt à dire, quelle eſt ſa forme & ſon établiſſement, s'il eſt ancien ou nouveau, s'il eſt électif ou héréditaire, s'il eſt deſpotique ou inſtitué, de quelle étenduë il eſt, quelles richeſſes il a, & quels ſont ſes voiſins; car ſelon ces circonſtances & beaucoup d'autres qui ſe préſentent, un Prince ſe doit conduire diverſement dans le gouvernement de ſon état.

Il y a beaucoup d'autres préceptes qui regardent chaque partie de la prudence politique; mais je m'en tiens aux plus généraux, eſtimant que ce ſeroit une témérité d'en vouloir donner de particuliers aux Souverains & à leurs Miniſtres, parce que l'expérience leur en fournit une infinité qui ſont plus ſûrs & plus ſalutaires que ceux que la ſimple ſpéculation des Philoſophes leur pourroit enſeigner.

La prudence *œconomique* eſt une facilité qu'on a de ſe bien comporter à l'égard de sa famille ; & comme chaque famille est d'ordinaire composée de trois sortes de personnes, sçavoir de la femme, des enfants, & des domestiques : La prudence œconomique se divise aussi en trois espèces, sçavoir en *prudence conjugale*, en *prudence paternelle*, & en *prudence herile*.

<small>6. Ce que c'est que la Prudence œconomique, & en combien de parties elle se divise.</small>

Pour acquerir la prudence *conjugale*, il faut considérer qu'il y a une certaine égalité & une certaine inégalité, qui sont essentielles au mariage ? Que l'égalité consiste dans une entiere & parfaite communauté de toutes choses entre le mary & la femme : & l'inégalité, en ce que le mary est le maître de la femme, & la femme est sujette au mary ; mais plus ou moins, selon la diversité des loix du païs qu'on habite ; ce qui fait que quand un mary donne des marques de confiance à sa femme, il le doit faire de telle sorte qu'elle n'en puisse tirer aucune vanité, ni en perdre le respect : car quoyqu'il y ait quelque égalité entre la femme & le mary, comme il a esté dit, il y a pourtant beaucoup de choses dans lesquelles le mary doit avoir la puissance sur sa femme.

<small>7. Avis touchant la Prudence conjugale.</small>

De plus, un mary doit tâcher de bien instruire sa femme des affaires domestiques, afin qu'en luy en abandonnant le soin, il puisse vaquer plus commodément aux affaires de dehors. Il doit considérer encore qu'il n'a pas droit de violer la foy qu'il a promise à sa femme, parce que ce seroit luy faire injure, & luy montrer en même temps l'exemple d'en faire une toute semblable.

Enfin, il doit considérer que bien que sa femme ait des mœurs si corrompuës qu'il luy soit impossible de la corriger, il ne luy est pas néanmoins permis de la faire mourir, du moins dans les Etats, où les loix le défendent, mais qu'il peut se séparer d'elle, s'il ne sçauroit souffrir patiemment un mal qu'il ne peut éviter.

La prudence *paternelle* consiste principalement en deux choses, sçavoir dans la nourriture & dans l'instruction des enfants ; La premiere nourriture des enfants a de grandes suites dans le cours de la vie, soit à l'égard du corps, soit à l'égard de l'esprit, c'est pourquoy les parents en doivent prendre un soin tout particulier.

<small>8. Avis touchant la Prudence paternelle.</small>

Pour ce qui regarde l'instruction des enfants, il est presque inutile de vouloir découvrir leurs inclinations, pour sçavoir à quoy

LIVRE SECOND. *PARTIE II.*

quoy ils feront plus propres, parce que les conjectures qu'on en peut tirer font incertaines ; mais il faut s'attacher à leur donner des instructions générales qui les rendent propres à toutes sortes d'emplois. Voicy les préceptes généraux qui regardent ces instructions.

Le premier est d'empêcher que ceux qui pourroient apprendre le vice aux enfants, n'en approchent, parce que leur cerveau est alors si délicat, que la moindre chose est capable d'y faire une forte impression ; pour cet effet il faut éviter soigneusement, que les Valets & les Servantes n'ayent aucun commerce avec eux.

Le second est de choisir pour Précepteurs des personnes qui soient plus recommandables par leur sagesse & par leur vertu, que par leur sçavoir ; cependant les Parents négligent tellement ce choix, qu'ils se contentent pour l'ordinaire de personnes qui sçachent la Langue Grecque & Latine ; persuadés que ces deux Langues font le principal de l'instruction de leurs Enfants, quoy que dans le fond elles n'en soient que la moindre partie.

Le troisiéme est de ne leur faire lire que des Livres qui traitent des choses qui servent à régler les sentiments, les opinions, & les mœurs, comme sont ceux qui répréfentent la condition humaine, la nature & les effets des passions, le moyen de les éteindre, ou du moins de les modérer, qui enseignent ce qu'il faut haïr, ou aimer, ce que sont les vices & les vertus : Quelle différence il y a entre l'ambition & l'avarice, la servitude & la sujettion, la science & l'opinion ; car c'est une chose constante, qu'un Enfant n'est pas moins capable d'entendre les plus beaux exemples de l'histoire que les moindres contes, dont une servante le peut entretenir.

Le quatriéme est de ne pas maltraiter les Enfants, n'y ayant rien de plus contraire au dessein qu'on a de leur donner de l'amour pour la vertu ; car si on les foüette pour leur faire faire ce qu'on exige d'eux, ce ne sera pas par le motif de la vertu, mais par la crainte du châtiment qu'ils agiront. Il faut donc, pour exciter les Enfants à faire leur devoir, leur répréfenter la beauté de l'action à laquelle on les veut porter, la ressemblance qu'ils auront avec tant d'honnêtes gens qui en ont fait de semblables, la loüange qu'ils recevront de tout le monde, & la satisfaction intérieure qu'ils auront d'avoir fait leur devoir ;

Tome III.   P p p

c'est dequoy il faut les entretenir. Il est vray qu'il y a des rencontres où il est nécessaire d'instruire les enfants par les sens; mais il ne faut le faire que quand la raison ne suffit pas. Il faut d'abord les persuader par le raisonnement des choses qu'ils doivent faire, & s'ils n'ont pas assés de lumiere pour connoître leurs obligations, il semble qu'il faut les laisser en repos pour quelque temps, car ce ne seroit pas les instruire que de les forcer à faire extérieurement ce qu'ils ne croyent pas devoir faire, puis que c'est l'esprit que l'on doit instruire & non pas le corps. Mais s'ils refusent de faire ce que la raison leur montre, il ne le faut pas souffrir, & il est bon alors d'en venir au châtiment.

Le cinquiéme est d'avoir pour objet principal de rendre un enfant sage & vertueux, c'est à dire, de travailler plûtôt à luy former le jugement & la conscience, qu'à luy remplir l'imagination & la mémoire. Ce précepte est d'autant plus important qu'il y a peu de gens qui le pratiquent. Tout le monde court après la science, parce que c'est un moyen pour acquerir de la réputation & des richesses, & l'on néglige la sagesse, parce qu'elle est peu propre à cela. J'entends par la science *un Récueil de toutes les belles Actions, & de toutes les belles Sentences des grands Hommes des Siecles passés.* Et j'entends par la sagesse *une Habitude, ou facilité qui dispose l'Ame à connoître & à faire son devoir, c'est à dire, à conduire ses desirs, ses pensées, ses paroles & ses actions, suivant les Loix naturelles & civiles.*

Voicy donc la maniere dont un Précepteur se doit comporter avec son Écolier.

9. Comment un Précepteur se doit comporter à l'égard de son Écolier.

1. Il doit luy faire dire son sentiment, sur toutes les choses qui se présentent, & réveiller ainsi son esprit par des questions fréquentes. Il doit même luy donner la liberté de s'éclaircir de tout ce qu'il voudra, autrement l'Écolier ne fait que prêter l'oreille à ce qu'on luy dit, & il ne se pique pas de le comprendre, parce qu'il ne croit pas estre obligé d'en rendre conte. Ce n'est pas assés de luy faire dire son sentiment, il faut encore luy en demander la raison, afin qu'il soit appliqué à ce qu'il doit dire. Il faut même pour l'encourager à bien faire, approuver son sentiment, ou du moins loüer l'essay qu'il a fait de bien juger. Par exemple, ce n'est pas assés qu'un enfant récite comme une histoire que Caton s'est tué à Utique, pour ne pas tomber

entre les mains de Cefar; il faut encore qu'il faffe le procés à ce Romain, & qu'il examine s'il a bien ou mal fait en fe tuant.

2. Il doit l'exciter à une honête curiofité de fçavoir toutes chofes, afin qu'il puiffe profiter de tout; mais il doit particulierement prendre garde de ne le pas laiffer feul à réver ; car comme un enfant n'eft pas capable de penfer à quelque chofe de grand, il s'occuperoit infailliblement de quelque bagatelle.

3. Il doit tâcher de luy rendre l'efprit auffi univerfel qu'il eft poffible, en luy faifant concevoir les diverfes opinions qui ont partagé, & qui partagent encore les efprits fur toutes les matieres dont on parle, parce qu'il apprendra ainfi à ne s'étonner de rien ; & quoy qu'il arrive il trouvera qu'il n'y a rien de nouveau, & que la condition des hommes eft capable de chofes plus étranges que celles qu'il voit.

4. Il doit luy apprendre à ne rien croire par autorité, mais à examiner toutes chofes par la raifon ; j'entends parler de celles qui font fujettes à la lumiere naturelle, & non pas de celles qui dépendent de la révélation divine.

5. Il doit luy défendre de mentir, de fe mettre en colère, & d'eftre opiniâtre ; pour cet effet, il doit faire en forte que l'enfant ne gagne jamais rien par la colère, par les larmes, ni par le dépit, afin qu'il apprenne par là que les artifices ne fervent de rien pour obtenir ce qu'il defire.

6. Il doit luy apprendre les principes généraux de la Morale naturelle, civile & chrétienne, & luy faire connoître le fond de tous fes devoirs, afin qu'il puiffe les remplir, non par la crainte des peines, mais par le feul motif de l'honêteté.

Enfin, il doit l'inftruire à craindre & à révérer Dieu, & à ne parler jamais qu'avec refpect & foûmiffion de fa puiffance, de fon éternité, de fa fageffe, de fa providence, de fa volonté, &c. fur tout à ne difputer jamais des Myfteres de la Religion ; mais à croire fimplement, & à obferver ce que l'Églife ordonne de croire ou de faire fur chaque fujet que Dieu a révélé.

La prudence *Hérile*, c'eft à dire, la prudence d'un Pere de famille envers fes domeftiques, dépend principalement de deux avis. Le 1. eft de connoître le naturel des domeftiques, & de voir à quoy ils font propres, afin de donner à chacun les emplois qui luy conviennent.

Le 2. eft de fe comporter de telle maniere à l'égard des do-

10.
Avis touchant la prudence Hérile.

mestiques, qu'on se fasse aimer d'eux plûtôt que craindre; car si on les traite avec rigueur, on fait paroître qu'on a l'ame cruelle, & qu'on en useroit de même façon à l'égard de tous les autres hommes, si on avoit sur eux la même puissance. Je ne dis rien de la prudence privée civile, ni des moyens de l'acquerir, parce qu'elle dépend des mêmes avis qui servent à acquerir la prudence privée naturelle, de laquelle il a esté parlé. *

* Dans le 1. Chap. de la 2. Part. du 1. Livre.

CHAPITRE II.

De la Justice, de la Force & de la Tempérance civile.

1.
Ce que c'est que la Justice civile.

LA Justice est *une ferme & constante volonté de rendre à un chacun ce qui luy appartient.* Ainsi comme il n'y a rien qui appartienne aux particuliers que ce que l'Etat leur a rendu propre, la Justice comprend une parfaite obéissance à toutes les loix civiles ; je dis à toutes les loix civiles, pour faire entendre que l'obéissance qu'on rend aux loix de la nature, n'est pas tant *Justice,* que ce qu'on appelle *Equité naturelle.*

2.
En quoy la Force civile diffère de la force naturelle.

La Force civile n'est différente de la Force naturelle, qu'en ce que la force civile a plus d'étenduë, & que l'honêteté, en vûë de laquelle elle agit, est déterminée par la raison de l'Etat, & non par celle des particuliers ; car c'est à ceux qui ont la souveraine puissance dans l'Etat à déterminer ce qui est honête, ou ce qui ne l'est pas, comme il a esté dit.

Je dis que la force civile a plus d'étenduë que la force naturelle ; car outre les maux qui sont propres à l'état naturel des hommes, il y en a qui ne se rencontrent que dans les sociétés civiles.

3.
Avis touchant la Prison, le Bannissement, la Pauvreté, l'Infamie, & la perte des Enfants & des amis.

Le premier de ceux-cy est *la Prison,* laquelle, si on la considère de près, ne doit estre regardée que comme un mal fort facile à vaincre, parce qu'il n'y a que le corps qui soit retenu, & que l'esprit est toûjours libre.

Le second est *le Bannissement,* qui est un changement de lieu qui ne blesse que l'imagination. On trouve par tout la même Nature, le même Ciel, & les mêmes Eléments ; & il n'importe guères d'estre nay dans un lieu, & de vivre dans un autre;

ce n'est que le hazard qui détermine le lieu de nôtre naissance ; la nature nous a tous unis par le sang & par la charité ; on trouve par tout des amis, & il ne s'agit que d'en acquerir & de les conserver.

La troisiéme est *la Pauvreté*, qui est de deux sortes, l'une extrême, qui consiste dans le défaut des choses nécessaires à la vie, laquelle arrive rarement, parce qu'il y a peû de choses qui nous soient nécessaires, & celles qui le sont se trouvent par tout, au moins si nous voulons vivre selon la raison. L'autre pauvreté est imaginaire, & consiste dans le défaut des choses qui sont au delà de la nécessité, & qui ne sont nécessaires que pour entretenir la vanité & la délicatesse. C'est cette pauvreté que nous craignons le plus ; nous craignons, par exemple, de perdre de riches meubles, de n'avoir pas des lits superbes, une grande & belle maison, une table magnifique, &c. Cependant cette pauvreté seroit plus à souhaiter qu'à craindre si nous connoissions les véritables biens qui consistent dans la tranquillité de l'esprit, dans le repos de la conscience, & dans l'usage moderé de tout ce qui est nécessaire à la vie, ce qui se réduit à tres peu de chose.

Le 4. est *l'infamie*, qui consiste, ou dans la perte des honneurs & des dignités, ou dans quelques bruits desavantageux qui se répandent parmi le peuple, ou enfin dans les calomnies, ou paroles injurieuses qu'on dit contre nous. Si elle ne consiste qu'à estre privé de quelque charge publique, on n'a pas sujet de s'estimer malheureux, parce que les dignités ne sont que des servitudes honorables, par lesquelles on se dérobe à soy-même pour se donner au public : & si l'on se représente ce qui s'est passé dans les siécles précedens, on trouvera que ceux qui se sont le plus dignement acquités des charges publiques, ont pery par le poison, par l'exil, ou par quelque mort violente. Si elle consiste dans ces bruits qui se répandent parmy le peuple, un homme sage a l'ame au dessus de ces bruits, il connoît l'esprit du vulgaire, il sçait qu'il est toûjours changeant & variable, qu'il approuve & desapprouve en un moment la même chose, d'où vient que le sage se contente de n'avoir rien à se r procher, & de ne se sentir coupable d'aucun crime. Si elle consiste dans les calomnies qu'on nous impose, il les faut mépriser : par ce moyen celuy qui médit de nous est déchû de son espérance, & il a un sensible dépit de voir qu'on méprise ce qu'il a dit. Le nombre de ceux qui médisent est infini, si l'on se sentoit une fois offensé par eux, on seroit exposé à l'estre par tout, & en tout temps, ce qui troubleroit entierement la tranquillité de la vie ; c'est pour cela qu'il faut se mettre au dessus de toutes ces sortes d'offenses.

Le 5. est la perte des enfants & des amis, touchant laquelle il faut considérer que les larmes sont inutiles à ceux pour lesquels on les répand, & qu'elles sont toûjours nuisibles à ceux qui les répandent en altérant leur santé. 2. Que la perte qu'on vient de faire de ses enfants ou de ses amis, n'est pas tant une perte qu'une restitution qu'on a faite à l'Autheur de la nature qui nous avoit prêté ces personnes, non pour toûjours, mais seulement pour un certain temps.

4.
De la Tempérāce civile, & en quoy elle differe de la naturelle.

La *Tempérance civile* est une vertu qui ne diffère de la Tempérance naturelle qu'en ce qu'elle s'étend à beaucoup plus de choses qu'elle ; car la Tempérance naturelle ne tend qu'à réprimer les voluptés qui regardent le goût & l'attouchement ; & la Tempérance civile est une habitude qui nous rend moderés en toutes choses, mais principalement en celles qui regardent la société civile.

5.
Avis touchant le desir de la gloire.

La Tempérance civile nous doit rendre modérés 1. dans le desir de la gloire, car quoyque la gloire soit utile au public à cause qu'elle produit les plus belles actions, les particuliers ne doivent pourtant pas la rechercher avec trop d'empressement : au contraire, ils doivent estre persuadés que la vertu ne cherche d'autre théatre pour se faire voir que sa propre conscience, & que l'on est dans ce monde comme dans une comédie, où l'on ne choisit pas le personnage que l'on veut joüer, mais où l'on doit tâcher seulement de bien joüer, celuy qui a esté donné à chacun. C'est pour cela que si l'on nous présente une charge dont nous soyons capables, il faut l'accepter avec modestie, & l'exercer avec fidélité ; mais tenir toûjours pour une maxime constante que le plus grand fruit des belles actions est le contentement de les avoir faites.

6.
Touchant le desir de la vengeance.

2. Dans le desir de la vengeance, laquelle il faut réduire autant qu'on peut à la mansuetude, qui est de toutes les vertus celle qui convient le mieux à l'homme civil, n'y ayant personne qui ne se sente disposé à aimer ceux qui pardonnent

aisément. Par la pratique de cette vertu, on s'exempte du chagrin qui ronge un cœur inhumain ; lequel ne se contentant pas du mal qu'il a souffert, s'attire souvent en se voulant vanger des maux qui sont pires que ceux qu'il a reçûs : c'est ce que l'expérience fait voir en ceux qui ayant esté offensés provoquent leur ennemy au combat, car il arrive souvent que celuy qui a reçû l'injure, perd encore la vie.

3. Dans la punition ; laquelle il faut réduire à la clémence, qui ne diffère de la mansuetude qu'en ce que cette derniere regarde tout le monde, & que la clémence n'appartient proprement qu'aux Souverains, d'où vient qu'on la définit *une modération d'esprit dans la puissance de se vanger.*

4. Dans la passion d'acquerir de l'honneur, laquelle il faut réduire à la modestie, en n'aspirant pas à des honneurs qui surpassent nôtre mérite : Car il ne faut pas penser que la modestie consiste à négliger l'honneur simplement, mais à négliger celuy qu'on n'a pas mérité : ce qui est si vray, qu'un honête homme entreprend les plus grandes choses pour estre honoré des gents de bien. La modestie n'empêche pas aussi que ceux qui sont élevés aux charges, ne conservent l'honneur qui est dû à leur dignité ; car il est de l'intèrêt de l'État, que ceux qui possèdent les charges publiques, soient honorés, de peur que le mépris qu'on feroit d'eux, ne fit tort au gouvernement public.

7. Touchant la passion d'acquerir de l'honneur.

5. Il faut modérer l'envie de parler, voicy les préceptes qui servent à cela.

8. Touchant l'envie de parler.

Le premier est de parler sobrement, & de considérer que les plus honêtes gens sont ceux qui parlent le moins, & que ceux qui parlent beaucoup, sont pour l'ordinaire stériles en bonnes actions.

Le second est de dire toûjours la vérité ; car comme la parole ne nous a esté donnée que pour communiquer nos pensées, ceux qui par leurs paroles démentent leurs sentiments, trahissent la société civile en luy ôtant la bonne foy, qui est le seul moyen qui la peut entretenir.

Le troisiéme est de parler pour l'ordinaire sérieusement, c'est à dire, de ne pas s'amuser à des railleries qui sont ordinairement froides & basses, parce que cela tient trop du bouffon ; il ne faut pas aussi parler beaucoup de ses actions, parce que les autres ne prennent pas tant de plaisir à les entendre que nous à les raconter ; mais sur tout, il faut bien prendre garde de ne rien dire qui offense personne, parce que la médisance est indigne du caractère d'un honnête homme.

Le quatriéme est de parler d'une maniere aisée, évitant dans les conversations familieres toutes les questions subtiles qui sont au dessus de la portée des esprits communs & ordinaires.

Le cinquiéme & dernier est, de ne pas parler à contre-temps & hors de propos, comme il arrive, lors qu'on interrompt celuy qui parle, ou qu'on ne permet pas que les autres parlent à leur tour : ou bien lors qu'on a une telle envie de parler qu'on n'écoute les autres qu'avec impatience.

9.
Ce que c'est que la vertu en général.

Si nous joignons ce qui vient d'estre dit des vertus civiles, à ce qui a esté êtably touchant les vertus naturelles, il ne sera pas difficile de conclure que la vertu en général n'est autre chose *qu'une certaine disposition ou facilité de l'ame à faire des actions conformes aux loix naturelles & civiles.*

10.
Ce que c'est qu'aimer l'ordre ou la vertu en général.

Cette définition estant supposée, il est évident qu'aimer la vertu en général, c'est observer les loix naturelles & civiles ; c'est, par exemple, s'aimer soy-même d'un amour propre éclairé ; c'est aimer Dieu & le prochain d'un amour de choix ; c'est chercher la paix par toute sorte de moyens ; c'est estre fidèle, reconnoissant, doux, modeste, commode ; c'est enfin garder toutes les loix naturelles qui nous regardent nous & le prochain ; c'est encore observer les loix qui regardent immédiatement la gloire de Dieu ; comme par exemple, de ne parler jamais de luy qu'avec respect, & de ne faire jamais aucune action qui ne soit une marque & un caractère de l'honneur intérieur que nous luy portons ; c'est encore aimer la vertu que d'entrer dans les sociétés civiles, de rendre une obéïssance simple & absoluë à ceux qui les gouvernent, de révérer les Magistrats, d'honorer ses parents, & de faire en général tout ce que les loix civiles prescrivent.

CHAP.

LIVRE SECOND. *PARTIE II.*

CHAPITRE III.

Du Souverain Bien, & de la Félicité de l'homme dans l'état de la nature, & dans la Société Civile.

COMME la plus grande perfection de l'homme consiste à jouïr du souverain bien, & qu'il n'y a rien dans l'état de la nature & dans la société civile, qui rende l'homme plus parfait que la possession de ce qui contribuë à le conserver; nous sommes obligés de reconnoître que le souverain bien de l'homme dans l'état de la nature, & dans la société civile, consiste *dans tout ce qui contribuë à le conserver par le bon usage qu'il en fait en suivant les loix naturelles & les loix civiles.* 1. Ce que c'est que le souverain bien de l'Homme dans l'état naturel & civil.

Je dis *dans tout ce qui contribuë à le conserver*, pour marquer ce que le souverain bien a de commun avec le bien en général. Et j'ajoûte; *par le bon usage qu'il en fait*, pour désigner ce qu'il a de particulier qui le distingue du bien en général; car il y a cette différence entre ces deux biens, que le bien en général comprend indéfiniment tout ce que l'ame peut aimer en usant bien ou mal de sa liberté, au lieu que le souverain bien ne regarde que les choses dont l'ame fait actuellement un bon usage.

Et parce que la Béatitude n'est autre chose que la jouïssance du souverain bien, il faut que la Béatitude de l'homme dans l'état de la nature & dans la société civile, consiste *dans le contentement intérieur que l'ame reçoit du bon usage qu'elle fait des choses qui contribuent à la conserver.* 2. Ce que c'est que la béatitude.

Je dis *que la Béatitude consiste dans le contentement intérieur que l'ame reçoit*, pour marquer ce qu'elle a de commun avec le bonheur. Et j'ajoûte, *du bon usage qu'elle fait des choses qui contribuent à la conserver*, pour signifier ce qu'elle a de particulier.

On ne doutera pas que la Béatitude naturelle & civile, ne consiste dans ce que je viens de dire, si l'on considère qu'il n'y a aucun autre contentement qui soit entierement au pouvoir de l'homme ; car en effet, celuy qu'il reçoit des biens du 3. Qu'elle ne peut consister que dans le bon usage que l'homme fait de

Tome III. Qqq

son libre ar-bitre. corps & de la fortune, ne dépend point de luy ; & pour celuy qui vient de l'esprit, il se rapporte tout à deux choses : l'un de connoître, & l'autre de vouloir : mais comme il n'est pas au pouvoir de l'homme d'avoir les connoissances qui luy manquent, il ne reste que son libre arbitre dont il puisse absolument disposer ; & il n'est pas possible qu'il en disposé mieux, que quand il a une constante résolution de faire exactement toutes les choses qui contribuent à le conserver, suivant que les loix naturelles & civiles le luy prescrivent : C'est cela seul qui, à proprement parler, mérite de la loüange & de la gloire ; & c'est de cela seul que résulte le plus grand & le plus solide contentement de la vie.

Je dis 1. *Que c'est cela seul qui, à proprement parler, mérite de la loüange & de la gloire*; pour faire entendre qu'il n'y a que la vertu qu'on ait raison de loüer, & que tous les autres biens ne méritent d'estre estimés, si ce n'est qu'on présume qu'ils sont acquis par le bon usage du libre arbitre ; car l'estime & la loüange sont une espèce de récompense, & il n'y a que ce qui dépend du libre arbitre qu'on doive recompenser ou punir, comme il a esté remarqué dans la Métaphysique. *

* Liv. 2.
Part. 2.
Chap. 20.
Art. 4.

4.
En quoy le bonheur diffère de la béatitude.

Je dis 2. *Que c'est de cela seul que résulte le plus solide contentement de la vie*; car comme il n'y a aucune satisfaction qui ne soit dans l'ame, & qu'il n'y a rien qui puisse donner à l'ame de la satisfaction que l'opinion qu'elle a de posséder quelque bien qui luy appartient ; c'est à dire, qui dépend du bon usage qu'elle fait de sa liberté, il est visible que cet usage est le plus grand de tous les biens, & celuy qui nous importe le plus, puisque c'est de luy seul que peuvent procéder nos plus grands & plus solides contentements ; car on met beaucoup de différence entre *estre heureux*, & *joüir de la Béatitude*; parce que le bonheur dépend des choses qui sont hors de nôtre pouvoir, au lieu que la Béatitude consiste dans un contentement d'esprit qui est en nôtre puissance, & qui ne se trouve pas d'ordinaire en ceux qui sont le plus favorisés de la fortune, & que les sages acquièrent sans elle par le seul bon usage de leur liberté.

Cela supposé, nous ne dirons pas qu'un homme joüit de la Béatitude naturelle ou civile, quand il possède simplement les choses qui contribuent à le conserver, parce qu'il les peut pos-

LIVRE SECOND. PARTIE II. 491

féder fans faire aucun ufage de fa liberté; & alors cet homme peut eftre heureux, mais non pas jouïr de la Béatitude.

Nous ne dirons pas encore qu'un homme poffède la Béatitude naturelle ou civile, parce qu'il jouït des plaifirs fenfibles & des voluptés corporelles, dautant que par la Béatitude on entend la poffeffion d'un bien qui remplit tous les defirs de l'homme; & il a efté démontré dans la Métaphyfique * que les plaifirs des fens & les voluptés corporelles ne font dans l'homme que comme des moyens propres pour arriver à une fin plus éloignée, qui eft la confervation de la vie temporelle, & le contentement qui revient d'avoir contribué à la conferver.

*Liv. 2.
Part. 2.
Chap. 11.

Confidérant enfuite quelles font les chofes qui contribuent à conferver la vie, je remarque qu'il y en a qui dépendent de nous, comme la vertu & la fageffe, & les autres qui n'en dépendent pas, comme les honneurs & les richeffes. Or il eft certain qu'un homme qui ne manque de rien, & qui avec cela eft auffi fage & auffi vertueux qu'un autre qui eft pauvre, mal fain, & contrefait, peut jouir d'un plus parfait contentement que luy; mais comme un petit vaiffeau peut eftre auffi plein qu'un grand, quoy qu'il contienne moins de liqueur, auffi fi l'on prend le contentement d'un chacun pour la plénitude & l'accompliffement de fes defirs réglés felon la raifon, il eft vifible que les plus pauvres & les plus difgraciés de la fortune ou de la nature, peuvent eftre auffi contents que les autres, quoy qu'ils ne jouïffent pas de tant de biens; car ce n'eft que des biens qui dépendent de nous dont il s'agit.

5.
En quel fens l'on peut dire que les plus pauvres font auffi contents que les plus riches.

Ainfi la Béatitude naturelle & la Béatitude civile ne doivent pas eftre confidérées comme un état exempt de tout mal, mais comme un état dans lequel on peut jouïr de la félicité, autant que la nature humaine, la conftitution du corps, la condition du païs, & l'état de la paix ou de la guerre dans lequel on fe trouve, le peuvent permettre à l'homme qui fait de fa raifon le meilleur ufage qu'il en peut faire. C'eft en ce fens feulement qu'on dit que les fages peuvent eftre heureux au milieu des tourments; car quoyque les douleurs qu'ils fouffrent leur faffent pouffer des foûpirs & verfer des larmes, néanmoins parce qu'ils n'irritent pas leur peine par leur impatience, ils font à cet égard plus heureux que ceux qui fe trouvant en pareil état n'ont pas une femblable conftance.

Qqq ij

CHAPITRE IV.

Que l'état de la Société Civile est plus parfait que l'état de la Nature & en quoy ?

1.
Que l'homme dans l'état de la nature ne peut joüir de la béatitude.

S'IL est vray que la Béatitude de l'homme consiste dans le contentement qu'il reçoit de ce qu'il contribuë autant qu'il peut & qu'il doit à se conserver, il s'ensuit évidemment que l'état de la société civile est plus avantageux à l'homme que celuy de la nature, parce que dans le premier l'homme peut contribuer beaucoup à se conserver, & qu'il n'y peut presque rien contribuer dans le second ; car il a esté prouvé * que les loix de la nature ne nous obligent pas de les observer aussi-tôt qu'elles sont connuës ; & que tandis que nous n'avons point d'autre protection qu'elles, contre les violences de ceux qui se mocquent de la raison, nous devons nous tenir sur nos gardes, & joüir, autant que nous pouvons, du droit que la nature nous a donné.

* Dans le 1. Chap. du 2. Liv. de la Morale Art. 1.

2.
Qu'il en peut joüir dans l'état de la société civile, & pourquoy.

C'est pourquoy comme il a esté nécessaire pour établir la paix que les loix de la nature fussent observées ; & que cela a demandé préalablement, comme l'on vient de dire, des assûrances qu'on le peut pratiquer en toute sûreté ; il est visible qu'on n'a pû trouver aucun moyen plus propre pour établir la paix que la société civile, dont l'autorité & la puissance absoluë rendent l'invasion du bien d'autruy si dangereuse à ceux qui la voudroient entreprendre, que chacun aime mieux se tenir dans l'ordre des loix que de les violer.

Cela supposé, pour entendre combien l'état de la société Civile est meilleur que celuy de la nature, il ne faut que comparer les avantages & les incommodités qui se rencontrent dans l'un & dans l'autre ; car on voit que dans l'état de la nature on joüit d'une liberté entiere, mais d'une liberté qui est inutile, parce que comme elle donne aux uns le privilege de faire tout ce qu'ils veulent, elle laisse aux autres le droit de leur résister autant qu'il leur plaît ; au lieu que dans le gouvernement d'un Etat bien établi, chaque particulier ne se réserve qu'autant de liberté qu'il luy en faut pour vivre commodément, & dans une parfaite tranquillité.

LIVRE SECOND. *PARTIE II.*

Dans l'état de la nature chacun a droit sur toutes choses, mais de telle sorte qu'il ne s'en peut prévaloir, & qu'il n'a la possession d'aucune ; au lieu que dans la République chacun jouit paisiblement de son droit particulier.

Dans l'état de la nature, il n'y a que des pillages, & des meurtres ; au lieu que dans les sociétés civiles, il n'appartient qu'à un seul ou à un certain nombre de nous ôter les biens & la vie, & ceux-là même ont intérêt de ne le pas faire, si nous ne l'avons mérité.

Dans l'état de la nature, nous n'avons que nos propres forces pour nous défendre, & dans un état politique, nous recevons du secours de tous nos Concitoyens.

Dans l'état de la nature, l'adresse & l'industrie sont inutiles; & dans un état civil, rien ne manque à ceux qui s'adonnent au travail.

Enfin, dans l'état de la nature, les passions règnent, la guerre est perpétuelle, la pauvreté est insurmontable, la crainte n'abandonne jamais, &c. Et dans la société civile la raison exerce son empire, la sûreté publique est établie, & les richesses abondent.

LA MORALE
OU
LA CONNOISSANCE
DES DEVOIRS DE L'HOMME.

LIVRE TROISIEME.
Des devoirs de l'Homme considéré dans l'état du Christianisme.

PREMIERE PARTIE.

De la Morale Chrétienne spéculative, ou de la simple connoissance des devoirs de l'Homme dans l'état du Christianisme.

CHAPITRE PREMIER.

Que Dieu fit alliance avec Abraham & avec sa postérité, & quelles furent les conditions de cette alliance ?

IL a esté prouvé dans le premier Livre que l'état de la nature est un état de guerre, dont on ne peut sortir qu'en suivant les maximes du bon sens & de la droite raison, qui sont les seules loix par lesquelles Dieu regne dans cet état. Il a esté démontré dans le second, que les hommes pour vivre en paix ont esté obligés d'établir des sociétés civiles, & que ces sociétés ne peuvent subsister sans une puissance absoluë. Il reste à expliquer dans le troisième quelles sont les loix positives que Dieu a imposées aux hommes entant qu'il regne sur eux par les pactes & par les alliances.

Cette explication est d'autant plus nécessaire que sans elle nous ne pourrions reconnoître si ce que les Loix naturelles & civiles nous prescrivent, est contraire aux loix divines positives, ou si ce que les loix divines positives nous commandent, est contraire aux loix civiles & naturelles, d'où il s'ensuivroit ou que par une obéissance trop aveugle aux loix civiles ou naturelles nous manquerions aux loix divines positives, ou que par la crainte de manquer aux loix divines positives, nous serions rebelles aux loix civiles ou naturelles : c'est pourquoy afin d'éviter cet inconvénient, nous tâcherons de découvrir quelles sont les loix divines positives ; c'est à dire, quelles sont les loix que Dieu a proposées par la bouche de ses Prophetes ; & parce que la connoissance de ces loix suppose nécessairement celle du droit que Dieu a de regner sur les hommes, nous examinerons quelles sont les alliances en vertu desquelles Dieu a ce droit.

1. Qu'il est nécessaire de sçavoir les loix divines positives, & pourquoy.

Pour cet effet il faut remarquer que la raison humaine fût tellement affoiblie par le péché d'Adam, qu'à mesure qu'on s'éloignoit de l'origine des choses, la pluspart des hommes tomboient dans l'aveuglement ; les uns persuadés de l'existence de Dieu s'adonnérent à l'idolatrie, & les autres n'estant point convaincus de cette existence, tombérent dans l'Athéisme. Ce qui continua ainsi jusqu'à ce qu'il plût à la Bonté Divine de choisir Abraham pour établir en luy & en sa famille la vraye connoissance de Dieu.

2. Malheureux effet du péché originel.

Abraham nâquit environ 350. ans après le Déluge, suivant la supputation des Hébreux, & 1182. suivant celle des Septante. Lorsqu'il eût atteint l'âge de 75. ans Dieu luy déclara qu'il seroit son Dieu & celuy de ses enfans ; c'est à dire, qu'il en seroit le Gouverneur, le Pere & le Protecteur particulier, pourveu qu'ils le servissent, non seulement comme le Dieu Créateur du Ciel & de la Terre ; ainsi que l'avoient servy les autres Patriarches, mais encore comme celuy qui s'estoit manifesté à luy, & qui luy avoit fait des promesses.

Abraham n'avoit point alors d'Enfants, & sa Femme estoit

stérile, cependant Dieu promit avec serment que de luy & de cette Femme naîtroit une Race qui égaleroit en nombre les Etoiles du Ciel & les grains de sable de la Mer ; & comme tous les peuples se précipitoient alors dans l'Idolâtrie, Dieu promit à Abraham que toutes les Nations aveugles, qui oublioient leur Créateur seroient benîtes en luy & en sa postérité ; c'est à dire, rappellées à sa connoissance. Dans cette promesse estoit renfermée la venuë du Messie, tant de fois promis & prédit à nos Peres, comme celuy qui devoit estre le Sauveur des Gentils & de tous les Peuples de la Terre.

<small>3. Ce que c'est que l'alliance que Dieu fit avec Abraham, & comment elle fut conçuë.
* Genes. Chap. 17.</small>

Le Contract où fût stipulée l'Alliance que Dieu fit avec Abraham se nomme l'*Ancien Testament*, lequel fût conçû en ces termes : * *Je feray avec vous & avec vos Enfants une alliance qui sera éternelle, afin que je sois vôtre Dieu, & après vous le Dieu de vôtre postérité : Je vous donneray à vous & à vôtre race après vous la Terre de Chanaan que vous habitez comme étrangers, pour servir de demeure fixe à vos descendants, afin qu'ils la possèdent pour jamais, & je seray leur Dieu.*

Et afin qu'Abraham & sa postérité pûssent conserver quelque marque de cette alliance, la Circoncision fut ajoûtée à ce Traité en ces termes : *Voicy le pacte que je feray avec vous que vous observerez & vôtre postérité après vous, tous les Mâles d'entre vous seront circoncis, vous circoncirez vôtre chair, afin que cette Circoncision soit la marque de l'alliance que je fais avec vous.* Ainsi l'alliance que Dieu fit avec Abraham consista dans cette condition, Qu'Abraham réconnoîtroit que Dieu estoit son Dieu, c'est à dire, son Maître & son protecteur particulier, & de sa postérité ; & dans cette promesse que Dieu fit à Abraham, Qu'il luy donneroit en propriété, comme pour passer en héritage à ses Enfants le païs qu'il habitoit comme Etranger ; Qu'il multiplieroit ses Enfants, comme les Etoiles du Ciel, & Qu'il béniroit en sa sémence toutes les Nations de la terre.

<small>4. Que la Circoncision fût une marque de cette alliance.</small>

En mémoire de cette alliance Abraham reçût la Circoncision, pour marque que luy & toute sa famille appartenoit à Dieu d'une maniere toute particuliere ; il promit aussi que tous les Enfants mâles qui naîtroient de luy, porteroient cette marque ; ainsi l'alliance que Dieu fit alors avec Abraham fut différente de toutes celles qu'il avoit faites auparavant avec d'autres hommes, comme avec Adam & avec Noé, parce que dans l'alliance

… l'alliance de Dieu avec Abraham il y a des pactes & des conditions réciproques, qui ne se rencontrent pas dans les autres alliances.

Abraham estoit sans Enfants lors que Dieu commença à bénir sa Race, & Dieu le laissa plusieurs années sans luy en donner ; il eut Ismaël qui devoit estre Pere d'un grand Peuple, mais non pas de ce Peuple élû que Dieu avoit promis à Abraham ; le Pere de ce peuple élû devoit sortir de luy & de sa Femme Sara qui estoit sterile : Enfin, treize ans après la naissance d'Ismaël il eut de Sara cet Enfant si désiré qui fut nommé *Isaac*.

Isaac estoit déja grand lors que tout d'un coup Dieu commanda à Abraham de l'immoler, Abraham mena Isaac à la Montagne que Dieu luy avoit montrée ; & sa foy estoit si grande qu'il alloit sacrifier son fils, en la personne duquel Dieu luy promettoit de le rendre Pere de son Peuple & du Messie. Abraham avoit déja levé la main pour frapper son fils Isaac; mais Dieu content de sa foy, & de l'obéissance de tous les deux, n'en demanda pas davantage, & luy commanda de s'arrêter.

5. Que Dieu commande à Abraham de sacrifier son fils Isaac.

Dieu continua sa protection à Isaac fils d'Abraham & à Jacob son petit fils, ils furent les imitateurs de leur Pere; Dieu réitera aussi à Isaac & à Jacob les promesses qu'il avoit faites à Abraham, & comme il s'estoit nommé le Dieu d'Abraham, il prit encore le nom de Dieu d'Isaac & de Jacob.

6. Que Dieu réitere à Isaac & à Jacob les promesses qu'il avoit faites à Abraham.

Mais dira-t'on, pourquoy est-ce que Dieu promet à Abraham la terre de Chanaan en héritage, à condition qu'il le reconnoîtra pour son Dieu & pour le Dieu de sa famille ; puis que Dieu estoit déja le Dieu d'Abraham & de sa posterité par le droit inaliénable de sa nature ? Je réponds à cela, qu'Abraham n'eût pas satisfait à ces paroles de l'alliance, *afin que je sois vôtre Dieu & de vôtre posterité,* s'il n'eut reconnu Dieu que comme Auteur de la nature, parce qu'il le reconnoissoit déja comme tel par la seule lumiere naturelle ; mais qu'il faloit outre cela qu'il le reconnût précisément comme celuy qui se manifestoit à luy, & qui promettoit de luy donner en héritage le païs qu'il habitoit comme Etranger ; de multiplier ses Enfants comme les Etoiles du Ciel, & de bénir en sa semence toutes les Nations de la terre: ce qui fut un pur Ouvrage de la foy d'Abraham. Car en effet, sa raison ne pouvoit luy faire com-

7. En quoy Dieu differe du Dieu d'Abraham, d'Isaac & de Jacob.

Tome III.   Rrr

prendre que Dieu se manifestât à luy, ni que sa Femme qui estoit stérile dût produire des Enfants, dont la postérité égaleroit en nombre les E'toiles du Ciel ; cependant Abraham ne laissa pas de croire tout cela. Ainsi, le Dieu d'Abraham ne signifie pas Dieu absolument, mais Dieu consideré entant qu'il s'est manifesté à ce Patriarche, & qu'il luy a fait des promesses, sans toutefois qu'il faille s'imaginer qu'il y ait aucune autre différence entre Dieu auteur de la nature & le Dieu d'Abraham, que celle qui consiste en ce qu'il a plû au même Dieu de regner sur Abraham & sur sa postérité, par des pactes & par des alliances, & qu'il n'a voulu regner sur les autres hommes que par les seules loix de la nature.

8.
Que le Dieu d'A-braham est le vray objet de la Foy divine.

Suivant ce principe, nous ne dirons pas que nous croyons par la foy qu'il y a un Dieu, qui est auteur de l'Univers, parce que nous connoissons cela par la seule lumiere naturelle ; mais nous dirons que nous croyons par la foy que Dieu s'est manifesté à Abraham, & qu'il luy a promis de bénir en sa semence toutes les Nations de la terre ; d'où il s'ensuit que ce n'est pas Dieu simplement qui est l'objet de la foy divine, mais Dieu consideré entant que Dieu d'Abraham, d'Isaac & de Jacob.

Nous ne sçavons point que Dieu ait donné devant ni après l'alliance qu'il fit avec Abraham aucune loy à ce Patriarche, hormis le Commandement de la Circoncision qui fut compris dans l'alliance même ; d'où il s'ensuit qu'Abraham estoit dans sa famille l'auteur & l'interprète de toutes les Loix, tant séculieres que sacrées ; non seulement par le droit de la nature, mais encore par les conditions de l'alliance, en vertu desquelles il promettoit d'obéïr à Dieu, luy & sa postérité ; ce qui eût esté fait inutilement, si ses Enfants n'eussent esté obligés d'obéïr en toutes choses à ses Commandements. Ainsi, les Enfants d'Abraham ne pouvoient manquer en luy obéïssant, pourvû qu'il ne commandât pas de nier l'existence ou la providence de Dieu, ou de faire quelque chose qui fût directement contraire à sa gloire ; car on ne pouvoit apprendre que d'Abraham qui estoit son Dieu, & en quelle maniere on le devoit honorer.

Sous la protection de Dieu Abraham, Isaac & Jacob demeurerent dans la terre de Chanaan, mais comme des E'trangers & sans y posséder rien jusqu'à ce que la famine fit retirer Jacob en Egypte, où ſes Enfants s'eſtant beaucoup multipliés, ils devinrent bien-tôt un grand peuple, qui demeura en Egypte juſqu'à la Miſſion de Moyſe.

CHAPITRE II.

Que Dieu fut étably Roy des Iſraëlites, & comment.

TRois mois après que Moyſe eut délivré les Iſraëlites de la ſervitude d'Egypte, Dieu qui vouloit renouveller avec eux l'alliance qu'il avoit faite avec Abraham, Iſaac & Jacob leurs Peres, appella Moyſe, & luy commanda de repréſenter à ſon Peuple de quelle maniere il l'avoit retiré d'Egypte, & de luy déclarer que s'il eſtoit réſolu de luy eſtre fidelle & de garder ſes Commandements, il le regarderoit éternellement comme ſon héritage, & comme le ſeul Peuple de toute la terre qu'il choiſiroit pour luy eſtre particulierement conſacré. Moyſe rapporta cela au Peuple, & dit que Dieu luy avoit parlé en ces termes. * *Si vous obeïſſez à ma voix, & ſi vous gardés mon alliance, celle que j'ay faite avec Abraham, Iſaac & Jacob. Vous ſerez mon Peuple particulier, & quoy que toute la terre m'appartienne, vous me ſerez un Royaume de Sacrificateurs & une Nation ſainte.* Tout le Peuple répondit d'un commun conſentement, *Nous ferons tout ce que Dieu a dit.*

Lors que Moyſe eut rapporté à Dieu la ſoumiſſion de ſon Peuple, Dieu luy commanda d'avertir ce même Peuple de ſe tenir prêt dans trois jours, & de l'aſſûrer qu'il luy parleroit du haut de la Montagne de Sinaï : En effet, le Peuple écoûta de loin dix Commandements que Dieu prononça de ſa propre bouche. Cependant Dieu appella Moyſe au haut de la Montagne, & l'inſtruiſit de toutes les Loix qu'il vouloit donner à ſon Peuple ; il l'obligea même à demeurer ſeul avec luy ſur la Montagne pendant quarante jours & quarante nuits ; & après luy avoir déclaré toutes ſes volontés, il le renvoya & luy donna deux Tables de Pierre écrites de ſon doigt où eſtoient les dix Commandements qu'il avoit prononcez devant le Peuple.

Moyſe ayant apporté au Peuple les Tables de la Loy, & le Peuple ayant réſolu de rendre à Dieu une fidelle obéïſſance,

I. *Que l'alliance que Dieu avoit faite avec Abraham fût rénouvellée ſur la Montagne de Sinaï avec tout le Peuple d'Iſraël.*

* Exod. Chap. 19.

ce grand Prophète ne pensa plus qu'à exécuter ce que Dieu luy avoit ordonné pendant les quarante jours & les quarante nuits qu'il demeura avec luy sur la Montagne.

Après que Moyse eut achevé tout ce que Dieu luy avoit ordonné de faire, on commença de rendre à Dieu un culte réligieux ; c'est à dire, un culte extérieur réglé & uniforme, & à luy offrir des Sacrifices conformes à la maniere qu'il avoit prescrite. Aaron & ses Enfants furent occupés à ce ministère où Dieu même les avoit appellés. Je dis, *où Dieu même les avoit appellés*, pour faire entendre que bien que Moyse oignît & sacrifiât Aaron & ses Enfants pour estre Sacrificateurs ; ce n'estoit pas luy pourtant, mais Dieu même qui leur donnoit le Sacerdoce, comme il paroît par le Lévitique & par l'Epître de saint Paul aux Hébreux, où cet Apôtre parle en ces termes, *Que nul ne s'attribuë cet honneur que celuy qui est choisi de Dieu comme Aaron*.

2. *Pourquoy Dieu se servit dans ce dernier Traité du titre de Roy.*

Dieu se servit dans ce dernier Traité du titre de Roy, qu'il n'avoit jamais pris auparavant, dont la raison est qu'avant cette derniere alliance il n'estoit intervenu aucun pacte entre Dieu & le peuple, si ce n'est entant que la volonté du peuple estoit comprise dans celle d'Abraham, comme dans la volonté de leur Pere & de leur Prince naturel & légitime : Mais lorsque l'alliance fût renouvellée sur la Montagne de Sinaï, & que tout le peuple eut donné son consentement, Dieu prit alors la qualité de Roy. Ce fût aussi delà que commença ce regne de Dieu qui est si célèbre dans la sainte-Ecriture.

CHAPITRE III.

Des Loix que Dieu donna à son Peuple par le ministère de Moyse.

1. *Que Dieu proposa au Peuple par Moyse le Décalogue & les Loix politiques & cérémoniales.*

LE Regne de Dieu estant étably par l'ancienne alliance, Dieu ne proposa à son peuple par Moyse que les loix du Décalogue, & ces autres loix tant politiques que cérémoniales qu'on lit depuis le xx. chapitre de l'Exode jusqu'à la fin du Pentateuque.

De ces loix, les unes obligeoient naturellement, & c'estoit

LIVRE TROISIE'ME. PARTIE I.

celles que Dieu, comme Auteur de la nature, avoit imposées à tous les hommes en les créant, c'est à dire, celles qui ont esté cy-devant appellées *Loix naturelles*. Les autres obligeoient seulement en vertu de l'alliance que Dieu avoit faite avec Abraham, & celles-cy avoient vigueur avant Moyse, à cause du Traité précédent qui avoit est fait avec Abraham. Les autres obligeoient seulement en considération de la nouvelle alliance qui venoit d'estre faite avec le peuple même, comme estant données de Dieu entant que Roy particulier des Israëlites.

Les préceptes du Décalogue qui regardent les mœurs sont du premier rang, tels sont ces Commandements; *Vous honorerez vos parents, vous ne tüerez point, vous ne déroberez point*, &c. Tel est encore le commandement de ne point prendre le nom de Dieu en vain, car il fait partie du culte naturel. Et enfin tel est le second précepte de la loy qui défend d'adorer Dieu sous quelque image taillée, car il regarde le culte de Dieu enseigné par la nature.

Le premier Commandement du Décalogue, *Tu n'auras point d'autres Dieux devant moy*, est du second rang; car c'est en cela que consiste l'alliance faite avec Abraham, par laquelle Dieu n'exige de luy aucune chose, si ce n'est qu'il le reconnoisse pour son Dieu & pour le Dieu de sa posterité. Le précepte de sanctifier le jour du sabath est encore de ce rang, dautant que la sanctification du septiéme jour fût instituée pour faire ressouvenir les Israëlites que leur Dieu estoit celuy qui avoit créé le Ciel & la Terre en six jours, & qu'il s'estoit reposé le septiéme; ce qui se déduit manifestement de l'Exode * où Dieu dit à Moyse, parlez aux Enfants d'Israël en disant: *Vous garderez mon repos, car il est saint, quiconque le violera sera mis à mort:* Et plus bas, *Les Enfants d'Israël garderont mon repos pour marque d'une alliance perpétuelle.*

* Chap. 31.

Les loix politiques judicielles & cérémoniales qui regardent seulement le peuple Juif, & qu'on peut lire dans le Deuteronome & dans l'Exode chapitre 21. 22. & 23. sont du troisiéme rang.

Les loix du premier & du second rang furent écrites sur des Tables de pierre & nommées le *Décalogue*, à cause des dix Commandements qu'elles comprenoient. Ces Tables furent soigneusement gardées dans l'Arche de l'alliance.

Rrr iij

Les loix du troisiéme rang, qui estoient contenuës dans le volume entier de la Loy, furent gardées à côté de cette même Arche avec cette circonstance qu'elles pouvoient estre changées en retenant la foy d'Abraham; au lieu que les loix du premier & du second rang estoient immuables par les raisons qui ont esté cy-devant rapportées pour prouver l'immutabilité des loix de la nature. Ainsi les Israëlites reçurent comme parole de Dieu écrite, la loy qui est contenuë dans le Pentateuque, lequel Moyse donna aux Sacrificateurs, & qu'il voulût estre mis au côté de l'Arche de l'alliance.

2. *Pourquoy furent proposées les Loix du Décalogue.*

Quant au motif de ces loix, celles du premier & du second rang furent écrites par Moyse, non seulement pour renouveller l'idée des loix naturelles, qui estoient presque effacées de l'esprit & du cœur des hommes, mais encore pour engager les Israëlites à observer ces loix par une obligation nouvelle; car avant qu'elles fussent écrites, les Israëlites n'estoient tenus de les garder que par une obligation naturelle qui estoit commune à tous les hommes: Et après que ces loix furent réduites par écrit, ils furent plus particulierement obligés de les observer par le pacte qu'ils venoient de faire de reconnoître Dieu pour leur Roy & pour leur souverain Maître.

3. *Pourquoy les Loix judicielles.*

Les loix judicielles furent instituées pour détourner les Israëlites du péché par la crainte des peines, à raison dequoy il estoit nécessaire qu'ils fussent dans quelque société civile, comme ils y estoient en effet, lorsqu'ils eurent reconnu Dieu pour leur Roy sur la Montagne de Sinai. Et les Loix cérémoniales furent établies, non seulement pour rendre à Dieu le culte qu'il désiroit des Israëlites, mais encore pour estre la figure des mystères de la venuë du Messie.

4. *Que les Loix judicielles ont esté détruites, & qu'à leur place on se sert du droit civil.*

Comme les loix judicielles avoient esté données pour gouverner un peuple qui devoit user des cérémonies qui estoient la figure de JESUS-CHRIST, ce n'est pas merveille si ce peuple ne subsistant plus en corps d'Etat, ces loix ont esté changées, & si à leur place on se sert du droit civil qui est propre à chaque Etat. Les loix cérémoniales ont aussi pris fin à la venuë du Messie, suivant ces paroles de saint Luc, *La Loy & les Prophètes jusques à Jean.* En effet, après saint Jean toutes les choses que les loix cérémoniales figuroient estant consommées, la grace & la vérité ont paru par Nôtre Seigneur JESUS-CHRIST.

LIVRE TROISIE'ME. *PARTIE II.*

Les seules loix morales écrites subsistent encore, parce qu'elles ne sont qu'un abbrégé & une explication des loix naturelles qui sont immüables & éternelles. Enfin toutes les loix de Moyse, soit Morales, soit Judicielles, ou cérémoniales, sont comprises sous le titre *des loix du Vieux Testament*, ou simplement sous le nom *des loix de Moyse*.

CHAPITRE IV.

De ceux qui eurent Droit d'interpreter les loix de Moyse aprés sa Mort.

IL est constant que le droit d'interpréter la parole de Dieu écrite qui regardoit les loix politiques, fût entre les mains de Moyse tandis qu'il vêquit, mais il est certain aussi que bien que Moyse eût apporté de la Montagne les loix cérémoniales, & qu'à cet égard leur interprétation luy appartînt quant à l'extérieur, néanmoins le droit en estoit dû à Aaron, comme à celuy qui avoit esté choisi de Dieu pour estre le Souverain Sacrificateur.

1. Que le droit d'interpréter les Loix cérémoniales appartenoit au Souverain Sacrificateur.

On dira peut-estre qu'Aaron bien que Sacrificateur, n'avoit pas le droit d'interpréter les loix cérémoniales comme il paroît par la dispute qui s'éleva entre luy, assisté de sa sœur Marie, & Moyse, dans laquelle il s'agissoit de sçavoir si Dieu avoit parlé par la bouche de Moyse seulement, ou bien aussi par la leur: car voicy comment ils proposent l'état de cette question. *Le Seigneur a-t'il parlé seulement par Moyse & n'a-t'il point aussi parlé par nous?* Sur quoy Dieu se mettant en colère montra la différence qu'il y avoit entre Moyse & les autres Prophètes en ces termes. *S'il y a*, dit Dieu, *quelque Prophete entre vous, je luy parleray en songe & par vision, mais il n'en est pas de même de mon serviteur Moyse, à qui je parle bouche à bouche.* Je réponds qu'il est vray que Moyse durant sa vie fût l'interprète des loix cérémoniales, parce qu'il estoit nécessaire qu'en établissant le Royaume de Dieu sur les Israëlites, celuy qui luy donnoit la premiere forme, tînt de son vivant les rênes de l'empire, & qu'il exerçât en ce temps-là toute la puissance qui devoit estre exercée en suite par plusieurs autres, quand

Nomb. 12. 2.

les choses seroient une fois mises dans leur train ordinaire. Ce qui fait voir que bien que Moyse interprétât les loix cérémoniales, le droit de les expliquer ne laissoit pas d'appartenir en effet à Aaron comme à celuy que Dieu avoit choisi pour estre son souverain Sacrificateur, ainsi qu'il a esté remarqué.

Au reste, comme les loix politiques & judicielles ne regardoient que la paix puplique & la deffense commune, & que les loix cérémoniales se rapportoient au culte & à la gloire de Dieu, pour marquer cette différence on nomma *Authorité temporelle*, le droit d'interpréter les loix politiques & judicielles, & on appella *Authorité spirituelle*, le droit d'interpréter les loix cérémoniales.

Aprés la mort de Moyse, Josué succéda à l'autorité temporelle, & Eléazar fils d'Aaron & neveu de Moyse, succéda à l'autorité spirituelle. Cela paroît clairement à l'égard de Josué dans l'Exode, où Moyse prioit Dieu de pourvoir le Peuple d'Israël d'un homme qui pût le conduire & le gouverner, afin qu'il ne fût pas comme les Brebis qui n'ont point de Pasteur. Car Dieu dit à Moyse, *prenez Josué fils de Nun, & mettez vôtre main sur sa tête. Présentez-le devant Eléazar le grand Sacrificateur & devant tout le Peuple; & donnez luy le Commandement en sa présence, afin que toute la Synagogue des Enfants d'Israël l'écoute.*

<small>Nombres chap. 27.</small>

<small>2. Que le droit d'interpreter les Loix judicielles appartenoit à Josué.</small>

Cela se déduit encore du Livre de Josué, où il est dit, qu'aprés la mort de Moyse Dieu parla à Josué fils de Nun Ministre de Moyse, disant: *Si vous voulez, personne ne pourra vous résister; car comme j'ay esté avec Moyse, je seray avec vous, ayez donc du courage, & observez la Loy que Moyse mon Serviteur vous a donnée, Que le Livre de cette Loy ne sorte point de vôtre bouche, méditez sur elle jour & nuit, afin que vous accomplissiez tout ce qui est écrit, car alors vous gouvernerez prudemment.* Josué donna ensuite ses ordres au Peuple, suivant le pouvoir qu'il en venoit de recevoir; & le Peuple répondit à Josué, *nous ferons tout ce que vous nous avez commandé, & nous irons par tout où vous nous envoyerez; comme nous avons obéï en toutes choses à Moyse, nous vous obeïrons aussi, faites seulement que Dieu soit avec vous, comme il a esté avec Moyse, tout homme qui sera rebelle à vôtre Commandement, sera mis à mort.*

La Sainte Écriture remarque expressément que Josué avoit un pouvoir absolu sur tout le temporel des Israëlites, c'est à dire, sur tout ce qui regardoit la paix & la défense publique, par exemple, Qu'il dépendoit de luy de faire aller & venir le peuple comme il vouloit ; Qu'il n'avoit besoin de recourir à personne pour interpréter les loix politiques & judicielles ; Qu'il luy suffisoit de les méditer pour avoir le droit de les expliquer au peuple, & que néanmoins en tout cela il n'estoit que le Ministre de Dieu, parce qu'il estoit obligé de gouverner le peuple, non selon sa propre volonté, comme font ceux à qui la Royauté appartient, mais suivant ce qui estoit écrit dans le Livre de la Loy, que Dieu luy avoit donné par son Serviteur Moyse, sur quoy il estoit encore obligé de consulter le grand Prêtre. *

3. *Que Josué n'estoit que le Ministre de Dieu, touchant la conduite du Peuple d'Israël.*

* Chap. 27. des Nombr.

Il est constant que l'autorité spirituelle fut entre les mains d'Eléazar après la mort d'Aaron son Pere : la raison en est, qu'après que le Tabernacle & l'Arche de l'alliance furent consacrés, Dieu ne parla plus sur la Montagne de Sinaï, mais dans le Tabernacle & du Propitiatoire qui estoit entre les Chérubins, où il n'estoit permis à personne d'entrer qu'au grand Prêtre. Cela est encore confirmé par le Lévitique, * où il est dit que Dieu parla à Aaron en ces termes : *Vous ne boirez point de vin ni de tout ce qui peut enyvrer, quand vous entrerez dans le Tabernacle du Témoignage, afin que vous ayez la science de discerner entre ce qui est saint ou profane, entre ce qui est pur ou impur, & que vous appreniez aux Enfants d'Israël les Loix que je leur ay prescrites.* Cette promesse fut faite à Aaron & à ses Successeurs pour toûjours, & elle ne regarde que les choses saintes & les choses profanes, qui appartiennent à l'autorité spirituelle.

* Chap. 10.

Et il n'importe de dire que l'autorité temporelle & l'autorité spirituelle ont esté réünies en la personne d'Éli qui fût en même-temps Juge & Sacrificateur ; car encore que cela prouve que l'exercice de ces deux Puissances ait appartenu à la même personne ; il ne s'ensuit pas que les droits n'en fussent point séparés, comme il paroît de ce que les Juges qui succéderent à Éli reprirent seulement l'autorité temporelle, tandis que l'autorité spirituelle fut continuée à ceux qui prirent la place des Sacrificateurs.

4. *Que quoy que la puissance temporelle & spirituelle fussent unies en la personne d'Éli Juge & Sacrificateur, leurs droits ne laissoient pas d'estre séparés.*

Tome III.   Sss

CHAPITRE V.

Quel fut le devoir des Israëlites envers ceux qui les gouvernerent depuis Moyse jusques aux Rois.

IL y a lieu de croire qu'au commencement du Monde chaque Pere de famille estoit Prince naturel de ses Enfants, & que par conséquent tous les Enfants d'une même maison devoient obéïr en toutes choses à leurs Parents, à moins qu'ils ne leur eussent commandé de commettre quelque crime contre Dieu ; ce qui pouvoit seulement arriver, si les Peres eussent commandé à leurs Enfants de nier l'existence ou la Providence divine. Cependant comme le nombre des hommes s'augmenta beaucoup, l'empire paternel n'estant plus suffisant pour conserver la paix, plusieurs familles furent obligées de se joindre ensemble pour avoir dequoy se défendre contre d'autres qui les attaquoient, ce qui forma un grand nombre de sociétés civiles ; & il y a apparence qu'Abraham estoit membre de quelqu'une, ce qui semble se déduire manifestement du 26. Chap. de la Genèse, où Dieu parle à Isaac en ces termes : *Je multiplieray vos Enfants comme les Etoiles du Ciel, parce qu'Abraham a obéï à ma voix, & qu'il a observé les cérémonies & les loix que je luy ay données* : Car nous ne sçavons pas que Dieu ait donné devant ni après l'alliance qu'il fit avec Abraham, aucune Loy à ce Prophète, hormis la Circoncision, ce qui donne lieu de croire que Dieu entend parler des Loix, des Préceptes, & des Cérémonies qu'il a données à Abraham par Melchisedec, que l'Ecriture dit avoir esté Roy de Jerusalem, & Sacrificateur de Dieu.

Cela estant supposé, il est évident que si Abraham n'eût esté membre d'aucune société, lors que Dieu fit alliance avec luy, ses Enfants luy eussent dû une obéïssance absoluë, non seulement en ce qui regardoit la paix & la défense commune, mais encore en ce qui concernoit la Religion & les Cérémonies : Mais au contraire, si Abraham estoit membre de quelque Etat, bien que ses Enfants fussent obligés de luy obéïr en tout ce qui regardoit le Dieu d'Abraham, ils n'estoient pas tenus de faire la même chose, en ce qui concernoit l'État auquel ils devoient une obéïssance entiere & parfaite, touchant tout ce qui regardoit les affaires temporelles.

Il est encore évident que pendant tout le temps qui s'est écoulé dépuis Moyse jusques aux Rois, les Israëlites ont dû obéïr à Moyse, & aux Juges qui luy ont succèdé, en tout ce qui regardoit la paix & la défense commune, & qu'ils ont dû aussi obéïr à Aaron & à tous les autres Sacrificateurs, qui vinrent après luy, en tout ce qui concernoit le culte de Dieu: hormis que ces Puissances leur eussent commandé de faire quelque chose de contraire à la Majesté divine, comme il fût arrivé par exemple, si elles leur eussent commandé de nier que Dieu fût le Dieu d'Abraham, d'Isaac & de Jacob, & de commettre idolatrie, c'est à dire, de servir à des divinités étrangeres, ce qui se pratiquoit en rendant Dieu, quoy que reconnu pour un seul Dieu, des services sous d'autres cérémonies que celles que Dieu avoit proposées par Moyse, dautant que c'estoit nier que le Dieu d'Abraham fût leur Roy par l'alliance faite avec Moyse, & avec eux-mêmes sur la Montagne de Sinaï. En toutes les autres choses, les Juifs estoient obligés de rendre aux Juges & aux Sacrificateurs une obéïssance entiere ; car comme dans les Royaumes purement humains, il faut obéïr en toutes choses aux Magistrats, si leurs commandements ne sont contraires à la loy du Prince, de même, sous le règne de Dieu, il faloit obéïr en toutes choses à Moyse & aux Sacrificateurs, si ce n'est que leurs commandements eussent contenu quelque crime contre Dieu, considéré comme le Dieu d'Abraham, d'Isaac & de Jacob.

La forme du gouvernement que Dieu exerçoit sur les Israëlites estoit sans doute la plus excellente, si les Israëlites eussent esté tels qu'ils devoient estre ; mais parce qu'ils se corrompirent après la mort de Moyse (comme il le leur avoit prédit dans sa derniere harangue) il falut établir des Rois, afin qu'il y eût dans l'État une Puissance politique capable de contenir dans leur devoir ceux qui voudroient méprifer les Loix.

CHAPITRE VI.

De l'inſtitution des Rois des Juifs, & du droit qu'ils eurent de regner.

1.
Que Dieu ſe démet de l'empire qu'il avoit ſur les Juifs en faveur de Saül, & comment.

LOrs que Samüel fut déja vieux, il fit ſes deux Enfants Joël & Abias Juges du Peuple d'Iſraël, mais comme ils ne s'appliquoient qu'à ſatisfaire leur avarice, & à faire un trafic honteux de la Juſtice, les Iſraëlites crûrent que c'eſtoit une occaſion favorable pour demander à Dieu d'eſtre gouvernés comme les autres Peuples par des Princes, & pour ſe ſouſtraire par ce moyen de la conduite de Dieu, qui regnoit ſur eux par des Juges qui eſtoient les ſucceſſeurs de Moyſe.

Samüel fut extrémement affligé de cette propoſition, il s'en plaignit à Dieu avec beaucoup de reſſentiment. Dieu luy témoigna que c'eſtoit luy-même que cette offence regardoit; & il luy commanda néanmoins d'accorder aux Iſraëlites ce qu'ils luy demandoient : mais il voulut auparavant que Samüel les avertît de tout ce que ce nouveau Roy exigeroit d'eux; il leur parla donc de cette ſorte. * *Voicy le droit du Roy qui regnera ſur vous, il prendra vos Enfants & les mettra ſur ſes chariots pour les faire marcher devant luy, il leur fera faire ſa moiſſon, ſon labourage & ſes inſtruments de guerre.* Tout cela n'étonna point le peuple d'Iſraël qui vouloit en cela eſtre ſemblable aux autres Nations. Et Samüel eut beau luy réprésenter que quand il auroit un Roy, il ſe repentiroit de l'avoir élû, & que Dieu n'exauceroit point la priere qu'il luy feroit de l'en délivrer. Le peuple refuſa d'écouter la voix de Samüel, & dit, Que cela n'arriveroit point ainſi, qu'il auroit un Roy qui le jugeroit, qui marcheroit devant luy, & qui conduiroit ſes armées. Dieu voulant donc accorder à ſon peuple le Roy qu'il luy demandoit, choiſit Saül; & Saül eſtant élu défit Naas Roy des Ammonites, & incontinent le peuple dit à Samuel, * *Qui eſt-ce qui demande ſi Saül regnera ſur nous? qu'on nous le livre? & nous le ferons mourir.*

* Chap. 8. des Roys.

* Chap. 11. des Roys.

2.
Comment le peuple con-

Samüel dit enſuite au peuple d'aller à Galgala pour renouveller la Royauté établie en la perſonne de Saül, tout le peu-

ple se rendit en ce lieu, il proclama Roy Saül, & fit des Sa- *firma le nou-*
crifices pacifiques. Ce qui prouve manifestement que la sou- *veau Roy*
veraine puissance de Saül tira son origine & sa force du choix *en Galgala.*
que Dieu fit de luy pour estre son Successeur, & du peuple
même qui voulut bien s'y soûmettre. Ces deux conditions
estoient nécessaires pour établir cette nouvelle Royauté; Dieu
devoit choisir Saül pour son Successeur, parce que c'estoit à
Dieu seul à qui appartenoit la souveraine puissance, depuis
que le peuple la luy avoit transférée sur la Montagne de Sinaï,
& le peuple devoit ratifier le choix de Dieu pour confirmer le
droit de ce nouvel empire.

Après cela, toute l'autorité politique fût entre les mains des
Rois, & toute l'autorité spirituelle resta aux Sacrificateurs,
qui en cette qualité ne pouvoient faire legitimement que ce
que Dieu commandoit par les loix ceremoniales; parce qu'ils
n'en estoient que les interprètes: au lieu que les Rois eurent
autant de légitime puissance sur le peuple d'Ifraël, que chaque particulier en a sur soy-même dans l'état de la nature,
dont la raison est que les Ifraëlites leur avoient donné le droit
de juger de toutes choses, & de faire la guerre au nom de tout
le peuple, qui sont deux points qui comprennent tout le droit
qu'un homme peut transférer à un autre.

CHAPITRE VII.

Que les Rois des Ifraëlites ne succéderent qu'à l'Autorité tempo-
relle des Juges, & que l'Autorité spirituelle resta
aux Sacrificateurs.

IL s'agit de sçavoir si Dieu s'estant démis de l'empire, les
Rois d'Ifraël reçûrent l'autorité temporelle & spirituelle,
ou s'ils reçûrent l'autorité temporelle seulement. Pour estre
convaincu qu'ils ne reçûrent que cette derniere, il ne faut que
supposer une chose qui a esté prouvée, sçavoir que toute autorité, ou droit de commander naît de la nature, ou des pactes: or il est évident que l'autorité spirituelle ne procéde pas
de la nature des Rois d'Ifraël. En effet cette autorité consiste
dans le droit de prescrire au public une maniere d'honorer

Dieu déterminée par Dieu même ; & il est certain que les Rois d'Israël n'avoient pas naturellement ce droit, il ne paroît pas aussi que Dieu le leur ait jamais accordé. Elle ne procède pas non plus des pactes, car il n'y a pas un seul mot dans l'Écriture qui marque que Dieu se soit départy en faveur des Rois d'Israël du droit de se faire honorer comme il l'avoit ordonné à Moyse. Il faut ajoûter que Dieu ne rendit au peuple que le droit qu'il luy avoit demandé, & il paroît par l'Écriture sainte que le peuple n'avoit demandé à Dieu que le droit de faire un Roy qui commandât ses armées, & qui le défendît contre ses ennemis ; c'est à dire, qui eût l'autorité temporelle, d'où il s'ensuit que les Rois des Juifs ne posséderent que cette seule autorité, & que l'autorité spirituelle, demeura aux Sacrificateurs qui en avoient joüy auparavant. Cela est confirmé par l'exemple de Saül qui fut réprouvé, non seulement pour avoir pardonné au Roy des Amalécites, mais encore pour avoir osé présenter à Dieu un Sacrifice, que Samüel seul en qualité de grand Prêtre, avoit droit d'offrir.

Cela estant ainsi, il est évident que les Juifs furent obligés de rendre une obéïssance simple aux Rois & aux Sacrificateurs; aux Rois en faisant tout ce qu'ils ordonnoient touchant la paix & la défense publique, soit par leurs Édits particuliers, soit par les loix politiques que Moyse avoit instituées ; & aux Sacrificateurs en faisant tout ce qu'ils commandoient touchant la Religion & le culte de Dieu qui estoit prescrit par les loix cérémoniales que Moyse avoit apportées en même temps qu'il apporta les Loix Judicielles & Politiques.

CHAPITRE VIII.

De la venuë du Messie & de l'institution de la Nouvelle Alliance.

LEs Prophéties qui regardoient l'avenement de JESUS-CHRIST, porterent les Juifs à attendre le Messie que Dieu devoit envoyer pour racheter les hommes de l'état du péché, où la desobéïssance d'Adam les avoit réduits. Ce Messie nâquit enfin en Bethléem, il commença à prêcher sous l'empire de Tibère annonçant au peuple Juif que le regne de Dieu, lequel il avoit si long-temps attendu, approchoit, & qu'il estoit le Messie promis dans les saintes Écritures.

Il exposa ensuite la Loy de grace, choisit douze Apôtres & 72. Disciples pour les employer à son ministère, enseignant par luy-même & par eux le chemin du salut éternel : il fit de grandes merveilles, & accomplit tout ce que les Prophètes avoient prédit du Messie. Cependant les Pharisiens, dont il reprenoit la fausse doctrine & la feinte devotion, le prirent en haine, & le rendirent si odieux, qu'estant accusé d'aspirer à la royauté & à la qualité de Fils de Dieu, il fut pris & crucifié.

Ceux qui compareront exactement ce que JESUS-CHRIST a fait avec ce qui avoit esté prédit qu'il devoit faire, seront contraints d'avoüer qu'il estoit le Messie que Dieu avoit promis à son peuple, & celuy que le Pere Éternel devoit envoyer, pour racheter le genre humain, & pour faire une nouvelle alliance avec tous les hommes.

1. *En quoy consiste la nouvelle alliance.*

Cette nouvelle alliance, qui est la Chrétienté, & celle qu'on peut appeller la véritable alliance, parce que l'ancienne n'en estoit qu'une figure, est faite de telle sorte que les hommes d'un côté promettent d'aimer & de servir le Dieu d'Abraham, d'Isaac & de Jacob selon le culte que Nôtre Seigneur JESUS-CHRIST leur enseignera; & Dieu de l'autre côté promet aux hommes de pardonner leurs péchés & de les introduire dans le Royaume céleste. La condition qui est requise de la part des hommes comprend deux choses, l'obeïssance & la foy : L'obeïssance pour faire tout ce que Dieu commande, & la foy pour croire que JESUS-CHRIST est le Messie que Dieu avoit promis ; car c'est là la seule raison pour laquelle il nous faut suivre ses loix plûtôt que celles d'un autre.

Il paroit par plusieurs passages de l'Écriture que l'alliance Chrétienne suppose les deux conditions que je viens de dire. Ce que Dieu promet aux hommes est compris en saint Marc, où JESUS-CHRIST dit luy-même : *Le temps est accomply & le Royaume de Dieu est proche;* Et ce que les hommes promettent à Dieu est compris dans le même Verset, où JESUS-CHRIST dit : *Faites pénitence & croyez à l'Évangile.* Quelquefois l'une des deux conditions, qui sont requises du côté

Chap. 1. vers. 15.

des hommes, eſt exprimée, & l'autre demeure ſous-entenduë : La foy ſeule eſt exprimée en ſaint Jean, où il eſt dit : *Celuy qui croit au Fils, a la vie éternelle.* L'obéïſſance ſeule eſt marquée en ſaint Mathieu, où il eſt dit : *Faites pénitence, car le regne de Dieu eſt proche.* Et l'obéïſſance & la foy ſont clairement exprimées dans ſaint Luc, où un certain homme de qualité ayant demandé à JESUS-CHRIST ce qu'il devoit faire pour acquerir la vie éternelle, JESUS-CHRIST luy propoſa pour condition de garder ſes Commandemens : ce qui regarde l'obéïſſance. Et l'autre ayant répondu qu'il les avoit gardés : JESUS-CHRIST ajoûta pour ſeconde condition, *De vendre tous ſes biens, de les donner aux pauvres, & d'attendre un tréſor dans le Ciel* ; ce qui regarde la ſeule foy.

Chap. 3. 3.
Chap. 4. 17.
Chap. 18. verſ. 18.

Verſ 22.

Au reſte, comme les Juifs témoignoient aſſés en recevant la Circonciſion qu'ils vouloient entrer dans l'alliance que leurs peres Abraham, Iſaac & Jacob avoient faite avec Dieu ; auſſi depuis la venuë du Meſſie ceux-là témoignent ſuffiſamment qu'ils acceptent l'alliance que les premiers Chrétiens ont faite avec Dieu par Nôtre Seigneur JESUS-CHRIST, qui reçoivent le baptême, par lequel ils ſont non ſeulement diſtingués de tous les autres peuples de la terre, qui ne ſont pas Chrétiens, mais ils reçoivent encore une rémiſſion générale de tous les péchés qu'ils ont commis dont ils ſe repentent, & une grace de JESUS-CHRIST toute particuliere, par laquelle ils peuvent s'empécher d'en commettre de nouveaux à l'avenir.

Suivant ce principe, quand JESUS-CHRIST dit à ceux qui ne croyent pas encore en luy : *Repentez-vous ; ſoyez baptiſez ; croyez en l'Évangile ; venez à moy, &c.* Ce ne ſont point des loix qu'il leur propoſe, mais une ſimple vocation à la foy par laquelle ſi ceux qui ſont appellez, ne viennent pas, ils ne pèchent point pour cela contre aucune loy poſitive de JESUS-CHRIST, parce que ces loix ſuppoſent la nouvelle alliance, mais ſeulement contre la prudence, qui veut qu'ils croyent en celuy qui les appelle. Ce ne ſera pas auſſi leur incrédulité qui ſera punie, mais les péchés qu'ils auront commis auparavant, ainſi que Saint Jean le témoigne par ces paroles, *Celuy qui ne croit pas, eſt déja jugé,* parce qu'il n'a pas crû ; remarquez qu'il ne dit pas qu'il ſera jugé, mais qu'il l'eſt déja. Ceux qui croyent en JESUS-CHRIST s'appellent *Fidèles,* & ceux qui demeurent dans l'incrédulité ſe nomment *Infidèles.* Lors-

Lors que ceux qui ont esté fidelles, viennent à defavoüer que JESUS-CHRIST soit le Messie, ils tombent dans le crime qu'on appelle *Apostasie*, qui consiste dans des paroles ou dans des actions, par lesquelles ceux, qui ont crû en JESUS-CHRIST, & qui sont déja entrés dans la nouvelle alliance par le Baptême, témoignent s'en repentir, & ne vouloir plus garder les conditions de cette alliance, ce qui est une espèce de crime de Lèze-Majesté divine.

CHAPITRE IX.

Des fonctions de JESUS-CHRIST *en qualité de Messie.*

IL suffit de sçavoir que JESUS-CHRIST est le Messie, c'est à dire, celuy qui a esté envoyé pour faire une nouvelle alliance avec tous les hommes, pour estre obligé de conclure qu'il est inférieur à son Pere, en ce qui regarde le droit de regner, quoy qu'il luy soit égal & coëssentiel, en ce qui regarde la nature divine, c'est à dire, que le Royaume Céleste que Dieu promet aux hommes, appartient à Dieu le Pere plûtôt qu'à JESUS-CHRIST, comme celuy-cy le témoigne luy-même par le second Article de la Priere qu'il nous enseigne, * *Nôtre Pere qui estes aux Cieux, vôtre regne arrive.* Et si quelquefois ce regne est appellé le regne de JESUS-CHRIST, ce n'est qu'à cause que le Pere & le Fils sont tous deux un seul & même Dieu, & que la nouvelle alliance touchant le Royaume de Dieu, n'est pas faite au nom du Pere seulement, mais au nom des trois personnes du Pere, du Fils & du S. Esprit, comme il paroît par ces paroles, *Allez & baptisez au nom du Pere, du Fils & du Saint Esprit.*

1. *Que* JESUS-CHRIST *est inférieur à son Pere, en ce qui regarde le droit de regner, quoy qu'il luy soit égal & coëssentiel, en ce qui regarde la nature divine.*

* Chap. 6. de S. Math.

Le Royaume de Dieu, pour le rétablissement duquel JESUS-CHRIST a esté envoyé, estant céleste, il est évident qu'il ne commencera qu'au second avenement de JESUS-CHRIST, sçavoir au jour du Jugement, lors qu'il viendra plein de gloire & de Majesté accompagné de ses Anges ; cela se déduit manifestement du 19. Chap. de S. Mathieu, où JESUS-CHRIST promet aux Apôtres qu'au Royaume de Dieu ils jugeront les douze Tribus d'Israël. *Je vous dis en vérité, que pour vous*

2. *Que le Royaume de Dieu pour le rétablissement duquel* JESUS-CHRIST *a esté envoyé est céleste.*

Tome III. Ttt

qui m'avez suivy, lors qu'au temps de la régénération le Fils de l'Homme sera assis sur le Thrône de sa gloire, vous serez aussi assis sur douze Thrônes, & vous jugerez les douze Tribus d'Israël. Ce qui ne doit arriver qu'au dernier Jugement. D'où vient que le temps que JESUS-CHRIST a esté en terre, n'est pas nommé le temps du Royaume de Dieu, mais le temps de la vocation de ceux qui doivent entrer dans le Royaume Céleste ; car il est à remarquer que quoy que le Royaume de Dieu, que nôtre Seigneur JESUS-CHRIST est venu rétablir par la nouvelle alliance, soit céleste, ceux qui entrent dans ce Traité par la Foy & par le Baptême, ne laissent pas d'avoir besoin d'estre conduits en ce monde, afin qu'ils persévèrent dans l'obiissance à laquelle ils sont obligés, pour parvenir à ce Royaume là. De sorte que comme Moyse après avoir institué le Royaume de Dieu par l'ancienne alliance, conduisit le Peuple d'Israël pendant tout le temps de son pélérinage, jusqu'à ce qu'il fût prêt d'entrer dans la terre de Chanaan, bien que le Royaume ne luy appartînt pas ; il faut aussi que nôtre Seigneur JESUS-CHRIST, lequel Dieu a voulu se faire en cela semblable à Moyse, conduise les Chrétiens au Royaume Céleste qui est à venir, quoy qu'à prendre les choses à la rigueur, ce ne soit pas à luy, mais à son Pere que ce Royaume appartienne ; il y a pourtant cette différence entre Moyse & JESUS-CHRIST, que Moyse ne conduisit le Peuple d'Israël que par des conseils & par des préceptes, qui sont des choses extérieures, & que JESUS-CHRIST y ajoûte une grace intérieure, sans laquelle les Chrétiens ne pourroient arriver au Royaume céleste.

3.
Que le gouvernement que JESUS-CHRIST exerce sur les Fidèles n'est pas proprement un Royaume, mais le droit d'enseigner aux hommes la science du salut éternel.

Ainsi le gouvernement que JESUS-CHRIST exerce sur les Fidèles en cette vie, n'est pas proprement un Royaume, ou un Empire, mais une charge qu'il a reçûë de Dieu le Pere d'enseigner les hommes ; je veux dire que Dieu le Pere n'a pas voulu que son Fils JESUS-CHRIST exerçât la puissance de juger du mien & du tien, ni qu'il eût le droit de faire des loix civiles, comme font les Rois de la terre chacun dans son Etat ; mais il luy a donné seulement le droit d'enseigner aux hommes la science du salut, c'est à dire, de leur apprendre les loix de son Pere qu'ils sont obligés d'observer pour parvenir au Royaume céleste, & pour leur donner la grace qui est nécessaire pour les accomplir.

CHAPITRE X.

Des Loix que JESUS-CHRIST *a proposées de la part de son Pere.*

TOUTES les Loix que JESUS-CHRIST a proposées de la part de son Pere sont comprises dans ces deux commandements, rapportés au 22. Chap. de S. Matthieu. *Vous aimerez de tout vôtre cœur, de toute vôtre ame, & de tout vôtre esprit, le Seigneur vôtre Dieu.* C'est le premier & le grand Commandement. Le second qui est semblable à celuy-là, est *Vous aimerez vôtre prochain comme vous même.* De ces deux Commandements dépendent la Loy & les Prophetes.

Le premier de ces Commandements fut donné autrefois par Moyse dans le sixiéme Chapitre du Deuteronome. Le second est plus ancien que Moyse, parce qu'il est une loy de la nature, & tous les deux ensemble comprennent en abregé toutes les loix. Car en effet, les loix qui regardent le Culte naturel sont comprises dans ces paroles, *Vous aimerez le Seigneur vôtre Dieu*, c'est à dire Dieu précisément, entant que Dieu d'Abraham, d'Isaac, de Jacob, & de leur posterité ; & les loix naturelles & civiles sont toutes rassemblées dans ce seul précepte, *Vous aimerez vôtre prochain comme vous même ;* car celuy qui aime Dieu de tout son cœur & son prochain comme soy même, a l'ame toute disposée à obéir à toutes les loix divines & humaines.

Cela est confirmé, parce que toutes les loix que JESUS-CHRIST a proposées dans le 5. 6. & 7. Chap. de S. Matthieu, où il explique le second précepte, sont manifestement contenuës dans le Décalogue, dans la loy naturelle, & dans la foy d'Abraham. C'est dans cette derniere, par exemple, qu'est comprise la défence de faire divorce avec sa femme légitime, parce que cette loy prononcée en faveur de deux personnes unies par le lien du mariage, *ils seront deux en une chair*, n'a pas esté proposée par JESUS-CHRIST le premier, mais elle a esté révélée par Abraham qui est le premier qui a enseigné la Création du Monde. Cela n'empêche pas pourtant que la

37. 38. 39. 40.

I.
Que toutes les loix que JESUS-CHRIST *a proposées, sont comprises dans les deux Commandemēts, d'aimer Dieu de tout son cœur & son prochain comme soy-même.*

défence du divorce ne paroisse une loy nouvelle, parce que Moyse l'avoit permis. Mais il faut remarquer que Moyse n'avoit donné cette permission que par condescendance ; c'est pour cela aussi que Saint Paul a dit que l'ancien Testament n'estoit pas sans défaut, & que les Lèvites croyoient qu'on n'estoit pas assés innocent, lors qu'on ne l'estoit que selon la loy.

Les Commandements qui défendent le meurtre, l'adultere, le larcin, &c. sont compris dans le Décalogue, & ces autres loix, *Vous ne résisterez point à celuy qui vous traite mal, vous présenterez vôtre jouë gauche à celuy qui vous donne un soufflet sur la droite, &c.* sont manifestement contenuës dans la loy de la nature, qui commande expressement d'aimer nos ennemis, c'est à dire, de leur faire tout le bien que nous pouvons, afin de ne nous pas attirer par la haine ou par la vengence quelque dommage plus grand que celuy que nous en avons déja reçû.

1. A quoy servent les Loix de Jesus-Christ?

Mais, dira-t'on, à quoy servent les loix de Jesus-Christ, si elles ne commandent rien que ce qui est prescrit par le Décalogue & par la loy naturelle? Je réponds que ces loix sont tres nécessaires pour cinq raisons principales. 1. Pour engager les hommes par les pactes de la nouvelle alliance à observer les loix naturelles & écrites. 2. Pour exciter les hommes à observer ces loix par le motif d'une plus grande recompense qui est la vie éternelle. 3. Pour suppléer au défaut des loix naturelles qui ne font que montrer ce qu'il faut faire, & qui ne sont pas accompagnées, comme les loix Chrétiennes, d'une grace pour l'accomplir. 4. Pour régler la conscience, de laquelle les loix civiles ne se mettent pas en peine, parce qu'elles n'ont pour but que de faire observer la justice extérieure, qui seule suffit pour établir la paix publique. En effet, quand la loy civile dit, *Tu ne tueras point, tu ne seras point adultère,* on pourroit entendre qu'elle défend l'action seulement. Et Jesus-Christ déclare qu'il défend encore l'intention. Lors que la loy civile dit, *Tu ne prendras point le bien d'autruy;* l'on pourroit entendre qu'elle défend seulement de faire effort pour en joüir : & Jesus-Christ déclare expressément, qu'il ne défend pas seulement l'effort, mais le simple desir, & ainsi des autres. 5. Pour prescrire la maniere dont Dieu veut estre servy par ceux qui entrent dans la nouvelle alliance; car comme il n'y a que Jesus-Christ qui connoisse la volonté de son Pere, il n'y a que luy aussi qui puisse enseigner comment il veut estre servy.

Toutes les loix de JESUS-CHRIST sont comprises sous le titre de *Loix Chrétiennes*, de loix du *Nouveau Testament*, ou de loix de l'*Evangile* ; & ces loix tendent toutes à régler le cœur & la conscience qui sont les deux seules choses que Dieu exige des hommes par la nouvelle alliance : car quant à la Justice extérieure, il la laisse entierement à la conduite des loix civiles, comme il le déclare en plusieurs endroits de la sainte Ecriture, mais principalement en ceux-cy, *Mon Royaume n'est pas de ce monde : Dieu n'a pas envoyé son Fils au monde, afin qu'il y exerce jugement ; Homme, qui m'a établi Juge entre vous?* JESUS-CHRIST voulant dire par là que Dieu le Pere ne luy a pas donné la puissance de juger du mien & du tien, comme il l'a donnée aux Rois de la terre, ni celle de contraindre par des punitions corporelles (ce qui regarde la Justice extérieure) mais seulement celle de faire des loix qui règlent la conscience, & qui conduisent ceux qui les observent au Royaume Céleste.

3. *Que les Loix de JESUS-CHRIST règlent le cœur & la conscience, & que c'est aux loix civiles à régler l'extérieur des actions humaines.*

CHAPITRE XI.

De la Nécessité de croire en JESUS-CHRIST pour estre sauvé, & de la Puissance qu'il a euë de pardonner les pechés, & de réveler les véritez surnaturelles.

SI nous remontions jusqu'à l'origine des choses, nous trouverions qu'après qu'Adam eut péché, Dieu releva son espérance par la promesse qu'il luy fit de faire naître d'une Femme une semence qui écraseroit la tête du Serpent. *Je mettray,* dit Dieu, parlant au Serpent, *L'inimitié entre toy & la femme, & entre ta semence & la sienne.* Cette promesse fut ensuite renouvellée à Abraham en ces termes, *En toy seront bénites toutes les Nations de la terre,* & depuis elle a esté réitérée par les Prophètes.

C'est dans ces promesses que tous ceux qui ont esté sauvés depuis Adam jusqu'à la venuë du Messie, ont trouvé leur salut, ce sont ces promesses qui ont esté le fondement de l'es-

1. *Que les anciens Peres ont eu le mê-*

me esprit de foy qu'ont les Chrétiens d'aujourd'huy. pérance de nos Peres, & qui les ont rendus participants de nôtre foy. C'est aussi ce qui a obligé Saint Paul à dire en parlant d'eux, que nous avons le même esprit de foy que nos Peres. Et JESUS-CHRIST parlant d'Abraham aux Juifs, leur dit, *Abraham vôtre Pere a desiré de voir mes jours & il les a vûs*, c'est à dire par la foy. D'où il s'ensuit que le vieux & le nouveau Testament ne different qu'en ce que la grace qui estoit cachée dans le vieux Testament a esté manifestée dans le nouveau, comme Saint Paul l'assûre en ces termes, *Maintenant la Justice de Dieu est manifestée sans la loy, ayant témoignage de la loy & des Prophètes*. Or si la Justice de Dieu est manifestée, donc elle estoit auparavant, mais elle estoit cachée : & si elle a le témoignage de la loy & des Prophètes, donc la loy & les Prophètes n'ont pas tout à fait ignoré l'Evangile ni la grace de JESUS-CHRIST, qui sont désignés par la Justice de Dieu.

2.
Que pour agir en véritable Juif, il faloit accomplir la loy en vûë des promesses de JESUS-CHRIST.

Je dis que les Prophètes n'ont pas tout à fait ignoré l'Evangile ni la grace de JESUS-CHRIST, pour faire remarquer qu'il y a cette différence entre le vieux & le nouveau Testament, que la connoissance qu'on avoit de la grace dans le premier estoit fort obscure, tant parce que la grace n'estoit pas comprise dans la loy, qu'à cause que le péché avoit presque effacé de la mémoire des hommes la foy & l'esperance des promesses divines ; au lieu que dans le dernier, la Justice de JESUS-CHRIST a esté clairement révélée : d'où il s'ensuit que les Juifs ont connu, mais obscurement, le Messie & la nécessité de la Grace, & que ceux qui ont accomply la loy ne l'ont accomplie qu'en vûë de ces promesses ; car ce n'estoit pas assés pour agir en véritable Juif, que d'observer la loy pour les seules récompenses temporelles qu'elle promettoit ; mais il faloit deplus l'accomplir en vûë des promesses de JESUS-CHRIST ; ce n'estoit pas assés que d'agir par les seules forces de la nature & du libre-arbitre, il faloit encore estre aidé de la grace divine : enfin ce n'estoit pas assés d'observer la loy comme un commandement de JESUS-CHRIST qui devoit venir pour révéler la volonté de son Pere, & pour régler la conscience des hommes.

3.
Que JESUS-CHRIST a la puissance

Il y a donc de la nécessité à croire, que JESUS est le CHRIST, & qu'il a la puissance de pardonner les péchés à ceux qui s'en repentent : car cette puissance estoit absolument

nécessaire à l'égard des hommes qui avoient offensé Dieu, *de pardonner les pechés.*
parce que sans elle ils n'eussent pû espérer de parvenir au salut
éternel à cause que la rémission du péché n'est pas naturellement une suite infaillible de la repentance, comme si elle luy
estoit dûë, mais elle dépend comme purement gratuite de la
volonté & de la puissance de Dieu, laquelle nous a esté révélée par Nôtre Seigneur JESUS-CHRIST.

Il faut croire encore que JESUS-CHRIST a eu le droit 4.
d'enseigner aux hommes la maniere particuliere dont Dieu veut *D'enseigner aux hommes*
estre honoré par ceux qui sont entrés dans la nouvelle allian- *la maniere*
ce; car comme il n'y a que luy qui sçache la volonté de son *dont Dieu*
Pere, c'est luy seul aussi qui nous la peut révéler. *veut estre honoré.*

Il faut croire enfin qu'il n'y a que JESUS-CHRIST qui 5.
nous puisse instruire des choses qui regardent la Foy qu'on ap- *Et de révé-*
pelle *Divine*; comme par exemple, qu'il est le Messie; Que *ler les vérités*
son Royaume n'est pas de ce monde; Qu'il est céleste; Qu'il *surnaturelles.*
y a des peines & des récompenses après cette vie; Qu'il y a
des Sacrements qui sont des signes visibles de la grace invisi-
ble; Qu'il y a une Trinité, une Incarnation, une Résurrection, & autres semblables Mystères ou Vérités surnaturelles : Car comme ces vérités sont impénétrables à la lumiere
naturelle, nous avons besoin pour les croire de la révélation
divine & du don de la Foy, comme de deux choses absolument nécessaires..

CHAPITRE XII.

Des Vérités surnaturelles, & en quoy elles different des Vérités naturelles.

CE n'est pas assés de sçavoir que JESUS-CHRIST a révélé plusieurs vérités surnaturelles, il reste encore à découvrir ce que sont ces vérités, & en quoy elles different des 1.
vérités naturelles. *En quoy les*

Pour cet effet, il faut remarquer qu'on appelle vérités *na- vérités na-*
turelles toutes les choses qu'on peut concevoir par la seule lu- *turelles dif-*
miere naturelle, & tous les rapports d'égalité ou d'inégalité qui *fèrent des*
font entr'elles. Et que par une raison contraire on appelle vé- *vérités sur-*
naturelles.

rités *surnaturelles* toutes les choses & tous les rapports d'égalité ou d'inégalité qu'on ne peut concevoir par la seule raison naturelle. Par exemple, l'égalité de trois angles d'un triangle à deux angles droits est une vérité naturelle, parce que nous pouvons concevoir le rapport d'égalité qui est entre les trois angles d'un triangle & deux angles droits. Au lieu que la Sainte Trinité est une vérité surnaturelle ; car bien que nous puissions concevoir clairement une nature divine & trois personnes, nous ne pouvons pas néanmoins comprendre les rapports d'idemtité qui sont entre trois personnes & cette nature divine.

<small>2.
Qu'en croyant des Mystères on ne croit rien qui soit contraire à la raison.</small>

Cependant quand nous croyons qu'il y a trois Personnes en Dieu, nous ne croyons rien qui soit contraire à la raison ; car il a esté prouvé dans la Métaphysique qu'à parler proprement la contrariété ne se rencontre qu'entre les choses qui sont d'un même ordre : Et il est évident que les choses naturelles & les choses surnaturelles sont de deux ordres différents. Par exemple, ce seroit une chose contraire à la raison que dans l'ordre naturel dans lequel toutes les vérités sont proportionnées à la capacité de nos esprits, trois choses fussent les mêmes avec une quatriéme, & qu'elles ne fussent pas les mêmes entre-elles : mais ce n'est pas une chose contraire à la raison que dans un état surnaturel dans lequel les vérités sont au dessus de la portée de nos esprits, il y ait trois Personnes qui soient réellement distinctes entre-elles, quoyqu'elles soient réellement une même chose avec la nature divine. En effet, s'il y avoit de la contrariété entre ces deux vérités, nous serions obligés, ou d'abandonner la raison humaine, qui nous persuade que trois choses qui sont les mêmes avec une quatriéme, sont les mêmes entre-elles, ou de rejetter la Foy, qui nous oblige de croire que les trois Personnes divines sont réellement une même chose avec la nature de Dieu, & qu'elles sont néanmoins réellement distinctes entre-elles.

Mais sans tomber dans cet inconvénient, estant tres-persuadés que c'est le même Dieu qui parle par la Foy & par la raison, & qui ne peut se contredire, nous tenons pour une vérité constante dans l'ordre de la nature que trois choses sont les mêmes entre-elles quand elles sont les mêmes avec une quatriéme, sans toutefois que cela nous empêche de croire que dans l'ordre surnaturel les trois Personnes divines sont réellement

ment

LIVRE TROISIE'ME. PARTIE I.

ment distinctes entre-elles, bien qu'elles soient une même chose avec la nature de Dieu.

C'est ce qui a fait dire aux Théologiens, que les vérités de la Foy sont au dessus de la raison, mais qu'elles ne sont pas contraires à la raison, mettant au dessus de la raison les vérités que nôtre esprit ne peut concevoir, & qu'il est obligé de croire seulement parce que Dieu les luy révèle: & tenant pour contraires à la raison les vérités que l'esprit ne peut comprendre, & que Dieu ne luy a pas révélées. Ainsi par exemple, si trois personnes estoient réellement les mêmes avec une nature singuliere & existente, & qu'elles fussent néanmoins réellement distinctes entre-elles, cela passeroit pour une vérité contraire à la raison dans l'ordre naturel, où toutes choses sont concevables: mais cela n'est qu'au dessus de la raison dans l'ordre sur naturel, où tout surpasse la force de nôtre esprit.

Suivant ce principe, il y a deux sortes de choses sur-naturelles; les unes sont sur-naturelles quant à leur nature, & les autres le sont seulement quant à la maniere dont elles sont faites. La sainte Trinité, par exemple, est sur-naturelle de la premiere sorte, parce qu'elle est de sa nature inconcevable, n'estant pas possible de comprendre que trois Personnes soient réellement la même chose avec la nature divine, & qu'elles soient réellement distinctes entre-elles. Le Serpent auquel la Verge d'Aaron fut changée,* est surnaturel de la seconde sorte; car quoyqu'on puisse concevoir la nature & la maniere d'exister de ce Serpent, on ne peut pas néanmoins comprendre comment il fut fait immédiatement d'une Verge.

3. Qu'il y a deux sortes de choses sur-naturelles, & quelles.

* Chap. 7. de l'Exode.

Les vérités qui sont sur-naturelles de la premiere sorte, sont proprement *des Mystères*: Et celles qui sont sur-naturelles de la seconde sorte, sont *des Miracles* ou *des Prodiges*, mais ce qu'il faut particulierement remarquer est que presque toutes les vérités de la foy sont sur-naturelles d'une de ces deux manieres. Par exemple, l'Incarnation du Verbe est sur-naturelle quant à sa nature, parce qu'il est inconcevable que la nature humaine de JESUS-CHRIST ait pû subsister sans sa propre personalité, puisque cette personalité n'est autre chose dans les hommes ordinaires qu'un certain rapport qui résulte naturellement entre l'esprit & le corps, de ce qu'ils sont unis ensemble. La

Tome III.   Vuu

Résurrection des morts est inconcevable quant à la maniere dont elle est faite : car comment peut-on concevoir que les parties dont chaque corps a esté formé, s'arrangent de nouveau comme elles l'ont esté auparavant sans qu'aucune cause seconde y contribuë, puis qu'il a esté démontré dans la Métaphysique* qu'on ne peut concevoir aucun arrangement particulier des corps qui ne dépende immédiatement des causes secondes entant qu'elles servent d'instrument à Dieu pour mouvoir les corps comme ils doivent estre mûs pour prendre l'arrangement particulier dans lequel consistent les différentes formes des estres matériels. Ce que je dis de l'Incarnation, doit estre entendu de tous les autres miracles, & mystères de la Réligion Chrétienne.

* Livre I. Chap. 8. Art. 3.

CHAPITRE XIII.

Que Dieu a donné à l'Eglise le droit de décider toutes les contestations qui naissent touchant les vérités surnaturelles.

COMME les vérités sur-naturelles supposent la révélation divine, & que cette révélation n'est pas toujours si claire ni si expresse qu'il ne puisse naître plusieurs contestations sur les choses qui ont esté révélées ; pour rémédier au desordre qui en pourroit naître parmi les Fidelles, JESUS-CHRIST a donné à l'Eglise le droit d'interpréter sa parole. Mais parce que le mot d'*Eglise* est équivoque, il faut avant que d'établir la possession de ce droit, définir en quel sens doit estre pris le mot d'*Eglise*, pour signifier cette Eglise à laquelle JESUS-CHRIST a donné la puissance d'expliquer sa parole.

I.
Que le mot d'Eglise est fort équivoque.

Pour cet effet, il faut remarquer que le mot d'*Eglise* signifie quelquefois une assemblée visible, & quelquefois les Chrétiens quoy qu'ils ne soient pas assemblés. Il est pris au premier sens en S. Matthieu : *Dis-le à l'Eglise ; s'il n'écoute l'Eglise ;* &c. Car il faut entendre ce passage de l'Eglise convoquée, estant impossible de l'attribuer à une Eglise éparse. Il est pris au second sens aux Actes des Apôtres,* où il est dit, *Que Saul ravageoit l'Eglise ;* car il faut entendre ce passage, des Fidelles

* Chap. 8.

qui estoient dispersés par la Judée & par la Samarie. Quelquefois le mot d'*Eglise* signifie les E'lûs, comme lors que dans l'Epitre aux E'phésiens, l'Eglise est nommée *Sainte & Immaculée*. Quelquefois il signifie toutes les personnes qui font profession du Christianisme, soit qu'intérieurement elles soient vrayement Chrétiennes, soit qu'elles feignent seulement de l'être. D'ailleurs, le mot d'*Eglise* est quelquefois pris collectivement pour tous les Chrétiens ensemble, comme dans l'E'pître aux E'phésiens, où JESUS-CHRIST est nommé *le Chef de l'E'glise*, & quelquefois pour les membres, comme quand il est dit *l'E'glise des E'phésiens, l'E'glise des Corinthiens, les sept Eglises*, &c.

Enfin, le mot d'*Eglise* est pris quelquefois pour signifier ceux qui s'assemblent à dessein de délibérer & de juger des choses spirituelles, c'est à dire, des choses que Dieu a révélées, qui reçoivent quelque difficulté ; & en ce sens on nomme l'E'glise un *Synode* ou un *Concile*.

Or puis que l'E'glise à qui Dieu a donné le droit d'interpréter sa parole, a des qualités personnelles, & des actions qui luy sont propres, comme il paroît par ces passages de l'E'criture : *Dis-le à l'E'glise ? Celuy qui n'obéira à l'E'glise*, &c. Il faut que cette E'glise soit celle que nous avons nommée *Synode* ou *Concile*, puis qu'il n'y a que celle-là qui ait des droits & des qualités personnelles. Ainsi l'on peut définir l'E'glise en disant, *Qu'elle est une certaine assemblée de Pasteurs convoquée légitimement en certains temps & lieu, & par une certaine puissance, aux ordres de laquelle tous les Pasteurs sont obligés de se rendre en ce lieu-là, ou en personne ou par leurs députez, afin de résoudre les difficultés qui regardent la Foy & le Culte de Dieu*.

Je dis en premier lieu, *Que l'Eglise est une assemblée de Pasteurs*, pour marquer la différence qui est entre l'Eglise qu'on appelle *Synode* ou *Concile*, & l'E'glise prise collectivement. Je dis en second lieu, *Convoquée en certains temps, & lieu par une puissance aux ordres de laquelle*, &c. pour faire entendre que si l'Eglise n'est assemblée, elle ne peut constituer ni estre nommée une personne. En effet, l'E'glise ne peut délibérer, absoudre, condamner, &c. si ce n'est entant qu'elle est réünie en un seul Corps, & qu'elle compose une certaine personne civile. Je dis en troisiéme lieu, *Convoquée légitimement*. Pour faire

2.
Ce que c'est que l'Eglise prise pour un Concile.

connoître que si l'Eglise n'estoit pas assemblée par une Puissance qui eût droit de la convoquer, elle ne seroit pas une véritable personne civile, ni par conséquent une véritable Eglise, parce que ceux qui assisteroient à ces assemblées, ne seroient pas obligés de se soûmettre aux délibérations des autres, surtout si elles estoient contraires à leurs propres sentiments : dont la raison est que la multitude n'a pouvoir de résoudre quelque chose, que lors que chacun de ses membres est obligé à se soûmettre aux résolutions du plus grand nombre : ce qui suppose un Corps politique & une Personne civile, qui dépend d'une convocation légitime. Je dis en quatriéme lieu, *Aux ordres de laquelle tous les Pasteurs sont obligés, &c.* pour faire entendre que l'Eglise Chrétienne est une en nombre, & que son unité dépend précisément de ce qu'il y a une puissance certaine & connuë, par les ordres de laquelle chaque particulier est obligé de se trouver à l'assemblée ; car sans cette puissance l'Eglise ne seroit pas tant une seule personne civile qu'une multitude confuse de personnes privées, quoy que ces personnes s'accordassent d'ailleurs & fussent liées en quelque sorte par la conformité de leurs opinions. Je dis en dernier lieu, *Afin de résoudre les difficultés spirituelles ;* pour signifier que quand l'Eglise s'assemble, ce n'est pas pour juger des choses temporelles, mais pour terminer les différends qui ont pû naître sur les vérités sur-naturelles que Dieu a révélées.

Suivant cette définition, il est évident que la puissance de convoquer l'Eglise appartient proprement à l'Eglise même; ce qui est confirmé par la pratique du Concile de Constance, qui assigna le temps & le lieu où l'on pourroit assembler de nouveau un autre Concile ; mais comme l'Eglise assemblée n'a pas toûjours pourvû à la convocation des Conciles suivants par l'indiction de nouvelles assemblées ; il est nécessaire que le droit de convoquer les Conciles, quand il est besoin, appartienne encore à quelque puissance particuliere, sans laquelle l'Église ne pourroit plus estre assemblée, quand le temps marqué pour la convocation seroit passé : Or personne ne peut raisonnablement douter que cette puissance ne réside dans les successeurs de Saint Pierre, ausquels comme Chefs visibles de l'Église, nous devons l'obéissance & la soûmission que les Conciles mêmes ont toûjours enseigné que les Fidelles leur devoient rendre.

Quand l'Eglise est assemblée c'est proprement à elle qu'appartient le droit d'interpréter la parole de Dieu, & de décider toutes les contestations qui peuvent naître parmy les Fidèles; cela se voit en saint Matthieu, où JESUS-CHRIST s'adressant à ses Disciples leur dit : *Si vôtre frere a péché contre vous, allez luy répresenter sa faute en particulier entre vous & luy, s'il ne vous écoute point, prenez encore avec vous une ou deux personnes afin que tout soit confirmé par l'autorité de deux ou trois témoins. Que s'il ne les écoute pas non plus, dites-le à l'Eglise; & s'il n'écoute pas l'Eglise même, qu'il soit à vôtre égard comme un Payen & un Publicain* : C'est à dire, comme s'il estoit hors de l'Eglise.

* Chap. 18. v. 15. 16. & 17.

Ajoûtés que quand nous n'aurions pas le témoignage de l'Ecriture sainte, la seule raison naturelle nous obligeroit de reconnoître l'Eglise pour Juge de toutes les Controverses spirituelles. En effet, comme la parole de Dieu est souvent équivoque, il est absolument nécessaire qu'elle soit interprétée par des personnes dont le discours soit réputé pour parole de Dieu, parce qu'autrement ces personnes ne pourroient faire cesser les Controverses. Or les Interprètes de l'Ecriture dont l'opinion est reçûë comme parole de Dieu, ne sont pas ceux qui la traduisent du Grec ou de l'Hebreu à leurs auditeurs, la leur faisant entendre en Latin, en François, ou en quelque autre Langue vulgaire; ce ne sont pas non plus ceux qui font des Commentaires sur la même Ecriture, parce qu'au fond les uns ni les autres n'ont aucun droit de nous donner leurs pensées pour la règle des nôtres : d'où il s'ensuit qu'il n'y a que l'Eglise légitimement assemblée qui puisse estre l'Interprète canonique de la parole de Dieu, parce qu'il n'y a qu'elle à qui Dieu ait conféré le droit de décider toutes les Controverses spirituelles.

3. *Que la seule raison naturelle oblige à prendre l'Eglise pour Juge des Controverses spirituelles.*

Nous avons dans l'Ecriture sainte un exemple mémorable, qui prouve tout à la fois & que l'Eglise a le droit de décider les Controverses de la Réligion, & que le saint-Esprit parle par sa bouche lors qu'elle prononce ses Jugements. C'est la dispute qui s'éleva sur le sujet des Céremonies de la Loy, du temps même des Apôtres; car leurs Actes apprennent à tous les siécles suivans par la maniere dont fut décidée cette premiere contestation, que toutes celles qui partageront ensuite les Fidèles, se-

4. *Exemple pris de l'Ecriture Sainte.*

ront terminées par l'autorité de l'Eglise, & que les Pasteurs assemblés diront après les Apôtres : *Car il a semblé bon au saint-Esprit & à nous, de ne vous point imposer d'autres charges que celles-cy qui sont nécessaires, &c.* Et quand l'Eglise aura parlé, on enseignera à ses Enfants qu'ils ne doivent pas examiner de nouveau les articles qu'elle aura décidés ; mais qu'ils doivent recevoir humblement ses décisions, imitant en cela l'exemple de Paul & de Silas, qui portérent aux Fidèles le premier jugement des Apôtres, & qui loin de leur permettre un nouvel examen de ce qui avoit esté résolu, allerent par les Villes, leur enseignant de garder les Ordonnances des Apôtres, comme il est rapporté aux Actes Chap. 15. En effet, si chaque Fidèle pouvoit suivre les lumieres de sa conscience sans soûmettre son jugement à l'autorité d'aucun Corps, ou d'aucune Assemblée Eccléfiaftique, cela ouvriroit la porte à toutes sortes d'irrégularités & d'extravagances, & donneroit lieu à former autant de Réligions qu'il y a de particuliers.

5. Preuve tirée du vieux Testament.

Je pourrois ajoûter aux autorités du Nouveau Testament, qui prouvent que l'Eglise est l'Interprète de la parole de Dieu, ce que Dieu commanda d'observer dans l'Ancien Testament touchant le Livre de la Loy ; car il voulut bien que ce Livre fût reçû comme la règle & le canon de la parole divine, mais ce ne fut qu'à cette condition que les particuliers en laisseroient décider les Controverses au grand Prêtre comme au souverain arbitre de ces différends. En effet, la Puissance spirituelle n'est pas moins nécessaire pour conserver la paix dans l'Eglise, que la puissance temporelle est nécessaire pour la conserver dans l'Etat. Ainsi, c'est à l'Eglise non seulement à expliquer les vérités surnaturelles qui composent la Réligion Chrétienne, mais encore à établir toutes les Loix qu'elle juge nécessaires touchant la maniere dont Dieu veut estre servi & honoré, tout le reste est sujet à la Loy civile, & dépend absolument des Ordonnances publiques.

CHAPITRE XIV.

Que les Loix de Jesus-Christ, *& celles de l'Eglise ne sont pas contraires aux Loix naturelles, ni aux Loix civiles.*

BIEN loin de croire que les Loix que Jesus-Christ a proposées de la part de son Pere, soient opposées aux loix naturelles ou civiles ; il faut penser au contraire qu'elles y sont tres conformes. Cela est prouvé évidemment par Jesus-Christ même, qui avant que d'entrer dans l'explication du second Commandement, qui regarde le prochain, parle en ces termes de la Loy morale ou naturelle : * *Ne pensez pas que je sois venu pour détruire la Loy & les Prophètes ; je ne suis pas venu pour les détruire, mais pour les accomplir.* Il assûre même que cette Loy est si inviolable, que les Cieux & la Terre passeront plûtôt qu'elle ne soit accomplie, c'est à dire, plûtôt qu'il soit permis de la violer : * *Car je vous dis en vérité que le Ciel & la Terre passeront plûtôt que tout ce qui est dans la Loy, ne soit accompli parfaitement jusques à un seul point.* Il n'est donc pas permis de violer le moindre commandement de la Loy naturelle, comme Jesus-Christ le déclare encore expressément, * *Celuy donc qui violera l'un de ces Commandements, & qui apprendra aux autres à les violer, sera le dernier dans le Royaume du Ciel.*

C'est pourquoy, quand Jesus-Christ dit dans S. Matth.* *Si quelqu'un vous donne un soufflet sur la jouë droite, présentez luy encore l'autre ;* cela doit estre entendu, plûtôt que de vous venger & de le haïr, parce que la Loy naturelle défend la haine & la vengeance. Par la même raison quand il dit,* *Qu'il faut aimer ses ennemis : Qu'il faut donner son manteau à celuy qui veut plaider contre nous pour avoir nôtre robe : Qu'il faut faire deux mille pas avec celuy qui nous veut contraindre d'en faire mille, &c.* cela veut dire qu'il vaut mieux faire tout cela que de se quereler ; ce qui est tres conforme à la Loy naturelle.

Suivant ce même principe, quand Jesus-Christ dit de ne nous point mettre en peine où nous trouverons de quoy manger, ni d'où nous aurons dequoy nous vêtir, il ne faut pas

---

1.
Que Jesus-Christ *assûre luy-même qu'il n'est pas venu détruire la Loy ni naturelle ni civile.*

* Chap. 5. de S. Math.

* Ibid.

* Ibid.

* Ibid.

* Ibid.

croire qu'il prétende par ces paroles exclure le soin raisonnable que nous devons prendre pour nous procurer de quoy conserver la vie ; il veut défendre seulement les empressements extraordinaires & les soins déreglés : d'où vient qu'il faut établir pour règle que toutes les Instructions & toutes les Loix de Jesus-Christ qui ne paroissent pas conformes à la loy naturelle, doivent estre réduites à cette loy, qui est la base & le fondement de toutes les autres Loix.

Non seulement les Loix de Jesus-Christ ne sont pas opposées aux loix naturelles, elles ne sont pas mêmes contraires aux loix civiles ; car Dieu le Pere n'a pas voulu que son Fils exerçât la puissance de juger du mien & du tien, parce que ce droit appartient sans difficulté aux Princes temporels, tandis que Dieu ne s'oppose pas à leur autorité ; & il est certain qu'il ne s'y opposera pas avant le dernier Jugement, comme il est prouvé par Saint Paul, qui parlant de cette grande Journée, dit : *Et alors viendra la fin & la consommation de toutes choses, lors qu'il aura remis son Royaume à Dieu son Pere, & qu'il aura détruit tout empire, toute domination & toute puissance.

* Chap. 15. de la 1 aux Corinth.

Cela paroît encore par ces paroles de Jesus-Christ, *Dieu n'a pas envoyé son Fils en ce monde, pour y exercer jugement, mais afin que le monde fût sauvé par luy. Si quelqu'un entend mes paroles & ne les garde pas, je ne le juge point, car je ne suis point venu pour juger le monde* : de sorte que quand il est dit dans quelques endroits de l'Evangile que le Pere ne juge personne, & qu'il a donné tout jugement au Fils, cela s'entend du jugement dernier, & non pas du jugement des choses temporelles.

2. Que ceux qui gouvernent les Etats ont droit de juger tous les différends temporels.

Ainsi comme Jesus-Christ a donné à l'Eglise la puissance de juger toutes les controverses spirituelles, il a laissé à ceux qui gouvernent les Etats & les Républiques, le droit de juger tous les differends temporels ; d'où vient que non seulement parmi les Infidèles, mais encore entre les Chrétiens, les particuliers doivent recevoir des Souverains toutes les loix qui servent à distinguer ce qui apartient à chacun de ce qui appartient aux autres : C'est pourquoy, quand Jesus-Christ dit, *vous ne tuerez point, vous ne dérobérez point*, &c. il ne fait autre chose que commander d'obéir aux loix civiles touchant le meurtre & le larcin, & en général touchant tout ce qui regarde

LIVRE TROISIE'ME. PARTIE I.

de la deffense & la sûreté publique, à l'égard desquelles nous sommes obligés d'obéir aux Princes séculiers, non seulement parce que leur puissance est fondée sur nos promesses, mais encore parce qu'elle est confirmée par l'autorité de nôtre Seigneur JESUS-CHRIST en plusieurs endroits du nouveau Testament.

Le premier est dans l'Ep. aux Rom. où saint Paul parle en ces termes. *Que toute personne soit sujette aux puissances supérieures; Car il n'y a point de puissance qui ne vienne de Dieu, C'est pourquoy qui résiste à la puissance, résiste à l'Ordonnance de Dieu, & ceux qui y résistent s'attirent condamnation sur eux-mêmes.* Or de ce que les puissances qui gouvernoient le monde du temps de S. Paul exigeoient une obéïssance absoluë, pourquoy celles qui le gouvernent maintenant ne l'exigeroient-elles pas?

3. Preuves tirées de l'Ecriture Sainte.

Le second est dans la premiere Epître de saint Pierre. *Rendez vous donc sujets à tout ordre humain pour l'amour de Dieu, soit au Roy comme à celuy qui est par dessus les autres, soit aux Gouverneurs comme à ceux qui sont envoyez par le Roy pour exercer vengeance sur les coupables & pour recompenser les gens de bien, car telle est la volonté de Dieu.*

Le troisiéme est dans la lettre que saint Paul écrit à Tite en ces termes, *Avertissez-les qu'ils soient sujets aux Puissances & aux Principautés.* Et pour en venir à l'exemple de JESUS-CHRIST, à qui par droit héréditaire, comme descendant de David, la Principauté des Juifs estoit dûë, il ne laissoit pas lors qu'il vivoit en personne privée, de payer le tribut à Cesar, & de dire qu'il luy appartenoit. *Rendez à Cesar,* disoit-il, *ce qui appartient à Cesar, & à Dieu ce qui appartient à Dieu.*

Il faut ajoûter que quand JESUS-CHRIST a voulu agir en Roy, il a bien fait connoître par l'autorité de ses Commandements qu'il exigeoit une obéïssance absoluë. *Allez,* dit-il à ses Disciples, *à la Bourgade qui est vis à vis de vous, & vous trouverez une Anesse attachée, si quelqu'un vous dit quelque chose, vous direz que le Seigneur en a affaire.* Or quel empire y a-t-il plus absolu que celuy où l'on peut prendre aux sujets leur propre bien, sans alléguer d'autre raison que celle que le Seigneur en a affaire, & que tel est son plaisir?

C'est donc une chose constante que la puissance de tous les Princes séculiers est fondée sur l'exemple & sur l'autorité de

4. Que l'autorité des

Tome III. Xxx

Souverains est fondée sur l'exemple de Jesus-Christ.

Jesus-Christ, & que par conséquent nous sommes obligés de faire tout ce qu'ils commandent touchant les choses temporelles. Je dis, *touchant les choses temporelles.* Car quant aux choses spirituelles nous sommes tenus d'obéir absolument à Jesus-Christ & à l'Eglise, sans que nous ayons lieu de craindre que les Loix Ecclésiastiques puissent jamais estre contraires aux Loix civiles, parce que les objets de ces Loix sont entierement différents, comme il a esté remarqué.

CHAPITRE XV.

Que les Loix de Jesus-Christ & les Loix naturelles qui regardent le prochain, sont modifiées par les Loix civiles, comme les Loix civiles sont modifiées par le fondement du droit naturel, qui est la conservation de nous-mêmes.

1. *Que les Loix de Jesus-Chr. défendent le larcin & le meurtre; mais que c'est aux Loix civiles de déterminer ce que c'est que Larcin & Meurtre.*

QUOYQUE que les Loix naturelles & les Loix de Jesus-Christ défendent le larcin, le meurtre, &c. ce ne sont pas elles pourtant qui enseignent ce qu'il faut nommer larcin ou meurtre, c'est à la Loy civile à le déterminer ; c'est pourquoy, quand Jesus-Christ & la Nature commandent de ne pas tuer & de ne pas prendre le bien d'autruy, cela doit estre entendu si les Loix civiles le défendent ; car si elles le commandoient (comme il arrive durant la guerre) il faudroit leur obéir ; & alors ne pas tuer, & ne pas prendre le bien que les autres possèdent, ce seroit estre rebelle à l'Etat auquel Jesus-Christ commande d'obéir ; ce qui prouve évidemment que les Loix de Jesus-Christ & celles de la nature sont modifiées par les Loix civiles, c'est à dire, que les Loix Chrétiennes & les Loix naturelles n'obligent qu'entant qu'elles sont conformes aux Loix de l'Etat.

2. *Que les Loix civiles sont modifiées par le fondement du droit naturel.*

Or comme les Loix de Jesus-Christ & celles de la nature qui regardent le prochain sont modifiées par les Loix civiles, les Loix civiles sont aussi modifiées par le fondement du droit naturel, c'est à dire, par la conservation de nous-mêmes. Car en effet, comme nous n'avons pû transférer aux Souverains le droit de faire des Loix que pour obtenir la paix, ni désirer la paix que pour conserver la vie. Lors qu'il arrive par acci-

LIVRE TROISIE´ME. PARTIE I. 531

dent que les Loix civiles, au lieu de nous conserver, tendent à nous détruire, alors nous ne sommes plus obligés de leur obéir, & nous reprenons le droit que la nature nous a donné de faire tout ce que nous jugeons nécessaire pour nôtre conservation ; c'est par cette raison qu'on ne blâme point un criminel pour avoir violé sa prison, ni un autre homme atteint de quelque grand crime, pour s'estre défendu, ni même pour avoir attaqué ceux qui l'ont voulu saisir, s'il n'a pû se garantir autrement.

J'ay dit ; *Lors qu'il arrive par accident que les Loix civiles, au lieu de nous conserver tendent à nous détruire*, pour donner à entendre que le propre effet des Loix civiles est de contribuer à la conservation des particuliers, & que si elles tendent quelquefois à leur destruction, ce n'est qu'à cause que la conservation des particuliers devient quelquefois contraire à celle du public, ce qui n'arrive que par accident, sçavoir lors que quelque particulier trouble le repos public, ou commet quelque autre crime qui oblige l'Etat à le faire mourir pour se conserver soy-même. 3. Que ce n'est que par accident que les Loix civiles tendent à nous détruire.

C'est pourquoy, s'il arrive quelquefois que les préceptes de JESUS-CHRIST ou ceux de la nature semblent choquer le fondement du droit naturel, & prescrire des choses qui soient opposées à nôtre conservation, ce n'est qu'extérieurement & en apparence qu'ils le choquent ; car il n'y a aucune raison de croire que Dieu, qui ordonne par les Loix naturelles de nous conserver sur toutes choses, le défende par les Loix Chrétiennes, vû qu'il assûre luy-même qu'il n'est pas venu pour détruire les Loix naturelles ou morales, mais pour les accomplir. 4. Que les Loix de JESUS-CHR. ne sont jamais opposées au fondement du droit naturel.

Ce que je dis des Loix de JESUS-CHRIST & de celles de la nature doit estre entendu par proportion des Loix civiles, je veux dire que les Loix civiles ne peuvent choquer qu'extérieurement, & en apparence seulement le fondement du droit naturel ; car en effet, quand la Loy civile dit, *Tu ne tueras point ; Tu ne déroberas point* ; cela doit estre entendu, si tu n'es pas obligé de le faire absolument pour te conserver.

Et il n'importe d'alleguer que quand JESUS-CHRIST a dit qu'il n'estoit pas venu pour détruire la Loy, il a entendu parler de la Loy du Décalogue, & non pas de la Loy naturelle ; car tout le monde demeure d'accord que la Loy du Décalogue

Xxx ij

qui regarde le prochain n'eſt autre que la loy naturelle réduite par écrit. Ainſi, quand JESUS-CHRIST dit, *Vous ne tuerez point ; Vous aimerez vos ennemis ;* cela veut dire ſi la Loy civile & la naturelle n'y répugnent pas ; car ſi elles y ſont contraires, JESUS-CHRIST ne prétend pas le commander, à cauſe que ſon commandement ſeroit contraire à la droite raiſon, ce qui ne peut arriver.

<small>5.
Que les Loix du Décalogue qui regardent Dieu immédiatement, ſōt abſoluës, & que les autres ſont reſpectives.</small>

Il y a donc cette différence entre les Loix du Décalogue qui regardent Dieu immédiatement, & celles qui regardent le prochain, que les premieres ſont abſoluës, c'eſt à dire, telles qu'elles n'ont aucun rapport à nôtre conſervation qui eſt le fondement du droit naturel, & que les autres s'y rapportent abſolument. D'où vient que quand JESUS-CHRIST nous commande, *d'aimer Dieu de tout nôtre cœur ; de ne pas prendre ſon Nom en vain, &c.* Il n'y a aucune Loy ni civile ni naturelle qui le puiſſe défendre, au lieu que quand il défend de tuer, & de prendre le bien d'autruy, cela doit eſtre entendu ſeulement ſi la Loy naturelle ou la Loy civile ne le commandent pas ; car ſi elles le commandent, il faut abſolument leur obéir, comme il a eſté remarqué.

CHAPITRE XVI.

Que l'acquiſition du ſalut éternel eſt le fondement du Droit Chrétien, comme la conſervation de la vie temporelle eſt le fondement du Droit Naturel & Civil.

<small>I.
Que tout ce que les Loix Chrétiennes ordonnent tend au ſalut éternel.</small>

PUISQUE toutes les Loix de la nouvelle alliance preſcrivent des moyens pour acquerir le ſalut éternel ; comme les loix de la nature & celles de l'État en enſeignent pour conſerver la vie temporelle, il faut reconnoître que l'acquiſition du ſalut éternel eſt le fondement du Droit Chrétien, comme la conſervation de la vie temporelle eſt le fondement du Droit Naturel & Civil ; c'eſt à dire, que comme la conſervation de la vie temporelle eſt le bien où ſe rapportent toutes les actions que preſcrivent les Loix naturelles & civiles, l'acquiſition du ſalut éternel eſt auſſi le terme où doivent tendre toutes les actions qui ſont ordonnées par les Loix Chrétiennes.

Il y a même cecy à remarquer que bien que le fondement du Droit naturel & Civil & le fondement du Droit Chrétien, paroissent fort différents dans leur nature, ils n'ont pourtant rien d'opposé dans leurs moyens; c'est à dire, que les mêmes Loix de JESUS-CHRIST qui conduisent au salut éternel, conduisent aussi à la conservation de la vie temporelle, comme il paroîtra si l'on fait le dénombrement exact de toutes les Loix de JESUS-CHRIST; car loin de trouver que celles de la premiere Table soient contraires à nôtre conservation, on verra qu'elles y sont fort utiles, n'y ayant rien qui engage tant Dieu à nous accorder les choses qui sont nécessaires à la vie, que l'obéïssance que nous rendons aux Commandements qu'il a faits, *De l'aimer de tout nôtre cœur; De ne pas prendre son Nom en vain; De sanctifier le jour du Sabath, &c.*

2. Que les moyens du droit naturel & civil, n'ont rien d'opposé au droit Chrétien.

Les Loix de la seconde Table sont encore tres-propres à conserver la vie des hommes, comme il paroît de ce que la Justice, la Miséricorde, la Modestie, la Libéralité, & généralement toutes les autres vertus que ces Loix prescrivent, tendent à la paix, & que la paix est un moyen absolument nécessaire pour nous conserver.

C'est donc une chose assûrée que les Loix de JESUS-CHRIST tendent en même temps à l'acquisition du salut éternel & à la conservation de la vie temporelle, avec cette seule différence que les Loix du premier Commandement qui regardent Dieu, peuvent par accident prescrire des choses qui sont contraires à nôtre conservation, & que nous sommes néanmoins obligés d'executer, comme il arrive lors qu'elles nous ordonnent de souffrir la mort avant que d'offenser la Majesté divine. Au lieu que les Loix du second Commandement, qui regardent le prochain, ne peuvent commander rien de semblable, à quoy nous soyons obligés d'obéïr, dont la raison est que ces Loix sont modifiées par les Loix Naturelles & Civiles, qui n'ont pour but que la conservation de la vie temporelle des hommes. Nous devons donc souffrir la mort avant que de violer le grand & le premier Commandement de JESUS-CHRIST; c'est à dire, avant que de desavoüer que Dieu soit le Dieu d'Abraham, d'Isaac & de Jacob; Avant que de nier la Divinité de JESUS-CHRIST : Avant que de prendre le nom de Dieu en vain, &c. Mais hors delà nous sommes obligés de préférer

3. Que les Loix de JESUS-CHRIST tendent en même-temps au salut éternel & à la conservation de la vie temporelle.

Xxx iij

nôtre vie à celle du prochain ; & il n'y a point de Loy du second Commandement que nous ne devions violer quant à l'extérieur, pour nous empêcher de mourir.

Je dis *quant à l'exterieur*, car il n'est jamais permis de violer intérieurement les Loix naturelles ni les Loix divines positives. En effet, lors même que nous tuons ceux qui nous veulent ôter la vie ; Que nous parlons autrement que nous ne pensons ; Que nous prenons ce que les autres possèdent, &c. & que nous faisons tout cela seulement pour nous conserver, nous sommes obligés en le faisant d'avoir l'ame intérieurement disposée à ne pas tuer, à ne pas prendre ce que les autres possèdent, & à ne pas parler contre nôtre sentiment, si la nécessité extrème ne nous y obligeoit, ce qui prouve que la conscience doit estre conforme aux Loix naturelles & aux Loix divines positives, lors même que nos actions y sont contraires.

CHAPITRE XVII.

Que les actions Chrétiennes se rapportent à la gloire de Dieu surnaturelle comme à leur derniere fin.

COMME la gloire de Dieu naturelle consiste dans la manifestation de ses attributs, sur-tout de ceux par lesquels Dieu nous procure les choses necessaires à nôtre conservation temporelle, la gloire de Dieu surnaturelle consiste aussi dans la manifestation des attributs de Dieu par lesquels il nous procure ce qui est nécessaire pour acquerir le Salut éternel : d'où il s'ensuit que toutes les actions chrétiennes tendent à la gloire de Dieu sur-naturelle comme à leur derniere fin ; car en effet, si les Chrétiens sont Justes, Clements, Misericordieux, s'ils sont Fidèles, & s'ils pardonnent à leurs ennemis, ce n'est qu'en vûë de plaire à Dieu & d'acquerir le Salut éternel, lequel se rapporte luy même à la gloire de Dieu sur-naturelle entant que ceux qui seront sauvez manifesteront éternellement la puissance & la bonté de Dieu ; la puissance qui leur a donné les moyens de se sauver, & la bonté, qui leur a accordé la force de s'en servir.

C'est pourquoy, comme dans l'état de la nature ou de la Société Civile on procure la gloire de Dieu naturelle en aimant les choses qui tendent à la conservation de la vie temporelle, nous procurons aussi dans le christianisme la gloire de Dieu sur-naturelle en aimant tout ce qui se rapporte au salut éternel; ce qui prouve que la gloire de Dieu sur-naturelle est la derniere fin de toutes les actions chrétiennes, comme la gloire de Dieu naturelle est la derniere fin de toutes les actions naturelles & civiles, entendant par actions naturelles & civiles celles qui se font par le commandement de la raison & par l'authorité de l'Etat.

C'est donc une chose constante que les Chretiens doivent aimer la gloire de Dieu surnaturelle pour elle même, car comme elle est la derniere fin de toutes leurs actions, il répugne qu'elle se rapporte à quelque autre chose qu'à elle même, d'où vient qu'il y a cette différence entre l'amour que nous avons pour Dieu & l'amour que nous avons pour sa gloire, que le premier se rapporte à nous mêmes à cause que nous n'aimons Dieu que parce qu'il est bon, c'est à dire que parce qu'il a quelque rapport de convenance avec nous, & que l'autre ne se rapporte qu'à sa gloire même. Ce qui prouve évidemment que le parfait amour de Dieu n'exclut pas le désir des recompenses éternelles, parce que ces recompenses se terminent elles-mêmes à la gloire de Dieu sur-naturelle comme à leur derniere fin.

On dira peut-estre que les actions des pécheurs ont pour derniere fin la gloire de Dieu, aussi bien que celles des gens de bien, parce que comme ceux-cy manifesteront éternellement la puissance & la bonté de Dieu sur-naturelles, les pécheurs feront éclater la justice divine, ce qui est égal pour la gloire de Dieu. Je dis qu'il ne s'agit pas icy de la gloire de Dieu considerée simplement en elle même indépendamment de la liberté des hommes; mais de la gloire de Dieu que les hommes luy doivent procurer par le bon usage qu'ils font de leur liberté secouruë de la foy & de la grace divine, d'où il s'ensuit que comme les pécheurs font un mauvais usage de leur liberté, ils ne peuvent faire des actions qui tendent à la gloire de Dieu sur-naturelle telle qu'il exige deux. C'est ce qu'il

I.
Que la gloire de Dieu est aimable par elle-même, & qu'on ne doit rien aimer que par rapport à elle.

faut entendre quand on dit que le péché *est une aversion de Dieu, & une conversion à la créature :* car il est certain que ces termes ne signifient autre chose si ce n'est que les pécheurs se détournent de la gloire de Dieu sur-naturelle en commettant des actions qui n'y sont pas conformes.

537

LA MORALE
OU
LA CONNOISSANCE
DES DEVOIRS DE L'HOMME.

LIVRE TROISIÉME.

Des devoirs de l'Homme consideré dans l'Etat du Christianisme.

SECONDE PARTIE.

De la Morale Chrêtienne pratique ou des moyens de s'acquitter facilement des devoirs du Christianisme.

CHAPITRE PREMIER.

Des Vertus Chrétiennes, Des vices qui leur sont opposez, & en quoy elles different des vertus Naturelles & des vertus Civiles.

I.
Que les actions qui procédét des vertus naturelles & civiles, n'ont rien de dissemblable quant

E ne m'arréteray pas à expliquer quelle est la nature des vertus chrétiennes, ni la maniere dont elles sont produites dans l'ame, je ne diray pas non plus comment elles contribuent à nous faire faire des actions sur-naturelles : comme ces choses sont hors des bornes de la speculation d'un simple Philosophe,

Tome III. Yyy

à l'extérieur, des actions des vertus Chrétiennes. dans lesquelles je me suis renfermé, je laisse aux Théologiens à discourir sur des vérités si grandes & si relevées : Je me contenteray de faire remarquer que les actions qui procèdent des vertus naturelles & civiles, & des vertus chrétiennes n'ont rien de dissemblable quant à l'extérieur, & qu'on ne les peut distinguer les unes des autres que par le motif qui est intérieur. En effet, quand un Chrétien & un infidèle donnent l'aumône, ils font des actions qui sont tout semblables au dehors & qui ne diffèrent que dans l'intérieur, en ce que l'infidèle ne donne l'aumône que pour entretenir la paix & pour conserver la vie temporelle ; au lieu que le Chrétien ne regarde en la donnant que la gloire de Dieu, & le Salut éternel. L'infidèle considère le pauvre comme un homme qui deviendroit son ennemy, s'il refusoit de le secourir dans son besoin ; & le Chrétien le regarde principalemēt comme un membre de JESUS-CHRIST. L'infidèle n'obéit à son Prince que pour conserver la société civile, hors de laquelle il ne peut trouver aucune sûreté pour sa vie ; & le Chrétien obéit au sien principalement parce qu'il est l'image de Dieu, & l'Oint du Seigneur. L'infidèle ne regarde son Prince que comme l'auteur de son repos, & le Chrétien regarde le sien comme celuy que Dieu a étably sur sa personne, & auquel il luy a commandé d'obéir s'il veut avoir la vie éternelle.

Ce que je dis de l'aumône & de l'obéissance qui sont deux actions qui procèdent l'une de la miséricorde & l'autre de la justice, doit estre entendu généralement de toutes les actions extérieures qui procèdent des autres vertus, comme de la prudence, de la force, de la tempérance, &c. d'où il s'ensuit qu'on peut conter autant de vertus chrétiennes qu'il y a de vertus Ciuiles & Naturelles, parce que ces dernieres ne different des autres qu'à l'égard du motif, comme l'a tres bien remarqué un grand Evêque * qui dans un discours sur la Paraphrase de l'Epitre de Saint Paul aux Rom. parle en ces termes: *Ceux qui ne se proposent que des bénédictions temporelles pour récompense des vertus qu'ils pratiquent, sont indignes de porter le nom de Chrétiens & ont plutôt l'esprit du judaïsme que celuy de l'Evangile. Il n'y a point de doute que la loy ne fût sainte, puis que Dieu qui est auteur de toute sainteté, l'avoit donnée à Moyse ; mais il est certain aussi qu'elle estoit proportionnée à la dureté du cœur des*

* Monsieur Godeau.

Juifs qui la devoient obferver. Elle leur apprenoit que ce grand Corps que nous appellons l'Univers, n'avoit point esté formé à l'avanture, & que comme Dieu l'avoit fait par fa puiffance, il le conservoit par fa bonté. Ils apprenoient encore de cette Loy, que Dieu ayant fait le Monde pour eux, il les avoit faits pour luy, qu'il eftoit leur Dieu, mais leur Dieu jaloux, qui ne pouvoit fouffrir qu'ils violaffent la fainteté de fon Nom par des ferments indifcrets, ou par des parjures facrilèges. Outre ces devoirs, elle leur enfeignoit l'amitié du prochain, elle défendoit à leurs mains de répandre le fang, à leurs corps de fe fouiller d'adultères, & à leurs bouches de prononcer de faux témoignages. Ces Ordonnances font fi raifonnables, qu'il fuffit d'eftre homme pour les approuver; & certes la nature les avoit écrites dans les cœurs avant qu'elles fuffent gravées fur des Tables de pierre, l'Evangile ne nous en prefcrit point d'autres, & le changement qu'il y a apporté n'eft pas quant à leur fubftance, mais feulement quant au motif de leur obfervation.*

Voilà les propres termes de cet Auteur, par lefquels il paroît que les vertus Naturelles ne diffèrent pas des vertus Chrétiennes quant à leur fubftance, mais feulement quant au motif de leur obfervation; c'eft à dire, que les actions qui procèdent de ces vertus font les mêmes quant à l'extérieur, mais que leur motif eft différent, en ce que les vertus naturelles ne fe propofent pour but que d'acquerir la paix, & de conferver la vie temporelle, au lieu que les vertus chrétiennes ont en vûë la gloire de Dieu & le falut éternel. En quoy certes il faut admirer la fageffe & la bonté de Dieu qui outre qu'il ne commande rien aux hommes qui ne foit conforme à la raifon, & qui par conféquent ne tende à leur confervation, il leur promet de plus, que s'ils gardent fes Commandements pour fa gloire, il leur donnera pour récompenfe la vie éternelle.

Au refte, bien que le motif des vertus Chrétiennes foit infiniment par deffus celuy des vertus Naturelles & Civiles, il ne faut pas dire pourtant que celles-cy ne foient pas des véritables vertus, mais plûtôt il faut divifer toutes les vertus en *Naturelles*, en *Civiles* & en *Chrétiennes*, & dire que les vertus Naturelles & Civiles font celles qui nous difpofent à agir pour affûrer la paix & nôtre confervation temporelle, & que les vertus Chrétiennes font celles qui nous font agir principale-

2. *Que les vertus naturelles & civiles font de véritables vertus, mais moins excellentes que les vertus chrétiennes.*

ment par le motif de la gloire de Dieu surnaturelle & par l'espoir du salut éternel.

On peut diviser encore les vertus Naturelles & Civiles, en vrayes & en fausses, & dire que les vrayes sont celles qui nous disposent à agir pour une fin raisonnable ; & les fausses celles qui nous portent à agir par un motif contraire à la raison. C'est par exemple, avoir une vraye vertu Naturelle ou Civile que d'estre clément, fidelle, miséricordieux, & de faire généralement tout ce qui contribuë à la paix pour la paix même, entant qu'elle est nécessaire, non seulement pour nôtre conservation, mais encore pour celle du prochain : Au contraire c'est n'avoir qu'une fausse vertu Naturelle ou Civile, que de pratiquer les mêmes choses par des motifs contraires, comme par vanité, par ambition, par crainte, par espérance, &c.

3. Qu'on connoit les vices par opposition aux vertus.

Quand on sçait quelle est la nature des Vertus, on n'a pas beaucoup de peine à reconnoître en quoy consiste celle des Vices, car de ce que les vices sont opposés aux vertus, & que les vertus sont des habitudes qui disposent l'ame à obéïr aux Loix divines & humaines, il s'ensuit par la règle des contraires que les vices sont des habitudes qui nous disposent à estre rebelles à ces mêmes Loix ; d'où vient qu'il y a un certain vice qui répond à chaque vertu ; l'Imprudence, répond à la Prudence ; l'Orgueil à la Modestie, l'Ingratitude à la Reconnoissance, &c.

4. Comment on se doit servir de la lumiere naturelle à l'égard des Mystères que la Réligion Chrétienne propose.

Voila en général tout ce qui est compris dans l'obéïssance des Chrétiens qui est la premiere condition de la nouvelle alliance. Quant à la Foy, qui est la seconde, il faut demeurer d'accord que la raison ne peut concevoir les Mystères qu'elle nous propose, & que le meilleur usage que nous puissions faire à leur égard de nôtre lumiere naturelle, est de l'employer avec soin à chercher les motifs raisonnables qui nous portent à croire que c'est véritablement Dieu qui les a révélés par luy même, ou par quelqu'autre. En effet, vouloir concevoir les mystères que la Réligion Chrétienne propose, ce seroit vouloir entendre par les yeux, ou voir par les oreilles. C'est pourquoy s'il arrive que Dieu ait révélé quelque chose qui paroisse incompatible avec quelque vérité que la raison nous enseigne, nous devons penser que cette incompatibilité n'est qu'apparente, parce que, comme il a esté remarqué, il n'y a de véritable incompatibilité qu'entre les choses qui sont d'un même ordre, & les mystères que Dieu révèle, & les vérités Naturelles sont toûjours dans des ordres différents.

Nous devons donc croire ce que Dieu nous a révélé, quoyque nous ne le concevions pas, & tenir encore pour vray ce que la raison nous fait concevoir ; car tout de même que Dieu ne peut rien révéler qui ne soit vray, il ne peut aussi nous avoir donné aucune faculté de connoître qui tende d'elle-même à la fausseté, lorsque nous en faisons un bon usage ; & je ne voy pas que nous puissions nous en servir mieux qu'en faisant que nos jugements répondent toûjours précisément à l'évidence de nos idées ; c'est ainsi que nous croyons d'un côté que les trois Personnes de la sainte Trinité sont réellement distinctes entre elles, bien qu'elles soient réellement la même chose avec la nature divine, & que nous sommes assûrés de l'autre que toutes les choses naturelles qui sont les mêmes avec une autre, sont les mêmes entre-elles.

Ce sera donc une règle constante pour les Chrétiens, non seulement de ne pas employer la raison pour comprendre ni pour expliquer les mystères de la Religion, mais encore de ne pas tirer des conséquences des choses révélées à celles qui ne le sont pas, estant impossible de trouver aucun rapport d'égalité ou de ressemblance entre des choses aussi disproportionnées que le sont les vérités naturelles & les vérités surnaturelles. Ainsi nous croirons bien que les trois personnes de la sainte Trinité sont distinctes entre-elles, quoyqu'elles soient une même chose avec la nature divine, mais nous ne conclurons rien delà touchant les choses naturelles, & nous soûtiendrons en général que dans l'ordre de la nature les choses qui ne diffèrent pas réellement d'une autre, ne diffèrent pas réellement entre-elles.

CHAPITRE II.

Du souverain bien des Chrétiens : de leur Béatitude temporelle, & des avantages du Christianisme par dessus l'état de la Société Civile.

IL ne s'agit pas icy du souverain bien, ni de la béatitude dont les Chrétiens espèrent de joüir dans l'autre vie, il est question seulement du souverain bien & de la béatitude qu'ils sont capables de posséder en ce monde.

I. Que les Philosophes ont eû trois differentes opinions sur le souverain bien, & quelles.

Les anciens Philosophes ont eu trois principales opinions touchant le souverain bien : Épicure a dit, *qu'il consistoit dans la volupté* : Zénon a voulu *qu'il consistât dans la vertu* : Et Aristote l'a composé *de toute les perfections dont la nature humaine est capable.*

Ces trois opinions peuvent, ce semble, estre reçûës pour vrayes en les interprétant favorablement ; car Aristote ayant considéré le souverain bien de la nature humaine en général, c'est à dire, celuy que peut avoir le plus accompli de tous les hommes, il a eu raison de le composer de toutes les perfections dont la nature humaine est capable ; mais ce souverain bien ne sert point à nôtre usage, & il ne dépend point de nous, ce n'est pas aussi celuy que nous cherchons maintenant.

Zénon au contraire a consideré le souverain bien que chacun peut posséder, c'est pourquoy il a eu raison de dire qu'il ne consiste que dans la vertu, parce qu'il n'y a que la vertu entre les biens que chacun peut posséder, qui dépende entierement de nôtre libre-arbitre ; mais il a réprésenté cette vertu si févère & si ennemie du plaisir, qu'il n'y a eu, ce semble, que des mélancholiques qui ayent pû estre ses sectateurs.

Enfin Épicure n'a pas eu tort de dire que le souverain bien consiste dans la volupté, c'est à dire dans le contentement de l'esprit ; car bien que la seule connoissance de nôtre devoir nous pût porter à faire de bonnes actions, cela ne nous feroit pourtant joüir d'aucune béatitude, s'il ne nous en revenoit aucun plaisir ; mais parce qu'on attribuë souvent le mot de *Volupté* à

LIVRE TROISIE'ME. PARTIE II.

de faux plaisirs, qui sont accompagnés d'inquiétude ou de repentir, plusieurs ont crû faussement que l'opinion d'Épicure enseignoit le vice, ce qu'elle ne fait point : mais elle confond la béatitude avec le souverain bien, c'est à dire qu'elle prend l'effet pour la cause.

Il ne faut pas s'étonner si ces Philosophes qui n'estoient pas éclairés de la Foy divine, n'ont cherché le souverain bien de l'homme que dans les choses que nous pouvons posséder dans l'ordre de la nature : mais nous qui agissons par des principes plus relevés, & qui estant éclairés de la Foy, avons de plus hautes espérances, nous reconnoissons un souverain bien de l'homme plus grand que celuy que nous avons établi dans l'état de la nature & de la société civile ; nous ne pouvons pas même douter qu'il ne consiste dans toutes les choses qui contribuent à procurer la gloire de Dieu surnaturelle, & à acquerir le salut éternel par le bon usage que nous faisons de nôtre liberté secouruë par la Foy & par la grace divine.

2. En quoy consiste le souverain bien des Chrétiens.

Et parce que la Béatitude n'est autre chose que le contentement qu'on reçoit de la possession du souverain bien ; on peut dire, *Que la Béatitude temporelle des Chrétiens consiste dans le plaisir qu'ils ont à faire avec le secours de la Foy & de la Grace tout ce que les Loix Chrétiennes leur prescrivent.*

3. En quoy consiste leur Béatitude.

Je dis, *la Béatitude temporelle des Chrétiens*, pour donner à entendre que je parle de la Béatitude, dont les Chrétiens peuvent joüir en cette vie, & non pas de cette autre Béatitude qu'ils attendent dans la vie future, qui sera une Béatitude éternelle. Et j'ajoûte, *Que cette Béatitude consiste dans le plaisir qu'ils ont à faire avec le secours de la Foy & de la Grace, &c.* pour marquer la différence qui est entre la Béatitude de l'homme dans l'état du Christianisme, & la Béatitude dont il joüit dans l'état de la nature & de la société civile.

Pour comprendre ensuite quels sont les avantages du Christianisme par dessus la société civile ; il faut considérer que le Christianisme ne règle pas seulement l'extérieur des actions, mais encore l'intérieur de la conscience ; c'est par cette raison qu'on appelle les Loix judicielles & politiques du vieux Testament, qui répondent à nos Loix civiles, *les Loix de la Lettre, les Loix des Oeuvres, & les Loix de la crainte* ; & qu'on nom-

4. Quels sont les avantages du Christianisme par dessus l'état naturel & civil.

me les Loix du nouveau Testament, *les Loix de l'Evangile*, *les Loix de la Grace*, & *les Loix de l'Amour*.

5. Des différents noms des Loix du vieux & du nouveau Testament.

On appelle les Loix du vieux Testament les Loix *de la Lettre*, non seulement, parce qu'elles furent écrites sur deux Tables de pierre ; mais encore, parce que bien qu'elles enseignassent ce qu'il faloit faire, elles ne donnoient pas néanmoins la force pour l'accomplir. On les appelle les Loix *des Oeuvres*, à cause que les Loix judicielles qui estoient purement civiles, ne regardoient que l'extérieur des actions sans se mettre en peine de l'intérieur de la conscience. Enfin, on les nomme les Loix *de la Crainte*, parce qu'elles furent proposées aux Juifs, principalement pour les détourner du péché par la crainte des peines. Au contraire les Loix du nouveau Testament sont nommées les Loix *de l'Evangile*, parce que c'est Jesus-Christ même qui les a proposées. Elles sont dites les Loix *de la Grace*, parce que Dieu, par le merite de son Fils nous donne gratuitement la force pour les accomplir. Enfin, on les appelle les Loix *de l'Amour*, parce que nous les accomplissons non tant par la crainte des peines que par l'amour de Dieu, & par l'espoir des récompenses éternelles que Jesus-Christ a promises à tous ceux qui croiront en luy, & qui seront fidèles à ses Commandements.

FIN.

TABLE

TABLE DES MATIERES

Contenuës dans ce troisiéme Tome.

A

Abraham. Qu'Abraham estoit dans sa famille l'Auteur & l'Interprète de toutes les Loix, & pourquoy. 498
Accord. D'où dépendent les Accords de la Musique. 134
Acerbe. Ce que sont les corps Acerbes. 105
Acide. Ce que sont les corps Acides. 103
Que les Acides dominent dans le frisson de la fiévre. 59
Qu'il ne faut pas user d'Acides dans les fiévres. 59
Comment on s'en doit servir dans la chaleur de la fiévre. 59
Objection avec la réponse. 60
Que tout ce qui donne occasion aux fiévres, augmente les Acides. 53
Acres. Ce que sont les corps Acres. 103
Action. Que les Actions qui procèdent des vertus naturelles & civiles, n'ont rien de dissemblable quant à l'extérieur, des actions des vertus chrétiennes. 537
Que toutes les Actions Chrétiennes tendent à la gloire de Dieu comme à leur derniere fin. 534
Admiration. Ce que c'est que l'Admiration. 368
Que l'Admiration commence dans l'Ame, dés qu'elle est unie avec le corps. 368
Quelles sont ses propriétés. 368
Quels sont les usages de l'Admiration. 369
Coment on se peut délivrer de l'Admiration. 370
Que l'Admiration se divise en plusieurs espèces & en quelles. 370
Afrique. Pourquoy l'on dit que l'Afrique abonde en monstres. 28
Aimer. Qu'il est impossible d'Aimer aucune chose que par rapport à soy-même. 404
Pourquoy nous Aimons souvent une personne plûtôt qu'une autre, sans en connoître le mérite. 388
Que nous ne pouvons nous Aimer comme il faut, sans Aimer le prochain comme nous-mêmes. 422
Que nous ne nous aimons pas toûjours comme il faut & pourquoy. 405
D'où vient la difficulté qu'il y a d'aimer Dieu. 410
Air. Que la respiration sert à introduire de l'Air dans le sang. 20
Comment l'Air entre dans le sang. 21
D'où vient que tous ceux qui respirent le même Air, ne prennent pas la même sorte de fiévre. 57
Que le poulet qui est dans la coque reçoit continuellement de l'Air, & comment. 21

Tome III. Zzz

TABLE DES MATIERES.

Comment la membrane spirale peut répondre aux différents caractères des vibrations de l'Air. 122

Quelle est l'agitation de l'Air dans laquelle consiste le son dérivé. 123

Que cette agitation de l'Air ne se fait pas en ondoyant & pourquoy. 123

Que le mouvement de l'Air qui produit le son, se fait en ligne droite. 124

Comment les corps résonants produisent cette agitation particuliere en l'Air. 125

Aliment. Pourquoy dans le vomissement les Aliments sortent plûtôt par en haut que par en bas. 67

Allégresse. Ce que c'est que l'Allégresse. 365

Alliance. En quoy consiste la nouvelle Alliance. 511

Ce que c'est que l'Alliance que Dieu fit avec Abraham, & comment elle fut conçüë. 496

Que l'Alliance que Dieu avoit faite avec Abraham, fut renouvellée sur la Montagne de Sinaï avec tout le peuple d'Israël. 499

Comment l'Ame peut avoir en même temps des passiós contraires. 379

Que l'Ame n'a point de passions intellectuelles. 379

Que les passions sont des sentiments que l'Ame rapporte à elle-même. 338

Que les passions de l'Ame dépendent non des objets extérieurs, mais d'un rapport de convenance ou de contrariété qu'ils ont avec nous, ou d'un rapport de nouveauté. 359

Définition des passions de l'Ame en général. 340

Comment la seule imagination peut réveiller les passions de l'Ame. 341

Pourquoy dans les violentes passions, l'Ame peut arrêter les mouvements extérieurs, & non pas les intérieurs. 383

D'où vient que l'homme profère différents sons, selon que l'ame est agitée de diverses passions. 334

Que l'Ame rapporte ses sensations au dehors par l'institution de la nature. 224

Que c'est par des jugements que l'Ame connoît la quantité de la distance des objets. 225

Que l'Ame rapporte au dehors ses sensations par les mêmes lignes par lesquelles les objets agissent sur les organes de la vûë. 223

Que l'Ame rapporte les sensations de chaque point de l'objet par les axes des pinceaux optiques, & par les rayons qui composent ces pinceaux, & qu'elle les rapporte précisément au point où ces rayons & ces axes se coupent. 225

Pourquoy l'Ame rapporte les sensations par les axes des pinceaux optiques. 227

Que l'Ame doit avoir autant de sensations particulieres qu'il y a de parties dans l'objet qui causent des mouvemens différents sur la rétine. 221

Amer. Ce que sont les corps Amers. 104

Amnios. Ce que sont le Chorion, l'Amnios & le Placenta. 10

Amour. Comment l'amour commence. 343

Quelles sont les propriétés de l'Amour. 346

Division de l'Amour en amour propre & en amour simple, ou affection. 390

Que l'Amour propre est quelque

TABLE DES MATIERES.

fois ignorant & quelquefois éclairé. 391

Ce que c'eſt que l'Amour propre ignorant, & l'amour propre éclairé. 406

D'où procèdent l'Amour propre ignorant & l'Amour propre éclairé. 407

Comment l'Amour cache les défauts de ceux qu'on aime. 305

Comment on nomme les loix de l'Amour propre éclairé & celles de l'Amour propre ignorant. 407

Que nous pouvons aimer Dieu & comment. 408

Comment l'homme peut aimer Dieu d'un Amour de choix. 409

Qu'eſt-ce qu'il faut faire pour acquerir cette ſorte d'Amour. 410

Que l'homme peut aimer Dieu ſincèrement, & l'aimer par rapport à ſoy & comment. 410

Que l'homme n'eſt pas la fin dernière de ſon Amour, quoyqu'il aime tout par rapport à ſoy. 411

En quel ſens on peut dire que l'homme a de l'Amour pour Dieu. 411

Que l'Amour & la haine ſont deux paſſions primitives deſquelles toutes les autres paſſions dépendent médiatement ou immédiatement. 367

En quoy l'Amour & la haine diffèrent du côté du corps. 344

Ce que c'eſt que l'Amour. 345

Que l'Amour & la haine commencent dans le ſein de nos meres. 343

Que l'Amour diffère de l'agrèment, & la haine de l'horreur, & en quoy. 349

Pourquoy l'agrément & l'horreur ſont plus violents que l'Amour & la haine. 350

Qu'il ne faut établir qu'autant d'eſpèces d'Amour & de haine, qu'il y a d'idées acceſſoires qui accompagnent l'idée principale du bien & du mal. 350

Angle. Ce que c'eſt que l'Angle viſuel. 215

Ce que c'eſt que l'Angle de diſtance. 216

Animal. Pourquoy les Femmes n'accouchent d'ordinaire que d'un Enfant, & que les Animaux en font pluſieurs. 17

Apopléxie. De l'Apopléxie. 61

Appétit. Qu'on attribuë l'amour propre éclairé à l'Appétit raiſonnable, & l'amour propre ignorant à l'Appétit ſenſitif ou concupiſcible. 407

Arbitre. Que la béatitude ne peut conſiſter que dans le bon uſage que l'Homme fait de ſon libre-Arbitre. 489

Arc-en-Ciel. Qu'il y a deux eſpèces d'Arc-en-Ciel, & en quoy elles diffèrent. 194

Pourquoy l'Arc-en-Ciel paroît mieux borné du côté du rouge que du côté du violet. 195

Pourquoy chaque ſpectateur a ſon Arc-en-Ciel particulier. 195

D'où dépend la grandeur de l'Arc-en-Ciel. 196

Pourquoy nous voyons l'Arc-en-Ciel comme dans les nuës. 196

Pourquoy les deux cornes de l'Arc-en-Ciel paroiſſent quelquefois inégalement éloignées. 196

Pourquoy l'on voit quelquefois l'Arc-en-Ciel comme un cercle entier. 197

Pourquoy il paroît quelquefois renverſé. 197

Que l'expérience confirme tout ce que nous avons dit des couleurs

Zzz ij

TABLE DES MATIERES.

de l'Arc-en-Ciel. 192
Aversion. De l'origine des Inclinations & des Aversions naturelles. 388
D'où viennent la plufpart des Inclinations & des Aversions secrètes, qu'on appelle *Naturelles.* 314
D'où vient l'Aversion qu'on conçoit pour certaines viandes. 106
Que les Inclinations & les Aversions naturelles ne dépendent pas seulement des sens, mais encore de l'imagination & de la mémoire. 389
Avis. Avis touchant le defir de la gloire. 486
Avis touchant le defir de vengeance. 486
Avis touchant la paffion d'acquerir de l'honneur. 487
Avis touchant l'envie de parler. 487
Avis à un Précepteur, touchant l'éducation de son Ecolier. 482
Avis touchant la prudence hèrile. 483
Avis touchant la prison, le banniffement, la pauvreté, l'infamie, & la perte des enfants & des amis. 484
Auftere. Ce que font les corps Auftères. 104
Pourquoy & comment les corps Auftères & acerbes se changent en corps doux. 105
Auteur. Que Dieu eft l'Auteur des deux premiers Hommes. 1
Autorité. Que l'autorité des Souverains eft fondée sur l'exemple de JESUS-CHRIST. 530

B

Baffeffe. Ce que c'eft que la Baffeffe d'ame. 374
Que l'orgueil & la Baffeffe d'ame ne font pas feulement des vices, mais encore des paffions. 375
Béatitude. En quoy confifte la Béatitude des Chrétiens. 543
Que l'Homme dans l'état de la nature ne pouvoit joüir de la Béatitude. 492
Que l'Homme peut joüir de la Béatitude dans la société civile, & pourquoy. 492
Ce que c'eft que la Béatitude. 489
Que la Béatitude ne peut confifter que dans le bon ufage que l'Homme fait de son libre-arbitre. 489
En quoy le bon-heur diffère de la Béatitude. 490
Bête. Que le droit que nous avons sur les Bêtes eft fondé sur la nature. 469
Qu'on ne peut pas contracter avec les Bêtes, & pourquoy. 414
En quoy les parties des Hommes diffèrent de celles des Bêtes. 2
Bien. Ce que c'eft que le souverain Bien de l'Homme dans l'état naturel & civil. 489
Que les Philofophes ont eu trois différentes opinions sur le souverain Bien, & quelles. 542
En quoy confifte le souverain Bien des Chrétiens. 543
Bien-veillance. Ce que c'eft que la Bien-veillance, l'amitié, l'affection & la dévotion. 348
Quels font les effets de ces différentes sortes d'amour. 349
Bile. Que la jauniffe ne dépend pas de la Bile. 69
Blanc. Quelles font les propriétés des corps Blancs, & des corps noirs. 177
Quels font les corps qui paroiffent Blancs. 174
Blancheur. Ce que c'eft que la Blancheur dérivée. 175

TABLE DES MATIERES.

Ce que c'est que la Blancheur radicale. 176

Bleu. Ce que c'est que le Bleu selon M. Barow. 206

Pourquoy les corps paroissent Bleus. 185

Pourquoy la lumiere du bois pourry paroît Bleuë. 186

Bon-heur. En quoy le Bon-heur diffère de la béatitude. 490

Bras. D'où vient que quand les nerfs intercostaux sont en convulsion, les Bras deviennent froids. 336

Bruit. D'où vient le Bruit d'un foüet qu'on fait claquer. 131

D'où vient le Bruit de la poudre qu'on fait brûler. 131

D'où vient le bruit du Tonnerre qui gronde. 132

Pourquoy quand on remuë un corps tout entier on n'entend aucun Bruit. 128

C

Catoptrique. Ce que c'est que la Catoptrique. 290

Chaleur. De la Chaleur. 96

Pourquoy la Chaleur augmente d'ordinaire les saveurs. 102

Comment la Chaleur du sang se répare. 39

Céder. Ce que c'est que Céder son droit, & comment on le cède. 413

Centre-ovale. Quelle est la structure du Centre-ovale, & de quoy il est composé. 296

Dans quelles circonstances de temps le Centre-ovale reçoit ses principaux changements. 307

Quelles sont les raisons qui nous portent à croire que le Centre-ovale est l'organe immédiat de l'imagination. 295

Que les passions ne dépendent pas immédiatement de nôtre volonté, mais des traces que les choses convenables ou contraires ont excitées dans le Centre-ovale. 342

Cerveau. Que le Cerveau est l'organe immédiat de la faculté de sentir. 88

Que la communication des organes extérieurs au Cerveau se peut faire en deux manieres, & en quelles. 89

Chorion. Ce que c'est que le Chorion, l'Amnios, & le Placenta. 10

Chrétiens. Que les Chrétiens ont le pouvoir de s'obliger à Dieu par des vœux. 414

Christianisme. Quels sont les avantages du Christianisme par dessus l'état naturel & civil. 543

Comment dans le Christianisme nous procurons la gloire de Dieu surnaturelle. 535

Civil. Que la prudence Civile se divise en politique & en œconomique. 477

Clocher. Pourquoy un Clocher est également éloigné paroît de différentes grandeurs. 246

Colère. Ce que c'est que la Colère, & quels sont ses effets & ses causes. 362

Remèdes contre la Colère. 443

Comètes. Que nous ne pouvons voir les Comètes que lors qu'elles sont dans nôtre tourbillon. 162

Pourquoy les rayons des Comètes composent tantôt une barbe, tantôt une queuë, & tantôt une chevelure. 163

Commander. Comment on acquiert le droit de Commander aux autres. 448

Commun. Neufviéme Loy de la nature touchant l'usage des choses qui sont en Commun. 419

Concile. Ce que c'est que l'Eglise prise pour un Concile. 523

TABLE DES MATIERES.

Connoître. Qu'il n'y a rien de plus nécessaire que de se connoître soy-même. 399

Comment on se peut connoître soy-même. 399

Comment nous connoissons le rapport des choses. 306

Comment l'Enfant qui est sorti du ventre de sa mere, commence à Connoître les choses particulieres & les premieres vérités. 319

Conservation. Que nôtre Conservation est quelquefois contraire à la gloire de Dieu, & quand. 434

Consonance. Pourquoy la tierce & la quinte sont des Consonances parfaites. 137

Constance. Ce que c'est que la Constance. 441

Contract. Ce que c'est qu'un Contract. 414

Qu'on ne peut Contracter ny faire des pactes touchant les choses impossibles. 414

Qu'on ne peut pas Contracter avec les Bêtes, & pourquoy. 414

Que l'Homme dans l'état de la nature ne peut Contracter avec Dieu ny par conséquent faire des vœux. 414

Convulsion. De la Convulsion. 62

D'où viennent les Convulsions qui se font sans mal de tête. 71

Pourquoy il arrive rarement que les Convulsions du bas ventre commencent par la tête. 71

Convulsif. Pourquoy la vûë s'affoiblit dans le mouvement Convulsif des yeux. 333

D'où viennent les extensions, & les mouvements Convulsifs. 48

Couleur. Que le mot de Couleur est équivoque & comment il le faut définir. 173

Que la lumiere est de l'essence des Couleurs. 174

Quelle est la principale cause des Couleurs. 186

Que le Sel, le souffre, & la terre sont également les principes des Couleurs. 202

Qu'il y a des Couleurs qui sont plus adhérétes aux corps que d'autres. 202

Que toutes les Couleurs sont également vrayes. 203

D'où dependent les Couleurs changeantes. 204

Que toutes les Couleurs consistent dans quelque piroüettement des boules qui composent les rayons, & dans quels. 178

Comment on connoît quel est le piroüettement particulier dans lequel consiste chaque Couleur simple. 180

Quelles sont les propriétés qu'on peut déduire de la nature des Couleurs. 182

Que la Couleur verte est une Couleur compofée. 183

En quoy consistent les Couleurs radicales des corps lumineux & des corps illuminés. 184

Comment les pierres prétieuses font paroître leurs Couleurs. 187

Comment les corps opaques produisent les Couleurs. 187

Comment on fait naître les Couleurs chés les Teinturiers. 188

Que les Couleurs de l'Arc-en Ciel sont produites de la même maniere que celles du prisme triangulaire de verre. 189

Que l'expérience confirme tout ce qui vient d'estre dit des Couleurs de l'Arc-en Ciel. 192

D'où vient qu'on réprésente les éloignements par des Couleurs blanches. 223

Que l'objet doit paroître revêtu de

TABLE DES MATIERES.

toutes les Couleurs qu'il cause dans l'ame. 224

Courage. Ce que c'est que le Courage, & de quelles causes physiques il dépend. 366

Couronne. Comment se forment les petites Couronnes. 197

Ce que c'est que les petites Couronnes. 198

Comment se forment les grandes Couronnes. 198

Comment se forment les couleurs des Parhélies. 199

Pourquoy les Couleurs des Parhélies sont plus belles que celles des Couronnes. 200

Coûtume. Comment la Coûtume contribuë à produire le sommeil. 84

Exemple de la force de la coûtume. 84

Crainte. Ce que c'est que la Crainte. 365

Rèmedes contre la Crainte. 442

Criminel. Ce que c'est qu'estre Criminel de lèze-Majesté. 474

Que les Criminels de lèze-Majesté violent la loy naturelle & non pas la loy civile. 475

Croisement. Que tout ce qui est dit dans ce traité de Dioptrique du Croisement des rayons qui se fait entre les verres de différentes lunettes, est confirmé par des expériences. 292

Cryſtallin. Ce que c'est que le Cryſtallin. 139

Que le Cryſtallin cause à peu près les mêmes réfractions que le verre. 140

Culte. Que c'est aux Souverains à régler le Culte de Dieu dans les états purement humains. 454

Que le Culte de Dieu consiste dans des paroles & dans des actions. 424

Quelles sont les loix de la nature qui regardent le Culte de Dieu. 424

D

Decalogue. Pourquoy furent proposées les loix du Décalogue. 502

Que Dieu proposa au peuple par Moyse le Décalogue & les Loix politiques ou cérémoniales. 500

Que les Loix du Décalogue qui regardent Dieu immédiatement, sont absoluës, & que les autres sont respectives. 532

Dédain. Ce que c'est que le dédain. 376

Dégoût. Ce que c'est que le Dégoût. 365

Délibérer. Ce qu'il faut faire pour bien Délibérer. 436

Délire. D'où viennent les Délires & les douleurs de tête durant le chaud de la fiévre. 49

Dent. D'où vient qu'il y a des enfants qui meurent du mal des Dents. 31

Desir. Ce que c'est que le Desir. 352

Que la premiere joye & le premier Desir sont produits dans le sein de nos meres, & comment. 351

Quelles sont les propriétés du Desir. 354

Division de la joye, de la tristesse & du Desir en leurs espèces. 356

Dieu. Ce que c'est que la gloire de Dieu accidentelle. 423

Que le culte de Dieu consiste dans des paroles & dans des actions. 424

Quelles sont les loix de la nature qui regardent le culte de Dieu. 424

Qu'il est permis de parler de Dieu dans la Morale, autrement que dans la Métaphysique, & pourquoy. 426

Comment les hommes procurent la

TABLE DES MATIERES.

gloire de Dieu. 431
Objection avec la réponse. 431
Autre objection avec la réponse. 432
Que nous ne sçaurions, quand ni comment nous procurerions de la gloire à Dieu, si nous ne luy en procurions en nous aimant d'un amour propre éclairé. 432
Que la gloire de Dieu n'est pas la fin prochaine, mais la fin derniere des vertus naturelles. 433
Que nôtre conservation est quelquefois contraire à la gloire de Dieu & quand. 434
Que Dieu est le principe & la fin de l'homme. 434
Comment dans le Christianisme nous procurons la gloire de Dieu surnaturelle. 535
Que la gloire de Dieu est aimable par elle-même, & qu'on ne doit rien aimer que par rapport à elle. 535
Ce que c'est que l'alliance que Dieu fit avec Abraham, & comment elle fut conçûë. 496
Que l'alliance que Dieu avoit faite avec Abraham fut renouvellée sur la montagne de Sinaï, avec le peuple d'Israël. 499
Pourquoy Dieu se servit dans ce dernier traitté du titre de Roy. 500
Que Dieu proposa au peuple par Moyse le Décalogue & les Loix politiques & cérémoniales. 500
Que Dieu commanda à Abraham de sacrifier son fils Isaac. 497
Que Dieu réitéra à Isaac & à Jacob les promesses qu'il avoit faites à Abraham. 497
En quoy Dieu diffère du Dieu d'Abraham, d'Isaac & de Jacob. 497
Que le Dieu d'Abraham est le vray objet de la foy divine. 498
Que Dieu se démit de l'empire qu'il avoit sur les Juifs en faveur de Saül, & comment. 508
Que l'homme dans l'état de la nature ne peut contracter avec Dieu, ni par conséquent faire des vœux. 414
Que les Chrétiens ont le pouvoir de s'obliger à Dieu par des vœux. 414
Que Dieu ne regne pas sur les athées & pourquoy. 427
Que Dieu est l'auteur des deux premiers hommes. 1
Dioptrique. Ce que c'est que Dioptrique. 290
Dissonance. D'où dépendent les Dissonances. 135
Distance. Que la connoissance de la Distance est composée d'une sensation & d'un jugement. 238
Que quoyque l'angle de Distance change toûjours lorsque les objets s'approchent ou s'éloignent, il ne change pas toûjours également à proportion qu'ils s'approchent ou s'éloignent. 238
Ce que c'est que l'Angle de Distance. 216 & 225
Doctrine. Que c'est aux Souverains à juger des Doctrines qui s'enseignent touchant les mœurs. 453
Dommage. Ce que c'est que l'injure, & en quoy elle diffère du Dommage. 473
Donner. Ce que c'est que Donner. 414
Douceur. Sixiéme Loy de la nature touchant la Douceur. 418
D'où procèdent la Douleur & le plaisir. 94
Douleur. Remèdes contre la Douleur. 441
Doux. Ce que c'est que les corps Doux. 104
Droit. Ce que c'est que le Droit des gents. 464

Surquoy

Sur quoy est fondé le Droit des Maris sur les Femmes, & des Maîtres sur les Valets. 467
Ce que c'est que cèder son Droit, & comment on le cède. 413
Que le Droit que nous avons sur les bêtes est fondé sur la nature. 469
Que les moyens du Droit naturel & civil, n'ont rien d'opposé au Droit Chrétien. 533
Que le Droit d'interpréter les loix cérémoniales appartenoit au souverain Sacrificateur. 503
Que le Droit d'interpréter les loix judicielles appartenoit à Josué. 504
Que les loix judicielles ont esté détruites, & qu'à leur place on se sert du Droit civil. 502
Que les loix de J. C. ne sont jamais opposées au fondement du Droit naturel. 531
Dureté. De la dureté. 95
Dyssenterie. De la Dyssenterie. 65

E

E'cho. Ce que c'est qu'un E'cho, & quelles sont ses propriétés. 132
E'colier. Comment un Précepteur se doit comporter à l'égard de son E'colier. 482
E'crevisse. Qu'on ne sçauroit déterminer la plénitude des E'crevisses par rapport à celle de la Lune. 169
Qu'il n'est pas vray, que les E'crevisses soient toûjours plus pleines durant la plénitude de la Lune. 169
E'glise. Que le mot d'E'glise est fort équivoque. 522
Ce que c'est que l'E'glise prise pour un Concile. 523
Que la puissance de convoquer l'E'glise appartient à l'E'glise même. 524
Que le droit d'interpréter la parole de Dieu appartient proprement à l'E'glise assemblée. 525
Que la seule raison naturelle oblige à prendre l'E'glise pour Juge des controverses spirituelles. 525
Exemple pris de l'E'criture-sainte. 525
Preuve tirée du vieux Testament. 526
E'léazar. Que l'autorité spirituelle fut entre les mains d'E'léazar après la mort d'Aaron son pere & pourquoy. 505
Empire. Qu'on ne peut acquérir de l'Empire sur une personne que par trois moyens & par quels. 468
E'mulation. Ce que c'est que l'E'mulation. 366
Enfant. Comment l'Enfant sort du sein de sa mere. 30
Comment il se nourrit du laict de sa mere bien ou mal, selon les bonnes ou mauvaises qualités de ce laict. 31
Comment l'Enfant commence à joindre plusieurs idées ensemble. 35
Comment il commence à joindre les idées avec les paroles. 35
Comment il commence à connoître le mouvement. 35
Comment il commence à connoître le temps. 36
Comment l'Enfant contracte l'habitude de vouloir les choses avec trop d'ardeur. 36
Comment on prévient cette habitude. 36
Comment l'Enfant apprend à parler. 37
Comment il apprend à connoître les choses en général. 38
Que l'Enfant raisonne dans les cinq ou six premières années de son âge. 38

Tome III. AAaa

TABLE DES MATIERES.

Comment il apprend à lire & à écrire. 38
Comment l'Enfant commence à connoître l'espace & à distinguer les choses grandes d'avec les petites. 35
Qu'il y a apparence que l'Enfant est contenu dans l'œuf de la femme. 10
D'où vient le premier effort que l'Enfant fait pour respirer. 24
Comment des Enfants ressemblent quelquefois à des ayeuls que leurs peres n'ont jamais vûs. 27
D'où vient la galle aux Enfants. 31
D'où vient qu'il y a des Enfants qui meurent du mal de dents. 31
Comment ils usent des viandes solides. 32
Pourquoy ils desirent de manger ce qu'ils ont déja mangé. 32
Pourquoy ils desirent manger des choses qui sont quelquefois éloignées de la nature des vrais aliments. 22
Pourquoy les hommes faits pensent mieux que les Enfants. 309
D'où dépend la différente facilité d'imaginer des Enfants & des hommes. 308
Comment les meres peuvent communiquer à leurs Enfants les passions dont elles sont agitées. 313
Que les Enfants sont beaucoup plus capables d'acquerir de nouvelles habitudes que les personnes plus âgées. 329
Que les premieres passions de l'Enfant sont beaucoup fortifiées par celles de la mere. 343
Que les premieres passions de l'Enfant sont encore fortifiées par les objets extérieurs, & comment. 344
Que l'Enfant sent de la douleur & du plaisir. 25
Qu'il n'imagine que confusément. 25
Qu'il est agité de joye, de tristesse, &c. 25
Qu'il a du desir, de la crainte, &c. 26
Qu'il n'y a pas d'apparence que l'Enfant dorme toûjours dans le sein de sa mere. 26
Pourquoy il y a des Enfants boiteux & bossus, &c. 28
Pourquoy il arrive quelquefois que de parents mutilés il naît des Enfants qui ont les mêmes imperfections. 29
Comment l'Enfant qui est sorti du ventre de sa mere, commence à connoître les choses particulieres, & les premieres vérités. 319
Que la mere est la premiere maîtresse de ses Enfants. 466
Que la mere peut transporter le droit qu'elle a sur ses Enfants en quatre manieres & en quelles. 466
Que l'obéïssance que les Enfants doivent à leurs parents, a bien plus d'étenduë dans l'état de la nature que dans les sociétés civiles, & pourquoy. 467
Envie. Ce que c'est que l'Envie & où elle commence. 359
Quelles sont les propriétés de l'Envie. 359
Epidydime. Ce que c'est que l'Epidydime. 6
Equité. Onziéme Loy de la nature touchant l'Equité. 419
Esclave. En quoy les Esclaves different des sujets. 468
Espérance. Ce que c'est que l'Espérance. 365
Esprit. Quels sont les bons Esprits,

TABLE DES MATIERES.

& de combien de sortes il y en a. 329

D'où dépendent les changements des Esprits animaux. 307

Où vont les Esprits qui sortent de la substance cendrée du cerveau. 76

Où vont ceux qui sont dans le centre-ovale. 76

Où vont ceux qui sont dans les corps canelés supérieurs antérieurs. 77

Où vont les Esprits qui sont dans la moyenne région du centre-ovale. 77

Où vont ceux qui sont dans la région inférieure. 78

Où vont ceux qui sont dans la substance glanduleuse des lobes de la base du cerveau. 78

Où vont ceux qui sont dans la substance glanduleuse de la moëlle allongée. 79

Ceux qui sont dans le cervelet. 79

Esprit. Que les Esprits qui sont en certaines parties du cerveau, se meuvent plus facilement que ceux qui sont en d'autres, & pourquoy. 79

Que les Esprits animaux qui sont dans la règion supérieure du centre-ovale, semblent estre destinés aux mouvements libres. 80

Que ceux qui sont dans les deux autres régions & dans le cervelet, semblent estre destinés aux mouvements nécessaires, & pourquoy. 81

Estime. Ce que c'est que l'Estime. 371

Que l'Estime & le mépris se peuvent rapporter à toutes sortes d'objets. 372

Estimer. Qu'il n'y a qu'une chose qui nous puisse donner une juste raison de nous Estimer, & quelle elle est. 372

E'tonné. Ce que c'est qu'estre E'tonné. 369

E'tat. Qu'il y a deux sortes d'E'tats, un E'tat Despotique, & un E'tat institué ou politique. 449

Qu'il y a trois sortes d'E'tats politiques. 449

Quelle sorte d'E'tat a esté formée la premiere. 450

Comment les E'tats politiques se continuent. 450

Pourquoy les E'tats ont besoin d'une puissance absoluë. 452

Quand & comment ils reçoivent cette puissance. 452

Que la conservation de l'E'tat suppose quatre choses, & quelles. 462

Comment un particulier peut agir en justice contre l'E'tat. 455

E'ternuëment. De l'E'ternuëment. 64

E'tincelle. Comment une E'tincelle de feu peut faire mouvoir localement le second E'lément jusqu'à une grande distance. 172

Pourquoy l'eau de la Mer produit des E'tincelles. 147

E'toile. Ce que c'est que la lumiere radicale des E'toiles fixes, & comment elle se peut étendre jusqu'à nous. 159

Pourquoy les E'toiles fixes doivent paroître plus petites qu'elles ne sont. 161

Pourquoy elles paroissent étincelantes. 161

Pourquoy les E'toiles fixes paroissent plus grandes qu'elles ne sont. 247

Execution. Ce qu'il faut faire pour devenir prompts dans l'Exécution. 439

Extension. D'où viennent les Extensions & les mouvements convulsifs. 58

Extrémité. Pourquoy les extrémités deviennent froides. 55

A Aaa ij

TABLE DES MATIERES.

F

Acultés. En quoy consiste le bon ou le mauvais usage que l'Homme peut faire des fonctions de ses Facultés naturelles. 400
Que toutes les Facultés de l'Homme tendent à sa conservation. 403
Faveur. Ce que c'est que la Faveur. 361
Faute. Ce que signifient les mots de *Faute*, de *Peché*, de *Crime*, de *Mauvaise action*, d'*offence*, &c. 475
Femme. Pourquoy les Femmes n'accouchent d'ordinaire que d'un enfant, & que les animaux en font plusieurs. 17
Comment les Femmes peuvent concevoir deux enfants à la fois. 17
Fermentation. Que la Fermentation dans laquelle consiste la fiévre se fait à peu près comme celle qu'on voit dans la Chymie. 41
Fidélité. Troisiéme Loy de la nature touchant la Fidélité. 417
Fin. Ce que c'est que la Fin derniere & la Fin moyenne. 400
Que Dieu est le principe & la Fin de l'Homme. 434
Que la gloire de Dieu n'est pas la Fin prochaine, mais la fin derniere des vertus naturelles. 433
Fiévre. Comment on tombe dans la Fiévre. 40
Ce que c'est que la Fiévre. 40
D'où viennent les délires & les douleurs de tête durant le chaud de la Fiévre. 49
Comment le sang s'aigrit, & comment est produit le froid de la Fiévre. 50
Que la circulation du sang ne suffit pas pour faire rejetter les foyers que les Anciens ont attribués aux Fiévres. 58
Qu'il ne faut pas user d'acides dans les Fiévres. 59
Comment on s'en doit servir dans la chaleur de la Fiévre. 59
Ce que c'est que la Fiévre pestilentielle, & comment elle est produite. 55
Quels sont les Symptomes qui accompagnent cette Fiévre. 55
Raison de ces Symptomes. 55
Que les Fiévres pestilentielles peuvent dépendre des sels acres & rongeants. 56
Que la pluspart des sels qui produisent ces Fiévres sont attirés avec l'air de la respiration. 57
D'où vient que tous ceux qui respirent le même air ne prennent pas la même sorte de Fiévre. 57
Opinion des anciens Auteurs touchant la cause des Fiévres, réfutée par des Modernes. 58
Comment sont produites la Fiévre intermittente & la Fiévre continuë. 45
Comment sont produites la Fiévre maligne & la Fiévre pestilentielle. 45
Comment le frisson est produit dans la Fiévre intermittente, & comment il est ensuite suivi du chaud. 45
D'où vient la matiere qui cause la Fiévre intermittente. 46
Comment elle se forme. 46
Comment elle coule dans le sang, & pourquoy par intervalles. 47
Quelles sont les espèces de la Fiévre intermittente. 47
Quels sont les Symptomes qui accompagnent les Fiévres intermittentes. 47
D'où viennent les douleurs vagues

TABLE DES MATIERES.

qu'on sent dans les Fiévres intermittentes. 48

Qu'est ce qui cause le retour de la Fiévre intermittente en quarte, tierce, quotidienne, &c. 50

D'où vient que la matiere qui cause la Fiévre intermittente coule plûtôt ou plus tard. 51

Ce que c'est qu'un redoublement de Fiévre continuë. 51

D'où vient la difficulté de dormir dans le redoublement. 52

Qu'il n'est pas vrai que le vice du sang ne contribuë rien à produire la Fiévre. 42

Que tout ce qui donne occasion aux Fiévres augmente les acides. 53

Ce que c'est que la Fiévre maligne, & comment elle est produite. 54

Que les Sels qui causent la Fiévre sont souvent attirés avec l'air de la respiration. 43

D'où dépend la durée de la Fiévre continuë. 52

Comment le malade meurt de la Fiévre. 52

Comment la Fievre amaigrit. 53

Figure. Qu'on connoît la Figure des corps par les mêmes raisons qu'on connoît leur situation. 249

Que nous ne voyons jamais exactement les Figures & pourquoy. 249

D'où viennent les erreurs qu'on attribuë à la vûë à l'égard des Figures. 250

Flamme. Pourquoy la Flamme d'une chandelle paroît bleuë, blanche, jaune, & rouge. 186

Pourquoy la Flamme est lumineuse. 146

Fœtus. Qu'il est vray-semblable que le fœtus se nourrit en partie par la bouche. 16

Qu'est ce qui fait croître le fœtus & comment se nourrit le placenta. 17

Que la Figure du fœtus peut estre diversement modifiée, & comment. 27

Comment un Fœtus peut changer sa figure en celle d'un animal d'une autre espèce. 28

Comment le placenta ou arriere-faix fournit au Fœtus de quoy faire du sang. 17

Pourquoy le sang ne peut passer par le poûmon du Fœtus. 23

Force. Ce que c'est que la Force naturelle, & comment on la peut acquerir. 440

Que la Force se divise en plusieurs espèces & en quelles. 440

En quoy la Force civile diffère de la Force naturelle. 484

Quel est le principal devoir de la Force naturelle. 441

Foû. Ce que c'est qu'un homme Foû & d'où dépend sa folie. 312

Foy. Que les anciens peres ont eû le même esprit de Foy qu'ont les chrétiens d'aujourd'huy. 517

Frisson. Comment le Frisson est produit dans la fiévre intermittente, & comment il est ensuite suivi du chaud.

Que les acides dominent dans le Frisson.

Froid. Pourquoy quand on dort, on se sent disposé à avoir Froid aux extremités du corps. 85

De la *Froideur*, & par quoy elle est excitée. 97

G

Galle. D'où vient la Galle aux Enfants. 31

Génération. Que c'est la partie la plus subtile de la semence qui cause la Génération. 14

A A a a iij

TABLE DES MATIERES.

Générofité. Comment on peut acquerir la Générofité. 373

Germe. Difficulté touchant le lieu où les Germes ont efté produits. 19

Qu'il y a lieu de croire que tous les Germes ont efté produits dans la premiere Femelle de chaque efpèce. 20

Qu'il y a apparence que la fémence des Mâles ne fait que dilater les Germes. 18

Gents. Ce que c'eft que le droit des Gents. 464

Ce que font les Loix des Gents. 464

Glaive. Ce que c'eft que le Glaive de la juftice & le Glaive de la guerre. 453

Glande. Pourquoy les nerfs fe vont répandre dans les Glandes. 70

Gloire. Ce que c'eft que la Gloire. 364

Avis touchant le defir de la Gloire. 486

Que la Gloire de Dieu eft aimable par elle-même, & qu'on ne doit rien aimer que par rapport à elle. 535

Ce que c'eft que la Gloire de Dieu accidentelle. 423

Goût. Que la langue eft le principal organe du Goût, ce qu'elle eft, & dequoy elle eft compofée. 100

D'où vient l'accord qui eft entre le Goût & l'odorat. 112

Pourquoy ces deux fens périffent prefque tous deux en même-temps. 112

Comment on acquiert la tempérance qui réprime le Goût. 444

Pourquoy nous perdons le Goût des chofes que nous mangeons trop fouvent. 106

Pourquoy quand on eft foû on ne trouve plus de goût aux viandes. 106

Grandeur. Pourquoy un Clocher eftant également éloigné paroît de différentes Grandeurs. 246

Pourquoy la Grandeur d'une chandelle allumée s'augmente la nuit. 247

Grand. Pourquoy les Planètes paroiffent plus Grandes qu'elles ne font. 247

Pourquoy les Etoiles fixes paroiffent plus Grandes qu'elles ne font. 247

Gratitude. Quinziéme Loy de la nature touchant la Gratitude ou reconnoiffance. 420

Guerre. En quelles occafions la Guerre eft jufte. 479

H

Habitude. D'où dépendent les Habitudes corporelles & fpirituelles. 329

Que les Enfants font beaucoup plus capables d'acquerir de nouvelles Habitudes que les perfonnes plus âgées. 329

Que les Habitudes corporelles & fpirituelles dépendent d'un même principe. 331

Haine. Ce que c'eft que la Haine. 345

Comment la Haine commence. 343

Quelles font les propriétés de la Haine. 348

Que l'amour & la Haine font deux paffions primitives, defquelles toutes les autres paffions dépendent médiatement ou immédiatement. 367

Que l'amour & la Haine commencent dans le fein de nos meres. 342

En quoy l'amour & la Haine diffèrent du côté du corps. 344

TABLE DES MATIERES.

Que l'amour diffère de l'agrément, & la Haine de l'horreur, & en quoy. 349

Pourquoy l'agrément & l'horreur sont plus violents que l'amour & la Haine. 350

Qu'il ne faut établir qu'autant d'espèces d'amour & de Haine, qu'il y a d'idées accessoires qui accompagnent l'idée principale du bien & du mal. 350

Haubois. Comment on se sert d'un Haubois. 126

Homme. Que toutes les facultés de l'Homme tendent à sa conservation. 403

En quoy les parties des Hommes diffèrent principalement de celles des Bêtes. 2

Que toutes les fonctions du corps du premier Homme furent accompagnées de pensée. 2

D'où dépend la différente faculté d'imaginer des Enfants & des Hommes faits. 308

Pourquoy les Hommes faits pensent mieux que les Enfants. 309

Que l'Homme peut aimer Dieu sincérement, & l'aimer par rapport à soy, & comment. 410

Que l'Homme n'est pas la fin dernière de son amour, quoy qu'il aime tout par rapport à soy. 411

En quel sens on peut dire que l'Homme a de l'amour pour Dieu. 411

Quelles sont les principales causes des querelles des Hommes. 412

Que l'Homme dans l'état de la nature ne peut contracter avec Dieu, ni par conséquent faire des vœux. 414

Comment les Hommes procurent la gloire de Dieu. 431

Que Dieu est le principe & la fin de l'Homme. 434

Qu'est-ce qui a porté les Hommes à former les Sociétés civiles. 447

Honneur. Avis touchant la passion d'acquerir de l'Honneur. 487

Honte. Ce que c'est que la Honte. 364

Quels sont les effets de la Honte. 365

Horreur. Remèdes contre l'Horreur de la mort. 444

Hoquet. Du Hoquet, sa définition. 65

Humeur. Ce que c'est que l'Humeur aqueuse. 138

Ce que c'est que l'Humeur vitrée. 139

Hypocondriaque. Ce que c'est qu'un homme Hypocondriaque, & en quoy consiste sa maladie. 312

Hystériques. D'où vient la tumeur que les passions Hystériques causent autour du nombril. 336

I

Jaune. Ce que c'est que le verd & le Jaune selon M. Barow. 206

Pourquoy les corps paroissent Jaunes. 185

Jaunisse. Que la Jaunisse ne dépend pas de la Bile. 69

Idées. Comment les Idées des choses corporelles sont liées avec les traces, & comment le sont les Idées des choses spirituelles. 330

Que c'est l'expérience qui nous enseigne que les traces sont liées avec les idées & les sensations. 330

Jesus-Christ. Que les Loix de Jesus-Christ tendent en même-temps au salut éternel, & à la conservation de la vie temporelle. 533

Que lors que Jesus-Christ a voulu agir en Roy, il a exigé une obéissance absoluë. 529

Que Jesus-Christ assûre luy-même

qu'il n'est pas venu détruire la Loy ni naturelle, ni civile. 527
Que Jesus-Christ a la puissance de pardonner les péchés. 518
Que Jesus-Christ a eu le droit d'enseigner aux hommes la maniere dont Dieu veut estre honoré. 519
Qu'il n'y a que Jesus-Christ qui qui ait pû nous révéler les vérités surnaturelles. 519
Que Jesus-Christ est inférieur à son Pere, en ce qui regarde le droit de regner, quoy qu'il luy soit égal & coëssentiel en ce qui regarde la nature divine. 513
Que le Royaume de Dieu pour le rétablissement duquel Jesus-Christ a esté envoyé, est celeste. 513
Que le gouvernement que Jesus-Christ exerce sur les Fidèles n'est pas proprement un Royaume, mais le droit d'enseigner aux hommes la science du salut éternel. 514
Que toutes les Loix que Jesus-Christ a proposées, sont comprises dans les deux Commandements d'aimer Dieu de tout son cœur & son prochain comme soy-même. 515
A quoy servent les Loix de Jesus-Christ. 516
Que les Loix de Jesus-Christ règlent le cœur & la conscience, & que c'est aux Civiles à régler l'extérieur des actions humaines. 517
Image. Qu'un objet quand il est proche cause une plus grande Image que quand il est éloigné. 219
Que cette Image passe nécessairement jusques dans la partie du cerveau d'où le nerf optique prend

son origine. 219
Imagination. En quoy consiste la bonté de l'Imagination. 310
D'où dépend la promptitude & la délicatesse de l'Imagination. 310
Que la netteté est la plus avantageuse de toutes les qualités de l'Imagination. 311
En quoy consiste la netteté de l'Imagination. 311
D'où dépend la force de l'Imagination. 311
Quelles sont les raisons qui nous portent à croire que le centre ovale est l'organe immédiat de l'Imagination. 293
Que cette Hypothèse doit estre reçûë jusqu'à ce que l'on en propose une meilleure. 296
Comment la seule Imagination peut réveiller les passions de l'âme. 341
D'où dépendent les changements de l'Imagination. 307
Que l'Imagination prise pour une simple faculté est une puissance purement passive. 318
Imaginer. Qu'il y a lieu de juger que la faculté de sentir & celle d'Imaginer, n'ont qu'un seul organe. 293
D'où dépend la différente facilité d'Imaginer des enfants & des hommes faits. 308
D'où vient que nous imaginons confusément les propriétés d'un même sujet. 306
Incidence. Ce que c'est que l'angle d'Incidence. 213
Ce que c'est que le point d'Incidence. 213
Inclinaison. Ce que c'est que l'angle d'Inclinaison. 213
Inclination. De l'origine des Inclinations & des aversions naturelles. 388

Pourquoy

TABLE DES MATIERES.

Pourquoy nous aimons souvent une personne plûtôt qu'une autre sans en connoître le mérite. 388

Que les inclinations & les aversions naturelles ne dépendent pas seulement des sens, mais encore de l'Imagination & de la mémoire. 389

Qu'il n'est pas nécessaire que l'objet qui réveille nos Inclinations, soit entierement semblable à celuy que nous avons aimé le premier. 389.

D'où viennent la plûspart des Inclinations & des aversions secretes qu'on appelle naturelles. 314

Que nos Inclinations naturelles se fortifient, & comment on les peut arrêter. 390

Incommode. 16. Loy de la nature touchant la défense d'estre Incommode aux autres. 421

Indignation. Ce que c'est que l'Indignation. 362

Ingratitude. Ce que c'est que l'Ingratude. 361

Injure. Ce que c'est que l'Injure, & en quoy elle diffère du dommage. 473

Injustice. Ce que c'est que l'Injustice. 473

Que l'Injustice se trouve dans les actions & dans les personnes. 473

Insipide. Pourquoy les corps durs sont Insipides. 202

Interêt. Que les véritables Interêts sont communs entre les hommes. 422

Josué. Que Josué n'estoit que le Ministre de Dieu touchant la conduite du peuple d'Israël. 505

Que le droit d'interpréter les Loix judicielles, appartenoit à Josué. 504

Joye. Division de la Joye, de la tristesse, & du desir en leurs espèces. 356

Quelles sont les propriétés de la Joye. 353

Que tous les objets qui ont du rapport avec celuy qui a causé la premiere Joye, produisent la même passion, & pourquoy. 351

Ce que c'est que la Joye. 352

Que la premiere Joye & le premier desir sont produits dans le sein de nos meres, & comment. 351

Iris. Ce que c'est que l'Iris de l'œil, & quel est son usage. 141

Irrésolution. Ce que c'est que l'Irrésolution, & quel est son usage. 366

Israëlite. Pourquoy les Israëlites furent obligés d'établir des Rois. 507

Que les Israëlites devoient une obéïssance absoluë à Moyse, & aux Juges qui luy ont succedé en ce qui regardoit le temporel; & à Aaron, & aux autres Sacrificateurs, en ce qui regardoit le spirtuel. 507

Juge. Douzième Loy de la Nature touchant le choix d'un Juge dans les différends. 420

Treiziéme Loy de la Nature touchant la défense d'estre Juge en sa propre cause. 420

Jugement. D'où dépendent les fonctions du Jugement. 320

D'où dépendent ses perfections & ses défauts. 320

Que c'est par des Jugements que l'ame connoît la quantité de la distance des objets. 225

Pourquoy ceux qui ont le cerveau tendre ne sont propres qu'à Juger des choses sensibles. 321

Pourquoy ceux qui sont sensibles aux divertissements sont incapables de Juger des choses difficiles. 321

Pourquoy ceux qui ont le cerveau d'une confiftence moyenne Jugent le mieux. 321

Pourquoy ceux qui font accoûtumés à juger exactement de certaines chofes ne jugent pas fi bien des autres. 322

Que ceux qui gouvernent les E'tats ont droit de juger tous les différends temporels. 528

Preuves tirées de l'E'criture fainte. 529

Juif. En quoy les Juifs devoient obéïr aux Rois, & en quoy ils devoient obéïr aux Sacrificateurs. 510

Que Dieu fe démit de l'Empire qu'il avoit fur les Juifs, en faveur de Saül, & comment. 508

Que pour agir en véritable Juif, il falloit accomplir la Loy en vûë des promeffes de Jesus-Christ. 518

Jufte. Qu'on peut eftre Jufte & tranfgreffer la Loy. 474

Juftice. Ce que c'eft que la Juftice civile. 484

Que dans l'état de la nature il ne faut pas mefurer la Juftice par les actions extérieures, mais par l'intention de celuy qui les fait. 430

Ictériques. D'où vient que dans les maux Ictériques les Boyaux s'affemblent autour du nombril. 71

L.

Labyrinte. Ce que c'eft que le Labyrinte de l'oreille, & de combien de parties il eft compofé. 118

Lâcheté. Ce que c'eft que la Lâcheté & la peur, & quelle eft leur ufage. 366

Lait. Comment l'enfant fe nourrit du Lait de fa mere bien ou mal, felon les bonnes ou mauvaifes qualités de ce Lait. 31

Langue. Que la Langue eft le principal organe du goût, ce qu'elle eft, & de quoy elle eft compofée, 100

Lèze-Majefté. Ce que c'eft qu'eftre criminel de Lèze-Majefté. 474

Que les Criminels de Lèze-Majefté violent la Loy naturelle, & non pas la Loy civile. 475

Liaifon. D'où dépend la Liaifon des traces avec les traces. 331

D'où dépend la Liaifon des traces avec l'émotion des efprits animaux qui caufe les paffions. 332

Lieux. Ce que font les Lieux fourds & les Lieux retentiffants. 127

Limaçon. Ce que c'eft que le Limaçon de l'oreille, & de combien de parties il eft compofé. 119

Que le Limaçon eft l'organe immédiat de l'oüie, & pourquoy. 121

Liquidité. De la Liquidité. 95

Loy. Ce que c'eft que la Loy en général. 470

Qu'il y a des Loix divines, & des Loix humaines. 471

Quelle eft la Loy fondamentale de la nature. 412

Seconde Loy de la Nature. 413

Troifiéme Loy de la Nature touchant la fidélité. 417

Quatriéme Loy de la Nature touchant la fincérité. 417

Cinquiéme Loy de la Nature touchant le pardon. 417

Sixiéme Loy de la Nature touchant la douceur. 418

Septiéme Loy de la Nature touchant la modeftie. 418

Huitiéme Loy de la Nature touchant la modération. 418

Neufviéme Loy de la Nature touchant les chofes qui font en com-

TABLE DES MATIERES.

mun. 419
Dixiéme Loy de la Nature touchant l'ufage du fort. 419
Onziéme Loy de la Nature touchant l'équité. 419
Douziéme Loy de la Nature touchant le choix d'un Juge dans les différends. 420
Treiziéme Loy de la Nature touchant la défenfe d'eftre Juge en fa propre caufe. 420
Quatorzieme Loy de la Nature touchant l'ufage des témoins. 420
Quinziéme Loy de la Nature touchant la gratitude ou la reconnoiſſance. 420
Seiziéme Loy de la Nature touchant la défenfe d'eftre incommode aux autres. 421
Dix-feptiéme Loy de la Nature touchant l'yvrognerie. 421
Quelles font les Loix de la Nature qui regardent le culte de Dieu. 424
Ce que c'eſt que la lumiere naturelle, & les Loix naturelles qui en dérivent. 428
Que les Loix de la Nature font immüables, & comment. 430
Des Loix de la Nature qui ne regardent que nous feulement, qui font la force & la tempérance. 423
Ce que c'eſt que les Loix Civiles. 471
Que les Loix Civiles peuvent eftre divifées en facrées & en féculieres. 472
Que les Loix Civiles ont deux parties, la diftributive & la vindicative. 472
Que toute Loy doit eftre proclamée. 472
Que c'eſt aux Souverains à établir les Loix Civiles. 453
Que les Souverains ne font point fujets aux Loix Civiles. 456
Que les Souverains ne font pas fujets aux Loix Civiles, mais qu'ils doivent obéïr aux Loix naturelles. 461
Ce que c'eſt que les Loix des Gents. 464 471
Que les Souverains violent la Loy des Gents en rompant la foy des Traitez. 464
Que les Souverains ne font pas toûjours obligés de garder extérieurement la Loy des Gents. 465
Que la Loy des Gents eft immuable comme celle de la Nature. 465
Qu'on peut eftre jufte, & tranſgreſſer la Loy, & comment. 474
Qu'Abraham eſtoit dans fa famille l'auteur & l'interprète de toutes les Loix, & pourquoy. 498
Qu'il eſt néceſſaire de fçavoir les Loix Divines pofitives, & pourquoy. 495
Pourquoy furent propofées les Loix judicielles. 502
Que les Loix judicielles ont eſté détruites, & qu'à leur place on fe fert du droit Civil. 502
Que toutes les Loix que J. C. a propofées, font comprifes dans les deux Commandements d'aimer Dieu de tout fon cœur, & fon prochain comme foy-même. 515
A quoy fervent les Loix de Jesus-Christ. 516
Que les Loix de J. C. règlent le cœur & la confcience, & que c'eſt aux Loix Civiles à régler l'extérieur des actions humaines. 517
Que les Loix de Jesus-Christ défendent le larcin & le meurtre: mais que c'eſt aux Loix Civiles de déterminer ce que c'eſt que *Larcin* & *Meurtre.* 530

BBbb ij

TABLE DES MATIERES.

Que les Loix Civiles sont modifiées par le fondement du droit naturel. 530

Que ce n'est que par accident que les Loix Civiles tendent à nous détruire. 531

Que les Loix de Jesus-Christ ne sont jamais opposées au fondement du droit naturel. 531

Que les Loix du Décalogue qui regardent Dieu immédiatement sont absoluës, & que les autres sont respectives. 532

Que tout ce que les Loix Chrétiennes ordonnent tend au salut éternel. 532

Que les Loix de Jesus-Christ tendent en même temps au salut éternel & à la conservation de la vie temporelle. 533

Que pour agir en véritable Juif, il faloit accomplir la Loy en vûë des promesses de Jesus-Christ. 518

Des différents noms des Loix du vieux & du nouveau Testament. 544

Que Jesus-Christ assûre luy même qu'il n'est pas venu détruire la Loy ni naturelle ni civile. 527

Loups. Des Loups garoux. 318

Quelle différence il y a entre les Loups garoux & les Sorciers. 318

Luire. Pourquoy certains Vers & quelques Mouches luisent. 147

Pourquoy certains bois & quelques Poissons luisent sensiblement. 147

Lumiere. Ce que c'est que la Lumiere naturelle, & les loix naturelles qui en dérivent. 428

Ce que signifie le mot de Lumiere. 137

Que la Lumiere est de l'essence des couleurs. 174

Que nous sommes capables de sentir la Lumiere, quoy qu'il n'y ait rien de Lumineux hors de nous. 146

Que la Lumiere agit sur les yeux à peu près comme le son sur les oreilles. 145

Que les rayons de Lumiere s'approchent de la perpendiculaire, en passant de l'air dans l'eau. 153

Qu'ils s'en éloignent en passant de l'eau dans l'air. 155

Que la Lumiere ne peut estre empêchée par le vent. 173

Que tout mouvement du second Élément n'est pas Lumiere & pourquoy. 170

Qu'en toute rigueur la Lumiere ne se transmet jamais en un instant. 171

Qu'il suffit pour transmettre la Lumiere en ligne droite que les boules du second Élément s'entretouchent. 171

Que la Lumiere consiste tantôt dans le mouvement, & tantôt dans l'inclination à se mouvoir. 172

Pourquoy la Lumiere du bois pourry paroît bleuë. 186

Que la Lumiere des planètes ne vient à nous que par réflexion, & pourquoy elles ne brillent que la nuit. 162

Que les propriétés de la Lumiere peuvent estre assés justement comparées à celles de l'eau qui est renfermée dans un vaisseau, & pressée par différents pistons. 156

Ce que c'est que la Lumiere radicale de la flamme, & la Lumiere dérivée. 157

Ce que c'est que la Lumiere radicale du Soleil. 157

Réfutation de l'opinion de Monsieur Des-Cartes touchant la Lumiere

TABLE DES MATIERES.

du Soleil. 158
Comment l'action de la Lumiere se peut transmettre en ligne droite. 159
Ce que c'est que la Lumiere radicale des Etoiles fixes, & comment elle se peut étendre jusqu'à nous. 159
Que la Lumiere s'étend comme dans un instant à toute sorte de distances. 150
Qu'elle s'affoiblit en s'éloignant du corps lumineux. 152
Qu'elle se réfléchit à angles égaux. 152
Lumineux. Pourquoy la Pierre de Boulogne est véritablement Lumineuse. 147
Que tout corps Lumineux produit quelque chaleur. 167
Que le Soleil en doit produire une fort considérable. 167
Que tous les Astres contribuent à la production des choses sublunaires à proportion qu'ils sont Lumineux. 168
Pourquoy tous les corps qui se dissipent ne sont pas Lumineux. 149
Lune. Pourquoy la Lune estant mesurée paroît plus petite sur l'horizon que dans le Méridien. 245
Que la grandeur de la Lune sur l'horizon ne dépend pas de la grandeur de la prunelle. 242
Ni de l'aplatissement de tout le corps de l'œil. 242
Ni du jugement que nous faisons qu'elle est plus éloignée. 243
Mais des réfractions que causent les vapeurs qui sont en plus grande quantité sur l'horizon que vers le Méridien. 243
Quel est le sentiment de l'Auteur de la recherche de la vérité sur ce sujet. 244

Lunette. Comment les rayons qui partent des objets passent par les Lunettes à deux verres convexes. 271
Comment ces Lunettes font paroître les objets plus grands. 273
Comment elles les représentent distinctement. 273
Pourquoy elles les font voir renversés. 273
Pourquoy quand l'œil s'approche ou s'éloigne trop de cette Lunette le champ paroît plus petit. 273
Comment les rayons passent par la Lunette à trois verres convexes. 274
Comment elle fait paroître l'objet plus grand. 275
Pourquoy dans sa situation naturelle. 275
Pourquoy le champ paroît plus petit dans la Lunette à trois verres convexes que dans celle de deux. 276
Comment les rayons passent par la Lunette à quatre verres convexes. 276
Comment elle fait paroître l'objet plus grand. 278
Pourquoy dans une situation droite. 280
Pourquoy le champ paroît plus grand par cette Lunette que par celle de trois verres. 280
Pourquoy par une Lunette renversée on voit les objets plus petits & plus éloignés. 280
Quels sont les principes physiques d'où dépendent toutes les propriétés particulieres des Lunettes. 281
Comment les rayons passent par les Lunettes de deux verres, dont l'un est convexe & l'autre concave. 268
Comment par ces Lunettes on voit l'objet plus grand. 269

BBbb iij

TABLE DES MATIERES.

Pourquoy on le voit dans sa situation naturelle. 269
Règles sur ces Lunettes. 270
Pourquoy la Lunette à facettes multiplie un objet. 284
Pourquoy elle le fait paroître sous diverses couleurs. 285
Pourquoy dans les Lunettes de trois verres les iris y paroissent plus forts, & d'où vient que pour voir les objets le plus distinctement qu'il est possible l'œil doit estre placé plus loin de l'oculaire qu'il ne l'est en regardant par les Lunettes de deux & de quatre verres. 291
Quelle différence il y a entre les miroirs de multiplication, & les Lunettes à facettes. 290
Pourquoy la science des miroirs, & celle des Lunettes à plusieurs verres est presque infinie. 290

M

Magistrats. Que c'est aux Souverains à choisir les Magistrats. 453
Magnanimité. Ce que c'est que la Magnanimité. 441
Malade. Pourquoy les Malades haïssent les viandes qu'ils ont aimées. 106
Maladie. Ce que c'est que l'état de la santé, & l'état de la Maladie. 39
Malice. En quoy la Malice diffère de la méchanceté. 474
Manger. Pourquoy les enfants desirent de Manger de ce qu'ils ont déja mangé. 32
Et des choses qui sont quelquefois éloignées de la nature des vrais aliments, 32
Maris. Surquoy est fondé le droit des Maris sur les Femmes, & des Maîtres sur les Valets. 467
Matiere. Que la Matiere du second Elément n'apporte presque aucune résistance au mouvement. 172
Matrice. Ce que c'est que la Matrice, & dequoy elle est composée. 9
De l'origine des nerfs de la Matrice. 9
Que la Matrice se serre quand elle reçoit l'œuf, & comment. 15
Que l'œuf passe des testicules dans les cornes de la Matrice. 15
Méditation. Que l'âge décrepit rend les hommes tout à fait incapables d'aucune Méditation. 310
Méditer. Pourquoy les Vieillards sont incapables de Méditer. 309
Qu'il est avantageux de Méditer souvent sur toute sorte de sujets, & pourquoy. 310
Membrane. Ce que c'est que la Membrane du tambour de l'oreille. 113
Comment la Membrane spirale peut répondre aux différents caractères des vibrations de l'air. 122
Membre. Que le sang sert de nourriture aux Membres, & comment il se va rendre aux parties du corps qu'il peut nourrir. 33
Mémoire. D'où vient la différence de la Mémoire, & de la réminiscence. 328
En quoy consiste la bonté de la Mémoire. 328
Pourquoy ceux qui ont la Mémoire bonne ont d'ordinaire le jugement mauvais. 328
Que les perceptions de la Mémoire & des sens ne dépendent pas autant de nous, que celles de la vûë & de l'oüie, & pourquoy. 381
Mépris. Ce que c'est que le Mépris. 371
Que l'estime & le Mépris se peuvent

TABLE DES MATIERES.

rapporter à toute forte d'objets. 372

Mere. Que la Mere est la premiere maîtresse de ses enfants. 466

Que la Mere peut transporter le droit qu'elle a sur ses enfants en quatre manieres, & en quelles. 466

D'où vient le pouvoir que la Mere a sur le corps de l'enfant qui est dans son sein. 314

D'où vient qu'une Mere qui a vû rompre un criminel accouche d'un enfant qui a les os rompus. 315

D'où viennent les marques que les Meres impriment sur le corps de leurs enfants. 316

Comment elles se renouvellent en certaines saisons. 316

Comment les Meres peuvent communiquer à leurs enfants les passions dont elles sont agitées. 313

Microscopes. Qu'on peut faire des Microscopes de plusieurs manieres différentes de celles qui sont décrites dans ce Traité. 292

Que tout ce qui est dit dans ce Traité du croisement des rayons qui se fait entre les verres de différentes Lunettes est confirmé par des expériences. 292

Pourquoy les Microscopes à deux verres convexes font paroître les objets fort grands. 282

Pourquoy renversés. 283

Pourquoy les Microscopes à trois verres font voir une plus grande étenduë de l'objet que ceux de deux verres. 283

Pourquoy ils font voir également l'objet renversé. 283

Militaire. Comment on peut acquerir la prudence Militaire. 478

Miroir. Ce que c'est que tous les Miroirs ont de commun. 285

Comment on voit par un Miroir plan. 286

Que dans ce Miroir l'objet doit estre vû dans sa situation naturelle. 286

Que l'objet doit paroître aussi grand dans ce Miroir qu'on le verroit s'il estoit véritablement au point où l'on l'imagine au delà du Miroir. 286

Comment on voit un objet par un Miroir convexe. 287

Que dans ce miroir l'objet doit paroître plus petit qu'il n'est. 287

Que dans ce Miroir l'objet paroît dans sa véritable situation. 287

Comment on voit par un Miroir concave. 288

Pourquoy un objet paroît renversé dans un Miroir concave lorsqu'il en est à une certaine distance, & pourquoy il est vû fort confusément. 289

Comment la vision devient tout à fait confuse dans le Miroir concave. 289

D'où vient qu'un objet estant regardé dans un Miroir concave paroît quelquefois entre le Miroir & nous. 290

Pourquoy la prunelle qui se trouve placée au centre du Miroir concave, paroît aussi grande que le Miroir. 289

Quelle différence il y a entre les Miroirs de multiplication & les Lunettes à facettes. 290

Pourquoy la science des Miroirs & celle des Lunettes à plusieurs verres est presque infinie. 290

Miséréré. Du Miséréré. 66

Modération. Huitiéme Loy de la nature touchant la Modération. 418

Modestie. Huitiéme Loy de la nature touchant la Modestie. 418

TABLE DES MATIERES.

Mœurs. Que c'est aux Souverains à juger des doctrines qui s'enseignent touchant les Mœurs. 453

Monarchie. D'où vient la Monarchie. 450

Monstre. Que les Monstres peuvent avoir esté formés au commencement. 29

Moquerie. Ce que c'est que la Moquerie. 357

Pourquoy la Moquerie est accompagnée du rire. 358

Pourquoy ceux qui ont des défauts fort apparents, sont plus enclins à la Moquerie que les autres. 358.

Quelles sont les causes physiques de la Moquerie. 358

Morale. Ce que c'est que la vertu Morale en général. 436

Que la principale étude de l'homme doit estre de corriger les passions par les préceptes de la Morale. 392

Qu'il est permis de parler de Dieu dans la Morale, autrement que dans la Métaphysique. 426

Ce que c'est que la Morale spéculative. 400

Ce que c'est que la Morale pratique. 401

Objection avec la réponse. 401

Que la Morale est un art & une science à divers égards. 401

Mouvement. Ce que c'est que les Mouvements nécessaires, les Mouvements contingents, les Mouvements libres, & les Mouvements mixtes. 73

Que les Mouvements nécessaires & les Mouvements contingents se font dans l'homme comme dans les Bêtes. 74

Que les mouvements libres quant à leur substance ne dépendent pas de la volonté. 74

Qu'ils n'en dépendent que quant à leur determination. 74

Comment on peut dire qu'un homme qui se lève n'a pas plus de Mouvements que lorsqu'il est assis. 74

Objections. 74

Réponse aux objections. 75

D'où dépendent les Mouvements mixtes. 81

Musique. D'où dépendent les accords de la Musique. 134

D'où vient le goût que l'ame a pour les consonances & le dégoût qu'elle a pour les dissonances de la Musique. 135

Muscles. Que les Muscles du bas ventre sont en convulsion lorsqu'on a mangé quelque chose qui fait vomir. 68

Expérience qui prouve que les Muscles du bas ventre sont la principale cause du vomissement. 66

Que tout le corps de l'œil est entouré de six Muscles. 142

Comment les Muscles droits servent à mouvoir l'œil. 143

Comment les Muscles obliques servent à le mouvoir. 143

Mystère. Qu'en croyant des Mystères on ne croit rien qui soit contraire à la raison. 520

Comment on se doit servir de la lumiere naturelle à l'égard des Mystères que la Religion Chrétienne propose. 540

N

NAture. Quelle est la Loy fondamentale de la Nature. 412

Seconde Loy de la Nature. 413

Que les Loix de la Nature sont immüables, & comment. 430

Que dans l'état de la Nature il ne faut

faut pas mesurer la Justice par les actions extérieures, mais par l'intention de celuy qui les fait. 430
Comment la Nature a pourvû à la premiere chose qui est nécessaire du côté des organes extérieurs. 252
Que la Nature a pourvû à la derniere chose requise à la perfection de la vision. 253
Nerf. Comment les artères, les veines, & les Nerfs se nourrissent. 34
Que les Nerfs se répandent dans la peau d'une maniere particuliére, & de quelle. 23
De l'origine des Nerfs qui vont aux testicules. 5
De l'origine des Nerfs de la Matrice. 9
Quels sont les Nerfs de l'oreille, d'où ils viennent, & où ils se terminent. 120
Que selon les Philosophes modernes le fond des yeux est composé de Nerfs qu'ils nomment Sympathiques. 220
Pourquoy la huitiéme paire des Nerfs s'appelle la paire vague. 334
Que l'expérience prouve que tous les Nerfs prennent leur origine des corps canelés qui ont communication avec le centre ovale. 294
Que les Nerfs de la seconde paire se communiquent au centre ovale, par le moyen d'une espèce de membrane. 294
Que l'impression que les objets extérieurs font sur les Nerfs de la cinquiéme paire, se communique au centre ovale, & par quel moyen. 295
Que les Nerfs de la moëlle de l'E'pine communiquent tous au centre ovale. 295
D'où vient que quand les Nerfs intercostaux sont en convulsion les bras deviennent froids. 336
Pourquoy quand les Nerfs intercostaux sont en convulsion on urine plus fréquemment. 336
Que les Nerfs de la troisiéme Paire semblent estre destinés à mouvoir les yeux. 144
Que les Nerfs de la quatriéme Paire se vont inférer dans le grand oblique. 144
Que les Nerfs de la seconde Paire composent la Rètine. 144
Pourquoy les Nerfs se vont répandre dans les glandes. 70
Que les Nerfs allant du cerveau vers les extrémités du corps forment plusieurs nœuds, & pourquoy. 70
Noirceur. Ce que c'est que la Noirceur dérivée. 176
Noir. Quelles sont les propriétés des corps blancs & des corps Noirs. 177
Nourriture. Que le sang sert de nourriture aux membres, & comment il se va rendre aux parties du corps qu'il peut nourrir. 33
Nourrir. Comment les artères, les veines & les nerfs se Nourrissent. 34

O

OBéïssance. Quelle Obéïssance estoit dûë à Abraham par ses Enfants. 506
Jusqu'où s'étend l'Obéïssance que les particuliers doivent à l'E'tat politique. 459
Qu'il y a des occasions où les particuliers peuvent refuser d'obéir à l'E'tat, sans offenser la puissance absoluë. 460
En combien de manieres les Souverains dispensent les particuliers de l'Obéïssance. 458

TABLE DES MATIERES.

En quoy confiste principalement l'Obéïssance qu'on doit aux Souverains. 460

Que lors que Jesus-Christ a voulu agir en Roy, il a exigé une Obéïssance absoluë. 529

Que les Israëlites devoient une Obéïssance absoluë à Moyse, aux Juges qui luy ont succédé, à Aaron & à tous les autres Sacrificateurs, en ce qui regardoit leur autorité. 507

Que l'Obéïssance que les Enfants doivent à leurs parents a bien plus d'étenduë dans l'état de nature que dans les sociétés civiles, & pourquoy. 467

Objet. D'où dépend la connoissance de l'éloignement des Objets. 248

D'où dépend la connoissance de leur grandeur. 248

Comment le même objet peut en même temps causer deux passions différentes, & mêmes contraires en deux différentes personnes. 380

Que tous les Objets qui ont du rapport avec celuy qui a causé la premiere joye, produisent la même passion, & pourquoy. 351

Que les Objets éloignés se doivent faire sentir plus vivement que ceux qui sont proches, & pourquoy. 222

Pourquoy les Objets doivent paroître droits. 234

Pourquoy ils doivent paroître simples. 234

Pourquoy ils paroissent doubles ou triples. 234

Comment on connoît la distance apparente des Objets. 235

D'où vient qu'on a plus de peine à connoître la distance d'un Objet avec un œil qu'avec deux. 235

Qu'on connoît la distance des Objets par la confusion avec laquelle on les voit. 236

Qu'on juge que les Objets sont plus éloignés à mesure qu'ils paroissent d'une couleur plus claire. 236

Comment nous connoissons la distance d'un Objet par l'interposition de plusieurs autres. 236

Pourquoy nous ne connoissons pas exactement la distance des Objets. 237

Que quoy que l'Angle de distance change toûjours lors que les Objets s'approchent ou s'éloignent, il ne change pas toûjours également à mesure qu'ils s'approchent ou s'éloignent. 238

Pourquoy on ne peut connoître la grandeur véritable des Objets. 238

Que l'Objet doit paroître revêtu de toutes les couleurs qu'il cause dans l'ame. 224

De quelle grandeur doit paroître l'Objet. 224

Comment nous connoissons qu'un Objet se meut. 250

Comment nous sçavons qu'il est simple. 250

Que nous voyons les Objets tels qu'ils sont peints sur la Rétine. 250

Que la connoissance de la grandeur des Objets dépend principalement de deux choses, & desquelles. 239

D'où dépend la connoissance de la grandeur des Objets qui sont également éloignés. 239

Que le jugement que nous faisons qu'un Objet est plus éloigné, ne fait pas qu'il paroisse plus grand. 241

Qu'on voit la situation des Objets par deux yeux comme par un

TABLE DES MATIERES.

feule 227
Règle générale pour connoître quand les Objets doivent paroître renverſés. 227
Pourquoy un Objet doit paroître ſimple, quoy qu'il trace deux images, une dans chaque œil. 228
En quoy l'opinion de M. Rohault differe de la nôtre. 228
Objection avec la Réponſe. 229
Confirmation de la Réponſe. 229
D'où vient que les Objets paroiſſent quelquefois doubles quand on les regarde avec deux yeux. 229
D'où vient qu'ils paroiſſent quelquefois doubles lors qu'on ne les regarde qu'avec un œil. 230
D'où vient qu'ils paroiſſent quelquefois triples. 233
Que ce qui eſt dit de l'Objet B. A. C. & de trois trous faits dans une Carte ne ſe doit pas entendre généralement de toute ſorte d'Objets. 233
Comment on peut voir un Objet devant ſoy, & ne l'appercevoir pas, quoy qu'on apperçoive tout ce qui eſt autour de luy. 233
Que l'image matérielle des Objets s'augmente en trois manieres, & en quelles. 246
Pourquoy nous voyons un Objet dans ſa véritable ſituation, quoy que l'image totale qu'il trace ſur la Rétine ſoit renverſée. 226
Comment l'Art peut rendre les images des Objets plus grandes ſur la Rétine. 253
Comment deux différents milieux font paroître renverſé un Objet qui eſt droit. 226
Quelle eſt la vraye diſtance des Objets. 226
D'où vient qu'un Objet eſtant regardé dans un miroir concave, paroît quelquefois entre le miroir & nous. 290
Qu'il n'eſt pas néceſſaire que l'Objet qui reveille nos inclinations, ſoit entierement ſemblable à celuy que nous avons aimé le premier. 389
Comment les Objets contribuent à leur production. 94
D'où vient que l'Objet reſtant toûjours dans le même endroit ſi l'œil vient à s'éloigner plus qu'auparavant, cet Objet paroîtra plus grand. 289
Que ſelon les Philoſophes les deux images qu'un Objet imprime dans le fonds de nos yeux ſe réduiſent en une ſeule dans la partie du cerveau qu'ils prennent pour l'organe immédiat de la vûë. 221
Que par là on ne ſçauroit rendre raiſon pourquoy l'ame rapporte cette ſenſation préciſément à chaque point de l'Objet d'où elle procéde. 221
Occaſion. Qu'il y a des Occaſions où il faut changer l'ordre des choſes, & quelles ſont ces occaſions. 428
Octave. Ce que c'eſt que l'Octave, la quarte & la quinte. 135
Odeur. Que le mot d'Odeur eſt équivoque. 108
Quel eſt l'organe de l'Odorat. 109
Comment les corps Odorants excitent les ſentiments d'Odeur dans l'ame. 110
D'où dépend la diverſité des Odeurs. 110
D'où vient que les corps Odorants ſentent ſi long-temps. 111
Ce que ſont les fonctions de l'Odorat. 112
D'où vient l'accord qui eſt entre le goût & l'Odorat. 112
Pourquoy ces deux ſens périſſent

CCcc ij

TABLE DES MATIERES.

presque tous deux en même temps. 112

Oeil. Que tout le corps de l'Oeil est entouré de six muscles. 142

Comment les muscles droits servent à mouvoir l'Oeil. 143

Comment les muscles obliques servent à le mouvoir. 143

Pourquoy l'Oeil qui est placé au centre de l'oculaire n'apperçoit presque aucun Iris. 273

Pourquoy s'il est plus proche ou plus éloigné il en voit un bleu ou un rouge. 274

Que la vision est d'autant plus vive que l'Oeil reçoit plus de rayons de chaque point de l'objet. 222

Oeuf. Ce que sont les Oeufs des femmes. 10

Qu'il y a apparence que l'enfant est contenu dans l'Oeuf de la femme. 10

Que l'Oeuf passe des testicules dans les cornes de la matrice. 15

Que la matrice se serre quand elle a reçû l'œuf, & comment. 15

Ordre. Ce que c'est qu'aimer l'Ordre, ou la vertu en général. 488

Oreille. Quels sont les nerfs de l'Oreille, d'où ils viennent & où ils se terminent. 120

Que l'Oreille se divise en deux parties, & en quelles. 113

Ce que c'est que le trou de l'Oreille. 113

A quoy servent les conduits demi-circulaires de l'Oreille. 134

Organe. Quel est l'Organe des sens en général. 88

Que le cerveau est l'Organe immédiat de la faculté de sentir. 88

Que le Limaçon est l'Organe immédiat de l'oüie, & pourquoy. 121

Que la langue est le principal Organe du goût, ce qu'elle est, & dequoy elle est composée. 100

Que la communication du mouvement des Organes extérieurs au cerveau se peut faire en deux manieres, & en quelles. 89

Quelle est nôtre hypothèse. 89

Qu'est ce qui se passe dans l'ame lors que les objets extérieurs agissent sur les Organes des sens. 90

Qu'il y a trois choses touchant les Organes extérieurs ausquelles il est besoin de pourvoir. 252

Comment la nature a pourvû à la premiere chose qui est nécessaire du côté des Organes extérieurs. 252

Qu'elle n'y a pas tellement pourvû qu'il ne reste encore quelque chose à ajoûter, & quoy. 252

Comment l'Art y peut remédier. 253

Orgueil. Que l'Orgueil & la bassesse d'ame ne sont pas seulement des vices, mais encore des passions. 375

Quels sont les Orgueilleux. 374

Originel. Malheureux effet du peché Originel. 495

Optique. Ce que c'est qu'Optique, Dioptrique, & Catoptrique. 290

Ce que c'est qu'un pinceau Optique. 214

Ce que c'est que l'Axe Optique. 214

Oüie. Des fonctions de l'Oüie en général. 113

Que les trois canaux demi-circulaires sont les organes immédiats de l'Oüie. 122

P

PActe. Ce que c'est qu'un Pacte. 415

Que dans l'état de nature les Pactes sont quelquefois invalides &

TABLE DES MATIERES.

quand. 415
Que dans la société civile les Pactes sont toûjours valides, & pourquoy. 415
Qu'un second Pacte contraire au premier est invalide. 415
Qu'on est obligé quelquefois à garder des Pactes qui ont esté extorqués, & quand. 416
Quand on ne peut contracter, ni faire des Pactes touchant les choses impossibles. 414
Paralysie. Quelle est l'origine de la Paralysie qui vient sans que la tête soit attaquée. 70
Pardon. Cinquiéme Loy de la nature touchant le Pardon. 417
Parent. Pourquoy il arrive quelquefois que de Parents mutilez il naît des enfants qui ont les mêmes imperfections. 29
Parhélies. Pourquoy les couleurs des Parhélies sont plus belles que celles des couronnes. 200
Pourquoy les Parhélies ont pour l'ordinaire une longue queuë. 200
Pourquoy ils sont de figure ovale. 201
Parler. Comment on parle. 126
Avis touchant l'envie de parler. 487
Particulier. Comment un Particulier peut agir en Justice contre l'E'tat. 455
Que les Souverains ne peuvent s'obliger aux Particuliers par aucun pacte. 458
En combien de manieres les Souverains dispensent les Particuliers de l'obéïssance. 458
Que les Particuliers n'ont rien de propre à leur égard. 456
Jusqu'où s'étend l'obéïssance que les Particuliers doivent à l'E'tat politique. 459

Qu'il y a des occasions où les Particuliers peuvent refuser d'obéïr à l'E'tat sans offenser la Puissance absoluë. 459
Partie. Comment se forment les Parties qui sont ajoûtées au fœtus. 29
Passion. Définition des Passions de l'ame en général. 340
Explication de cette définition. 340
Pourquoy les objets produisent des Passions différentes, selon qu'ils sont conformes ou contraires à nôtre nature. 340
Comment la seule imagination peut réveiller les Passions de l'ame. 341
Comment les Passions se sont formées. 341
Que les Passions ne dépendent pas immédiatement de nôtre volonté, mais des traces que les choses convenables ou contraires ont excitées dans le centre ovale. 342
Que les Passions sont des sentiments que l'ame rapporte à elle-même. 338
Que les Passions de l'ame dépendent non des objets extérieurs, mais du rapport de convenance, ou de contrariété qu'ils ont avec nous, ou d'un rapport de nouveauté. 339
Quelles sont les Passions naturelles & les Passions acquises. 376
Exemple des Passions acquises. 377
En quoy les Passions acquises different des naturelles. 377
Que les Passions naturelles & les Passions acquises sont de même espèce, & pourquoy. 378
Comment l'ame peut avoir en même temps des Passions contraires. 379
Que l'ame n'a point de Passions intellectuelles. 379
Comment un même objet peut en

TABLE DES MATIERES.

même temps causer deux Passions différentes, & mêmes contraires en deux différentes personnes. 380
Remède général contre les Passions. 384
Autre remède général contre les Passions. 384
Que tous les mouvements des Passions se font directement par la machine du corps. 385
Quel est l'usage des Passions. 386
En quel sens on peut dire qu'il est bon que nous puissions quelquefois mal user de nos Passions. 386
Que toutes les Passions ne contribüent pas également à nôtre conservation, & quelles sont celles qui y sont les plus utiles. 387
Comment on peut dire qu'il n'y a qu'une Passion, ou qu'il y en a plusieurs. 391
Pourquoy dans les violentes Passions l'ame peut arrêter les mouvements extérieurs, & non pas les intérieurs. 383
Que l'amour & la haine sont deux Passions primitives, desquelles toutes les autres passions dépendent médiatement ou immédiatement. 367
D'où vient que dans les Passions violentes les uns pâlissent & les autres rougissent. 335
Que les perceptions des Passions violentes ne dépendent point de nous. 382
Que les perceptions des Passions modérées en dépendent, & comment. 382
Que les perceptions des Passions résident dans l'ame, & leurs mouvements dans le corps. 390
D'où vient que l'ame profère différents sons, selon qu'elle est agitée par diverses Passions. 334
D'où vient qu'un enfant est sujet aux mêmes Passions qui possèdent d'ordinaire l'animal dont il a pris la figure. 317
Comment les Passions servent à rendre les enfants boiteux, bossus, &c. 28
Que les premieres Passions de l'enfant sont beaucoup fortifiées par celles de la mere. 343
Que les premieres Passions des enfants sont encore fortifiées par les objets extérieurs, & comment. 344
Comment les meres peuvent communiquer à leurs enfants les Passions dont elles sont agitées. 313
Que la principale étude de l'homme doit estre de corriger les Passions par les préceptes de la Morale. 392
Patience. Ce que c'est que la Patience. 441
Pauvre. En quel sens on peut dire que les plus Pauvres sont aussi contents que les plus riches. 491
Peché. Malheureux effet du Péché originel. 495
Penser. Pourquoy les hommes faits pensent mieux que les enfants. 309
Perception. D'où dépend la claire Perception des objets. 323
Que les Perceptions des passions résident dans l'ame, & leurs mouvements dans le corps. 390
Que les Perceptions de la mémoire & des sens ne dépendent pas autant de nous que celles de la vûë, & de l'oüie, & pourquoy. 381
Que les Perceptions des passions violentes ne dépendent point de nous. 382

TABLE DES MATIERES.

Pesanteur. De la Pesanteur & de la légéreté. 95

Peuple. Comment le Peuple confirma le nouveau Roy en Galgala. 509

Peur. Ce que c'est que la lâcheté & la Peur, & quel est leur usage. 366

Placenta. Ce que c'est que le Chorion, l'Amnios, & le Placenta. 10

Comment le Placenta ou arriere-faix fournit au fœtus dequoy faire du sang. 17

Que le Placenta croit peu à peu & comment. 16

Qu'est-ce qui fait croître le fœtus, & comment se forme le Placenta. 17

Planète. Pourquoy les Planètes paroissent plus grandes qu'elles ne sont. 247

Que la lumiere des Planètes ne vient à nous que par réflexion, & pourquoy elles ne brillent que la nuit. 162

Pourquoy les Planètes n'ont point de queuës ni de barbes. 166

Politique. Que la prudence Politique se divise comme en deux parties, & en quelles. 478

Comment on peut acquerir la prudence Politique qui regarde la défense des E'tats. 478

Comment on peut acquerir la prudence Politique qui regarde la paix. 479

Qu'il y a trois sortes d'états Politiques. 449

Comment les états Politiques se contiennent. 450

Poly. Du Poly & du rude. 95

Poulet. Que le Poulet qui est dans la coque reçoit continuellement de l'air, & comment. 21

Objection avec la réponse. 22

Poûmon. Que dans l'inspiration le sang passe plus facilement par le Poûmon que dans l'expiration, & pourquoy. 24

Comment le sang circule sans passer par le Poûmon. 23

Pourquoy le sang qui a une fois passé par le Poûmon ne peut passer par aucun autre lieu. 23

Poulx. D'où vient la petitesse & la fréquence du Poulx. 49

Pourquoy ces symptomes cessent. 49

Pourquoy dans la fiévre maligne le Poulx est petit & fréquent. 54

Pourriture. Qu'est-ce qu'il faut entendre par le mot de Pourriture. 58

Pratique. Ce que c'est que la morale Pratique. 401

Précepteur. Comment un Précepteur se doit comporter à l'égard de l'E'colier. 482

Prochain. Comment on doit agir envers le Prochain. 421

Que nous ne nous pouvons aimer comme il faut sans aimer le Prochain comme nous-même. 422

Promesse. Pourquoy l'on ajoûte le serment aux Promesses. 416

Quand il est permis d'ajoûter le serment aux promesses. 416

Proportion. Pourquoy les Proportions où le nombre de 7. ou de 9. entrent ne sont point harmoniques. 137

Prudence. Que la Prudence civile se divise en politique & en œconomique. 477

Que la Prudence politique se divise encore comme en deux parties, & en quelles. 478

Comment on peut acquerir la Prudence politique qui regarde la dé-

TABLE DES MATIERES.

fense des états. 478
Comment on peut acquerir la Prudence militaire. 478
Comment on peut acquerir la Prudence politique qui regarde la paix. 479
Ce que c'est que la Prudence œconomique, & en combien de parties elle se divise. 480
Que toutes les manieres d'acquerir la Prudence se réduisent à deux & à quelles. 439
Avis touchant la Prudence conjugale. 480
Avis touchant la Prudence paternelle. 480
Avis touchant la Prudence hérile. 483
Ce que c'est que la Prudence naturelle, & comment on la peut acquerir. 436
Prunelle. Que l'élargissement & le retrecissement de la Prunelle ne servent que pour rendre l'image des objets plus vive. 212
Que la Prunelle s'elargit ou se retrecit à mesure qu'on regarde des objets plus ou moins proches ou plus ou moins éclairés. 141
Que les opinions sont différentes touchant l'aggrandissement de la Prunelle. 141
Qu'il y a lieu de croire que l'aggrandissement de la Prunelle dépend de la contraction des fibres qui composent l'iris. 142
En quel sens on peut dire que le mouvement de la Prunelle est volontaire. 142
Pourquoy les E'tats ont besoin d'une puissance absoluë. 452
Quand & comment ils reçoivent cette puissance. 452
Puissance. Que quoyque la Puissance temporelle & la spirituelle fussent unies en la personne d'E'li juge & Sacrificateur, leurs droits ne laissoient pas d'estre séparés. 505
Que les Rois ne reçûrent de Dieu que la Puissance temporelle, & que la puissance spirituelle demeura aux Sacrificateurs. 510
Distinction de la Puissance temporelle d'avec la Puissance spirituelle. 509

Q

Querelles. Quelles sont les principales causes des Querelles des hommes. 412

R

Raisonnement. D'où dépendent les fonctions de la raison. 323
D'où dépend la perfection du Raisonnement. 325
D'où vient que les hommes raisonnent diversement sur le même sujet. 325
Rayon. Comment les Rayons passent par les Lunettes de deux verres. 268
Comment les Rayons qui partent des objets, passent par les Lunettes à deux verres convexes. 271
Comment les Rayons passent par la Lunette à trois verres convexes. 274
Comment les Rayons passent par la Lunette à quatre verres convexes. 276
Que les Rayons passent en plus grande quantité dans l'air que dans l'eau, mais plus difficilement. 171
Que les Rayons de lumiere s'approchent de la perpendiculaire en passant de l'air dans l'eau. 153

Qu'ils

TABLE DES MATIERES.

Qu'ils s'en éloignent en passant de l'eau dans l'air. 155

Que les Rayons qui partent d'un même point de l'objet, se vont reünir environ au même point du fond de l'œil. 208

Ce que c'est que les Rayons convergents, divergents, & parallèles. 213

Comment se détournent les Rayons qui sont parallèles en passant par un verre convexe de deux côtés. 254

Comment se détournent les Rayons qui tombent parallèles sur un verre convexe dont les convexités sont égales. 255

Comment se détournent ceux qui partent du centre de la seconde convexité. 255

Comment se détournent ceux qui viennent d'un point plus éloigné que ce centre. 255

Comment se détournent ceux qui viennent d'un point plus proche. 256

Réconnoissance. Ce que c'est que la Réconnoissance. 361

Redoublement. Ce que c'est qu'un Redoublement de fiévre continuë. 51

D'où vient la difficulté de dormir dans le Redoublement. 52

Régner. Ce que c'est que Régner. 427

Que Dieu ne Règne pas sur les Athées, & pourquoy. 427

Regret. Ce que c'est que le Regret. 365

Remède général contre les passions. 384

Autre Remède général contre les passions. 384

Remèdes contre la douleur. 441

Remèdes contre la crainte. 442

Remèdes contre la tristesse. 442

Remèdes contre la colère. 443

Remèdes contre la vangeance. 443

Remèdes contre l'horreur de la mort. 444

Réminiscence. D'où vient la différence de la mémoire & de la Réminiscence. 328

Remords. Ce que c'est que le Remords de conscience, & de son usage. 360

Rheume. Du Rheume. 64

Repentir. Ce que c'est que le Repentir, & par quoy il est produit. 360

Résolutions. Ce que c'est qu'estre ferme dans les Résolutions. 438

Résonant. Comment les corps Résonants rendent des sons différents, selon la différente disposition des corps voisins. 130

Comment les corps Résonants produisent cette agitation particuliere en l'air. 125

En combien de manieres on peut mouvoir les particules des corps Résonants. 125

Comment l'impulsion des corps Résonants se communique jusqu'à l'oreille. 126

Résoudre. Ce qu'il faut faire pour bien Résoudre. 438

Respirer. D'où vient le premier effort que l'enfant fait pour Respirer. 24

Que la Respiration sert à introduire de l'air dans le sang. 20

Ressembler. Comment les Enfants Ressemblent quelquefois à des Ayeuls que leurs peres n'ont jamais vûs. 27

Ressouvenir. Pourquoy on ne se Ressouvient pas également de toutes choses. 327

Retenir. Pourquoy on Retient plus facilement les vérités sensibles que les vérités abstraites. 322

TABLE DES MATIERES.

Rétine. Ce qu'on entend par le mot de Rétine. 140

En quoy consiste l'image des objets qui est sur la Rétine. 217

D'où dépend la grandeur des images des objets sur la Rétine. 218

Que les nerfs de la seconde paire composent la Rétine. 144

Rêverie. D'où viennent les fortes Rêveries. 52

Pourquoy l'on tombe dans le délire & dans les Rêveries. 55

Roy. Pourquoy les Israëlites furent obligés d'établir des Rois. 507

Que les Rois n'ont reçû de Dieu que la puissance temporelle, & que la Puissance spirituelle demeura aux Sacrificateurs. 519

En quoy les Juifs devoient obéïr aux Rois, & en quoy ils devoient obéïr aux Sacrificateurs. 510

Rouge. Ce que c'est que le Rouge selon M. Barow. 205

Pourquoy les corps paroissent Rouges. 184

Que la Rougeur des corps dépend quelquefois du milieu, & quand. 185

Comment on teint le verre d'un beau Rouge. 187

S

Sacrificateur. Que le droit d'interpréter les loix cérémoniales appartenoit au souverain Sacrificateur. 503

Sage. En quel sens on peut dire que les Sages peuvent estre heureux au milieu des tourments. 491

Salé. Ce que c'est que les corps salés. 104

Sang. Comment la matiere acide, qui cause la fiévre intermittente, coule dans le Sang, & pourquoy par intervalles. 47

Que la circulation du Sang ne suffit pas pour faire rejetter les foyers que les Anciens ont attribués aux fiévres. 58

Comment le Sang s'aigrit, & comment est produit le froid de la fiévre. 50

Qu'il n'est pas vray que le vice du Sang ne contribuë rien à produire la fiévre. 42

Objection avec la Réponse. 42

Que le Sang s'aigrit en plusieurs manieres, & quelles. 43

Comment les Sels s'exaltent dans le Sang. 44

Pourquoy le Sang ne peut passer par le poûmon du fœtus. 23

Comment le Sang circule sans passer par le poûmon. 23

Pourquoy le Sang qui a une fois passé par le poûmon, ne peut passer par aucun autre lieu. 23

Que dans l'inspiration le Sang passe plus facilement par le poûmon que dans l'expiration, & pourquoy. 24

Que le Sang sert de nourriture aux membres, & comment il se va rendre aux parties du corps qu'il peut nourrir. 33

Comment la chaleur du Sang se répare. 39

Comment l'air entre dans le Sang. 21

Ce que c'est que l'état de la santé, & l'état de la maladie. 39

Que la respiration sert à introduire de l'air dans le Sang. 20

Satisfaction. Ce que c'est que la Satisfaction intérieure de soy-même, d'où elle procède, & quels sont ses effets. 360

Saveur. Pourquoy la chaleur augmente d'ordinaire les Saveurs. 102

Ce que c'est que les Saveurs tant du

TABLE DES MATIERES.

côté de l'ame que du côté du corps. 107

Qu'Aristote a défini exactement les Saveurs considérées du côté du corps savoureux. 107

Que les Sectateurs d'Aristote ont eu de fausses idées des Saveurs. 108

Comment les corps qui n'ont point de Saveur, en peuvent acquerir, ou changer celle qu'ils ont en une autre. 105

Comment les Saveurs s'opposent les unes aux autres. 105

D'où vient la diversité des Saveurs simples & des Saveurs composées, & quelles sont les Saveurs simples. 103

Sécheresse. De la Sécheresse & de l'humidité. 96

Sel. Que le Sel, le soulfre & la terre sont également les principes des couleurs. 202

Que les Sels qui causent la fiévre sont souvent attirés avec l'air de la respiration. 43

Que les fiévres pestillentielles dépendent des Sels acres & rongeants. 56

Que la pluspart des Sels qui produisent ces fiévres, sont attirés avec l'air de la respiration. 57

Semence. Que la Semence de l'homme se forme dans les testicules. 12

Comment elle s'y forme & ce qu'elle est. 12

Que la Semence passe des testicules dans l'épididyme, de l'épididyme dans les vésicules séminaires, & de celles-cy dans les prostates. 12

Comment la Semence se prépare dans les vésicules. 13

Comment dans l'Epididyme. 13

Comment dans les vésicules séminaires & dans les prostates. 13

Qu'il y a apparence que la Semence des mâles ne fait que dilater les germes. 18

Premiere opinion sur ce sujet. 18

Seconde Opinion. 18

Que la seconde Opinion n'est guéres plus certaine que la premiere. 19

Troisiéme Opinion plus vray-semblable que les deux autres. 19

Ce que c'est que le vaisseau déférent de la Semence. 6

Comment la Semence est poussée hors des vaisseaux qui la contiennent. 14

Que c'est la partie la plus subtile de la Semence qui cause la génération. 14

Comment elle la cause. 15

Que la Semence de l'homme change toute l'habitude du corps de la femme. 15

Séminaire. Des vésicules Séminaires, & de leur situation. 7

Sens. Que les perceptions de la mémoire & des Sens ne dépendent pas autant de nous que celle de la vûë & de l'ouïe, & pourquoy. 381

Qu'il n'y a point de Sens qui ait tant d'étenduë que le toucher. 93

Quel est l'organe des Sens en général. 88

Que le cerveau est l'organe immédiat de la faculté de Sentir. 88

Objection avec sa réponse. 88

Qu'est-ce qui se passe dans l'ame, lorsque les objets extérieurs agissent sur les organes des Sens. 91

Ce que c'est qu'on entend par le mot de *Sens commun*. 326

Sensation. Que la Sensation qui résulte d'un objet éloigné n'est pas moins vive que s'il estoit plus proche. 222

Que l'Ame rapporte ses Sensations au dehors par l'institution de la nature. 224

DDdd ij

TABLE DES MATIERES.

Que l'Ame doit avoir autant de Sensations particulieres qu'il y a de parties dans l'objet qui causent des mouvements différents sur la Rétine. 221

Que l'ame rapporte au dehors ses Sensations par les mêmes lignes par lesquelles les objects agissent sur les organes de la vûë. 223

Qu'elle les rapporte à la pointe des pinceaux optiques. 224

Pourquoy l'ame rapporte ses Sensations par les axes des pinceaux optiques. 227

Que l'ame rapporte les Sensations de chaque point de l'objet par les axes des pinceaux optiques, & par les rayons qui composent ces pinceaux, & qu'elle les rapporte précisément au point où ces rayons & ces axes se coupent. 225

Sensible. Pourquoy on est moins sensible à une douleur qu'on a prévuë depuis long-temps. 305

Sentiment. Des causes physiques du Sentiment de douleur, & de plaisir. 92

Sentir. D'où vient que nous ne Sentons pas quelquefois les choses présentes. 306

Comment nous Sentons de la douleur dans les parties semblables à celles que nous voyons coupper dans les autres. 305

Qu'il y a lieu de juger que la faculté de Sentir & celle d'imaginer n'ont qu'un seul organe. 293

Que les objets éloignés se doivent faire Sentir plus vivement que ceux qui sont proches, & pourquoy. 222

Serment. Quand il est permis d'ajoûter le Serment aux promesses. 416

Sincérité. Quatriéme Loy de la nature touchant la Sincérité. 417

Société. Qu'est-ce qui a porté les hommes à former des Sociétés civiles. 447

Ce que c'est qu'un état ou une Société civile. 448

Soif. Doù vient la Soif. 48

Soleil. Que le Soleil doit produire une chaleur fort considérable. 167.

Ce que c'est que la lumiere radicale du Soleil. 157

Sommeil. Que M. Descartes & M. Willis expliquent le Sommeil d'une maniere tout opposée. 85

Pourquoy nous préférons le sentiment de M. Descartes. 86

Ce que c'est que le Sommeil. 82

Comment se fait le Sommeil. 83

Pourquoy un homme qui dort doit naturellement s'éveiller, & réciproquement se rendormir. 83

Comment la coûtume contribuë à produire le Sommeil. 84

Exemple de la force de la coûtume 84

Pourquoy le Sommeil commence par les yeux. 84

Pourquoy on s'endort lorsqu'on se couche & qu'on ferme les yeux. 85

Quels sont les deux principaux effets du Sommeil. 85

Son. Ce que c'est que le Son primitif & le Son dérivé. 123

Quelle est l'agitation de l'air dans laquelle consiste le son dérivé. 123

Que cette agitation ne se fait pas en ondoyant, & pourquoy. 123

Que le mouvement de l'air qui produit le Son se fait en ligne droite. 124

Que le Son n'est guères diminué par les autres agitations de l'air. 128

Ni par des Sons qui viennent des cotés opposés. 128

TABLE DES MATIERES.

D'où dépend le Son continué. 132

Ce qu'on entend par Son rompu, par bruit doux & continu, par Son rude. 133

Pourquoy l'on entend mieux avec la bouche ouverte qu'autrement. 133

Pourquoy deux Sons inégaux sont oüis également vite à une même distance. 127

Pourquoy un Son tout seul n'est pas aussi agréable qu'un Son accompagné. 136

Pourquoy les Sons qui viennent des côtés opposés ne s'empêchent pas les uns les autres. 129

Objection avec la Réponse. 129

D'où dépend la variété des Sons. 130

Pourquoy les Sons s'étendent de tous cotés. 130

Pourquoy les corps résonnants rendent des Sons différents selon la différente disposition des corps voisins. 130

Pourquoy le Son de la voix est quelquefois grave & quelquefois aigû. 130

D'où vient que les différents Sons excitent différents mouvements dans le cœur & dans toutes les parties qui en sont voisines. 334

D'où vient que l'ame profère différents Sons selon qu'elle est agitée par diverses passions. 334

Sorcellerie. De l'origine des Sorcelleries. 317

Sorcier. Quelle différence il y a entre les Loups garoux & les Sorciers. 318

Sort. Dixiéme Loy de la Nature touchant l'usage du Sort. 419

Soulfre. Que le sel, le Soulfre & la terre sont également les principes des couleurs. 202

Souverain. En quoy consiste la puissance absoluë des Souverains. 456

En quoy consiste principalement l'obéïssance qu'on doit aux Souverains. 460

Que les Souverains ne sont pas sujets aux Loix civiles, mais qu'ils doivent obéïr aux Loix naturelles. 461

Que les Souverains sont essentiellement obligés de protéger leurs sujets. 461

Que les Souverains violent la loy des gents en rompant la foy des traités. 464

Que les Souverains ne sont pas toûjours obligés de garder extérieurement la loy des gents. 465

Que c'est aux Souverains à juger des Doctrines qui s'enseignent touchant les mœurs. 453

Que c'est aux Souverains à régler le culte de Dieu dans les E'tats purement humains. 454

Que les Souverains ne peuvent rien faire contre les sujets sans offencer Dieu. 455

Que l'abus que les Souverains font de leur autorité naît plûtôt de la faute des Sujets que de la nature même de l'E'tat. 455

Que les Souverains ne peuvent s'obliger aux particuliers par aucun pacte. 458

En combien de manieres les Souverains dispensent les particuliers de l'obéïssance. 458

Que la puissance des Souverains ne peut estre limitée. 456

Que les Souverains sont injusticiables. 456

Que les Souverains ne sont point sujets aux loix civiles. 456

Que les Souverains ne doivent rendre conte de leurs actions qu'à Dieu seul. 463

DDdd iij

TABLE DES MATIERES.

Que c'est aux Souverains à établir des loix civiles. 453
Que c'est aux Souverains à choisir les Magistrats. 453
Que les Philosophes ont eu trois différentes opinions sur le Souverain bien, & quelles. 542
Que la Souveraineté ne peut estre ôtée à ceux qui la possèdent, premiere preuve. 457
Que l'autorité des Souverains est fondée sur l'exemple de Jesus-Christ. 529
Ce que c'est que le Souverain bien de l'homme dans l'état naturel & civil. 489
Souvenir. Pourquoy on se souvient mieux de ce qu'on a vû que de ce qu'on a imaginé. 327
Spéculative. Ce que c'est que la Morale Spéculative. 400
Sujet. En quoy les Esclaves diffèrent des Sujets. 468
Que les Souverains ne peuvent rien faire contre les Sujets sans offenser Dieu. 455
Que l'abus que les Souverains font de leur autorité, naît plûtôt de la faute des Sujets, que de la nature même de l'Etat. 455
Que les Souverains sont essentiellement obligés de proteger leurs Sujets. 461
Surnaturel. Qu'il y a deux sortes de choses Surnaturelles, & quelles. 521
Syllogisme. Exemple d'un Syllogisme affirmatif. 324
Exemple d'un Syllogisme négatif. 324
Sympathie. D'où vient la Sympathie qui se trouve entre l'oüie & les parties intérieures du corps. 334
D'où vient la Sympathie qui est entre le cœur & la trachée artère en plusieurs occasions. 335
D'où vient la Sympathie qui est entre le cœur & l'estomach. 335
D'où vient la Sympathie qui est entre le gosier & les passions hystériques. 336
Symptome. Quels sont les Symptomes qui accompagnent les fiévres intermittentes. 47

T

Tambour. Ce que c'est que la membrane du Tambour. 113
Ce que c'est que la quaisse du Tambour. 114
Des quatre osselets qui sont dans la quaisse du Tambour. 115
Des Muscles qui sont dans la quaisse du Tambour. 115
Quelle est l'action du premier de ces Muscles. 116
Quelle est l'action du second. 116
Témoin. Quatorziéme Loy de la nature touchant l'usage des Témoins. 420
Témpérance. Ce que c'est que la Témpérance naturelle, & comment on l'acquiert. 444
Comment on acquiert la Témpérance qui réprime le goût. 444
Comment on acquiert la Témpérance qui réprime les voluptés corporelles. 445
De la Témpérance civile, & en quoy elle diffère de la naturelle. 486
Terre. Que le sel, le soulfre, & la Terre sont également les principes des couleurs. 202
Testament. Des différents noms des Loix du vieux & du nouveau Testament. 544
Testicule. Description des vaisseaux qui vont aux Testicules. 5
De l'origine des nerfs qui vont aux

TABLE DES MATIERES.

Testicules. 5
Ce que sont les Testicules de la femme. 9
En quoy ils diffèrent de ceux de l'homme. 9
Que la semence de l'homme se forme dans les Testicules. 12
Toucher. Qu'il n'y a point de sens qui ait tant d'étenduë que le Toucher. 93
Examen particulier de l'opinion de M. Perrault sur l'explication qu'il donne du Toucher. 97
Trace. Que c'est l'expérience qui nous enseigne que les Traces sont liées avec les idées & les sensations. 330
D'où dépend la liaison des Traces avec les Traces. 331
D'où dépend la liaison des Traces avec l'émotion des esprits animaux qui cause les passions. 332
Tristesse. Ce que c'est que la Tristesse. 352
Que la premiere Tristesse est produite dans le sein de nos meres & comment. 351
Quelles sont les propriétés de la Tristesse. 353
Division de la joye, de la Tristesse, & du desir en leurs espèces. 356
Remèdes contre la Tristesse. 442
Trompes. Ce que c'est que les Trompes de Fallope, & quel est leur usage. 10
Trompette. De la Trompette parlante. 127
De la Trompette de Guerre. 127
Tunique. Ce que c'est que la Tunique cornée de l'œil. 138
Ce que c'est que la Tunique uvée. 138

V

Vaisseaux. Description des Vaisseaux, qui vont aux testicules. 5
Ce que c'est que le Vaisseau déférent de la semence. 6
Vapeurs. D'où viennent les maladies qu'on attribuë aux Vapeurs. 71
Ce que c'est que les Vapeurs. 71
Où sont les foyers des Vapeurs. 72
Par quels conduits les Vapeurs montent au cerveau. 72
Objection avec la réponse. 72
Veille. Ce que c'est que la Veille. 82
Veines. Comment les artères, les Veines, & les nerfs se nourrissent. 34
Vengeance. Remèdes contre la Vengeance. 443
Avis touchant le desir de la Vengeance. 486
Vénération. Ce que c'est que la Vénération. 376
Vent. Que la lumiere ne peut estre empêchée par le Vent. 173
Verd. Ce que c'est que le verd & le jaune selon M. Barow. 206
Verge. Quel est l'usage de la Verge. 14
Vérité. En quoy les vérités naturelles différent des vérités surnaturelles. 519
Verre. Pourquoy le plus petit Verre concave fait voir les objets plus grands mais plus obscurs, & le plus grand Verre concave tout au contraire. 269
Différentes propriétés des Verres concaves. 266
Vertige. Du Vertige. 61
Vertu. Ce que c'est que la Vertu en général. 488
Ce que c'est qu'aimer l'ordre ou la Vertu en général. 488
Que les Vertus naturelles & civiles sont de véritables Vertus, mais moins excellentes que les Vertus chrétiennes. 539

TABLE DES MATIERES.

Que la gloire de Dieu n'est pas la fin prochaine, mais la fin derniere des Vertus naturelles. 433
Ce que c'est que les Vertus prises abstractivement. 445
Qu'il n'est pas vray que les Vertus consistent entre deux vices extrêmes, & pourquoy. 445
Quelle différence il y a entre les vrayes & les fausses Vertus. 540
Ce que c'est que la Vertu morale en général. 436
Vice. Qu'on connoît les Vices par opposition aux vertus. 540
Vésicules. Des Vésicules séminaires, & de leur situation. 7
Comment la semence se prépare dans les Vésicules. 13
Vestibule. Ce que c'est que le Vestibule. 118
Vieillards. Pourquoy les Vieillards sont incapables de méditer. 309
Viande. Comment les Enfants usent des Viandes solides. 32
Pourquoy les malades haïssent des Viandes qu'ils ont aimées. 106
Pourquoy ils en aiment qu'ils ont haïes. 107
D'où vient l'aversion qu'on conçoit pour certaines Viandes. 106
Visage. D'où viennent les changements que souffrent les parties du Visage, selon que les parties du bas ventre sont diversement mûes. 335
Vision. Comment la Vision devient tout à fait confuse dans le miroir concave. 289
Que la Vision est d'autant plus vive que l'œil reçoit plus de rayons de chaque point de l'objet. 222
Que la Vision se fait fort distinctement par des rayons convergents, & par des rayons divergents. 291
Que la nature a pourvû à la derniere chose requise à la perfection de la Vision. 253
Qu'on peut réduire à trois chefs toutes les choses qui regardent la perfection de la Vision, & à quels. 251
D'où dépend la distinction de la Vision. 222
Visuel. Ce que c'est que l'angle Visuel. 215
Premier Axiome. 215
Second Axiome, 215
Troisiéme Axiome. 215
Quatriéme Axiome. 215
Cinquiéme Axiome. 216
Sixiéme Axiome. 216
Septiéme Axiome. 216
Union. Dix conditions de l'Union de l'esprit & du corps. 2. 3 & 4
Unisson. Pourquoy l'Unisson n'est pas agréable. 136
Volonté. D'où dépendent les fonctions de la Volonté. 326
Voluptés. Comment on acquiert la tempérance qui réprime les Voluptés corporelles. 445
Vomissement. Du Vomissement. 66
Expérience qui prouve que les Muscles du bas ventre sont la principale cause du Vomissement. 66
Pourquoy dans le Vomissement les aliments sortent plûtôt par en haut que par en bas. 67
Vomir. Que les Muscles du bas ventre sont en convulsion lors qu'on a mangé quelque chose qui fait Vomir. 68
Vomissement. Pourquoy l'huile & l'eau chaude sont propres à exciter le Vomissement. 69
Vûë. Ce que c'est que les fonctions de la Vûë en général. 145
Que tous les jugements qui accompagnent la Vûë ne sont pas également exacts. 251
Pourquoy la Vûë s'affoiblit dans le mouvement

TABLE DES MATIERES.

mouvement convulsif des yeux. 333
D'où vient que la veuë d'une chose qui a pleu au gout, fait couler la salive. 333
Que la vûë n'est ni trompeuse ni inutile. 239
Que l'anatomie n'enseigne pas qu'il y ait dans le cerveau aucune partie simple qui soit l'organe immediat de la Vûë. 221

Urine. Pourquoy quand les Nerfs intercostaux sont en convulsion, on Vrine plus frequemment. 336

Y

YEux. Que la lumiere agit sur les Yeux à peu prés comme le son sur les oreilles. 145
Pourquoy le sommeil commence par les Yeux. 84
Pourquoy on s'endort lors qu'on se couche, & qu'on ferme les Yeux. 85
Que selon des Philosophes modernes le fond des Yeux est composé de nerfs qu'ils nomment sympathiques. 220
Que les nerfs de la troisiéme paire semblent estre destinez à mouvoir les Yeux. 144
Yvrognerie. 17. Loy de la nature touchant l'Yvrognerie. 421

Fin de la Table des Matières du troisiéme Tome.

PRIVILEGE DU ROY.

LOUIS, PAR LA GRACE DE DIEU, ROY DE FRANCE ET DE NAVARRE: A nos amés & feaux Conseillers, les gens tenants nos Cours de Parlement, Maîtres des Requêtes ordinaires de nôtre Hôtel, Prevôt de Paris, Baillifs, Sénéchaux, leurs Lieutenants Civils, & à tous autres nos Justiciers & Officiers qu'il appartiendra : SALUT. Le Sieur PIERRE SILVAIN REGIS nous a fait remontrer qu'il est solicité de donner au Public un Ouvrage intitulé *Système général de la Philosophie*; mais parce qu'il craint que quelques Libraires n'entreprissent de le faire imprimer sans son consentement, il nous a supplié de luy accorder nos Lettres sur ce nécessaires : A CES CAUSES, & désirant traitter favorablement ledit Sieur REGIS en considération de l'utilité que nos Sujets pourront recevoir de sondit Ouvrage, nous luy avons permis & permettons par ces Présentes de faire imprimer, vendre & débiter en tous les lieux de nôtre obéissance, ledit *Système général de Philosophie*, & ce par tel Imprimeur ou Libraire qu'il voudra choisir, en telle marge, caractère & autant de fois que luy semblera, durant l'espace *de dix ans*, à compter du jour que ledit Ouvrage sera achevé d'imprimer pour la premiere fois en vertu des Présentes : Et faisons tres-expresses défenses à toutes personnes de quelque qualité & condition qu'elles soient, d'imprimer, vendre, ni débiter dans les lieux de nôtre obéissance, ledit *Système général de Philosophie*, sans le consentement de l'Exposant, ou de ceux qui auront droit de luy en conséquence du Privilege, à peine de trois mille livres d'amende payable sans déport par chacun des contrevenants, & appliquable un tiers à Nous, un tiers à l'Hôtel-Dieu de nôtre bonne Ville de Paris, & l'autre tiers audit Exposant, de confiscation des Exemplaires contrefaits ; & de tous dépens, dommages & interests, à condition qu'il sera mis deux Exemplaires dudit Livre en nôtre Bibliothèque publique, & un en celle du Cabinet des Livres de nôtre Château du Louvre, & un en celle de nôtre tres-cher & feal, le Sieur Boucherat Chevalier Chancelier de France, & de faire imprimer ledit Livre sur de bon papier & en beaux caracteres, suivant les Règlements faits pour l'Imprimerie és années 1618. & 1686. que l'impression s'en fera dans nôtre Royaume & non ailleurs, & de faire enregistrer ces Présentes sur le Registre de la Communauté des Marchands Libraires & Imprimeurs de nôtre bonne ville de Paris : Le tout à peine de nullité des Présentes. Du contenu desquelles vous mandons & enjoignons que vous fassiez joüir l'Exposant pleinement & paisiblement, sans souffrir qu'il y reçoive aucun empêchement ; Voulons aussi qu'en mettant un Extrait au commencement ou à la fin de chacun des Exemplaires dudit Livre, elles soient tenuës pour duëment signifiées, & que foy y soit ajoûtée & aux copies collationnées par un de nos amés & feaux

LIVRE PREMIER. *PARTIE I.*

Au reste, la quantité qui peut estre mesurée par une autre quantité plus petite, s'appelle *Tout*, & la quantité qui peut mesurer une quantité plus grande, se nomme *Partie*.

La partie est encore de trois sortes : Il y a des parties *Aliquotes*, des parties *Aliquantes*, & des parties *Proportionnelles* ; Les parties Aliquotes sont celles qui mesurent le tout exactement, tels sont les pouces qui composent un pied. Les parties Aliquantes sont celles qui ne peuvent mesurer le tout exactement, par éxemple deux pieds sont une partie Aliquante de cinq pieds, parce que deux pieds estant pris trois fois excedent cinq pieds, & n'estant pris que deux fois ils ne les mesurent pas exactement. Les parties proportionnelles sont celles qui diminuent dans chaque division avec proportion, quoyque les parties de chaque division soient égales, par exemple lorsqu'on divise un pied en deux parties égales, & ces deux parties en deux autres & une de ces deux encore en deux autres jusqu'à l'infini, ces parties sont proportionnelles.

Or cela posé, il est évident que la divisibilité est une proprieté essentielle de la quantité, car il est impossible de concevoir qu'un corps soit de telle ou telle grandeur, sans concevoir qu'il peut estre divisé par un autre corps plus petit en autant de parties qu'il contient de fois cet autre corps.

5. Que la divisibilité est une proprieté essentielle de la quantité.

Il est même visible que dans un tout fini la division sera finie, si elle se fait en parties Aliquotes ou Aliquantes, & qu'au contraire elle sera infinie, si elle se fait en parties proportionnelles, n'y ayant aucune de ces parties, pour petite qu'elle soit, qui ne puisse estre divisée par la moitié.

On dira peut-estre que dés lors qu'on est demeuré d'accord qu'il y a dans un corps des parties infinies, il n'y a plus moyen de concevoir comment ce corps est fini ; car soit qu'on suppose ces parties aliquotes, aliquantes, ou proportionnelles, il est évident que la grandeur qui en résulte est infinie. Je répons à cela que tous les Géomètres sçavent qu'une quantité peut s'augmenter à l'infini sans qu'elle puisse jamais devenir égale à une autre quantité qui ne s'augmentera pas. Par éxemple, si l'on ajoûte à l'unité une moitié, puis un quart, puis un huitiéme, & ainsi toûjours la moitié de ce qu'on a ajoûté la derniere fois, l'on pourra augmenter cette unité à l'infini, sans toutefois qu'elle soit jamais égale au nombre de *Deux* ; d'où il s'ensuit qu'il n'est pas vray que

6. Qu'une quantité finie peut avoir des parties proportionnelles infinies.

la grandeur qui résulte des parties proportionnelles infinies, soit infinie, ni par conséquent que la grandeur qu'on divise en des parties proportionelles infinies, soit infinie, comme on le prétend.

 C'est donc une chose assûrée que la divisibilité est une propriété essentielle de la quantité & non du corps ; car en effet si le corps estoit divisible de sa nature, comme toute division apporte du changement à la chose divisée, quand on diviseroit le corps, son essence seroit changée ; ce qui est contraire à la raison, qui fait voir que quelque division qu'on suppose dans la quantité, l'essence du corps est toûjours la même, & qu'on peut dire de chaque partie après la division, qu'elle a toute l'essence du corps. D'où il s'ensuit que dans toute division ce n'est pas le corps, mais la quantité qui est divisée : ce qui découvre manifestement le paralogisme de ceux qui soûtiennent après Epicure que les atomes sont indivisibles à cause qu'ils sont des substances ; car tout le monde sçait bien que les atomes considérez comme des substances sont indivisibles, on ne prétend pas aussi qu'ils puissent estre divisez, si ce n'est quand on les considère comme des quantités, ainsi qu'ils doivent estre toûjours considérez quand il s'agit de leur divisibilité.

7. Que la divisibilité n'est pas une propriété du corps, mais de la quantité.

 Deplus, comme l'on ne peut supposer que la quantité qui est divisible de sa nature, soit actuellement divisée sans imaginer que ses parties ont quelque figure, il est évident qu'encore que nous ne puissions pas déterminer quelle est la figure particuliere de chaque partie de la quantité, nous ne pouvons néanmoins nous en proposer aucune, pour petite qu'elle soit, sans appercevoir qu'elle a quelque figure : d'où il s'ensuit que la figure indéterminée est encore une propriété essentielle de la quantité divisée.

8. Que la figure est une propriété essentielle de l'étenduë divisée.

 Comme la figure indéterminée est une propriété essentielle de la quantité divisée, l'impénétrabilité est aussi une propriété essentielle de la quantité divisée & figurée ; car par exemple un pouce d'étenduë est tellement cette quantité déterminée qu'un autre pouce d'étenduë ne luy peut estre ajoûté sans qu'ils fassent ensemble une quantité de deux pouces ; ce qui nous oblige de penser que deux quantités ne se pénètrent pas, parce que si elles se pénétroient, elles n'occuperoient pas plus d'espace estant jointes ensemble qu'une seule en occupoit lors qu'elles estoient sé-

6. Que l'impénétrabilité est une propriété essentielle de la quantité divisée & figurée.

homme écrivit n'écrivant pas, ne signifie pas la même chose, si on la fait en composant, ou en divisant ; car en composant on joint ensemble écrire & ne pas écrire dans un même sujet ; & en divisant, on joint seulement ne pas écrire avec la puissance d'écrire ; or c'est cela même que j'ay établi dans le 8. Chapitre touchant le sens composé & le sens divisé.

Enfin S. Thomas dans le petit ouvrage qu'il a fait des Sophismes, expliquant celuy qu'Aristote appelle *Sophisme de Composition*. Et encore dans la premiere de sa seconde question dixiéme* parle de cette sorte. *Si Dieu*, dit-il, *meut le libre arbitre à quelque chose, il est impossible, cela supposé, que le libre-arbitre ne soit pas mû à cette chose ; il n'est pas néanmoins impossible absolument ; d'où il s'enfuit que le libre-arbitre n'est jamais mû de Dieu nécessairement d'une nécessité absoluë.* Ce que S. Thomas dit là, ne diffère en rien de ce que j'ay établi dans le 8. chap. art. 1. & 2. touchant la nécessité absoluë & la nécessité hypothétique, ou de supposition.

* Art. 4. ad 3.

Voilà en général la conformité de l'opinion de S. Thomas, d'Aristote, & de Durand avec la nôtre, à l'égard de la liberté humaine, touchant laquelle j'ay déclaré, & je déclare encore que j'entens parler des actions de cette liberté les plus communes, & non pas de celles qui dépendent de la grace divine, à l'égard desquelles nous devons croire tout ce que la Foy nous enseigne, sans nous mettre en peine de vouloir expliquer comment leur liberté s'accorde avec la Toute-puissance de Dieu, & l'efficacité de ses Decrets, parce que nous sçavons que la grace qui nous fait agir, est un Mystere, dont nous devons admirer la nature & les effets, sans qu'il nous soit permis d'en vouloir pénétrer le fonds.

CHAPITRE XI.

De la liberté de Dieu, & en quoy elle diffère de celle des hommes.

CE qui vient d'estre dit de la liberté humaine, nous conduit facilement à la connoissance de la liberté divine ; car

1. *Que Dieu ne peut estre*

déterminé à agir par aucune cause extérieure.

nous fçavons en premier lieu, que la volonté de Dieu est souverainement indifférente à l'égard de toutes les choses extérieures ; de telle sorte qu'il répugne que Dieu connoisse la bonté ou la vérité de quelque chose avant qu'il l'ait produite médiatement ou immédiatement par sa volonté : En effet, ce n'est pas pour avoir vû qu'il estoit de l'essence de l'homme qu'il fût composé de corps & d'esprit, que Dieu a voulu qu'il fût ainsi composé ; ce n'est pas aussi pour avoir connu que les trois angles d'un triangle devoient estre égaux à deux droits, qu'il a voulu qu'ils fussent tels ; mais au contraire, parce qu'il a voulu que l'homme fût composé de corps & d'esprit, c'est pour cela qu'il est de l'essence de l'homme d'estre ainsi composé ; & parce qu'il a voulu que les trois angles d'un triangle fussent égaux à deux droits, c'est pour cette seule raison que cela est vray maintenant, & qu'il ne peut estre autrement.

Nous fçavons en second lieu, que bien que Dieu soit absolument indépendant de tous les estres créez, & que par conséquent il ne puisse estre déterminé à agir par aucune cause extérieure, il ne laisse pas néanmoins d'estre tres-déterminé à agir par luy-même : car comme Dieu est un estre tres-simple, & tres-nécessaire, il ne peut avoir rien de soy, ni en soy qui soit indifférent ou indéterminé, dont la raison est que l'indifférence & l'indétermination supposent de la dépendance, & que la dépendance est un défaut qui ne peut compatir avec la nature d'un estre parfait.

Nous fçavons en troisiéme lieu, que quand Dieu agit par sa volonté, bien qu'il agisse nécessairement, il agit néanmoins de telle sorte, qu'il ne sent aucune force extérieure qui le contraigne à agir ; car en effet d'où viendroit cette force, puis qu'il a esté prouvé que l'action de la volonté de Dieu précède non seulement l'éxistence, mais encore la possibilité de tous les estres.

2.
Ce que c'est que la liberté de Dieu.

Ces trois vérités estant supposées, on peut donner une idée fort exacte de la liberté de Dieu : en disant, *Qu'elle consiste dans la propriété que Dieu a d'agir au dehors sans contrainte, & avec une indifférence telle, qu'il ne peut estre déterminé à agir par aucune cause extérieure, quoy-qu'il soit tres-déterminé à agir par luy-même & par sa propre nature.*

Je dis premierement, que la liberté de Dieu n'est autre chose

Conseillers & Sécrétaires comme à l'Original. Mandons au premier nôtre Huissier ou Sergent sur ce requis, de faire pour l'exécution d'icelles tous Exploits nécessaires sans demander autre permission. CAR tel est nôtre plaisir: Et ce nonobstant clameur de Haro, Charte Normande & autres Lettres à ce contraires, voulant que ledit Sieur REGIS, ou ses ayants cause joüissent de tout le contenu cy-dessus sans empêchement ni difficulté. DONNE' à Fontainebleau le vingt-uniéme jour d'Octobre, l'an de grace mil six cens quatre-vingt-huit: Et de nôtre Regne le quarante-sixiéme. Signé, par le Roy en son Conseil, LEFEBVRE.

Ledit Sieur REGIS *a cedé tout son droit de Privilege à* ANISSON, POSUEL, *&* RIGAUD, *Libraires à Lyon, pour en joüir suivant l'accord fait entr'eux.*

Regiſtré ſur le Livre de la Communauté des Libraires & Imprimeurs de Paris le 11. Juin 1690. ſuivant l'Arreſt du Parlement du 8. Avril 1653. & celuy du Conſeil Privé de Sa Majeſté du 27. Février 1665.

Signé, P. AUBOÜYN, Syndic.

Achevé d'imprimer pour la premiere fois le 29. *Juillet* 1690.

Fautes à corriger dans ce troisième Tome.

Page 44. ligne 17. voyons, lisez voicy.
* Page 70. ligne 2. qui dépend, lisez qui dépend encore quelquefois.
Page 116. la figure qui est en cette page est renversée.
Page 163. ligne 12. proches du Soleil, lisez éloignées du Soleil.
ligne 14. éloignées, lisez proches.
Page 166. ligne 35 planetes, lisez Cometes.
Page 227. ligne 14. principaux, lisez pinceaux.
* Page 231 ligne 31. forment, lisez forment sur la Rétine.
* Page 233. ligne 37. estant fait, mettés vous, lisez estant fait, fermez un œil, mettés vous
Page 278. ligne 8. point 8. lisez point 6. & remarquez que ce point 6. est renversé dans la figure.
Page 307. ligne 19. & 20. selon qu'ils ont des corps diversement disposez, lisez selon la diversité des viandes qu'ils ont mangées.
Page 326. ligne 32. entant qu'elle est, lisez entant qu'elle reside dans.

Tome III.

www.ingramcontent.com/pod-product-compliance
Lightning Source LLC
Chambersburg PA
CBHW060400230426
43663CB00008B/1337